Sigismund von Herberstein

Rerum Moscoviticarum Commentarii

Synoptische Edition der lateinischen und der deutschen
Fassung letzter Hand
Basel 1556 und Wien 1557

Unter der Leitung von Frank Kämpfer
erstellt von
Eva Maurer und Andreas Fülberth

Redigiert und herausgegeben von
Hermann Beyer-Thoma

München 2007

Satz: Hermann Beyer-Thoma unter Mitarbeit von Andreas Fülberth und Eva Maurer

Umschlaggestaltung: © Georg Thoma

Bibliografische Informationen der Deutschen Nationalbibliothek:
die Deutsche Nationalbibliothek verzeichnet diese Publikation in der Deutschen Nationalbibliografie; detaillierte bibliografische Angaben sind im Internet unter
http://dnb.ddb.de abrufbar.

Herausgegeben vom Osteuropa-Institut München im Rahmen der Virtuellen Fachbibliothek Osteuropa (ViFaOst)
Langzeitarchiviert von der Bayerischen Staatsbibliothek unter der URN-Adresse:
urn:nbn:de:bvb:12-babs-0000000434

© Dieses Werk unterliegt dem deutschen Urheberrecht sowie den Creative Commons-Lizenzbedingungen:
Sie dürfen:
- das Werk vervielfältigen, verbreiten und öffentlich zugänglich machen;
- Bearbeitungen des Werkes anfertigen.

Zu den folgenden Bedingungen:
- Namensnennung. Sie müssen den Namen des Autors/Rechteinhabers in der von ihm festgelegten Weise nennen (wodurch aber nicht der Eindruck entstehen darf, Sie oder die Nutzung des Werkes durch Sie würden entlohnt).
- Keine kommerzielle Nutzung. Dieses Werk darf nicht für kommerzielle Zwecke verwendet werden.
- Weitergabe unter gleichen Bedingungen. Wenn Sie dieses Werk bearbeiten oder in anderer Weise umgestalten, verändern oder als Grundlage für ein anderes Werk verwenden, dürfen Sie das neu entstandene Werk nur unter Verwendung von Lizenzbedingungen weitergeben, die mit denen dieses Lizenzvertrages identisch oder vergleichbar sind.

Im Falle einer Verbreitung müssen Sie anderen die Lizenzbedingungen, unter welche dieses Werk fällt, mitteilen. Am Einfachsten ist es, einen Link auf diese Seite einzubinden.
Jede der vorgenannten Bedingungen kann aufgehoben werden, sofern Sie die Einwilligung des Rechteinhabers dazu erhalten.
Diese Lizenz lässt die Urheberpersönlichkeitsrechte unberührt.

Osteuropa-Institut München, Scheinerstraße 11, D-81476 München
(ab September 2007: Landshuter Straße 4, D-93047 Regensburg)
http://www.oei-muenchen.de

ISBN 978-3-938980-14-9

Inhaltsverzeichnis

Vorwort (FRANK KÄMPFER) 7
Editorische Vorbemerkung (ANDREAS FÜLBERTH) 11
„Rerum Moscoviticarum Commentarii" (Basel 1556)
und „Moscovia der Hauptstat in Reissen" (Wien 1557) 13
Lateinisch-deutsche Synopse der Ausgaben 14

    Ad Lectorem 26

    Rerum Moscoviticarum Commentarii, Sigismundo Libero
    Barone in Herberstain, Neuperg & Guetenhag, autore 31

    Modus Inaugurandi Principes / Wie die Großfürsten
    eingesetzt werden und sonderlich der Demeter des
    Hannsen Sun eingesetzt ist worden 86

    Institutiones Magni Ducis iam inaugurati / Die unndterweisung
    dem Neüen Großfürsten füergehalten 91

    Religio / Von der Religion oder Gaistligkhait 109

        Sequuntur canones cuiusdam Ioannis Metropolitae /
        [...] Hernach volgen etliche gesetz des Hansen Metropolit [...] 129

        Sequuntur quaestiones Cyrilli cuiusdam, ad episcopum
        Niphontem Novuogardiensem / Etliche Fragstugkh aines
        Cirili zu dem Niphonte Bischove zu Neugartten 131

        Baptismus / Thauff 140

        Sequitur Bulla Alexandri Papae / [...] Hernach volgt
        die Bull des Bapst Alexander [...] 141

        Confessio / Von der Peicht 147

        Communio / Von emphahung des Sacraments 148

        – / Von der Priester gebet den Pildtnussen
        und Evangely Büechern 150

        Festi Dies / Feyrtäge 150

        Purgatorium / Vom Purgatorio oder Vorhell 152

        Divorum Cultus / Von Heilligen 153

        Ieiunium / Die Fasstn 153

        – / Die Lehrer den sie nachvolgen 155

        De decimis / Von Zehenden 164

– / Wer dem Geistlichen Gericht underworffen ist 164

Ratio contrahendi matrimonium / Vom Ehestand... 169

– / Nunmals weitter von der Weltlichkhait... 175

Sequuntur ordinationes a Ioanne Basilii Magno Duce,
Anno mundi 7006 factae / Des Großfürsten Hannsn
Basily Sun Ordnungen und gesatz im 7006. jahr... 186

De ingressu in alterius domum / Wie die aneinander emphahen
wann ainer zu dem andern in das Hauß khumbt 193

De moneta / Müntz 197

Nunc Chorographiam Principatus & dominii magni Ducis Moscovuiae
aggrediar / [...] / Hernach volgt die Beschreibung der Fürstenthumer
und Herrschafften des Großfürsten in der Mosqua [...]................................ 209

Itinerarium ad Petzoram, Iugariam, & Obi usque fluvium /
Die Raiß gehen Petzo-ra / Jugra / und zu dem wasser Obi 266

Ad principatus Moscoviae redeo / Nunmals khumb
ich wider an die Moscovittische Fürstenthumer 275

De Tartaris / Von Tatern... 283

De Lithvuania / Von Litten 332

De feris /– 352

Navigatio per mare Glaciale / Die Schiffung nach
dem Moer / das man das Eisig oder gefrorn Moer nennt 374

De modo excipiendi et tractandi Oratores / Welcher massen
die Potschafften emphangen und gehalten werden 385

Itinera in Moscoviam / Meine Raisen in die Mosqua
volgen hernach die erste.. 438

Reditus / Mein erste wider Rayß aus der Mosqua.. 461

Iter secundae legationis / Die ander mein Raiß in die Mosqua 496

– / Die ander mein wider Raiß aus der Mosqua 507

Register 513

Vorwort 513

Personen- und Familiennamen 519

Orte, Länder und Gewässer 542

Völker, Sprachen und Religionen... 577

Vorwort des Herausgebers

Der 500. Geburtstag des Politikers, Diplomaten, Humanisten und Autors Sigismund von Herberstein ist im August 1986 auf der Burg Herberstein in der Steiermark durch ein wissenschaftliches Symposium begangen worden.[1] 450 Jahre nach der Erstpublikation seines Werkes „Rerum Moscoviticarum Commentarii" (RMC) wurde auch dieses Jubiläum gefeiert,[2] das eines bedeutenden Werkes, welches bis heute eine feste Basis der europäischen Russlandkunde bildet und tendenziell immer noch das Denken und Meinen über Osteuropa beeinflusst. 1549 zum ersten Male publiziert, wurden die RMC ein internationaler Bestseller der frühen Neuzeit, ein Klassiker der wissenschaftlichen Landesbeschreibung und ein Quellenband für Generationen europäischer Wissenschaftler, die jeweils verschiedene Forschungsinteressen verfolgten und dafür den Text als Fundgrube und Steinbruch gebrauchten. Vor allem in der russischen Historiographie gelten die RMC als unerschöpfliche Ergänzung zu einheimischen Quellen, ohne die viele Probleme der altrussischen Geschichte vor allem der ersten Hälfte des 16. Jahrhunderts nicht bearbeitet werden können.

Sigismund Freiherr von Herberstein (1486–1566) studierte 1499–1502 an der Universität Wien im Umkreis des „Erzhumanisten" Konrad Celtis, der sowohl 1500 die „Germania" von Tacitus herausgegeben als auch an seiner eigenen Kulturgeographie Deutschlands, der „Germania illustrata", jahrelang gearbeitet hat. Sein Wissenschaftsverständnis, das im Unterschied zu den meisten Humanisten über das Antiquarische hinaus auch Cosmographia, Chorographia und Historia einschloss, hat den jungen Herberstein geprägt.[3]

Die „Rerum Moscoviticarum Commentarii" sind 1549, 1551 und 1556 in sukzessive verbesserten Ausgaben erschienen, schließlich 1557 auch Herbersteins eigene Übertragung ins (Ober-)Deutsche. Wenige Jahre später, 1563, erschien eine Übersetzung von dem Basler Arzt Heinrich Pantaleon, die wegen ihrer leichteren Lesbarkeit immer wieder nachgedruckt und so zur Basis von Übersetzungen in moderne Sprachen wurde – wodurch sich allerdings auch die zahllosen Fehler und Ungenauigkeiten Pantaleons weit verbreitet haben.

Aufgrund seines geographischen Horizonts bis hin nach China, der historisch-politischen Informationsfülle und der Verlässlichkeit der Nachrichten markiert das Werk RMC den Beginn neuzeitlicher Osteuropakunde. Als landeskundliches Handbuch über Russland, weite Teile Polens, den Ostseeraum, die tatarischen Reiche, den Kaukasus und Sibirien gelten die RMC im methodischen wie im sachlichen Sinn als

---

1 GERHARD PFERSCHY (Hrsg.) Siegmund von Herberstein – Kaiserlicher Gesandter und Begründer der Rußlandkunde – und die europäische Diplomatie. Graz 1989.
2 450 Jahre Sigismund von Herbersteins Rerum Moscoviticarum Commentarii 1549–1999. Jubiläumsvorträge herausgegeben von FRANK KÄMPFER und REINHARD FRÖTSCHNER. Wiesbaden 2002. (= Schriften zur Geistesgeschichte des östlichen Europa, Bd. 24).
3 CHRISTINE HARRAUER Sigmund von Herberstein als Humanist, in: 450 Jahre Sigismund von Herbersteins Rerum Moscoviticarum Commentarii, 11–26, hier 12 f.

frühe Meisterleistung der von Konrad Celtis herzuleitenden humanistischen Chorographia.

Das Werk RMC wurde sofort nach seinem Erscheinen als grundlegende Quelle zur Osthälfte Europas erkannt: Bald zweimal ins Italienische (1550, 1574) und ins Deutsche (1557, 1563) sowie teilweise ins Englische (1555) übersetzt, steht es neben den Schriften von Columbus, Amerigo Vespucci und anderen großen Entdeckern der frühen Neuzeit.[4] Insgesamt erschienen in Europa bis 1600 etwa 20 lateinische und volkssprachliche Ausgaben. Die wissenschaftsgeschichtliche Bedeutung der RMC wird ergänzt durch ihren Impuls auf die englische theoretische und praktische Kartographie. Es besteht kein Zweifel daran, dass Herbersteins Osteuropakarte und seine Ausführungen über die von russischen Diplomaten genutzte Nordkap-Route von Russland nach Westeuropa ebenso wie seine Nachrichten über die Nordost-Passage nach China von entscheidender Bedeutung für die britischen Kartographen waren. Als englische Seefahrer über das Weiße Meer nach Moskau gelangten, hatten sie Briefe des englischen Königs an den chinesischen Kaiser bei sich.[5]

Seit langen Jahren befinden sich in Wien und Moskau umfassende Projekte allseitig kommentierter synoptischer Editionen in Arbeit. Um auch ohne vollständige Kommentare der internationalen Forschung eine einheitliche Quellenbasis zu bieten, entschloss ich mich nach Gesprächen auf der Münsteraner Herberstein-Tagung von 1999, mich auf Herbersteins letzte Editionen „eigener Hand" zu konzentrieren. Sigismund von Herberstein hat sein Leben lang aus einem weit gespannten Briefwechsel neue Nachrichten gezogen und sie in die Grundlage des Reiseberichtes eingearbeitet. Als alle überragender Kenner der osteuropäischen Verhältnisse ist er auch in seinen späteren Beobachtungen und Einschätzungen von besonderem Wert.

So wurde, von der Deutschen Forschungsgemeinschaft gefördert, in Münster die synoptische Edition von Herbersteins lateinischer Ausgabe letzter Hand und seiner eigenen deutschen Übertragung in Angriff genommen. Arbeitsversionen der Texte konnten schon im Jahr 2001 im Internet präsentiert werden.

Die ersten Schritte zur Verwirklichung der nunmehr vollendeten Edition gestalteten sich schwierig, denn nach der aufwendigen Abschrift mussten Sätze gleichen Inhalts, aber unterschiedlicher Form parallelisiert, vor allem jedoch die zahlreichen inhaltlichen Unterschiede zwischen lateinischer und deutscher Fassung sichtbar gemacht werden. Eine zusätzliche Schwierigkeit hinterließ Herberstein, indem er beim Übertragen viele Aussagen in eine veränderte Reihenfolge brachte. Bei der Suche nach einer Software, mit der alle diese Probleme zu bewältigen wären, wurden die Bearbeiter auf den „Classical Text Editor" (CTE), ein mittlerweile prämiertes Textverarbeitungsprogramm aus Wien, aufmerksam. Mit seiner Hilfe gelang es, eine bereits sehr brauchbare Rohversion der zweispaltigen Textanordnung herzustellen.

---

4 XENJA VON ERTZDORFF Sigmund von Herberstein als Geschichtsschreiber und Erzähler in seiner deutschen Ausgabe der „Moscovia" (Wien 1557), in: 450 Jahre Sigismund von Herbersteins Rerum Moscoviticarum Commentarii, 27–48.

5 SAMUEL BARON Muscovy and the English Quest for a Northeastern Passage to Cathay (1553–1583), in: Acta Slavica Iaponica, 3 (1985), S. 1–17.

Dieser Erfolg bildet die Leistung von Eva Maurer M.A., die gemeinsam mit Martina Vranešic die konkrete Editionsarbeit begonnen hat. Auch die Entscheidungen über Konjekturen und die insgesamt wenigen sonstigen Eingriffe in die Textgestalt traf im Wesentlichen Eva Maurer; für die Endredaktion stand sie allerdings nicht mehr zur Verfügung. Deshalb übernahm Dr. Andreas Fülberth, unterstützt von Jutta Woizeschke als Korrekturleserin, die präzise Nachbearbeitung der Synopse. Seine darauf aufbauende, für die künftige Forschung grundlegende Aufgabe bestand in der Erstellung systematisierter Register, mit deren Hilfe sämtliche im Werk enthaltenen Namen in allen Schreibweisen, gegliedert nach Personen, Orten und Völkern, aufgefunden werden können.

Die Mikrofilme bzw. Kopien der Originalausgaben überließ mir Walter Leitsch zu Zeiten meiner Mitarbeit an der Kommentierung Herbersteins, ein weiteres Paar an Arbeitsvorlagen hat mir Oleg F. Koudriavtsev aus Moskau beschafft. Ihnen beiden sei herzlich dafür gedankt.

Die Deutsche Forschungsgemeinschaft hat dem Vorhaben durch die Bewilligung dreier aufeinander folgender Zuschüsse von der Idee zur Verwirklichung verholfen und dadurch der Forschung neue Impulse verschafft. Dafür schulde ich – und mit mir die internationale Gruppe der Herberstein-Forscher – ihr Dank. Es sind vor allem die russischen Kollegen, die auf diese Basis-Publikation warten, um sie zur Grundlage einer eigenen Edition mit russischer Übersetzung zu machen.

Den Kollegen Edgar Hösch und Hermann Beyer-Thoma sage ich freundlichen Dank dafür, dass sie – nach der Publikation des Tagungsbandes von 1999 – nun auch die Quellenedition unter die Publikationen des Osteuropa-Instituts München aufgenommen haben.

Frank Kämpfer, Hamburg

Editorische Vorbemerkung

Für die moderne Edition frühneuzeitlicher Drucke existieren unterschiedlichste Empfehlungen; die Textvorlagen aus jener Zeit sind zu disparat, als dass es obligatorische Standard-Richtlinien geben könnte. Es gilt somit geeignete Verfahrensweisen für den jeweiligen Einzelfall zu finden.

Ist eine Quelle derart bekannt wie Herbersteins „Rerum Moscoviticarum Commentarii" und sind die erhaltenen Exemplare schwer zugänglich, so sollte bei der Publikation das Erscheinungsbild der Originale so genau wie möglich wiedergegeben werden. In diesem Sinne lag es nahe, im Nachfolgenden auf Korrekturen etwa der Groß- und Kleinschreibung oder der Zeichensetzung zu verzichten.[1] Einrückungen enthält die vorliegende Edition genau da – und nur da –, wo auch in den Vorlagen neue Absätze beginnen.

Eine schwierige editorische Entscheidung ergab sich, weil Herberstein – abweichend von den Ausgaben von 1549 und 1551 – in seiner lateinischen Ausgabe von 1556 die Umschrift des kyrillischen Buchstabens *в* von *vv* zu *vu* veränderte, also zum Beispiel nicht zu „Moscovvia", sondern zu „Moscovuia", „Moscovuitae" und dergleichen transliterierte. Da Herberstein diese Veränderung ausdrücklich begründete (vgl. den Passus „Ad Lectorem"), war seiner Entscheidung letztlich strikt zu folgen.

Bei sonstigem Vokabular wurde, was die Frage von *u* oder *v* angeht, eine Anpassung an den jeweils gegebenen vokalischen oder konsonantischen Lautcharakter vorgenommen, also beispielsweise großgeschriebenes „RVSSIA" zu „RUSSIA" transliteriert. Ziel war es dabei, eine möglichst leichte Lesbarkeit der Edition sicherzustellen. Daneben empfahl es sich, zumindest im Lateinischen *ij* mit *ii* wiederzugeben.

Probleme verbinden sich auch mit der Zusammen- und Getrenntschreibung. Besonders im tendenziell eng gesetzten deutschsprachigen Druck von 1557 sind die Buchstabenabstände oft uneindeutig; in solchen Fällen folgt unsere Edition heutigen Zusammen- und Getrenntschreibungsregeln. Vereinzelt sind jedoch selbst eindeutige Leerstellen zweifelsfrei fehlerhaft, sodass eine Korrektur angemessen erschien – gerade dann, wenn der faktische Sinn sonst entstellt wäre.[2]

---

1 Nur Punkte hinter Ziffern wurden in der Regel weggelassen. Vollständig in großen Lettern gedruckte Wörter erscheinen auch in dieser Edition entsprechend; Ausnahmen hiervon konzentrieren sich auf die Praefatio, da deren verschiedene Teile im Druckbild der Vorlage stark variieren. Hier kam es deshalb auch zu anderen Vereinheitlichungen – etwa zu „ss" anstelle des durchgängigen „ß" in der Widmung an Daniel Mauch (statt original „Ulyßi" steht in der Edition also: „Ulyssi").

2 Zum Beispiel wurde klar unterschieden, ob „nachdem" als Konjunktion oder „nach dem" als Präposition und Artikel vorliegt. Im Druck von 1557 trifft man auf einige Fälle, in denen die Zusammen- und Getrenntschreibung bei „nachdem" bzw. „nach dem" genau entgegengesetzt gehandhabt ist; auch dies wiederum ist dort aber nicht etwa durchgängig so.

Dieses Vorgehen schließt nicht die zu Herbersteins Zeit übliche Zusammenschreibung von Infinitiven mit vorangestelltem „zu" ein; denn sie erschwert die Lektüre kaum und erzeugt nie einen alternativen Sinn. Der Befund im Originaldruckbild, dass Zusammenschreibung bei Infinitiven mit „zu" überwiegt, daneben aber auch Getrenntschreibung häufig vorkommt, kann insofern getreu wiedergegeben werden.[3] Auch damit folgt man dem Grundsatz, einen möglichst authentischen Eindruck von der Druckansicht von 1557 zu vermitteln.

Abweichen darf man von diesem Prinzip ganz sicher dort, wo die Setzung einer falschen Schrifttype so offenkundig ist wie im Beispiel „Mayimilian" statt „Maximilian" oder auch bei manchem Auftreten von n statt u und umgekehrt. Zur Markierung von Berichtigungen wurden hierbei eckige Klammern verwendet,[4] für umfassendere Korrekturhinweise Fußnoten eingerichtet. Geringfügige Fehler bei den Schreibungen von Namen blieben teils auch unkorrigiert und lösen sich dann über die Register auf; denn in diesen sind alle in der Edition enthaltenen Namenschreibungen erfasst.

Als weitere minimale Veränderung im Zuge der Textabschrift bleibt das unmarkierte Auflösen einiger Abkürzungen (vornehmlich innerhalb der lateinischen Fassung) zu nennen. Dieses Auflösen erschien sinnvoll, da daneben Ligaturen sowie außerdem die im lateinischen wie auch im deutschsprachigen Original gängigen Verkürzungen durch Oberstriche (über Konsonanten zur Andeutung ihrer Verdopplung, über Vokalen zur Andeutung eines dahinter ausgelassenen *m*, *n* oder *d*) durch die jeweiligen Vollbuchstaben zu ersetzen waren.[5]

Ähnlich wurde beim Transkribieren von hochgestelltem *o* über *u* (nämlich zu *uo*) sowie von Umlauten verfahren: Ein über ein *a* oder *o* gestelltes *e* im Original ergibt für die Edition ein *ä* bzw. *ö*, ein *e* über *u* in aller Regel ein *ü*. In letzterem Fall wurde nur dann *ue* gewählt, wenn ein *ü* an der betreffenden Stelle irritierend gewirkt hätte oder wenn dasselbe Wort bisweilen auch im Original mit *ue* statt mit hochgestelltem *e* begegnet.

Einen tatsächlich vollständigen textkritischen Apparat mag man unserer Synopse auch bei späterer Gelegenheit noch beifügen können. Das zentrale Anliegen des Editionsprojekts jedenfalls – die erste vollständige synoptische Wiedergabe eines lateinischen und des für die Forschung wichtigsten deutschen Wortlauts von Herbersteins Moscovia – ist verwirklicht und wird die daran zu knüpfenden Erwartungen hoffentlich befriedigen.

Andreas Fülberth, Kiel

---

3 Sehr exakt wurde bei der Abschrift daher auch beachtet, ob an ein ans Zeilenende geratenes „zu" im Original Trennungsstriche angehängt sind oder nicht.

4 Eckige Klammern finden daneben bei vereinzeltem „d'" für *der* Verwendung, so dass es an entsprechenden Stellen nachfolgend „d[er]" heißt.

5 Andere Abkürzungen wurden entweder beibehalten oder eckige Klammern machen kenntlich, dass man das Wort in der Vorlage abgekürzt findet.

Rerum Moscoviticarum Commentarii Sigismundi Liberi Baronis in Herberstain, Neyperg, & Guettenhag:

Russiae, & quae nunc eius metropolis est, Moscoviae, brevissima descriptio. Chorographia denique totius imperii Moscici, & vicinorum quorundam mentio. De religione quoque varia inserta sunt, & quae nostra cum religione non conveniunt. Quis denique modus excipiendi & tractandi Oratores, disseritur. Itineraria quoque duo in Moscoviam, sunt adiuncta.

Ad haec, non solum novae aliquot Tabulae, sed multa etiam alia nunc demum ab ipso autore adiecta sunt: quae, si cui cum prima editione conferre liceat, facile deprehendet.

Cum Caesarae & Regiae Maiestatis gratia & privilegio ad decennium.
Basileae, per Ioannem Oporinum.

Moscovia der Hauptstat in Reissen / durch Herrn Sigmunden Freyherrn zu Herberstain / Neyperg und Guetenhag Obristen Erbcamrer (und oebristen Erbtruckhsessen in Kaerntn / Roemischer zu Hungern und Behaim Khü. May. etc. Rat / Camrer und Presidenten der Nideroesterreichischen Camer zusamen getragen.

Sambt des Moscoviter gepiet / und seiner anrainer beschreibung und anzaigung / in weu sy glaubens halb / mit uns nit gleichhellig. Wie die Potschafften oder Gesanten durch sy emphangen und gehalten werden / sambt zwayen underschidlichen Raisen in die Mosqua.

Mit Roe. Khue. May. gnad und Privilegien Getruckht zu Wienn in Osterreich durch Michael Zimmerman in S. Anna Hoff.

1557

Clariss. I. V. doctori, ac singulari bonarum literarum Mecoenati, D. Danieli Mauchio, &c. amico Suo, Ioannes Oporinus S.

En tandem ad te, mi D. DANIEL, toties efflagitatam, tantoque, iam tempore expectatam, Generosissimi Baronis D. SIGISMUNDI ab Herberstayn, &c. Moscoviam mitto: longe quidem aliam, quam priore editione in publicum prodierat: plurimis nempe non solum Chorographiis, atque aliis tabulis, sed & rerum scitu dignissimarum descriptionibus passim de novo insertis locupletatam: ut taceam libellos, nunc demum ad Historiae huius calcem ab ipso autore, Coronidis vice adiectos, De admirandis Hungariae aquis, & reliquos, ut paucis visos hactenus, ita cognitu quidem dignissimos: quorum omnium lectionem ut aliis quoque Historiarum studiosis iucundam pariter atque utilem fore non dubito, ita tibi, tanquam oculato rerum istarum, quae in his exponuntur, testi, non posse non gratissimam esse, facile mihi persuadeo: quippe qui (ut non semel ex te ipso suavissime id referente audivi) ipse quoque, quum secundo legationem hanc Moscoviticam obiret Generosissimus Baro Herberstaynius, simul tum & in Moscovia fueris, & gentium illarum omnium urbes ac mores summo studio perlustraris, linguasque perceperis: ne reliquorum per Europam populorum, variis peregrinationibus tibi cognitorum, mentionem hoc loco faciam, ut quod Ulyssi suo encomion Homerus, tibi quoque nos iure optimo adscribere queamus,

πολλῶν δ' ἀνθρώπων ἴδεν ἄστεα, καὶ νόον ἔγνω.

Accipies itaque eo iam gratiore animo oblatum a nobis μνημόσυνον, quo maiore id desiderio expectasti hactenus: quoque idipsum & locupletius ab ipsomet eius autore iam postremo exornatum, & a nobis tui quoque nominis adiectione auctum, in lucem prodit: ac tantisper id mei erga te animi velut arrabonem esse patiare, dum commodior aliquando nos tibi declarandi fuerit oblata occasio. Bene vale: bonarumque literarum studiosos pro virili, ut facis, amplectere. Basileae, Calend. Iulii.

1556

18 <lat. Text:> peregrinationibus] ~~peregrinationionibus~~

**Serenissimo Principi et Domino, Domino Ferdinando, Romanorum,
Hungariae & Bohemiae &c. Regi, Infanti Hispaniarum, Archiduci
Austriae, Duci Burgundiae & Vuirtenbergae, & multarum provinciarum
Duci, Marchioni, Comiti, & Domino, Domino meo clementissimo.**

Romanos olim ferunt legatis, quos ad longinquas ac incognitas nationes miserant, id etiam negotii dedisse, ut mores, instituta, totamque vivendi rationem eius gentis, apud quam legationis nomine versabantur, diligenter literis consignarent. quod adeo deinceps solenne fuit, ut renunciata legatione, commentarii eiusmodi in aedem Saturni, ad instituendam posteritatem reponerentur. Quod institutum si fuisset a nostrae, vel paulo superioris memoriae hominibus observatum, fortasse plus lucis in historia, certe minus vanitatis haberemus.

Ego vero, qui ab ineunte aetate externorum hominum consuetudine domi forisque delectabar, libenter tuli meam operam in legationibus, non solum ab avo Maiestatis vestrae, D. MAXIMILIANO, Principe prudentissimo, verum etiam a Maiestate vestra requiri: cuius iussu non semel Septentriones perlustravi, praecipue vero iterum Moscoviam, una cum dignitatis & itineris comite, tum Caesareo oratore, LEONARDO Comite a Nugarola accessi: quae regio inter eas quae initiis sacrosancti baptismatis tinctae sunt, moribus, institutis, religione, ac disciplina militari a nobis non mediocriter dissert.

Licet itaque voluntate & mandato divi MAXIMILIANI, orator, Daniam, Hungariam, Poloniamque; accessissem: post obitum autem suae Maiestatis, patrio nomine ad potentissimum & invictissimum D. CAROLUM V. Rom. Imperatorem, germanum fratrem Maiestatis vestrae, per Italiam, Galliam, terra marique usque Hispanias profectus: iussu deinde Maiestatis vestrae, denuo Hungariae & Poloniae reges, postremo vero cum NICOLAO Comite a Salmis, &c. ipsum Solymanum Turcarum principem adiissem, multaque alias non solum obiter, sed etiam accurate inspexissem, quae dubio procul commemoratione ac luce dignissima fuissent: nolui tamen in illo meo ocio, quod a publicis consiliis succiditur, quicquam istarum rerum in literas referre, quod partim prius fuissent illa ab aliis luculente ac diligenter tractata, partim in oculis ac quotidiano conspectu Europae posita.

Res vero Moscoviticas multo interiores, ac cognitioni istius aetatis non ita obvias, praetuli, easque describere aggressus sum, maxime duabus rebus fretus, perquirendi scilicet diligentia, ac linguae Slavonicae peritia, quae magnum mihi adiumentum ad hoc qualecunque scripti genus attulerunt.

Et quamvis de Moscovia plures, plerique tamen alieno relatu scripserunt: ex antiquioribus, Nicolaus Cusanus: nostra aetate, Paulus Iovius (quem summae eruditionis ac incredibilis in me studii causa nomino) eleganter sane, & ma-

gna cum fide (usus enim est interprete locupletissimo:) Ioannes Fabri, & Antonius Bied, cum tabulas, tum commentarios reliquerint: nonnulli etiam non ex professo, sed dum proximas regiones describunt, ex quorum numero est Olaus Gothus in Suetiae descriptione, Matthaeus Mechovita, Albertus Campensis & Munsterus attigerint, me tamen illi quidem minime a scribendi proposito deterruerunt: tum quod earum rerum oculatus fuerim testis, tum quod nonnulla ex fide dignis relationibus coram praesens hauserim, denique quod diu multumque iis de rebus cum pluribus ex quavis occasione disseruerim. quo factum est, ut copiosius fusiusque (absit verbis invidia) nonnunquam ea explicare necesse habuerim, quae ab aliis quasi per transennam proposita verius quam explicata sint. Accedit ad hoc, quod ab aliis ne tacta quidem scribo, quae a nullo nisi oratore cognosci potuerunt. Hanc vero cogitationem meam ac studium, Maiestas vestra confirmavit, meque ut inchoatum opus aliquando absolverem, cohortata est, & ultro etiam currenti calcar (ut dicitur) addit: a quo tamen legationes, aliaque Maiestatis vestrae negotia saepissime avocarunt, quo minus hactenus praestare, quod institueram, potui. Nunc vero, dum ad interceptum negotium quoquo modo interdum quotidianis Austriaci fisci negotiis respirans redeo, Maiestatisque vestrae pareo, minus vereor in istius emunctissimae aetatis acumine parum aequos lectores, qui maiorem dictionis florem fortasse desiderabunt. Satis enim sit, & me reipsa (verbis enim paria facere non possum) voluntatem utcunque instruendae posteritatis ostendere: ac Maiestatis vestrae iussis, quibus mihi aeque nihil antiquum est, parere voluisse. Nuncupo itaque Maiestati vestrae hos de Moscovia commentarios, a me veritatis investigandae, ac in lucem proferendae longe maiore, quam dicendi studio scriptos: meque in clientelam Maiestatis vestrae, in cuius iam officiis consenui, suppliciter dedico ac commendo: oroque, Maiestas vestra dignetur ipsum librum ea clementia ac benignitate complecti, qua authorem semper complexa est. Viennae Austriae, prima Martii, MDXLIX.

Eiusdem Maiestatis vestrae fidelis Consiliarius Camerarius, & Praefectus fisci Austriaci,
Sigismundus Liber Baro in Herberstayn, Neyperg & Guettenhag.

Sigmund Freyherr zu Herberstain / Neyperg und Guetenhag / Obrister Erbcamrer und oebrister Erbtruckseß in Kaerntn / etc. wünscht dem güettigen Leser glückh und hayl.

   Nachdem vil von den örttern der welt so gegen Mitternacht gelegen / geschriben / und gesagt haben / sonderlich von den gepürgen und ursprungen der namhafftn flüssen / auch der Völcker sitn und wesen / und als hievor etliche Potschafftn von Kayser Maximilian hochloblichister gedechtnuß zu dem Großfürsten in die Mosqua gesandt worden / die vil wunderbarlichs auch etlichs unglaublichs davon gesagt / So sich dann begeben / das mir auch aufgelegt ward / in dieselben Landt / Poln / und Litn / zu Khünig Sigmunden und in die Mosqua zu Basilio dem Großfürsten in Potschafft zuraisen / Hat herr Matheus Lang Cardinal zu Saltzpurg ain hochberümbter erfarner und geliebter Herr / mich ernstlichen angesprochen und ermont / was warhaffts derselben Land ort zuerjndern / das ich auf solch ermonen auch sunst für mich selb mit vleiß gethon / und mit dem besten so ich vermügt / verzaichnet / derhalb zu meiner widerkhunfft hat ermelter Herr Cardinal / bey dem Kayser in meinem beisein erworben / ausser seines beisein mich in meiner verrichtung nit zuhörn / das also beschehen.
Aber nach absterben Khayser Maximilians durch yetzigen Römischen Khünig Ferdinanden etc. meinen allergenedigisten Herrn / bin ich abermals an die ort verordent / und mir sonderlichen bevolhen und aufgelegt / mich neben der Khay. May. gesandten Graf Leonharden Nugarolis / des Glaubens / Ceremonien / und ander des volckhs sitn und gebreuch / auch des Landes gelegenhait zuerkhündigen / darauf ich des so hievor verzaichnet von newem erforscht und erjndert / welches ich dann mit vil zeugen dermassen gleich bestendig befunden / dasselb für ain gwißhait angenomen / So ich dan nach erzellung meiner handlung und erjnderung erfaren / der Khay. May. etc. und dem herrn Cardinal dieselben angenam und gefellig hab ich des alles hochstgedachter jetziger Römischen Khü. May etc. Lateinisch zuegeschriben / und also in Druckh khomen / das von vil gelertn gelobt / auch pald durch etliche in das Waellisch gleichermassen in den druckh gebracht / das Lateinisch zu Basl zwaymal von newem durch mich in etlichen gemert / auch in etlichen gebessert / gedruckht / unnd zu Franckfurt in der Meß oder gemainen Marckt grosse anzal verhandlt / deren man noch an vil ortn suecht und nit bekhomen mag / der ursachen bin ich auf etlicher freundt ersuechen bewegt worden / den gemainen Teütschen die nit Latein khünnen / und doch begierig sein dergleichen sachen ainen grundt zuwissen / in Teutsche sprach zu bringen. Und wiewol ich zuvor und hernach vil weite raisen / alles in ansehlichen Potschafftn gethon hab / Als von Khayser Maximilian zu Khünig Cristiern in Denmarckht / zu den Chur und Fürsten Mentz / Sachssen / Brandenburg / und

zwayen gebrüdern Hertzogen zu Mechelburg an ainer Raiß / auch Saltzpurg /
Eystet / Bayrn / etliche mal in die Aidgnoschafft / und dan gehn Hungern / So
aber der Guettigist Khaiser Maximilian starb / durch mein Vatterlandt dz
Hertzogthum Steyr / durch Venedig / Ferrar / Bononia / Rom und Neapolis
zu Pherdt von dan in Hispanien geschifft / Sardinien Minoricam / dan Ibitzam
und Maioricam / mit grosser ungestueme antroffen / herwider durch Franckh-
reich / Piomont / Mailandt / Bressa / Beern / Vincentz / und durch das Friaul
anhaims / Aber von yetziger Rom. Khue. May. etc. Khuenig Ferdinanden
meinem Allergenedigisten Herrn / vill mal in Hungern und Behaim / vill mal
in Poln / und Litthn / auch zu Teutschen Fuersten / dan zu dem Großmechti-
gisten und Glueckhafftigisten Suleyman Türggischen Khaiser gesandt wor-
den /
von deren Landtortn / der Völckher sitten / und gewonhaiten / ich nichts
geschriben / umb des willen / das vil Ehrliche auch beruemte und gelerte
daselbsten gewest / und taeglichen sein / davon lautter beschriben / das ich
den selben fuergreiffen soll / erkhen ich mich nit darfuer / aber von den ortn /
dahin hievor als zu glauben / deren / die davon geschriben haben / khainer
khomen ist / und noch wenig khumen / hab ich aus bevelch und treuer vermo-
nung / des so ich gesehen / und von villn in einhaelliger bestaettung erindert /
in gmain khundt thuen wellen /
Verhoff wer an die ort mit fueg khumen wirdt muegen / oder von denen die
der ortn herkhumen / das der oder die aus disem meinem vertzaichnen ursach
haben / ain gewissers zu erindern / damit man doch das so lang verporgen
gewest in menigelichs gewisse wissenhait bringen müge / so aber in meiner
beschreibung vil fäl befunden werden / als in der Jartzal nach der Welt be-
schaffung / und anders so ich aus derselben ort geschicht beschreibung geno-
men / und herein gesetzt / welle ain treuer Leser die sachen versteen / das ich
in ertzellung des / so ich daselbsten her hab / in nichte verändern / auch die
gewißhait / und jren Irrthum antzaigen wellen /
zu solcher erkhündigung haben mich die Lateinisch und Windisch sprachn
vasst geholffen / und mich deß ergetzt / des ich in meiner Jugent derhalben
beschwaert bin worden / wann umb der Windischen sprach willen / Von
unerfarnen vill bekhümerliche wort hoeren muessen / wie mich dan etlich
auch der Latein halben dergleichen jrs vermainens spoetlichen ain Doctor
genent / des ich mir doch für ain Ehr angenomen / wan ich mich des wirdig
erkent hette / und mit vil andern spizigen worten / die mich aber von den
sprachen nie abgetzogen / sonder wo ich ursach gefunden / dieselben zureden
mich nit geschichen / oder geschaembt / weil ich es ainem andern für Ehr und
wolstand geachtet /

37 <dt. Text:> zureden] ~~zereden~~

Und hat gleichwol dise arbait mir neben meinem taglichen dienst und alter /
des ich nun in ainemundsibentzigisten Jar bin etwas müehe / aber allermaist
die beschwaernuß zu verteutschen / geben / weil ich meines taeglichen   5
diensts halben so mir vertraut / nit bequeme zeit gehaben muegen / offter zu
ersehen / damit das alles besser geteutscht und zierlicher gestelt waer worden.
Bitt derhalb alle menigelich / denen dise mein arbait (wie sy dann ist) fürkho-
men mag / Sy wellen die zum guetten annemen / und außlegen / und sich
meiner müesamen erfarung / zu jrem pesstn gebrauchen / nit zu argem khern   10
/ und außlegen / dan ich das von gmaines nutz wegen gleichwol schlechtlich /
aber getreulich zusamen getragen hab.

Ferdinandus Dei gratia princeps & infans Hispaniarum, Archidux Austriae, Dux Burgundiae, &c. Imperialis locum tenens generalis, &c.

Nobili, et fidelibus nobis dilectis, Leonardo Comiti de Nugarolis, Sacrae Caesareae & Catholicae Maiestatis &c. ac Sigismundo de Herberstain, Equiti aurato, Consiliariis & Oratoribus nostris ad Serenissimum Principem Moscovitarum.

Nobilis, & fideles dilecti: Cum nuper apud nos substitissent Lubingae Moscovitici oratores a Caesare reversi, per Consiliarium nostrum Doctorem Ioannem Fabrum sciscitat[i] sumus, de fide & religione ac ceremoniis gentis. Quae omnia idem Consiliarius noster, ut ab eis acceperat, in libellum postea digessit. Quem ea potissimum ratione hisce adiunctum mittimus, ut lectus a vobis suggerat, refricetque memoriam, si quid eorum vel videritis, vel observaveritis, quod protinus vestro oculato testimonio, vel observatione possit probari. Itaque iniungimus vobis, ut diligenter tam rationem fidei, quam ceremonias etiam, ad eum modum inquiratis, per occasionem. quam ipsi ad industriam & ingenium vestrum assumetis, ut certius de omnibus sic informati, huius gentis religionem & ritum assequamur, quem & in sacris & prophanis rebus soleant observare. Quod si quodpiam exemplar Missale, vel ceremoniarius alius liber, unde deprehendi facile possit sacrorum eorundem operatio circa Eucharistiam, & alia, commode in manus vestras inciderint, nobis gratum erit, ut comparentur: qui cupimus scire ad amussim, ubi conveniant, vel discrepent, in articulis fidei, ac ceremoniis. Erit nobis haec inquisitio, & labor omnis vester, periucundus: neque vobis difficilis: quem ut omni studio prosequi velitis, nostra est benegrata voluntas. Datum Augustae, die prima mensis Februarii: Anno Domini MDXXVI.

Ferdinandus S.

Ad mandatum serenissimi Domini Principis Archiducis proprium,

Iacobus Spiegl, &c.

---

7 <lat. Text:> Lubingae] *ziemlich sicher* Tubingae

D.M.S.

Sigismundo Libero Baroni in Herberstain, Neiperg et Guetenhag, virtutis ac meritorum ergo immunitate donato, P. P.

        Itala me primo tellus sub florae iuventae,
5   Aurata patriae donatum torque remisit.
        Maximus Aemilius Caesar, virtute, fideque,
        Forte mea adductus, Patrum me protinus Aulae,
        Consilio adscripsit. requies hinc nulla laborum
        Facta mihi: magnis de rebus iussa peregi.
10   Foederibus iunxi reges, pacisque tuendae
        Accendi studio, late qua Rhenus inundat,
        Danubiusque pater, vagus Albis, & Istula, quaque
        Dura Borysthenides colit impiger arva colonus,
        Et gelido manat Tanais de fonte nivosus,
15   Rha leni placidas quaque agmine lambit arenas,
        Navigiis penetrans lustravi caeca Rubonis,
        Crononisque fluenta: & inhospita Tesqua peragrans,
        Legatus mandata tuli, Regumque superbas
        Accessi sedes: gemino subiecta Trioni
20   Balthea tranavi freta, magni Regia nostrae
        Danorum domini laetata salutis honore.
        Queis gestis rebus, me Cymbrica Chersonesus
        Excipit, & patriae reddit, charisque propinquis.
        Post ubi mortalis defuncto munere vitae,
25   Carolus acer avo successerat, hunc quoque dulcis
        Impulsus patriae precibus, de more salutans,
        Indomitos adii populos & ditia regna,
        Hesperiae. reducem dein Ferdinandus ab Aulae
        Consiliis statuit: late quo Regna tenente,
30   Arctoos iterum reges, populosque revisi.
        Hinc mihi pro meritis, serisque nepotibus auctum
        Libertate decus, quod nulla aboleverit aetas.
        At postquam invasit Solymanus moenia Budae,
        Accensum furiis, vim perniciemque minantem
35   Pannoniae, Orator compressi, diraque retro
        A nostris suasi iugulis avertere tela.
        His nunc defunctus curis, post fata quiete

Sopitus placida, iusti dum buccina somnum
Iudicis excutiat, dormiscam. Vive viator,
Exemploque meo patriae servire memento.

Ioannes Rosinus.

5   Non moror hanc Christo repetenti reddere vitam.
Et vixisse mihi satis, & vidisse superque est
Tot maria & montes, tot flumina, totque paludes,
Tot reges, dominosque orbis, tot regna, tot urbes.
Nam mare conscendi, supra, quodque alluit infra
10   Italiam, remis hinc praetervectus, & illinc.
Baltheaque emensus freta, mox Balearica solvens,
Sardiniae ingredior, gelidique Borysthenis oras,
Rhaque cavas tacito stringentem flumine ripas
Traieci: Tanaisque supra caput osque nivosi,
15   Nusquam Rhiphaeos didici consistere montes.
Iamque Albim & Rhenum, fluviumque binominis Istri
Navigiis superans, Legati munus obivi:
Atque Sigismundum moderantem iure Polonos:
Lituaniaeque ducem, mos est quem dicere Magnum,
20   Saepe salutavi verbis & nomine regis
Ferd[i]nandi: & toto divisos orbe Mosynos
Non semel atque iterum magnis de rebus adivi,
Moscoviaque Ducem magnum sum affatus in urbe
Vuasilium: hinc Danis, Norvegis, atque Suedis
25   Imperitantem adii Christernum, non satis aequo
Dissidio sancti turbantem foedera lecti,
Liberius monui infami desistere coepto:
Haec mandata ferens a Caesare Maximiliano,
Ipsum etiam Hungariae regem, dominumque Bohoemis
30   Ludvicum accessi, Regno, & florentibus annis.
Iam vero multis locuples Hispania regnis
Cognita, & Hispanis non cedens Belgica regnis,
Carolo ubi Austriacam regionem, nomine Quinto,
Ceu patris orbatam interitu commendo pupillam.
35   Praeterea Decimum Romana in sede Leonem
Conspexi: Veneti dux Lauredane Senatus
Cognite porro mihi es, notique fuere Dynastae

Imperii plures, quos hic numerare molestum est.
Ecce autem Hungaricis ubi rursus imminet oris,
Et nostros misera Solymanus clade peremit,
Nequicquam longa Budam obsidione prementes,
Ipsius horrifica subnixi sede tyranni,
Altius erectae fixi stans oscula dextrae,
Quam prona in terra melior pars orbis adorat:
Principis inde mei gnatam deduco Polonos
Reginam in Regis thalamos: bellique togaeque
Expertus casus varios haec inter, & olim
Militiae emeritus veterana stipendia, iuvi
Consilio interea innocui compendia Fisci.
Linguarumque potens, in iura ac foedera fidum
Praesto ministerium, studioque senesco laborum,
Publica privatis praeponens commoda lucris:
Respondente tamen fidei forte, atque favore
Austriadum regum, domui rem linquo, decusque,
Et prisci generis stemma haud inglorius orno.
Vitae igitur plenus, quam sum mihi conscius actam
Gnaviter in vitae officiis, sine labe, notaque,
E magno veluti satur expletusque theatro,
Cedo lubens, & nostra do lampada gesta sequenti.

Ioannes Ludovicus Brassicanus.

Nullam virtus aliam mercedem laborum periculorumque desiderat, praeter hanc laudis & gloriae: qua quidem detracta, quid est, quod in hoc tam exiguo vitae curriculo, tam brevi, tantis nos in laboribus exerceamus?

Cicero.

Tydidem socium coniungit Homerus Ulyxi:
Nempe manum menti, nempe animum gladio.
Aurea nobilitas nitidum tibi porrigit ensem,
Doctrina at certam monstrat ubique viam.

Ioannes Alexander Brassicanus.

Quos adii populos, quae regna potentia vidi,
Exposui lustranda oculis. Non iudicis aequi
Examen metuo, moveor nec bile maligni:
Robore vera suo stant inconvulsa, vigentque.

Ioannes Rosinus.

Sismundum varias mundi rapuere per oras,
Terra, rates, undae, nix, traha, currus, equi.

Georg. Logus.

Occasus, mediusque dies, septentrio & ortus,
Perlustrata fero, rate sunt, rhedaque, rotaque,
Sigismunde tibi, Orator dum publica regum
Magnorum exequeris totum mandata per orbem.

Ioannes Ludovicus Brassicanus.

Sic vehor, ampla gerens regum mandata meorum,
Ad Danos, Moscos, Pannonas, Hesperios.

Georg. Vernerus.

Henricus Glareanus P.[oeta] L.[aureatus] annotationibus in Quintum Curtium, ubi de duplici Scythia, Herodoto dicta, Ptolemaeo vero Sarmatia, in haec verba disserit.

De quibus regionibus nostra aetate inclytus ille vir D. Sigmundus in Herberstein, Neiperg & Guottenhag Baro, invictissimi Caesaris Ferdinandi Consiliarius, fisci in Austria praefectus, duo iusta volumina edidit, plena omnis eruditionis, dignissimum opus lectu, quod omnes qui Geographica amant, amplectantur, multum lucis accepturi, plurimorum cum in Latinis, tum in Graecis authoribus locorum, antea a nemine recte traditorum. Oculatus hic testis, non auritus tantum haec scriptis prodidit, certa, non vana relatione: quippe missus Legatus a duobus Imperatoribus, divo Maximiliano, ac Carolo quinto, ipsoque Caesare Ferdinando, ad magnum illum ducem Moschoviae. Haec ego, optime lector, haud ullo zelo motus, quam ingenti veritatis amore, de illo generoso viro scribo. neque enim eum unquam vidi: sed eius opera tanto ardore, tanta animi mei admiratione legi, ut multis annis nil aeque lubenter. Et confiteor, me multum inde fructus hausisse: quando ex iis plane videam, veteres de his rebus ita caecutisse, ut Cimmerias tenebras nobis offudisse, merito videri queant.

6 \<lat. Text:\> edidit] edididit

Ad Lectorem

Moscoviam mihi descripturo, quae Russiae caput est, suamque ditionem per Scythiam longe lateque extendit, pernecessarium erit, candide Lector, multas in hoc opere Septentrionis parteis attingere, quae non solum priscis, sed etiam nostrae aetatis authoribus non satis cognitae fuerunt: quo fiet, ut nonnunquam ab eorum scriptis dissentire cogar.

Ne cui tamen vel suspecta, vel arrogans videatur mea, in hac re sententia, equidem fateor me non semel, sed iterum, dum divi MAXIMILIANI Imperatoris, ac eius nepotis Romanorum Regis Domini FERDINANDI legationibus fungerer, Moscovuiam, tanquam in re praesenti (ut dici solet) vidisse ac perlustrasse: maiorem tamen partem ex eius loci hominibus, tum peritis, tum fide dignis cognovisse: nec unius alteriusve relatu fuisse contentum, sed multorum constantibus sententiis fretum, ac etiam Slavonicae linguae (quae cum Rhutenica & Moscovuitica eadem est) cognitione beneficioque adiutum, haec non solum ut auritum, sed etiam oculatum testem, non fucato orationis genere, sed aperto & facili perscripsisse, ac posteritatis memoriae prodidisse.

Mosqua wirdet Teütsch / auch Reissisch gleich / aber auf Latein Moscovia genant / die Haubtstat der Reissen in Scythien / desselben Großfürsten macht und gepiet sich verr in die leng und weit erstreckt / Die zubeschreiben wird ich müessen vil örter gegen Mitternacht gelegen berüren / die den Voreltern / auch denen / so zu unsern zeiten davon geschriben / nit wol bekant sein gwest / mit denselben ich nit allenthalben gleich hellen wird /

das geschiecht nit darumb / das ich mir damit vil zuezihen und die andern straffen wolte / Sunder weyl ich erstlich auß Khaiser Maximilians / und zum andern maln jetziges meines Allergenedigsten Herrn Ferdinanden / Röm: zu Hungern und Behaim etc. Khünigs bevelch / daselbst hin als Potschafft gesandt worden / das Lannd und Stat Mosqua und vil jrer sitten und gebreuch gesehen / gleichwol das merer / doch nit auß aines / zehen oder zwaintziger ansagen / Sunder auß viler inn baiden Raisen gleichformig ansagen erjnnert und befunden / dar zue mir die Windische / die man in Latein / auch nach dem Reissischen Slavonisch sprach nent (welche sich dann mit der Reissischen oder Moscovitischen vergleicht) vil hilff gethon / Darumen ich nit allain von hören sagen / sunder als der es zum thail selbs gesehen hat / khundtschafft geben mag / und das nit mit hochge-

Caeterum, quemadmodum quaelibet natio suum quendam pronunciandi morem habet: ita & Rhuteni facere, literasque suas varie connexas, coniunctasve, nobis inusitata quadam ratione proferre solent: adeo ut, qui eorum pronunciationem non singulari diligentia observaverit, is neque sciscitari quicquam commode, neque cognoscere certi aliquid ab illis poterit. Equidem in Russiae descriptione, cum Rhutenicis vocabulis in rerum, locorum, ac fluviorum appellatione non temere usus sim, volui iam inde ab initio literarum quarundam connexionem ac vim paucis ostendere: qua animadversa, Lector pleraque facilius cognoscere, & aliquando plura fortasse inquirere poterit.

Basilius, etsi Rhuteni per Vu consonantem scribant & proferant, cum tamen apud nos inoleverit per B scribi & proferri, non videbatur mihi per Vu scribendum.

C aspirationi praeposita, non per Ci, vel schi, ut pleraeque nationes solent, sed per Khi, Germanorum quodammmodo more, est exprimen-

setzten / sunder offnen gemainen Teütschen worten / den nachkhomenden zu gedächtnuß darthuen und beschreiben wöllen.

Dann als gemaingelich ain yegeliche zung jr sonder außsprechen hat / Also auch die Reissen / die jre Puechstaben dermassen setzen / die uns Teutschen gantz frömbd und unbekant sein / außzusprechen / Wer dann auf dasselb nit sein aufmercken hat / der mag von khainem der orten heerkhommenden oder wissenden jchtes recht erfragen / noch erjnnert werden / Derhalb hab ich auch in diser beschreibung die Reissische Nämen der Stet / Flüß / Orter / Personen / und andere stuckh nit unbedacht / wie sy die außsprechen / gesetzt / und mich der gebraucht / Darumb ich auch im anfang ain bericht thuen wöllen / wie man die Puechstaben setzen / und darnach außsprechen solle / damit der Leser sich dester paß und leichter / und ye merers dardurch erfragen oder erjndern wirt mügen.

Basilius wiewol der Namen auf Reissisch nit mit dem B. sunder mit ainem Puechstaben / der ain mitter aussprechen hat zwischen dem B. und F. dieweil derselb namen bey uns auch gemain ist / und mit dem B. beschriben wirdet / hab ich khain änderung in demselben Namen machen wöllen.

C. so ainem H. furgesetzt / wird außgesprochen wie wir Teütschen des in gebrauch sein / und nit wie etlich ander Nationen / das ist na-

da: ut in dictione Chiovuia, Chan, Chlinovua, Chlopigrod, &c.

Praeposita vero Z duplae, sonorius aliquanto proferenda: ut Czeremisse, Czernigo, Czilma, Czunkas, &c.

G Rhuteni, praeter aliorum Slavorum morem, per h aspirationem, Bohemico propemodum more proferunt. ut cum Iugra, Vuolga scribunt: Iuhra, Vuolha pronunciant.

I litera ut plurimum vim consonantis obtinet: ut in Iausa, Iaroslavu, Iamma, Ieropolchus, &c.

Th fere per ph proferunt: ita Theodorum ipsi Pheodorum, seu Feodorum appellant.

V quando vim consonantis habet, eiusdem loco Vu literam, quam Germani per duplex b, sc. w exprimunt, posui: ut in Vuolodimeria, Vuorothin, Vuedrasch, Vuiesma, Vuladislaus. Eadem vero in medio vel fine dictionis posita, vim seu sonum obtinet literae Graecae phi, quae est nobis ph, ut Ozakovu, Rostovu, Asovu, Ovuka. Diligenter igitur observabit Lector huius literae vim, ne una & eadem dictione depravate prolata, diversas res interrogasse, intellexisseve videatur.

Praeterea in Rhutenorum Annalibus, origine, rebusque gestis vertenhend als mit ainem K. doch linder / als Chlinowa / Chan / Chiow / Chlopigerod.

Wann aber dem C. ain Z. nachgesetzt / so wirt es auch der Teutschen art nach außgeredt / als Czeremissa / Zernigo / Zilma / Zunkhaß.

G. wird gemaingclich / wie auch Behaimisch / für ain H. außgesprochen / als wann man schreibt / Jugra volga / so spricht man Juhra volha.

J. wirt öffter nahend ainem G. außgesprochen / als Jausa / Jaroslaw / Jamma / Darumben so derselb Puechstab dermassen sol außgesprochen werden / hab ich zu erkantnuß denselben dermassen Y. setzen lassen.

Th. wo wir die zwen Puechstaben brauchen / so setzen sy darfür Ph. als der Nam Theodor / schreiben und sprechen sy Pheodor.

W. wirt in gar vil worten im anfang / in der mitte / auch zu letst gesetzt / Ist das mittl zwischen B. und F. und mueß darfür außgesprochen werden / Darumb so derselb Puechstab außgesprochen / wirt der also W. gesetzt / als Wolodimer / Wlaslaw / Worothin / Dwina / Otzokhow / Rostow. Darumb sol der Leser sein aufmerckhen haben / will er anderst solche wort verständig aussprechen.

dis, non eo, quo nos, sed quo ipsi utuntur, annorum numero usi sumus: ne, dum ab ipsorum scriptis discreparemus, correctores verius quam
5   fidi interpretes videremur.

**Rerum Moscoviticarum
Commentarii, Sigismundo Libero
Barone in Herberstain, Neuperg &
Guetenhag, autore.**

Russia unde nomen habeat, variae extant opiniones.

Sunt enim qui eam a quodam Russo, fratre seu nepote Lech, principe Polonorum, perinde ac si ipse Rhutenorum princeps fuisset, nomen accepisse volunt.

Alii autem a quodam vetustissimo oppido, Russo dicto, non longe a Novuogardia magna. Quidam vero a fusco eius gentis colore.

Plerique nomine mutato, a Roxolania Russiam cognominatam esse putant. Verum eorum qui hasce asserunt opiniones, tanquam vero haud consonas, Mosci refutant, asserentes Rosseiam antiquitus appellatam, quasi gentem dispersam, seu disseminatam: id quod nomen ipsum indicat. Rosseia etenim, Rhutenorum lingua, disseminatio, seu dispersio interpretatur. quod verum esse, varii populi incolis etiamnum permixti, & diversae provinciae Russiae passim intermixtae ac interiacentes, aperte testantur.

Notum est autem historias sacras legentibus, disseminationis vocabulo etiam Prophetas uti, cum de dispersione populorum loquuntur.

Nec tamen desunt, qui Russorum

RUSSIA lateinisch / wird zu Teütsch Reissen genant / woheer der Namen khumbt / sein mancherlay mainung /

Etliche sprechen / von Russo / der ain Brueder des Lech aines Fürsten in Polln / welcher der Reissen Landtsfürst gewesen sein sol / davon sy den Namen genumen / oder uberkhumen hetten.

Andere vermainen von ainem alten Flegkhen oder Stätlein Russo genant / nit verr von Großneugarten gelegen / Aber etliche von der praunschwartzen farb / desselben volckhs.

Vil sein / die vermainen / das der namen Roxolania in Russia verwendt sey worden. Dise mainungen all halten die Reissen nit für gegründt / sunder sprechen / das Russia vor zeitten Rosseya gehaissen habe / als nach jrer sprach ain zersträet oder ausgesäet volck / das vermainen sy auch mit dem zubekrefftigen / das jr Nation nindert gar beyeinander / sunder allenthalben mit andern undtermischt ist.

nomen ex Graeca, atque adeo ex
Chaldaica origine, non multum dissi-
mili ratione trahant. a fluxu nimi-
rum, qui Graecis est ῥοῦς. vel a
quadam quasi guttulata dispersione,
quae Arameis dicitur Resissaia, sive
Ressaia: quo modo Galli & Umbri a
fluctibus, imbribus & inundationi-
bus, hoc est, a Gall & Gallim, item
ab Umber, Hebraeis sunt appellati,
quasi dicas fluctuantes seu procello-
sos populos, vel scaturiginum gen-
tem.

Sed undecunque tandem Russia
nomen acceperit, certe populi omnes
qui lingua Slavonica utuntur, ritum
ac fidem Christi Graecorum more
sequuntur, gentiliter Russi, Latine
Rhuteni appellati, ad tantam multitu-
dinem excreverunt, ut omnes inter-
medias gentes aut expulerint, aut in
suum vivendi morem pertraxerint:
adeo ut omnes nunc uno & communi
vocabulo Rhuteni dicantur.

Es khum nun der Namen Russia von
wem er wölle / So werden alle die
Reissen genant / die sich der Slavo-
nischen oder Windischen sprach
gebrauchen / und den Christenlichen
glauben und Ceremonien nach ge-
brauch und ordnung der Khriechen
halten. Nach jrer sprach werden sy
Russy / Lateinisch Rutheni / und
Teütsch Reissen genandt / und sein
in so ain grosse menig erwachssen /
das sy alle eingemischte völckher
und Nationen eintweder ausgetriben
/ oder zu jren sitten gezwungen
haben / also das sy jetzmals all in
gemain Reissen genent werden.

Slavonica porro lingua, quae
hodierno die corrupto nonnihil voca-
bulo Sclavonica appellatur, latissime
patet: ut qua Dalmatae, Bossnenses,
Chroati, Istrii, longoque secundum
mare Adriaticum tractu Forumiulii
usque, Carni, quos Veneti Charsos
appellant, item Carniolani, Carinthii,
ad Dravum fluvium usque: Stirii
vero infra Gretzium, secundum
Mueram Danubium tenus, indeque

Die Slavonisch / das ist / die
Windisch sprach / welche jetzo ge-
mainelich aber nit recht Sclavonisch
genent wird / geht seer weit / Dann
derselben sprach gebrauchen sich
die Dalmatiner / Bossner/ Chrabaten
/ Isterreicher / zeucht sich lang nach
dem Adriatischen Mör / hintzt an
das Friauler Land / Dise sprach re-
den auch die Carster / so Lateinisch
Carni und Venedigisch oder Wäl-

Mysri, Servii, Bulgari, aliique Constantinopolim usque habitantes:

Bohemi praeterea, Lusacii, Silesii, Moravi, Vagique fluvii in regno Hungariae accolae: Poloni item, & Rhuteni latissime imperantes, & Circasi Quinquemontani ad Pontum, denique per Germaniam ultra Albim in septentrionem Vuandalorum reliquiae sparsim habitantes utuntur. Hi etsi omnes se Slavos esse fatentur, Germani tamen a solis Vuandalis denominatione sumpta, omnes Slavonica lingua utentes, Vuenden, Vuinden, & Vuindisch, promiscue appellant.

Caeterum Russia montes Sarmaticos haud longe a Cracovia attingit:

hisch Carssy genent werden / Item die Crainer / Khärner untzt an die Traa / deßgleichen die Steyrer vier meil unterhalb Grätz / dann nach der Muer hinab / biß an die Donaw / darnach uber die Traa und Saw / Die Mysy / Servy / Bulgary / welche wir jetzo in gemain die Sirven und Rätzen nennen / und andere völcker biß gar gen Constantinopl /

Darnach die Beham / Lausitzer / Schlesier / Märher / die Winden an der Waag / und vil der völcker von der Waag hindan in Hungern / die Poln / die Reissen / dartzue die Circassen / in fünff pergen genant / am Schwartzen Mör / so man Lateinisch Pontum nennt / wonhafft / Noch sein etliche nach der Elb ab / die zersträet ligen / und Dörffer haben / als uberbleibling der Wenden / die derselben ortn etwan gewont haben / die alle bekennen sich Slaven sein. Die Teutschen aber haben im brauch / alle die / so die Slavonisch sprach reden / Wenden / Winden / oder Windische on undterschid zu nennen /

so gebrauchen sich auch diser sprach in schrifften und im Gottesdienst die Moldauer und die andern anraynenden Wallachen / wiewol dieselben ain andere sprach in gemain haben.

Vil wöllen mit schrifften darbringen / das Macedonia auch die Slavonische sprach / die man Syrvisch der orten nent / für jr Muettersprach ye gebraucht und noch brauchen.

Reissen geraichen nahend an das Sarmatisch gebürg / nit verr von

& secundum fluvium Tyram, quem incolae Nistru vocant, ad Pontum Euxinum atque Borysthenem usque fluvium protendebatur: sed ante aliquot annos Albam, quae alias Moncastro appellatur, quaeque ad ostia Tyrae sita, sub ditione Vualachi Moldaviensis erat, Thurca occupavit.

Praeterea rex Thauriciae Borysthenem transgressus, lateque omnia vastans, duo ibi castra exaedificavit: quorum alterum Oczakovu nomine, non longe ab ostiis Borysthenis situm, nunc Thurca pariter occupat: ubi solitudines hodie sunt inter utriusque fluvii ostia.

Porro ascendendo iuxta Borysthenem, devenitur ad oppidum Circas, occidentem versus situm: atque inde ad vetustissimam civitatem Chiovuiam, quondam Russiae metropolim: ubi traiecto Borysthene, est provincia Sevuera, adhuc habitata: ex qua recta in orientem procedenti occurrunt Tanais fontes.

Longo deinde secundum Tanaim, ad

Crackaw / und nach dem fluß Tyras / den die der orten wonend Nisster nennen / hintzt an Pontum Euxinum das man sonstn das schwartz oder auf Wälhisch das grösser Mör nent / und dann hinüber an das wasser Boristhenes auf Reissisch Nieper genent / aber vor etlich jarn / hat der Türckh Weissenburg / so man auch Moncastro nent / am gmund des fluß Tyras gelegen / so dem Voyvoden in der Molda zuegehört / eingenumen.

So hat der Tartarisch Khünig / Reissisch im Precop / aber Lateinisch Taurica genant / uber den Nieper gegriffen / daselbsten weit und prait alles verhört / und zway Schloß erpaut / das ain Otzakhow genant / das nit verr von des Niepers gmund ligt / und der Türck yetzmals auch jnnhat / Also das auf den heütigen tag zwischen bayder flüß des Nister und Nieper biß an das Mör grosse und weite wüeste land sein.

Und als man nach dem Nieper uber sich raiset / khumbt man wider in Reissen gen Circas / so gegen dem Nidergang der Sonnen gelegen / von dannen gen Caynon und Chiow / da vor zeiten der Reissen haubtstat gewesen / auch der Fürsten sitz und das Regiment gehalten worden / Daselbsten uber den Nieper ist das Fürstenthumb Sewera genant / ist noch besetzt / und bewont / Wo man dann gleich gegen dem Aufgang von dannen ra[i]st / khumbt man zu dem ursprung des gar nambhafften fluß Tanais /

und fürter von denselben flüssen

confluxum scilicet Occae & Rha fluviorum, itinere emenso, transeundo denique Rha longissimo tractu in mare usque Septentrionale, post inde redeundo, circa populos regi Svuetiae subditos, & ipsam Finlandiam, sinumque Livuonicum, atque per Livuoniam, Samogithiam, Masovuiam denique & Poloniam usque revertendo, Sarmaticis tandem montibus terminatur, duabus duntaxat provinciis, Lithvuania scilicet & Samogithia interiectis: quae duae provinciae licet Rhutenis intermixtae sint, ac proprio idiomate rituque Romano utantur, earum tamen incolae ex bona parte sunt Rhuteni.

Principum qui nunc Russiae imperant, primus est, Magnus dux Moscovuiae, qui maiorem eius partem obtinet: secundus, magnus dux Lithvuaniae: tertius est rex Poloniae, qui nunc & Poloniae & Lithvuaniae praeest.

De origine autem gentis, nihil habent praeter annales infra scriptos: gentem scilicet hanc Slavonicam esse ex natione Iaphet, atque olim consedisse ad Danubium, ubi nunc Hungaria est & Bulgaria, & tum Norci appellatam:

tandem dispalatam, & per terras

ainen weitten weg hinab / da die zway wasser Occa und Volga / das man Griechisch Rha nent zusamen fliessen / Daselbste uber die Volga oder Rha erstreckt sich das Reissen land an das Mör gegen Mitternacht / und am herwider raisen / geraicht es an die völckher dem Khünigreich Schweden zuegehörig / auch an Finland / volgends an Leiffland / Sameitn / die Maß / und dann wider an Poln / und daneben ab hintzt an das Sarmatisch gebürg / In dem gantzen getzirgkh / sein nur zwey Land außgenumben Lythen und Sameiten / die der Römischen Khirchen ordnung in der Religion anhengen / und hat yedliches sein sprach. Gleichwol sein gar vil der Underthanen derselben Fürstenthumber und in Lythen / auch in der Haubtstat der Wilda / die Reissen sein.

Es sein drey Fürsten yetzo der Reissen / der erst ist der Fürst in der Mosqua / der den grössern thail derselben inn hat / Der ander ist der Großhertzog in Littn / Der drit ist der Khünig in Poln / gleichwol ist yetzmals Poln und Littn undter ainem Herrn.

Von dem anfang diser Nation haben sy nit anders dann wie die hernachvolgende jar beschreibungen anzaigen / Nemblich das Slavonisch volck sey auß der Nation Japhet / und hab sich bey der Donaw nidergelassen / da yetzmals Hungerland und Bulgarnn / und sein derselben zeit Norci genent gewest / und von dann auß sein sy zersträet

dispersam, nomina a locis accepisse, utpote Moravui a fluvio: alii Czechi, hoc est Bohemi: item Chorvuati, Bieli, Serbli, id est Servii, Chorontani dicti, qui ad Danubium consederant, a Vualachis expulsi, venientes ad Istulam, nomen Lechorum a quodam Lecho Polonorum principe, a quo Poloni etiamnum Lechi vocantur, acceperunt.

Alii Lithvuani, Masovienses, Pomerani: alii sedentes per Borysthenem, ubi nunc Chiovuia est, Poleni dicebantur: alii Drevuliani, in nemoribus habitantes: alii inter Dvuinam & Peti, dicti Dregovuici:

alii Poleutzani, ad fluvium Poltae, qui influit Dvuinam: alii circa lacum Ilmen, qui Novuogardiam occupaverunt, sibique principem Gostomissel nomine constituerunt:

alii per Desnam & Sulam fluvios, Sevueri, seu Sevuerski appellati: alii vero super fontes Volhe & Borysthenis, Chrivuitzi nominati: horum arx & caput Smolensco est.

Haec annales ipsorum testantur.
Qui initio Rhutenis imperaverint, incertum est. characteribus enim carebant, quibus res gestae memoriae mandari potuissent.

Posteaquam vero Michael rex Con-

und außgesäet worden / haben die namen nach den Landen bekumen / Als die in Märhern von dem fluß der March / ander Czechi / das sein Behaim / Crabaten / Bieli / Sirven / Chorothani / die bey der Donaw gewont / unnd von Wallachen veriagt / und sein khumen an die Weixl und Lechi / von jrem Fürsten Lecho genant worden / davon auf heüttigen tag die Poln Lechi genant werden /
Aber ander Littn / Masovithn / Pommern / etlich haben am Nieper gewont / da jetzo Chiow steet / Poleni genant / Ander Drewliani / die wonetn nuer in wäldern / Dann etlich an den wassern Dwina und Peti genant Dregovici /
die Polowtzani bey dem fluß Polta / der in die Dwina fellt / So sassen auch etlich bey dem See Ilmen genant / die haben Grosneugarteen erobert / und jnen ainen Fürsten mit namen Gostomissl gesetzt /
So woneten auch an den flüssen Deßna und Sula / Severi oder Sewerskhy genant / Ander ob den ursprungen der Volga und Nieper / genent Chrivitzi derselben Haubtschloß und Stat was Smolensco /
Sovil sagen jre geschicht schreiber.
Wer erstlichen der Reissen Herr gwest / ist zweiffelich / sy haben khaine puechstaben gehabt / und nit schreiben khunen / damit sy jre geschichten zu gedächtnuß hetten bringen muogen.

Als Khünig Michael zu Constanti-

---

2 <lat. Text:> Czechi] O̶z̶e̶c̶h̶i̶   4 <lat. Text:> Chorvuati, Bieli] *sic, trotz des eigentlich attributiven Bezugs*

stantinopolitanus, literas Slavonicas in Bulgariam anno mundi 6406. misisset, tum primum, non ea duntaxat quae tum gerebantur, verum etiam quae a maioribus acceperant, & per longam memoriam retinuerant, scribi, inque Annales eorum referri coepta sunt: ex quibus constat, Coseros populum, a nonnullis Rhutenis tributi nomine aspreolorum pelliculas de singulis aedibus exegisse, item Vuaregos ipsis imperavisse.

De Coseris, unde, aut quinam fuerint, nihil praeter nomen ex Annalibus: de Vuaregis itidem, certi quicquam ab illis cognoscere non potui. Caeterum cum ipsi mare Baltheum, & illud quod Prussiam, Livuoniam, indeque post ditionis suae partem a Svuetia dividit, mare Vuaregum appellarent: putabam equidem, aut Svuetenses, aut Danos, aut Prutenos, ob vicinitatem, principes illorum fuisse.

Iam vero, cum Vuagria, famosissima quondam Vuandalorum civitas & provincia, Lubecae & ducatui Holsatiae finitima fuisse, mareque hoc quod Baltheum dicitur, ab ea nomen, quorundam sententia, accepisse videatur: illudque ipsum, & sinus ille qui Germaniam a Dania, item Prussiam, Livuoniam, maritimam denique Moscovuitici imperii partem

nopl die Slavonischen Puechstaben im 6406. Jar von anfang der welt zuraitten / in Bulgarn geschickt / dann hat man das / so nit allain derselben zeit sich zuegetragen / sonder auch von den alten angetzaigt worden / in die schrifften zubringen angefangen / Auß demselben befindt man / das ain volck Coseri genant / von den Reissen Tribut genumen haben / Nemblich von yeglichem hauß ain pälgle oder heutle der Vech oder Grabwerchen / Dergleichen ain volck die Varegi sollen uber sy geherscht haben /

Wer aber die Coseri gewest sein / findt man nichts allain den Namen / Dergleichen hab ich von Varegen nichts mügen erjndern.

Als aber sy die Reissen das Teutsch Mör / so man Lateinisch Baltheum / und die Teutschen den Peld nennen / Also auch das Preissisch und Leifflendisch Mör / des auch der Reissen Herrschafft von dem Schwedischen gepiet taillet / Varetzkhoye morye nennen / Hab ich lang gedacht / die Varegi wären Schweden / Preissen / oder Dennen / der Nachparschafft nach gewest /

So hab ich mich seid erjndert / das ein gar ansehenliche Stat Wagria genant / die durch die Wenden bewont / nahend umb Lubegkh und das Hertzogthumb Holstain gewest / und das Mör nach jrer sprach darnach genent worden / und denselben namen nachmals bey den Reissen erhalten /

a Svuetia separet, & adhuc apud
Rhutenos nomen suum retineat,
atque Vuaretzokoie morie, hoc est,
Vuaregum mare appelletur:
ad haec, quod Vuandali ea tempesta-
te potentes erant, Rhutenorum deni-
que lingua, moribus atque religione
utebantur: videntur itaque mihi
Rhuteni ex Vuagriis, seu Vuaregis
potius, principes suos evocasse,
quam externis, & a religione sua,
moribus, idiomateque diversis,
imperium detulisse.

Cum itaque Rhuteni aliquando inter
se de principatu contenderent, ac
mutuis odiorum facibus inflammati,
exortis denique gravissimis seditio-
nibus decertarent: tum Gostomissel,
vir & prudens, & magnae in Novuo-
gardia authoritatis, in medium con-
suluit, ut ad Vuaregos mitterent,
atque tres fratres, qui illic magni
habebantur, ad suscipiendum impe-
rium hortarentur. mox audito consi-
lio, legatis missis, principes germani
fratres accersuntur: venientesque eo,
imperium ipsis ultro delatum, inter
se dividunt.

Rurick principatum Novuogardiae
obtinet, sedemque suam ponit in
Ladoga, XXXVI miliaribus Germa-
nicis infra Novuogardiam magnam.
Sinaus consedit in Albo lacu.
Truvuor vero in principatu Plesco-
viensi, in oppido Svuortzech.

Hosce fratres originem a Romanis
traxisse, gloriantur Rhuteni: a quibus

Zu dem das die Wandali oder Wenn-
den derselben zeit vast mächtig
gewest / und mit der sprach und
sitten sich mit den Reissen vergli-
chen / Derhalben bewegt mich zu-
glauben / das die Reissen umb des
willen vil lieber und eher / dann von
andern frömbder sprach und sitten
zu Herrschafften genomben / und
beruefft haben /

Als nun etwan die Reissen von
wegen des Fürstenthumbs zwiträch-
tig und gantz widerwärtig gegen
einander entzündt und aufrürig
worden / hat Gostomissl der weise
man / der auch zu Neugarten in gros-
sem ansehen gewest / sein Rat geben
/ Sy sollen zu den Varegern umb die
drey gebruoeder / die daselbsten
groß geacht gewest / schickhen /
damit sy das Regiment oder Regie-
rung annämben / des Rat man ge-
volgt / und die drey gebrueder sein
auf solch ersuechen khumen / und
das gepiet zwischen einander außge-
tailt.

RURICK namb das Fürstenthumb
Großne[u]garten / und setzt sich gen
Ladoga / das 36 meil under Groß-
neugartten ligt.
SINAUS blib zum Weissensee.
Der TRUWOR aber namb das Fürs-
tenthumb Plesco / und wont im
Stätlein Swortzoch.

Dise drey brüeder ruoembten sich
jren ursprung von Rom zu haben /

etiam praesens Moscovuiae princeps, se genus duxisse suum asserit.

Horum autem fratrum ingressus in Russiam, iuxta Annales, fuit anno mundi 6370.

Duobus sine haeredibus defunctis, principatus omnes Rurick superstes obtinuit, castra inter amicos & famulos divisit.

moriens filium iuvenem Igor nomine, una cum regno commendat cuidam Olech propinquo suo: qui id, devictis multis provinciis, auxit: arma in Graeciam usque transferens, Bisantium etiam obsedit.

& cum triginta tribus annis regnasset, atque in caput seu cranium sui equi iam olim mortui, pede forte impegisset, vermis venenosi morsu laesus occubuit.

Mortuo Olech, Igor ducta ex Plescovuia uxore Olha, imperare coepit: qui cum exercitu suo longius progrediens, Heracleam & Nicomediam usque pervenisset, tandem bello superatus aufugit. post a Malditto Drevulianorum principe, in quodam loco Coreste nomine, ubi etiam sepultus est, occiditur.

Filius autem Svuatoslaus, quem infantem reliquit, cum per aetatem imperare non posset, interim mater

von denen auch der groß Fürst Basilius / zu dem ich geschickt was / sein herkhomen zu haben fürgab /
Diser dreyer gebrüeder eingang gen Reissen / sol nach jren schrifften beschehen sein im Jar von anfang der welt 6370.
die zwen sein on leibs erben abgestorben / und der uberbeliben Rurikh hat alle Fürstenthumben an sich genumben / und die Schlösser und Stet zwischen seinen Freünden und Dienern außgethailt.
Nach seinem absterben hat Er sein Sun IGOR verlassen / den Er sambt seinem Reich bevolhen hat ainem seinem nächsten Freund OLECH genant / der dann vil anrainender Herrschafften erobert / auch gar in Griechen gezogen / Constantinopl belegert /
Als der 33 Jar geregiert / hat er mit seinem fueß an seines abgestorbnen Roß khopf gestossen / ist durch ain vergiffts thier gepissen worden / und davon gestorben.
Nach absterben des Olech / hat Igor sich gen Plesco verheyrat zu ainer genant OLHA / und das Regiment an die hand genumen / und mit seinem Khriegs[v]olck weitter verruckt / biß gen Heracleam und Nicomediam khumen / darnach Er uberwunden worden / und geflohen / von Maldito der Drewlianer Fürsten an dem ort Coresto genant / erschlagen / und daselbsten begraben worden /
Sein Sun SWATOSLAW / den er gar jungen verlassen / darumb Er auch das Regim[en]t nit verrichten

Olha regno praefuit: ad quam cum
Drevuliani viginti internuncios mi-
sissent, cum mandatis, ut eorum
principi nuberet:

5 Olha nuncios Drevulianorum vivos
obrui iussit: suosque interim legatos
ad eos misit, nimirum si se princi-
pem & dominam expeterent, ut plu-
res atque praestantiores procos mit-
10 terent.

mox alios selectos quinquaginta
viros ad se missos, in balneo com-
bussit: aliosque legatos iterum misit,
qui adventum suum annunciarent,
15 iuberentque apparare aquam mul-
sam, aliaque ex more ad parentan-
dum marito defuncto necessaria.

Porro ad Drevulianos cum venisset,
maritum deplanxit, Drevulianos ine-
20 briavit, quinque millia illorum occi-
dit.
mox Chiovuiam reversa, exercitum
conscripsit: contra Drevulianos pro-
gressa, victoriam reportavit, fugien-
25 tes in castrum persecuta, obsidione
ad integrum annum pressit.

post interpositis conditionibus, tribu-
tum illis de qualibet domo, tres vide-
licet columbas, totidemque passeres
30 imperat: acceptasque in tributum
aves, continuo alligatis sub alas
igneis quibusdam instrumentis, di-
mittit. avolantes columbae, ad aedes

mügen / hat sein Mueter Olha an
seiner stat solches verricht / Zu 35
derselben schickten die Drewlianer
zwaintzig Potten / mit solcher wer-
bung / das sy sich jrem Fürsten ver-
heyraten wolte /
die Olha hat die Potten lebendig 40
begraben lassen / und sy jre leut zu
den Drewlianern abgeverttigt / mit
solchen bevelch/ So verr si Sy zu
jrer Frauen und Fürsstin haben wöl-
len / sollen sy merere und ehrlichere 45
Potten zu jr senden.
Pald haben sy Fünfftzig fürnembli-
cher gesannt / die sy in ainem Pad
alle verprend. Und wider jre gesante
zu den Drewlianern außgefertigt / 50
denen anzuzaigen / Sy khäme daheer
mit bevelch / sy sollen Met / oder
der gleichen trankh und anders so zu
jres Haußwiert begengknuß not-
dürfftig sey / zueberaiten / 55
Als sy zu denen khumen / hat sy jren
abgestorbnen Man beclagt / die
Drewlianer betrunckhen gemacht /
und deren 5000 erschlagen /
und alßdann wider gehn Kyow 60
verrugkt / jr Hör versamblt / wider
die gezogen / die uberwunden / den
flüchtigen nachgerugkt / hintzt an
die bevestigung / dieselben ain gant-
zes Jar belegert / 65
dann die sachen zu thaiding komen /
und hat von jnen ain Tribut / als
nemblichen von jeglichem Hauß
drey Tauben / und drey Spergken
begert und genumen / denselben hat 70
sy fewrwerch angebunden / unnd
fliegen lassen / die sein widerumben

5 <dt. Text:> verheyraten] verherayten

consuetas redeunt, revolantque, castrum incendunt. inflammato iam castro diffugientes, aut occiduntur, aut capti venduntur.

Occupatis itaque omnibus Drevulianorum castris, ulta mariti mortem, Chiovuiam revertitur.

Dein anno mundi 6463 in Graeciam profecta, baptismum sub rege Ioanne Constantinopolitano suscepit: commutatoque nomine Olhae, Helena vocata est: ac magnis post baptismum a rege muneribus acceptis, domum revertitur.

Haec prima inter Rhutenos Christiana fuit, ut Annales eorum testantur, qui eam Soli aequiparant. Sicuti enim sol ipsum mundum illuminat, ita & ipsa Russiam fide Christi illustrasse dicitur.
Svuatoslaum autem filium ad baptismum nequaquam perducere potuit. qui cum adolevisset, strenuus ac promptus statim omnes bellicos labores, periculaque consueta, non detrectavit: in bello nulla impedimenta, ne vasa quidem coquinaria, exercitui suo permisit. carnibus tostis duntaxat utebatur, humi requiescens, sella capiti subiecta.

Vicit Bulgaros, ad Danubium usque progressus: inque civitate Pereasla-

zu jren gewonten Heusern geflogen / und damit das Schloß oder Stat angezündet / welche daraus geflohen / sein erschlagen / gefangen oder verkhaufft worden.

als sy alle der Drewlianer bevestigungen erobert / damit jres Manns tod gerochen / und sich wider gen Kyow gekhert /
im Jar nach der Welt beschaffung 6463. Ist sy in Griechen Land gezogen / Und zu der zeit Khünig Hansen zu Constantinopel hat sy die Tauff angenumben / und jren namen OLHA verkhert / und HELENA genennt / durch den Khünig hoch verehrt worden / wider anhaimb gezogen /

Und ist die erst undter den Reissen Christin / als jre geschichten innhalten / und ist der Sonnen zuegegleicht / Dann als die Sonn die Welt / also hat sie die Reissen mit dem Christlichen glauben und liecht erleicht /
Iren Sun aber SWATOSLAW hat sy niehe zur Tauff bewegen mügen. Als pald aber der seine Jar erreicht / hat er tapfer aller khriegs arbeit sich underfangen / khain gefehrligkhait geschichen / in den Veldzügen khainerley sachen zu verhinderung / ja auch khain khuch / geschierr mit füeren lassen / Sonder hat sich menigelich mit geselchten fleisch benüegen muessen / So hat er sich mit seinem Satl under seinem haubt auf der Erden ligund benuegt /
Er uberwand die Bulgaros / und ist gar an die Donaw gezogen / zu PE-

---

37 <dt. Text:> benuegt] *sic*

vu, sedem suam posuit, ad matrem atque consiliarios suos dicens: Haec enim sedes mea, in medio regnorum meorum: ex Graecia ad me adferuntur Panodocki, aurum, argentum, vinum, variique fructus: ex Hungaria, argentum & equi: ex Russia, Schora, cera, mel, servi.

Cui mater: Iam iam moritura sum, tu me ubicunque volueris sepelito. itaque post triduo moritur, atque a nepote ex filio Vuolodimero iam baptisato in numerum sanctorum refertur, diesque undecimus Iulii sacer illi dicitur.

Svuatoslaus, qui post obitum matris regnabat, divisit provincias filiis: Ieropolcho Chiovuiam, Olegae Drevulianos, Vuolodimero Novuogardiam magnam.

Nam Novuogardenses impulsu cuiusdam mulieris Dobrinae, Vuolodimerum principem impetrarunt.

erat enim Novuogardiae civis quidam Calufcza parvus dictus, qui habuit duas filias, Dobrinam & Maluscham. Maluscha erat in gynaecio Olhae, quam impraegnaverat Svuatoslaus, & ex ea Vuolodimerum susceperat.

Svuatoslaus cum filiis prospexisset, pergit in Bulgariam, Pereaslavu

REASLAW hat er seinen sitz oder stuel gehalten / Sprach zu seiner Mueter und Räthen / das ist mein gesäß in mitten meiner Reich. Aus Griechen wierd man mir bringen Panodokhi / Gold / Silber / und Wein / und manicherlay frucht / Aus Hungern Silber und Pferd / Aus Reissen Schora / Wax / Hönig / und Knecht

Sein Mueter sprach zu jm ich wierd gleich sterben / laß mich begraben wo du wilt. Am dritten tag darnach starb sie / die ist durch WOLODIMER jren Eningkl von jrem Sun SWATOSLAW / der auch nunmals getaufft was / under die Heiligen gezält und der aindleffe tag Julij jr zu feyren benennt worden.

Swatoslaw der nach der Mueter das Regiment gefüert / hat die Fürstenthumber außgethailt seinen Khindern / dem IEROPOLKH, Kyow dem OLECH / die Drewlianer / dem WOLODIMER, Großneugarten /

dann die Neugartner haben aus anraitzung aines Weibs DOBRINA genannt denselben Volodimer zu ainem Fürsten erworben /

Da zu Neugarten was ain Burger oder Inwoner mit namen CALUWTZA der khlain / der hete zwo Töchter / DOBRINA und MALUSCHA, die letsster was im Frawenzimer der Olha oben vermeld / dieselb Maluscha hat der Swatoslaw geschwengert / und den Volodimer von jer gezeugt.

Als Swatoslaw seine Khinder versehen / ist er in BULGERN gezogen /

civitatem obsidet, capitque: Basilio & Constantino regibus bellum denunciat.

at hi legatis missis pacem poscebant, & quantum exercitum haberet, cognoscere ab eo propterea cupiebant, quod tributum daturos se iuxta numerum exercitus, sed falso, pollicebantur. mox cognito militum numero, exercitum scripserunt.

Post cum uterque exercitus convenisset, Rhuteni Graecorum multitudine terrentur: quos cum pavidos videret Svuatoslaus, inquit:

Quia locum non video, Rhuteni, qui nos tuto capere posset: terram autem Russiae tradere inimicis, nunquam in animum induxi: fortiter contra illos pugnando, aut mortem oppetere, aut gloriam reportare, certum est.

Etenim si strenue pugnando occubuero, nominis immortalitatem: si vero fugiam, perpetuam inde ignominiam sum relaturus.

& cum hostium multitudine circumventus effugere non liceat, stabo ergo firmiter, caputque meum in prima acie, pro patria, omnibus periculis obiiciam.
Cui milites: Ubi caput tuum, ibi & nostrum.

Mox confirmato milite, in adversum

PEREASLAW belegert und erobert / BASILIO und CONSTANTINO den Khünigen abgesagt /
die aber haben jre Potten geschikht fridens halben zuhandlen / damit sy auch erindern möchten / wievil der volgks hette / dann sy willig wären den Tribut nach der anzal seines volgkhs zugeben / das geschach aber mit listen / dann so pald die zwen Khünig des erinnertn / versambleten sy jr Khriegsvolgkh /
und do die zway Hör aneinander ansichtig worden / erschragkhen die Reissen von der Griechen menige / da aber Swatoslaw seine leut forchtsamb sahe / spricht /

Ich siech khain platz darauff wir mit fueg steen mügen / Das Reisserland aber den veinden volgen zulassen / hab ich mir in mein gemüet niehe genumben / Sonder das ich ritterlichen wider sy streitten / aintweder sterben / oder grosse ehr damit haimbbringen wil /
Dann so ich Ritterlichen streit und umbkhome / erlang ich ain ewigen löblichen Namen / Wo ich aber fluohe / ain ewige schand / unnd schmach haben müeste /
So ich dann mit der menig der veind umbgeben bin / gebürt mir nit zufliehen / Ich will vest steen / mein Kopf für mein Vatterland / am ersten spitz darsetzen /
Dem antworten seine Khriegsleut / wo dein Haubt / daselbsten werden auch unsere Heubter sein.

Also sein sy behertzend worden / die veind angriffen / und gesigt /

hostem raptus, magno impetu facto, victor evadit.

Terram dein Graecorum vastantem, reliqui Graeciae principes muneribus oppugnant.

aurum autem & panadockmi (ut est in Annalibus) munera cum sprevisset, recusassetque, vestimenta autem & arma a Graecis iam denuo sibi missa accepisset: tanta eius virtute, Graeciae populi permoti, reges suos convenientes:

Et nos, inquiunt, sub eiusmodi rege esse cupimus, qui non aurum, sed arma magis amat.

Appropinquante Constantinopolim Svuatoslao, Graeci magno se redimentes tributo, eum a finibus Graeciae avertunt.

quem tandem anno mundi 6480, Cures princeps Pieczenigorum, ex insidiis interfecit. & ex cranio eius poculum faciens, auro circundato, literis in hanc sententiam signavit:

Quaerendo aliena, propria amisit.

Mortuo S[v]uatoslao, quidam ex eius primoribus Svuadolt nomine, Chiovuiam ad Ieropolchum profectus, maximo eum sollicitans opere atque studio, quo Olegam fratrem regno expelleret, quod filium suum Lutam necasset.

Ieropolchus eius persuasione adductus, bellum fratri inserit: exercitumque eius, Drevulianos scilicet, profligat.

und das Griechenland verwüest / darüber haben die andern Griechischen Fürsten zu jme geschigkht / mit Gold und Panedogkhen sennften wöllen / das er aber veracht / und nit angenumen. So die aber khlaider und wehrn oder waffen geschikht / die hat er angenumen / darüber sprachen die Griechen zu jren Khünigen /

Ein solchen tugentlichen Khünig begern wir auch zuhaben / dem nit das Gold / sonder Waffen liebten.

Swatoslaw nachnete Constantinopl / die Griechen haben sich mit grossem Tribut entlediget / und den von jren gemerkhen bracht /

den hat CURES ein Fürst der PICENIGEN im Jar nach der beschaffung der Welt 6484 mit hinderlisten umbracht / unnd aus desselben Hiernschallen ein Tringkhgefäß gemacht / mit Gold beschlagen / und mit puechstaben darein setzen lassen dise maynung.

Frembdes suechend hat das seine verlorn.

Als Swatoslaw tod was / hat sich seiner Obristen ainer SWADOLT genant gen Khiow zu IAROPOLKHN gefüegt / und den bewegt / das er seinen Bruoder OLEG vertreiben soll / umb das er jm seinen Sun LUTAM getöd hette /

Jaropolkh hat sich bewegen lassen / den khrieg wider seinen Brueder gefürt / und desselben volgkh die Drewlianer geschlagen.

Olega autem fugiens in quoddam castrum, a suis exclusus, impetuque sancto, ex quodam ponte detrusus ac deiectus, multis super eum cadentibus, misere adobruitur.

Ieropolchus castro occupato fratrem quaerens, corpus eius inter cadavera repertum, & ad suum conspectum allatum aspiciens: Svuadolte, inquit, ecce hoc tu concupivisti. post sepelitur.

Interfectum sepultumque Olegam, cum Vuolodimerus accepisset, relicta Novuogardia, ultra mare ad Vuaregos profugit.

Ieropolchus autem Novuogardiae suum locum tenentem imponens, totius Russiae monarcha efficitur.

Vuolodimerus Vuaregorum auxilio comparato, reversus, locum tenentem, fratris Novuogardia expulit, fratrique bellum prior denunciat. sciebat enim, ipsum contra se arma sumpturum.

Interea temporis mittit ad Rochvuolochdam principem P[l]escovuiae (nam & ipse ex Vuaregis illuc commigraverat) & filiam suam Rochmidam uxorem petit.

filia autem non Vuolodimero, quod eum ex illegitimo thoro natum sciebat, sed Ieropolcho fratri, quem brevi se pariter expetiturum putabat, nubere voluit.

Vuolodimerus, quod repulsam passus esset, Rochvuolochdae bellum infert: eumque una cum duobus filiis

Der Oleg namb die flucht auf ain bevestigung / aber die seine wolten den nit einlassen / und ist in ainem gedreng uber ein prugken abgedrungen worden / und jr vil auf jne gefalln / und also verdorben.

Wie Jaropolkh die bevestigung erobert / seinen Brueder gesucht / und under den andern toden Cörpern gefunden / Als jne der zu gesicht bracht / spricht er Swadolt / siech das hastu begert / und ließ den begraben.

Da WOLODIMER der ander Brueder solliches vernamb / hat er aus Großneugarten die flucht zu den Waregern uber Mör genumen.

Also hat Jaropolkh seinen Stathalter in Großneugarten gesetzt / und ist ain ainiger Herr der Reissen worden.

WOLODIMER ist mit hilff der Wareger wider khomen / seines brueder Stathalter veriagt / und seinem Brueder entsagt / Dann er wusste / das sein Brueder den Khrieg wider sich füren wurde /

In mittler zeit schickt Wolodimer zu ROCHWOLOCHDA dem Fürsten zu PLESCO / der auch auß Waregen dahin komen was / und begert desselben Tochter ROCHMIDAM zum Eelichen Weib /

die aber wolt den Volodimer / umb das er nit Eelich geborn was / nit / Sonder den Jaropolkhn / des sy verhoffend gewest / er wurde pald umb sy werben /

umb solches abschlahen hat Volodimer den Rochvolochda bekhriegt / und den mit zwayen Sünen erschla-

occidit. Rochmidam vero filiam sibi iungit, atque post Chiovuiam contra fratrem progreditur.

Ieropolchus cum fratre inire prae-
5 lium cum non auderet, occlusit se Chiovuiae.

Vuolodimerus dum Chiovu oppugnat, occultum mittit nuncium ad Blud quendam Ieropolchi intimum
10 consiliarium: quem patris appellatione dignatus, rationem interficiendi fratrem ex eo petit.

intellecta petitione Vuolodimeri, pollicetur Blud semet dominum
15 suum interfecturum, consulens Vuolodimero, castrum ut oppugnet: Ieropolchum autem monet, in castro ne maneat, exponens multos ex suis ad Vuolodimerum defecisse.
20 Ieropolchus consiliario suo fidem habens, fugit Roden, ad ostia Iursae, seque ibi adversus fratris vim tutum fore putat.

Vuolodimerus devicta Chiovuia, Ro-
25 den exercitum transferens, longa & gravi obsidione Ieropolchum premit. Post longa inedia exhausti, cum obsidionem tolerare diutius non possent, consulit Blud Ieropolcho, ut pa-
30 cem cum fratre, se longe potentiore, faciat: Vuolodimero autem interim nihilominus nunciat, se sibi fratrem suum mox traditurum, adducturumque.

35 Ieropolchus secutus consilium ipsius Blud, fratris se arbitrio atque pote-

gen / und die Rochmida mit gwalt genommen / nachmals wider seinen brueder gen KHIOW geruckht / Jaropolkh aber hat jme nit getrawt / 40 dem zubegegnen sich in KHIOW enthaltn /
Volodimer weil er Khiow belegert / schickht sein haimblichen Potten zu BLUD / der des Jaropolgkh seines 45 brueders jnderister Rat gewest / den hat Volodimer seinen vatter genent / und an jn begert weg und maß zufinden seinen brued[er] zutötten /
Der BLUD hat sich des erpotten / 50 Gibt also dem Volodimer den Rat / soll die Stat Kyow bearbaiten / seinem herrn aber dem Jaropolkhn geraten / Er soll in der Stat nit bleiben / wann vil der seinigen waren 55 nun zu Volodimer gefallen /
Dem volgt der Herr / und ist außgefallen gen RHODEN an das wasser IURSA gelegen geflohen / verhoffend daselbsten vor seinem brueder 60 sicher zusein /
Nach eroberung KHIOW hat Wolodimer sich für RHODEN gelegert / und seinen brüeder lang behaurt.
Als aber das Volckh erhungert / und 65 nit weitter halten mügen / dann so bewegt da BLUD seinen Herren / Er soll sich mit seinem Brüeder / der vil sterckher dann er war / befriden / und verainigen / Dem Volodimer 70 aber empeut der BLUD / er welle jme seinen Brueder paldt ubergeben / und zuebringen /
Jaropolkh hat seinem untrewen Rath gevolgt / und sich seinem Brueder 75

6 <dt. Text:> KHIOW enthaltn] ~~RHIOW~~ enthaltn

stati permittit, conditionem hanc ultro offerens, nempe, quicquid ex gratia sua sibi rerum concessurus esset, in eo sese gratum futurum. Vuolodimero conditio oblata, haudquaquam displicet.

Mox Blud monet dominum, ut ad Vuolodimerum iret: quod tamen Vuerasco pariter Ieropolchi consiliarius prorsus dissuadet.

sed huius consilium negligens, ad fratrem pergit. ingrediens per portam, a duobus Vuaregis, Vuolodimero interim ex quadam turri despiciente, occiditur.

quo facto, fratris uxorem natione Graecam stupravit: quam Ieropolchus pariter, priusquam in uxorem duxisset, monialem impregnaverat.

Hic Vuolodimerus multa idola Chiovuiae instituit. primum idolum, Perum dictum, capite argenteo, caetera lignea erant. alia, Uslad, Corsa, Dasvua, Striba, Simaergla, Macosch, vocabantur: quibus immolabat, quae alias Cumeri appellabantur.

Uxores habuit plurimas.
ex Rochmida autem suscepit Isoslaum, Ieroslaum, Servuoldum, & duas filias.
Ex Graeca, Svuetopolchum. Ex Bohema, Saslaum: item ex alia

ergeben / dermassen / was er jme auß gnaden gäbe / wöll er daran ersettigt / und zufriden sein / Solche thäding was von beiden taylen angenummen /

Darumben vermant der BLUD seinen Herrn / sich paldt zu seinem Brueder zu verfüegen / ein ander auch des Jaropolkhen Rath mit namen WARESCO, der widerrieth das /

dem ward nicht gevolgt / und wie Jaropolkh zu seinem Bruder gieng / waren zwen Wareger zu der Thür verordent / und Volodimer schaut zu dem fenster auß / haben die zwen den Jaropolkhn erschlagen /

Nach solchem hat Volodimer seines ermordten Brueders weib / die ain Khriechin was / zu seinem wollust gebraucht / welche auch Jaropolkh / ehe dann er sy geelicht / ain Closterfraw geschwängert hette.

Diser Volodimer hat vil abgötter zu Khiow eingesetzt / dem Obristen ain Silbrens haubt auff einen hültzen Pottich machen lassen / PERUN. Die andern, USLAD, CORSA, DASWA, STRIBA, SYMÆRGLA, MACOSCH genant / denen er dann geopffert / die zuvor CUMERI gehayssen haben.

Volodimer hat von der Rochmida geborn / ISOSLAW, IAROSLAW und SEWOLD, auch zwo Töchter / Von der Griechin SWATOPOLCH, Von der Behaimin den SASLAV, Von der andern Behaimin / den

Bohema, Svuatoslaum, Stanislaum. Ex Bulgara, Boris & Chleb.

Habebat praeterea in alto castro trecentas concubinas: in Bielgrad, similiter trecentas: in Berestovuo, Selvui ducentas.

Vuolodimerus cum sine impedimento totius Russiae esset monarcha factus, venerant ad eum ex diversis locis Oratores, hortantes, ut se eorum sectae adiungeret. Varias autem cum videret sectas, misit & ipse Oratores suos, qui perquirerent conditiones & ritus singularum sectarum.

tandem cum aliis omnibus fidem Christianam Graeco ritu praetulisset, elegissetque, missis oratoribus Constantinopolim ad Basilium & Constantinum reges, Annam sororem, uxorem sibi si darent, se fidem Christi, cum omnibus subditis suis susceptorum: & restituturum illis Corsun, & alia omnia, quae in Graecia possideret, pollicetur.

re impetrata, constituitur tempus, eligitur locus Corsun: quo cum venissent reges, baptisatus est Vuolodimerus. commutatoque nomine Vuolodimeri, Basilio illi nomen imponitur.

SWATOSLAW, STANISLAW, Von der Bulgarin BORIS und CHLEB,

So het er noch im hohen Schloß dreyhundert / in Bielograd gleichermassen dreyhundert / in Berostow und Selwi zwaihundert beyschlaff weiber.

Als nun Volodimer on mäniglichs verhinderung ain ainiger Herr der Reissen gewest ist / seind von vil orten Potschafften zu jme geschickt worden / Jetzlicher begert den zu seinem glauben zubewegen / Dergleichen hat er auch seine Potschafften an vil örter außgeschickt / Sich allerlay glauben zuerindern /

und sich dann entschlossen / den Christen glauben nach der Khriechischen art anzunemen / Schickt seine Potschafften zu BASILIO und CONSTANTINO den Künigen gen Constantinopl / begerend derselben Schwester Anna zu ainem Eelichen Gemahl / so wolt er dann sambt allen den seinen den Christlichen glauben annemen / und wider kheern CORSUN und alles anders / so er in Khriechenland jnnen hette /

das was erlangt / und zeit und der platz gen CORSUN benant / dahin sein die zwen Künig von Constantinopl / und Volodimer khomen / in der Tauf hat Volodimer seinen Namen verändert / und BASILIUS genant worden /

---

6 <lat. Text:> Berestovuo, Selvui] *sic, entgegen dem Sinn in der zugrunde liegenden Chronik, wo ,selo' appositional steht (entsprechend die Sinnenstellung im Deutschen, vgl. rechts)*

Nuptiis celebratis, Corsun una cum aliis, sicuti promiserat, restituit.

Haec acta sunt anno mundi 6469. a quo tempore Russia in fide Christi permansit.

Anna moritur XXIII anno post nuptias: Vuolodimerus vero anno post obitum uxoris quarto decessit.

Is civitatem intra Vuolham & Occam fluvios sitam condidit, quam a suo nomine Vuolodimeriam nominavit, eamque Rhussiae metropolim constituit.

Inter sanctos tanquam Apostolus, solenni die videlicet 15 Iulii, quotannis veneratur.

Mortuo Vuolodimero, dissidentes inter se filii eius, varie de regno praesumentes, decertabant: adeo ut qui potentior esset, alios se inferiores imbecillioresve opprimeret, regnoque pelleret.

die Hochtzeit ist da zumall vollendet / Corsun sambt andern wider abgetretten / wie dann beredt was.

Das ist geschehen als man von anfang der Welt geschriben hat / im 6469. Jar / Von dannen an ist Reissen im Christenlichen glauben beliben.

Dise Anna ist im 23. Jar nach gehaltner Hochzeit gestorben / Der Volodimer aber starb im vierten jar nach seinen Gemahl /

der hat die Stat WOLODIMER zwischen der wasser Wolga und Occa erpaut / von seinem namen also genent / und das Haubt und Fürsten Gesäß der Reissen dahin verordent.

Er ist auch als ein Apostl under die heiligen gestelt / und der fünfftzehend tag Julij / den zu Ehrn / benent worden.

Nach Wolodimers Tod / haben sich die gebrüeder seine Sün gespalten / villerley von wegen der herschung fürgenomen / und gekhriegt / also / welcher der Mächtiger und stergcker gewest / hat die mindern verdruckt und gar außgejagt.

Als Volodimer von wegen der Anna / die Tauff angenumen / im 990. Jar / Also auch der MIESCO in Poln von wegen Dobrowkha des Boleslai Fürsten in Behaim Tochter im 965. Auch Jagello groß Fürst in Litten / von wegen Hedwigen Künig Ludwigs zu Hungern und Poln Tochter / Der aber uberkam das Künigreich Poln mit seiner Praut im 1383. Jar.

Svuatopolchus, qui principatum Chiovuiensem occupaverat, constituerat sicarios, qui fratres suos Boris & Chleb conficerent.

Interfecti, commutatis nominibus, hic David, ille vero Romanus vocati, in sanctorum numerum connumerati sunt: quibus etiam XXIIII dies Iulii sacer est constitutus.

Fratribus porro sic dissidentibus, nihil dignum memoria interim ab eis gestum est: nisi proditiones, insidias, simultates, intestinaque bella audire velles.

Vuolodimerus Sevuoldi filius, cognomento Monomach, universam Russiam rursus in monarchiam redegit, relinquens post se insignia quaedam, quibus hodierno die in inaugurandis principibus utuntur.

Moritur Vuolodimerus anno mundi 6633. nec post eum filii eius, neque nepotes quicquam posteritate dignum, usque ad tempora Georgii & Basilii, gesserunt:

quos Bati rex Tartarorum bello vicit, interemitque: Vuolodimeriam, Moscovuiam, atque bonam Russiae partem exussit, & depraedatus est.

Ab eo tempore, anno scilicet mundi 6745. usque ad praesentem Basilium, omnes fere Russiae principes Tartarorum non solum tributarii

SWATOPOLCH der das Fürstenthumb zu Khiow mit gwalt uberkhummen / hat Leut verordent / die seine zwen Brüder Boris und Chleb umbrachten /

die seinde auch gehailigt worden / und jre namen verkhert / der ain David / der ander Roman genant / deren feyer ist der 24. tag Julij.

Alle weil die gebrüeder also in stritt gestanden / ist nichts der gedechtnüß wirdigs durch sy gehandelt worden / es wolte dann ainer vil verrättereyen / haimblich nachstellen / gleichßnereyen / und ainhaimische krieg hören.

WOLODIMER des Sewalden Sun / mit dem zunamen Monomach / hat das Reissen Land widerumben in ain Herrschafft under sich bracht / der hat nach jm verlassen etlich stuck / damit noch auff heuttigen tag / die Fürsten des Reisserlands / wann die in das Regiment tretten / geziert worden /

der starb im 6633. Jar. Seine Sün / und Enickel haben nichts der gedechtnus wierdigs verricht / hintzt auff die zeit des Georgen und Basilij /

Die dann der Tartarisch Künig Batti im streit erschlagen / und die Stet / Volodimer / Mosqua / und ain grossen tayl des Reissenlandts verprent / und verhört hat.

Von derselben zeit / das ist von den 6745. Jar / hintzt an den Basilium / bey dem ich in Potschafft gewest / seind alle Regierende Fürsten der

erant, verum etiam Tartarorum arbitrio Rhutenis ambientibus singuli principatus deferebantur. Lites denique inter illos de successione principatuum, aut haereditatum gratia exortas, licet Tartari discernentes, cognoscentesque decidebant, nihilominus tamen bella saepe inter Rhutenos & Tartaros oriebantur: inter fratres aut varii tumultus, expulsiones & permutationes regnorum & ducatuum erant.

Nam dux Andreas Alexandri, impetrarat magnum ducatum: quem cum occupasset Demetrius, frater Andreas impetrato Tartarorum exercitu, illum expulit,
multaque nepharia per Russiam perpetravit.

Item dux Demetrius Michaelis, interfecit apud Tartaros ducem Georgium Danielis. Asbeck Tartarorum rex, arrepto Demetrio, capitali eum poena affecit.

Contentio erat de magno ducatu Tvuerensi, quem dux Simeon Ioannis, cum a Tartarorum rege Zanabeck peteret, annuum ab eo tributum poscebat: quod ne penderet, primores largitione corrupti, pro eo intercedentes effecerant.

Deinde anno 6886, magnus dux Demetrius vicit bello magnum Tartarorum regem, nomine Mamaii. Item tertio anno post, eundem iam denuo usqueadeo fudit, ut plus quam

Reissen / der Tattern Tributarij oder Zinßpar gewest / ja auch die Fürsten der Reissen nach der Tattern gefallen / gesetzt / und die zwispalttigen / es sey Erbschafft oder andern sachen halben / mit der selben Urtayllen entschaiden worden.

Unangesehen des / seind dennoch offt Khrieg zwischen den Reissen und Tattern entstanden / Aber zwischen den gebrüedern manicherlay veränderungen / außjagungen und verwechßlungen ervolgt.

Hertzog Andre des Alexanders Sun / der erwarb das großfürstenthumb / das der Demetrj verfangen hette / den verjagt Andre mit hilff der Tartern.

Hertzog DEMETRI des MICHAELN Sun / hat den Hertzog GEORGEN des Daniels Sun / bey den Tattern umbbracht / ASZBEGKH der Tartarisch Khünig fieng Demetrium / und nam jm sein leben.

Es stuende ain jrthumb umb das Fürstenthumb Twer / das der Hertzog SIMEON vom Khünig ZANABEGKH begert / der wolte ein Tribut entgegen haben / aber seine Räthe waren mit gaben bewegt / die erbatten / das der Tribut nachgelassen ward.

Im 6886. Jar der Großfürst DEMETRI hat den mächtigen Tatarischen Khünig MAMAI geschlagen / aber im dritten Jar darnach so hart erlegt / das Dreytzehentausent schrit

tredecim millibus passuum terra
cadaveribus obruta esset.
　Anno post eundem conflictum se-
cundo, superveniens Tachtamisch
rex Tartarorum, Demetrium profli-
gavit, Moscovuiam obsedit & occu-
pavit.
interempti ad sepeliendum octoginta
uno rublo redimebantur: summa
computata 3000. rublorum fuit.
　Magnus dux Basilius, qui praeside-
bat anno 6907, Bulgariam, quae ad
Vuolhiam sita est, occupavit, Tarta-
rosque eiecit.

Is Basilius Demetrii reliquit unicum
filium Basilium: quem cum non
diligeret, quod Anastasiam uxorem,
ex qua illum susceperat, adulterii
suspectam haberet, magnum duca-
tum Moscovuiae non filio moriens,
sed Georgio fratri suo reliquit.

Cum autem plerique Boiaronum filio
eius, tanquam legitimo haeredi atque
successori, adhaererent: animadver-
tens hoc Georgius, ad Tartaros pro-
perat: supplicat regi, ut Basilium
accersat, atque utri iure ducatus
debeatur, decernat.

Rex impulsu cuiusdam consiliarii
sui, qui partes Georgii fovebat, prae-
sente Basilio, cum sententiam pro
Georgio diceret: provolutus ad ge-
nua regis Basilius, orat, fas ut sit sibi
loquendi.

weit das Erdtrich mit todten Cörpern
belegt war /
Im andern jar nach dem khame
TACHTAMISCH der Tartarisch
Khünig / und schlueg DEME-
TRIUM / belegert und gewann die
Mosqua /
sein alweg Achtzig umb ain Rubl
erlöst worden / zu der begrebnus hat
die Summa 3000 Rubl bracht.
　Der Gruoßfuorst BASILIUS, so
im jar 6907 die herrschung gehabt /
hat das Land BULGERN / so an
dem wasser Volga ligt / erobert / und
eingenummen / die Tattern außgetri-
ben.
Diser Basilius / des Demetri Sun /
het ainen Sun auch BASILIUS ge-
nant / dem hat er das Großfürsten-
thumb nit / sunder seinem Brueder
Georgen nach seinem tod verordent /
Dann er het sein weib ANASTASIA
/ dabey er denselben Sun erworben /
im verdacht des Ehebruchs /
als Aber der Georg vermerckte / das
die underthonen nit wol zufriden
waren / das der Sun seines Erbs
entsetzt sol sein / darumb sy dem
jungen angehangen / Ist der Georg
zu den Tattern khummen / begert
seines Bruedern Sun Basilium zuer-
fordern / und zwischen jnen baiden
außzusprechen / wem das Großfürs-
tenthumb rechtlichen zusteen soll /
Als das geschach / und auff aines
des Tattern Rats beförderung / der
Tattarisch Khünig das urtl in beysein
des Basilij / für den Georgen außge-
sprochen hette / ist der Basilius dem
Khünig zu fueß gefallen / und gebet-

Mox annuente rege, inquit: Quanquam tu sententiam super literis mortuis tulisti, spero meas tamen, quas mihi sigillo aureo communitas dedisti, quod velles me magno ducatu investire, adhuc vivas, longe maioris efficaciae atque authoritatis esse.

rogatque regem, ut verborum suorum esset memor, promissisque stare dignetur.

Ad haec rex, iustius esse respondit, vivarum literarum promissa servare, quam mortuarum rationem habere.

Tandem Basilium dimittit, ducatuque investivit.

Moleste id ferens Georgius, exercitu congregato, Basilium expulit: quod Basilius susque deque tulit: seque in principatum Uglistz, sibi a patre relictum, recepit.

Georgius magno ducatu, quoad vixit, quiete potitus est, quem testamento nepoti suo Basilio legavit: quod Andreas & Demetrius, filii Georgii, ceu privati haereditate, graviter tulerunt. atque ideo Moscovuiam obsederunt.

Basilius, qui monasterium sancti Sergii ingressus erat, cum haec audiret, illico exploratores constituit:

ten / jme sein notturfft furzubringen zuvergonnen / des jme bewilligt worden / Darauff sagt Basilius / Du hast auff ainen todten brieff dein urthail geben / Nun aber hab ich deine brieff / die du mit deinem gulden Sigil bevestnet hast / das du mich wöllest in das Großfürstenthumb einsetzen / und dabey handhaben / dieselben brieff sein noch lebendig und krefftiger weder die todten /

Darumb so bat er den Khünig / wolte seiner wort jngedenck sein / und seinem zusagen ain genüegen thuen / Darüber spricht der Khünig / es sey gerechter der lebendigen briefe jnhalt zuvoltziehen / weder der Todten acht haben /

Verttiget den Basilium ab / und setzet den in das Großfürstenthumb / des het Georg ain grosse beschwärd / versamlet ain hör / vertreibet den Basilium / des Er gedulden müessen / und sich gen UGLITZ in das Fürstenthumb / das jme sein Vatter verordnet / gesetzt /

Also hat der Georg das Großfürstenthumb on jrrung sein lebenlang besessen / unnd durch sein verordnung dasselb Großfürstenthumb dem rechten Erben dem Basilio verschaffen. Des sein aber gedachtes Georgen khinder / Andre und Demetrj / als wären sy jres rechten Erbs entsetzt / ubel zufriden gewest / und darumb die Mosqua belegert.

Der Basilius hette sich nunmals in das Closter Sant Sergij gethon / der solches vernamb / schickt seine

praesidiisque dispositis cavit, ne ex improviso opprimeretur.

Quod cum animadverterent duo illi fratres, inito consilio, certos currus armato milite complent, ac veluti mercibus onustos eo mittunt. qui hinc inde ducti, demum sub noctem iuxta vigilias constitere. Qua occasione adiutus miles, intempesta nocte subito se curribus expediens, excubitores nihil periculi suspicantes invadit, capitque.

Capitur & Basilius in monasterio, atque excaecatus ad Ugliscz una cum coniuge mittitur.

Post Demetrius, ubi infestam sibi communitatem nobilium, eamque ad Basilium caecum deficere videt, mox Novuogardiam profugit,

relinquens filium Ioannem: ex quo postea natus est Basilius Semeczitz, qui etiam me tum in Moscovuia existente, in vinculis detinebatur, de quo infra plura.

Demetrius autem dictus fuit cognomento Semecka, unde omnes ab eo descendentes Semeczitzi cognominantur.

Tandem Basilius caecus, Basilii filius, quiete magno ducatu potitus est.

Post Vuolodimerum Monomach, us-

Khundtschaffter / und besetzt die wacht / und huet / damit er nit uberfallen wurde /

Die zwen gebrüeder aber / als sy das vernamen / haben sy den lisst gebraucht / Wägen zugericht / bewehrte leut darein verporgen / als ob man Khauffmanschafft darjnnen füerte / und daselbstn hingebracht / zu gelegner nachtzeit außgetretten / die Wacht unversehen uberfallen /

den Basilium gefangen / die augen außgebrochen / gen Uglitz sambt seinem weib geschickht.

DEMETRIUS als er merckte / das die Underthonen und gemain des Adls mit jme nit zufriden wären / und on underlaß sich von jme zu dem plindten Basilio schluegen / ist er gen Neugarten geflohen /

Er was genant DEMETRI SCHEMEKHA /

und verließ ain Sun des namen HANS / davon darnach geborn ist BASIL SEMETZITZ / der noch der zeit / als ich erstes mals in der Mosqua gewest / gefangen gehalten was / von dem hernach merers beschriben wirt /

Uber das hat der plindt Basil / das Großfürstenthumm mit rhue besessen /

Von der zeit Volodimer Monomach /

que ad hunc Basilium, Russia carebat monarchis.

Filius autem huius Basilii, Ioannes nomine, felicissimus fuit.
nam simul ubi Mariam, sororem magni ducis Michaelis Tvuerensis, uxorem duxisset,
sororium expulit, & occupavit magnum ducatum Tvuerensem, deinde etiam Novuogardiam magnam:
cui postea omnes alii principes, magnitudine rerum a se gestarum commoti, seu timore perculsi, serviebant.
Rebus deinde feliciter procedentibus, titulum magni ducis Vuolodimeriae, Moscovuiae & Novuogardiae sibi usurpare, monarcham denique se totius Russiae appellare coepit.
Hic Ioannes suscepit ex Maria filium Ioannem nomine, cui in consortem iunxerat filiam Stephani illius magni Vuaivodae Moldaviae:
qui Stephanus Mahumetem Thurcarum, Matthiam Hungariae, & Ioannem Albertum Poloniae, reges prostraverat.

Mortua priore coniuge Maria, Ioannes Basilii alteram uxorem duxit, Sophiam, filiam Thomae, late quondam in Peloponneso regnantis: filii inquam Emanuelis, regis Constantinopolitani, ex Palaeologorum genere:

ex qua suscepit quinque filios, Ga-

hintzt an Basil den plindten / hat Reissen khainen öbrern gehabt / sunder ainschichtig Fuorsten / darüber die Tartern oberer waren.
   IOHANNES dises plindten Basil Sun / ist vast glücksällig gewest / het Hertzog MICHAELS zu TWER oder OTWER Schwester /

der verjagt seinen Schwager von seinem Fürstenthumm / hernach uberkhame Er auch Großneugartn dem darnach alle Fürsten auß forcht gehorsambtn /

darüber hat er auch sein Titl gemert / als ain ainiger Herr aller Reissen.

Auß MARIA seiner ersten gemahel / gebor Er IOHANNEM / dem er auch des grossen STEPHAN WEYDA in der Moldau Tochter verheyrat /
(das ist der groß Stephan Weyda / der den Türckischen Kayser Machmet / den Khünig Mathiaschn zu Hungern / und Khünig Hans Albrechtn zu Polln geschlagen hat)
Als die erst des Großfürstn haußfraw Maria starb / namm Er SOPHIAM des THOMAS Tochter / der etwo in PELOPONESO mächtig geherrschet hat / der ain Sun was EMANUELIS des Khünigs zu Constantinopl / des geschlechts der PALEOLOGORUM,
mit der er fünff Sün erworben /

brielem, Demetrium, Georgium, Simeonem, & Andream: eisque vivens adhuc patrimonium divisit.	GABRIELN, DEMETERN, GEORGEN, SIMEON, und ANDREEN, denen hat er noch lebendiger jre Erbschafften außgethailt /
Ioanni primogenito monarchatum reservavit, Gabrieli Novuogardiam magnam consignavit, caeteris alia iuxta arbitrium suum attribuit.	Dem von der ersten frauen / dem HANSEN, das Großfürstenthumb vorbehalten / und nach ordnung bey seinem leben eingesetzt / Dem GABRIEL Großneugartten / unnd dann ainem jeglichen seinen thail benent.
Primogenitus Ioannes moritur, relicto filio Demetrio: quem avus in patris mortui locum, iuxta consuetudinem monarchatu investiverat.	Der erst geborn / das ist Hans / starb noch in des Vatters leben / verließ ain Sun DEMETER genant / den hat der Anherr an seines abgestorbnen Sun stat nach jrem gebrauch in das Großfürstenthumb eingesetzt.
Aiunt Sophiam hanc fuisse astutissimam, cuius impulsu dux multa fecit. Inter caetera induxisse maritum perhibetur, ut Demetrium nepotem monarchatu moveret, inque eius locum praeficeret Gabrielem.	Man sagt / SOPHIA sey gar lisstig gewest / die jren gemahel zu villen bewegen khünnen / und dahin bracht / das er sein Enickel Demetrium von dem Großfürstenthumb entsetzen / und dem Gabriel geben wöllen /
Persuasus namque dux ab uxore, Demetrium in vincula coniicit, detinetque.	Derhalben den Demetter in verwarung oder gefencknuß genummen / lang darjnn erhalten /
tandem moriens, eidem ad se adduci iusso:	So aber der Großfürst Hans an seinem letzten gelegen / und die Geistliche jne der gwissen vermant / hat den Demeter für sich bringen lassen / zu jme gesagt /
Chare, inquit, nepos, peccavi in Deum & te, quod carceribus mancipatum te afflixi, teque iusta haereditate spoliavi. iniuriam igitur a me tibi illatam, obsecro mihi remitte: liber abi, iureque tuo utere.	Ich hab in Gott und wider dich gesündet / das ich dich also fängkhlichen beschwärt / und dich deines rechten Erbs entsetzt / das unrecht so ich dir gethon / bitt ich dich mir zuvergeben / gehe frey hin / und gebrauch dich deines rechtens.
Demetrius hac oratione permotus, noxam avo facile condonat.	Demeter hat leichtlich dem Anherrn begeben /

Egressus autem, Gabrielis patrui iussu comprehenditur, inque carceres coniicitur.

Alii fame illum ac frigore, pars fumo suffocatum putant.

Gabriel, vivente Demetrio, gubernatorem se gessit: eo vero mortuo, principatum tenuit, non inauguratus, Gabrielis duntaxat in Basilii nomine commutato.

Erat Ioanni magno duci ex Sophia, filia Helena, quam collocavit Alexandro magno duci Lithuaniae, qui postea rex Poloniae declaratus est.

Sperabant Lithuani iam gravissimas utriusque principis discordias eo matrimonio sopitas fore: at longe graviores inde exortae sunt.
In sponsalibus namque conclusum erat, ut templum Rhutenico ritu in castro Vuilnensi, destinato loco exaedificaretur, eique certae matronae ac virgines eiusdem ritus iungerentur.

quae cum aliquanto tempore fieri negligerentur, sumit socer causam belli contra Alexandrum: & triplici exercitu instructo, contra eum progreditur.

Als der aber von jme außgangen / ist er auß des Gabrieln seines vattern brueders bevelch wider in verwarung oder gefengknuß genumen worden /
etliche sagen / er sey erhungert / Ander sagen / er sey / erfrorn / Aber etlich vermainen / sey mit ainem rauch erstöckt.
Der Gabriel als lang diser Demeter gelebt / hat er sich nur ain Gubernator genent / nach des tod aber hat er sich des Regiments gantz understanden / aber nit wie jr gewonhait ist / mit jren Clainaten getziert / noch eingesetzt / unnd hat seinen Tauffnam Gabriel verändert / und sich BASILIUM nennen lassen.
Obgemelter Großfürst Hans hat sein Tochter dem Großfürstn in Littn ALEXANDRO, der auch pald darnach Khünig zu Polln worden / geben /
durch welche Heyrat die Littn verhofft ainen friden zumachen und zuhaben / Es ist aber vil anderst geraten /
In der Heyrats beredung ward beschlossen / das im Schloß zu der Wild an ainem bestimbten Platz ain Kirchen nach Reissischem sitten unnd gebrauch der Fürstin gebaut / jr auch etliche Weiber und Junckfrawen jres glaubens gehalten sollen werden /
Und weil solches gebew ain zeitlang underlassen beliben / hat der Schweher ain ursach des Kriegs wider seinen Aydn genomen / und ist mit dreyen hören wider jne angezogen.

primum versus provinciam Sevueram in meridiem, secundum vero in Occidentem contra Toropecz & Biela instituit, tertium in medio versus Drogobusch & Smolenczko collocat.	Das ain hör ist nach dem Land SEWERA als in Mittentag / Das ander gegen TOROPETZ schier gegen Nidergang / Das dritte in der mitte gegen DROHOBUSCH und SMOLENSCO verordent worden /
ab iis exercitum in subsidiis retinet, quo ei maxime, contra quem Lithvuanos pugnaturos animadverteret, succurrere posset.	gegen dem hauffen die Littn angezogen / hat auch noch ain volck gehabt / in ainer hallt verstossen /
	ob die Littn auf das khlain volckh begierlich sich lassen wurden / als geschehen / so dann das Littisch hör sich für SMOLENSCO / und fort auch für DROHOBUSCH geruckt /
Postquam autem ad fluvium quendam Vuedrasch uterque exercitus venisset, Lithuani duce Constantino Ostroskii maxima procerum & nobilium frequentia septo, ex quibusdam captivis numerum hostium ac ducum quoque cum cognovissent, magnam spem profligandi hostem concipiunt.	Und als baide hör bey dem wasser WEDRASCH genant / anainander khumen / Hertzog CONSTANTIN OSTROSKHI ain Reiß / was der Littn Haubtman / unnd als die Khundtschafften antzaigten / wievil der feindt waren / eilten die Littn / vermaintn die sachen zu jrem besstn haben /
Porro cum fluviolus conflictu impediret, ab utrisque transitus seu vadum quaerit.	Ain tieff gestettiger Pach was zwischen jnen /
Primi autem Mosci aliquot, superata ripa, Lithuanos ad pugnam lacessunt: atque illi haud timidi resistunt, eosque insequuntur, fugant, ultraque fluviolum pellunt. mox utrinque acies committuntur, praeliumque atrox oritur. Interea dum utrinque eodem ardore animorum acriter certarent, exercitus in insidiis collocatus, quem paucissimi Rhuteni adfuturum sciebant, ex latere in medios hostes inducitur. Lithuani metu perculsi, dilabuntur:	die Moscoviter rugkhten am ersten gegen den Littn und triben also ainer den andern hin und wider herüber / So nun die Littn sich gar uber den Pach geben hetten / rugkht der hauffen auß der Hallt / und khumbt den Littn an ainer seitten zue / des die Litten erschracken / und flohen /

imperator exercitus una cum plerisque nobilibus capitur:
reliqui perterriti, castra hosti concedunt: se & arces, Drogobusch, Toropecz, & Biela pariter dedunt.
Exercitus vero, qui meridiem versus processerat, cui praeerat dux Machmethemin Tartarus rex Casani, forte Brensko civitatis praefectum, quem vernacula lingua Vuaivuodam vocant, comprehendit, Brenskoque civitate potitur.
Duo post germani fratres, Basilii patrueles, alter de Staradub, alter vero Semeczitz dicti, bonam partem provinciae Sevuerae possidentes, alioqui Lithvuaniae ducibus obedientes, imperio Mosci se tradunt.
Sic unico conflictu, & eodem anno adeptus erat Moscus, quae Vuitoldus magnus dux Lithvuaniae multis annis, maximisque laboribus obtinuerat.
Porro cum hisce captivis Lithvuanis, Moscus crudelius egit, gravissimis cathenis vinctos detinuit: egitque cum Constantino duce, ut relicto domino naturali, sibi serviret.

qui cum aliam spem elabendi non haberet, conditionem accepit.

obstrictusque gravissimo iuramento, liberatus est.

Huic porro quamvis praedia possessionesque pro status sui conditione attributae essent, iis tamen placari ac detineri adeo non poterat, ut ad

der öberste Haubtman unnd vil gueter leüt waren gefangen /
Uber das haben die Moscoviter DROHOBUSCH, TOROPETZ und BIELA mit aufgeben eingenummen.
Der hauffen so auf Severa getzogen / darüber was Haubtman MACHMETEMIN ain Tattarischer Khünig / von CASAN aber getaufft / der hat den Woivoda von Brensco unversehen gefangen und damit auch die Stat Brensco uberkhummen /
So haben sich auch zwen Brueder der ain Fürst zu STARADUB / der ander SEMETZITZ genant / die baid ain grossen thail des Lands SEVERA besessen / dem Moscoviter undergeben /
damit hat der Schweher auf ainmal uberkhomen / das der groß WITOLD großfürst in Littn in vil jaren mit grosser müehe und arbait erobert hette /
Mit den gefangnen ist der Moscoviter grausamblich umbgangen / mit grossen Khetten beschwerlichen gehalten / mit dem öbersten Haubtman Hertzog Constantin gehandlt / jme zudienen /
das er auch angenumen dann er wol gewisst one das ewigelichen also schwärlichen gefangen sein müesste.
Und als der mit schwärem Ayd verpunden was / ließ der Großfürst den ledig /
und jme gleichwol vil Dörffer und gueter zuegeaigent / und reichlichen gehalten / nichts minder hat er on underlaß gedacht / und weg gesuecht / davon zukhumen / als er auch ent-

primam occasionem, per invias sylvas redierit.

Alexander rex Poloniae, magnus dux Lithvuaniae, qui perpetuo magis pace quam bello gaudebat, relictis omnibus provinciis & castris a Mosco occupatis, liberatione suorum contentus, pacem cum socero fecit.

Is Ioannes Basilii adeo fortunatus erat, ut praelio Novuogardenses, ad fluvium Scholona superarit. victos adegit, certis conditionibus propositis, se ut dominum & principem agnoscerent: magnam eis pecuniam imperavit: unde etiam constituens prius ibi locum tenentem suum, abiit.

quo, exactis tandem septem annis, reversus, civitatem ingreditur auxilio archiepiscopi Theophili:

incolas ad miserrimam servitutem redegit:

arrepto argento & auro: ablatis denique omnibus civium bonis, inde ultra trecenta plaustra bene onusta abvexit.

Ipse semel duntaxat bello interfuit, cum principatus Novuogardiae & Tvuerensis occupabantur. alias praelio nunquam adesse solebat, & tamen victoriam semper reportabat: adeo, ut magnus ille Stephanus Moldavuiae palatinus, crebro in conviviis eius mentionem faciens, diceret:

Illum domi sedendo & dormitando

runnen ist / des wenig leuten geratten hat.

ALEXANDER Khünig zu Polln und Großfürstn in Littn der mer rhue und fridens begierig / hat das alles lassen hin geen / und friden gemacht.

Der Großfürst Johannes des Basilj Sun / was so glücksälig / das er auch die Neugartner an den fluß SCHOLONA geschlagen / und dahin gedrungen / das sy jne für jren Herrn erkhenten und sein Stathalter einzunemen / dartzue ain groß gelt geben muessten /

Nach verloffenen siben jarn / ist er widerumb nach Neugartten gezogen / und mit hilff des Ertzbischove daselbst Theophili in die Stat khumen /

das volck in schwäre ewige dienstparkait genumen /

alles jr Silber und Gold und andere Güetter auf dreyhundert wägen (seindt wol khlaine wägen / mit zwayen Phärdtn gar gering) von dann gen Mosqua gefüert /

er ist allain wie Er die Neugartner geschlagen / und Twer eingenumen / im Krieg gewest / und doch in seinem abwesen gar vil und offt gesigt / und sein Gebiet erweittert /

Also das Steffan Weyda in der Molda offt gesagt /

Moscovither erweittert sein Land

---

11 <lat. Text:> superarit] *wahrscheinlich* superavit

imperium suum augere, se vero pugnando quotidie vix limites defendere posse.

Ille etiam reges Casani ex voluntate sua constituit, aliquando captivos reduxit, a quibus tamen postremo senex maxima strage profligatus est.

Ille idem primus castrum Moscovuiae, suamque sedem, ut hodie cernitur, muro communivit.

Mulieribus porro usque adeo insensus erat, ut eius conspectu, si quae forte obviam sibi venissent, tantum non exanimarentur.

Pauperibus a potentioribus oppressis, iniuriaque affectis, aditus ad eum non patebat.

in prandio plerunque adeo se potu ingurgitabat, ut somno opprimeretur. invitatis interim omnibus timore perculsis, silentibusque: experrectus, oculos tergere, ac tum primum iocari, & hilarem se convivis exhibere solebat.

Caeterum etsi potentissimus erat, Tartaris tamen obedire cogebatur.

Advenientibus namque Tartarorum Oratoribus, extra civitatem obviam procedebat, eosque sedentes stans audiebat.

quam rem uxor eius Graeca tam graviter tulit, ut quotidie diceret, sese Tartarorum servo nupsisse: atque ideo hanc servilem consuetudinem, ut aliquando abiiceret, marito

anhaims sitzend / Er aber müge mit grosser seiner müehe unnd arbait sein Land khaum erhalten.

Der Großfürst Hans hat auch die Khünige zu Casan nach seinem willen eingesetzt / entsetzt / und ye gefangen wegkh füeren lassen. Zu letst ist sein volck von denselben hart geschlagen worden /

Der Hans hat am ersten sein Stuel oder gesäß zu der Mosqua mit gemeüern erpaut /

den weibern ist er so hässig gewest / wann jme die begegnet / sein sy von seinem angesicht jämerlichen erschrocken /

Die armen welche von den geweltigen beschwärt worden / haben khain zugang noch hilff bey jm gehabt /

Zu Malzeiten hat er sich gwöndlichen betruncken / das er am Tisch entschlaffen ist / Seine Gest seind in der zeit mit forchten still gewest / So er aber entwacht / seine augen außgeriben / erst ist er frölich und gesprächig worden.

Und wiewol der also mächtig / dennocht was er den Tattern underthenig /

Dan so derselben oberern Tattern Potschafften zu jme geschickt worden / ist er denen für die Stat entgegen geritten / und dieselben steender und sy sitzende gehört /

Solches hat sein weib die Griechin hart beschmertzt / und täglich gesagt / Sy wäre der Tattern khnecht verheyrat worden / und vast angehalten / sich solcher Knechtischen dienstparkhait zuentledigen / und undter-

persuasit, ut aegritudinem Tartaris advenientibus simularet.

Erat in castro Moscovuiae domus, in qua habitabant Tartari, ut omnia quae Moscovuiae agerentur, intelligerent.

quod cum ferre uxor pariter non posset, certos Oratores instituit, munera ampla Reginae Tartarorum mittit, supplicando, ut eam sibi domum concederet, donaretque: visione etenim divina commonitam, templum se eo loci aedificaturam: ita tamen, ut aliam domum Tartaris se assignaturam polliceretur.
Consentit hoc regina: diruitur domus, templumque eo loco extruitur.

sic castro eiecti Tartari, domum aliam nec viventibus adhuc, nec mortuis iam ducibus consequi poterant.

Moritur autem Ioannes ille magnus, anno mundi 7014.
cui filius Gabriel, postea Basilius dictus, magnus dux successit,

habens in captivitate Demetrium nepotem ex fratre, qui avo adhuc vivente iuxta gentis consuetudinem legitimus monarcha creatus erat: & ob id vivo adhuc, atque etiam mortuo post nepote, solenniter Basilius creari monarcha noluit.

wisen / wann solche Potten wider khumen / soll er sich khranck machen und damit entschuldigen /
Im Schloß zu der Mosqua was ain sunder Hauß / darjnnen verordente Tattern on undterlaß wonten / zusehen und mercken was man täglichen thäte.
Die Fürstin erdacht jr auch ainen sin / und schickt jre Potten zu der Tattarischen Khünigin mit grosser verehrung / bittund damit sy jr solich hauß erlangte / dann jr wäre im schlaff furkhumen und Götlich vermant worden / an dieselb stat ain Kirchen zuerpauen / Sy wolt heer wider ain ander hauß den Tattern verordnen.
Die Khünigin hat jrem begern wilfarn / Dasselb hauß ist zu stundan nidergerissen / und ain Kirchen an dieselb stat gesetzt /
Mit dem andern hauß den Tattern zuverordnen / ist also von ainem tag auff den andern verzogen / das die Tattern damit auß dem Schloß khumen / und füro khains erlangen mügen /
Der Großfürst Hans starb im 7014 Jar.
GABRIEL, der hernach Basilius genent worden / ist / wie oben vernummen / nach seinem vatter Großfürst worden /

Patrem multis rebus imitatus est: ea quae sibi reliquerat pater, integra custodivit: ad haec multas provincias non tam bello, in quo erat infoelicior, quam industria, imperio suo adiecit.

quemadmodum pater Novuogardiam magnam in servitutem suam redegerat, ita & ipse Plescovuiam, sociam urbem: item insignem principatum Smolenczko, qui plus quam centum annis sub ditione Lithvuanorum fuerat, adeptus est.

mortuo etenim Alexandro rege Poloniae, etsi belli causam contra Sigismundum regem Poloniae & magnum ducem Lithvuaniae nullam haberet, tamen quia regem ad pacem magis quam bellum inclinatum, Lithvuanos vero bellum pariter abhorrentes videret, occasionem belli invenit.

Sororem videlicet suam, Alexandri relictam, dicebat ab eis minime pro dignitate tractari: Regem praeterea Sigismundum insimulabat, Tartaros contra se concitavisse. Quare bellum indicit, Smolenczko obsidet, admotis tormentis: nequicquam tamen oppugnat.

Interea Michael Lynczky, ex principum Rhutenorum nobili stemmate & familia ortus, qui quondam summam rerum apud Alexandrum tenebat, ad magnum ducem Moscovuiae profugit, quemadmodum infra patebit:

mox Basilium ad arma hortatur, eique promittit, se Smolenczko, si

dem vatter in vil sachen nachgevolgt / des jme verlassen / vleissig behalten / unnd wiewol der im streitten unglücksällig / so hat er doch mit schicklichkait vil Land und leut von newem bekhummen /

wie der vatter Großneugarten / also diser Plesco / derselben Neugartner befreundte stat zu seinen handen / hernach auch Smolensco / des ob hundert jaren in der Litten handen gestanden / undter sich gebracht /

Wie der Alexander Khünig zu Polln unnd Großfürst in Litten gestorben / und sein Brueder Sigmund am Reich und Großfürstenthumb Litten nachkham / gegen dem der Basilius khain zuspruch hette / So aber derselb Khünig Sigmund meer zu friden / dann zu khriegen genaigt / die Litten auch des Khriegs verdrüssig / Nimbt jm der Moscoviter wider ain ursach des Khriegs /

als hielt man sein Schwesters des Khünig / Alexander Wittib nit nach jren wierden / dar zu gab er für / Khünig Sigmund hette die Tattern wider jne bewegt / und entsagt dem Khünig / belegert Smolensco / unnd wiewol groß Geschütz darfür gebracht / khunt doch nichts schaffen /

hernach aber wie Hertzog Michael Linskhi ain Reissischer wolgeborner Fuorst / der dann in grossem gwalt bey Khünig Alexander was / und wie hernach steen wirdt / zu dem Moscoviter entrunnen /

hat den Basilium wider bewegt für Smolensco zutziehen / mit verhais-

iam denuo obsideretur, expugnaturum: ea tamen lege, ut sibi hunc principatum Moscus concedat.

Post cum ad conditiones a Michaele propositas assensus esset Basilius, atque Smolenczko gravi iam denuo premeret obsidione, Lynczky pactionibus, seu largitione verius urbe potitus, militiaeque praefectos omnes secum in Moscovuiam duxit:

uno duntaxat excepto, qui ad dominum suum, nullo proditionis crimine sibi conscius, redierat.

reliqui vero centuriones corrupti pecunia & muneribus, redire in Lithvuaniam non audebant: & ut culpae suae patrocinium praetenderent, iniecerunt metum militibus, dicentes,
Si Lithvuaniam versus iter arripiemus, passim aut spoliabimur, aut occidemur.
quo malo perculsi milites, omnes in Moscovuiam profecti sunt, stipendioque Principis aluntur.

Hac victoriae elatus Basilius, exercitum suum continuo in Lithvuaniam progredi iubet: ipse vero in Smolenczko manet.

Dein cum aliquot propinquiora castra & oppida deditione capta essent, tum primum Sigismundus rex Poloniae obsessis in Smolenczko, coacto exercitu auxilium, sed tardius, misit.

mox occupato Smolenczko, ubi Lithvuaniam versus Mosci exercitum ire animadvertit, ipse Borisovu

sen des zuüberkhummen / wo solch Fürstenthumb jme dem Hertzog Michael gegeben werde doch das er dem Basilio damit gehorsam sey

Vor Smolensco hat Hertzog Michael bey den dienstleuten mit gaben und verhaissungen sovil gehandlt (bey denen er auch in grossem ansehen gewest) das sy Smolensco aufgeben haben / und soliche dienstleut alle in dienst angenumen / und mit sich in die Mosqua gefüert /

ausser aines der khain gab noch verhaissung annemmen noch in ubergebung der Stat willigen wöllen / der ist zu seinem Khünig gezogen / der andern vil wären auch gern nach Litten geraist / aber die so nit dörfften ziehen / sagten den andern /

man wurde sy am weg trencken / berauben und erschlagen.

Auff solchen syg hat Basilius sein hör in Litten abgefertigt / Er ist in Smolensco beliben /

Und wie die nun etliche Flecken und bevestigungen eingenummen / erst schickt Khünig Sigmund die rettung gegen Smolensco aber zu spat /

so dann die Moscoviter fort in Litten ruckten / ist Khünig Sigmund mit seinem hör hintzt geen Borisow an

iuxta fluvium Beresina situm, advolat, atque inde exercitum suum Constantino Ostroskii duce dimittit.

qui cum attigisset Borysthenem, circa Orsam oppidum, quod a Smolenczko XXIIII miliaribus Germanicis distat, aderat tum iam exercitus Mosci circiter octoginta milia:

Lithvuanicus autem non excedebat triginta quinque milia hominum, adiunctis tamen aliquot bellicis tormentis:
Constantinus mense Septembri die 8. anni 1514. strato ponte, peditem ultra Borysthenem, iuxta Orsam oppidum, transfert: equitatus autem angustum vadum sub ipso castro Orsae superat.

Mox ubi dimidia pars exercitus Borysthenem transisset, nunciatur Ioanni Andreae Czeladin, cui summa rerum a Mosco erat commissa, ut hanc exercitus partem invaderet, contereretque.

At ille respondit:
Si partem hanc exercitus oppresserimus, supererit altera pars, cui forte aliae iungi copiae possent, atque ita nobis maius periculum immineret. expectemus tantisper, dum totus exercitus transferatur: tantae enim sunt nostrae vires, ut sine dubio, nec magno labore, hunc exercitum aut opprimere, aut circumventum Mo-

dem wasser Beresina geruckt / von dannen das hör undter Hertzog Constantin Ostroskhi obersten Haubtman gegen den feinden außgevertigt.

Als sy an den Nieper (Lateinisch Boristhenes) bey dem Flecken Orsa khamen / das ist 24 meil dißhalb Smolensco / auff jhener seytten des Niepers was des Moscoviters hör in 80000 (wie man sagt) starck /
die Littischen sollen nit meer dann 35000 darneben etlichs Veldgeschütz gehabt haben /

Hertzog Constantin hat sich am 8. tag Septembris im jar nach Christi geburt 1514 uber den Nieper gelassen / die Phärdt gar ain engen fuert gehabt zunegst an der Orssa / das Fueßvolck uber ain Pruck / die am wasser schwam mit hurten bedeckt / uberbracht.

Die Moscoviter hetten jre leut / die sehen mochten / das nunmals als halber thail uberkhummen was / die eileten zu jrem öbristen Haubtman Iwan Czeladin / unnd zaigten jme solches an / vermainten es wäre zeit die Litten anzugreiffen /
Er aber vermaint /
obgleich der thail / so uberkumen / erlegt wurde / der ubrige thail möcht ersetzt werden / und ain newen Khrieg machen / So die aber gar uberkhumen / waren sy so starck / das sy die all wie das Viech in die Mosqua tryben und das gantz Littner land damit einnemen wolten.

scovuiam usque, veluti iumenta agere possimus. Tandem, quod unicum restat, totam occupemus Lithvuaniam.

Interim appropinquabat exercitus Lithvuanicus,
Polonis & externo milite mixtus:
& cum quatuor millibus passuum ab Orsa processisset, uterque subsistit.
Moscorum duae alae longius ab exercitu recesserant, ut hostem a tergo circumvenirent: acies autem instructa in medio stabat, subductis quibusdam in fronte, qui hostem ad pugnam lacesserent.

Ex adverso Lithvuanus diversas copias, ordine longo collocabat. singuli etenim principatus, suae gentis copias, & ducem miserant. atque ita singulis suus in acie dabatur locus.
Tandem cohortibus in fronte constitutis, Mosci classicum canentes, primi in Lithvuanos impetum faciunt.
illi haud timidi resistunt, eosque repellunt. quibus mox alii in auxilium missi, vicissim Lithvuanos in fugam convertunt. sic aliquoties utraque pars novis subsidiis aucta, alteram repellebat.
Postremo maxima vi certatur.
Lithvuani studio cedentes ad locum, ubi tormenta bellica collocaverant, ea in Moscos insequentes convertunt:

In dem so nachnet das Littische hör /

als 4000 schrit von Orsa /

dargegen machten die Moscoviter zwo flüg ferr hindan / von dem gweltigen hauffen / der mainung die Litten zu hinderziehen / Auß dem gweltigen hauffen verordneten die Moscoviter etliche / die den Scharmützl anfiengen /
Die Litten aber ordneten jre hauffen nach jegcliches art des Lands / wie sy im brauch haben / jn vor und nachzug / dann ain jegcliches Fürstenthumb schickte sein volck /

So liessen die Moscoviter aufblasen / und griffen die Littischen an /

die Litten hinwider / und wann dann der ain thail den andern jagte / hat jeder thail die seinigen ersetzt /

Die Littischen haben mit vernunfft offt gewichen / denen die Moscoviter mit grosser begierd nachgevolgt / unnd als ain thail den andern hin und wider jagte / zu letst fliehen die Litten an das ort / do das geschütz in

extremamque aciem eorum in subsidiis arctius collocatam feriunt, turbant, dirimuntque. Hoc novo belli genere Mosci, qui primos duntaxat in acie cum hoste confligentes, in periculo esse putabant, terrentur: turbatique, primam aciem iamiam fusam putantes, fugam capessunt. quos Lithvuani conversi, omnibus copiis effusis insequuntur, fugant, caeduntque.

Hanc caedem sola nox ac sylvae dirimerunt.
Est inter Orsam & Dobrovunam (quae quatuor miliaribus Germanicis distant) fluvius Cropivuna dictus: in cuius dubiis & altis ripis fugientes, tot Mosci submersi sunt, ut cursus fluminis impediretur.

Capti sunt in eo conflictu omnes militiae praefecti ac consiliarii: quorum praestantiores, Constantinus sequenti die lautissime accepit, dein ad Regem misit: qui per castra Lithvuanica sunt distributi.

Ioannes Czeladin cum aliis duobus praecipuis ingravescentis iam aetatis ducibus, habebatur in ferreis compedibus Vuilnae.
hos ego, cum a Caesare Maximiliano legatus in Moscovuiam missus

ainem gestreiß mit dem Fueßvolck als verporgen stuend /
wie das Geschütz und das grösser zu hoch abgiengen / dermassen / das es nit an die nacheillenden / sunder an die hindersten antraff / dieselben wussten nit anderst / weil es nun an jnen war / es stüende umb die voderisten ubl / mit dem hebe sich die flucht /
denen die Litten mit allen hauffen nacheilet und wie der prauch ist / niderhaweten / wen sy bekhomen mochten /
Die zwo flüg / als sy die flucht sahen / namen auch jren abzug.
Sölcher schlachten haben allain die nacht und wälder ain ende geben / das ist zwischen Orsa und Dobrowna / die vier meil vonainander ligen / beschehen / Entzwischen rindt ain Pach genant Cropiwna / der hohe gestettn hat / daselbsten seind vil erschlagen und ertruncken / also das der so vil im pach gelegen / das der wasser fluß gesperrt wardt /
vast alle Haubt und Bevelchsleut seind da gefangen / die ansechlichisten hat Hertzog Constantin des andern tags zu gast gehabt / und darnach zu dem Khünig geschickt / die seind darnach auf die Schlösser allenthalben außgethailt und verwardt worden /
Der oberste IWAN TZELADIN mit andern zwayen ansechlichen alten graben Fürsten / seind zu der Wilda in eysnen Ketten gehalten worden /
Als ich von Kayser Maximilian zu dem Khünig Sigmunden und zu

essem, permittente Rege Sigismundo, accessi, eosque consolabar:

aureos praeterea aliquot, obsecrantibus mutuo dederam.

5 Princeps porro accepta suorum clade, Smolenczko continuo relinquens, in Moscovuiam fugit: & ne castrum Drogobusch Lithvuani occuparent, incendi iubet.

10 Lithvuanicus excercitus recta Smolenczko civitatem contendit, sed capere eam non potuit: quod praesidiis impositis, Moscus eam bene firmatam reliquerat:
15 & quod hyems impendens obsidionem impediebat: tum quod plurimi post conflictum praeda onusti, satis se effecisse rati, domum repetebant: denique quod neque Lithvuani,
20 neque Mosci expugnare arces, aut vi capere norunt.
Ex ea autem victoria, praeter recuperata citra Smolenczko tria castra, Rex nihil reportaverat.

25 Anno post hunc conflictum quarto, misit in Lithvuaniam, exercitus Moscus, atque intra meatus Dvuinae fluvii & Poloczko castrum consedit:

ac inde bonam exercitus partem,
30 quae Lithvuaniam abacta praeda caede & incendiis depopularetur, dimisit.
Albertus Gastold Poloczkii Vuayvo-

gedachtem Basilio Großfürsten geschickt wardt / hab ich mit zugeben 35
des Khünigs die gefangnen besuecht / und getröst /
dann auf jr begern etlich stuck Gold gelihen / die mir in der Mosqua auf jre schreiben wider gekhert seind 40
worden.
Der Großfürst erschrack der niderlag / zoge zu stundan von Smolensco nach der Mosqua / und damit die Litten Drohobusch / so oberhalb 45
Smolensco ligt / nit einnämen / ließ das außprennen /
Die Litten ruckten gleichwol nach Smolensco / weil das aber wol besetzt was / khunten sy nichts schaffen / 50

dann der Winter was an der hand / und das jr vil / so sich mit dem Raub bereich hetten trachteten darvon /
Zu dem so seind weder Litten noch 55
Moscoviter datzumal der schicklichkhait gewest / Schlösser und Stet mit macht zugewinnen.
Also hat der Khuonig ausserhalb der schlacht und dreyer bevestigungen / 60
so jenthalb Smolensco gelegen / mit dem Veldtzug nichts verricht.
Am vierten jar schickt der Großfürst sein Khriegsvolck wider in Litten / die haben sich zwischen des fluß 65
Duna und dem Schloß Polotzkho gelegert /
von dannen auß haben sy das Land verhört und verprent /

Albrecht Gastold wardt der zeit 70

da una noctium egressus, flumine superato, acervum foeni, quod ad longam obsidionem congesserant Mosci, incendit, hostem invadit:

5 quorum alii caesi ferro, alii fugiendo submersi, alii capti, pauci evaserunt. caeteri, qui palantes Lithvuaniam vastabant, pars in locis diversis devicti, alii in sylvis errantes a colonis
10 trucidati sunt.

Casan regnum Moscus quoque eo tempore, tam navali quam equestri exercitu erat aggressus: sed re infecta, amissis quampluribus militi-
15 bus rediit.
Porro princeps ille Basilius, etsi in bello esset infoelicissimus, nihilominus tamen a suis semper, tanquam res foeliciter gereret, laudatur: &
20 cum nonnunquam vix dimidia militum pars domum redierit, tamen ne unum quidem praelio esse amissum dictitant.
Imperio, quod in suos exercet, om-
25 nes facile universi orbis monarchas superat.
& id quod pater incoeperat, ipse perfecit: nimirum omnes principes, & alios quosuis omnibus castris ac
30 munitionibus exuit.
Certe fratribus suis germanis nec arces permittit, nec etiam confidit.

Wayuoda daselbsten zu Polotzkho ist aines nachts außgefallen / uber das wasser khummen und etlichs 35 heij des die veindt vil zu langem leger gehaufft unnd zusamenbracht hetten angetzündt / damit Ime liecht gemacht / unnd die Veindt uberfallen / 40
der vill zu Tod geschlagen / getrennckt unnd gefanngen / die / welche im reysn und Raub gewest / seindt in wäldern durch die Baurn und anndern aufgekhlaubt / das also 45 von den allen wenig haimb khumen sein sollenn.
Dieser Großfürst hat auch zu seyn zeiten / das CASANISCH Thatterisch Khünigreich angefallen / 50 zu wasser unnd Lanndt / aber ungethoner sachen abgezogen
unnd wiewol er in Kriegssachen glucksielig gewest / So ist er doch von den seinen für gar gluogksalig 55 genendt worden Unnd wann Je der halb thaill seines Volgkhs nit uber bliben ist / haben sij duorffen sagen / hetten nit ainn man verloren /

Er uberträff alle Khünig / und Fürsten / mit dem gewalt / den er hette 60 und gebraucht uber die seinigen / und das sein Vatter angefangen / er vollendt / das ist / das er alle Fürsten / und annder aller bevestigungen 65 entsetzt hat /
seinen gebrüedern gleichermassen khain bevestigung gelassen / noch vertraut /

1 <dt. Text:> daselbsten] dalsebsten

omnes iuxta, dura servitute premit:	Hellt alle und yede in gleicher dienstparkhait /
adeo, ut quemcunque apud se in aula esse, aut in bellum ire, aut legationem aliquam obire iusserit, obire quodvis suis sumptibus cogatur:	Wenn er auch an seinem Hof gebrauchen in khrieg oder Potschafft schicken will / die muessen auf jren Chosten das thuen /
exceptis adolescentulis filiis Boiaronum, hoc est, tenuioris fortunae nobilium, quos paupertate oppressos, quotannis assumere, eosque inaequali stipendio proposito alere solet.	ausser der Boyarn Sun das seind die armen Edlleut /
Porro quibus in annum sex aureos numerat, iis tertio quoque anno stipendium exolvitur: quibus autem in singulos annos dantur XII aurei, ii coguntur ad quodvis munus obeundum suis & sumptibus & equis aliquot, esse parati ac expediti.	den gibt er ain Jar drey ye ainem sechs gulden / dennen zalt er sölche Besöldung erst im dritten Jar miteinander / welche aber zu zwölff gulden bestimbte besoldung haben / müessen alle zeit mit jren pferdtn auf Jegclichs gepot gerecht sein / auf jren aignen Chosten /
praestantioribus, qui legationem aut alia graviora officia obeunt, aut praefecturae, aut villae, aut praedia, habita cuiusque & dignitatis & laboris ratione, attribuuntur:	Denen ansehlichern / die man in Potschafften und andern grossen sachen gebraucht / den gibt man nit gelt / sonnder Ambter / dörffer / oder andere bestimbte und benennte einkhomen /
	auf achtzehen Monat gemaynichlichen / es sey dann ein sonndere gnad oder ursach verhanden / darumb ainem etliche Monat erstregkht werden /
de quibus tamen singulis certos annuos census Principi pendunt.	Also das die zinß und ordenliche einkhomen dem Fürsten nichts minder zuesteen /
mulcta duntaxat, quam a pauperibus aliquid forte delinquentibus extorquent, & quaedam alia illis cedunt.	Die Puessen und dergleichen zuestennd / so sy von den armen abschinden / mügen denen beleiben /
Huiusmodi autem possessiones utendas plerunque ad sesquiannum permittit. si quem tamen singulari	

gratia, seu benevolentia complectitur, addit menses aliquot:
sed elapso eo tempore, cessat omnis gratia, totoque sexennio gratis tibi erit deinceps serviendum.

Erat quidam Basilius Tretyack Dolmatovu, charus Principi, & inter intimos Secretarios habitus: quem cum legatum ad Caesarem Maximilianum decerneret, seque ut praepararet, iuberet:
ac cum is viatico se ac sumptibus carere diceret, mox in Bieloyessero captus, inque perpetuos carceres coniectus, tandem miserrime periit.

cuius tam mobilia quam immobilia bona Princeps sibi vendicavit. & quamvis ter mille florenorum in prompta pecunia repererat, fratribus tamen ac haeredibus suis ne teruncium quidem dederat.
Hoc ita esse, praeter communem famam, Ioannes scriba, qui a Principe, ut mihi res in quotidianos vitae usus necessarios suppeditaret, constitutus erat, fatebatur: & qui illum simul, ubi captus erat, in sua custodia habebat:
itidem duo Basilii fratres, Theodorus & Zacharias, qui nobis redeuntibus ex Mosaisco in Smolenczko procuratores erant dati, sic actam rem affirmabant.

und welcher sich in der zeit versaumbt / der hat khain trost in sechs Jaren ainigerlay dergleichen gnaden zubekhomen / Entzwischen aber auff alle diennstperkhait und gebot auff sein selbs Chostn gehorsam sein.

Basilius Tretyak Dalmatow / was dem Fürsten ain angenämer Secretari / dem bevalch der Fürst zu Kayser Maximilian / etc. in potschafft zuraisen /

als aber der zerung begerte / unnd der Fürst jm zwaymal bevolhen zuraisen / zum dritten mal / ließ den fahen / und zum weissen See füren / den sein lebenlang gefanngen gehalten /

desselben gütter / Clainater unnd Parschafft der Fürst genumen / darundter drey thausennt gülden müntz / davon seinen gebrüdern unnd Erben nichts geben /

Das dem also / hat Iwan / so mir täglichen die speiß geben / des Fürsten schreiber / unnd der den Secretari gefanngen gehalten / baid bekhennt.

Zu dem so sein des gefangnen gebrueder zwen / Theodor unnd Zacharias / der ain dem Graff Lienharden Nugarolis / unnd der annder mir als Pristaven / das sein zugeordente / von der Mosqua hintzt geen Smo-

Quicquid Oratores ad externos Principes missi, preciosi reportant, id Princeps in suum fiscum reponit, inquiens, aliam ipsis gratiam se
5 facturum: quae talis est, ut supra dixi.

Oratores enim, Knes Ivuan, Posetzen, Iaroslavuski, & Semen, id est Simeon, Trophimovu secretarius, a
10 Caesare CAROLO Quinto, ad quem missi erant, donati gravibus torquibus aureis, cathenis, Hispanica & ea quidem aurea moneta:
item a Caesaris fratre FERDINAN-
15 DO archiduce Austriae, Domino meo, argenteis poculis, aureis & argenteis pannis, Germanica aurea moneta,

cum redeuntes nobiscum in Mosco-
20 vuiam venissent, Princeps continuo & cathenas & pocula, atque maiorem partem Hispanicorum aureorum illis ademit.

Eius rei veritatem cum ab Oratoribus
25 inquirerem, alter timens ne Princi-

lensco zuegeben worden / lautter gesagt /
und uns gefragt / was für ain recht bey unns were / wann ain Brueder sturb / ob nit seine bruoeder desselben verlassen guett erbten.
Die Potschafften / so zu Khaiser unnd Khünigen geschigkht / und dieselben mit khetten / Tringkhgeschieren unnd annderm verehrt worden / das näme der Fürst alles zu seinen hannden / mit antzaigen / Dir gebüren sollich sachenn nit / Ich will dir anndere gnad darumb thuen / das ist wie hieoben angetzaigt ist

Khneß Iwan Posetzen Jaroslawskhi unnd Symeon Trophimow Secretari / die zwen seind in Hispanien zu Khaiser Caroln dem fünfften geschigkht / unnd daselbstn mit ansehlichen khetten / Hispanischen Toppl gülden /
darnach auch von des Khaisers brueder Ertzhertzog Ferdinanden meinem herrn / mit silbren vergülltten Khöpfen / auch gülden und silbren stugkhen / Osterreichischer silbrer und güldener müntz begabt unnd verehrt worden /
die zwen seind mit dem grafen Nügarolis und mit mir in die Mosqua geraist / so pald die ankhummen / haben sy dem Fürsten alles solches fürtragen unnd bringen müessen / des er alles ausser Etlicher wenig Hispanischer und Osterreichischer müntz zu sich genomen /
derhalben ich den ainen gefragt / aber aus forchten gelaugnet / Der

17 <dt. Text:> Symeon Trophimow] ~~Tromiphow~~

pem suum traduceret, constanter negabat: alter vero dicebat, Principem iussisse munera Regia ad se deferri, ut ea videat.

Post cum saepius eius rei meminissem, alter, aut ut mentiendi occasionem, si pernegaret: aut periculum, si forte veritatem fateretur, effugeret: me posthac frequentare desierat.

Aulici denique factum non negabant, sed respondebant: Quid tum, si alia gratia illis Princeps rependit?

Authoritate sua tam in spirituales quam seculares utitur, libere ac ex voluntate sua de omnium & vita & bonis constituit: consiliariorum quos habet, nullus est tantae authoritatis, qui dissentire, aut sibi in re aliqua resistere audeat.

Fatentur publice, voluntatem Principis, Dei esse voluntatem: & quicquid Princeps egerit, ex voluntate Dei agere.

ob id etiam clavigerum & cubicularium Dei appellant, exequutorem denique voluntatis divinae credunt.

Unde Princeps ipse, si quando preces interponuntur pro captivo aliquo, aut re alia gravi, respondere solet: Cum Deus iusserit, liberabitur.

Ita similiter, si quispiam de re aliqua incerta & dubia quaerit, respondere communiter solent: Deus scit, & magnus Princeps.

Incertum est, an tanta immanitas gentis tyrannum principem exigat: an tyrannide Principis, gens ipsa tam

ander sprach / der Fürst hat das alles sehen wöllen /

So ich dann dem öffter nachgefragt / ist der ain nimmer zu mir khomen / geförcht / er müesste unrecht sagen / oder mit der warhait in sorg unnd gefärlichkhait khumen /

Die andern des hoffgesinnds habens durchauß nit widersprochen / und gesagt / Was ist es dann / so sy nür andere gnaden dagegen haben.

Sein gewalt hat der Großfürst gebraucht / gleich so woll uber die Geistliche / als uber die Weltliche / es sey umb das guet oder das leben / Seiner Räthe khainer hat des Herrn mainung widersprechen dürffen /

bekhennen durchauß / des Fürstens willen / sey Gottes willen / also was der Fürst thuet / das thut er auß dem willen Gottes /

darumb nennen sy Iren Fürsten Gottes KLUCZNICK das ist / Schlüsseltrager / sovil als Camerer / und sey nuur ain voltzieher Gottes willen /

Darumb wenn man für ain gefangnen bitt / spricht Er / Was Gott befilcht / das wirdt on dein bitt beschehen.

Wann man aber umb was fragt / darüber man nit waiß guete antwort zugeben / so sprechen sy / Gott waiß und der Großfürst.

Es ist ain zweyfel / ob ain solch volckh ein solche schwäre Herrschafft haben mueß / oder ob die

immanis, tamque dura crudelisque reddatur.

A tempore Rurickh usque ad hunc praesentem Principem, non alio titulo usi sunt principes illi, quam Magnorum Ducum aut Vuolodimeriae, aut Moscovuiae, aut Novuogardiae, &c.

praeter Ioannem Basilii, qui se dominum totius Russiae, & magnum Ducem Vuolodimeriae, &c. appellabat.

Hic vero Basilius Ioannis sibi vendicat & titulum & nomen regium, in hunc modum: Magnus Dominus Basilius Dei gratia Rex & Dominus totius Russiae, & magnus Dux Vuolodimeriae, Moscovuiae, Novuogardiae, Plescovuiae, Smolenczkiae, Tvueriae, Iugariae, Permiae, Viackiae, Bulgariae, &c. Dominus & magnus Dux Novuogardiae terrae inferioris, & Czernigovuiae, Rezaniae, Vuolotkiae, Rschovuiae, Beloiae, Rostovuiae, Iaroslavuiae, Bielozeriae, Udoriae, Obdoriae, Condiniae, &c.

Porro cum omnes hunc Imperatorem nunc appellent, videtur necessarium, ut & titulum & causam huius erroris exponam.

Czar Rhutenica lingua regem significat. cum autem communi Slavonica lingua, apud Polonos, Bohemos, & alios omnes sumpta quadam consonantia, ab ultima, & ea gravi quidem syllaba Czar, Imperator seu Caesar intelligatur: unde omnes qui Rhutenicum idioma seu literas non callent,

grausame Herrschafft ain solch ungeschickht volckh macht.

Von RURICKS zeitten an hintzt an den HANSEN des blinden BASILI sun / haben sich die Moscowither Fürsten nit anderst dann Großfürsten zu Wolodimer / Mosqua / Neugarten / etc. geschriben /

Der HANS aber hat jme den Titel aines Herrn aller Reyssen und Großfürsten lassen geben / und sich selbs dermassen geschriben /

Aber desselben sun GABRIEL / der sich BASILIUM ubernente / hat den eingang seiner brief gestelt / Von dem grossen Herrn BASILIO Künig und Herrn aller Reyssen / und Großfürsten zu Wolodimer / Mosqua / und Neugarten / Plesco / Smolensco / Twer / Jugaria / Permia / Viatkha / Bulgaria / etc. Herr und Großfürst zu Neugarten des undern Erdtrichs unnd Czernigow / Rezan / Volotkhie / Rsowie / Beloye / Rostow / Jaroslaw / Bielozerie / Udorie / Obdorie / Condinie / etc.

Seine Thulmetschen nennen den nicht Khünig / sonder Lateynisch IMPERATOR / das ist Teutsch / Kayser / Die ursach solches jrrthumbs im Titel will ich anzaigen / Er nent sich in seiner sprach CZAR / das ist lauter bey allen jren schrifften / das solches wort ainen Khünig außspricht / Weil aber in andern Nationen / auch der Slavonischen sprach / der Khünig anderst genent wirdt / als in Behaim / Polln / auch Hungern / Khral / Khorol / Khyral /

item Bohemi, Poloni, atque etiam Slavi regno Hungarico subditi, alio nomine regem appellant, nempe Kral, alii Kyrall, quidam Koroll:

Czar autem solum Caesarem, seu Imperatorem dici existimant: unde factum, ut Rhuteni interpretes audientes Principem suum ab externis nationibus sic appellari, coeperunt & ipsi deinceps Imperatorem nominare, nomenque Czar dignius esse quam Regis (licet idem significent) existimant.

Caeterum si evolvas omnes eorum historias, atque sacram scripturam, ubique Regis nomine Czar, Imperatoris vero Kessar reperies. Eodem errore Imperator Thurcarum Czar appellatur, qui tamen non alio eminentiore quam Regis, hoc est, Czar titulo ab antiquo est usus. Hinc Constantinopolim Czarigrad, quasi dicas Regiam urbem, Turcae Europaei, qui lingua Slavonica utuntur, appellant.

Sunt qui principem Moscovuiae Album Regem nuncupant. Ego quidem causam diligenter quaerebam, cur Regis Albi nomine appellaretur, cum nemo principum Moscovuiae eo titulo antea esset usus: imo consiliariis ipsis saepe data occasione, & aperte dixi, nos non

so will der Großfürst mehr dann ain gemainer Khünig genent werden / Unnd so dieselben Wenden oder Slaven ainen Khaiser KESSAR nennen / khumbt es gar nahend zu dem CZAR / als wäre dasselb wort Khaiser / gekhürtzt.

Auß dem nennen jr vil alle Tatterische Khünig / die man auch CZAR nent / auff Teutsch Khaiser / auß unverstand des worts CZAR.
Das aber dem also / findt man des auch in jren selbs Büchern / wo der Khaiser genent wirde / Khessar geschriben.
Ain gleichem jrrthumb ist des Türckhen Titel / der sich auch vil jar CZAR geschriben / das legt man auff Lateyn oder Teutsch auß / IMPERATOR oder Khaiser / Also auch Constantinopel wirdt geschriben Czarigrad / das ist die Khüniglich stat / und wirdt im Lateyn auch dermassen gefunden.

Weisse Reyssen oder weissen Khünig nennen etliche / unnd wöllen damit ain underschaid der Reyssen machen / Hab fleissig darnach gefragt / aber nie khain underschaid finden khünnen /

Regem, sed Magnum ducem agno-
scere. Plerique tamen hanc Regii
nominis rationem esse putabant,
quod sub imperio suo reges haberet:
Albi vero rationem nullam habebant.

Die gemainen leut in der Mosqua /
welche höflichen vermainen zureden
/ haben den Großfürsten den weissen
Khünig genent / aber der khainer
ursach gewüsst zugeben /
es wäre dann / wie etliche Khünig
nach jren hüeten genent werden / als
den Persier nent man das Rot hüetl /
noch ainen andern nennt man das
grüen hüetl / So füeren die Mosco-
vither all weisse hüetl / ob der Fürst
auch darnach der weisse hieß.

Credo autem, ut Persam nunc prop-
ter rubea tegumenta capitis Kisilpas-
sa, id est, rubeum caput vocant: ita
illos propter alba tegumenta, albos
appellari.

Den Titel aines Khaisers / wie-
wol Er alle seine Brief nur Reissisch
schreibt / darinn Er sich CZAR nent
/ so schickht Er gemaincklich Latey-
nische Copeyen darmit oder darinn /
und an stat des Czar setzen sy IM-
PERATOR / den wir Teutsch Khai-
ser nennen /

Regis porro titulo utitur ad Roma-
num Imperatorem & Pontificem,
regem Suetiae & Daniae, Magistrum
Prussiae, Livoniae: &, ut accepi, ad
Turcarum principem.
ipse vero a nemine horum, nisi forte
a Livonien[sibus] Rex appellatur.

des gebraucht Er sich allain zu ferr-
lendischen / als Bapst / Khaiser / zu
den Khünigen inn Dennmarck /
Schweden / Leifland / und Türckhen
/
Aber der khainer gibt jme solchen
Titl.
Wann sich aber der Reiß ein Czar
gegen dem Khünig zue Polln ge-
schriben / so hat man sölche brieff
nit angenumen / dann die zwen wöl-
len in den titln / ainer dem anndern
nichts neues zuelassen / Als auch
geschach / so wir den aus anstand
zwischen jnen beschlossen / setzt der
Polnisch in sein titl / Hertzog in der

Titulis autem antiquitus, tribus circulis triangulo inclusis, uti solebant, quorum primus in supremo circulo hisce verbis continebatur:

Deus noster trinitas, quae fuit ante omnia secula, pater, filius, & spiritus sanctus: non tamen tres dii, sed unus Deus in substantia.

In secundo, titulus Imperatoris Thurcarum erat, particula adiecta: Fratri nostro dilecto.

In tertio, titulus Magni ducis Moscovuiae, quo se regem, & haeredem ac dominum totius Russiae orientalis & meridionalis fatebatur,

in quo communi formulae subiunctum vidimus: Misimus ad te nostrum fidelem consiliarium.

Maaß / des vor niehe gewest / wie harrt man das erhalten / das die Moscovither dasselb zuegeben haben.

Vor Jaren haben sich die Großfürsten der Titl gegen dem Türgkhen dermassen gebraucht / drey Ciercl gemacht / wie hernach vertzaichnet steet.

Unser Gott die dreyfaltigkhait die gewest ist von ewigkhait Vatter / Son / Hailiger geist / doch nit drey götter sonder ain gott im wesen.

[Hierinn was des Türgkhen Tittl gestelt.]

Grosser Herr Basillius Khünig Herr und Erb aller Reissen im aufgang und mitag.

Darnach ist gestanden / wir haben zu dier geschigkht unsern getreuen Rath / etc.

Basilius der zuvor Gabriel hieß / da er seiner Heyrath halben Rat hielt / befannde er sol aine auß seinen unnderthonen nemen / dann ain auslenndische müeste mit grossem unchoßsten gebracht werden / Zu dem frembder gebreuch gewonnt / und aines anndern glaubens war / dises Rats was ursacher der clain Geörg Schatzmaister ain Khriech der angenembste Rat / der selb verhoffte sein Tochter solte an die stell khümen / Darnach seind 1500 Töchter der Boyern dahin gebracht / aus denen erwelte der Fürst Salomeam des hannsen Sapur tochter / die hat er ainundtzwaintzig Jar gehabt / aber khain Khind ertzeugt /

Darumb hat er die im Jar wie jch zu
letzt hinein geschigkht wardt / des
1526. Jars von sich in ain Closter
gen Sußdalj gestossen / als der Me-
tropolit Ir wainenden unnd clagen-
den das haar abgeschnitten / unnd
die Khutten gereicht / hat sy die
genumen / und auff die erden ge-
worffen / mit füessen getretten /
darumb hat der Hanns Schygona
ainer aus des Fürsten furnembster
Rath / sy nit allain gescholten / sonn-
der mit ainer gaisl geschlagen / mit
den wortten / darfstu dich des herrn
willen wider setzen / So fragt die
Fürstin jne / aus was gewalt er sy
dierf schlagen / als der geantwortt
aus des Fürsten bevelch / hat sy da
offendlich gegen menigclich bet-
zeugt / das sy die Khutten gedrung-
ner not mueß annemen / und rüefft
gott an umb rach gegen dem unrecht
so Ir beschehen.

   Darnach so nimbt der Fürst /
Hellenam des plintten Basily Linß-
khj / der nun gestorben was / thoch-
ter (der des hertzog Michael Linßkhj
leiblicher brueder / und mit Ime
daselbstn hin aus Lithen gewichen
was.) und hertzog Michael der sel-
ben zeit noch gefangner lag / zu
ainem gemahl / pald so wird ain
geschray / die Salomea im Closter
sey schwanger unnd trag lebendigs
khind / dem machten zway der an-
sechlichen Rätte / des Schatzmaister
unnd Jacoben Masur weyber glau-
ben / als hetten sy das aus der Salo-
mea mund gehort /
der Fürst ist harrt darob bewegt

worden / die weiber von sich geiagt.
Und des Schatzmaisters auch geschlagen / umb das sy die sachen nit zuvor an jne bracht hetten / Schigkht baldt in das Closter seinen Rhat / Pheodor das ist Dietrichen Kackh / unnd den Potat Secretarj / sich der warhait zuerindern / Etliche haben unns in der Mosqua bey jrem ayd gesagt sy hette ein Sun geborn und Georgen genent / das khind hab sy aber niembt wollen sehen lassen / dann sy gesagt / sy wären nit wierdig / das jre augen jer khind ansehen sollen / Wann aber das khind in sein gwalt khumbt / wierdt seiner Muetter zuegefuegt unrecht rechen / andere haben das alles widersprochen / darumb ist es bey mir im zweifl beliben.

Warumb aber der Fürst dise Tochter genumen / seind zwo ursachen / uber die das er sonder zweifl verhoffte khinder zu uberkhomen / Aine das die mueter halb Von dem geschlächt der Petrovitzn in Hungern / als nambhafft und jer vatter seines glaubens gewest ist /

Die ander weil er noch zwen lebendige brüder / Georgen und Andreen gehabt / und wol gewißt / wann er khinder uberkhäme / das seine brüder die selben für unehelich achteten / und zu der Erbschafft nit khumen liessen / weil aber hertzog Michael Linßkhj der selben seiner haußfrauen Vatters bruoder ware / dem wolt er seine khinder bevölhen / der selb mit seiner schickligkhait unnd

2 <dt. Text:> geschlagen] ~~geschalgen~~

mannhait wurde die khinder seine
fründt / wissen und mügen bey der
Erbschafft erhalten. Als er auch der
zeit ich daselbstn gewest bin / Von
des hertzog Michaeln erledigung
gehandlt / und ist auch außgelassen /
vil nachgeer seind jm zuegeordent
worden / meer auff jne zusehen und
hütten / weder zu dienen / Hernach
ist hertzog Michael im Testament
neben anndern den zwayen nachge-
lassnen Sünen Hansen und Georgen
zu gerhaben benennt worden /
Nach absterben des Fürsten / hat
sich die Witbe nit wol gehaltn /
sonder mit ainem genant Owtzina
sich verwigkhelt / so hat sy sich als
ain mitgerhabin gegen Ires mans
zwayen brüdern / die nun gefangen
warn / grausamblich und unpillich
wüttend gehalten / Hertzog Michael
als ain freünd hat sy etliche mal
guetlich besprochen / Sy soll jer Iren
khindern / auch jrem geschlächt
khain schand auff thuen und derglei-
chen. Daran sy ain beschwärdt ge-
habt / Ain ursach gedacht / als wöllte
der selb die Khinder und das Land
dem Khünig zu Polln ubergeben /
damit hat man den erlichen hertzog
Michaeln wider in gefenkhnuß ein-
ges[e]tzt / darinnen er auch gestor-
ben. Ir ist vergeben worden / Zu
stund darnach ist Owtzina zu stu-
khen zerhackt. Der jung Fürst hans
so jm Jar 1528 geborn ist / Herst
nach seinem Vatter / wie man sagt
wuoetterichisch:

Ad regem autem Poloniae huiusmo-

31 <dt. Text:> eingesetzt] ~~eingestzt~~   **36** <dt. Text:> Herst] = herrscht

di titulo utitur: Magnus Dominus Basilius, Dei gratia Dominus totius Russiae, & Magnus dux Vuolodimeriae, Moscovuiae, Novuogardiae, Smolenski, Tvueriae, Iugariae, Permiae, Bolgariae, &c. omisso Regis titulo. neuter enim horum alterius literas novo titulo auctas, accipere dignatur. Quod quidem nobis Moscovuiae existentibus acciderat, cum regis Sigismundi literas ad se missas, atque titulo ducis Masovuiae auctas, Moscus gravatim acceperat.

Scribunt quidam, Moscum a Pontifice Romano & a Caesare Maximiliano nomen expetivisse, & titulum Regium.

Mihi verisimile non videtur: praesertim cum nulli homini infensior sit, quam summo Pontifici & quem non nisi Doctoris titulo dignatur. Caesarem autem Romanum non maiorem se existimat: ut ex literis suis apparet, in quibus nomem suum Imperatoris titulo praeponit.

Nomen item Ducis apud eos dicitur Knes: nec alium maiorem titulum, ut dixi, unquam habuerunt, adiuncta illa dictione, Magnus. nam omnes alii qui unicum principatum habebant, dicebantur Knes: qui vero plures principatus, atque alios Knes subiectos sub imperio habebant,

Etliche haben geschriben / als hab der Moscovither von dem Römischen Bapst oder Khaiser die Khuonigckliche wirde oder den Titel zugeben begert / mir ist es nit glaublich / dan ich wais sovil / das er khain menschen dermassen verhasst / als den Bapst / unnd nennt den nur ain doctor / Den Khaiser aber acht er nit höcher weder sich / das erscheint auß allen seinen schreiben / darinn er yeder zeit sein Titl für des Khaisers setzt.

Es haben hernach etliche in Polln mich in verdacht ziehen wellen / Als soldt ich dem groß fürsten solche freyhait des Titls oder Khünigckliche wird bracht haben.

Der Titl oder das wort Khneß ist der ortt gemain gewest / des sy sich yeder zeit gebraucht haben / mit dem zuosatz / Welikhy das ist groß / als großfürst oder grosser Hertzog / das seind die so meer dann ain Hertzogthumb undter jnen haben / Die aber welche nur ain Fürstenthumb haben /

Vueliki Knesi, id est Magni Duces appellabantur. neque alium gradum seu dignitatem habent post Boiaros, qui more nostro locum nobilium (ut supra dixi) seu equitum tenent. In Croacia vero primores similiter Knesi vocantur: apud nos vero, sicuti & in Hungaria, n[on] nisi Comitum nomen obtinent.

Non dubitarunt mihi viri quidam principes dicere, imo ceu exprobrare, quod modernus Moscoviae princeps proferre soleat literas sanctae memoriae Imperatoris Maximiliani, quibus nomen Regium tributum sit patri eius Gabrieli, qui postea mutato nomine Basilius vocari maluit: quodque affirmet, me eas literas ad illum pertulisse.
eamque ob causam factum est, ut in novissimis cum rege Poloniae tractatibus, aut Rex appellari, aut omnes pactiones irritas esse voluerit.
Etsi vero his sermonibus, tanquam nec veris, nec verisimilibus minime deberem commoveri: tamen eos non tam mea, quam optimi & clementissimi principis mei causa cogor refutare, cum videam etiam piissimos eius manes temere in invidiam vocari.
Non est obscurum, fuisse quandoque simultatem aliquam inter Maximilianum Imperatorem & Sigismundum Poloniae regem, ea nimirum tempestate, qua Sigismundus ducebat

gebrauchen sich des Titls Khneß on zuosatz / In Crabaten und Hungern nennt man die Grafen auch die Pfaffen Khneß / under den andern hab ich khain sondern stand / ausser der Boyarn die bey uns Edl möchten geacht sein / die minndern nennt man der Boyern Sün

Boy nach windischer sprach haißt Khrieg / auß dem möchten Sy Kriegßleüdt haissen.

8 <lat. Text:> non] ~~nno~~

Stephani comitis Scepusiensis filiam.

Nam id eo fieri quidam interpretabantur, ut frater sponsae Ioannes, nuptiis Annae filiae Vuladislai regis Hungariae, autoritate & opera Sigismundi fratris potiretur: & per hoc impediretur, irritumque fieret ius successionis, quod Maximiliano, eiusve nepotibus in regnum Hungariae debebatur. Qua de causa sane Maximilianus sua referre existimabat, Moschum perpetuum Lithuanorum & Polonorum hostem, sibi habere coniunctum.

At posteaquam conventu ad Posonium habito, de Annae nuptiis inter Maximilianum & Vuladislaum, praesente & favente Sigismundo, convenit, extinctis subito & sublatis omnibus suspicionibus & simultatibus, tam arcte complexus est Sigismundum Maximilianus, ut non dubitaret quandoque dicere, (quod alibi quoque retulimus) se cum Sigismundo & ad superos & ad inferos esse iturum.

Etsi igitur fuit tempus, cum Maximilianus sibi Moschum foederatum esse vellet: tamen ei regium nomen nunquam tribuit: quod literis & instrumentis utrinque datis & acceptis, facile comprobari potest, si cui forte testimonium meum, etsi verum & fidele, minus ponderis habere videatur.

Cur vero hunc titulum ab Imperatore Maximiliano peteret Moschus, qui antequam quicquam inter eos negocii esset, non modo se ei parem, sed

etiam superiorem videri voluit, nomen suum & titulum semper Imperatorio praeponens, sive loqueretur, sive scriberet: quod nunc quoque, ut dictum est, ceu mordicus retinetur?

At Regium nomen, ne ad Poloniae quidem regem scribens, post meum ex Moscovuia reditum usurpavit.

Hoc quidem in confesso est, quod ad Imperatorem, aut summum Pontificem scribens, se Regem & Dominum totius Russiae vocat.

Quin ne Imperatorio quidem nomine abstinet, si quas forte literas ex Ruthena lingua in Latinam versas adiungit: nimirum ipsis interpretibus vocem Czar, quae Regem significat, Imperatorem vertentibus. Atque hunc in modum idem se & regem & Imperatorem facit. Sed quod ab Imperatoribus, Maximiliano, eiusve nepotibus, creatus sit Rex, in Poloniae regum iniuriam, id nemo crediderit. Quorsum enim attineret, eum Regiam dignitatem, ut fama est, a summo Pontifice petere, si eam antea ab Imperatoribus accepisset?

Atque haec quidem dicta sint pro Maximiliano Augusto, domino meo: qui Sigismundo regi, quoad vixit, certus & syncerus amicus fuit.

De me vero ipso quid dicam? Qua fronte quaeso fuissem ausus, toties & in Poloniam & in Lithuaniam currere ac recurrere, in regum Poloniae Sigismundi patris & filii conspectum venire, publicis Polonorum conventibus interesse, viros Principes intueri, si commodassem operam hac in re meam Principi

45

meo, cuius nomine ac verbis, fraterne, amice, benigne ac benevole, & Regi & Ordinibus omnibus frequentissime detuli, quicquid a coniunctissimo, optimo, & clementissimo Imperatore deferri posset? Si nullum est secretum, quod non reveletur: certe si quid indignum officio meo admisissem, id dudum in lucem erupisset. Sed consolor me recti conscientia, qua nulla est consolatio firmior. Et acquiesco suaviter in Regum Poloniae gratia, ac caeterorum Poloniae ordinum benevolentia, quam mihi nunquam defuisse recordor.

Fuerunt forte tempora, quibus talia minore quam nunc invidia spargi potuissent. Sed haec seri hoc tempore, quid est aliud, quam quaerere modos, ad dissociandas coniunctissimorum Principum voluntates, quae omnibus studiis atque officiis copulandae & consolidandae essent? Videbantur acta transacta esse omnia, quae nemo non putabat ad reliquias Hungariae servandas, & ad amissa recuperanda, maximum momentum esse habitura.

Verum quibus ea res & ante magno bono fuit, & amplius futura erat, hi sive Turcico, sive alio quopiam malo spiritu afflati, pactorumque & conventorum obliti, res novas & perniciosas moliuntur: non reputantes secum, in quantum discrimen & se ipsos, & vicinas provincias, ac in primis Hungariam, de universo nomine Christiano quam optime meritam, sint adducturi.

Modus Inaugurandi Principes

Morem, quo Principes Moscovuiae inaugurantur, sequens formula, quam non ita facile consecutus sum, tibi depinget: & qua usus est Magnus Dux Ioannes Basilii, cum suum nepotem Demetrium, ut antea memini, Magnum ducem et monarcham Russiae investiverat.

In medio templi divae Virginis, erigitur tabulatum, super quo tria sedilia, Avo scilicet, Nepoti, & Metropolitano collocantur.

Constituitur item suggestum, quod ipsi Nolai vocant: super quo Ducalis pileus, & Barma, hoc est ornamentum Ducale, ponuntur.

Post, ad constitutum tempus Metropolitanus, Archiepiscopi, Episcopi, Abbates, Priores, totusque conventus Ecclesiasticorum, solennibus ornamentis induti adsunt.

Magno itaque Duce cum Nepote templum ingrediente, canunt Diaconi: Multos annos uni Duci magno Ioanni, secundum consuetudinem.

Sub haec Metropolitanus cum toto clero canere incipit orationem divae Virginis, & sancti Petri confessoris, quem ipsi more suo Miraculosum appellant:

qua finita, Metropolitanus, Magnus

Wie die Großfürsten eingesetzt werden unnd sonderlich der Demeter des Hannsen Sun eingesetzt ist worden.

In der mitte unnser Frauen Khirchen ward ain Pün aufgericht / darauff drey stüell gesetzt / Dem alten großfürsten / dem jungen / Und dem öbristen priester Metropolit.

Dann ist aber ain erhöchte stell gemacht / die sie NOLAI nennen / darauf der huet unnd BARMA (das die khlainater damit der großfürst belegt wirdt /) gesetzt werden /

Dann zu bestimbter zeit so khummen der Metropolit / Ertzbischoffe / Appte / und Priorn / unnd d[er] gantz geistlich orden / mit jren hochzeitlichen ornaten gezierdt /

Es khumpt auch der Alt großfürst sambt dem Jungen in die Khirchen gegangen / heben die gaistlichen an zuo singen / Vill Jar dem ainen großfuorsten / Hannsen nach jrer gewonhait /

darnach so betten sy lautt / Der Metropolit sampt der gaistlichkhait das gebet Unnser Frauen unnd Sant Peters des Peichtigers / den sy den wunderzaichner nennen /

Nach endung des gebets / tretten der

Dux, & Nepos, tabulatum ascendunt, inque sedilia collocata sedent, Nepote interim ab initio tabulati subsistente.

Tandem Magnus Dux in haec verba praefatur:

Pater Metropolitane, ex divina voluntate, a nostris maioribus Magnis Ducibus antiqua & hactenus observata consuetudine, patres Magni Duces, filiis suis primogenitis consignabant Magnum Ducatum: & sicut eorum exemplo, genitor meus Magnus Dux, me coram se benedixit Magno Ducatu: ita ego quoque primogenitum meum Ioannem, coram omnibus Magno Ducatu benedixi.

Sed quia divina voluntate accidit, ut filius ille meus mortem obierit, superstes autem sit unigenitus Demetrius, quem mihi Deus loco filii mei dedit: hunc itaque ego pariter coram omnibus benedico, nunc, & post me, Magno Ducatu Vuolodimeriae, Novuogardiae, & caetera. super quibus & patrem eius benedixeram.

Sub haec Metropolitanus iubet Nepotem locum sibi assignatum accedere, & benedicit illi cruce, Diaconumque iubet orationes diaconorum recitare. ipse interim sedendo iuxta illum, capite inclinato quoque, orat:

Domine Deus noster, Rex regum, Dominus dominantium, qui per Samuelem prophetam elegisti David

Metropolit der Alt unnd jung großfürst auff die Pün / Die zwen setzen sich auf jre stuoll / der Jung steet am ort / d[er] Pün /

Dann so spricht der großfürst.

Vatter Metropolit / aus Gottes willen unnd unnser vorfordern gehaltnen gewonhait / Die Vätter großfürsten haben / jren erst gebornen Sünen / das großfürstenthumb beschaiden / und als nach der selben beispil mein Vatter der großfürst mich neben sein gewirdiget / mit dem großfuorstenthumb. Also hab ich auch mein erstgebornen Sun Hannsen / Vor menigcklich gewirdiget /

Weill sich aber nach Gottes willen zuo getragen / das der selb mein Sun tods vergangen / und aber sein ainiger Sun Demeter uberbliben / den mir Gott an meines Suns stat gegeben. Darumb ich den gleichermassen vor Euer aller wirdige. Yetzo unnd nach mier des großfürstenthumb zuo Wolodimer Neugardten / etc. auff die ich auch seinen vatter gewirdigt hette.

Nach solichem berüfft der Metropolit den Jungen auff sein zuoberaitten stuell zukhommen / und Benedeyet Ine mit dem Creutz unnd bevilcht dem DIACONO das gebet der DIACONEN zu betten / Er aber neben dem Jungen sitzund mit nider gesenngcktem haubt bett /

Herr unnser Gott ain Khünig der khünig ain Herr der Herrschenden / der du durch den Propheten Samuel / deinen khnecht David / erwelt unnd

	servum tuum, & inunxisti illum in Regem, super populum tuum Israel:	hast den zuo Khünig gesalbt uber dein volgkh Israel /	35

servum tuum, & inunxisti illum in Regem, super populum tuum Israel:

tu nunc exaudi preces nostras, tuorum indignorum, & respice a Sanctuario tuo ad fidelem servum tuum Demetrium, quem elegisti, exaltare regem tuis gentibus sanctis, quem redemisti preciosissimo unigeniti filii tui sanguine:

& inunge eum oleo laeticiae, protege eum virtute excelsi, pone super caput coronam de lapidibus preciosis, da illi longitudinem dierum, & in dextram sceptrum Regale:

pone illum in sedem iustam, circunda illum omnibus armis iusticiae, fortifica illum in brachio, & subiice illi omnes linguas Barbaricas: & sit totum cor eius in timore tuo, qui te humiliter audiat:

averte illum a fide mala, & demonstra illi salvum conservatorem mandatorum sanctae tuae universalis Ecclesiae, ut iudicet populum in iusticia, & iusticiam praestet pauperibus, conservetque filios pauperum, & consequatur dein regnum coeleste.

Postea clara voce loquitur: Sicuti est tua potentia, & tuum est regnum: ita & laus & virtus sit Deo patri, & filio, & spiritui sancto, nunc & in secula seculorum.

Finita hac oratione, imperat duobus Abbatibus Metropolitanus, ut sibi

hast den zuo Khünig gesalbt uber dein volgkh Israel /

erhör auff das mal unnser bitt / deiner unwirdigen / und sihe von deiner heiligen höhe auff deinen treüen khnecht Demeter / den du erwelt hast / ainen Khünig zuoerhöhen deinnen heilligen völgkhern / welche du erlößt hast / mit deinem khostparlichen blüet deines ainigen Suns /

Besalb den mit dem öl der freyden / beschütz den mit der crafft des höchsten / setz auff sein Haubt die Cron von Edlem gestain / gib jm die leng seiner tag. Und in sein rechte hanndt das Khünigcklich Scepter /

setz den in den stüell der gerechtigkhait. Umbfach den mit allen waffen / der gerechtigkhait / besterkh jme seine arm / Und underwirff Ime alle frömbde Zungen / Und das sein gantzes hertz in deiner forcht sey / der dich demüttigcklichen höre /

wende den ab von bösem glauben / unnd ertzaig jme den säligen behalter der gepott der gemain Christlichen Khirchen / damit er das Volgkh richte mit gerechtigkhait. Und die gerechtigkhait mittaille / den Armen / Und erhalt die khinder der selben. Und damit erlanng darnach das Himmlisch Reich.

Nachmals mit lautter stimb spricht er / Als da ist dein Macht / unnd ist dein Reich / also sey auch das lob und Tugent Gott dem vatter Sun und heiligen Geist / jetzt und in eewigkhait.

Als solchs gebett vollendet / bevalche der Metropolit zwayen Abbten /

	barma porrigant, quae una cum pileo, quodam tegumento serico (quod Schirnikoiu appellant) tecta erat.	das sy Ime das Barma raichten / des sambt dem Hüet mit ainer seidn (die selb sy SCHIRNIKOYU nennen) bedegkht waren /
5	Mox hanc tradit Magno duci, cruceque nepotem signat. Magnus autem dux eam super nepotem ponit.	gibt also das Barma dem Größfürsten / der legt das auf den Sun /
	Dein Metropolitanus inquit: Pax omnibus.	darüber spricht der Metropolit der fryd sey allen /
10	Cui diaconus: Domine oremus.	Der Diacon spricht betten wir /
	tum Metropolitanus orans: Tibi unico regi aeterno, cui terrenum quoque regnum creditum: inclinate vos nobiscum, inquit, & orate omnia regnantem:	daruber der Metropolit dier ainigen ewigen Khünig / dem auch das jrdisch bevolhen / Naiget euch mit unns / spricht bittet / den der alles regiert /
	Conserva illum sub protectione tua, contine illum in regno, ut semper bona & decentia agat: fac clarescat iusticia in diebus suis, amplificationeque sui dominii, & ut in tranquillitate eius quiete, sine discordia vivamus, in omni bonitate & puritate. & haec submissius.	Erhalt den under deiner beschützung und im Reich damit er jeder zeit guottes unnd gebürlichs handl thue / damit in seinen tagen die gerechtigkhait erscheine mit erweiterung seiner herrschafft. Unnd das in rhuoe und stille on zwitracht in aller guete unnd rainigkhait leben / das was etwas stiller gesprochen /
25	Alta autem voce: Tu es Rex mundi, & servator animarum nostrarum: laus tibi patri, & filio, spirituique sancto, nunc & in secula seculorum, amen.	Aber mit lauter stimb / du bist der Khünig der welt und erhalter unnser seelen / Lob sey dir Vatter Sun und heilliger geist / von nun an in eewigkhait. Amen.
30	Tandem pileum Ducalem a duobus Abbatibus mandato sibi allatum, Magno duci porrigit: ad haec, cruce nepotem in nomine patris, & filii, & spiritus sancti signat.	Nach solchem nimbt der Metropolit den hüet den jme auch zwen Abbte auß seinem bevelch geben haben / unnd reicht den dem großfürsten / unnd gibt das Creytz uber den Sun / Im namen des Vatters / Suns unnd heilligen Geists /
35	pileum porro Magno duce capiti nepotis imponente, Metropolitanus primum, dein archiepiscopus &	Dann setzt der Vatter dem Sun den huet auf / als dann geet der Metropolit / darnach Ertzbischove und die Bischoffen zu dem Jungen / und

episcopi accedentes, manu ei benedicebant.

His ordine peractis, Metropolitanus, & Magnus dux, nepotem sibi assidere iubent, paulisperque commorati surgunt.

Interea diaconus Letaniam (ut vocant) incipit, Miserere nostri Domine: nominans Ioannem magnum ducem.

rursus alter chorus commemorat, magnum ducem Demetrium nepotem, & alios secundum consuetudinem. Finita Letania, orat Metropolitanus: O sanctissima domina virgo Dei genitrix.

& post orationem Metropolitanus & magni duces consident. Sacerdos seu diaconus locum demonstrat, in quo legebatur Evangelium, altaque voce dicit:
Multos annos Magno duci Ioanni, bono fideli Christi dilecto, Deo electo, & Deo honorando, Magno duci Ioanni Basilii Vuolodimeriae, Novuogardiae & totius Russiae monarchae, per multos annos.

Sub haec sacerdotes ante altare canunt: Magno duci multos annos. itidem in dextro ac sinistro choro diaconi canunt, Multos annos.

tandem rursus diaconus alta voce, Multos annos magno duci Demetrio, bono fideli Christi dilecto, Deo electo & honorando: magno duci Demetrio Ioannis Vuolodimeriae,

geben / jme mit jren henden den segen /
So das nach der ordnung also verricht worde / Der Metropolit unnd Großfürst lassen den Jungen neben in sitzen / Uber ain khlaine weil / steen sy dann wider auf /
So hebt der Diacon an die Lethaney erbarmb dich herr unser / nennt Hannsen großfürsten /

der ander Chor entgegen nennt den Großfürsten Demetrj / unnd das ander nach der gewonhait. Nach der Lethaney bett der Metropolit. O Heilligiste jungkhfraw Gottes gebererin etc.

Nach solchem gebet setzen sich die wider / Der briester oder DIACON zaigt auff die statt da das EVANGELIUM gelesen wardt / Unnd spricht laut.
Vil Jar dem großfürsten Johannj dem gütten getrewen / geliebten / von Gott erwölten / unnd von Gott geehrten / dem großfürsten Johannj des Basilly Sun / zu Wolodimer / Neugrädt und ainigen Herrn der gantzen Reissen / auff vill Jar.
Undter dem so singen die Briester vor dem Attar / dem Großfürsten vil Jar / Also singen auch die Chör an der rechten unnd an der lingkhen seitten / vil Jar.
Darnach wider der Diacon mit laut-ter stimb vil Jar dem großfürsten Demetrio dem guetten getreuen Christo geliebten / von Gott erwölt-ten / unnd geehrten dem großfürsten Demetrio des Hannsen Sun zu Wo-

Novuogardiae, & totius Russiae multos annos.

Sacerdotes item apud altare, & in utroque choro intonant, Multos annos Demetrio.

Quibus peractis, Metropolitanus, Archepiscopus, Episcopi, & tota congregatio ordine, magnos duces accedunt, eosque honorifice consalutant.

accedunt & filii magni ducis, inclinando & salutando magnum ducem.

Institutiones Magni Ducis iam inaugurati.

Simon Metropolitanus inquit: Domine & fili, magne dux Demetri divina voluntate, avus tuus magnus dux fecit tibi gratiam, benedixit te ducatu magno: & tu Domine & fili, habe timorem Dei in corde tuo: ama iusticiam, & iustum iudicium: obedias avo tuo magno duci, & curam de omnibus recte fidelibus ex toto corde habeto.

& nos te Dominum filium suum benedicimus, & Deum oramus pro tua salute.

Dein Metropolitanus & magni duces surgunt, Metropolitanusque orans benedicit cruce magno duci, eiusque filiis. tandem Liturgia, hoc est sacro peracto, magnus dux avus se in suam habitationem confert.

Demetrius vero in ducali pileo &

lodimer / Neugartten unnd aller Reissen vil jar /

die Briester aber bey dem altar unnd in beiden Chörn gleichlauttend vil Jar / Demettrio /

nach solcher verrichtung so khumen der Metropolit / Ertzbischoff / Bischoffe / unnd die gantz Geistligkhait zu baiden Großfürsten / begrüessen sy ehrlichen

darnach khumen auch des großfürsten Süne sich naigennd / unnd begrüessennd den Großfürsten.

Die unndterweisung dem Neüen Großfürsten füergehalten.

Simeon der Metropolit spricht Herr unnd Sun großfürst Demetri / Auß Gottes willen hat dein anherr der großfürst dier gnad gethon / und mit dem großfürstenthumb dich gewirdigt / Darumb du herr unnd Sun hab die forcht Gottes in deinem hertzen / hab lieb die gerechtigkhait und das recht gericht / Biß gehorsamb deinem anherrn dem großfuorsten / unnd hab acht aller recht glaubigen oder getreuen auß ganntzem deinem hertzen /

Und wier gesegnen dich herrn und Sun / bitten auch gott für dein gesundt /

Darnach steenn der Metropolit unnd die zwen Großfürsten auf / der Metropolit bettundt gibt den segen uber die großfürsten unnd die khinder.

Als nun LYTURGIA das ist der gottes diennst verricht ist / So geet der alt Großfürst in sein gmach / der Demetrj aber also mit der Barma

barma, ex aede divae Virginis, magna Boiaronum caterva, filiisque comitantibus, ad templum Michaelis archangeli pergit, ubi in vestibulo supra pontem a Georgio magni ducis Ioannis filio, ter dengis aureis aspergitur (per dengam genus monetae intellige) templumque ingresso, Sacerdotes letaniam orantes, secundum consuetudinem, cruce ei benedicebant, & iuxta sepulchra ac monumenta eum signo crucis signabant.

Dein templum egrediens, in porta a Georgio rursus dengis aureis aspergitur.
Post recta in templum annunciationis Mariae progreditur, ubi Sacerdotes pariter ei benedicebant, & a Georgio dengis ut antea aspergebatur. Peractis tandem iis, ad avum & matrem se contulit Demetrius.

Acta sunt haec anno mundi 7006. a nato autem Christo 1497. die quarta mensis Februarii.
Interfuerunt autem huic mandato magni ducis, & benedictioni Simonis metropolitani:
Tychon archiepiscopus Rostovuiensis & Ioroslavuiensis: Nyphont Susdaliensis & Toruski: Vuasian episcopus Tvuerensis Prothasius, Resanensis & Muromski Afranius Columbnensis, Ieufimi, Sarki & Podonski episcopi.

und Huoet gezierter geet auß unnser Frauen Khirchen mit vil der Boyern unnd des großfürstn Suonen / die in beglaitten in Sant Michaels Khirchen / als er undter der Thüer stünde / Ist der GEORG des alten großfürsten Sun da / unnd besprengt den Neüen großfürsten mit gulden dengen / (dengen seind jre münts als hernach khumbt) so der nun in die Khirchen khumbt / petten die Briester die Lethanej nach der gewonhait / und geben Ime mit dem Creytz den segen / unnd bey den grebern der heilligen / haben sy jne mit dem Creitz getzaichnet /

Am außgang hat der Geörg den undter der Thür abermals mit gulden dengen besprengt /
von dan aber zuo einer andern Khirchen Unser Frauen verkhindigung gangen / daselbstn gleichermassen Ime die Briester den segen geben / unnd der Geörg mit dengen besprengt / Nach solchem allem ist Demeter zuo seinem anherrn und müetter khumen /
Das ist beschehen im Jar von anbegin der welt nach Irer Raittung 7006 unnd nach Christj geburdt 1497 Jar.
Bey solcher handlung seind gewest Simeon Metropolit / Thychon Ertzbischoff zu Rostow / unnd Jaroslaw / die Bischoffe Nyphont zu Susdal unnd Thoruskhj / Wasian zu Twer / Prothasius zu Resan unnd Murom / Afranius zu Columna / Jeuphimj zu Sarkhj unnd Podonskhj /

Multi item Abbates & Priores, inter quos potiores Serapian, prior monasterii ad sanctam Trinitatem, divi Sergii & Makirii, Prior monasterii sancti Cyrilli: magnus denique conventus religiosorum & Ecclesiasticorum aderat.

Inter prandendum, muneris quasi loco oblatum erat cingulum latum auro, argento, gemmis preciosis confectum, quo cingebatur. mox Selgi quoque Pereaslavuski, hoc est, pisciculi ex lacu Pereaslavuiensi, halecibus non dissimiles, quorum & nomen habent.

Ideo autem id genus piscium putant afferri, quod Pereaslavu nunquam separabatur a Moscovuia, vel Monarchia.

Barmai est veluti torques latae formae, ex serico villoso, extrinsecus tamen auro & omnis generis gemmis concinne confectus: quem Vuolodimerus praefecto cuidam Caphae Ianuensi profligato ademit.

Pileus ipsorum lingua Schapka dictus, quo Vuolodimerus Monomach usus est, & quem gemmis ornatum, aureis item laminis, quasi quibusdam spirulis subinde sese vibrantibus, mire concinnatum reliquit.

hactenus dixi de principe, qui maiorem partem Russiae tenet.

Daneben vil Abbte unnd Priorn / unndter denen die nambhafftigisten Serapian Prior des Closters der Heiligen drivaltigkhait / Sanct SERGI unnd Mackhiry / Prior des Closters S. Cirilli / Noch seind gar vil allerlay geistlichen darbej gewest.

Alls man die maltzeit gehalten / ist ain praite Güerttl mit Goldt / Silber und edlem gestain bracht / unnd dem Jungen / verehrt / unnd umb geguert / dann so bracht mann claine Visch / SZELGY genenndt / die mann zu PEREASLAW im See fächt / den Häringen nit ungleich / man nennts auch die häring mit dem namen /

Sy vermainnen das man die Visch von dannen darumb zuo solcher hochzeit bringt unnd braucht / Umb das Pereaslaw sich nie von der Mosqua oder der obersten herrschafft abthaillenn hab lassen.

BARMAI ist wie ain braite stolln von seidenen fädn / außwenndig aber mit gold und edlem gestain zierlichen gemacht / das der Wolodimer Monomach ainem Genueser so CAPHA inngehabt im streit uberwunden / genumen haben soll.

Den Hüet den sy SCHAPKA nennen / den der Wolodimer gebraucht hat / mit Edlem gestain unnd gulden plechlen an gulden dratn hangund hin unnd wider sich bewegund / artlichen berait /

Das ist nun der Fürst wie ich gesagt

---

17 <dt. Text:> namen] ~~nametn~~

Caeteras Russiae partes nunc unus Sigismundus Poloniae rex, magnusque Dux Lithvuaniae tenet.

Caeterum cum regum Poloniae, qui originem suam ex Lithvuanis traxerunt, mentio fit, de genealogia eorum quaedam subiungenda videntur.

Praefuit magno Ducatui Lithvuaniae princeps quidam Vuitenen, quem cum famulus eius Gedemin, ut Polonorum annales referunt, occidisset, mox & ducatu & uxore potitus est: ex eaque inter plures alios, praecipuos duos suscepit filios, Olgird & Kestud.

Ex Kestud natus est Vuitoldus, quem alias Vuitovudum appellant: & Anna, Ianusii ducis Mazovuiae coniunx.

Vuitoldus reliquit unicam filiam Anastasiam, quae Basilio duci Moscovuiae in matrimonium collocata, Sophiaque nominata est: ex qua natus est Basilius, pater magni illius Ioannis, avus Basilii Rhutenorum principis, ad quem Orator missus fui.

Kestud porro ab Olgird fratre in carcerem coniectus, misere periit. Vuitoldus quoque, vir, quo maiorem

hab / der den maistn thaill der Reissen lannd besitzt.

Khünig zu polln als großfürst in Lithen / hat den nägsten thaill der Reissen / unnd aber der Khuonig als zuo der Cron polln gehörig auch ain / aber den wenigern thaill /

Wie die jetzo Khünigen zuo polln in das großfürstenthumb Lithen / Und zu etlichen Khünigreichen khumen / unnd nach einannder geborn sein / will ich mit khürtz ertzellen.

In Litten herrschte der großfürst WITENEN / den hat sein diener wie die Polnisch Cronickh vermag der GEDEMIN genant getöttedt / und sich des großfürstenthumbs unnd der witben unndterwunden / Vil khinder mit der erzeugt / Sonnderlichen die zween die Nambhafftigisten / davon zu schreiben ist OLGIERD unnd KESTUD

auß dem Khestud wardt geboren der groß streitbar Fürst WITOLD man findt auch in villen schrifften WITOWD unnd ANNA IANUSN des hertzogen in der Maß gemachel.

WITOLD verließ nur ain Tochter ANNASTASIAM die ward vermählt / BASILIO dem großfürsten in der Mosqua /

von den geborn wardt / Basilius der plintte / von disem Basilio der großfürst Hanns / von dem Hannsen Gabriel / der hernach Basilius genannt /

Der Witold wardt getaufft / unnd Alexander genant. Seines gleichen hat Lythen nit gehabt / starb im Jar nach Christi geburt / 1430. Sein

Lithvuania non habuit, & ex baptismo Alexander dictus, 1430 moritur.

Olgird Gedemini filius, ex uxore Maria, principe Tvuerensi Christiana, inter alios filios Iagelonem suscepit.

Is regnandi cupiditate non solum regnum Poloniae, sed ipsam Hedvuigim quoque, quae tum diademate insignita regno praefuit, Vuihelmoque duci Austriae desponsata fuit, atque adeo parentibus primatibusque utriusque regni consentientibus, ante nubiles annos Regio more cum eo concubuisset, affectabat:

missisque mox in Poloniam Oratoribus suis, regnum & Hedvuigim uxorem expetit.

Ut autem Polonos in suam sententiam pertraheret, votique compos fieret, inter alia fidem se Christi una cum fratribus suis, ducatibus item Lithvuaniae & Samogithiae suscepturum pollicetur: aliisque id genus promissionibus, Polonos in suam sententiam permovit, ut Hedvuigis horum authoritate adducta, atque etiam invita, rescisso priore matrimonii foedere, illi nuberet.

quo facto, Iagelo ipse continuo Vuladislai nomine accepto baptisatur, in Regem coronatur, nuptiisque peractis Hedvuige uxore anno Domini 1386 potitur.

qua tamen non longe post primo in partu mortua,

Annam comitem Celeiae duxit uxorem: ex qua suscepit unicam filiam

vatter ist durch OLGIERDEN seinen brüder gefangen worden / unnd ist in der gefänckhnuß gestorben.

OLGIRD des GEDAMIN Sun hat auß Maria einer Fürstin vonn Twer / (die was ain Christin) undter andern geborn / IAGELLO der hat sovil fürgekhert / damit er die Hedwig Khünig Ludwigs zuo Hungern unnd Poln tochter so zu Khuonigin in Poln angenumen wardt / Unangesehen / das die durch jren Vatter dem hertzog Wilhelmen von Osterreich / versprochen / unnd vermähelt / unnd dann auch zu Hamburg an der Thuenaw in beyder Jugend zuogelegt was /

Zu ainem Ehelichen gemahl sambt dem Khuonigreich mit verhaissung / sich mit seinen gebruedern unnd lannden Lytten und SAMEITN tauffen zulassen / Gleich wol Sy wider jren willen uberkhumen hat /

in der tauff wardt jme der namen Wladislaus benennt / unnd dann gekhrönt und beigeschlaffen / im Jar 1386.

Die selbig Hedwig ist mit dem ersten khind gestorben.

Nach diser nam er Annam ain Gräfin von Cili / die verließ jm ain tochter

Hedvuigim, desponsatam Friderico iuniori Brandenburgensi.	Hedwig genant / wardt Marggraff Friderich zu Brandenburg versprochen /
Duxerat & anum quandam: qua pariter mortua, Rhutenam Andreae Ioannis ducis Chiovuiensis filiam Soncam, quae post assumpto ritu Romano, Sophia appellata est, duxit: ex eaque suscepit Vuladislaum & Casimirum filios.	Darnach nam er ain alt erlebt weib / des geschlechts Piletzkhj / des die Poln ubl züfridn, Sy starb aber pald / letzlich nam er SZONCAM des Reissischen Andres Hannsen Sun Fuorsten zu Chiow tochter / als die das Römisch wäsen annam / wardt sy Sophia genant / mit der gebert er zween Sün / mit namen Wladislaus unnd Casimirum.
Vuladislaus patri in regno successit, inque Hungariae regem, submoto legitimo haerede, Alberti regis defuncti filio Ladislao posthumo, coronatus,	WLADISLAUS. kham nach seines vatters Tod in das Khünigreich Poln / und als Albrecht ain Hertzog zue Osterreich / Römischer / Hungerischer / unnd Behamischer Khünig abstarb / die Khünigin schwanger verließ / vil / der Hungern wolten der geburt nit erwarten / schigkhten zuo dem Wladislaw gen Poln / unnd ehe solche pottn zuo dem Khünig khamen / wardt des Khünig Albrechtn Sun Lassla geborn / solches wardt den potten zeitlichen verkhundt / Sy verhartten aber in jrer potschafft / begerten den Wladislaen zuo ainem Khünig / der nam das an / unnd kham in Hungern / verstieß den rechtn Erben /
	macht darnach mit dem Türgkhen fryd / ließ sich darüber dem Babst bewegen / und brach dem Türgkhen sein gegebnen glauben / Umb das / unnd das er den rechten Erben enterbte / strafft in Gott /
ad Vuarnamque lacum post a Thurcis oppressus est.	der Türgkh hat jne zu WARNA erschlagen.
Casimirus, qui tum magnum	CASIMIRUS sein Bruder was

Lithvuaniae ducatum tenebat, & qui Ladislao posthumo similiter regnum Bohemiae, forte fratris exemplo ductus, adimere voluit, fratri in regno Poloniae successit.

dein eius Ladislai, Hungariae & Bohemiae regis sororem Elisabetham in uxorem duxit: ex qua suscepit filios, Vuladislaum Hungariae & Bohemiae regem, Ioannem Albertum, Alexandrum, Sigismundum, Poloniae reges: Fridericum Cardinalem, & Casimirum,

qui in Sanctorum numerum relatus est.

Vuladislao erat Ludovicus filius & Anna filia. Ludovicus in regno successit: Maria Philippi regis Castellae, archiducis Austriae, filia in uxorem ducta, a Thurcis in Mohacz anno 1526 oppressus est.

Anna FERDINANDO, Romanor[u]m, Hungariae & Bohemiae regi, archiduci Austriae nupsit: quatuor filiis, & undecim filiabus ex ea

der zeit Großfuorst in Litten / hat sich gleichwol auch bemuehet dem Lasla Khünig Albrechts nachgebornen Sun / das Khünigreich Beham abzuthaidingen / der ist nach seines Brueders tod Khünig zuo Poln worden /

und darnach desselben Künigs Lasla schwester Elisaweth ehelichen genumen /

mit der er geborn hat Wladislaum Khünig zuo Hungern unnd Behamb / Hannß Albrechtn / Alexander unnd Sigmunden all drey nacheinander Khünig zuo Poln / Fridrichen ain Cardinal und Casimirum /

der hat mit seinem Brueder umb das Hungerland khriegt /

Ist darnach geheiligt / ligt zuo der Wilda /

Wladislaus / Casimirj Sun Khünig zuo Hungern und Behamb nam Annam des geschlechts de Foxis unnd Candala aus Frangkhreich /

von denen seind geborn Ludwig und Anna / LUDWIG ist in des vaters leben zuo Hungern und Behamb gecrönt worden / het Ehelichen Mariam Khünig Philipps in Hispanien und Ertzhertzogen zuo Osterreich tochter / Ist von den Türgkhen zuo Mohaetsch in Ungern umbkhumen des 1526. Jars am neunundzwaintzigisten tag Augusti.

Anna aber des Kunig Ludwigen schwester ist verheirat FERDINANDO jetzmals Römischen Hungerischen / und Behamischen Khünig. Infantn in Hispanien / Ertzhertzogen

12 <dt. Text:> Hungern] ~~Hungrrn~~

susceptis, Pragae tandem in puerperio, anno Domini 1547 moritur.

Ioannes Albertus sine coniuge obiit.
Alexander Helenam, Ioannis magni ducis Moscovuiae filiam, duxit uxorem: sine liberis tamen decessit.
Sigismundus ex priore uxore Barbara, Stephani comitis Zepusiensis filia, suscepit Hedvuigin, Ioachimi Brandenburgensis Electoris coniugem.

Ex posteriore Bona, filia Ioannis Sfortiae ducis Mediolani & Barii, suscepit Sigismundum secundum Poloniae regem, magnum Lithvuaniae ducem: qui Elizabetham FERDINANDI Romanorum, Hungariae & Bohemiae regis &c. filiam, anno 1543 sexta die Maii uxorem duxit. quae tamen immatura morte, & sine prole, anno 1545 die Iunii decimaquinta decessit.

Duxit deinde Barbaram, ex domo Radavilorum: quae ante Gastoldo

zuo Osterreich / etc. Die haben gebert vier Sün und anidleff töchter. Sy ist mit der letzten geburdt zuo Prag gestorben im 1547.
ain unaussprechliche Gottsforchtige guetige Eerliche Khünigin khain mensch ist traurig von jrem angesicht jrenthalben geschaiden.
HANNS ALBRECHT unnd Alexander wiewoll der Hellenam des Großfürsten in der Mosqua Basilij schwester gehabt / seind doch baid Khünig nacheinander one leibs erben abgestorben.
SIGMUND Casimiri Sun / unnd baider Hannßalbrechtn und Alexanders brueder Künig zuo Poln / und großfürst in Litten nam erstlichen Barbaram Graf Steffans in Zips tochter mit der Er zwo / aber die ain tochter Marggraff Joachim von Brandenburg Churfürsten etc. vermahelt /
und nachmals mit der Bona Hertzog Hansen Sforcia zuo Mailand unnd Bari tochter (der hayrat halben ich nach bevelch Khaiser Maximilians etc. am ersten gehanndelt hab /) Sigmunden Augustum gebert / der in seines Vatter unnd Muetter leben zuo Khünig in Polln gekhrönt. Und nam Elisabeth des Römischen Hungerischen und Behaimischen Khünigs Ferdinanden Ertzhertzogen etc. tochter / die nit gar wol gehalten worden und pald gestorben /
welche die Poln in gmain hertzlichen clagtn / nenten sy auch heillig /
Der Khünig nam hernach wider Vatter und Muetter willen / Barba-

Lithvuano nupta fuerat, invitis parentibus: & subditis hoc matrimonium tam indigne ferentibus, ut rebellio eorum iam coepta, in perniciosam seditionem abiisset, si FERDINANDUS rex iniurias filiae illatas ulcisci, quam earum memoriam deponere maluisset.

Hac vero mortua, idem Sigismundus ad redintegrandam cum Ferdinando coniunctionem & affinitatem conversus, coniugio sibi copulavit Catharinam, germanam sororem Elisabethae, quam Franciscus dux Mantuae viduam reliquerat.
Nuptiae celebratae sunt Cracoviae, 31. Iulii, anno 1553. Utranque sororem ego, tanquam Magister seu Praefectus Curiae, ad sponsum deduxi.

Semovites Mazovuiae dux, ex Alexandra Iagelonis sorore suscepit multos filios, filiasque. Filii sine liberis decesserunt.

Ex filiabus Czimburgis nupsit Arnesto austriae Archiduci, ex eoque genuit Fridericum Romanorum Imperatorem, patrem Maximiliani Imperatoris.

ram ain Littin des geschlechts ein Radowillin des letsten Gastold witben / des die Poln ubl zuofriden. Unnd wo Khünig Ferdinand seiner tochter halben rächig gewest / wäre wol daran gestanden / umb sein Khünigreich wäre khumen /

Ich bin ain pot gewest / damit der erhalten ist worden /
die lebte auch nit lang / So nam der Khünig Catharinam vorgemelts Römischen Künigs Ferdinands tochter / Hertzog Francistn zuo Manthua witben /

dise hochzeit wardt zuo Cracaw am letsten tag Julij 1553. Jar gehalten / der baider Schwestern bin ich Hoffmaister gewest / und die dem Khünig zuo der hochzeit gefürt /
Sovil von dem mändlichen stamen von Jagello und seinem Sun Olgierd herruerend. Und auff den Khünig Sigmunden Augustum allain khomen / hernach von den Töchtern.

Alexandra des Olgierden großfürsten in Litten tochter / und Khünig Wladislai der Jagello genennt was / Schwester / wardt verhairat Semovitn Hertzogen in der Maaß / haben gleichwol vil Sün gehabt / aber von denselben nichts weitters geflossen /
Die tochter aber als Cimburg die nam Hertzog Ernst von Osterreich etc. von den baiden ist geborn Khaiser Friderich der dritte / Von Friderichen Khaiser Maximilian /

Maximilianus genuit Philippum, Hispaniarum regem: Philippus CAROLUM V. & FERDINANDUM, Romanorum Imperatores.

Ovuka Vuoleslao, Thesinensi duci, in matrimonium collocata est.

Amulia, Vuoguslao Stolpensium duci, qui nunc Pomeraniae dux appellatur, nupsit.

Anna vero, Michaeli duci Lithvuaniae: Catharina innupta obiit.

Porro Olgird atque Iagelonis fratres, nepotesque, item filiarum eiusdem liberos, Kestudis denique Casimiri, aliorumque Regum posteros, si quis ordine recensere vellet, in immensum tam numerosa proles excresceret:
quae tamen ut subito aucta est, ita nunc in uno regis Poloniae iam mortui filio, Sigismundo secundo Poloniae rege, masculinus sexus residet.

OWKA des Semovitn Hertzogen in der Maaß tochter / ward dem Woleslao Hertzogen zuo Teschn verheirat.

AMULIA Ir schwester dem Woguslao Hertzogen zuo Pummern vermahlt.

ANNA Hertzog Michaeln großfürstn in Litten / Catharina ist unbehairat beliben.

Wer des Olgierden und des Jagello gebrueder khinder unnd Enengkhle / also auch von Khestut unnd Casimiro heerkhomende / alle wolt beschreiben / würde vil sein /

und wiewol des Sune sovil gewest / die auch so urbering hoch gestigen / So ist doch von den allen ain ainiger von Manßstamen Sigmund Augustus Khünig zuo Polln /
der dann uber dreissig Jar alt / unnd noch khain erben erzeuget hat.

Khünig Sigmund erzeugt auch mit der Bona vier Töchter / die elter Isabella was Graf hansen im Zips der sich nach Khünig Ludwigs tod in das Khünigreich Hungern eingedrungen / Und dan mit thäding bey ainem thail des Reichs Khünig beliben / die baide geberten Hanns Sigmundn dem das Hertzogthumb Oppl in der Schlesien mit thäding noch mit seinem vatter beschlossen / da-

Quoniam autem in mentionem posteritatis Gedemini, & regum ex ea stirpe incidimus, haud abs re visum est, si quae regnantibus Vuladislao Hungariae & Boemiae, ac eius fratre Sigismundo Poloniae regibus (Casimiri filiis) evenerunt, subiiceremus.	mit er hungern abgestanden geben ist worden.
	So dann des Gedenim geschlächts gedacht worden / hat mich nit für unnütz angesehen / etliche geschichten bey desselben absteigenden Khünigen Wladislao zu Hungern und Behamb und Sigmunden Khünig Casimirus zu Poln Suonen / sich zuogetragen.
	Der Wladislaus wardt nach Khünig Jursickhn tod / zu Khünig in Beham / und nach Khünig Mathias absterben zu Khünig in Hungern erwölt /
Posteaquam Vuladislaus regno Hungariae, concedente, & ius successionis sibi reservante Maximiliano Romanorum Imperatore potitus esset, & unicam tantum filiam iam consenescens haberet: Maximilianus, quo ius successionis aliqua arctiore coniunctione confirmaretur,	
	Wiewol Khaiser Maximilian auß vorgeenden vertragen / weill Mathias khain leibs erben verlassen / des sich die Hungern nottürfftigelichen verschriben hetten / zu Khünig antzuonemen / wol ursach und guet recht gehabt / solch Khuonigreich antzufallen.
	So hat doch der Khaiser zuogeben / unnd den zu Khünig bewilligt /
	Allain das seinen Sünen woverr Wladislaus khainen mändlichen Erben verließ / das Khünigreich zuesteen soldt / Solches abermals mit den geistlichen und weltlichen notturfftigclichen verschriben / und verlübt worden / Wladislaus hette Beatricen Khünig Mathias witben unfruchtbare verwilligt zunemen / mit der selben hilff unnd auf solchen

cum Vuladislao de matrimonio inter alterum nepotum suorum ex filio suo Philippo Hispaniarum rege, & Anna Vuladislai filia contrahendo, tractare coepit.

Nam Annae nuptias perdite ambiebat Ioannes Zapolitanus, filius Stephani Scepusiensis comitis: cuius summa fuerat apud Mathiam regem, atque adeo apud ipsum Vuladislaum authoritas. Vehementer adnitente matre vidua, quae primarios quosque viros in Comitatibus & provinciis Hungariae, muneribus atque stipendiis annuis (quae sua lingua Iargalass vocant) inescatos, & ad quaevis obsequia obnoxios tenebat: nihil dubitans, quin horum studiis & suffragationibus, & matrimonium istud filio conficeret, & per hoc eidem regnum pararet.

quibus mulieris machinationibus ingens deinde momentum addidere nuptiae, quae inter eius filiam, Ioannis sororem, & Sigismundum Poloniae regem factae sunt.

His rebus animadversis, Maximilianus hoc magis sibi, quod de matrimonio inter nepotem suum & An-

trost wardt er erwöllt / aber voltzug das nit / Namb auß Frannkhreich Annam von dem geschlächt CANDALE unnd FOYX mit der erzeugt ain Tochter Annam / Khaiser Maximilian wolt die verträg und der Hungern verschreibung becrefftigen / Suecht weg / damit die selb tochter Anna ainem seiner Enengkhl Carolo oder Ferdinando Khünig Philipsen in Hispanien Eertzhertzogen zu Osterreich Sünen ainen vermählt wuorde / und handlt das mit vleiß /

So was graff Steffan in Zipps (der bey Khünig Mathias in grossem gwallt und ansehen gewest ist / dardurch auch vil Reichthumb uberkhommen) gelassne witib ain geborne hertzogin von Teschn / aines grossen gemüets / die understüende sich mit den ansechlichisten hungern in den merern Spanschafften zuhandlen mit jargelt (das sy jargeläsch nennen) diensten und in vill annder weg an sich zuziehen / der mainung das sy jren Sun hansen die obgemelt jres Khünigs tochter zu gemachl der hoffnung darmit auch das Khünigreich (weil der Khünig allt unnd khrangkh was) zu bekhomen /

Zuo den gab Khünig Sigmunds in Poln heirat / der gemelltes graff Steffans tochter Barbaram ehelichen genomen hette / ain grossen trost / der wurde bey seinem Brüeder solche sachen befürdern /

Solches gab auch dem Khaiser umb sovil mit mererm ernst sein fürnemen in das werch zubringen ursach /

nam instituerat, urgendum esse ratus, cum exploratum haberet, Vuladislaum idem cupere, sed factione & studiis eorum qui Ioanni Zapolitano devincti erant, impediri: aleam sibi iaciendam, & Hungariam armis tentandam esse putavit.

quo in bello ego primum militiae tyrocinium feci.

Sed cum hoc in armorum strepitu Ludovicum Vuladislao nasci contigisset, interpositis primum induciis, ad solidiorem pacem deventum est:

quae deinde huc exiit, ut Vuladislaus cum filio iam coronato, & filia, ac huius frater Sigismundus Poloniae rex Viennam ad Maximilianum venirent:

Desselben gemüettes was auch der Khünig zu Hungern / der aber nit aller sachen sein selbs gewalltig was / dann die bestelten hungern beförderten auff die ander Parthey / Derhalben der Khaiser sein Khriegßvolgkh versamblete / unnd zohe für Breßpurg das was im 1506. jar (datzumal ich mein erstes harnasch gebraucht unnd mitgetzogen bin /)
Es was gleichwol die red die Khünigin wäre schwanger / das etliche nit glauben wolten /
So begab es sich das sy in der zeit jren Sun Ludwigen geberte / Darauff was ein anstand und dann gantzer frid gemacht /
nichts minder handlet jegclicher thail nach seinem besten / Der Ludwig was also junger zu Hungern unnd Behamb gekhrönnt.
Weil auch Khünig Sigmund in Poln in verdacht was / als fürderte der selb seinen schwager / khame mit dem Kayser in ainen unwillen. Aber hernach was sovil gehandlt / das im 1515. jar die drey Khünig Wladislaus mit seinem Sun Khünig Ludwigen und Sigmunden sein brüeder gen Wienn zu dem Khaiser khamen / Die tochter darumb der stryt / was / auch dargebracht /
Als die drey Khünig auff Zwo meilwegs gegen Wien zugen / khame der Khaiser denen entgegen / unnd als der Khaiser uber ain claine höch abtzohe / Schyn die Sunn hell inn das geharnascht oder gerüste volgkh / Als das die Hungern ersahen / empfhiengen ain forcht vermainten man

ubi factis cum Anna sponsalibus, &
extinctis omnibus simultatibus, &
suspicionibus, quibus ob ambitio-
nem Ioannis Zapolitani indulgebatur,
principes isti perpetuo foedere sunt
coniuncti.

Sic autem Sigismundus rex tum
Maximiliano Imperatori satisfecit,
seque approbavit, ut idem aliquando
me audiente diceret: Se cum hoc re-
ge, quamcunque intendat, & ad su-
peros, & ad inferos esse iturum.
De Ludovico vulgo dictum est, quod
immaturo partu editus, immatura
aetate uxori iunctus & barbatus
fuerit: ac regno quoque immaturus,
immaturam mortem obierit. His vero
addi potest, quod mors eius regno
Hungariae, & omnibus vicinis, non
minus immatura quam acerba fuerit.
Etsi vero salutaribus consiliis desti-
tuebatur Ludovicus, tamen optima
eum in patriam & subditos suos
mente & affectione fuisse, & quibus
ea servarentur rationibus quaesisse,
constat.

bedörffte zu freüntlichen handlungen
sovil eisens nit / Schigkhten zu Khü-
nig Sigmunden / Vermainten sich
dem Khaiser nit zuo vertrauen / Der
Khünig zu Polln gab die antwort / Er
hab sich in Khaiser vertraut / wolt
auch jmezuoe ziehen / wer nit wolt /
setzt solches yegclichem zu seinem
bedenkhen.
Da zu Wien waren die heyratten
beschlossen / Dem Khuonig Ludwi-
gen Maria Khünig Philipsen obge-
mellt Khaisers Sun tochter / die
Anna davon oben / wardt dem Khai-
ser sover seiner obermelter Engkhl
khainer die name / vermächlt / Mit
dem wardt die freuntschafft zwi-
schen dem Khaiser unnd Khünig
Sigmunden verneuert /
dermassen das ich auß deß Khaisers
mund die wort gehört hab / mit dem
khünig wohin der wolte zu himel
oder zur hell faren /

Khünig Ludwig (wie man sagte) was
unzeittig geborn / als on ain haut /
zuo früe jme der part gewachsen /
untzeittig verheyrat / unntzeittig in
das Regimennt khomben / Ist auch
untzeittig gestorben / Sein tod hat
grosse beschwärdt und bekhümmer-
nuß nit allain dem Hunger Lannd /
Sunder allen anrainennden auch
gemainer Christenhait pracht / Es ist
gleichwol an jme die erfarnhait und
merere wissenhait abgangnen / So ist
er doch aines gar Eerlichen treuen
unnd frumen gemüets geweßt /
Da Soliman der Thürkhisch Khaiser

Nam ubi cognovisset, Solimanum post Belgradum captum, novam & formidabilem expeditionem adversus se moliri, miserat adolescens Curiae suae magistrum Polonum cognomento Trepca, ad patruum suum regem Sigismundum: summis precibus oratum atque obtestatum, ut ne ad regni sui confinia accedere, ac secum capiendorum consiliorum causa convenire gravaretur.

Sed cum hoc praecise recusatum esset a Sigismundo, Trepca cum lachrymis dixisse fertur: Nepotem tuum rex nunquam deinde videbis, nec ullam ab eo legationem audies. Idque sic evenit.
Nam rege Sigismundo ab Hungariae

in sein stüel oder Regimennt zu Constantinopl gesessen / hat nach seiner Eltern gewonhait sein potschafft gen Hungern geschickht / solche sein erhöhung verkhundt / danebn wer frid oder khrieg begerte / dem stuoend sein Portten offen. Die selb potschafft haben die hungern aufgehalten zu Rach / umb das des Türgcken vatter / Ir potschafft auch aufgehalten / unnd in seiner hörfart mit sich gefüert hette / deß nit wol bedacht was / ainem mächttigern dermassen zu bewegen /
Darumb auch der Türgkh nach Hungern gezogen / Khriechischweissenburg (welches an der Saw / wie die in die Thuoenaw felt / ligt) genomben. So der Türgkh der Hungern thüen unnd mügen / erfarn / ist Er am dritten jar wider khomen / Uber die Saw und Traa in Hungern geruckht / wie Khünig Ludwig erinderte das der Türgkh mit seiner macht jme zuoetzuge / Schigkht seinen hofmaister Trepkha genannt ain Polägkhn zu Khünig Sigmunden seinem vettern in Poln / mit höchstem bitt / er wolte sich an die Grenitzen seines Reichs thüen / daselbstn hin wolt er auch khumen zu berathschlagen / wie den sachen zuthun wäre /
Der gesanndt möchte das nit erbitten / hat er mit zäherenden augen zu dem Khünig Sigmund gesagt / du wirdest deinen vetter nimer sehen / auch khain pottschafft mer von Ime haben / Es ist laider also ergangen / Khünig Sigmund zohe verr von der

finibus religionis praetextu longius ad Gedanum in Prussiam abeunte, nepos eius una cum eodem Trepca, illa funestissima clade, quam a loco Mohaciensem vocant, est absorptus.

Sed nunc ad Moscos redeo.
    Basilio Ioannis de uxore ducenda deliberanti, consultantique, visum tandem fuit, ut potius subditi alicuius filiam, quam externam duceret: tum ut maximis parceret sumptibus, simul ne uxorem peregrinis moribus diversaque religione imbutam haberet. Huius autem consilii Georgius cognomento Parvus, principis & thesaurarius & consiliarius summus, author fuit. Putabat enim, principem, filiam suam uxorem ducturum. Sed tandem publico de consilio, Boiaronum filiae numero mille & quingentae, cum in unum locum conductae essent, ut ex illis quam vellet, eligeret: delectu princeps habito, Salomeam, Ioannis Sapur Boiaronis filiam, contra Georgii opinionem in uxorem elegerat.
    Ex ea porro cum ad unum & viginti annos liberos non suscepisset, sterilitate uxoris offensus, eam eo anno quo nos Moscovuiam veneramus, nimirum 1526. in monasterium quoddam in Susdali principatu intrusit. huic Metropolitanus in monasterio lachrymanti, eiulantique, capillis primum abscissis, cum cucullam

Hungrischen gränitzen nach Dantzkha in Preussen / Khünig Ludwig sambt seinem treuen Hofmaister zu Mohätsch umbkhumen /

Unnd von Jagello der ainig Khünig Sigmund Augustus obgemelts Khünig Sigmunds des Ersten Sun mändlichs stammens auff heut noch verhanden.

porrexisset, eam sibi iniici haec adeo non patiebatur, ut apprehensam, in terramque proiectam cucullam pedibus calcaverit.

5 qua rei indignitate, Ioannes Schygona, unus ex primariis consiliariis, commotus, eam non solum acriter obiurgavit, sed flagello caecidit, superaddens: Tu ne voluntati Domini resistere audes? illiusque iussa capessere moraris? Hunc Salomea cum interrogaret, qua se authoritate caederet? mandato Domini, cum respondisset: animo illa tum fracto coram omnibus, quod cucullam invita atque coacta induat, protestatur, tantaeque iniuriae sibi illatae Deum ultorem invocat.

Salomea itaque in monasterium coniecta, cum princeps Helenam filiam Knes Basilii Lintzkii Caeci, iamque vita defuncti, fratris inquam ducis Michaelis Lintzkii, qui tum captivus detinebatur, uxorem duxisset: continuo fama exoritur, Salomeam gravidam, propeque partum esse. rumorem confirmabant duae matronae, primorum consiliariorum, Georgii parvi thesaurarii, & Iacobi Mazur cubicularii, uxores: aiebantque sese ex ore ipsius Salomeae audivisse, ut quae gravidam se, & prope partum esse fateretur.

Qua re audita, graviter commotus princeps, utramque a se repulit: alteram, Georgii uxorem, etiam verberibus affecit, quod tempestivius de hac re ad se non retulisset. Mox ut rem compertam haberet, Theodericum Rack consiliarium, & Potat se-

cretarium quendam, ad monasterium in quo detinebatur, mittit: illisque, ut veritatem rei diligenter inquirerent, demandat. Quidam nobis tum Moscovuiae existentibus, sancte affirmabant, Salomeam filium Georgium nomine peperisse: nemini tamen infantem ostendere voluisse. Quin cognoscendae veritatis gratia, quibusdam ad se missis, dicitur respondisse, indignos illos esse, quorum oculi infantem viderent: dum in suam Maiestatem veniret, matris iniuriam ulturum. quidam vero eam peperisse, constanter negabant. Ambigua itaque ea de re est fama.

Basilii porro Linczkii ex Lithvuania profugi filiam, cur uxorem duxerit princeps, duas causas, praeterquam quod se ex ea liberos suscepturum sperabat, fuisse accepi: tum quod socrus genus suum duxisset ex familia Petrovuitz, quae magni quondam nominis in Hungaria erat, Graecorumque fidem sequebatur:

tum quod Michaelem Linczkii, singulari dexteritate ac rara quadam fortitudine virum, patruum liberi habituri essent. Habebat etenim princeps duos germanos fratres superstites, Georgium & Andream: atque ideo si forte liberos ex aliqua alia uxore susciperet, eos fratribus viventibus, parum tutos fore in regni administratione putabat. Michaele autem in gratiam recepto, libertateque donato, filios ex Helena susceptos, authoritate patrui in maiore quiete futuros non dubitabat, de

cuius liberatione nobis praesentibus tractabatur: quem etiam vinculis solutum, liberisque custodiis honeste mandatum, vidimus tandem libertate donatum, interque caeteros Knesos testamento a principe nominatum, tutorem denique nepotum suorum Ioannis & Georgii institutum fuisse.

Sed postea principe mortuo, cum viduam regium thorum continuo cum quodam Boiarone cognomento Ovuczina contaminantem, inque mariti fratres vinculis constrictos saevientem, crudeliusque imperantem videret, eam, ut honestius & sanctius viveret, aliquoties sola pietate ac honestate adductus admonuerat: sed huius illa admonitionem adeo moleste impatienterque tulit, ut mox qua ratione e medio tolleretur, consilium quaereret. causaque reperta, Michaelem aiunt continuo proditionis crimine fuisse insimulatum, atque in carceres rursus coniectum, misere tandem periisse: viduam quoque non ita diu post veneno sublatam, Ovuczina vero adulterum in partes dissectum fuisse. Matre itaque e medio sublata, maior natu filius Ioannes, 1528 anno natus, in regno successit.

Religio.

Russia ut coepit, ita in hunc usque diem in fide Christi ritu Graeco perseverat.

Von der Religion oder Gaistligkhait.

Die Reissen seinn in dem Glauben den sy erstlichen angenummen / huntzt heer unveränderdt bliben / Nämblichen nach der Khriechen ordnung /

Aller Gottes dienst wirdt in jrer

Habuit Metropolitanum, quondam residentem in Chiovuia, dein in Vuolodimeria, nunc vero in Moscovuia.

Post, cum Metropolitae septimo quoque anno Russiam Lithvuanorum imperio subiectam inviserent, exactisque nummis inde redirent, hoc Vuitoldus, ne videlicet provinciae suae argento exhaurirentur, ferre noluit.

Convocatis itaque episcopis, proprium Metropolitanum constituit, qui nunc Vuilnae, metropoli Lithvuaniae, suam sedem habet: quae etsi Romanum ritum sequatur, plura tamen templa Ruthenici, quam Romani ritus, in ea cernuntur.

Caeterum metropolitae Rhuteni authoritatem suam a patriarcha Constantinopolitano habent.

Rhuteni in Annalibus suis aperte gloriantur, ante Vuolodimerum & Olham, terram Russiae esse baptizatam & benedictam ab Andrea Christi apostolo, quem ex Graecia ad ostia Borysthenis venisse ipsi affirmant: & adverso flumine ad montes, ubi nunc Chiovuia est, navigasse, atque ibi omnem terram benedixisse & baptizasse: crucem suam illic collocasse, praedixisseque magnam ibi

sprach gehalten / Sy predigen nit / die offen beicht unnd verkhündung der tag / thüen sy offenlich bey dem Alttar /

Der gemaine Metropolit (Also nennen sy jren öbristen Briester) hat hievor zu Chiow nachmals zu Wolodimer gewont / hernach unnd yetzt zu der Mosqua /

die haben den brauch gehabt / am sibennden jar in Lithen zu raisen / und zu visitiern / vil gelts damit auß dem lannd hingefüert / Das hat der großfürst Witold nimmer gestatten wellen /

hat seine Bischove berüfft / unnd ain Metropolit in seinen landen fürgenomen / der hievor zu Miensco / yetzmals zu der Wilden der haubtstat wont / Und wiewol die Lithen unnd die haubstatt wildd der Römischen Khirchen gehorsamen / so sein doch vil mer Reissischer dan Römischer khirchen darinnen /

die beyd Metropolitn in der Mosqua und in Litten nemen Iren gwalt von dem Patriarchen zuo Constantinopl.

In den beschreibungen jrer geschichten / rüemen sich die Reissen / wie Sannt Anndre der heillig zwelffpot auß Khriechen lannd nach dem fluß Nyeper uber sich gefarn /

unnd auff den Berg da jetzmals Chiow steet / khomen / Ir lannd gesegnet unnd gethaufft / Ein creutz daselbstn aufgesetzt unnd verkhündt soll haben / daselbstn vil Christenlicher Khirchen gebaut werden /

Dei gratiam, multasque Ecclesias Christianorum futuras.

Post inde usque ad fontes Borysthenis pervenisse in Vuolok lacum magnum, & per fluvium Lovuat descendisse in Ilmer lacum: unde per fluvium Vuolchovu, qui ex eodem lacu fluit, Novuogardiam: inde fluvio eodem in Ladoga lacum, & Neva fluvium atque in mare usque quod ipsi Vuaretzkoiae appellant, nos Germanicum, inter Vuinlandiam & Livuoniam, Romam navigando pervenisse.

Postremo in Peloponneso propter Christum, ab Ago Antipatro crucifixum fuisse. Haec Annales ipsorum.

Eligebantur quondam Metropolitae, item Archiepiscopi, convocatis omnibus Archiepiscopis, Episcopis, Abbatibus & Prioribus monasteriorum. inquirebatur vir sanctioris vitae per monasteria & heremos, eligebaturque. Hunc vero principem aiunt ad se certos convocare solere, atque ex eorum numero unum suo iudicio deligere.

Erat eo tempore, cum Caesaris Maximiliani Oratorem Moscovuiae agerem, Bartholomaeus Metropolita, vir sanctae vitae: cumque princeps violasset iuramentum, per se & ipsum Metropolitam duci Semesitz praestitum, & alia quaedam desi-

Alsdann sollt er nach dem Nyeper / huntzt zu desselben ursprung ubersich. Unnd in den grossen See Wolokh khumen und wider nach dem wasser genannt LOWAT ab / huntzt in den See ILMEN unnd fortt ab nach dem fluss WOLCHOW der auß dem selben See fleusst / gen Großneugartten / von dann wider nach der Wolchow ab inn LADOGA / den vast grossen see / unnd auß dem See nach dem fluss NEVA in das Mör / das sy WARETZKOYE nennen / das wir Teutschen Finlendisch / Leifflendisch / Preissisch unnd Pelts haissen / unnd fuert nach Rom geraißt sein /

zu letst in PELOPONESO von AGO ANTIPATRO gecreytziget worden / Sovil sagen jre geschichtschreiber.

Vor zeittn warden die Metropoliten auch die Ertzbischoffe erwelt mit versamlung der Ertzbischoffen / Bischoven / Abbten / unnd Priorn der Clöster / die erkhundigten sich in Clöstern oder Ainsideln in der wüeste / aines heilligen oder bestes lebens / den haben sy dartzuoe füergenommen /

Als ich erstes malls durch Khaiser Maximilian dahin geschigkht / ward ainer Metropolit / Bartholome genant / den man für ain heilligen man hielt / als der großfürst sein Ayd den er unnd neben Ime der selb Metropolit dem Hertzog Semetzitz ge-

---

9 <lat. Text:> Neva] ~~Heva~~

gnasset, quae videbantur contra authoritatem illius esse, accessit principem, & inquit:

Dum omnem authoritatem tibi usurpas, ideo officio meo praeesse non possum. Porrectoque sibi baculo suo, quem in modum crucis ferebat, officium resignat.
Princeps baculum cum officio sine mora suscipit, atque pauperem cathenis vinctum, continuo Bielogesero mittit.

Aiunt hunc ibi aliquandiu in vinculis fuisse: liberatum tamen post, privatumque, in monasterio reliquum vitae exegisse.

Huic metropolita Daniel quidam XXX fere annos natus, homo corpore robusto atque obaeso, facie rubenti, successit: qui ne ventri magis quam ieiuniis, vigiliis ac orationibus deditus videretur, quoties actum publicum esset celebraturus, sulphuris fumo tum faciem, ut impallesceret, inficere, atque ita pallore imbutus, in publicum prodire solebat.

Sunt & alii duo Archiepiscopi in

schworn hetten / nit gehalten / sonder den selben gefanngen / Hat der Metropolit den großfürstn umb dasselb unnd etliche anndere sachen besprochen / unnd gesagt /
weil du dich alles gwalts undernimbst / so mag ich meinem ambt nit vor sein / unnd raicht jme sein stab den sy Possoch nennen / unnd ubergibt Imme sein Ambt /
der großfürst greifft pald nach dem stab / unnd nimbt den sambt dem Ambt zuo sich / Laßt den Bartholomeum mit Khetten verschmiden / unnd schigkht den zu dem weissen See /
man sagt der wäre ain zeit lanng also gefangen gehalten / doch zu letst auß gelassen / unnd hab sein leben in einem Closter wie ain gemainer Münich vollendt /
Nach dem ist ainer genant Daniel / dreissig Jar ungeverlichen alt / aines starkhen leibs / Rottes' angesichts / durch den Großfürstn / Metropolit worden / Damit aber der von dem volgkh nit darfür gesehen möcht werden / als läge Er dem wollust mer dann dem gebett / vasten unnd wachen ob / Wan er zuo Khirchen sein Ambt verrichten solt / hat er sich mit schwebl berauchen lassen / damit er Ime ain plaiche gestallt machte / dartzue er sondere Instrument gebraucht.

Ertzbischoffe sein zwen in des Moscovithers gebiet / Als zu Großneugartten / Magricj unnd Rostow /

---

38 <dt. Text:> Magricj] *möglicherweise Fehler unter Einfluss des lateinischen Drucks, vgl. links*

dominio Mosci, in Novuogardia, scilicet Magrici & Rostoff.

item Episcopi Tvuerensis, Resanensis, Smolensis, Permiae, Susdali, Columnae, Czernigovuiae, Sari. Hi omnes Metropolitae Moscovuitico subiecti sunt.

habent autem suos proventus certos ex praediis, & aliis extraordinariis, ut vocant, accidentalibus: castra autem, civitates, aut ullam administrationem secularem (ut vocant) non habent: carnibus perpetuo abstinent.

Abbates duos tantum in Moscovuia esse reperi: Priores vero monasteriorum plurimos, qui omnes arbitrio ipsius Principis, cui nemo resistere audet, eliguntur.

Priores quomodo eligantur, ex cuiusdam Varlami, Prioris Hutteniensis monasterii, anno 7034 instituti, literis, ex quibus capita rerum duntaxat excerpsi, apparet.

Principio fratres alicuius monasterii, Magno duci supplicant, ut idoneum Priorem eligat, qui eos divinis praeceptis instituat.

Electus autem, priusquam confirmetur a Principe, cogitur se iuramento atque inscriptione obstringere, quod velit in eo monasterio iuxta sanctorum patrum constitutionem pie &

Aber Bischouven sein zu Twer / Resan / Smolensco / Permia / Susdalj / Columna / Zernigow / unnd Sarj / seint all unnder dem Metropolit /

Sy haben bestimbte einkhommen / Vonn dörffern unnd Mayrhöfen / die man in etlichen Landen fuerwerch nent unnd andere zuoeständen / Schlösser und stett aber / oder ainigerlay weltlicher obrigkhait haben sy nit / Enthallten sich des fleischessens Ewigclich.

Abbte hab ich nuer zwen erfragt / die in dem gebiet seinn / Aber der Priorn sein vil / die all werden nach dem willen des Fürsten jeder zeit gesetzt /

wie aber hievor solche Priores gewöllt sein worden / findt man auß verzaichnus WARLAMY des prior Huttenssis in 7034. Auß solcher verzaichnus sein allain etliche haubtstugkh gezogen worden /

Erstlichen so bitten die brüeder des Closters den Großfürsten / damit er jnen ein teuglichen Prior erwölle / der sy der Göttlichen gesatz undterrichte /

so der benent wirdt / muoeß der selb ehe wan er vom Fürsten bestätt ist / schweren / unnd sich des verschreiben / das er nach aufsatzung der Heilligen Vätter in dem closter güet-

---

2 <lat. Text:>   Magrici] *richtig möglicherweise* Magna *(erklärlich als Druckfehler, dessen Ursache eine Papierverunreinigung gewesen wäre); wahrscheinlicher jedoch (auf die Bischofsernennung von 1526 anspielend) eine Entstellung des Namens Makarij*

sancte vivere: omnes Officiales iuxta maiorum consuetudinem, consentientibus etiam senioribus fratribus, assumere:	lich unnd säligclich leben / alle ämter nach alter gewonhait und mit bewilligen der elttern brüeder versorgn /
singulis officiis fideles praeficere, atque commodum monasterii diligenter procurare:	ainem yeclichem ambt ainen gethreuen fürsetzen / des clösters nutz treulichen fürdern /
de negotiis & rerum causis, cum tribus aut quatuor senioribus deliberare, factaque deliberatione, negotium ad totum Collegium fratrum referre, atque eorum communi sententia de rebus decernere, constituereque:	die handlungen unnd fürfallende sachen mit dreyen oder viern der elltern brüedern beratschlagen / und solche beratschlagung für die gemain besamblung der Brüeder bringen / mit der aller beratschlagung vollenden und verrichten /
non lautius privatim vivere, sed in eadem mensa perpetuo esse, & communi cibo cum fratribus uti:	Er soll sich auch nit allain reichlicher speisen / sonder jeder zeit bey dem gemain Tisch beleiben / unnd sich der gemain speiß neben den andern brüedern betragen /
omnes census & reditus annuos diligenter colligere, ac in thesaurum monasterii fideliter reponere.	alle zinß und einkhommen treulichen besamlen / und auch treulichen in den schatz des Closters legen /
Haec sub magna poena, quam sibi infligere Princeps potest, item privatione officii, servaturum se promittit.	Sölches bey grosser peen / die jme der Großfürst auflegen mag / und bey entsetzung des ambts muoß er das zuhalten sich verpinden /
Obstringunt se iuramento quoque ipsi seniores fratres, praedicta omnia sese servaturos, ac Priori instituto fideliter & sedulo obtemperaturos.	Die eltern brüeder müessen auch dem prior schwern / solches alles mit zuhallten / und jme treulichen und vleissig gehorsamb laisten.
Sacerdotes seculares ut plurimum consecrantur hi, qui diu apud ecclesias tanquam diaconi servierunt.	Briester in gemain werden geweicht / die so lang bey den Khirchen gediendt haben /
In diaconum autem nemo consecratur, nisi coniugatus. unde plerunque & nuptias celebrare, & in gradum Diaconatus simul ordinari solent.	Als diaconj der wierdt khainer geweycht / er hab dan ain Eelich weib / und geschicht gemaynclichen das sölche personen auf ain zeit hochtzeit halten / und geweicht werden
Si vero sponsa alicuius diaconi male	So aber die / welche der Diacon wil

audit, tum in diaconum, nisi integrae famae uxorem duxerit, non consecratur.

Mortua coniuge, sacerdos a sacris obeundis prorsus suspenditur: si caste tamen vivit, officiis ac aliis rebus divinis, cum caeteris ecclesiae ministris, choro tanquam minister interesse potest.

Erat quidem antea consuetudo, ut vidui caste viventes, sine reprehensione sacra peragerent.

Sed nunc mos invaluit, ut nullus viduorum ad sacra facienda permittatur, nisi monasterium aliquod ingrediatur, iuxtaque regulam vivat.

Quicunque sacerdos viduus, ad secundas nuptias, quod cuique liberum est, transierit, is nihil habet cum clero commune:
item nullus sacerdotum aut sacra obire, aut baptizare, aut alio quovis fungi munere audet, nisi diacono praesente.

Sacerdotes in ecclesiis primum

nemen / nit ain güet gerüech hat / so weicht mann den nit / sonder wirdt jme aine guoettes gerüechts vermähelt /
Pald des Briesters weib stirbt / so ist er von allen geistlichen ordnungen ledig / mag thüen was er wil in der welt / Thuoet sich wider beweiben / Und ain Yegclichs handtwerch oder wesen an sich nemen / Soverr er aber ye bey der geistligkhait zubleiben willens ist / und sich kheusch hellt / wierd er zuogelassen die Ambter wie ander der Khirchen diener auch in den Chor zugeen zuoverrichten /
Hievor sol der gebrauch gewest sein / das die Briester weiber / wie vor der witbeschafft jre Ambter / soverr sy sich kheusch gehalten / verrichten haben mügen.
Aber numals wirdt khainer meß noch Ambter zuhalten zuoegelassen / er ergebe sich dann in ain Closter und lebe und halte sich der selben Regel und ordnung nach.

Khain Briester darff sein ambt Als Meßhallten / Tauffen / oder der gleichen ämbter ausserthalb seines Diacon beysein verrichten.

Khain Briester verbringt sein aufgesetzt gebet on ain Pildtnuß / Dergleichen thüen auch die Layen jre fürgenumne gebet verrichten.

Die Briester haben in der Khir-

---

18 <dt. Text:> das die Briester weiber] *Druckfehler? richtig vielleicht:* weit(t)er

tenent locum. Et quicunque illorum contra religionem aut officium sacerdotale quavis ratione fecerit, iudicio spirituali subiicitur.	chen die oberstn stellen / unnd welcher wider den glauben oder sein briesterlich ambt / was gestalt das sey / thät oder hanndlete steet dem geistlichen gericht zu richten /
Si vero furti aut ebrietatis accusatur, aut in aliud id genus vicii inciderit, a seculari magistratu, ut vocant, punitur.	Wo aber deren ainer mit Diebstall / Trungkhenhait oder andern weltlichen unschickligkhaitn betretten / wirdt durch das weltlich gericht gestrafft /
Vidimus Moscovuiae ebrios sacerdotes publice verberari: qui aliud nihil querebantur, quam sese a servis, & non a Boiarone caesos esse.	Ich unnd mer haben gesehen in der Mosqua das die betrunckhnen briester mit gaisln auff der gassen geschlagen seind worden / Die haben sich nicht anderst beschwärdt / dan das sy durch ain khnecht unnd nit ain Boyarn geschlagen solten sein /
Paucis retroactis annis, quidam Principis locum tenens, sacerdotem in furto deprehensum, laqueo suffocari fecit. quam rem Metropolita graviter ferens, ad principem defert. Accersitus locumtenens, principi respondit: Iuxta antiquum patriae morem, furem, non sacerdotem se suspendisse. atque ita ille impune dimissus fuit.	Vor wenig Jaren hat des großfürsten Statthalter ainen briester mit diebstall betretten / hengkhen lassen / Des sich der Metropolit beschwärt / dem großfürsten geclagt / der Stathalter was fürgefordert / darumb besprochen / der sagt er hab nach alltem des vatterlands gebrauch ainen dieb / und nit ain Briester gehangen / bey dem ist es on straff beliben.
Si sacerdos queritur coram laico iudice, se a quopiam laico esse caesum, (offensiones etenim omnes, ac iniuriarum genera, ad seculare iudicium spectant) tum iudex, si forte cognoverit hunc ab illo lacessitum, aut quavis iniuria prius affectum fuisse, sacerdotem punit.	Wan ain Briester uber ainen Layen dem weltlichen gericht clagt / Als auch alle beschwärungen unnd Iniurien dem weltlichen gericht züesteenn / Unnd so sich befinndt das der Briester dem layen zu solcher beschwärdt verursacht hat / oder dem Layen auch unrecht gethon / so wirdt der briester durch den weltlichen Richter gestrafft.
Sacerdotes plerunque ex contributione curialium sustinentur, assi-	Briester und Pharrer werden gemainclichen undterhalten mit der

gnanturque illis domunculae cum agris & pratis, unde victum suis aut famulorum manibus, instar vicinorum quaeritant.	Besamlungen von pharleüten / dartzue werden jnen Heuser / Ackher / und dergleichen / als vil ungevärlichen ainem seinem Nachpaurn zuegetailt / davon sy jr narung durch sich selbs oder jre dienstleüt suechen /
Pertenues habent oblationes: aliquando ecclesiae pecunia datur ad usuram, de centum decem, eamque sacerdoti porrigunt, ne suis illum alere sumptibus cogantur.	Sy haben gar khlaine zuestånd / an etlichen orten leicht man der Khirchen gelt auf Zinß / zehen von hunderten auß / davon raicht man auch den Briestern / damit die Pharrleut nit bedürffen von dem jrigen die underhalten /
Sunt etiam quidam, qui liberalitate principum vivunt.	man hat auch wol das die Briester an etlichen orten durch die Fürssten underhalten werden /
Certe non multae parochiae reperiuntur, praediis ac possessionibus dotatae: exceptis episcopatibus, & quibusdam monasteriis. Nulla parochia, seu sacerdotium confertur cuipiam, nisi sacerdoti. In singulis autem templis unicum tantum altare, & in dies singulos unicum quoque sacrum faciendum putant. Rarissime templum reperitur sine sacerdote, qui ter in hebdomada tantum sacra peragere obstringitur.	wenig in warhait findt man Pharrn / die Rännt und Gült hetten / khainem wirt ain Pharr verlihen / er sey dann Briester / in jeglicher Khirchen ist nuer ain Altar / und an ainem tag wirt in khainer Khirchen meer dann ain Meß oder ambt gehalten / So findt man selten ain Khirchen on ain Briester / der ist schuldig drey tag in der wochen den Gotsdienst der Meß zuverrichten /
Vestitum prope laicorum habent, extra piretum parvum, & rotundum, quo rasuram tegunt, pileum amplum contra calorem & imbres superimponentes: aut pileo oblongo ex castorum pilis, colore griseo, utuntur.	Der Briester tägliche claider seind gleich der Layen / ausserhalb aines runden Heiblen / damit sy jre grosse platten decken / und dann aines braitten huet daruber / oder aines langen huets / von Otter haar gemacht graab /

Omnes, baculos quibus innituntur, deferunt, Possoch dictos.	yeglicher tregt ain stab darauf er sich laynen mag genent Possoch
Monasteriis praesunt, ut diximus, Abbates & Priores: quorum hos Igumenos, illos vero Archimandritas vocant.	Den Clöstern sejn fürgesetzt wie gesagt ist / Abbt und Priores / die man nennt IGUMEN und ARCHIMANDRIT /
Habent severissimas leges ac regulas: quae tamen sensim labefactae, iacent. Nullo solatii genere uti audent.	haben gar strenge und schwäre regeln und gesatz / mildern sich gleichwol gemachs hernach / sy thüern khainer freiden phlegen /
Cithara, aut aliud musices instrumentum, si apud aliquem repertum fuerit, gravissime punitur. Carne perpetuo abstinent.	sol ain Saittenspyl bey ainem gefunden werden / der straff möcht er nit entgehn / Fleisch essen müessen sy sich ewig enthalten /
Omnes, non solum principis mandato, sed & singulis Boiaronibus a principe missis parent.	die all müessen nit allain dem Großfürssten / sonder ainem yeglichen Boyarn von Fürssten außgesandt gehorsam laisten /
Interfui, quum provisor meus a Priore quodam rem certam peteret: quam cum continuo non dedisset, verbera minabatur: quo audito, evestigio rem petitam attulit.	Als ich von dem wasser Wolga muesst an das lannd tretten / khamen wir in das Closter Sanct Hellias / mein Priestaw begerte was vom Prior / da er jme solches waigerte / droet jm der Pristaw mit der Gaysl / bald wardt der Münich gehorsam /
Sunt plures, qui ex monasteriis in heremum se conferunt, ibique tuguriola faciunt, quae aut soli, aut cum sociis incolunt: victum ex terra & arboribus quaerunt, nimirum radices, & alios arborum fructus. Hi autem Stolpniki appellantur.	vil seind die auß den Clöstern als Ainsidl in die wälder ziehen / und sich daselbstn enthalten armbklichen / ye ainer allain in ainer hütten / ye zwen beyeinander neren sich von den fruochten der paum und der wurtzen des erdtrichs / die haissen sy STOLPNIKHI
Stolp etenim columna dicitur. Domunculas autem angustas, & in altum erectas, columnis sustinent.	STOLP haissen sy ain seyl / dann jr hütten steet gemainclich auf ainem pfeiller / oder stegkhen gleich ainer Seulen.
Metropolita, Episcopi, & Archiepiscopi, quamvis carnibus perpetuo abstinent: tamen cum invitant hospi-	Wan die Metropolitn Ertzbischove und Bischofe ansechliche gesst haben / an den tägen so man fleisch

tes laicos, aut sacerdotes, eo tempore quo carnibus vescuntur, habent hanc praerogativam, ut carnes illis in suo convivio apponant, quod Abbatibus & Prioribus prohibitum est.

Mitras Archiepiscopi, Episcopi, & Abbates nigras & rotundas ferunt: solus autem Episcopus Novuogardiensis albam bicornem, more nostro fert.

Vestes quotidianae Episcoporum sunt, sicut aliorum monachorum:

nisi quod aliquando sericeas ferunt, & praesertim pallium nigrum, quod habet a pectore in utramque partem tres fimbrias albas, inflexas instar rivuli fluentis: in significationem, quod ex corde & ore illorum fluunt rivuli doctrinae fidei, & bonorum exemplorum.
Hi ferunt baculum, quo innituntur, quem gentiliter Possoch appellant, in modum crucis.

isst / wiewol sy khains nimmermer essenn sollen / mügen sy fleisch den gessten an jren tischn geben / die freyhait haben aber die Abbt und Prior nit.

Die oben benente zwen Metropolitn / hab ich in der Mosqua an zwayen unser Frawen der schidung tägen zu Khirchen in jren zierlichen ornatn jr Ambt verrichtund gesehen / jre heubl seind nit so hoch gupfet als die gemain colpakn unden herumb als zwayer zwerchen finger praidt / mit Härmblen verprämbt / darob etliche pildlein der heiligen / ist rott meines gedenckhens gewest /
Die andern Ertzbischove / Bischofe und die Abbte haben schwartze auch runde huet / allain der Ertzbischove zu Großneugartten / hat ain weissen huet oder jnfel / wie ungeverlichen unsere Bischoff gebrauchen /
der Ertz und Bischoven ornat hab ich nit gesehen.

Chlaider der Bischoven so sy täglichen tragen / vasst ainer gestallt / gemaingclichen wie die Münich brauchen /
allain das die ye zu zeittn auch seidene haben / und sonderlichen den Mantl schwartz / daran seind weisse strich von hertzen / auff die deuttung / das auß jrem hertzen und mund fliessen sollen pründlein der underweisung des glaubens und guetter peispil /
die al tragen auch stäber damit sy sich behelffen am gehn und steen /

18 <lat. Text:> fimbrias] ~~fibmrias~~

Episcopus Novuogardiensis album fert pallium.

Caeterum Episcopi duntaxat circa res divinas, ac ipsam religionem pie procurandam ac promovendam sunt occupati: rem autem familiarem, & alia publica negotia, officialibus administranda committunt.

Habent in Catalogo certos Romanos Pontifices, quos inter sanctos venerantur: alios vero, qui post illud schisma fuerunt, execrantur, tanquam eos qui ab Apostolorum sanctorumque patrum, & septem Conciliorum ordinationibus defecerint, & tanquam haereticos & schismaticos appellant: eosdemque maiori odio prosequuntur, quam ipsos Mahumetanos.

Dicunt enim, septimo generali Concilio conclusum esse, ut ea quae in praecedentibus constituta ac determinata erant, in posterum quoque firma rata & perpetua essent:

nec unquam posthac cuiquam licere aliud Concilium aut indicere, aut accedere, sub poena anathematis. & hoc severissime servant.

Erat quidam Metropolitanus Russiae, qui ad instantiam Eugenii Papae Synodum accesserat, ubi & Ecclesiae erant unitae: reversus in patriam capitur, omnibus bonis spoliatur, atque in carceres coniicitur: ex quibus tandem evasit.

daran lainendt / ist zu obriste wie ain Creytz / POSSOCH genant /
Der Ertzbischoff zu Großneugartten tregt ain weissen mantl /
die Bischove al seinn gemaingclichen allain der andacht obligund / was die wiertschafften belangt / haben sy jre ambtleut die solches verrichtn.

Sy haben auch in jren Calendern etliche Bäpst die sy fur heillig achten / aber die / seidt die Khirchen von ainander gespalten / verhassen und verfolgen sy die Bäpst / als wären sy von der zwelffpotten und der heiligen vätter lehr und der Concilien ordnungen abgetretten / und halten dieselben und uns al fur nit rechtglaubig / und scismatikhen / und seind uns hessiger weder den Thattern /
dann sy sprechen / es sey in dem sibenden gemainen Concilio gemacht / und beschlossen / das des so hievor beschlossen und geordent / soll ewigclichen unverändert bleiben /
darumen auch verpotten das furan khainer khain Concilium ausschreiben noch auch besuechen sol / bey der peen des panns oder verdamnuß /
Es was der zeit Eugenij des Bapsts ain Metropolit in Reissen / der kham auch zu dem Concilio da sich auch die Khirchen vergleichten / als aber der / wider zu Land kham wardt gefangen / beraubt und gesetzt / entran doch darnach.

Inter nos & illos fidei diversitatem esse, licet ex literarum exemplo cognoscere, quas Ioannes Metropolita Russiae ad Archiepiscopum, ut ipsi dicunt, Romanum, dederat, ut sequitur:

Dilexi decorem tuum domine ac pater beatissime Apostolica sede ac vocatione dignissime qui ex remotis respicis ad humilitatem & paupertatem nostram, & alis dilectionis foves nos, & salutas nos sicuti tuos ex charitate, & interrogas specialiter de nostra fide vera & orthodoxa:

de qua etiam audiens, ut nobis beatitudinis tuae Episcopus retulit, admiratus es.

Et quia tantus es, & talis Sacerdos, propterea ego pauper saluto te, honorando caput tuum, & deosculando manus tuas & brachia.

Sis laetus, & a suprema Dei manu protectus: & det Dominus omnipotens tibi, tuis spiritualibus & nobis, ordinem bonum.

Nescio unde exortae sunt haereses, de vera salutis & redemptionis via:

& mirari satis non possum, quis diabolorum tam malus ac invidus, tam veritati inimicus, ac mutuae benevolentiae adversarius fuerit, qui fraternam nostram charitatem a tota Christiana congregatione alienavit, dicens, nos non esse Christianos.

Die undterschaid zwischen den Römischen und Reissischen / mag man auß dem brief des Johannis Metropolit an Bapst den er ain Ertzbischoff zu Rom nent / geschriben vernemen.

Ich hab geliebt dein Ehr / allersälligister Herr und Vatter des Apostolischen stuels und berueffung allerwierdigister / der du von fern sehen bist zu unser diemüettigkhait und armuet / und mit den flügln der lieb / du uns günstig bist / und gruesst uns als die deinige auß lieb / und erkhundigest dich sonderlichen unsers warn Christlichen glaubens / als du des vernumen dich des (wie uns dann deiner heilligkhait Bischoff gesagt) hast verwundert.

Und weil du ain so hoher und solcher Briester bist / Darumen ich als ain armer grueß dich / dein khopff eerund / und khüß deine hend und arm /

biß frölich und durch die hand des höchsten beschirmet / und geb Gott der almechtige / dir und deinen Geistlichen und uns ain guete ordnung /

Ich waiß nit woheer entsprungen sein die Ketzereyen / von dem rechten weg der sälligkhait und erlösung /

ich khan mich nit genueg verwundern / welcher hässiger und böser Teufl / der warhait so veindt / und der gemainen ainigkhait so widerwertig gewest ist / der unser bruederliche lieb von gantzer gemainer Christenlicher versamblung abge-

Nos profecto, Christianos vos ex Dei benedictione ab initio cognovimus, licet in omnibus fidem Christianam non servetis, & in multis diversi sitis:
id quod ex septem magnis Synodis ostendam, in quibus fides orthodoxa & Christiana instituta est, ac prorsus confirmata, in quibus etiam tanquam septem columnis sapientia Dei domum sibi aedificavit.
In his praeterea septem Synodis, omnes Papae digni sunt habiti cathedra S.[ancti] Petri, quia nobiscum sentiebant.
In primo autem Synodo erat Sylvester Papa, in secunda Damasus, in tertia Coelestinus, in quarta beatissimus Papa Leo, in quinta Vigilius, in sexta Oaphanius, vir honorandus, & in Sacris scripturis doctus: in septima S.[anctus] Papa Adrianus, qui misit primus Petrum Episcopum & Abbatem monasterii sanctae Sabae:

unde postea exortae sunt dissensiones inter nos & vos, quae pullularunt praecipue in antiqua Rana.

Sunt profecto mala multa, quae a vobis contra leges divinas ac statuta committuntur: de quibus pauca ad charitatem tuam scribemus.

Primum de ieiunio sabbathi, contra legem observato:

schieden / der do spricht wir wären nit Christen /
Wir / fürwaar haben euch in anfang auß Götlicher benedeiung Christen erkent / wiewol jr den Christenlichen glauben nit in allen haltet / und in vilen widerwertig seit /
das ich auß den siben grossen Concilien anzaigen wil / in welchen der Christenlich gerecht glauben gesetzt ist / und gäntzlichen bestät / in welchen auch als auff siben seuln die weißhait Gottes jr ain hauß gebaut /
in denselben siben Concilien alle Bäpst sein wirdig geacht worden Sanct Peters stuels / dann sy mit uns ainhellig gewest sein /
In dem ersten Concilio was Silvester der Bapst / in dem andern Damasus / in dem Dritten Celestinus / in dem Vierten der sälligist Bapst Leo / in dem Fünfften Vigilius / in dem sechsten Oaphanius ain Ehrnreicher man / und in der heiligen geschrifft gelert / in dem sibenden der heilig Babst Adrianus / der am ersten geschickht hat Petteern den Bischoff und Abbt des Closters Sant Sabe /
Von dannen hernach entsprungen die zwitrachtn welche zwischen unser und ewer außgangen sein / sunderlichen in der alten Rana /
Es sein fürwar vil böser sachen / die von euch wider die Göttlichen gesetz und statut gehandlet werden / davon wir etwas wenig zu deiner lieb schreiben thuen /
Das erst von der Fassten des Sambstags die wider das gesatz gehalten wirt /

secundo de ieiunio magno, in quo septimanam abscinditis, & carnes comeditis, ac propter carnium voracitatem homines ad vos allicitis.

Item, qui sacerdotes secundum legem ducunt uxores, illos vos reiicitis.

Item qui a presbyteris in baptismate inuncti sunt, illos vos iam denuo inungitis, dicentes, illa simplicibus sacerdotibus facere non licere, sed solis episcopis.

Item de azymis malis, quae manifeste Iudaicum servitium seu cultum indicant.

Et quod est caput omnium malorum, ut quae confirmata sunt per S.[anctas] Synodos, ea vos coepistis permutare & pervertere, dicentes de spiritu sancto, quod non tantum a patre, sed & a filio procedat: & multa alia maiora, de quibus tua beatitudo ad Patriarcham Constantinopolitanum, fratrem suum Spiritualem, referre, & omnem diligentiam adhibere deberet, ut aliquando tollerentur isti errores, & ut unanimes essemus in concordia Spirituali.

sicut dicit sanctus Paulus, informans nos: Oro vos fratres propter nomen Domini IESU CHRISTI, ut idem sentiatis, & dicatis, & non sit inter vos discordia, & sitis in eodem intellectu fortificati, & in eadem cogitatione.

Zum andern von der grossen Vasstn / darinn jr ain wochen abschneidt / und fleisch esset / und von wegen der fraßhait des fleischs / die leut zu euch beweget /

Item welche Briester nach dem gesatz weiber nemen / die verwerfft jr /

Item welche von Briester in der Thauff gesalbet sein / die salbet jr zum andern mal / sprechent / des getzime gemainen Briestern nit zuthuen / sonder allain den Bischoven.

Item von den ASIMIS (das ist dem ungeseurten brot) des ain offenbare Jüdische dienstperkhait oder eherertzaigung ist /

des dan ain haubt ist alles ubels / wann was bestätigt ist durch die heilligen Concilien / das habt jr angefangen zuverändern und zuverkhern / Sprechent / von dem heilligen Geist / das der nit allain vom Vatter / sonder auch vom Sun herfließ / und vil anders grössers / von denen dein säligkhait dem Constantinopolitanischen Patriarchen deinem geistlichen brueder anbringen / und allen vleiß ankheren soltest / das die Irthumen hingelegt wurden / und wir ainträchtig wärn in der geistlichen vergleichung /

als da spricht Sant Paulus uns underweisend / Ich bit euch Brüder durch den Namen des Herrn Jesu Christi / das jr gleich artig haltet und redet / und das zwischen ewr khain zwitracht sey / und seidt in ainem ver-

35 <dt. Text:> artig] atnig

De istis sex excessibus, quantum potuimus, ad vos scripsimus: deinceps & de aliis scribemus charitati tuae.

Si enim ita res se habet, sicuti audivimus, agnosces ipse nobiscum, transgredi per vos Canones sanctorum Apostolorum, & instituta magnarum septem Synodorum, in quibus erant omnes vestri primi Patriarchae, & concorditer dicebant, quod verbum vestrum esset vanum.

Et quod manifeste erretis, nunc palam redarguam.

In primis de ieiunio sabbathi, videtis quae de isto S.[ancti] Apostoli docuerunt, quorum doctrinam habetis. & maxime beatus Papa Clemens, primus post sanctum Petrum apostolum, ita scribit ex statutis Apostolorum, ut est in Canone LXIIII. de sabbatho dicens:

Si Ecclesiasticus inventus fuerit, qui die Dominico vel sabbatho ieiunaret, praeter sabbathum magnum, degradetur: si autem secularis homo fuerit, excommunicetur, & ab Ecclesia seiungatur.

Secundum erat de ieiunio, quod vos corrumpitis.

Est Iacobitarum & Armeniorum haeresis, qui lacte & ovis in sancto ieiunio magno utuntur.

quis enim verus Christianus audet ita facere & cogitare?

stand gesterckht / und in ainem gleichen gedanckhen /

Von den sechs ubertrettungen als vil wir mügen / haben wir zu euch geschriben / furo wellen wir von den andern auch deiner lieb schreiben /

so die sach sich dermassen helt / als wir gehört haben / werdest sambt uns erkhennen / durch euch ubertretten haben / wider die gesatz der heiligen Aposteln und einsatzung der grossen Siben Concilien in den gewesen sein alle ewre fürnembste Patriarchen / die haben ainhellig gesagt / das ewr wort eytl wäre /

Das aber jr offenlichen jrten / wil ich auch offenlichen straffen /

Am ersten von der Vasstn am Sambstag / secht was die heilligen Aposteln derhalben gelernet haben / deren leer jr habt / am maistn / der sälig Bapst Clemens der nechste nach Sant Petter dem Zwelffpotten / schreibend auß den gesatzn der Apostln also / das ist in dem 64. Canon von dem Sambstag redend /

ob ain Geistlicher gefunden wurde / der am Suntag und Samcstag vasstet / ausserhalb des grossen Sambstags / der sol seiner wirde entsetzt / obs aber ain Lay wär / der sol in pann gethon / und von der Khirchen abgesundert werden /

Das ander was von der vassten des jr verchert /

es ist der Jacobiter und Armenier Khetzerey / die Millich und Ayr in der heilligen vasstn gebrauchen /

Welcher warer Christ thar solches thuen? oder gedenckhen /

Legite Canones sextae magnae
Synodi, in qua Oaphanius Papa
vester, ea prohibet.

Nos profecto, cum resciveramus, in
Armenia, & aliis quibusdam locis,
ovis & caseo in magno ieiunio vesci,
nostris illico mandavimus, ut ab
eiusmodi cibo atque omni imolo
daemoniorum abstinerent: a quibus
si quis non abstineret, ab Ecclesia
separaretur: si sacerdos, a sacris
suspenderetur.

Tertius praeterea maximus est error
& peccatum, de coniugio sacerdo-
tum, quod ab illis qui uxores habent,
sumere corpus Domini renuitis: cum
sancta Synodus, quae fuit in Gangra,
scribat in quarto Canone:

Qui spernit sacerdotem, secundum
legem uxorem habentem, & dicit,
quod non liceat ex manibus eius
accipere Sacramentum, sit anathema.
Item Synodus dicit: Omnis diaconus,
vel sacerdos dimittens propriam
uxorem, privetur sacerdotio.

Quartum peccatum erat inunctio, seu
confirmatio. Nonne ubique dicitur in
Synodis: Confiteor unum baptisma,
in remissionem peccatorum?
Si ergo est unum baptisma, erit &
unum chrisma, & virtus eadem tam
Episcopi quam sacerdotis.

Quintus est error de azymis: qui
quidem error est principium & radix
totius haeresis, sicuti demonstrabo.
& quanquam necesse esset huc mul-

Leset die Canones des sechsten gros-
sen Concilij / in welchen Oaphanius
ewer Bapst solches verpeut /

Fürwar als wir das in Armenia erin-
dert / und auch in etlichen andern
ortten / das man in der grossen Vass-
ten Ayr und Khäß brauchten / haben
wir den unsern von stundan gepotten
von solcher speiß und Teuflischen
opffer zu enthalten / welcher sich
der nit enthielt / von der Khirchen
abtzuschaidn / wo ain Briester / dem
sol sein Ambt eingestellt sein /

Der dritte ist auch der gröste jrthumb
und sünde / Von der Briester khan-
schafft / das von denen die weiber
haben Gottes leichnamb zunemen jr
euch verwidert / weil das heilig Con-
cilium des zu GANGRA gehalten
worden / schreibt im vierten Canon /
Wer da verschmächt den Briester /
der nach dem gesetz ain Haußfrawen
hat / und spricht das nit gebuoern wil
auß seinen handen das Sacrament
zunemen / sey verflucht. Item das
Concilium spricht / ain jegclicher
Diaconus oder Briester / der sein
aigen weib verlässt sol seines ambts
entsetzt werden.

Die viert sünd ist / die besalbung
oder firmung / spricht man nit uberal
in den Concilien? Ich bekhenn ain
Thauff zu vergebung der sünd.

Ist dann ain Thauff / wirdt auch ain
Crisma und crafft gleich des Bi-
schoffs und des Briesters.

Der fünffte jrthumb vom Azimis /
das ist dem ungeseurten prot / wel-
cher jrthumb ist ain anfang und
wurtzen der gantzen Khetzerey als

tas adducere scripturas, tamen id alias faciam, & in praesentiarum hoc tantum dicam:

Quia azymi a Iudaeis fiunt in memoriam liberationis eorum, & fugae ex Aegypto: nos autem semel Christiani sumus, nunquam in labore Aegyptiorum fuimus, & huiusmodi Iudaeorum de sabbatho, azymis, & circuncisione observationes, nobis obmittendas esse mandatum est.

Et si aliquis sequatur unum ex illis, sicuti dicit sanctus Paulus, tenetur totam legem implere, eodem Apostolo dicente:

Fratres, ego accepi a Domino, quod & tradidi vobis: quia Dominus in qua nocte tradebatur, accepit panem, benedixit, sanctificavit, fregit, & dedit sanctis discipulis, dicens, Accipite & manducate, &c. Considera quid dico. non dixit, Dominus accipiens azyma, sed panem.

Quod illo tempore nec azymi erant, nec Pascha fiebat, nec Dominus tunc comedebat Pascha Iudaeorum, ut daret azyma Apostolis, probabile est per hoc, quod Iudaeorum Pascha stando fit & comeditur:

quod in Christi coena non fiebat, ut Scriptura dicit, Recumbentibus eis cum duodecim. item, Et discipulus recubuit super pectus ipsius in coena.

ich antzaigen wil / wiewol von nöten wäre hieheer vil schrifften zuerzeln / so wil ich das ain ander mal thuen / und yetzmals das allain sagen /
dan solche Azima wardn von Juden gemacht / zu gedechtnus jrer erledigung und flucht auß Egipten. Wir aber sein ainmal Christen / und seind in der Egiptier arbait niehe gewest / darumb ist uns solche der Juden vom Sabath Azimis und beschneidung haltungen gebotten zuo undterlassen /
und ob jemandt deren ains auß demselben hielte / wie Sant Paulus spricht / Sey schuldig das gantz gesetz zuerfüllen / der selb Apostl spricht auch
Brueder ich hab vom Herrn emphangen / das ich auch euch ertzelt / wann da der Herr in welcher nacht er verraten wardt / Namm das brot gesegnet heilliget / brachs und gabs den heilligen Jungern / sprechend nembt und esset etc. Merckh was ich sag / hat nit gesprochen / der Herr nam das Azima / sund[er] das brot / dann es waren derselben zeit khain Azima und hielten auch die Ostern nit / es hat auch der Herr derselben zeit der Juden Pasca nit geessen / das er das Azima seinen Apostln het geben / Es ist mit dem zubeweisen / das der Juden Ostermal steend gehalten unnd geessen wordn /
das jn Christi nachtmal nit gehalten ward / als die schrifft spricht lainend mit den zwelffen / Item und der Junger lainete an seiner prust im abentmal /

Nam quod ipse dixit, Desiderio desideravi hoc Pascha manducare vobiscum:

Iudaeorum pascha non intelligit, quod ante semper comedebat cum ipsis.

Neque cum dicit, Hoc facite in meam commemorationem, necessitatem faciendi, tanquam Iudaeorum Pascha esset, imponit: neque azyma illis, sed panem dat, cum dicit, Ecce panis quem ego do vobis. similiter ad Iudam: Cui ego dabo panem intingens in sal, ipse est traditurus me.

Si autem dicitis istam rationem, quod nos celebramus in azymis, quia nulla est terrestreitas vel commixtio in divinis:

cur divinitatis obliti estis, & sequimini ritum Iudaeorum, ambulantes in haeresi ipsius Iuliani, Machumeti, & Apollinaris Laodicensis, & Pauli Syrii Samosatensis, & Eutychii, & Diasterii, aliorumque qui erant in sexta Synodo depravatissimi haeretici, diabolicoque spiritu repleti?

Sextus denique error est, de Spiritu sancto. Quomodo enim dicitis, Credo in Deum patrem & filium, & spiritum sanctum, qui a patre & filio procedit?

Mirabile est profecto, & horrendum dictu: quod audetis fidem pervertere: cum ab initio per universum orbem, in omnibus Christianorum ecelesiis constanter canatur:

dann da er sprach mit begierd hab ich begert das Ostermal mit euch zu essen /

hat nit bedeut der Juden Pasca das er zuvor almal mit jnen geessen hat /

da er sprach das thuet in meiner gedechtnuß / hat nit eingesetzt als müesst es sein der Juden Pasca / und hat jnen khain Azima / sonder brot geben / da er spricht nembt war das Brot das ich euch gib. Gleichermassen zu dem Judas / dem ich geben wirdt das Brot eindunckhent in das Saltz / der ist / der mich verraten wirdt /

wo jr aber die ursachen fürgebt / wir wandln das in Azimis / darumb das khain jrdisch noch vermischung sey in Götlichen /

warumb habt jr des Götlichn vergessen / und volgt der Juden gebrauch wandlund in der Khetzerey des Juliani / Machumeti und Apolinaris zu Laodicea und Pauly Sirj / Samosatensis / auch Eutichy und Diastery / und anderer die jm Sechsten Concilio warn die allerboßhafftigisten Khetzer / und mit Teuflischem geist erfüllt /

Der sechste jrthumb ist von dem heilligen Geist / dann wie sprecht jr / Ich glaub in Vatter / Sun / heilligen Geist / der vom Vatter und Sun fleust /

Es ist fürwar wunderlich und grausam zusagen / das jr thuet den glauben verkheren / weil von anfang durch die gantz welt in allen Christ-

Credo in spiritum sanctum, & Dominum vivificantem, & a patre procedentem, qui cum patre & filio simul adoratur & glorificatur.

Quare igitur vos non dicitis, sicuti alii Christiani omnes: sed additiones ponitis, & novam adducitis doctrinam?
cum tamen Apostolus dicat: Si quis annunciaverit vobis, praeter ea quae vobis diximus, anathema sit.

Utinam vos non incurratis istam maledictionem. Difficile est enim, & horrendum, Dei scripturam, compositam per sanctos, permutare & pervertere. Nescitis quam maximus sit error.
Nam duas virtutes, duas voluntates, & duo principia de sancto spiritu adducitis, adimentes & parvi facientes eius honorem, & haeresi Machidoniae conformes estis: quod absit.

Oro, & me inclino ad sanctos pedes tuos, ut ab huiusmodi erroribus qui inter vos sunt, cesses, & maxime ab azymis abstineas.

Volui etiam aliquid scribere de suffocatis & immundis animalibus, & de monachis edentibus carnes: sed de his postea (si Deus voluerit) scribam.
Parce autem, propter maximam charitatem, quod de his rebus ad te scripsi. An autem sunt facienda illa

lichen Khirchen beständigclichen gesungen wirdt /
Glaub in heilligen Geist / den herrn lebentmachendn von dem Vatter heer fliessend der mit dem Vatter und Sun gleich angebett und glorificiert wirdt /
warumb sprecht jr nit wie al ander Christen / sonder macht zuesätz unnd bringt ain newe lehr.

So doch der Apostl spricht / Ob jemandt euch wurdt verkhünden wider das so wir euch gesagt / sey verfluecht /
well Gott das jr in solche ungnad nit einlaufft / Es ist fürwar beschwerlich und grausamb Gottes geschrifft durch die heilligen verfasst / zuverändern und zuverkheren / jr wißt nit wie ain so grosser jrthumb das ist / dann zwo macht / zwen willen / und zwen anfeng jr von dem heilligen Geist darbringt / Nembt jm ab und achtet sein ehr khlain / und vergleicht euch mit der Khetzerey Macedonie / das nit sein solt /
Ich bitt und naeg mich zu deinen heilligen füessen / das du vön solchen jrthumen die zwischen ewer seind auffhörest / und sonderlichen von den Azimis enthaltest /
Ich hab auch was schreiben wellen von den erstickhten und unrainen thiern / und von der Münich fleischessen / Von dem aber (so Gott will) hernach wirdt ich schreiben /
vertzeich durch der grossen lieb / das ich derhalben zu dir geschriben hab. Ob aber das zuthuen sey / das

quae fiunt, interroga scripturas, & invenies.

Rogo te Domine, ut scribas ad Dominum nostrum patriarcham Constantinopolitanum, & ad sanctos Metropolitas, qui verbum vitae in se habent, & sicut luminaria in mundo lucent.

Fieri enim potest, ut Deus per illos super huiusmodi erroribus inquirat, emendet & constituat. Deinde si tibi videbitur, mihi minimo inter alios omnes, rescribas.

Saluto te ego Metropolita Russiae, & alios omnes tibi subiectos clericos & laicos. Salutant etiam te mecum S.[ancti] Episcopi, Monachi & Reges, magni homines. Charitas spiritus sancti sit tecum, & cum omnibus tuis: Amen.

Sequuntur canones cuiusdam Ioannis Metropolitae, qui dicitur Propheta, quos raptim ut potui adsequi, adiungere volui.

Pueri in necessitate absque sacerdote baptisentur, Animalia, volucres, ab avibus vel feris lacerae, non comedantur: qui vero commederint, aut in azymis celebraverint, vel in septuagesima carne usi fuerint, vel animantium sanguinem voraverint, corrigantur.

Aves, animalia suffocata, non comedantur.

Rhuteni cum Romanis in necessi-

man thuet / frag die schrifftn so wirdestus befinden /

Ich bitt dich Herr du wellest zu unserm herrn Patriarchen zu Constantinopl und zu den heilligen Metropolitn / die das wort des lebens in sich haben / und als die liechter in der welt leichtn schreibn /

Es mag sein das Gott durch dieselben solcher jrthumen ervorschung und besserung setzen werde. Darnach soverr es dir gesehen wil sein / mir als dem minstem under den allen / wider schreibest /

Ich Metropolit der Reissen / grüß dich und alle Geistliche und Layen dir undergebne / dich grüessen auch sambt mir die heilligen Bischove / Münich / und Khünig / grosse leut / Die lieb des heilligen Geists sey mit dir und allen den deinen Amen.

Hernach volgen etliche gesetz des Hansen Metropolit den man ain Propheten nennt / sovil ich der in eyl bekhumen mügen.

Die Kinder werden in der not on Briester getaufft / die Thier und gefügl von Vögln und thiern zerrissen / sol man nit essen / welche aber die essen und mit den Azimis sich speisen / oder in der grossen Vasstn fleisch essen / oder von den lebendigen das pluet fressen / sollen gestrafft werden /

erstigkhte thier und vögl sol man nit essen.

Die Reissen mügen in der not mit

tate comedant, celebrent autem minime.

Rhuteni omnes Romanos non recte baptisatos, quia in aquam toti non sunt immersi, ad veram fidem convertant: quibus conversis, non statim Eucharistia, sicuti nec Tartaris, aliisve a fide sua diversis, porrigatur.

Imagines antiquae, & tabulae, super quibus consecrationes fiunt, non comburantur: sed in hortis, aut alio honorifico loco, ne iniuria afficiantur, aut dedecore, sepeliantur.

Si in loco sacro domum exaedificaveris, locus ubi erat altare, vacuus relinquatur.

Maritus monasterium ingressus, si eius uxor alteri nupserit, in sacerdotem consecretur.

Principis filia, ei qui communione in azymis, & cibis utitur immundis, non in matrimonium locetur.

Sacerdotes, hyberno tempore ex animalium, quibus vescuntur, pellibus, fermoralia ferant.

Non confessi, & aliena bona haud reddentes, ad communionem non admittantur.

Sacerdotes & monachi, nuptiis chorearum tempore non intersint.

Sacerdos si sciens, personam iam

den Römischen essen / aber Meß nit halten.

Die Reissen sollen die Römischen die nit recht getaufft sein / umb das die nit gar in das wasser gedunckht / zu rechtem glauben bekheren / so die nun bekhert sein / sol man denen wie auch den Thattern und andern die nit unsers glaubens sein so pald das Sacrament nit raichen.

Die alten gemäll und Tafln auf welchen weihung beschehen / soln nit verbrent werden / sonder in gärtnen oder andern eerlichen orten / damit den khain unrecht oder unehr geschehe vergraben werden.

So du an der stat / da ain Khirchen gestanden ist / ain hauß erpaust / sol der platz / da der Altar auffgestanden ist / laär gelassen werden.

Wan der Ehelich man sich in ain Closter begibt / und sein weib ainen andern nimbt / der mag zu Briester geweicht werden.

Des Fürstn Tochter sol dem / der in Azimis Gots leichnam emphächt / und die unraine speiß geneusst / nit vermähelt werden.

Die Briester wintters zeittn mügen von den heutn oder feeln / der Thiern die man isst niderwatn tragen.

Die nit peichten / und frembdes guet nit wider geben / den sol man zu der Communion nit zuelassen.

Briester und Münich sollen bey den hochzeiten nit sein.

Der Briester so aines zu dritten mal verheirat / wissendlich zusamen

tertio expetentem matrimonium coniunxerit, officio privetur.

Mater filios baptizari volens, ieiunare non valentes, pro illis ieiunet.

Si maritus relicta priore uxore, alteram duxerit, vel uxor alteri nupserit, ad communionem, nisi ad matrimonium redierit, non admittatur.

Nullus alienae fidei vendatur.

Sciens cum Romanis comedens, orationibus mundis mundetur.

Uxor sacerdotis ab infidelibus capta, redimatur: & in matrimonium, quia vim passa est, reassumatur.

Mercatores & peregrini ad Romanorum partes proficiscentes, communione non priventur: sed ad eandem, iniunctis quibusdam pro poenitentis orationibus reconciliati, admittantur.

In monasterio convivia, advocando mulieres, non habeantur.

Matrimonium non nisi publice, in Ecclesiis contrahatur.

Sequuntur quaestiones Cyrilli cuiusdam, ad episcopum Niphontem Novuogardiensem.

Quid si homo post communio-

gibt / sol seines Ambts entsetzt werden.

Die muetter so jre khinder wil tauffen lassen / und dieselben nit vasstn mügen / sol die Muetter an derselben stat vassten.

Welcher man sein Eheweib lässt / und ain andere / oder welche ainen andern nimbt / der khaines sol zu der gemainschafft der emphahung gelassen werden / sy tretten dann in den ersten Eesta[n]d.

Khainer sol ainem aines andern glaubens verkhaufft werden.

Der wissentlich mit ainem Römischen isset / der sol mit rainen gebetten gerainigt werden.

Des Briester weib von unglaubigen gefangen / sol erlöst / und wider durch jrem man angenumen werden / ob sy gleich ain gwalt erlitten het.

Khauffleut und Raisende in der Römischen Lande / soln der gema[i]nschafft der emphahung nit beraubt sein / Sonder zu derselben widerkhunfft mit auffgelegten gebeten wider versüent und zugelassen werden.

In Clöstern sol man nit malzeitn mit berüeffung der weiber halten.

Die Ee oder versprechen sol nindert dan zu Khirchen beschlossen werden.

Etliche Fragstugkh aines Cirili zu dem Niphonte Bischove zu Neugartten.

Wann ainer nach emphahung des

nem, ex nimia cibi aut potus repletione evomuerit?
RESPONSUM Quadraginta diebus ieiunando poeniteat. Si non ob repletionem, verum ex nausea, XX diebus: si vero alia levi ex causa, minus.

Sacerdos tale quiddam committens, XL diebus a divinis & abstineat, & ieiunet: sin alia levi ex causa, per septimanam ieiunet: quin medone & carne ac lacte abstineat.

Si autem tertia aut quarta post communionem die evomerit, agat poenitentiam.
Sin aliquis Sacramentum evomerit, centum & viginti diebus poeniteat: si vero in infirmitate evomerit, tribus diebus: vomitum vero igni comburat, & centum Psalmos dicat: si autem canis vomitum devoraret, centum diebus ieiunet.

Si vasa terrea, vel lignea immunda fuerint, quid faciendum?
R. Orationibus mundis mundentur.

Quid pro anima defuncti faciendum?
R. Det grifnam unam pro quinque Missis, cum fumigationibus, panibus, & tritico cocto, quod dicitur Kuthia. Sacerdos vero habeat vinum proprium.
Quid si monacho infirmo, Sera-

Sacraments auß uberfluß der speiß oder tranck undäet?
Antwort / Er sol puessen mit viertzig tag / vassten / Wo aber nit auß uberflüssigkhait sonder auß ainem grauß / zwaintzig tag / Ist dan auß andern geringschatzingen ursachen / aber minder.

Ain Briester dem ain solches widerfert / der sol sich viertz[i]g tag seines Ambts enthalten / und vasstn / ist es dan auß andern geringschätzigen ursachen beschehen / sol ain wochen vassten / und sich des Medts / fleisch und gemolhens enthalten /
Wo der aber am dritten oder viertten tag undäet / so sol er puoeß thuen /

Ob aber aines das Sacrament undäet het / hundert und zwaintzig tag sol er puessen / obs aber in der kranckhait beschehe / drey tag / die undäung sol verbrent und hundert Psalmen gesprochen werden / ob aber ain hund das undäen frässe / hundert tag sol er vasstn.

Wo die geschierr von erden oder holtz unrain wärn / was ist zuthuen?
Antwort / mit rainen gebeten sol mans rainigen.

Was sol man für des abgestorbnen Seel thuen /
Gebe ain grifna für fünff messen / mit berauchung / prot / und gekhochten waytz / das man Khuthia nent / der Briester hab sein aignen wein.
Was dan so ich ainem Kranckhen

---

3 <lat. Text:>   RESPONSUM] *im Original-Druckbild abgekürzt zu* RESPON., *denkbar also auch:* responsio

phica veste induto, per octo dies nihil dederim ad edendum?

R. Bene factum, quia erat in Angelico ordine.

Quid si Latinus Rhutenico ritu initiari voluerit?

R. Intret ecclesiam nostram VII diebus: novum illi imponatur nomen, singulis diebus quatuor orationes eo praesente dicantur devote: abluat se deinde in balneo, septem diebus carnibus & lactariis abstineat, octava die lotus ingrediatur ecclesiam.

Super quo quatuor illae orationes dicentur, mundis vestibus induatur, corona seu sertum super caput illi imponatur, chrismate inungatur, cereus illi in manus detur: dum Missa peragitur, communicetur, proque novo Christiano habeatur.

An aves, pisces, vel alia terrestria animalia, festis diebus interficere liceat?

R. Die Dominico, quia dies festus est, homo in ecclesiam eat: humanis vero necessitatibus exigentibus, occidantur.

An Sacramentum in hebdomada Palmarum consecratum, per totum annum servare liceat?

R. Servetur in vase mundo: sacerdos vero id infirmo porrigens, parum vini addat.

Münich mit Seraphischen khlaidern angethon / in acht tagen nichts zuessen geben hab?
Antwort / Es ist wol gethon / dan er ist in Englischem orden gewest.

Wann ain Römisches auf Reissisch sich bekhern wolt?
Antwort / der gehe siben tag in unser Khirchen / dem werdt ain newer namen gegeben / an yeglichem tag sollen vier gebet andechtigclichen in seiner gegenwuert gesprochen werden / und wasch sich dann ab im pad / Siben tag enthalt er sich des fleisch und gemolhens / am achten tag gehe er gewaschner in die Khirchen / uber den werden die vier gebet gesprochen / mit rainen klaidern sol er angelegt werden / ain Chron od[er] Krantz auff sein haubt gesetzt / mit dem Crism sol er besalbet werden / ain wachsliecht in sein hand gegeben / so die meß gehalten wiert / das Sacrament emphahen / und dan für ain newen Christen gehalten werden.

Ob Vögl / Visch / und ander jrdische thier am Feyertag gebuert abzuthuen?
Antwort / am Sontag weil des ain Feyertag ist / sol der mensch gehn Khirchen gehn / wo die menschlich notturfft erfordert / mag die tödten.

Ob das Sacrament in der Palm wochen consecrirt gebuert es das gantze jar zuhalten?
Antwort / das werde in aim rainen Vaß behalten / der Briester so er das dem khranckhen raicht / sol ain wenig wein dartzue thuen.

An aquam vino addere liceat, communicando infirmum?

R. Sufficit vinum tantum.

An infirmis daemoniacis, & mente captis, liceat dare Sacramentum?

R. Ora illorum tantum Sacramento tangantur.

An sacerdoti habenti uxorem in puerperio, quemadmodum super laicorum fit uxoribus, orationes dicere liceat?

R. Non. nam ea in Graecia non servatur consuetudo, nisi alius non inveniatur sacerdos.

Quid in die Exaltationis S.[anctae] Crucis edendum?

R. Monachi piscibus non vescantur: laici vero eadem die deosculantes S.[anctam] Crucem, carnes edere possunt, nisi forte in diem Veneris aut Mercurii inciderit.

An sacerdoti noctu cum uxore concumbenti, mane ecclesiam ingredi licet?

R. Lavet prius eam partem quae sub umbilico est, ecclesiam ingrediatur, Evangelium legat: ad altare vero accedere, vel celebrare prohibeatur. Volens autem sacerdos diebus Solis & Martis celebrare, poterit die Lunae cum uxore concumbere, & sic deinceps.

An uxorem non habenti, Eucharistia porrigenda?

R. Dummodo per integram quadra-

Ob sich gebuert ain wasser zu dem wein zuthuen / so man den khranckhen speist?

Antwort / Es ist ain wenig gnueg.

Ob dem kh[r]anckhen besessnen oder unsinnigen gebuere das Sacrament zuraichen?

Antwort / mit dem Sacrament sollen jre meüller berüert werden.

Ob dem Briester der sein weib in Khindlpetten hat / gleich als ob aines Layen weib geschicht / die gebet zusprechen gebuere?

Antwort / Nain / dan solche gewonhait wirt in Khriechen nit gehalten / Es wär dan das man khain andern Briester gehaben möcht.

Was ist an des heilligen Creytz tag der erhöhung zuessen?

Antwort / Die Münich sollen khain Visch essen / die Layen aber / so das heillig Creytz gekhüsst haben / mügen fleisch essen / es wär den das derselb auff den Mitwoch oder Freytag fielle.

Ob dem Briester / so die nacht bey seinem weib gelegen / morgens in die Khirchen zugehn gebuert?

Er wasche sich zuvor an dem ort under dem Nabl / mag in die Khirchen gehn / und das Evangelium lesen / aber zu dem Altar nit gehn auch nit Meß halten / wil aber der Briester am Sontag und Erichtag meß halten / mag er am Montag bey dem weib ligen / und also füraüß.

Ob ainem der khain weib hat / das Sacrament geraicht sol werden?

Antwort / Soverr er die gantz vasstn

gesimam cum nupta alterius, aut bruto non coierit.

An infantuli post baptismum communicandi?

R. In templo, dum sacra peraguntur, aut vespertinae preces cantantur, communicentur.

Quo cibi genere in ieiunio maiore utendum?

R. Dominicis & sabbatis diebus, piscibus: aliis vero Ikhri, hoc est, piscium intestinis.

In maiori hebdomada, monachi mel edant, & bibant kvuas: id est, aquam acetosam.

In consecratione Kuthie, cerei quot sunt incendendi?

R. Pro animabus duo, tres vero pro salute viventis.

Kuthia quomodo conficienda?

R. Sint tres partes tritici cocti: quarta vero de pisis, fabis, & cicere, pariter coctis, condiantur melle, & zaccaro. adhibeantur etiam, si habentur, alii fructus. Kuthia autem hac, peractis exequiis, in ecclesia utantur.

Quando Bulgari, Polovuczi, & Czudi baptisandi?

R. Si quadraginta diebus ante ieiunent, & orationes mundae super illos dicantur: si vero Salvus fuerit, octo tantum diebus ieiunet.

Baptisans autem puerum, manicas bene succingat, ne dum immergit

mit khainer vermäheltn / oder unvernünfftigem thier zuthuen gehabt hat.

Ob die Khinder nach der Tauff sollen gespeist werden?

Antwort / Im Templ so man die meß oder vesper helt / speist man die.

Was man für speiß in der grossen vasstn brauchen sol?

an Suntagen und Sambstägen Visch / an den andern tägen IKRI / das sein vischrogen /

Die Münich essen in der Vasstn hönig / trinckhen KWASS ain geseurts wasser.

In Segnung der Khuthia / wievil wachsliechter seind antzuzinden?

Antwort / Für die seeln zway / für des lebendigen hayl oder glückh dreu.

KHUTHIA wie macht man die?

Antwort / Seind drey thail traid gekhocht / der vierte thail von Arbassen / Panen und Zisern / auch gekhocht / vermacht mit hönig und Zuckher / man mag auch ander frücht / so man die gehaben mag darzü thuen / solche Khuthia gebraucht man in der Khirchen nach volbrachten begenkhnussen.

Wann die Bulgarn Polowtzj und CZUDI zutauffen sein?

Antwort / So die viertzig tag zuvor gefasst haben / und die raine gebet uber sy gesprochen sein / Ob aber ainer nit gesunt wär / nuer acht tag.

Der das khind taufft / soll die ermelln wol aufstreichen / damit so er das Khind gar in das wasser

---

31 <lat. Text:> Salvus] ~~Slavus~~

puerum, de lavacro baptismatis in veste aliquid remaneat.

Puerpera quoque a partu quadraginta diebus, templum non ingrediatur.

An mulier post menstrua, communicanda?

R. Non communicetur, nisi prius sit lota.

An liceat ingredi habitaculum puerperae?

R. In locum ubi mulier peperit, nemo ante triduum ingrediatur. Quemadmodum enim alia immunda vasa, diligenter lavanda: ita habitationem illam orationibus esse prius mundandam.

An post occasum solis sepeliendum?

R. Occaso iam sole, nemo sepeliatur: est enim haec mortuorum corona, videre solem antequam sepeliantur. Plurimum autem meretur, qui ossa mortuorum & imagines antiquas condit.

An liceat marito, circa festum Paschae sumere Eucharistiam?

R. Si cum uxore per quadragesimam non concubuerit. Item, qui dentibus die Paschae ovum attigerit, aut ex cuius gingiua sanguis manaverit, eadem die a communione abstineat.

An liceat marito, proxima post

daucht / nichts am khlaid von der Tauff anhenge /

Die geborn hat / sol in viertzig tagen von der geburt in die Khirchen nit gehn.

Ob dem weib nach gehabtem jrem rechten / das Sacrament zuraichen sey?

Antwort / Man sol jers nit geben / sy sey dann zuvor gewaschn.

Auch ob gepuerdt in das Zimer der Khindlpetterin zugehn?

Antwort / An das ort da die geborn hat / sol in dreyen tagen niemand gehn / zu gleich als andere unsaubere Assach vleissig zu waschn / also sol man dieselb stat oder ort mit gebeten wider rainigen.

Ob man nach nidergang der Sunnen begraben sol?

Antwort / Nach undtergang der Sunnen sol niemand begraben werden / dann das ist der todten Cron die Sunn zusehen ee die begraben werden / Der ist aines grossen verdiensts / welcher der todten painer und die alten pildnussen behellt oder begrebt.

Ob dem Eheman gebürt das Sacrament zu Osterlichen zeiten zunemen?

Ja so verr er die Vasstn bey seim weib nit gelegen ist / Welcher am Ostertag mit seinen zenden ain Ay beruert / oder auß seinem Zandtfleisch pluet khumen ist / sol sich desselben tag vor Communion enthalten.

Ob dem man gebüert die nechste

communionem nocte cum uxore concumbere?
R. Licet. diebus tamen Veneris, Sabbati, & Dominico, si depravati ingenii conceperit puerum uxor, parentes poeniteant. Si autem nobiles & magni nominis fuerint parentes, dent certas griffnas sacerdoti, ut pro eis oret.

Si forte lacerata papyrus, quae aliquid sacrarum literarum continebat, in terram proiecta fuerit, an eodem loco deambulare liceat?
R. Non.

An liceat lacte alicuius vaccae, eodem die quo vitulum edidit, uti?

R. Non, quia est sanguine mixtum: post biduum autem licebit.

Quando potest aliquis a sacris suspendi?
R. Sacerdos tempore ieiunii feminae alicuius amore flagrans, inque os eius linguam insertans, semen denique genitale libidine inflammatus spargens, a divinis per integrum annum abstineat: si vero ante sacerdotium tale quid commiserit, in sacerdotem non consecretur.

Laicus vero eiusmodi peccata ac flagitia designans, eo anno non communicetur.

An sit initiandus sacris is, ex quo aliqua uno duntaxat concubitu concepit?

R. Raro concipiunt ex primo coitu.

nacht nach emphahung des Sacraments bey seinem weib zuschlaffen?
Antwort / Ime gezimbt nit / Ob sy aber am Freytag / Sambstag oder Suntag ain khind aines pösen thuens geperd das puessen vatter und muetter / wann aber vatter und muetter Edl / und aines grossen namens sein / die geben etliche grifen ainem Briester / der für sy bitte /

Wann ain zerrissen papier darauff ichtes der heiligen schrifft geschriben / auf die erden felt / ob sich gebüert an derselben stat zugehn?
Antwort / Nit.

Ob sich zimbt ainer Khue die gekhelbert hat / desselben tag millich zugeniessen /
Antwort / Nit / dann die ist mit pluet vermischet / aber nach zwayen tagen gebüert es sich.

Wann ainem sein Geistlich Ambt aufgehebt mag werden?
Antwort / Wann ain Briester in der Vassten aines weibs lieb entzündt / und er sein zungen in jrn mund thuet / verschütt vor begierd den samen / sol sich seines ambts ain gantzes jar enthalten / So ainem solches vor dem Briesterthumb bekhummen / sol zu khainem Briester geweicht werden.

Wann ain solches ainem Layen geschicht / sol dasselb jar das Sacrament nit emphahen.

Ob ainer zu Briester geweicht sol werden / der auff ain mal bey ainer gelegen ist / und sy geschwengert hat?

Antwort / Sy emphahen selten von

decies autem si congressus fuerit, non consecretur.

Praeterea qui virgini stuprum obtulit, aut uxorem suam vitiatam primo concubitu animadverterit, in sacerdotem pariter non consecretur.

Divortium celebrans, quomodo poenitebit?
R. Perpetuo ab Eucharistia, nisi iamiam animam agens, abstineat.

Licebitne cuipiam in vita, pro animae suae salute exequias mortuorum obire? R. licet.

An coniunx coniugem, in perficienda poenitentia iuvare potest?

R. Non potest, tanquam frater fratrem.

An sacerdos ea die qua mortuum sepelivit, & deosculatus est, obire sacra debeat?
R. Non debet.

An puerpera deploratae valetudinis, communicari debet?

R. Dummodo ex eo loco, ubi enixa est, asportata, ac lota fuerit.

An liceat rem habere cum uxore eo loci, ubi sunt imagines sanctorum?
R. Accedens ad uxorem, nonne deponis crucem de collo? similiter nec in habitatione coram imaginibus, nisi bene reclusae & opertae fuerint, coire licebit.

dem ersten beyschlaff / wann er aber zehen mal bey jr gewest ist / sol nit geweicht werden.

Welcher ain Jungkhfraw geschwecht hat / oder sein haußfraw im ersten beyschlaff nit hat jungkhfraw gefunden / sol auch zu Briester nit geweicht werden?

Der sich von seinem gemahl schaidt / wie püesst der?
Antwort / Sol sich ewigclich des Sacraments enthalten / allain in seiner letzten stund nit.

Ob sich gebürt ainem im leben für seiner Seel sälligkait begengkhnuß zuhalten? Antwort / Es gebür sich.

Ob ain Khan person für die ander in verrichtung der pueß müge helffen?
Antwort / Mag nit / wie brueder für den brueder.

Ob der Briester den tag als er ain begraben und gekhüsst hat / müge desselben tags sein meß verrichten?
Antwort / Sol nit.

Ob ain Khindlpetterin in verzweiflung jres lebens sol mit dem Sacrament versehen werden?
Antwort / Soverr die von der stat daran sy geborn hat / getragen ist / und gewaschen wirdt.

Ob ainem gebüert mit seinem weib an den orten da der heilligen pildnussen sein zuschlaffen?
Antwort / So du zu deinem weib gehest / thuestu nit das Creytz vom hals / also auch in der wonung bey den pildnussen / allain die sein dann wol verschlossen oder bedeckht /

An liceat illico a prandio, vel coena, antequam dormias, in templo orare?

R. Utrum melius, dormire, an orare?

Potestne sacerdos sine sacerdotali habitu accedere aegrotum, eique porrigere Sacramentum? R. Potest.

Quomodo ducendae uxores?
R. Volens uxorem ducere, quadraginta, aut minus octo diebus, se ab aliis mulieribus contineat.

An mulieri quae facit abortum, poenitendum?
R. Mulier non casu aliquo, sed temulenta, faciens abortum, poeniteat.

Item, quae viro suo aquam, qua ipsa se lavit, ad bibendum, ut se amet, dederit, sex hebdomadis ieiunet.

An carne & lacte eius vaccae, qua cum homo miscuit corpus, utendum?
R. Omnes, praeter excessorem, uti possunt.

An mulier consilio vetularum, quo concipiat, utatur?
R. Mulieres, antiquarum vetularum consilio, herbis, ut concipiant, utentes, & non potius sacerdotes, qui eas orationibus suis iuvent, accedentes, sex hebdomadis poeniteant, atque sacerdoti tres griffnas numerent.

dann füegt ainem mit seinem weib zuschlaffen.

Ob es sich gebürdt pald nach dem morgen oder abend essen / ehe du schlaffst in der Khirchen zubetten?
Antwort / Welches ist besser schlaffen oder betten.

Mag der Briester on sein Briesterlichs claid zu dem khranckhen gehn / und jme das Sacrament raichen? Antwort / mag.

Wie sol man weiber nemen?
Antwort / Welcher ain weib nemen will / sol sich viertzig tag oder zum minsten acht tag anderer weiber enthalten.

Ob ain weib so ain todts khind bringt / püssen sol?
Antwort / Das weib so auß trunckhenhait on ander zufel also gepert / Soll püessen /

welche das wasser damit sy sich gewaschn / jrem mann umb das er sie lieb haben sol zutrinckhen gibt / sol sechs wochen vasstn.

Ob man von der Khue das fleisch und milch damit ain mensch zuthuen gehabt prauchen sol?
Antwort / all ausserhalb des der solch ubl gethon hat.

Ob ain weib alter weiber Rhat damit sy emphahen müge / braucht?
Antwort / Die weiber so alter Vettln Rat und mit Kreütern hilff suechen / zuemphahen / und nit der Briester / die jnen mit gebeten helffen sollen / sechs wochen püessen / und dem Briester drey Grifn auftzelln.

9 <dt. Text:> on] an

Gravidam autem temulentus si laeserit, ita ut aborsum faciat, medio anno poeniteat.

Obstetrices quoque octo diebus ab aede sacra abstineant, dum orationibus mundentur.

Baptismus.

Baptizantur hoc modo. Nato infante, mox accersitus sacerdos, ante ianuam habitationis in qua est puerpera, certas stando recitat orationes, pueroque nomen imponit.

Dein XL communiter die, si forte puer aegrotet, defertur in templum, & baptizatur, ac ter in aquam totus immergitur: alioqui baptizatum non crederent.

Mox inungitur chrismate, quod consecratum est in hebdomada magna. inungitur denique myrrha, ut ipsi dicunt.
Aqua vero baptismatis singulis infantibus consecratur, & continuo post baptismum extra templi portam effunditur.
Semper in templo baptisantur infantes, nisi longinquitas loci nimia, aut frigus puero obesset: neque unquam aqua tepida, nisi pueris infirmis, utuntur.

Susceptores ex voluntate parentum assumuntur: & quoties praeeunte

Wann ain voller ain schwangere belaidigt / damit sy umb das khind khumbt? Antwort / Ain halb jar sol er püssen /
die beseherin auch acht tag von der Khirchen sich enthalten / hintzt sy mit gebeten gerainigt werden.

Thauff.

Also taufft man / So pald das Khind geborn / beruefft man den Briester / der steet vor der thüer darin die Khindlpetterin ligt / spricht etlich benente gebet / setzt dem khind den namen /
darnach gemainclich den viertzigisten tag soverr das khind nit schwach ist / wierd gehn Khirchen getragen / und getaufft / und wierd dreymal gar in das wasser gesengkht / one das / würde es nit für getaufft geacht /
darnach besalbt mans mit dem Crism / das geweicht oder gesegnet ist / in der Charwochen / wirt auch bestrichen mit Mierrn wie sie sprechen /
Die Tauff wirt ainem jegclichen khind besonder gesegnet / und pald nach des khinds tauff geusst mans vor der Khirchen thür auß /
Die khinder werden jeder zeit in Khirchen getaufft / es sey dann so gar ferr von der Khirchen / oder die khelten möcht dem khind schaden / und wirt nimmer khain lab wasser allain zu den khranckhen genumen /
Die gevatterleut nimbt man nach willen Vatters und Muetter / und

certis verbis sacerdote, diabolo re-
nunciant, toties in terram expuunt.
Sacerdos etiam infanti capillos ab-
scindit, eosque cerae etiam intricat,
& in templo loco certo reponit. Non
adhibent sal, neque salivam cum
pulvere.

**Sequitur Bulla Alexandri Papae,
ex qua Baptismus Rhutenorum
abunde constat.**

Alexander Episcopus, servus
servorum Dei, ad perpetuam rei
memoriam.
Altitudo divini consilii, quod huma-
na ratio nequit comprehendere, ex
suae immensae bonitatis essentia,
aliud semper ad salutem humani
generis pullulans, tempore congruo,
secreto mysterio, quod ipse Deus
novit, opportuno, producit & mani-
festat:

ut cognoscant homines, ex suis meri-
tis, tanquam ab ipsis, nihil proficere
posse, sed eorum salutem & omne
donum gratiae ab ipso summo Deo
& patre luminum provenire.

Sane non sine grandi & spirituali
mentis nostrae laeticia accepimus,
quod nonnulli Rhuteniin ducatu
Lithuaniae, & alii ritu Graeco vi-
ventes, fidem tamen Christianam
alias profitentes, qui Vuilnensem ac

also offt sie dem Teufl widersagen /
so offt spüertzen sy auf die erden /
So schneidt der Pfaff jeder zeit dem
khind vom haar und vermacht das in
ain wachs / unnd legts etwo an ain
ort in der Khirchen / Sy gebrauchen
khain saltz noch spaichl mit der
erden.

**Hernach volgt die Bull des Bapst
Alexander / darauß die Tauff der
Reussn khlärlich zuvernemen ist.**

Wir Alexander Bischoff Diener
der diener Gottes / thuen khundt zu
ewiger gedechtnuß.
Nachdem die hoch weißhait des
Göttlichen Raths / welchen die
menschlich vernunfft nit khan be-
greiffen / auß jrer unmeßlichen güte
/ zu hail des menschlichen ge-
schlechts zu bequemer zeit so sy am
pessten waiß / und auß tieffer ge-
haimnus alweg pflegt etwas anders
heerfürzubringen und zu offenbaren
/
auf das die menschen erkhennen /
das sy auß jren verdiensten und
khrefften als auß jnen selbst nichts
fruchtpers außrichten khünnen /
sunder das jr hail und alle gnaden
gabe von dem höchsten Gott und
vatter der liechter entspringt und
heerkhumbt.
So haben wir warlich nicht on sun-
dere hohe innerliche freidt des hert-
zens verstanden / das etlich Reussen
in dem Hertzogthumb Lithen unnd
ander so nach Griechischen gebreu-
chen und ordnungen leben / Aber

Chiovuiensem, Lutzeoriensem, & Mednicensem civitates & dioeceses, ac alia loca eiusdem ducatus inhabitant,

sancto spiritu cooperante illustrati, nonnullos errores, quos hactenus, ritu & more Graecorum viventes, observarunt, penitus ab eorum mentibus & cordibus abdicare, & unitatem fidei Catholicae & Latinae Romanae Ecclesiae amplecti, & secundum ritum eiusdem Latinae & Romanae ecclesiae vivere desiderant & proponunt.

Sed quia more Graecorum, scilicet in tertia persona baptisati fuerunt, & nonnulli asserunt eos de novo baptisari debere, praedicti qui ritu Graeco hactenus vixerunt, & adhuc vivunt, tanquam antea rite baptisati, renuunt & recusant de novo baptisma suscipere.

Nos igitur, qui ex commisso nobis desuper, licet insufficientibus meritis, officio pastorali, cupimus singulas oves nobis commissas ad verum ovile Christi perducere, ut fiat ex illis unus pastor, & unum ovile, & ne sancta Catholica ecclesia diversa & deformia membra a capite discrepantia, sed conformia habeat,

attendentes quod per foelicis recor-

sunst den Christlichen glauben bekhennen / als nemlich die so under die Wildener / Kiovier / Lutzerier und Mednitzer Stet und Bisthumb gehören / auch andere örter desselbigen Hertzogthumbs bewonen / durch mit würckhung und erleuchtung des heiligen Geist etliche jrthumen / die sy nach brauch und gewonhait der Khriechen etwan gehalten / gar auß jren gemüettern unnd hertzen geschlagen / sich zu ainigkhait des allgemainen Christlichen glaubens / und der Lateinischen Römischen Khirchen begeben / und derselben loblichen ordnungen nach zuleben begirig und fürnemens sein.

Dieweil sy aber wie ander Khriechen in der dritten person getaufft sein / und etlich halten das sy von neuen sollen getaufft werden. Dagegen sich die jhenigen / so nach der Griechen ordnungen bißheer gelebt unnd noch leben / als die so vorhin recht getaufft seyen von neuem sich tauffen zulassen verwidern /

Wann wir nun in bedacht unsers tragenden hirten Ambts / des wir uns gleichwol nit wirdig achten / zum höchsten begern alle und jede Schäffll so uns bevolhen sein / zu dem waren und rechten schaffstall Christi zufürn / damit auß jnen ain hirrt und ain schaffstal werde / und die heilig allgemain Christlich Khirch / nicht ungleiche und ungstaltige und von dem haubt abgesunderte sonder gleichformige glider habe /

und wir derhalben zu Gemüt füeren /

dationis Eugenium Papam quartum praedecessorem nostrum, in concilio per eum Florentiae celebrato, & in quo Graeci atque Armeni, una cum Romana ecclesia sentientes interfuerunt, definitum fuit, formam huius sacramenti Baptismatis existere,

Ego te baptizo in nomine patris & filii et spiritus sancti, amen:

ac etiam per illa verba, Baptizetur talis servus Iesu Christi, in nomine patris & filii & spiritus sancti:

vel, Baptizatur manibus meis talis, in nomine patris & filii & spiritus sancti: verum perfici baptisma.

quoniam eius principalis causa, ex qua baptisma virtutem habet, sit sancta trinitas:
instrumentalis autem sit minister, qui tradit exterius sacramentum, si exponitur actus qui per ipsum exercetur ministerium, eius sanctae trinitatis invocatione efficitur sacramentum:

& propterea huiusmodi sacramenti, sic in tertia persona collati, reiterationem necessariam non existere:

habita etiam super hoc cum fratribus nostris deliberatione matura, auctoritate Apostolica, nobis & aliis Romanis Pontificibus ab ipso Iesu Domino

das weilennd unser Vorfar säliger gedechtnuß / Bapst Eugenius der viert in dem Concilio so er zu Florentz gehalten / auf welchem die Griechen und Armenier gewesen sein / so sich aller ding mit der Römischen Khirchen verglichen / gesetzt und geordnet hat / das der form des Sacraments der Tauff sein soll /
Nemblich ich tauf dich in dem namen des Vatters / des Suns / und des heiligen Geists / Amen.

Deßgleichen auch das durch dise wort / Es werde diser Diener Jesu Christi / getaufft in dem namen des Vatters des Suns und des heiligen Geists /

oder Es werd mit meinen henden getaufft dise person in dem namen des Vatters / des Suns / und des heiligen Geists / der recht Tauff verpracht wierdt.

Dieweil die haubt ursach der Tauff darauß sy jr krafft hat / die heilig Dryvaltigkhait ist /
aber der Diener der werckhzeug ist / der das eusserlich Sacrament mittailt / und so also das werckh des Khirchendiensts / durch anrueffung der heiligen Dryvaltigkhait ain Sacrament ist /

das demnach die widerholung desselben Sacraments / so in der dritten person mitgetailt wierdt / nit von nöten seye.

Darumb und dieweil wir uns hierüber mit unsern Bruedern wolbedächtlich und ratsamblich entschlossen / So setzen und ordnen wir auß

3 <dt. Text:> Concilio] ~~Concilto~~

nostro per beatum Petrum (cui & successoribus eius Apostolatus, ministerii dispensationem commisit) tradita, tenore praesentium decernimus atque declaramus,	Apostolischem Gwallt / so uns und andern Römischen Bäpsten / von unserm herrn Jhesu Christo durch den heiligen Petrum / welchem und seinen Nachkhummen im Apostl ambt / die versehung des Khirchendiensts bevolhen ist /
omnes & singulos sic in tertia persona baptizatos, volentes a ritu Graeco ad ritum & morem Latinae & sanctae Romanae ecclesiae venire, simpliciter & sine alia contradictione, aut etiam obligatione, vel coactione, quod iterum rebaptisentur:	Das alle und yede sollen zugelassen und angenumen werden / so also in der dritten person getaufft sein / und von den Griechischen zu der Lateinischen und heiligen Römischen Khirchen ordnungen sich begeben wellen schlechts on alle widerredt / auch on alle verpindung oder zwangsal / das sy sich widerumb sollen tauffen lassen /
etiam cum intentione, quod alias ritus per orientales ecclesias servari soliti, haereticam pravitatem non concernentes observari possint:	ob sy schon des fürsatz wären / sunstn die andern gebreuch und ordnungen / so durch die Orientische Khirchen gehalten werden / wo sy anderst mit khainer Khetzerey befleckht sein / zuhalten.
facta prius tamen per eos omnium errorum, rituum Graecorum, a Latina & Romana ecclesia, & illius ritu ac sanctis institutionibus deviantium, abiuratione, admittendos fore.	Doch mit vorgeender widersagung und abschwerung aller jrrsall der Griechischen gebreuch so der Lateinischen Römischen Khirchen / und derselbigen gueten unnd heiligen ordnungen und satzungen widerstreben zuezulassnn sein.
exhortantes etiam per viscera misericordiae Dei nostri, omnes & singulos qui praedicto modo baptizati sunt, & ritu Graeco vivunt,	Wir ersuechen und vermanen auch darauf durch die hertzlich erjnnderung der barmhertzigkhait Gottes alle und yede / so mit jetzt gemelter tauff getaufft sein / und nach den Griechischen gebreuchen leben /
ut abnegata omnium errorum, quae secundum morem & ritum Graecorum hactenus observarunt, quique ab immaculata & sancta Catholica,	das sy von allen jrrthumen die sy bißheer nach der Griechn gebreuchen und ordnungen gehalten / und die der rainen unbefleckhten heili-

Latina & Romana ecclesia, & illius sanctorum patrum institutionibus approbatis devient, velint eidem Catholicae ecclesiae, illiusque salubribus documentis, pro animarum suarum salute & veri Dei cognitione adhaerere:

& ne eorum sanctum propositum a quovis retardari possit, modo venerabili fratri nostro Episcopo Vuilnensi, in virtute sanctae obedientiae committimus & mandamus,

quatenus omnes & singulos sic baptizatos, & ad unitatem praefatae Latinae ecclesiae venire, & errores praedictos abiurare volentes, ad praefatae Latinae ecclesiae unitatem, errorum huiusmodi abiurationem per se vel per alium, seu etiam alios seculares Praelatos, ecclesiasticos seu praedicatores, aut minorum ordinum regularis observantiae professores, doctos & probos, ac alios idoneos, quibus id duxerit committendum, recipiat & admittat:

ac tam sibi quam illi, aut illis, cui vel quibus, quoties expedierit, id duxerit committendum, singulos praefatos, sic invenientes ab excessibus, propter observationem huiusmodi errorum, ac haeretica pravitate inde proveniente, nec non excommunicationis sententia, aliisque censuris & poenis ecclesiasticis, quos quomodolibet propter ea incurrent, dicta Apostolica auctoritate absolvendi, ac eis

gen allgemainen Lateinischen Römischen Khirchen / und derselben heiligen vätter bewärten satzungen zuwider sein / absteen / und der allgemainen Römischen Khirchen auch jren hailsamen Leeren zu hail jrer seelen / und zu erkantnuß des waaren Gottes / anhengig sein wöllen /

und damit jr hailsam fürnemen von niemandts verhindert / werden müge / So gebietten wir hiemit in krafft der heiligen gehorsam dem Erwirdigen Bischoff zu der Wilde unserm Brueder in Christo /

oder andere Prelaten oder Geistliche sy seyen des Prediger oder Minoritten ordens gelerte frumme oder andere taugliche personen / denen er es bevelhen wierdet / alle und jede also getauffte personen / und die zu der ainigkhait der Lateinischn Römischen Khirchen zu khumen / und die vorgemelten jrthumen zuverlassen / und abzuschwern willens sein zu der ainigkhait derselben Römischen Khirchen / wann sy die vorberuerten jrrthumben abgeschworn haben annemen und zulassen solln.

das er durch sich selbs / oder durch ainen andern / Wir geben auch jme und allen so obsteen / denen er hieruber / so offt es not thuet bevelch geben wirdt / volkhumnen freien gwalt und macht in krafft ditz briefs / diejhenigen welche sy obbemelter massen befinden werden / von jren ubertrettungen die sy durch halltung angeregter jrthummen begangen / desgleichen von der Khet-

pro modo culpae poenitentiam salutarem iniungendi, aliaque in praemissis necessaria faciendi, plenam & liberam licentiam & facultatem concedimus, per praesentes.	zerey so darauß entspringen thuet / und dann auch von dem Pann und andern Geistlichen Censuren und straffen darein sy derhalben gefallen auß Apostolischem gwalt zuentpinden / auch jnen nach gelegenhait jrer verschuldung ain hailsame Pueß aufzulegen / und anders so die notdurfft ervordern wierdt fürzunemen und zuhandlen.
Verum quia forsan difficile foret, praesentes nostras literas ad singula loca, ubi opus fuerit, referre:	Nachdem aber villeicht diser unser brief an alle und jede ort / da es von nöten beschwärlich hingebracht werden mag.
volumus, & eadem authoritate Apostolica decernimus, quod earundem literarum transsumptum, manu alicuius notarii publici subscripto, & sigillo praefati Vuilnensis seu alterius alicuius episcopi, vel praelati ecclesiastici munito, eadem fides prorsus adhibeatur in iudicio & extra, & alias ubilibet, ubi fuerit exhibitum vel ostensum,	So wellen unnd ordnen wir auß Apostolischem gwallt / das desselben glaubwirdige Abschrifft / durch ainen offnen Notari underschriben / und mit gedachts Bischoffs zu der Wilde oder aines andern Bischoffs oder Geistlichen Prelaten Insigl verfertigt / in und ausser gericht / und sunst allenthalben do dieselb Abschrifft fürgepracht oder gezaigt wirdet /
sicut ipsis literis originalibus adhiberetur, si forent exhibitae vel ostensae, non obstantibus constitutionibus & ordinationibus apostolicis, caeterisque contrariis quibuscunque.	eben so wol als disem unserm Original brief / wo der fürkheme volkhumner glauben gegeben werden solle / unverhindert aller Apostolischen satzungen ordnungen und alles anders so hierwider angetzogen werden möchte.
Nulli ergo omnino homini liceat hanc paginam nostrae constitutionis, declarationis, exhortationis, commissionis, mandati, concessionis, voluntatis & decreti infringere, vel ei ausu temerario contraire.	Derhalben sol khainem menschen gezimen dise unser satzung / erclärung / vermanung / bevelch / gebot / zuelassung / willen und Decret zuverprechen oder frävenlich darwider zuthuen.
Si quis autem hoc attentare praesumpserit, indignationem omnipo-	Wo aber jemandts solches sich understüende / der wisse / das Er in

tentis Dei, ac beatorum Petri & Pauli apostolorum eius, se noverit incursurum.

Datum Romae, apud S.[anctum] Petrum: Anno incarnationis Dominicae millesimo quingentesimoprimo, decimo Kal. Septem. Pontificatus nostri anno nono.

Confessio.

Confessionem quamvis ex constitutione habent, vulgus tamen eam Principum opus esse, & praecipue ad nobiles dominos & praestantiores viros pertinere existimat.

Confitentur circa Paschatis festum, magna cordis contritione ac veneratione. Stat confessor, una cum confitente, in medio templo, vultu converso ad imaginem quandam, ad hoc constitutam.

Finita dein confessione, poenitentiaque iuxta delicti qualitatem iniuncta, ante ipsam imaginem subinde sese inclinant, signoque crucis frontem pectusque signant:

magno denique gemitu clamant, IESU CHRISTE fili Dei, miserere nostri. Nam haec communis illorum est oratio.

Quibusdam pro poenitentia ieiunia, nonnullis certae quaedam precationes (Dominicam etenim orationem perpauci sciunt) iniunguntur: quos-

den zorn Gottes und seiner heiligen Apostl Petri und Pauli gefallen seye.

Geben zu Rom bey Sant Peter den Zwaintzigisten tag des Monats Septembris. Nach Christi unsers herrn geburt Tausent Fünfhundert und Ain Jar / Unsers Bapstumbs im Neundten jare.

Von der Peicht.

Wiewol sy die Peicht auß dem gesatz haben / so spricht doch der gemain man es sey ain werch / das den Fürsten / auch den Edlen Herrn und ansehlichen Personen zuegehöre /

Sy peichten zu den Osterzeiten mit gantzer rew und ehrerpiettung / Der Peichtvatter und der do peicht / steen mitten in der Khirchen / khern baide jre gesicht gegen ainer pildnuß dartzu verordent /

Nach der peicht und gegebner pueß naygen sie sich gegen der Pildnuß / und zaichnen sich mit dem Creytz / an khopff / prust / und an baiden achseln / mit den vordern dreyen zusamen gefüegten fingern anrüerundt /

und mit grossem erseufftzen sprechen laut / Jhesus Christus Gottes Sun erbarm dich unser / und das ist alles des gemainn mans gebet /

Etlichen werden zu pueß vasstn / andern etliche gebet aufgelegt / den Vatter unser khunnen wenig der gemainn leüt / etlicher sünde halben lassen sy die personen waschen /

dam, qui gravius aliquid commise-
rint, aqua abluunt.
Ex profluente etenim aquam in Epi-
phania Domini hauriunt, eamque
consecratam per totum annum in
templo, pro mundandis & abluendis
gravioribus peccatis servant.

Item peccatum die Sabbatho com-
missum, levius iudicant, minusque
poenitentiae pro eo iniungunt.
Sunt complures & levissimae cau-
sae, propter quas in templum non
admittuntur: solent tamen exclusi
plerunque portis & fenestris templi
astare, atque inde non minus videre
& audire sacra, quam si in templo
fuissent.
Is qui concubuerit cum uxore sua, &
post constitutum tempus se non
abluerit, ea die ingredi templum non
audet.

Communio.

Communicant sub utraque spe-
cie, miscentes panem vino, seu cor-
pus sanguine.

an der heilligen drey Khünig tag /
nemen sy ain wasser auß ainem
fliessenden pach / und behalten das
geweicht durch das gantz jar in der
Khirchen zu abwaschung der gros-
sen sünde /
Die sünd am Sambstag begangen
achten sy für geringer / und geben
geringere pueß darüber /
Es seind vil geringschätzig uberfa-
rung / darumb sie gen Khirchen nit
sollen gehn / doch am Templ durch
die thüer oder fenster / die sy ge-
maingclichen dartzue haben / mügen
sy den Gottes dienst hören oder
sehen /
Welcher bey seinem weib vor mit-
ternacht schlafft mag sich abwa-
schen / und gen Khirchen gehn /
aber nach mitternacht nit.

Von emphahung des Sacraments.

Sy emphahen das Sacrament
undter baiderlay gestalt / als sy das
gesegen wellen / müschn sy wein
und Brot zusamen /
So vil sich der Communicantn ansa-
gen / sovil bringt man brot / khlaine
laible / und ains für den Priester / die
Brot haben oben in der mith ain
eingedruckhten modl ainer schrifft /
dasselb stuckh schneidt der Briester
viereckhet herauß / mit sonderm
gebet / legt das auf die Paten das ist
für den Briester / Auß den andern
Brotn die für die Communicantn
sein / sticht an der seitten ain dri-

Sumit sacerdos cocleari ex calice portiunculam, porrigitque communicanti.

Quotiescunque aliquis in anno voluerit, modo confessus fuerit, sumere corpus Domini potest: alioqui tempus constitutum ad festum Paschatis habent.

Pueris septem annorum porrigunt sacramentum: dicuntque, tum hominem peccare.

Si puer infirmus fuerit, aut forte animam agere coeperit, ut de pane sumere non possit, infunditur ei gutta ex calice.

Sacramentum ad communicandum, non nisi dum sacrum fit, consecratur:

pro infirmis autem consecratur die Iovis, in maiori hebdomada, & conservatur per totum annum.

Caeterum cum fuerit necesse, accipit inde portiunculam, quam vino imponit, & bene humectatam porrigit aegroto, dein parum aquae tepidae addit.

eckhet stückhl herauß / legt die zu dem andern auf die Paten / zu seiner zeit thuet die alle in Khelch / und dann den wein und wasser dartzue /

Wann es nun khumbt zu niessung / hat ain khlains löffele nimbt der Briester sein stuckh damit / und gibt den Communicantn yegclichem ains / alles mit dem löffl /

und als offt im jar ainer das thuen will / so er nur peicht / so thuet man jme des stat / sonstn ist auch die gemain zeit desselben zu Ostern gesetzt /

Den siben järigen khindern gibt man das auch / dann sy sprechen in denselben jarn mügen sy sünden /

So ain khind dermassen schwach ist / damit es das Sacrament nit geniessen mag / lasst man jme ain tröpfl auß dem Khelch in mund /

Aber fur die khranckhen im jar macht man das am Antlaß oder gründonnerstag der Kharwochen / und wierdt das gantz jar hinumb behalten /

So es dann vonnöten / nimbt man ain khlains stückhl darvon / das erwaickht man wol in wein / und thuet ain wenig labes wasser dartzue / und gibts dem khranckhen /

die vermischung Brodts und wein / ehe die verwandlt sein am umbtragen vor der Meß / eheret man als wäre es Sacrament.

Von der Priester gebet den Pildtnussen und Evangely Büechern.

Nullus monachorum, nec sacerdotum, horas Canonicas, ut vocant, orat, nisi habeat imaginem praesentem: quam etiam nemo, nisi magna veneratione, attingit.
qui eam autem in publicum profert, manu eam in altum tollit: quam omnes praetereuntes, aperto capite, cruce se signantes, inclinando, plurimum venerantur.
Libros Evangelii non nisi in locis honestis, tanquam rem sacram reponunt: neque manibus tangunt, nisi prius cruce se munierint, & capite aperto inclinatoque honorem exhibuerint: post, summa cum veneratione in manus sumunt.
Panem quoque, antequam verbis consuetis more nostro consecratus fuerit, circumlatum per ecclesiam, concoeptis verbis venerantur & adorant.

Khain Münich noch Briester bett sein aufgesetzte tagzeit / Er habe dann ain Pild vor oder bey jme / die er mit sonder grosser eher erpietung in sein hand nimbt oder angreifft / Der aber dieselb uber die gassen tregt / hellt er die in der höche die alle fürgeunde mit emplöstn haubt sich becreytzigen unnd naigund ehrn /
Die Evangely Bücher behalten sy an ehrlichen stelln / als ain heillig ding / Sy greiffet / die auch nit an / sie haben sich dann vor gecreytzet / und mit plossem khopff genaig und mit grosser eher erpietung nemen sy die in die hendt.

Festi Dies.

Feyrtäge.

Festos dies viri praestantiores, peractis sacris epulis, ebrietate & vestitu eleganti venerantur:

vulgus, domestici ac servi, plerunque laborant, dicentes, feriari & a labore abstinere dominorum esse.
Cives & mechanici, divinis intersunt: quibus peractis, redeunt ad laborem, sanctius putantes labori incumbere, quam bibendo, ludendo,

Die Feyrtag werden durch die ansehenlichere oder reiche nach dem Khirchgang mit Essen / wol trinckhen / und erlichern khlaidern gehalten /
Die armen arbaitten wie an andern tägen / sprechen Feyren und sich der arbait enthalten / gehört den Herrn / Burgers und Handtwerchsleut besuechen die Khirchen / darnach arbaitten sy wie zu anderer zeit / vermainen sälliger zu sein arbaitten / dann dem trincken Spyl / oder andern

& id genus rebus, substantiam & tempus inaniter perdere.

Nam vulgo & plebi cervisiae & medonis potus prohibitus est: quibusdam tamen solennioribus diebus, utputa Natalis Domini, feriis Pascae, Pentecostes, et aliis quibusdam, potare illis permissum est: quibus sane non propter divinum cultum, sed potum potius, a labore abstinent.

Trinitatis festum celebrant die Lunae, in feriis Pentecostes. In octava vero Pentecostes, festum omnium Sanctorum. Diem autem Corporis Christi, more nostro non venerantur.

Iurando ac blasphemando, raro nomen Dei usurpant.

cum autem iurant, per osculum crucis dicta vel promissa firmant. Blasphemiae eorum, Hungarorum more, communes sunt, Canis matrem tuam subagitet, &c.

Quoties se signo crucis signant, id manu dextra sic faciunt, ut frontem primum, deinde pectus, mox dextram, ac demum finistram pectoris partem punctim in formam crucis tangant. Quod si quis aliter ducat manum, eum non pro domestico fidei suae, sed pro alieno habent: sicut me huius ceremoniae ignarum, ac aliter ducentem manum, hoc

dergleichen obligen / und das jr unnutzlich verthuen /

Dem main menschen ist das trinckhen des Mets und Piers verpotten / ausserhalb etlicher bestimbter zeit im jar / als zu den Weichnachten / Faschang / zu den Ostern / Phingsten / unnd etlichen andern bestimbten zeiten / zu den selben tägen feiern sy mehr trinckhens / dann andacht halben.

Des erste mals als ich auff mein beger zu Khirchen in das Schloß an unser Frawen schiedung tag gefürt bin worden / hab vil armer Paurn gesehen am schloßgraben arbaitten.

Der heilligen Dryvaltigkhaittag halten sy am Montag in Phingstfeyrtagen / Am Sontag aber nach Phingsten halten sy aller heiligen tag / Den Gottsleichnambs tag halten sy nit /

Wann sy schweren / thuen jren ayd mit khüssung des Creytz / Schelten gemaingclichen nahend wie die Hungern / das dir die hund dein Muetter unrainigen.

---

3 <dt. Text:> menschen] menscheu 10 <dt. Text:> andacht] audacht

nomine notatum & obiurgatum esse memini.

Purgatorium.

Purgatorium nullum credunt: sed dicunt, unicuique vita defuncto, secundum meritum suum esse locum:

piis quidem lucidum, cum angelis placidis: impiis autem obscurum, & caeca caligine obductum, cum angelis terribilibus destinatum esse, in quo extremum expectant iudicium. ex loco & angelis placidis cognoscunt animae gratiam Dei, semper petunt extremum iudicium: aliae contra.

Neque animam a corpore separatam, poenis obnoxiam esse putant. nam cum anima in corpore se contaminaverit, cum corpore esse expiandam.

Quod autem pro defunctis funebre sacrum faciunt, credunt, eo posse tolerabiliorem animabus exorari ac impetrari locum, in quo facilius expectare futurum iudicium queant.
Aqua benedicta nemo se aspergit, nisi a Sacerdote aspergatur. Coemiteria pro sepeliendis corporibus non consecrant. aiunt enim, corporibus iniunctis & consecratis, terram ipsam, non corpora terra, consecrari.

Vom Purgatorio oder Vorhell.

Sy halten nichts vom Purgatorio / sonder sagen ainem yegclichem sterbenden sey seiner seel ain stat nach des sterbenden verdienst verordent /
den säligen ain liechte mit sennften Engln / denen aber so in ungnaden seind / ain finstere stat mit Engeln die sy mit schreckhen / und in ander weg betrüben / an den orten erwartn die des Juongsten gerichts / Die im liecht mit den sennften Engeln / seind getröst götlicher gnad und bitten täglichen umb das Jüngst gericht / die andern aber das widerspil /
und sagen die seel leide on den cörper nit / sey des auch nit schuldig / dann so die baide mitainander gesündiget / wär nit pillich / das ain darumb zu peinigen / das ander rhueen zulassen /
Das sy aber für die seeln opffern und bittn lassen / glauben sy mügen damit den seelen ain mildere stat und ringerung jrer betrübnuß des jüngsten tags zuerwarten / erlangen.
Mit dem geweichten wasser besprengt sich khainer selbs / nur wann die Briester damit sprengen / nemen sy es an / Sy weihen khain Ertrich zu jrer begrebnuß / sagen / das Erttrich säligt den Leich nit / sonder der Leich das Erttrich.

35 <dt. Text:> Leich das Erttrich] Leich das ~~Eritrich~~

Divorum Cultus.

Nicolaum Barensem inter sanctos in primis venerantur, deque eius plurimis miraculis quotidie praedicant: quorum unicum, quod non ante multos annos contigit, adiungere placuit.

Michael quidam Kysaletzki, vir magnus & strenuus, in quodam conflictu Tartarico, quendam magni nominis Tartarum fugientem est persecutus: quem cum citato equi cursu assequi non posset, Nicolae (inquit) perduc me ad hunc canem.

Tartarus haec audiens, territus exclamat: Nicolae, si hic tuo auxilio me assequetur, nullum miraculum facies: si vero me alienum a tua fide, ab illius persecutione incolumem servaveris, tum magnum erit nomen tuum.

aiunt Michaelis equum restitisse, Tartarumque elapsum.

Tartarum quoque deinceps Nicolao ob incolumitatem suam, in singulos vitae suae annos, certas mensuras mellis obtulisse: totidemque mensuras Michaeli pariter in memoriam liberationis suae, adiuncta etiam honoraria veste ex pellibus Madauricis, misisse.

Ieiunium.

Ieiunant in Quadragesima septem perpetuas septimanas.

Prima lactariis utuntur, quam Syrna,

Von Heilligen.

Sant Nicla so zu Bary im Künigreich Neapolis ligt / den ehren sy für ander und sagen / von villerlay seinen wunderzaichen / undter denen ains. Vor etlich wenig Jarn geschehen sein soldt /

Ain Moscovitischer ansehenlicher Khriegsman Michael Chisaletzkhj genant / der hat in ainer schlacht ainen nambhafften Tattern in die flucht bracht / Und als Michael den Tattern nit hat mügen erreiten / Rüfft laut Sant Nicla an / hilff mir den Tattern zuerraichen /

Der Tatter erhört das und spricht / Niclas wird mich der mit deiner hilff erlangen / daran thuestu khain wunderzaichen / erledigest du aber mich der dich nit kent / davon wierd dein namen groß /

sy sagen des Michael pferdt sei erstanden / und der Tatter jme entgangen /

Darauff dan derselb Tatter sein lebenlang Jerlichen ain anzal hönig zu ehrn Sant Niclas dem Michael zugeschickt / armen leuten auszutailn / und dem Michael auch sein thaill hönig / samt ainer herrlichen Marderen schauben verehrt.

Die Fasstn.

Die Fasstn vor Ostern nennen sy die groß Fasstn / und halten die siben gantz wochen /

In der ersten brauchen sy auch ge-

quasi caseacea, appellant: sequentibus vero septimanis omnes (extra peregrinantes) etiam piscibus abstinent.

Sunt qui diebus Dominicis & Sabbato cibum sumunt, reliquis diebus ab omni cibo abstineant.

Sunt item, qui diebus Solis, Martis, Iovis & Saturni, cibum sumunt, reliquis tribus quoque abstineant.
Reperiuntur etiam plurimi, qui diebus Lunae, Mercurii & Veneris, panis frusto cum aqua sumpto contenti sunt.
Reliqua per annum ieiunia non ita stricte observant: ieiunant autem post octavam Pentecostes, quae illis est dies omnium Sanctorum, usque ad ferias Petri & Pauli: & dicitur ieiunium Petri.

Deinde habent ieiunium Divae Virginis, a prima Augusti usque ad Assumptionem Mariae.

Item ieiunium Philippi, sex septimanis in adventu Domini, & dicitur Philippi: quod initium eius ieiunii contingit festum Philippi, secundum eorum Calendarium.
Si denique festum Petri & Pauli, item Assumptionis, inciderit in diem Mercurii, aut Veneris, tum nec ea die carnibus vescuntur.

molhens / die nennen sy SZIRNA, als Khäsig / die andern wochen alle essen sy auch (ausser der die uber land raisen) khain visch /
so findt man undter jnen / die zu der selben zeit am Suntag und Sambstag essen / die andern täg sich von aller speiß enthalten /
Aber ander die am Suntag / Erchtag / Pfintztag und Sambstag allein / und die andern tag auch nichts essen /
seindt auch etlich / die am Montag / Mitwoch und Freytag ploß ein stück prot und nit meer nemen.

Die andern nachvolgunde Vasstn / halten sy nit so streng / und heben an zufasstn / den Montag nach dem Suntag der hejlligen Drivaltigkhait daran sy aller heiligen tag feyren und vasstn / also hintzt auf Sant Peters und Pauls tag / und wirt Sant Peters vasstn genent.
Darnach volgt unser frauen Vasstn / Vom ersten tag Augusti / hintzt den tag unser Frauen schiedung /
Und wan Sant Peters und Pauls tag oder unser Frauen himelfart auf ein mitwoch oder Freitag fallen / so vasstn sy dieselben tag gleichermassen /
jm Advent / vasstn sy sechs gantzer wochen / und wird Sant Philipps vasstn genent / dan nach jrem Calender fellt Sant Philippstag auf den Viertzehenden Novembris /

Nullius sancti vigiliam ieiunio venerantur, praeter decollationem S.[ancti] Ioannis, quam XXIX Augusti quotannis observant.

Si denique in maiori ieiunio quadragesimae aliquis solennis dies, ut Annunciationis Mariae, inciderit, eo piscibus utuntur.

Monachis autem multo graviora & molestiora ieiunia imposita sunt, quos Kvuas, hoc est potu acetoso, & aqua cum fermento mixta, contentos esse oportet.

Sacerdotibus quoque aqua mulsa & cervisia eo tempore sunt prohibita: licet nunc omnes leges ac statuta diffluant, vitienturque.

Porro extra tempus ieiunii, die Sabbato vescuntur carnibus, Mercurii vero abstinent.

Doctores quos sequuntur, sunt:

Basilius magnus, Gregorius, & Ioannes Chrysostomus: quem dicunt Slatausta, id est aureum os.

Concionatoribus carent. Satis esse putant, interfuisse Sacris, ac Evangelii, Epistolarum, aliorumque doctorum verba, quae vernacula lingua recitat Sacrificus, audivisse:
ad hoc, quod varias opiniones ac haereses, quae ex concionibus plerunque oriuntur, sese effugere cre-

Herwider an khaines heilligen abent vasstn sy / allein Sant Johannes enthaubthung / des feyer sy am Neunundtzweintzigisten tag Augusti halten /

Und wan ein namhaffter heiliger tag in die vasstn felt / als Sant Mathias oder unser Frauen verkhündung / an den selben tägen essen sy auch Visch /

den Münichen aber seind vil strengere vasstn aufgelegt / die sich auch mit dem Tranck was benügen müssen lassen / ist ain gemain Wasser / mit ainem taig oder khleibm geseuert.

Zu derselben zeit / ist auch den Pfaffen der Mett und Pier zutrinckhen verpotten / Wie auch bey jnen alle gesatz und gebot gemachs hingeen /
am Sambstag essen sy fleisch dafür enthalten sy sich desselben am Mitwoch.

Die Lehrer den sie nachvolgen.

Basilius der groß / Gregorius / Johannes Chrisostomus / den sy auch mit dem gülden mund nennen / SLATAUSTA,
halten khain Prediger / vermainen genueg zusein / so ir Gotsdienst aller in jrer sprach gehalten wirdet / den sy täglichen von den Briestern in der Khirchen hören / und verstehen /
zu dem das sy vermainen / vil jrrthumen und Ketzereyen durch die Predigen entstanden sein / Die offne

dunt, festos dies proximae septimanae die Dominico annunciant, publicamque confessionem recitant.
Principem porro ipsum quicquid credere aut opinari vident, id rectum, omnibusque sequendum esse statuunt.

  Accepimus Moscovuiae, patriarcham Constantinopolitanum ad petitionem ipsius Mosci, misisse quendam monachum Maximilianum nomine, ut omnes libros, Canones, & singula statuta ad fidem pertinentia, in ordinem recto iudicio redigeret.

Quod cum fecisset, multisque & gravissimis erroribus animadversis, coram Principe pronunciasset, eum plane esse schismaticum, qui Romanum aut Graecum non sequatur ritum:
haec inquam ubi dixisset, non multo post (etsi eum summa prosequeretur Princeps benevolentia) dicitur evanuisse, ac multorum opinione submersum esse.

Agebatur tertius annus, dum nos Moscovuiae essemus, quando Marcus Graecus mercator quidam ex Capha, hoc idem dixisse ferebatur: captumque pariter (licet pro eo tum Turcarum orator improbis quodammodo precibus intercederet) sublatum e medio fuisse.

  Georgius Graecus cognomento Parvus, Thesaurarius, Cancellarius, supremusque consiliarius Principis,

peicht / Und in khünfftiger wochen / die feyer oder vasst täge verkhünden die Briester am Suntag /
Und was der Großfürst glaubt / oder vermaint guet zusein / dem volgen sy in der gemain.

 Datzumal ist uns vertraulichen antzaigt worden / wie das der Patriarch von Constantinopl / auf des Großfürsten begern ainen Münich Maximilian genant geschickt hat / alle Bücher / Gesetz / und ordnungen den Glauben belangend zuersehen / jn ain gutte ordnung und rechtn verstand zubringen.
So der das gethan / und vil schwärlicher jrrthumen befunden / und für den Fürstn bracht / und jne recht für ain Ketzer achtet / der weder dem Römischen noch Griechischen prauch nach gieng.
Nach solchem / wiewol der Fürst jne Ehrlich hielte / so ist er doch verschwunden / und wie jr vil achten / sey ertrenckt worden.

 Drey Jar vor unser ankhunfft / war ain Griechischer Kauffman Marcus genant / von Capha / daselbstn in der Mosqua gewest / und gleichmessige wort geredt / Was gefangen / unangesehen das des Türcken Pot / mit emsigen und scharffen worten für jne gehandlt hat / also hinweg genumen worden /
Des Fürsten Inndrester Rat / Schatzmaister / und Cantzler / der klain Georg genant / ain Griech hat die-

26 <dt. Text:> Drey] D̶r̶e̶u̶

cum eandem causam quoque foveret,
defenderetque, ab omnibus continuo
officiis remotus, gratiaque Principis
deciderat.

Sedenim eius opera carere Princeps
cum haudquaque posset, rursus in
gratiam receptus, sed diverso erat
officio praefectus.

fuit enim vir singulari doctrina, &
multarum rerum experientia praeditus, qui cum matre Principis in Moscovuiam venerat:

quem tantopere Princeps venerabatur, ut aegrotum semel cum ad se
vocasset, primi nominis aliquot suis
consiliariis demandaverat, ut illum
in vehiculo sedentem, in suam habitationem usque ferrent.

Sed cum in aulam esset advectus, ac
tot tamque altis gradibus portari se
recusaret, depositusque vehiculo
paulatim ad Principem ascenderet,
hunc Princeps cum forte videret,
stomachari graviter coepit, inque
lectica collocatum ad se deferri
iussit.

tandem communicatis cum eo consiliis, negotioque confecto, in lectica
virum per gradus deferendum iubet,
semperque deinceps sursum ac deorsum portandum mandavit.

Religiosorum praecipua cura
existit, ut quoslibet homines ad
fidem suam perducant.

Monachi heremitae bonam iam olim
idololatrarum partem, diu multum-

selb mainung auch gehalten / darumb ist er aller ämbter entsetzt
worden / und in ungnad gefallen /

gleichwol möchte er der Fürst des
nit wol empern / nam den zu gnaden
aber in andere ämbter an /

dan er war gelert und viller sachen
erfarn / Er ist mit des Fürsten Muetter in das Land khumen /

wan der Fürst sein bedörfft / und
nach jme geschickht / und er zu der
stiegen bracht hat etlichen seinen
ansehenliche[n] Rätten Bevolhen /
jne mit samt dem schlitn darinnen er
saß / in sein Zimer zutragen /

Als er aber sich des entsetzte und
werte / sich gemachs uber die stiegen auffueren ließ / wie pald das der
Fürst vernam / ertzürnt sich sehr /
die muesten den denocht hinauf in
des Fürsten Zimer tragen /

Wan er dan mit jme sein sachen
beratschlagt hette / muesst man den
wider die stiegen ab tragen.

Wie ich des andern mals zu dem
Fürsten geschickht / fande den selben khlain Georgen nimer.

Ire geistliche haben grossen vleiß
/ vil leut zu dem Christenlichen
glauben zubringen /

Die Münich und Ainsidl haben ain
Zeit vil abgöttereyen mit jren undterweisungen und säligen leben / und

que apud illos verbum Dei seminantes, ad fidem Christi pertraxerunt.	mittailung des Gots wort an villen orten zu Cristenlichem glauben bracht / und noch.

Proficiscuntur etiamnum ad varias regiones Septentrionem versus & orientem sitas, quo non nisi maximis laboribus, famae ac vitae periculo perveniunt, neque inde aliquid commodi sperant, nec petunt:

Derselben zeit sein sy in die wüste / und der unglaubigen gegente / als gegen mitternacht und aufgang der Sunnen getzogen / dahin sy nit mit khlainen sorgen / hunger und arbeit halben khumen / und on aller weltlicher belonung hoffnung /

quin hoc unicum spectant, ut rem gratam Deo facere, & animas multorum devio errore abductas (morte aliquando doctrinam Christi confirmantes) in viam rectam revocare, ac eos Christo lucrificare queant.

sonder allein Got dem herrn vil Seelen zugewinnen und zu rechtem glauben zubringen / ye mit jrem sterben die Christenlichen lehr bestätigt haben.

Est etiam in Moscovuia praecipuum monasterium S.[anctae] Trinitatis, quod XII miliaribus Germanicis Occidentem versus a Moscovuia civitate distat, ubi S.[anctus] Sergius sepultus, multa miracula edere dicitur,

Ain ansehenlich Closter ist der heiligen Drivaltigkhait zwelf meil von der Mosqua gegen nidergang der Sunnen werts / daselbstn sant SERGIUS begraben ligt / wie sy sagen / vil wundertzaichen thuet.

admirabilique gentium ac populorum concursu pietateque celebratur. Eo Princeps ipse saepe, vulgus vero quotannis certis diebus confluit, monasteriique liberalitate alitur.

Darumen dan ain gar grosser zuelauff järlichen des Volckhs ist / der Fürst ist auch ye dahin khumen / und werden al vom Closter gespeist /

Perhibetur olla cuprea ibi esse, in qua certi cibi, & ut plurimum olus coquitur.

sy sagen es sey ain kupfferener hafen oder khessl / darinnen man das essen und gemainiglichen das kraut gekhocht /

Fit autem, ut sive pauci, sive multi eo venerint, semper tamen cibi tantum remaneat, quo eius monasterii familia saturetur: adeo ut nihil unquam desit, neque superfluat.

es khumen vil oder wenig leut dahin die werden daraus gespeist / und bleibt jeder zeit sovil uber / damit das dienstvolckh auch jrn thail haben / Also / das nimmer abgeht / auch khain uberfluß uberbeleibt.

Gloriantur Mosci, se solos vere Christianos esse: nos vero damnant,

Als hievor gesagt das die Moscovither sich für die rechtn Christn

tanquam desertores primitivae Ec-
clesiae, & veterum sanctarum consti-
tutionum.

Quod si quis nostrae religionis homo
ultro ad Moscos transit, aut etiam
invito domino ad eos profugit, quasi
discendae & complectendae religio-
nis eorum causa, eum negant dimitti,
aut etiam repetenti domino reddi
oportere:
quod mihi etiam singulari quodam
casu est compertum, quem huc
inserendum putavi.
Civis quidam Cracoviensis prima-
rius, mihi in Moscoviam eunti com-
mendarat, & pene invito tradiderat,
quendam ex honesta Bethmanorum
familia natum, nomine Erasmum,
adolescentem non indoctum:

potationi tamen usque adeo deditum,
ut nonnunquam usque ad insaniam
inebriaretur: meque frequenti sua
ingurgitatione quandoque cogeret, ut
ei compedes iniiciendos curarem.

Itaque erroris sui conscientia victus,
associatis sibi Moscis tribus, et
auriga meo Polono, nocte quadam e
Moscovia urbe aufugit: & Occa
fluvio tranato, versus Asoph iter
intendit.

beruemen / Uns aber als die der
anfenckhlichen Kirchen / und der
alten heiligen satzungen verlassen /
verdamen /
darumen wan ainer der unsern willig
/ oder auch wider seines herrn willen
mit fürgeben glaubens halben zu
jnen khumt / vermainen den auch
von seinem herrn ervorderten nit
wider zu antworten /

des mir auch in ainem sondern zufal
zuegestanden ist / den ich nit undter-
lassen wellen / hie antzutzaichen.
Ain ansehenlicher Burger zu Cracaw
/ Michael Meydl / oder Spies genent
/ als ich zu dem andern mal an die
ort verordent was / hat mich uber
offtes entschuldigen mit so grossen
ersuechen bewegt / ainen jungen
Burgers Sun Erasmen Bethman mit
mir zunemen / ist ain wolgestalte
Person gewest / auch nit ungelert /
und zimlich beredt /
aber dem trincken so gar ergeben /
das er beweinter gar von der ver-
nunfft geschieden gewest. Darumen
ich gedrungen worden / den in die
eisen zuschlahen lassen /
Uber das begert er sein gelt / das
seine Freundt in mein hand geben
hetten / damit er was Kauffen möch-
te /
mit dem hat er drey Moscovither
und meinen wagen knecht / der ain
poll was / bekhumen / und pferdt
kaufft / mit denen er sich aines
nachts von der Mosqua gemacht /
sein weg auf mittag gegen der Stat

Quo comperto, Princeps continuo suos veredarios, quos illi Gonecz vocant, quoquo versum dimisit, ut ex fuga retraherentur.
Hi cum in excubitores, qui adversus continuas Tartarorum incursiones illis in locis dispositi sunt, incidissent, & exposito eis hoc casu effecissent, ut ipsi quoque ad perquirendos fugitivos obequitarent:
in hominem obvium incidunt, qui se beneficio noctis deseruisse diceret quinque equites, qui eum rectum iter ad Asoph sibi commonstrare coegissent.

Itaque excubitores vestigiis illorum insistentes, cum noctu ignem, quem incenderant, essent conspicati, equis illorum in pascuis circa locum pernoctandi errantibus, in modum serpentum taciti adrepunt, eosque longius propellunt.

Cum igitur experrectus auriga meus, equos longius digressos reducere vellet, ex herbis in eum prosiliunt: eique mortem, si vel minimam edat vocem, minantur, atque ita vinctum tenent.

Cumque rursum equos longius propellerent, eosque unus & alter & tertius reducere vellet, pari modo

ASOW genumen / und uber das groß wasser die Occa geschwemt.
So pald das dem Großfürsten khundt gethon / das der also verriten / Seind die Possten an alle ort denen nach geschickht worden /
Die so uber die Occa und TANAIS die flüß khomen / haben denen die der enden der Tattern einfal versehen solln die sachen angetzaigt / die selben haben die gespür oder hueffschleg gesuecht / und antroffen /
wie sy den nach geritten / bekumt denen ain paur / von dem sy vernemen / das die Funff flüchtige / den Paurn genötigt / die gelegenhait nach Asow zu weisen / der entran jnen in der nacht.
Auff das haben die dem hueffschlag nachgeeilt / und bei ainer nacht die fliehende / wie sy sich zu rhue gethon / jr speiß genomen / und jre pferdt an die waid gelassen / bey dem feur ersehen / die nacheillende seind an peuchen hintzue gekrochen / der fliehenden pferdt herdan von jnen getriben.
Mein furman erwacht / und wil die pferdt wider nähener zu jnen khern / Wie der zwischen die im graß verporden lagen / khumen / seind sy urbering auf / und an jne gefallen / gedroet / wo er nit schwige / müste sterben / mit dem wardt er gebunden / und in das graß gelegt /
Die pferdt wurden aber weitter hindangetriben / des aber ainer erwacht und ersehen / den nachkhomen / und auch der dritte / der jeglichem wie

---

30 <dt. Text:> verporden] = verporgen?

omnes ordine ex insidiis capiuntur, uno Erasmo excepto:

qui se, cum in eum irruerent, stricta framea defendit, & Stanislaum (hoc erat aurigae nomen) inclamavit.

At cum is se captum & vinctum esse respondisset, abiecta framea, Erasmus:
Nec ego, inquit, vobis captis, liber esse, aut vivere volo. atque ita sese dedidit, cum ab Asoph bidui itinere abessent.

Captivis reductis, cum petiissem a Principe, ut mihi mei restituerentur:

respondit, Non licere cuiquam reddere hominem, qui ad Moscos percipiendae verae religionis causa (quam, ut dictum est, se solos tenere praedicant) accessit. Aurigam tamen mihi mox restituit. Sed cum Erasmum reddere recusaret, dixi dispensatori nobis adiuncto, quem illi Pristavum vocant, male de Principe sensuros & locuturos homines, si Oratoribus famulos suos adimat.

dem wagen knecht geschach. Dan gingen die nacheillende zu den uberblibnen / Der Erasm was ain behertzender Junger /
stellt sich zu wehr / mit plossem Säbl. Als jme die zuesprachen / was er alein thun wolt? So rüfft Erasm dem wagen khnecht.
Als er vernomen / das der gefangen / darauff er auch sein trost gesetzt / warff den Säbl aus der hand /
spricht wölle auch ausser der andern nit frey noch lebendig sein. Sy hetten in zwaien tagen Asow erraichen mügen /
jch bin bey den Moscovitern in verdacht gewest / als wäre der auf mein bevelch oder mit meinem wissen also verritten.
Als die gefangnen wie wir vasst al sachn / darumb wir außgesant verricht / gen MOSAISCO bracht worden / Batte ich die zween mir widerumen zuetzestelln /
mit erbietung den uncostn darüber verloffen / zubezalln /
Warde mir zu Antwort / Sich wolte nit gebürn / ainen der umb underweisung rechtes Christliches glaubens zu jnen khäme / zu uberantwortten / Den furman gab man mir on beschwärung. Weil ich vernam das Erasm sich solcher sachen behelffen / und villeicht damit vor merern beschwärnussen entledigen wolte / Sagt ich zu meinem Pristaw oder zuegeordenten / man würd von dem Großfürsten in frembden Landen ubel reden / umb das er den Potschafften jre leut näme /

Ne vero vel Princeps, vel ego culpari possemus, rogavi ut eum in conspectum consiliariorum suorum nobis praesentibus venire permitteret, ut illius voluntas ab ipsomet intelligeretur.

Hoc ubi assentiente Principe factum esset, percontabar Erasmum, an apud principem religionis ergo manere vellet?

Cum annuisset, ego ei: Si, inquam, lectum tibi bene straveris, bene decumbes.

Post Lithvuanus quidam, qui se familiae Comitis Nugarolis adiunxerat, cum eum a proposito dehortatus esset, hoc ab eo responsum tulit, quod meam severitatem timeret.

Ibi cum Lithvuanus ei dixisset, Num redire vellet, si eum Comes in familiam suam reciperet? assensit.

Relata itaque ad Comitem re, cum idem ex me quaesisset, an consentirem? respondi, id ei per me liberum fore.

Cupiebam enim & ipse effingere, ne propinqui eius aliter hanc rem, atque acciderat, interpretarentur.

Porro ad Moscos raro confugere solent, nisi quibus alibi vivendi locus & securitas non est.

dem aber für zukhumen deuchte mich / der Großfürst liesse den Erasm neben seinen Räten für uns al stellen / und so der solchen sein willen vor unser aller offentlichen erclärte / das er glaubens halben bleiben wolte / möchtn wir al des khundtsch[a]fft geben / und der Großfürst würde on nachred / solches beschach / dem sprach ich offentlich darumb zu /

Er bekant sich des / darüber sagt ich jme / wirdestu dir wol gepettet haben / so wirdestu umb sovil bas ligen.

Graff Nugarolis hette ainen Poln undter den seinen / der sprach dem Erasm haimlich zu / vernam das er sich meiner straff besorgte /

Fragte ob er aber mit dem Graffen raisen wolte / des er willigte /

Der Graff fragt obs nit wider mich wäre / das er mit jme züge / des ich mich erfreite /

dan ich besorgte seine Freund möchten gedacht haben / als hette ich villeicht seines gelts halben anders dan sich gebürt gehandlt / der Großfürst bewiligt auch dem Erasm mit dem Graffen zu raysen / also schieden wir von dannen.

So kumbt niemant in die Mosqua / allein die an andern orten nit wol bleiben thuern / oder die mit worten oder gaben

Qualis fuit nostris temporibus Severinus Nordvued, regis Daniae Christierni praefectus maris, homo quidem militaris, sed quodvis negotium in nomine daemonis auspicari solitus: de quo multa audivi, quae prudens praetereo.

Is cum Regem ob suam immanitatem Holmiae, quae caput regni Suetiae est, vernaculaque ipsorum lingua Stokholm appellatur, incolis suis exosum esse, suaque sponte Daniae regno cessisse videret,
munitum quendam locum in Gotlandia insula (quae duodecim miliaribus Germanicis patet) occupavit, ex qua mare Baltheum diu infestabat, nemini parcens, aeque amicos ac hostes spoliabat.
Tandem, ubi contra se tanquam communem quandam pestem omnes timeret, nullumque locum in quo ab insidiis tutus esse posset, videret:
assumpto certo praedonum numero ad principem Moscoviae confugit, venitque certis navibus in fluvium Narva, ad arcem Mosci Ivuanovugorod. Inde terrestri itinere Moscoviam, eo anno quo ego illic fui, deductus erat.

Caesaris autem Caroli Quinti intercessione dimissus, in obsidione Florentiae Italiae civitatis, in eius servitio globo ferreo traiectus occubuit.

bewegt werden / und die den prauch der enden / nit wissen /
Severin Nordwed / der etwan bey Khünig Cristiern in Denmarck Haubtman am Mör gewest / und al sein thuen in Teuffels namen verricht / den ich auch in Denmarckh gesehen / und angesprochen / von dem ich auch vil gehört und vernomen /
als sein Künig von grausamer zu Stockholm der haubt stat in Schweden begangener handlungen / vernam die Dennen allenthalben sich zusamblen / sich selbs aus seinem Khünigreich gethon /
hat Severin ain befestigung in der Insl Gotland (die etwo zwölff meil lang ist) eingenomen / von dannen freund und veindt beraubt / und das gantz Mör der orten unsicher gemacht.
Darumb er wüste das jme auch meniglich nach stellen würde / und er khain sicherhait hette /

hat sich mit seiner geselschafft erhebt / und zu dem Moscovitter auf etlichen schiffen in dem fluß Narva zu dem Schloß Iwanowgorod khumen von dannen ist er ausser seiner geselschafft / der zeit ich da gewest / in die Mosqua pracht worden /
daselbstn er auch wenig nutz gewest /
Khaiser Carl hat den durch fürschrifften erlangt / der dan in belegerung Florentz erschossen ist worden.

De decimis.

Volodimerus mysteriis vivifici lavacri, Anno 6496 initiatus, decimas una cum Leone Metropolita, de omnibus rebus dandas instituit,
propter pauperes, pupillos, infirmos, senes, advenas, captivos atque pauperes sepeliendos: iuvandos etiam eos, qui numerosam haberent sobolem, quibusve bona igni absumpta essent,
ac sublevandam denique miserorum omnium inopiam, Monasteriorum pauperumque Ecclesias, & in primis propter defunctorum & vivorum refrigerium.

Idem Vuolodimerus potestati & iurisdictioni Spiritualium subiecit omnes Abbates, Presbyteros, Diaconos, & totum statum clericorum: monachos, moniales, & eas quae proscura ad Sacra conficiunt,

quas Proscurnicas vocant:
item uxores filiosque Sacerdotum, medicos, viduas, obstetrices, & eos qui miraculum ab aliquo Sanctorum acceperint, quive manumissi essent pro alicuius animae salute:
ministros denique singulos monasteriorum & hospitalium, & qui monachorum vestes conficiunt.

Von Zehenden.

Wolodimer als er die Tauff emphangen hat / sampt dem Leo Metropoliten von allen sachen Zehend zu geben verordent /
von wegen der armen waisn / Khranckhen / alten / frembden / gefangnen / und zu begraben die armen / denen auch zu hilff khumen / die vil khinder und nit zuernern haben / denen durch Prunst jr guet hingenomen.
Und in Summa allen armen / damit zu hilff zukhomen / den armen Clöstern und Khirchen zu helffen / allen glaubigen Seelen zu hilff und trost.

Wer dem Geistlichen Gericht underworffen ist.

Derselb Wolodimer hat auch dem geistlichen gericht undergeben / alle Abbt / Briester / Diaconen / und den gantzen stand der geistlichen / Münich / Nunnen / und die weiber / welche das Brot / darvon das Sacrament gemacht / pachen /
das brot heissen sy PROSCURA,
Und die waiber welche so alt die jre pluemen nimer haben / praucht man zu desselben brots gebäch /
die haist man PROSCURNITZA.
Item der Briester weiber und Khinder / Artzt / Witwen / Hebamen / auch die so ain Zaichen von ainem heilligen emphangen haben / die so von aines Seel wegen frey gelassen worden /
und alle der Clöster und Spital die-

Quicquid itaque inter praedictas personas simultatis seu discordiae exoritur, Episcopus ipse tanquam competens iudex, decernere & con-
5 stituere potest.
Si vero inter laicos & hos, aliquid controversiarum oritur, iudicio communi decernitur.
Proscurnicae sunt mulieres iam
10 effoetae, quae amplius menses non patiuntur: & quae panem ad sacrificandum, qui proscura dicitur, coquunt.
Episcopi etiam divortia, tam inter
15 Knesos quam Boiarones, atque omnes seculares qui concubinas fovent, constituere debent.
Item ad Episcopalem iurisdictionem pertinet, si quando uxor marito non
20 obsequatur, si quispiam in adulterio seu fornicatione deprehensus fuerit, si uxorem consanguineam duxerit, si coniunx coniugi quippiam mali machinetur.

25 Item divinationes, incantationes, venena, contentiones propter haeresim vel fornicationem susceptas:
aut si filius parentes, sororesve acerbius increpaverit, laeseritve.

30 Praeterea Sodomitas, sacrilegos, mortuorum spoliatores, & qui ad incantandum de imaginibus Sanctorum, aut statua Crucis quicquam avulserint:
35 qui canem, avem, aut aliud aliquod

ner / die der Münich khlaider machen /
Und was also zwischen denen Personen zangkhs sich erhebt / daruober hat der Bischoff zurichten und zu handlen /

Was aber zwischen der ainem und ainer Lay person sich zuetregt / das wiert in gemainem gericht gehandlt.

Die Bischove handln auch die Schidungen der so Eheleut und die gemaine beyschlaf halten /

So gehörn auch in der Bischove gericht getzwang / wann ain weib jrem Mann nit gehorsam laisst / wan aines in Eebruch oder huererey begriffen wird / welcher sein nahende freundtin Eelich genumen / ob ain Konperson der andern was ubels zuthuen vorgehabt.
Item die ansprecher / zaubereyen / vergeben / ansprach / von wegen khetzereyen im glauben.
Wan ain Sun Vatter und Muetter oder seine geschwistrat unmäslichen anfert /
darnach auch die wider die Natur handln / Khirchenprüchl / die so die Todten berauben / und die von Pildnussen oder Creutzen was zu jren zaubern nemen /
die hund / vögl oder ain ander unrain

animal immundum in aedem sacram duxerint, aut comederint, punire.	thier in die Khirchen füerten / oder auch essen /
Ad haec, singulas rerum mensuras ordinare, statuereque debent.	zu dem haben sy gehabt aller sachen massn zu ordnen und zu setzen.
5 Nemo autem miretur, si praedicta Canonibus istis atque traditionibus diversa reperiantur.	Hierinn sol sich niemand verwundern / das in diser beschreibung vil widerwärtigs befunden wirdet /
Sunt enim non tam vetustate ipsa, alia quidem in locis aliis mutata, 10 quam pecuniae studio pleraque depravata, vitiataque.	dan mit der zeit und an vil orten anders und anders verendert und eingerissen / von gelts und genieß wegen verkhert worden.
Princeps si quando Metropolitam convivio accipit, solet ei primum in accubitu locum, absentibus fratribus 15 suis, deferre.	Wan der Fürst den Metropolit zu gasst berüfft / und des Fürsten brüder khainer verhanden / hat jme die oberste stel geben /
In funebri sacro, cum Metropolitam atque Episcopos invitaverit, eis ipse ab initio prandii cibum potumque porrigit: dein fratrem suum, vel 20 principem aliquem virum, qui vices suas ad prandii usque finem suppleat, constituit.	Wan aber am begengkhnuß gehalten / und den Metropolit und Bischove geladen / hat der Fürst jnen das essen und trinckhen im anfang als dienend fürgesetzt / darnach ainem brueder oder anderm Fürsten solches von seinet wegen / hintzt zum ende zuverrichten bevolhen.
Caeremonias illorum, quibus solenni tempore in templis utuntur, 25 ut viderem, equidem impetraveram. Atque ita utroque legationis meae tempore, in festo Assumptionis Mariae, XV videlicet die Augusti, cum maius templum in arce frondi- 30 bus arborum stratum, ingressus fuissem,	Damit ich jren Gotsdienst sehen möchte / hab ich an zwaien unser Frauen tagen der schiedung / als ich zu zwaien malln dort gewest bin / erlangt / das ich in die oberste Khirch bin gelassen worden / die Khirchen was hintzt zu der thür in Chor mit esstn von paumen die wol nit gar khlain waren beschütt / in der mitte was ein Pün von zwaien staffeln hoch gesetzt / darauff stunde der Metropolit in seinem hochzeitlichem khlaid und hütle / het allein den steckhen Possoch in der hand / darauff er sich anleinte / jre Meßgewandt seind wie ain glockhn / an armen wickehln sies

vidi Principem ad dextram portae, qua ingressus erat, ad parietem aperto capite stantem, Posochque baculo (ut vocant) innitentem, ante se quendam Colpaack dextra tenentem:

Consiliarios vero ad columnas templi, quo loci & nos deducti eramus, stantes.

In medio templi, super tabulato, Metropolita solenniter vestitus, mitramque rotundam superne imaginibus Sanctorum, inferne vero hermellinis pellibus ornatam gestans, stabat, Posochque baculo (quemadmodum Princeps) innitebatur, atque mox cantantibus aliis, ipse cum ministris suis orabat.

dein chorum versus procedens,

in laevam contra nostrum morem conversus, per minorem portam

auf / damit sie die hend prauchen mügen /

seine Diaconi und ander etlich Briester stunden bey jme / und verricht da sein gebet / der Diacon hielt jme die Rholn und er zoche selbs die schrifften an dem pergamen heraus / mitler zeit sang der Chor.

Der Fürst stund neben der Thür / durch die er in die Khirchen gehet / und laint sich mit dem rukhen an die wendt / und vorn an den stab Possoch / sein huet kholpackh hielt ainer der vor sein stund /
also das derselb sein ermel für die hand und finger zohe und steckht die handt gleich als ain stumpf in das hüetl /

seine Rätte stunden vasst in mitten der Khirchen an den saillen / daselbstn hin ich auch gestelt ward /

nach solchem singen und betten gieng der Metropolit ab der Pün /
gegen dem Chor nach der mitte der Khirchen /
muesst seine füeß in den langen khlaidern uber die grosse esste hoch heben /
dan so haben sy sich im Chor gesamlt / und an der rechten hand durch das klaine thürlein / die bries-

egreditur, praecedentibus Cantoribus, Sacerdotibus atque Diaconis:

ex quibus unus in patena, super capite, panem iam ad sacrificandum praeparatum, portabat:

alter vero, coopertum calicem:

caeteri promiscue, sancti Petri, Pauli, Nicolai, Archangeli, imagines magna populi circumstantis acclamatione ac veneratione ferebant.

Quidam porro ex circumstantibus acclamabant, Domine miserere.
alii fronte terram, more patrio, tangebant, flebantque.
Varia denique veneratione ac cultu circumlata signa vulgus prosequebatur.
Post finito circuitu, per mediam chori portam ingressis, Sacrum, seu summum (ut vocant) officium coeptum est fieri.
Caeterum totum Sacrum, seu Missa, gentili ac vernacula lingua apud illos peragi solet.

terschafft Diacon und der Metropolit nach der Khirchen ab / und auf die linckh hand sich gewent / nach der mitte der Khirchen wider auf / durch die grösser thür / die mitten im Chor steet gangen / Eben widersins unsern umbgengen /
der ain Diacon trueg die Paten auf dem haubt / darauf lag das Brot / so man zu Sacrament machen solt / mit ainem Thüchlein bedeckht /
dan ainer den Khelch darin gleichermassen der wein was /
so wurden vor getragen etlicher heiltgen pildnussen an thüchern / als Sant Peter / Sant Nicla / Ertzengel etc. Die Briester hetten auch guete zierliche ornaten an / das volckh hat sich vasst andächtiglich ertzaigt / gegen den Pildern /
wein und brot /
mit seufftzen / wainen / und mit dem hirn an das erdtrich geschlagen / möchtn nit merers gegen Sacrament thuen / Des ich doch nit erfarn / obs ja numals Sacrament gewest /
und in gemain al wol laut gesprochen / Herr erbarm dich / Herr erbarm dich /

Darnach hat man das hoch ambt angefangen /

und wirt aller Gottsdienst in jrer sprach volbracht /

Epistola praeterea, Evangelium pro tempore, quo magis a populo percipiantur, extra chorum, populo astanti clara voce recitantur.

In priore mea legatione, eodem festo die, ultra centum homines in fossa arcis laborantes vidi: quod feriari non nisi Principes & Boiari, ut infra dicemus, solent.

Ratio contrahendi matrimonium.

Inhonestum ac turpe est adolescenti, ambire puellam, ut sibi in matrimonium locetur. Patris est, iuvenem alloqui, ut ducat filiam suam. In haec autem verba plerunque proloqui solent:
Cum mihi sit filia, vellem equidem te mihi generum.

Ad quae iuvenis: Si me, inquit, expetis generum, & tibi ita videtur, conveniam parentes meos, & de hac re ad eos referam.
Dein si parentes & proximi assensi

vil Khirieleyson und Christeeleyson / doch nuer mit jrer sprach gesungen / Gospodin pomilui /
Die Episstl und das Evangelium list man ausserhalb des Chor / an ainem hohen pulpret / laut und verstendig /

wan der Briester sein thail geneusst / und die Communicantn speisen wil / So trite der Diacon mit dem Khelch / darin das Sacrament ist / undter die mitter thür des Chor und spricht / Nembt war den Leichnam Christi / und gehet wider hinder sich zu dem Altar / welcher gleich an der thür im Chor steet.

Vom Ehestand.

Welche mans Person umb aines Tochter wierbt / wirt veracht / dan ain Vatter / nimt jme ainen fuor / zu dem er gemainiglich also spricht /

Dein wesen und thuen gefelt mir wol / darumb wolt ich dir mein tochter vermäheln /
dan so spricht der jung man / Ich wil mich mit meinen freundten derhalben bereden /

So dan das zu baiden thailn für guet

fuerint, conveniunt, & de his quae pater filiae dotis nomine dare velit, tractant.

Mox dote constituta, nuptiis dies praescribitur.

Interea temporis sponsus ab aedibus sponsae usque adeo arcetur, ut si forte petierit, eam saltem ut videret, tum parentes respondere solent: Cognosce ex aliis qualis sit, qui eam norunt.

certe nisi sponsalia prius maximis poenis firmata fuerint, ita ut sponsus non possit, etiam si vellet, sine gravi poena, eam repudiare, alias non datur illi accessus.

Dotis nomine dantur plerunque equi, vestes, framea, pecora, servi, & similia.

Invitati ad nuptias, pecuniam raro offerunt: munera tamen, seu donaria sponsae mittunt, quae singula sponsus diligenter notata reponit.

Finitis nuptiis, deprompta rursus ordine conspicit: atque ex iis, si quae placent, sibique usui futura videntur, ea mittit ad forum, iubetque singula ab his qui rebus praecia imponunt, aestimari: reliqua omnia & singula, singulis remittit, cum gratiarum actione.

Ea quae servavit, in anni spacio iuxta aestimationem, pecunia, aut alia aliqua re aequalis valoris compensat.

Porro si aliquis donum suum pluris fecerit, tum sponsus ad iuratos aestimatores continuo recurrit, illumque

angesehen wird / handlt man zum beschluß /

Und wirt der tag der hochtzeit benent /
wo der Preitigan die begert zuvor zusehen / sagt der vatter / frag ander von denen magstu dich erindern / wie sy ist /

wan auch die beredung nit gar wol verfestnet ist / damit der Preitigan gar nit zu ruckh gehn mag / So lasst man jne die Praut nit sehen / hintzt zu der hochzeit und beiligen

Zum heirat guet gibt man gemainiglichen Roß / Khlaider / Wehr / Viech / aigne Knecht / und dergleichen.

Die zu der hochzeit erpetne / vereheren selten oder nimmer gelt / sonder ander gattungen / dieselben last der Preitigan vleissig beschreiben / von wem jegliches gegeben /

Nach der hochzeit ersicht er die gaben / ob jchtes wäre das er vermaint zu behalten / dasselb schickht er auf den marckht / lasst dasselb schatzen / die andern gaben schickht er alle jegliches davon es khumen ist / mit danckhsagung /

was er aber behallten hat / zalt er in Jars frist / Inhalt der schatzung / oder vergenügt dasselb mit andern gattungen /

wo aber ainer sein gab höher achtet / weder der Preitigan die zallung oder vergnuegung thuen wil / so mueß

horum aestimationi standum esse cogit.

Item si sponsus post elapsum annum non satisfecerit, aut munus acceptum non restituerit, tum in duplo satisfacere tenetur.

Denique si alicuius donum iuratis aestimandum dare neglexerit, ex voluntate atque arbitrio eius qui dedit reponere cogitur.

Atque hunc morem vulgus ipsum in omni liberalitate, seu donationis genere observare solet.

    Matrimonium ita contrahunt, ut quartum gradum consanguinitatis aut affinitatis non contingant.

Haereticum putant, germanos fratres, germanas ducere sorores. Item, nemo sui affinis sororem ducere in uxorem audet.

Observant etiam severissime, ne hi matrimonio implicentur, inter quos spiritualis cognatio baptismatis intercessit.

Si quis alteram uxorem ducit, fitque bigamus, concedunt id quidem, sed vix legitimum matrimonium esse putant.

Tertiam uxorem ducere, sine gravi causa non permittunt.

Quartam autem nec concedunt cuipiam, nec etiam Christianum esse iudicant.

Divortium admittunt, & dant libellum repudii: id tamen maxime celant,
quod contra religionem ac statuta esse sciunt.

Principem ipsum Salomeam uxorem,

derselb der geschwornen schatzungen sich benügen lassen.

Vergnuegt aber der Preitigan solche haab in jars frist nit / so ist er solches zwyfach zuvergnügen schuldig /

soverr auch der Preitigan solche gab / die geschwornen nit schatzen hat lassen / mueß er die dem gaber nach seinem anschlahen vergnügen /
also wirt es in gemain gehalten.

Den vierten grad der Sipschafft beruerend zuheyraten / gibt man nit zu /
das zwen brüder zwo schwestern nemen / achten sy nit zueläslich / Es sol auch khainer seines schwagers schwester nemen /
Die geistliche Freundtschafft / als gevätterschafft / lesst man auch nit zusamen heyratten /

Welches zum andern mal heyratt / das wird gedult / doch nit so guet / als am ersten / vermainen es sey nit ain rechte Ehe.

Zum dritten mal wo nit gar groß ursachen verhanden / gedult mans nit.

Zum viertten gibt mans gar nit zue / vermainen es sey nit Christlich /

Die schiedung ist gmain bey jnen / und geben schiedbrief / gleichwol wolten sy das gern pergen.

Der Grosfürst hat Salomeam die er

propter sterilitatem repudiatam, in monasterium intrusisse,

atque Helenam filiam Knes Basilii Lynski duxisse, paulo ante diximus.

Ante aliquot annos etiam quidam dux Basilius Bielski Bielski ex Lithuania in Moscovuiam profugerat:

eius uxorem iuvenem, & quam paulo ante duxerat, cum amici diutius apud se detinerent, (putabant enim illum amore ac desiderio adolescentulae rursus rediturum)

Bielski causam uxoris absentis in consilium Metropolitae refert, communicatoque consilio Metropolita inquit:

Quando non tua, sed uxoris potius, atque adeo cognatorum culpa fit, ut cum ea esse tibi non liceat, equidem legis gratiam tibi faciam, teque ab ea absolvam.

Qua re audita, mox aliam ex principum Resanensium progenie natam duxit, ex qua etiam filios suscepit, quos nunc in magna apud Principem authoritate vidimus.

ainundtzwaintzig jar gehabt / aber unfruch[t]bar / von sich schaiden / und in ain closter nötten lassen.

Vor etlich jarn ist ainer Khnes Bielskj aus Lithen in die Mosqua gewichen /

dem wolt man sein Junges weib nit lassen nach ziehen / vermainten er würdt jrenthalb wider kheren /

Als er aber Rat suecht / spricht der Metropolit /

Weil die ursach nit dein ist / das dein weib bey dier nit wonen mag / so wil ich dier des gesetzes gnaden mittaillen / und dich von jr entledigen /

daruober nam er ein Fürstin von Rezan / davon er Süne gehabt / die bey dem Großfürsten in grossen ansehen (die wier auch gesehen) gewest sein /

der ain wider herüber in Lithen gefallen / und dan gen Inspruckh zu dem Römischen Khünig Ferdinando khumen / den ich daselbstn bekhant gemacht / und guets bewisen hab /

der dan gen Venedig / in die Türckhey und herwider durch die Tatterey / Nachmals wider in Lithen khumen / Die armen leut hat er unmenschlich gehalten / von denen er auch zu letst erschlagen worden.

Adulterium non appellant, nisi quis alterius uxorem habuerit.

Tepidus est ut plurimum coniugatorum amor, praesertim nobilium & principum virorum: eo quod puellas nunquam ante visas ducunt: ac servitiis Principis occupati, deserere eas coguntur, aliena interim turpique libidine sese contaminantes.

Mulierum conditio miserrima est. Nullam enim honestam credunt, nisi domi conclusa vivat, adeoque custodiatur, ut nusquam prodeat. Parum inquam pudicam existimant, si ab alienis externisve conspiciatur.

Domi autem conclusae, nent duntaxat, & fila trahunt: nihil prorsus iuris aut negotii in aedibus habent.
Omnes labores domestici servorum opera fiunt.
Quicquid mulierum manibus suffocatur, sive gallina, sive aliud aliquod animalium, id abhorrent tanquam impurum.
Qui vero pauperiores sunt, eorum uxores domesticos labores obeunt, & coquunt.
Caeterum cum viris absentibus forte, & servis, gallinas iugulare volunt, stant pro foribus, tenentes gallinam, aut aliud animal, & cultrum:

praetereuntesque viros, ut ipsi interficiant, plurimum rogant.
Rarissime in templa, rarius etiam ad amicorum colloquia, nisi senes

Ehepruch nennen und halten sy nit / Es habe den aines mit des andern geehelichten verprochen /
Sie halten jre weiber in schlechter lieb / weil sy die ungesehen nemen / und müssen die behalten / wie sy seind / Sonderlichen die ansehenlichen / und Edlen / die vil und offt in dienstn sein und raisen müssen / die offt verlassen und anderer unnatürlichen sachen pflegen.

Sy achten auch khaine für frum oder Erber die auf die gassen gehn / darumd die Reichen oder ansehenliche halten die jrige so beschlossen / damit niemand mit jnen zu rede oder angesicht khome /
bevelhen jnen auch khain wirtschafft / allein was näen und spinnen ist /

sy verrichten al jr wirtschafften alein mit Khnechtn /
was die weiber von hünern / vögl oder visch abthuen / das scheuhen sy zu essen.

Der ermern weiber /

wan die jchtes abzuthuen haben / und die Mannen nit anhaims seind / steen under jr haußthuer / mit der hen oder dergleichen und ainem messer /
wan ain man fürgehet / den bitten sy / dasselb abtzuthuen /
Selten lässt man sy gehn Khirchen / noch vil seltner zu den Freundten / sy sein dan so alt worden / das sy jr

admodum sint, omnique suspicione careant, admittuntur.

Certis tamen & festivis diebus animi gratia concedunt uxoribus ac filiabus, ut in pratis amoenissimis conveniant,

ubi super quadam rota instar Fortunae insidentes, alternatim sursum ac deorsum moventur: aut alioqui funem appendunt, quo suspensae ac insidentes, hinc inde impulsae feruntur, moventurque:

aut denique quibusdam & certis cantilenis, manibus plaudentes se oblectant, choreas prorsus nullas ducunt.

Est Moscovuiae quidam Alemanus faber ferrarius, cognomento Iordanus, qui duxerat uxorem Rhutenam. ea cum apud maritum aliquandiu esset, hunc ex occasione quadam amice sic alloquitur: Cur me, coniunx charissime, non amas?

Respondet maritus: Ego vero te vehementer amo.

Nondum, inquit, signa habeo amoris.

Quaerebat igitur maritus, qualia signa vellet?

Cui uxor: Nunquam, ait, me verberasti.

Mihi sane verbera, inquit maritus, non videbantur signa amoris: sed tamen nec hac parte deero.

Atque ita non multo post, crudelissime eam verberavit:

gar nit achten / oder khain verdacht haben /

auff den angern zu Summers zeitten vergünnen sy weibern und Töchtern zusamen zukhomen /

da haben sy gemainiglich ain Rad dermassen zue gericht wan aines oder mer daran sitzen / das man die uber und uber / von underisten zu oberisten treibt / oder aber machen ain Sail angehenckht / darin sich aine hin und wider schupfft /

fallen offt von solchem khürtzweillen schwärlichen.

Dan so steen sy ye vor jren heusern mit gesang / und schlahen die hendt zusamen / das die khleschen / gebrauchen khain Tantz.

Ain Teutscher Khuglschmid und Püchsenmaister Jordan genant / von Haal im Intaal / name ain weib / seind lang beyeinander gewest / auf ain zeit spricht sy / warumb hastu mich nit lieb?

der sagt er hab sy lieb /

dargegen sagt sy / ich hab des khain zaichen von dier /

der fragt was zaichen sy vermainte /

Hastu mich doch niehe geschlagen / sprach sy /

Darüber sagt er / het nit vermaint / das die schleg zaichen der lieb wären / Es sol aber an dem auch nit mangeln.

Nit lang darnach schlueg er sy unbarmhertziglichen /

fassusque mihi est, longe maiore amore se a sua uxore posthac observatum fuisse.

quam rem saepius exercuit: nobisque tum Moscovuiae existentibus, cervicem illi tandem & crura praecidit.

Omnes se Principis chlopos, id est servos fatentur.

Item praestantiores, ex maiore parte emptos aut captos servos habent: quos autem liberos in servitio nutriunt, iis non est liberum quolibet tempore discedere.

Si aliquis citra voluntatem domini abit, nemo eum assumit.

Si dominus bonum ac commodum famulum non bene tractat, fit quodammodo infamis apud alios, neque posthac alios famulos assequi potest.

Gens illa magis servitute, quam libertate gaudet.

nam morituri ut plurimum certos servos manumittunt: qui se tamen continuo aliis dominis, pecunia accepta, in servitutem vendicant.

Si pater filium, ut mos est, vendit, & is quocunque tandem modo liber factus, aut manumissus fuerit, pater hunc rursus atque iterum iure patriae potestatis vendere potest.

23 <dt. Text:> naturt] *sic*

Er hat mir selbst gesagt / das sy jme vil mehr liebs weder vor niehe ertzaigt hat /

zu letst erschlug er sy gar.

Nunmals weitter von der Weltlichkhait.

Alle im Land nennen sich jres Fürsten Chlopn / das haist verkhauffte Knecht /

die reichen alle haben erkhauffte aigne oder gefangene leut zu dienern / wan sy dan ye ainen freyen menschen zu ainem diener haben / dem gebürt nit jeder zeit von seinem Herrn zughen /

dan wo der on bewilligung seines Herrn abschied / niemand würd den annemen /

wo auch der Herrn ainer / ainen nutzen diener nit wol helt / Scheuhen jn alle andere zu dienen / khan nit wol diener uberkhumen.

Das volckh ist also naturt / das sy sich der aigenschafft mehr dan der freyhait beruemen /

die sterbenden in jren letzten verordnungen / lassen vil der aignen frey / dieselben beleiben selten / oder jr wenig in der freyhait / sonder verkhauffen sich selbs /

so verkhaufft auch der vatter sein Sun / wo sich derselb mit dienstn oder in ander weg frei macht / mag jnen der vatter zum andern und dritten mal verkhauffen /

Post quartam autem venditionem, nil iuris amplius in filium habet.	darnach aber hat der vatter khain gwalt uber jne /
	wan sy ye mit uns von Lithen zu red seind worden / haben sy spötlich von jnen gerett / als wan jr Khünig oder Großfürst ainen bevelhte in potschafft oder andere ort zuraisen / so sagen sy jr weib sey khranckh oder die pferdt seind menglig / das ist bey uns hie nit / sprechen sy / und das mit lachendem mund / sonder reit hin auf alle befelch / wiltu dein Kopff gesund haben /
Ultimo supplicio solus Princeps servos, & alios afficere potest.	Die aigne und andere leut / hat alein der Großfürst und wem er das bevilcht zum Todt zuverurthailn.
Princeps altero, aut tertio quoque anno, per provincias delectu habito, filios Boiaronum conscribit: ut numerum illorum, & quot quisque equos ac servitores habeat, cognoscat.	Am andern oder dritten jar lässt der Großfürst seiner Boyern khinder beschreyben / damit er wissen müg / wievil diener und pferdt ain jeglicher hat /
Dein singulis stipendia proponit, ut supra dictum est. Qui vero per facultates rei familiaris possunt, stipendio militant.	die da geschickt und erwachssen seind / gibt denen jargelt / wievor gesagt ist / die aber aim vermuogen seind / die müssen on besoldung dienen /
Raro illis datur quies: nam aut bellum infert Lithvuanis, aut Livuoniensibus, aut Suetensibus, aut Tartaris Casanensibus.	Lasst jnen selten rhue / Hat gemainiglichen Krieg mit den Leiflendern / Littn / Schweden / oder Tattern /
aut si nullum bellum gerit, praesidia tamen in singulos annos in locis circa Tanaim & Occam, ad reprimendas Tartarorum Praecopensium eruptiones ac depraedationes, viginti milia hominum imponere solet.	und ob es gleich khain offner khrieg / so hat er doch alle jar an Granitzen gegen den Tattern seinen Nachpern von wegen der urbringen einfal in zwaintzigtausent zu behuet /
Solet etiam quotannis ex suis provinciis ordine quosdam vocare, qui	So erfordert er auch nach austhail-

15 <dt. Text:> bevilcht] bueilcht   33 <dt. Text:> urbringen] ‡ = übrigen?

Moscovuiae sibi omnia ac quaelibet praestant officia.
Belli autem tempore, non annuis ex ordine & alternis officiis inservire, sed omnes & singuli, tam stipendiarii quam gratiam Principis expectantes, in bellum ire coguntur.

Habent equos parvos, castratos, soleis carentes, levissima frena: tum ephippia in eum usum accommodata, ut se in omnes partes nullo negotio vertere, arcumque intendere queant. Pedibus usqueadeo attractis insidentes equo, ut nullum hastae aut teli paulo vehementiorem ictum sustinere queant.
Calcaribus paucissimi, flagello plerique utuntur, quod semper minimo digito dextrae inhaeret, ut id quoties opus sit, apprehendant & utantur: rursus si ad arma deventum fuerit, proiectum e manu pendeat.

Communia arma sunt, arcus, telum, securis, & baculus, instar coestus, qui Rhutenice Kesteni, Polonice Bassalick dicitur.

Framea nobiliores & ditiores utuntur.

lung järlichen etliche die zu der Mosqua am hoff dienen müssen / So aber khrieg verhanden / müssen al an undterschaid dienen und raisen.

Die pferdt bey jnen sein khlain / gemainiglich alle verschnitten / ploß unbeschlagen / schlechte piß / sitzen gantz khurtz / als ob sy die knie ob dem Satl zusamen thuen möchten / Die sätl auch khlain / und dermassen das sy sich auf baid seitten / auch hindersich schickhen mügen / mit dem pogen zuschiessen / khainen stoß mügen sy besteh'n / prauchen die sporn wenig / sonder gemainiglichen gayseln / die hengt an dem eusseristen khlainen rechten fingerlein / Dan so der pogen oder Säbl (der sy auch nach jrer menig nit gar vil füren) sol in die hand genumen werden / Lasst er die gaisl auß der hand behengent an dem fingerlein.

Pögen seind die gemain wehr mit jren pfeillen / dan ain holtz nahent zwaier span lang / daran ist ain starckher ryem angeschlagen / an dem ain ort ain kupffer oder eysen khnodn / ja auch von ainem Hierssn horn eingenät / der ryem ist auch nahent anderthalber span lang / Mit dem sy vermainen harrt zuschlahen / Nach jrer sprach KESTENI genant / auff Polnisch BASSILICK,
Den Sabl haben alein die reichen /

---

4 <dt. Text:> an undterschaid] *gemeint offenbar:* on undterschaid

Pugiones oblongos in modum cultellorum dependentes, in vaginis adeo reconditos habent, ut vix supremam capuli partem attingere, aut necessitate cogente apprehendere possis.	ain lang krum messer / doch stercker am ruckhen / weder ain prodtmesser / das sy neben andern messern an der rechten seitten hengen haben / das hefft wenig uber die schaiden außghet / gebrauchen sy für ain hessen oder tolich / als ain kurtze wehr /
Loro pariter freni longo, & in extremitate perforato utuntur, quod digito sinistro annectunt, ut arcum apprehendere, eoque retento uti possint.	die zügl an zamen sein lang / und am ort gemacht / das ainer mit den finger dareingreiffen mag / und behalten zu yeglicher notttürff /
Porro quanquam simul & eodem tempore manibus teneant frenum, arcum, frameam, telum & flagellum, istis tamen scite & sine ullo impedimento norunt uti.	wie die gaisl / also das sy auch auf ain zeit den zam / gaisl / pogen / pfeil / und Säbl / mit einanter in jren henden behalte[n] / und nach gelegenhait yeglichs brauchen mügen /
Nonnulli ex praestantioribus, lorica, thorace affabre ceu ex quibusdam squamis concinnato, & armillis: paucissimi autem crista, instar pyramidis in summitate exornata, utuntur.	die etwas mehr dan ander vermüglich sein / haben pantzer / und wie ungeferlich CORACZIN aber wenig haubt harnesch / dieselben alle gupffet oder gespitzt /
Sunt qui habent vestem bombycis lana suffertam, ad sustinendos quoscunque ictus. Lanceis quoque utuntur.	aber ander haben khlaider die dickh mit Paumwol außgenät sein / die ain gemain pogen pfeil aufhalten / was sy für spieß brauchen seind wie schäfflin /
	jre pferdt seind alle niderträchtig mit dem kopff / sein vasst notleidig thuen grosse arbait.
Peditatu vero & tormentis in conflictu nunquam usi sunt.	In Veldtzügn haben sy Veldtgeschütz noch Fueßvolckh nit gebraucht
Etenim quicquid agunt, sive adoriuntur, sive insequuntur, sive fugiunt hostem, id repente & celeriter faciunt: atque ita illos nec peditatus, nec tormenta subsequi possunt.	dan al jr thuen ist in eil antzugreiffen oder zuefliehen.
Modernus tamen princeps Basi-	Gleichwol der Basilius zu dem ich

lius, cum rex Praecopensis, nepotem suum in Casanense regnum induxisset,

& in reditu iuxta Moscovuiam tredecim millibus passuum castrametatus esset, anno insequenti circa Occam fluvium castra posuerat.

atque peditatu tum primum & tormentis usus est, fortasse ut potentiam suam ostentaret: aut maculam susceptam priori anno, ex turpissima fuga, in qua dicebatur aliquot diebus sub acervo foeni delituisse, deleret: aut denique regem, quem ditionem suam rursus invasurum putabat, a finibus suis arceret.

Certe nobis praesentibus habuit ex Lithvuanis, variaque hominum colluvie, mille & quingentos fere pedites.

Hostem primo impetu audacissime aggrediuntur, nec diu perseverant: ac si innuere vellent, Fugite, aut nos fugiemus.

Civitates raro vi, aut impressione acriore expugnare, sed longa magis obsidione, homines fame aut proditione ad deditionem adigere solent. Quanquam Basilius Smolentzko civitatem admotis tormentis, quae partim ex Moscovuia secum adduxe-

gesant gewest / nach dem der Tatterisch Künig aus dem Precop das Künigreich Casan den Moscoviter abgedrungen / und sein enenckhel eingesetzt /

am widertzug biß auff zwo Meil zu der Mosqua khumen was / des nechsten jars darnach der Basilius sein hoer an das wasser Occa gelegert hette /

alein darumb das er sein macht sehen liesse / und die schmach so jme mit seiner flucht zuegestanden / als er etliche tag under ainem Schober hey verborgen lag / möchte abwischen / oder villeicht besorgt / der Tatter wurde wider khummen / fuerte datzumal ain Veldtgeschuotz und etlichs Fueßvolgkh neben den Reyttern /

der zeit wir dort gewest / möcht in Fünfftzehenhundert Lyten und allerlay Nationen fueßvolgkh gehabt haben /

Smolensco hat er auch beschossen / das geschütz darvor gegossen / und im abtzuch wider prochen / die stuckh hingefuert.

Ire Veindt greiffen sy trutzlichen an verharren aber nit lang / und thuen als etwo beschehen ist / in unsern Landen / da begert ward / fliecht oder wir werden fliehen.

Die Stet und Schlösser gewinnen sy selten mit gwalt aber mit harriger belegerung und verräterey /

Smolensco hat der Fürst belegert / mit vil geschütz des auß der Mosqua

rat, partim ibi in obsidione fuderat, oppugnabat, quassabatque: nihil tamen effecerat.

Obsederat & Casan magna militum vi, admotis pariter tormentis, quae secundo fluvio eo portaverat: sed tum quoque usque adeo nihil effecerat, ut dum arx incensa funditus conflagraret, atque ex integro rursus aedificaretur: ne nudum quidem collem interim miles ascendere, occupareve ausus fuerit.

Habet Princeps nunc fusores tormentarios Alemanos & Italos, qui praeter pixides, tormenta bellica, item ferreos globulos, cuiusmodi & nostri Principes utuntur, fundunt: quibus tamen in conflictu, quod omnia in celeritate posita habent, neque sciunt neque possunt uti.

Omitto etiam, quod tormentorum discrimen, seu, ut verius dicam, usum ignorare videntur. Nesciunt inquam, quando vel maioribus, quibus muri demoliuntur: vel minoribus, quibus acies impetusque hostium disrumpitur, uti debeant. Id quod cum alias saepe, tum maxime eo tempore accidit, quum Tartari Moscovuiam iamiam oppugnaturi ferebantur.

tum enim Locumtenens tanquam in re subita, maius tormentum sub portam castri, ridente bombardario Germanico, collocandum iusserat:

war bracht / khundt datzumal darmit nichts schaffen /

So hat man das Schloß Casan geschossen und angezündt / seine leüt zu gesehen / hintz das verprunnen und wider auffgepaut ist worden / sich aber kainer der seinigen hintzu gethon /

hat gleichwol gehabt Teutsch und Wälhisch püxengiesser / Kuglschmid /

aber sy die Moscoviter haben der khaines khünt / oder gewisst zubrauchen /

haben auch khain wissen / welches geschütz / sy zu veldschlachten / maurprechen / oder von der mauer zu wehrn brauchen sollen. Das jungstlichen als die Tattern im Land waren / und besorgten sy würden sich des schloß Mosqua antzulauffen undtersteen / gesehen ist worden /

Der Stathalter ainer berüfft den Teutschen Püchssenmaister / spricht / lieber Niclas nim die groß Püchssen / und laß die undter das thor fuoren. Es was ain alt eisen stuckh / wie ain Mörser / ain klainen Pulver sackh im mundloch mocht ain man gerad auf sitzen / und noch höher

cum id tamen vix tridui spacio eo deduci potuisset, ad haec semel duntaxat exoneratum testudinem & portam dissipasset.

Magna est hominum, ut in aliis negotiis, ita in bello gerendo, diversitas ac varietas.

Moscus enim quamprimum fugam arripit, nullam salutem cogitat, praeter eam quam fuga habere potest: assecutus, seu apprehensus ab hoste, nec se defendit, nec veniam precatur.

Tartarus vero deiectus ex equo, spoliatus omnibus armis, gravissime etiam vulneratus, manibus, pedibus, dentibus, quoad & quacunque potest ratione, ad extremum usque spiritum se defendere solet.

Thurcus, dum videt se omni auxilio ac spe elabendi destitutum, supplex veniam petit, armis abiectis, ac iunctas ad ligandum manus victori porrigit, speratque captivitate vitam se impetraturum.

Castris collocandis amplissimum locum eligunt, ubi praestantiores tentoria erigunt:

alii vero ex arbustis veluti arcum in terram figunt, penulisque tegunt, quo ephippia, arcus, & id genus alia recondant, seque ab imbre defendant.

das vil Jar da unbewegt gelegen ist / des lacht maister Niclas /

Solches thet dem Stathalter zorn / spricht / lachestu den des? Sagt maister Niclas /

in dreien tagen khunt ich dirs an das ort nit bringen / und zum schiessen / richten / und obs dahin gebracht würde / mit dem ersten schuß das thor umfallen.

Ain yegliche Nation hat sein undterschaidt von der andern auch in Khriegen /

So bald der Moscoviter die flucht annimt / so behilfft er sich derselben / er ergibt sich nit / begert khainer gnadn / lasst sich schlahen / fleugt so lang er mag.

Der Tatter aber ob er gleich vom Roß kumt / und ligt auch hartt verwunt / Er schlecht / peisst / und khratzt / als lang er ymmer mag.

Der Türckh aber siecht das khain trost da ist / Bitt / und peutt baide hend / spricht Herr pind und nit verderb ain redlichen man.

So die Moscoviter sich zu veld schlahen / nemen sy ainen weitten platz ein / da die ansehenlichere jre hütten oder getzelt auffschlahen /

Die andern machen wie ain gewelb von rueten / darüber deckhen sy jre IAPANTZE / das sein jre Gepenickh od[er] Mäntl darüber behalten sy jre wehrn / Sätl und dergleichen / schlieffen je selbs darundter

Equos ad pascua pellunt, quorum causa tam late disiuncta tentoria habent: quae nec curru, nec fossa, nec alio quovis impedimento muniunt:
nisi forte locus natura sit, aut sylvis, aut fluminibus, paludibusve munitus.

Posset forte cuipiam mirum videri, quod se & suos tam exiguo stipendio, & tam diu, ut supra dixi, sustineant: ideo illorum parsimoniam & frugalitatem paucis aperiam.
Qui habet sex, aut aliquando plures equos, ex iis uno tanquam baiulo, sive clitellario, qui vitae necessaria portet, utitur.
In primis habet milium contritum in sacculo, longitudine duorum aut trium palmitum: deinde suillae carnis salsae libras octo, aut decem.
habet & sal in sacculo: & si dives est, mixtum pipere.

Praeterea unusquisque secum fert securim, fomitem, lebetes, aut ollam cupream,

ut si aliquo forte deveniat,
ubi nihil fructuum, allii, caepae, aut carnis ferinae reperiat,
tum ignem accendit, ollamque aqua replet, in quam coclear plenum milii, sale addito, iniicit, coquitque: eo cibo dominus & servi contenti vivunt.

jre pferdt lassen sy grassn / ligen im freyem veld unbewart.

Es möcht manigen wunder nemen / wie sy mit so wenig besoldungen oder underhaltung möchten leben / Derhalben ist zu wissen /

wan jr ainer mit sechs oder mehr Rossen auß zeucht / hat zum minsten ain pferdt darauff er die nottürfft fuert /
am ersten in ainem sackh / etwo zwaier span lang ain prein / dan ain stuck schweinen fleisch /

und aber in ainem sackh Saltz / ist er dan reich / so hat er ain sackh mit Pfeffer /
dabei ainen Khessl / und yeglicher hat sein häckhl hinder der guortl / dartzue ain feuertzeug /
Die speiß greifft er nit an / alle weil sy ainigerlay frucht von Paumen / wurtzeln / Zwifel / Knoblach / oder auch ain wilprät / oder Visch bekhumen mögen /
wan das alles manglt /

dan erst so macht man ain feuer / und ain wasser im Khessl ubergesetzt / darein schütt man ain löffl vol Prein / und Saltz dartzue / von dem benügen sich der Herr und die Knecht /

Porro si dominus nimium famelicus fuerit, totum absumit: itaque servi aliquando ad totum biduum aut triduum egregie ieiunant.

Ad haec, si dominus vult lautius epulari, tum addit parvam portiunculam carnis suillae. Hoc non loquor de praestantioribus, sed mediocris conditionis hominibus.

Duces exercitus, & alii militiae praefecti, invitant aliquando pauperiores illos: qui sumpto bono prandio, interdum post ad biduum, aut triduum cibo abstinent.

Item cum habent fructus, aut allium, aut caepas, tum facile aliis omnibus carere possunt.

Ingressuri praelium, plus spei ponunt in multitudine, & quantis copiis hostem adoriantur, quam robore militum, ac instructo quam probe exercitu: feliciusque eminus, quam cominus pugnant. atque ideo hostem circumvenire, & a tergo adoriri, praecipue student.

Tubicines multos habent. hi dum patrio more, omnes una tubas inflant, intonantque: mirum tum ac inusitatum quendam concentum audires.

Habent & aliud quoddam genus Musices, quod gentili lingua Szurna appellant.

Eo si quando utuntur, tum una hora, plus minus, sine ulla respiratione,

an die khumt gleichwol das weniger /

soverr der Herr paß leben oder essen wil / thuet ain claines pröckhle vom schweinen fleisch darein / damit alles geschmacher wirt / und dasselbig stückhl fleisch ist alein für den Herrn / solches ist von denen piß an mittern stand gesagt /

Die Reichen habens yeder zeit allenthalben pessers /

die Haubt und bevelchsleut berueffen je zu zeitn auch die Ermern / wann dan derselben ainer ain guet mal emphacht / sol wol zwen tag darnach vasstn /

jr maister trost steet so sy gegen den veindtn ziehen / in der menige / und ist jnen gewöndlicher sich nit nahent zum veindt zuthuen / dan als sy den mit jren pögnen und pfeillen erraichen mügen / thuen allen vleiß damit sy den veindt hindertziehen / und in die ruckh fallen möchten /

prauchen gar vil Trumeter / wan sy dan al auf ainmal nach jrer monier aufplasen / ist frömd zuhören /

Sy haben noch ain anders spyl / wie ain Schalmeien / die nennen sy SZURNA

so sy die prauchen / mag ainer nit abnemen so der in ainer gantzen stund on aufhör pläst /

seu aeris attractione quodammodo canunt.

 Buccas autem primum aere implere solent: dein naribus spiritum identidem attrahere edocti, tuba vocem absque intermissione edere dicuntur.

 Omnes vestitu, seu corporis cultu simili utuntur.
tunicas oblongas sine plicis, manicis strictioribus, Hungarorum fere more, gestant:
in quibus Christiani nodulos, quibus pectus constringitur in dextro:

Tartari vero haud dissimili vestitu utentes, sinistro latere habent.

Ocreas fere rubeas, easque breviores, ut quae genua non attingant, soleasque ferreis claviculis munitas gestant.

Indusia omnes fere variis coloribus circa collum exornata habent: eaque monilibus seu globulis argenteis, aut cupreis deauratis, additisque ornamenti causa unionibus, constringunt.

 Ventrem nequaquam, sed femora cingunt: atque adeo pubetenus, quo magis promineat venter, cingulum demittunt. Quin & nunc Itali & Hispani, imo & Germani ita assueverunt.

 Adolescentes & pueri pariter

wan er den atm fecht / man sagt sy khunnen den atm durch die nasen ziehen / so sy zuvor die packhen vol haben / damit die stym im wesen erhalten wirdet.

 Gemaine claidung undter jnen ist alle gleich auf ain form gemacht / lang rögkh schmall on alle falden / mit engen ermeln / nahent den Hungrischen gleich /
vorn herab tragen sy khnöpflen / oder khneiffle / an der rechten seitten angehefft /
ist ain undterschaid von Tattern / die auch gleichmässige Rögkh tragen / Aber die Khnöpfle an der linckhen seitten /
jre Pössl oder Stifl am maisten rot / untzt an das khnie / mit clainen nägeln an der Solln auch etliche am spitz vornen und hinden an der versen etwas erhebt / auch beschlagen / des sy on Sporn stat brauchen / jre Hemeter al mit hohen gollern / dieselben goller manigerlay farben / und gewöndlich al vergultte Khnöpfl daran / wie ainer die vermag / auch mit Perlen an der seitten die das goller zusamen halten.
Von jren Güertln hab ich geschriben / das mir dan frömbd was / aber nun sicht mans an Teutschen und andern die grosse peuch ziehen /

so doch die Teutschen one das für schwär und großleibig geacht werden.

 Die jungen starckhen Pueben

festivis diebus, sed in civitate loco amplo & celebri, unde videri & exaudiri a pluribus queant, convenire solent.
quibusdam autem sibilis ceu signo dato, convocantur: convocati illico concurrunt, manusque conserunt.
certamen pugnis ineunt, mox pedibus promiscue ac magno impetu faciem, guttur, pectus, ventrem, genitalia quatiunt: aut quacunque ratione possunt, alios alii inter se de victoria concertantes prosternunt, adeo ut saepe inde exanimati asportentur.
Porro quicunque plures vincit, diutius in arena durat, fortissimeque verbera tolerat, is prae caeteris laudatur, victorque celebris habetur.
Hoc certaminis genus institutum est, ut assuescant adolescentes verbera ferre, ictusque quoscunque tolerare.

Iustitiam strenue exercent in praedones: quibus comprehensis, calcanea primum frangere, dein in biduum aut triduum usque, dum intumescant, quiescere: post, fracta iam ac intumefacta, rursus motare iubent.

Non alio genere torquendi & flagitiosos, ad confitenda latrocinia, sociosque scelerum indicandos, utuntur. Caeterum si in quaestionem vocatus, supplicio dignus fuerit repertus, suspenditur.
Alio genere poenae sontes raro puniuntur, nisi quid immanius commiserint.

haben gemaingclichen ain platz in der Stat dahin sy zu Feyertaglichen zeitten zusamen khommen.

So wuschpelt ainer nach jrem gebrauch / dan lauffen sy in ain ander / schlahen unnd stossen mit Feusten / khnien und füessen anainander in das angesicht / drüssl / pauch / zu den gemächten / das man ye etlich halb lebendig davon tregt /

Das ist allain umb den rhuemb / welcher lenger den platz erhalten mag /

und das sy der schleg und stöß gewonen / wans not ist / jnen nit frömbd seyen.

Die gröste gerechtigkhait halt man wider die Rauber / so man die uberkhumt / so zerschlecht oder zerkhnuscht man jnen die khnodn an den füssen / lassen dan ain oder zwen tag also ligen / hintzt die geschwelln / dan so bewegt man die hin und wider.

Mit solcher pein erfragt man bey jnen was man wil / wan dan ainer dermassen schuldig befunden / so hengt man den /

prauchen khain andern todt antzuthuen / Es hab dan ainer gar grosses ubl begangen /

Ich hab die hengende gesehen / den

Furta raro capitali poena, imo homicidia raro, nisi praedae gratia facta fuerint, puniuntur.

Qui vero furem in furto deprehendit, & occidit, impune id facere potest: ea tamen conditione, si occisum in aulam Principis detulerit, & rem ut acta est exposuerit.

Cum brutis congredientes, ne illi quidem ultimo afficiuntur supplicio.

Pauci ex praefectis habent authoritatem, ultimum supplicium irrogandi. Ex subditis nemo aliquem torquere audet. Plerique malefactorum Moscovuiam, seu ad alias principales civitates ducuntur.

Hyemali autem tempore ut plurimum in sontes animadvertunt: aestivo enim, bellicis negotiis impediuntur.

Sequuntur ordinationes a Ioanne Basilii Magno Duce, Anno mundi 7006 factae.

Quum reus fuerit in unum rublum condemnatus, solvat Iudici altinos duos, Notario octo dengas.

Si vero partes redeunt in gratiam, priusquam in locum duelli venerint, non minus Iudici & Notario solvant, ac si iudicium factum fuisset.

Si venerint in locum duelli, quem Ocolnick & Nedelsnick duntaxat

die fueß abgefallen oder von Wölfen abgeessen seind worde[n] / hab auch gesehen die Wölf daran fressen / so nider hengt man sy.

Die diebstal straff man selten mit dem todt / auch die Todtschleger / es sey dann Raubs halben beschehen / Welcher aber ainen dieb / im diebstall begreifft und ertödt / der ist on straff / dergestalt / wan er den todten für die Obrigkhait bringt / und zaigt an wie die sach ergangen ist.

Wenig Ambtleuttn ist zuegeben leut zutödten / auß den Underthonen mag kainer peindlich fragen / Vil der ubelthätter werden in die Mosqua und ander ansehenliche Stet gefürt /

so helt man dergleichen gericht nur im Wintter / Sumerszeitten handlt man Kriegßsachen.

Des Großfürsten Hannsn Basily Sun ordnungen und gesatz im 7006. Jar.

Wann ain beklagter verurthailt wird umb ain Rübl / sol dem Richter zalln zwen Altin / dem gerichtschreiber acht dengen /

soverr sich die partheyen verainigen / ehe sy zu dem platz des Khampfs khumen / tzallen dem Richter und Notari als ob das gericht ubergangn war /

khumen sy aber an den platz des Khampfs den jnen der OCOLNICK

decernere possunt, ibique forte in gratiam redierint, solvant Iudici, ut supra, Ocolniko L. dengas, Nedelsnico similiter L. dengas, & duos altinos: Scribae quatuor altinos, & unam dengam.

Si vero venerint ad duellum, & alter victus fuerit, tum iudici reus quantum ab eo postulatur, solvat, Ocolniko det poltinam & arma victi, Scribae L. dengas, Nedelsniko poltinam & quatuor altinos.

Si vero duellum committitur propter aliquod incendium, necem amici, rapinam vel furtum, tunc accusator si vicerit, ab reo accipiat quod petiit,

Ocolniko detur poltina & arma victi, Scribae L. dengae, Nedelsniko poltina, Vestono (est autem Veston, qui ambas partes praescriptis conditionibus ad duellum committit) quatuor altinos:

& quicquid victus reliqui habuerit, vendatur, iudicibusque detur: corpore autem, iuxta delicti qualitatem puniatur.

Interfectores dominorum suorum, proditores castri, sacrilegi, plagiarii, item qui res in alterius domum clanculum inferunt, easdemque furto sibi ablatas dicunt, quos Podmetzchek vocant, praeterea qui incendio homines affligunt, quique manifesti malefactores fuerint, ultimo supplicio afficiuntur.

und NEDELSCHNIK auszaigen mügen sich daselbstn vertragen / dem Richter wievor / dem Ocolnick Fünfftzig dengen / dem Nedelschnikh auch sovil / und zwen Altin / dem Schreiber vier Altin / unnd ain dengen /

Khumen sy aber zu khampf / und welcher verlustig wirdt / zalt dem Richter sovil er vordert / dem Ocolnigkh ain Poltina unnd des uberwundtnen wehr / dem Schreiber Fünfftzig Dengen / dem Nedelschnigkh Poltina unnd vier Altin /

Wann aber ain Khampf beschiecht von wegen aines Feuers oder prunst / aines freundts todt / Raubs oder diebstals / unnd das der anclager sigt / so mag er von dem uberwundnen nemen / was er wil /
dem Ocolnigkh gebürt Poltina und des uberwundnen wehr / dem Schreiber fünfftzig dengen / dem Nedelschnigkh Poltina / und dem VESTON / das ist / der die Khempfer mit bescheidnen außtruckten massen zusamen last / vier Altin / und was der uberwund merers hat / das verkaufft man und gibts den Richtern / und nach gelegenhait seiner that / strafft man den am leib.

Die jre Herrn tödten / der Schlösser oder Stett verrater / Kirchpruchl / die jchtes in aines andern hauß tragen oder bringen / und dann sagen / das sey jnen gestolen / die nennen sy PODMETZEK / die prenner und die offne ubelthäter werden mit dem todt gestrafft.

Qui primum furti convictus fuerit, nisi forte sacrilegii aut plagii accusetur, morte non est afficiendus, sed publica poena emendandus: hoc est, baculis caedendus, & poena pecuniaria a iudice mulctandus.

Si iterum in furto deprehensus fuerit, & non habuerit unde accusatori aut iudici satisfaciat, morte plectatur.

Si alioqui fur convictus, non habeat, unde accusatori satisfacere posset, caesus baculis, tradatur accusatori.

Si quis furti accusetur, & honestus aliquis vir iureiurando affirmet, illum antea quoque furti convictum, aut furti causa cuipiam reconciliatum fuisse, neglecto & omisso iudicio, morte afficiatur: de bonis eius fiat, ut supra.

Si aliquis vilis conditionis, aut suspectae vitae, furti insimuletur, vocetur in quaestionem. Si vero furti convinci non potest, datis fideiussoribus, dimittatur ad ulteriorem inquisitionem.

Pro scripto decreto, seu lata sententia, aestimatione unius rubli solvantur Iudici novem dengae: Secretario, qui sigillum habet, altinum unum: Notario, dengae tres.

Praefecti, qui non habent authoritatem, causa cognita, decernere ac sententiam ferre, hi alteram partium in aliquot rublis condemnent, dein

---

Der erstlichen mit diebstal betretten wird / ausserhalb der Kirchpruchl / sol nit getöd / sonder offendlich gestrafft / das ist mit Prügln geschlagen / und durch das gericht umb gelt gestrafft werden /

Soverr der zum andern mal betretten wirdet / und dem Clager und Richter nit hat zubezalln / sol getödt werden /

und wann ainer des diebstals uberzeugt wirdet / und hat dem Anclager / und dem Richter nit zubetzallen / der sol mit prugln geschlagen und dem Clager uberantwort werden /

Welcher diebstals beclagt wirdt / und ain Erlicher man mit seinem Ayd bestät / dz derselb hievor diebstals uberwundn / oder diebstals halbn vertragn / sol on weitter gerichtlicher erkhantnuß getödt und mit seinem guet wie vor stet gehandlt werden /

Wirdt ain schlechter geringer mensch des diebstals beclagt / der sol zu der frag gebracht werdn / wo dann der nit uberwunden wirdt / der sol auf porgschafft gelassen werden / zu weitterer erjnderung.

Für ain schrifftliche erkhantnuß die auf ain Rubl wert geet / sol dem Richter zwo Dengen / dem Schreiber der das Petschafft oder Sigl hat ain Altin / dem urtlschreiber drey dengen bezalt werden.

Die Ambtleut so khain gericht haben / die legen dem ainen theil auf / etliches gelt zubezalln / und schickhen jr guet bedunckhen zu den ordenlichen Richtern /

decretum ad Iudices ordinarios mittant.

quod si iustum ac aequitati consonum illis videtur, tum de singulis rublis, singuli altini Iudici, Secretario vero IIII dengae solvantur.

Quicunque alterum furti, spolii, seu homicidii accusare vult, Moscovuiam proficiscitur, petitque ut talis in ius vocetur.

Datur illi Nedelsnick, qui reo diem dicit, eundemque Moscovuiam perducit. Reus porro in iudicio constitutus, plerunque crimen sibi obiectum negat.

Si actor testes producit, tum ambae partes interrogantur, an dictis stare velint.

Ad id communiter respondent: Audiantur testes secundum iustitiam & consuetudinem.

Si contra reum attestantur, tum reus statim se opponit, & contra testimonia & personas excipit, dicens:

Peto mihi decerni iuramentum, meque iustitiae divinae permitto, petoque campum & duellum. Atque illis ita, iuxta patriae consuetudinem, duellum decernitur.

Uterque quemvis alium, suo loco ad duellum constituere, armis item uterque instruere se quibuslibet potest, pixide & arcu exceptis.

Communiter autem loricas oblongas, aliquando duplices, thoracem, armillas, galeam, lanceam, securim, & ferrum quoddam in manu, instar pugionis, in utraque tamen extremitate acutum, habent: quo altera manu

wo sy des für recht oder pillich erkhennen / So gebüern dem Richter von jegclichem Rubl ain Altin / dem Schreiber vier dengen.

Welcher ainen umb Diebstal / Todtschleg / oder Rauberey beclagen wil / khumbt in die Mosqua / und bitt denselben zuervordern /

dem wird ain Nedelschnikh zugeordent / der dem beclagten ainen tag benent / und in die Mosqua bringt / der beclagt vernaint gemainclich die zicht /

wann dan der Clager zeugen fürstelt / fragt man baide / clager und den beclagten / ob sy bey der zeugen sag beleiben wellen /

so antworten sy gemainclichen / die zeugen werden verhört nach der gerechtigkait und gewonhait /

Sagen die wider den beclagten / dann so thuet er sein einred / wider jr person und sag / und spricht

Ich beger mir den Ayd vortzuhalten / und bevilch mich dem Göttlichen rechtn / beger den Platz und den Khampf / der wird jme nach jrem Rechten und gebrauch bewilligt.

Im Khampf mag jeglicher ainen andern an sein stat verordnen / und was wehr ain jeglicher wil nemen / allain Püchsen und Pogen nit /

Offt nemen sy lange pantzer / ye zway uberainander / harnasch und wie jegclicher wil / doch gemaingclich ain Spieß / Hagkhen / und ain eysen das zwifach ist / und die handt dardurch stössen / nichts minder zu

ita expedite utuntur, ut in quolibet congressu non impediat, neque manu cadat. eo autem in pedestri certamine plerunque utuntur.	allen sachen die handt prauchen mag / und das eysen an baiden ortten under und ob der hand scharffe spitz hat / zum stechn /
Certamen primum ineunt lancea, dein aliis utuntur armis: cum multis annis Mosci cum externis aut Germanis, aut Polonis, aut Lithvuanis certantes, plerunque succubuissent.	Erstlichen brauchen sy die spieß / Es haben die Moscoviter etliche jar die Khempf mit den außlendern yeder zeit verlorn /
Novissime autem cum Lithvuanus quidam XXVI annos natus, cum quodam Mosco, qui plusquam XX duellis victor evaserat, congressus, occisus esset:	und jungstlichen hat ain junger Lythischer als bey Sechtzehen jarn mit aim Moscoviter der hievor bey zwaintzig Khempfen gesigt / den Khampf gethon / denselben der Lith erschlagen /
Princeps indignatus, illum ut videret, continuo accersiri iubet. quo viso, in terram expuit, & statuit, ne in posterum ulli externo duellum contra suos decerneretur.	des der Großfürst erzurnt / und den jungen für sich erfordert / wie er den ersehen / gegen jme außgespuertzt / und darnach aufgesetzt / damit füro die außlender mit den Moscovitern khainen khampff thuen sollen /
Mosci plurimis ac diversis armis se onerant verius, quam armant: externi autem consilio magis quam armis tecti, congrediuntur.	Die Moscoviter beschwärn sich seer mit den waffen / die außlender aber handln meer mit Rat und schicklichkait /
Cavent in primis, ne manus conserant: quod Moscos plurimum brachiis lacertisque valere sciunt,	Erstlichen haben die außlender als sy gemaingclich beyainander stehen / die underwisn das sie sich verhuetet / damit sy nit zu handgrifft khumen / dan die Moscoviter starckh in henden und armen seind /
sola industria ac agilitate illos tandem lassos vincere solent.	Dem jungen Lithen waren an etlichen orten stain gelegt / der thete im anfang als wiche er dem BATHYR (also nennen sy ain redlichen man) und trachtet zu den stain / hebt ain nach dem andern / und mit den wurffen ist er dem obgesigt /

./.

Utraque partium habet multos amicos atque fautores, certaminis sui spectatores: sed prorsus inermes, exceptis sudibus, quibus interdum utuntur.

Etenim si alteri horum videtur iniuria aliqua fieri, tum ad propulsandam eius iniuriam fautores ipsius accurrunt, mox etiam alterius: atque ita utrinque certamen spectantibus exoritur iucundum. agitur enim res capillis, pugnis, fustibus, sudibusque praeustis.

Unius nobilis testimonium plus valet, quam multorum vilis conditionis hominum.

Procuratores rarissime admittuntur, quisque causam suam exponit.

Princeps, quanquam severissimus sit, nihilominus tamen omnis iustitia, & palam fere, venalis est.

Audivi quendam consiliarium, qui iudiciis praeerat, fuisse deprehensum, quod ab utraque partium in quadam causa munera accepisset: & pro altero, qui plus dederat, iudicasset.

quod factum, ad Principem delatus, non negabat: illum, pro quo iudicasset, hominem dicebat divitem, honesto loco, atque ideo magis huic quam illi inopi & abiecto credendum.

Tandem, quamvis Princeps sententiam revocasset, ridens tamen, illum impune dimisit.

Fortasse tantae avaritiae ac improbitatis causa est ipsa egestas, qua suos cum sciat Princeps oppressos, ad

Yeglicher Khempfer hat gemaingclichen ain grossen beystandt und zueseher on wehr / allain stegkhen haben sy /

und geschicht ye das ain thail vermaint dem seinigen geschech unpillich / khumen dan zu khrieg / auch zustraichen / das lusstig zusehen ist / dan es geet nuer mit rauffen / feustn und prugln zue.

Aines Edlmans zeugnuß ist meer / dan viller des gemain volgkhs /

haben selten Procuratores oder vorsprecher / mueß jeglicher sein sach selbs reden /

und wiewol der Fürst greulich / nichts minder ist das Recht bey jnen zuerkhauffen / und geschiecht offenlich /

Wir haben vernumen / das ain ansechenlicher Rat von zwayen partheyen niedt und gaben genumen / und für den so am maisten geben geurtlt /

die sach ist für dem Fürsten bracht / der Rath hat nit gelaugnet / dartzu gesagt / der ist ain reicher erlicher man / darumb ist jme mer dan dem armen zuglauben /

Wiewol der Fürst die urtl verkheret / doch dartzue gelacht / und den Rath on straff hingelassn /

villeicht ist solches geyts und unrechtens die groß Armuet ain ursach

illorum facinora atque improbitatem, quasi impunitate proposita, connivet. Pauperibus non patet aditus ad Principem, sed ad ipsos consiliarios tantum, & quidem difficillimus.

Ocolnick personam Praetoris, seu Iudicis a Principe constituti sustinet: alias supremus consiliarius, qui semper apud Principem versatur, eo nomine vocatur.

Nedelsnick, est commune quoddam eorum officium, qui homines in ius vocant, malefactores capiunt, carceribusque coercent. atque hi Nobilium numero continentur.

Coloni sex dies in septimana domino suo laborant, septimus vero dies privato labori conceditur.

Habent aliquot privatos, & a dominis suis attributos agros, & prata ex quibus vivunt: reliqua omnia sunt dominorum.

Sunt praeterea miserrimae conditionis, quod illorum bona, nobilium ac militum praedae exposita sunt: a quibus etiam per ignominiam Christiani, aut nigri homunciones vocantur.

Nobilis, quantumvis pauper fuerit, turpe sibi tamen ac ignominiosum esse putat, si manu laboraret. Hoc autem turpe non esse ducit, cortices, seu putamina fructuum, & praesertim melonum, allii, ac caeparum, a nobis & famulis nostris abiecta, de terra levare ac devorare.

/ weil der Fürst dieselbige waist / sicht gleich also zue /
die armen mügen zu dem Fürssten nit / sonder nur zu den Räthen / und daselbst hin auch beschwärlichn.

Ocolnickh ist sovil als ain angesetzter Richter vom Fürssten / der öberste Rat so bey dem Fürsten on undterlaß wont / hat auch das Ambt.

Nedelschnigkh haben ain gemain bevelch die zum Rechtn vordern / die ubelthäter fahen / fängkhnussen / und seind in der Boyern standt.

Pauerschafft mueß dem Herrn sechs tag in der wochen arbaitten / der sibend ist sein /
haben ain außgetzaigt Erttrich / des sy sich betragen muessen /

und ist ain erparmblichs volgkh / mit allen leib und guet der Edlen Raub / dartzue ubl geschlagen / die werden auch als mit aim schmaichlichen wort Christian und Schwartzmandl genent.
Darum sein jeder zeit zwen in ainem hauß / der ain arbait dem Herrn / der ander für das hauß.

Boyar der Edlman wie armb der ist / so deicht jne schmächlich sein zuarbaitten / Aber des schamen sy sich nit / wan wir oder unsere diener von früchtn / als Opffl / Piern / Melaun / die schelln verworffen / sy die von der Erden gehebt unnd geessen / auch von den Zwifln die schellen /

VON DER WELTLICHKHAIT

Caeterum sicuti cibo parce, sic potu, ubicunque se occasio offert, immoderate utuntur.

Omnes fere tardi ad iram, item superbi in paupertate: cuius gravem comitem habent, servitutem.

Vestes oblongas, pileos albos apicatos ex lana coacta, qua penulas barbaricas confectas videmus, solidosque ex officina gestant.

Vestibula aedium satis quidem ampla, & alta: fores vero habitationum humiles habent, ita ut ingressurus quispiam demittere se & inclinare cogatur.

Manuario qui vivunt labore, & operam suam vendunt, mercedem unius diei referunt dengam cum dimidia: artifex duas. neque hi strenue laborant, nisi bene verberati.

Audivi servitores aliquando conquestos, quod a dominis non essent probe verberati. Credunt se suis dominis displicere: signumque esse indignationis, si non verberentur.

De ingressu in alterius domum.

In singulis aedibus & habitationi-

Als sy mit essn etwas gemach thuen / also ubertretten sy mit dem ubrigen Tringkhen /

Sy seind nit liederlich zum zorn / aber in der armuet hoffertig seer / volgt nach die erbarmliche dienstperkhait /

Irer heüser thür in den Zimern seind nider / und die druschubl hoch / Also das sy im eingang sich sonderlichen mit jren huetlein vasst pugkhen / und in den langen engen claidern die fueß hoch aufheben muessen /

Ich hab jnen die ursachen außgelegt / damit sy im brauch beleiben / sich für und an mit dem khopf zunaigen und die fueß auff die Pherd zusytzen im prauch behalten. Es ist aber nuer der kheltn halb in Stubnen.

Tagwercher nemen ain Taglon anderhalbe dengen / das wäre fünffthalber Wienner phening / der maiste[r] zwo dengen / die arbaiten auch gar schlecht / wo man sy nit dartzue wol schlecht /

Den Dienern ist wie hievor von dem weib gesagt ist / vermainen jre Herrn lieben sy nit / wan sy ungeschlagen seind.

Wie die aneinander emphahen wann ainer zu dem andern in das Hauß khumbt.

Ain jegclicher hat in seiner

bus habent imagines sanctorum, pictas, aut fusas, loco honorificentiore.

& cum alius alium accedit, ingressus habitaculum, continuo caput aperit, ac ubi imago sit, circumspicit: qua visa, ter se crucis signo munit, caputque inclinans inquit: Domine miserere.
Dein salutat hospitem, his verbis: Deus det sanitatem. Mox porrectis manibus, deosculantur se mutuo, capitaque inclinant.

dein continuo alter alterum intuetur, uter nimirum se magis inclinaret, demitteretque: atque ita ter quaterque alternatim caput inclinantes, honoremque mutuo exhibentes, quodammodo concertant.
Post sedent,

negotioque suo confecto, hospes recta in medium habitaculi procedit, facie ad imaginem conversa: rursusque ter signo se crucis munit, prioraque verba inclinato capite repetit. Postremo data acceptaque prioribus verbis salute, abit.
Si est alicuius authoritatis vir, illum tum hospes sequitur ad gradus usque: sin praestantior, longius comitatur, habita & observata cuiusque dignitate.
Mirabiles observant caeremonias.
nulli etenim tenuioris fortunae homi-

Stubm oder gemach darinnen er gemainclichen wont / ain Pildnuß neben oder ob seiner sitzstat / gemalt oder gegossen /
der Gast so bald er in das gemach tritt / Sicht sich am ersten umb / wo er die Pildnuß mag ersehen / entplösst sein Khopf / Creutzigt sich dreymal nach jrem prauch /

alsdan erst spricht er zu dem Wiert / das du gesund seyest / bieten die hend / und khussen aneinander / naigt sich ain yeglicher mit dem Khopf gegen dem andern /
unnd schaut ain yeglicher auf den andern / damit er sich nit zu wenig naige / wil yeglicher der höflicher gesehen werden / und das naigen geet ye lenger ye niderer /

Sitzund richten sy alle jre sachen / miteinander /
man findt sy nimer geendt handlen / Sy haben sich derhalben unser offt verwundert /
Wan sy die sachen verricht haben / so steet der gast auff / geth in mitte der Stubm / emplösst sein khopf gegen der Pildnuß / und Creytziget sich / und mit den wortten er khumen ist / mit den geth er wider hinweg /
darnach der gast ist / so beglait der wiert den zu der Stubnthür / oder gar an die Stiegen / Ist dan der gast noch in merern wirden / beglait den uber die Stiegen ab / auf den absatz

Khainer junger oder niderer reyt in

ni licet intra portam domus alicuius praestantioris equitare.

Difficilis quoque pauperioribus ac ignotis aditus est, etiam ad vulgares nobiles: qui vel hoc nomine rarius in publicum prodeunt, quo maiorem authoritatem suique observantiam retineant.

Nullus etiam nobilis, qui paulo ditior est, ad quartam vel quintam domum pedes progreditur, nisi subsequatur equus.

Hyemis tamen tempore, cum equis, soleis carentibus, propter glaciem, absque periculo uti non possunt: aut quando aulam Principis, aut Divorum templa forte ingrediuntur, tum equos domi relinquere solent.

Domini intra privatos parietes semper sedent, raro aut nunquam inambulando quicquam tractant.

Mirabantur plurimum, dum nos deambulantes in diversoriis nostris, atque inter ambulandum negotia frequenter tractare viderent.

Veredarios Princeps, ad omnes ditionis suae partes, diversis in locis cum iusto equorum numero habet: ut cum cursor Regius aliquo missus fuerit, equum sine mora in promptu habeat. Est autem cursori liberum, ut quemcunque voluerit, eligat equum.

Mihi ex Novuogardia magna celeriter Moscovuiam proficiscenti, Magi-

des Eltern oder oberern hauß / steet darvor ab /

Wie schlecht der Edlman ist / so sitzt er stäts im hauß und khumbt selten herfür / damit sy jr achtperkait erhalten / darumb khumen die armen leut hart zu jnen /

so auch ainer zu dem andern nur in das drit oder viert hauß wil / so reit er / oder man fuert jme das Pherdt nach /

allain wintters zeitten wan es gefrorn und häll ist / dann jre Pherdt nit beschlagen sein / und gefärlich zureiten ist / geen sy gen Hof oder Khirchen /

yeder zeit tregt man jnen den Mantl und seinen Stab nach / so pald der geet / so nimbt er den steckhen in die hand / doch ist nit yeglichen der steckhen erlaubt / als den jungern oder geringschätzigen.

Posst Roß helt der Fürst auf alle ort / seines gepiets / wan dan ainer also an der posst geschickht wird / bringt man jme etlich Pherd für / damit er neme nach seinem gefalln /

Als ich in erster Potschafft von Großneugartten posstiert bin / haben

ster postarum, qui illorum lingua Iamschnick appellatur, aliquando triginta, nonnunquam quadraginta, quinquagintave adduci mane primo curabat equos, cum ultra duodecim opus non haberem.	die Posstfürderer / die sy IAM-SCHNIK nennen / an yeglichem Possthof zwier sovil Pherd bracht / als ich mit meinen leuten bedörffte /
Unusquisque igitur nostrum, equum qui sibi commodus videbatur, sumebat:	daraus yeglicher name / welches er wolte /
defessis dein illis, cum ad aliud in itinere diversorium, quod Iama appellant, pervenimus, continuo ephippio & freno retentis, permutavimus.	
Licet cuilibet celerrimo uti equorum cursu: & si forte aliquis concidat, aut durare non possit, tum ex proxima quaque domo alium rapere, aut alioqui abs quovis obviam forte occurrente, Principis duntaxat cursore excepto, sumere impune quidem licet.	So man dan also mit des Fürssten bevelch reyt / und ain Pherd erligt / wer jme (der nit auch mit des Großfürsten bevelch an der Posst reytt) bekhumbt dem nimbt man sein Roß / hintzt an den nechsten Potschafft (IAMA genent) Soverr dan nyembt begegnet / reyt der zu den nechsten heusern / und nimbt welches Pherd er findt / oder jme gefelt /
	So man dan in Possthoff khumt / nimbt ain yeglicher sein Satl und tzam und legts auf das ander Pherd / also satlt und tzamt man alle pherd mit ainem Satl / und ainem tzam /
Equum porro in itinere viribus exhaustum, relictumque Iamschnick requirere, item alterum ei cui ereptus erat restituere, preciumque ratione itineris habita, persolvere solet.	Welches Pherd also underwegen verlassen / suechen die Posstfürderer / und zalln dem vom Roß das man genumen und geritten hat /
Plerunque de X vel XX vuerst, numerantur sex dengae.	wie ich vernumen hab / so gibt der Fürsst von ainem Roß / so von ainer Jama zu der andern geritten ist / das sein zwaintzig oder fünffundzwaintzig verst sechs dengen /
Eiusmodi porro veredariorum equis, servitor meus ex Novuogardia Mo-	Mein diener ist von Großneugarten da meine Pherd steen beliben sein /

scovuiam, intervallo 600 vuerst, hoc est CXX Germanicis miliaribus LXXII horis pervenit.

quod quidem eo magis mirandum est, cum equuli tam parvi sint, & longe negligentius quam apud nos curentur, tantos tamen labores perferant.

De moneta.

Monetam argenteam quadruplicem habent: Moscovuiticam, Novuogardensem, Tvuerensem, & Plescovuiensem.
Moscovuiticus nummus non rotunda, sed oblonga & ovali quodammodo forma, Denga dictus, diversas habet imagines.

in die Mosqua wie man raitt fünff verst für ain Meil / seind hundert unnd zwaintzig meil / in zwayundsibentzig stunden geritten /

So pald man in die Possthöf khumt / den Satl und zaumb abgenumen / seind die Khnecht dartzue verordent / treiben die Roß auff ainen Anger oder Schnee / nach gelegenhait der zeit / wüschpln den Pherden zue / die uberwaltzen sich / zwier oder dreymal / dan so treiben sy die in ain stal / geben den nichts / huntzt die dermassen erkhuelt seind / als ob die erst vom stal außgiengen / darnach geben ain hey und treiben dan sy gen wasser / geben jnen jr fuetter nämblichen hey / sovil sy essen mügen / sy fuettern gemaine Pherd nuer ainmal zu der nacht / damit sy die nacht und tag daran haben allain zum Tranckh füeren oder treiben sy die zutzwaymalln im tag.

Müntz

Ir Müntz ist nit rund / sonder langkhalet und etliche in vil egkh geschlagen / aine haisst die Moscovittisch in die leng genent DENGA hat meer dan ain Präckh /

antiqua, in una rosae:

posterior,
hominis equo insidentis imaginem.

in altera autem parte utraque scripturam habet.

Illorum porro centum, unum Hungaricalem aureum: Altinum sex dengae, Grifnam viginti, Poltinam centum, Rublum ducentae faciunt.

Novi nunc utrinque characteribus signati cuduntur, & quadringenti valent Rublum.

Tvuerensis utrinque scripturam habet, & valore Moscovuitico aequiparatur.

Novuogardensis in una parte Principis in solio sedentis, hominisque ex adverso sese inclinantis imaginem: in altera scripturam habet, atque Moscovuiticum valore in duplo superat.
Grifna porro Novuogardensis XIIII, Rublus autem ducentas viginti duas dengas valet.

Plescovuiensis, caput bovis coronatum, in altera vero scripturam habet. Habent praeterea cupream monetam, quae Polani vocatur. horum sexaginta dengam Moscoviticam valent.

Aureos non habent, nec cudunt

die ain an der ainen seiten ain Roßen /

an der andern seitten ain man auff ainem Roß /
die ist die elter /

Die ander Müntz hat an baiden seitten schrifftn /
deren gelten hundert ain Hungerischen gulden / Sechs dengen machen ain ALTIN / zwaintzig ain GRIFEN / hundert ain POLTINA zwayhundert ain RUBL /

hernach hat man halbe Dengen geschlagen / haben an baiden seitten schrifften / der vierhundert machen ain Rubl.

Die zu Twer geschlagen / haben auch an bayden seitten schrifften / seind in dem weerd wie die Moscovitischen.

Die Neugartner haben an dem ainen thail ain Pild sitzund im Sessl / gegen dem naigt sich ainer / an der andern seitten ain schrifft und gilt zwo Moscovitische Dengen /

Die Neugartnisch Grifna hat viertzehen dengen derselben jr Rubl zwayhundert und zwayundtzwaintzig.

Die zu Plesco hat an ainem ort ain gekhrönten Oxenkhopf / an der andern seittn ain schrifft / Sy haben auch ain Khupferene / die nennen sy POLANI deren Sechtzig gelten ain Moscovitischen Dengen.

Gulden müntzen sy nit / haben khain gold im Land / allain was man

23 <lat. Text:> viginti] vinginti

ipsi, sed Hungaricalibus fere, interdum etiam Renanis utuntur:

preciumque eorum saepe mutant, praesertim cum externus auro aliquid mercaturus sit, tum continuo precium eius minuunt. si vero aliquo profecturus, auro indigeat, eius tum rursus precium augent.

Rigenzibusque rublis utuntur propter vicinitatem, quorum unus valet duos Moscovuiticos.

Moneta Moscovuitica est ex puro & bono argento: ea quamvis nunc quoque adulteratur. Non audivi tamen, ob hoc facinus in quempiam animadversum esse.

Omnes fere aurifabri Moscovuiae nummos cudunt: & quicunque affert massas argenteas puras, nummosque cupit, tum nummos & argentum appendunt, atque aequa lance librant.

Exiguum est, & constitutum precium, quod ultra aequale pondus solvendum est aurifabris,

parvo alioqui laborem suum vendentibus.

Scripserunt quidam, provinciam hanc rarissime abundare argento: Principem praeterea, ne id exportaretur, prohibere.

Provincia sane argentum nullum habet, nisi quod (ut dictum est) importatur: nec Princeps usqueadeo efferre prohibet, sed cavet verius.

atque ideo permutationem rerum

hinein bringt die Hungrischen gulden / die Reinischen gar selten /
der gemain weert für ain Hungrischen gulden waren hundert Dengen /
aber es verändert sich offt / So pald man am Marckht waiß / yemandts mit gold verhanden / der khauffen wil / dan setzen sy den weerd gering / wan aber ye ainer gold bedarff so setzen sy das theuer.

Rigische Müntz prauchen sy auch der Nachperschafft nach / deren Rubl gillt zween Moscovittisch.

Die Moscovitisch müntz ist guet gewest an wenigen zuesatz / man hat die aber auch nunmals angehebt zufelschn und wird niemand darumb gestrafft /

gemaingclich jegclicher Goldschmid mag muntzen / wer dan Silber bringt / des sy grob probm / wegen sy jme die müntz dargegen /

Es ist ain klainer muntz costn benent / den der neben dem Silber geben mueß /

Etlich haben geschriben als hab das Land nit vil Silber / und der Fürst verpeut das auß dem Land zufueren /

jm Land haben sy ja khain Perckhwerch man bringt aber vil Silber darein / und ist wol gültig / Es bedarff khaines verpots / daraus zufüeren /

dan die gemain handlung im Land

facere, & alia, ut pelles, quibus abundant, aut quid aliud eiusmodi, pro aliis rebus dare, recipereque suos iubet, quo argentum & aurum in provincia retineat.

Vix centum annis utuntur moneta argentea, praesertim apud illos cusa.

Initio cum argentum in provinciam inferebatur, fundebantur portiunculae oblongae argenteae, sine imagine & scriptura, aestimatione unius rubli: quarum nulla nunc apparet.
Cudebatur etiam moneta in Galitz principatu. ea autem cum aequabili valore careret, evanuit.
Porro ante monetam, proboscide & auriculis aspreolorum, aliorumque animalium, quorum pelles ad nos afferuntur, utebantur: iisque vitae necessaria, ceu pecunia, emebant.
    Numerandi ratione ea utuntur, ut res quascunque per Sorogk, aut Devuenosto, hoc est, aut quadragesimo aut nonagesimo numero, quemadmodum nos centesimo, numerent, dividantque.
Numerantes itaque subinde repetunt, multiplicantque, bis Sorogk, ter Sorogk, quater Sorogk: id est, quadraginta. aut bis, ter, quater Devuenosto, hoc est nonaginta.
Mille, gentili lingua Tissutzae: item decem millia, una dictione, Tma: viginti millia, Dvuetma: triginta millia, Tritma exprimunt.

ist der Stich / also das man die waaren Silber und anders selten mit Gold oder Silber zalt / sonder mit waarn / Es handlt auch khain Khauffman der mainung hinein / gelt / Silber und gold zulösen / sonder waarn herauß zubringen /
Sy sagen selbs das nit vil uber hundert jar ist / das sy nun khlaine müntz und gelt prauchen / das bey jnen gemuntzt wer worden /
Man hat hievor langkhalate stuckhl von Silber gegossen on alles präckh des ainen Rubl golten hat / hab der khains sehen mügen /

Zu GALITZ hat man auch gemuntzt / aber gar gering / darumb ist dieselb Muntz vergangen /
Vor der müntz / sagen / sy haben die Ruessl und örl von Fechen oder wie es etlich nennen Grabwerchen / Sy aber nennens Wielkhi in den clain sachen an stat des gelts gebraucht.

    Ire zaln sprechen sy gemainclichen auß mit SOROCK das ist viertzig / und DEVENOSTO das ist Neuntzig

und wan der zal vil ist / Sprechen sy ain zehen oder zwelff etc. mal viertzig oder neuntzig /

Tausend nennen sy TISCHUZE Item zehentausend sprechen sy mit ainem wort auß TMA / zwaintzig thausend DWETMA dreissigthausend TRITMA.

Quisquis merces qualescunque Moscovuiam attulerit, eas continuo apud portitores, seu telonii praefectos, profiteri ac indicare cogitur: quas hi stata hora conspiciunt, aestimantque.

aestimatas vero, nemo nec vendere nec emere audet, nisi prius fuerint Principi indicatae.

Porro Princeps si quicquam emere voluerit, tum mercatori interim res suas nec indicare, nec cuiquam licitari eas integrum est. quo fit, ut mercatores interdum diutius detineantur.

Neque etiam cuivis mercatori, praeter Lithvuanos, Polonos, aut illorum imperio subiectos, Moscovuiam venire liberum est.

Nam Suetensibus, Livuoniensibus, & Germanis ex maritimis civitatibus, Novuogardiae duntaxat:

Thurcis vero & Tartaris Chloppigrod oppido, quo nundinarum tempore diversi homines ex remotissimis locis confluunt, mercaturam exercere ac mercari concessum est.

Welcher waarn in die Mosqua bringt / mueß die zustundan den Mauttnern antzaigen / so sy die beschauen / schätzen sy die /

und ist niemand erlaubt zukhauffen / hintzt die dem Großfürsten angetzaigt seind /

wan er die vermaint zukhauffen / so thar der Khauffman die khainem andern fail pieten / damit werden die Khauffleut offt lang auffgetzogen.

Es ist auch nit allen Khauffleuten vergundt mit jren waaren in die Mosqua zukhumen / von Christen vasst niemand dan den Lithischen und Polnischen /

die andern als Teutsche / Denmarckht /

Schweden / Leiflender und handtstetter / haben jre handlungen und niderlag zu Großneugarten / da halten sy jre Factores uber jar.

Zu Chlopigorod aber wan der marckht da gehalten wirdet / dahin khumen manigerlay völckher von Teutschen / Moscovittern / Tattern / von ausseristen völckhern on Schweden / und von dem khalten Mer her / wilde Lappn und allerlay gesind /

daselbstn in gmain ist das Silber oder muntz in clainem / das gold noch in wenigerm werd: allain was die grossen Khaufleut auß der Mosqua oder Teutschen landen dahin khumen / die andern so zu aintzige

Quando vero Legati ac Oratores Moscovuiam proficiscuntur, tum omnes undecunque mercatores in illorum fidem ac protectionem suscepti, Moscovuiam & libere, & sine portoriis ire possunt, ac etiam consueverunt.

Maior pars mercium sunt massae argenteae, panni, sericum, panni sericei & aurei, uniones, gemmae, aurum filatum. interdum viles etiam quasdam res suo tempore portant, ex quibus non parum lucri referunt.

Saepe etiam accidit, ut rei alicuius desiderio omnes teneantur: quam qui primus attulerit, plus iusto lucratur.

Dein cum plures mercatores earundem rerum magnam copiam advexerint, tanta nonnunquam vilitas consequitur, ut is qui res suas quamplurimo vendiderat, easdem rursus vilescente precio emat, magnoque suo commodo in patriam reducat.

Merces vero quae inde in Germaniam portantur, sunt pelles, & cera:

waarn / Zöbl / Härmbl etc. bringen / die verstechen sy nuer umb Röckh / hemetter / Hüet / Messer / Löffl / Nadln / Fadn / hackhen / Spiegl und dergleichen / dan die Muntz derselben jren wonenten ortten nit gebreuchig ist.

Wan Potschafften aus Litten oder andern Nachpern in die Mosqua geschickt werden / ziehen gemaingclichen Khaufleut mit / sein frey on betzallung der Meut auß und ein /

Also auch wan der Moscovitter potschafften schigkht / ziehen gleichermassen jre Khaufleut mit / also das je Achthundert Thausent / zwölfhundert pherd in ainer potschafft khumen.

Die maiste waar in die Mosqua zufuern / seind Silber / Wullene tuecher / Seidene / Guldene und Silberene stugkh / Perln / Edlgestain / Vadngold / ye zu zeitten gar schlechte sachen / die sie mit grossem gwyn verwexln /

ye geschiecht das ain waar die frag hat / und nit verhanden ist / welcher dan der erst die bringt verhandlt die mit grossem gwyn /

So dan ander Khaufleut solches vernumen / überfüeren sy die mit hauffen / wirdet dieselb alsdan wolfail / das ye ainer sein verstochne waar wider an sich bringt / und mit gwyn haimfuert /

Die waaren so man auß der Mosqua

in Lithvaniam & Thurciam, co-
rium, pelles, & albi longi dentes
animalium, quae ipsi Mors appel-
lant, quaeque in mari septentrionali
degunt, ex quibus manubria pugio-
num Thurci affabre conficere solent.
nostrates piscium dentes esse putant,
& nominant.

In Tartariam vero sellae, frena,
vestes, corium: arma autem & fer-
rum non nisi furtim, aut ex singulari
Praefectorum permissione exportan-
tur,
ad alia loca intra Orientem & Sep-
tentrionem. Panneas tamen & lineas
vestes, cultellos, secures, acus, spe-
cula, marsupia, aut quid aliud eius-
modi ducunt.

Mercantur fallacissime ac dolosissi-
me: nec paucis verbis, ut quidam
scripserunt. Quin dum precium
afferunt, ac rem minoris dimidio
precio in fraudem venditoris licen-
tur:
mercatores nonnunquam non uno
tantum aut altero mense suspensos
ac incertos detinent, verum ad extre-
mam desperationem quosdam perdu-
cere solent.
Caeterum qui mores illorum tenet,
dolosaque verba, quibus precium rei
imminuunt, tempusque extrahunt,
non curat, aut dissimulat: is res suas
sine aliquo dispendio vendit.

fuert / und sonderlich in Teutsche-
land seind die gefüll und wachs / in
Litten und Thurgkhey fuert man
leder auch feel / gemachte grobe
peltz / gleichwol auch das edl gefüll
/ daselbstn hin fueren sy auch grosse
weisse zend die man vischzend nent
/ seind aber von ainem thier so im
Mer wonend des sy MORS nennen /
darvon man schöne hefft an die
wehrn und messer macht /
in die Tarttarey Sätl / tzam / Röckh
und löder / khain wehr noch eysen
lasst man offenlich dahin fueren /

was man aber in mittenacht und
aufgang der Sunnen fuert / ist oben
von Chlopigorod gesagt /

Solche waarn fuert man auch auß
der Mosqua / zu yeglicher zeit /
Sy khauffen lisstigclich und betrieg-
lich / thuern jre waarn umb drey gelt
bieten / des verkhauffer güter nit
umb halben weert antzunemen / und
geschiecht nit mit wenig wortten /
als etliche geschriben haben /
halten ye ain Monat oder zway auf /
welcher dan den andern uberharrn
mag / der hat den pessten khauf /

1 <dt. Text:> sonderlich] ~~sondertich~~

| | Ich khauffet umb viertzehen zimer Zobl wardn gebotten umb Achtzehenhundert gulden Hungrisch / ich legte jme Sechshundert dargegen / Er ließ mich verreiten / vermaint mich zuuberharrn / Ich schickht die Sechshundert gulden von Mosaisco wider in Mosqua der gab mir die Zöbl / dergleichen auch umb Siben zimer dreyhundert und etlich wenig Ducatn. | 30

35 |
|---|---|---|

Civis quidam Cracoviensis, ducentos centenarios cupri advexerat, quos Princeps emere voluit, & mercatorem tam diu detinuit, ut is tandem fastidio affectus, rursus versus patriam cuprum reduceret.

Porro cum aliquot miliaribus ab urbe abesset, subordinati quidam illum sequuntur, eiusque bona, ac si portorium non solvisset, inhibent, interdicuntque.

Mercator reversus Moscovuiam, apud consiliarios Principis de iniuria sibi illata conqueritur. illi audita causa, mox se ultro constituunt medios: ac negotium sese transacturos, si gratiam petat, pollicentur.

Mercator callidus, qui sciebat Principi ignominiosum fore, si eiusmodi merces ex ditione sua reducerentur, ac si non reperiretur quispiam qui tantas merces mercari & exolvere posset, non ullam gratiam petit, sed iustitiam sibi administrari postulat.

Ain Cracauerischer Khauffman pracht hinein zweyhundert Centn Khupffer / stuend der Fürst im khauff / hielt den so lang auff / das der Khauffman die Meut betzallt / unnd fuer mit dem Khupffer wider zu ruckh /

als der etliche meil gefarn was / warden etliche verordent / die dem nacheileten / namen die guetter / als hette er die Meutt verfuert /

des beclagt er sich / die Räthe erpotten sich die sachen zuvertragen / und woverr er gnad begerte / wolten sy jme die erlangen /

der Khauffman was geschickht / und wisste das der Fürsst die schmach nit leiden möchte / das man ain sölche waar wider auß dem Land fuertte / als funde man sölche Khaufleut daselbstn nit / die solche waaren zubetzallen hetten / und das solche handlung allain zu ainem schein angefangen wäre / Der Khauffman patte allain umb Recht und khain gnad /

./.

Tandem cum viderent adeo obstinatum, ut qui abduci a proposito non posset, neque illorum dolo aut fraudi cedere vellet, cuprum Principis nomine emunt: ac persoluto iusto precio, hominem dimittunt.

    Externis singulas res carius vendunt: ita ut quae uno ducato alioqui emunt, ea quinque, octo, decem, interdum viginti ducatis indicent. Quanquam ipsi vicissim, aliquando rem raram ab externis decem, aut quindecim florenis mercentur, quae vix unum aut alterum valet florenum.

    Porro contrahendis rebus, si quid forte dixeris, aut imprudentius promiseris, eorum diligenter meminerunt, praestandaque urgent: ipsi vero, si quid vicissim promiserint, minime praestant.

Item, quamprimum iurare incipiunt, aut obtestari, scias illico dolum subesse. animo enim fallendi ac decipiendi iurant.

Rogaveram quendam consiliarium Principis, ut me in emendis certis pellibus, ne deciperer, iuvaret: qui ut facile operam mihi suam erat pollicitus, ita rursum diutius me suspensum tenuit.

Voluit proprias mihi obtrudere pelles.

ad haec alii ad illum concurrebant mercatores, praemia pollicentes, si eorum merces bono mihi venderet precio.

Ea est enim mercatorum consuetudo,

Als sy den so vesst in seinem fürnemen befanden / und verstuenden das er jr lisst merckhte / zalten sy jme sein Khupffer

Ainem außlender dem thuern sy ain sach umb zehen oder zwaintzig gelt pieten /

Sy verkhauffen sich auch offt / und geben umb ain schlechte sach vil.

    In den handlungen so mit jnen geschicht / finden sy ain wort jnen dienstlich / das ziehen sy hoch an / zu jrem nutz / aber was sy zuesagen oder reden / wenden sy alles nuer zu jrem nutz / unangesehen jres zusagens /

so pald die anheben zuschweren / so wellen sy betriegen /

Ich patte ainen mir zuegegebnen sol mir verhölffen sein in khauffen / der zohe mich lang auf /

darnach verordent er / das mir sein gattung fürbracht wardt /

So lieffen auch die Khaufleut zu jme / bittund jnen verhölffen zusein bey mir zuverkhauffen /

also die undterkheufr nemen von

27 <dt. Text:> undterkheufr] ~~undterkheufl~~

ut in emptione ac venditione medios se constituant, atque utrique partium acceptis separatim muneribus, operam suam fidelem polliceantur.	baiden thaillen / und sagen jegclichem zuhelffen.
Est ampla & murata domus non longe ab arce, Curia dominorum mercatorum dicta, in qua habitant mercatores, mercesque suas reponunt: ubi sane piper, crocus, sericii panni, & id genus aliae merces, longe minoris quam in Germania, venduntur.	Ain groß gemaurtes hauß / ist nit gar verr vom Schloß / wird genent der Herrn hauß / darinnen wonen die Khaufleut / und findt man gar offt manigerlay wolfeiller weder in Teutschen landen /
Hoc autem tribuendum est rerum permutationi.	das macht der wexl oder stich /
Nam dum Mosci pelles alioqui vili precio comparatas, plurimi aestimant: externi vicissim, forte illorum exemplo, merces suas parvo quoque emptas opponunt, cariusque indicant.	jegclicher schätzt das sein hoch /
quo fit, ut utrique aequali permutatione rerum facta, res praesertim pro pellibus acceptas, mediocri precio, & sine lucro vendere possint.	dann vermaint ain jegclicher er hab wol verkaufft / Also mag der hinein gefürt hat / on schaden wolfail geben.
Pellium magna est diversitas. Zebellinorum enim nigredo, longitudo & densitas pilorum, maturitatem arguunt.	Zobln seind nit in ainem weerd / dann die lange wolschwartze unnd dickhe haar haben / und recht zeittig / seind die bessten /
Item si congruo tempore, quod in pellibus aliis pariter observatur, capiantur, precium augent.	wann auch die anderen gefüll zu rechter zeit im Jar gefangen werden / seind am wierdigisten /
Citra Ustyug & Dvuinam provinciam rarissime, circa Peczoram vero saepius & praestantiores reperiuntur.	dißhalb der wasser USTYUG und der grossen DWINA findt man die zöbl / aber umb PETZORA die maisten und die pessten.
Madauricae pelles ex diversis partibus,	Mäder findt man an villerlay ortten /
ex Sevuera bonae,	auß der Sewera sein die merern und wol rauch /

./.

ex Helvetiis meliores, ex Svuetia vero optimae afferuntur.

Illic tamen maior est copia. Audivi, aliquando Moscovuiae repertas Ze-
5 bellinorum pelles fuisse, quarum aliae XXX, aliae vero XX aureis venditae sunt. At eiusmodi ego nullas potui videre.

Hermelinorum pelliculae ex plu-
10 ribus pariter locis inversae afferuntur,
quibus tamen plerisque emptoribus imponitur.
Habent signa quaedam circa caput &
15 caudam, ex quibus agnoscuntur, an congruo tempore sint captae.
Nam simul ubi hoc animal captum fuerit, excoriatur, pellisque invertitur, ne attritis pilis deterior fiat.

20 Si quod non suo tempore captum fuerit, pellisque ideo bono ac nativo colore careat, tum ex capite (ut dictum est) & cauda, certos pilos tanquam signa, ne incongruo tempore
25 captum agnoscatur, evellunt, extrahuntque, atque ita emptores decipiunt.
singulae autem tribus fere, quatuorve dengis venduntur: paulo ampliores

VON DER WELTLICHKHAIT 207

Man findt die auch in Poln und Litten und anderstwo aber nit in so grosser menig /
der khainer ist so guet als die man in Schweitz hat / in Schweden seind doch die pessten.

Hermblein findt man auch an meer ortten /

So pald man die fecht und abtzeucht kheert man die pälgl umb / damit das haar einwerts khumbt / desselben zuverschonen /
und der Khauffman nit sehen khan / wie sy am haar / farb / und ob sy zu rechter zeit gefangen sein /
So haben sy doch zaichen am haubt und bey dem schwäntzl / daran die erfarnen solches sehen mügen /
so raufft man auch dieselben haar auß / das mans aber nit khennen khan /

solche pälgl khaufft man derselben

carent ea albedine, quae alioqui pura in minoribus apparet.

Vulpinae, & praesertim nigrae, ex quibus plerunque tegmina capitis facere solent, plurimi fiunt. decem enim nonnunquam XV aureis venduntur.

Aspreolorum pelliculae ex diversis quoque partibus afferuntur, ampliores tamen ex Sibier provincia: nobiliores vero aliis quibuslibet, ex Sch[uv]uaii, non longe a Cazan.

Porro ex Permia, Vuiatka, Ustyug, & Vuolochda, fasciculis semper X numero colligatae afferuntur:

quarum in singulis fasciculis duae sunt optimae, quas Litzschna appellant: tres aliquanto deteriores, quas Crasna vocant: quatuor, quas Pocrasna: una, & ea quidem ultima, Moloischna dicta, omnium est vilissima. Harum singulae una, aut duabus dengis emuntur.
Ex his meliores & selectas, in Germaniam & alias provincias, mercatores magno suo commodo portant.

Lyncium pelles, parvi: luporum vero, ab eo tempore quo in Germania ac Moscovuia in precio esse coeperunt, plurimi fiunt. Luporum praeterea terga longe in minore, quam apud nos, sunt precio.

Castorum pelles apud illos habentur in magno precio: omnesque iuxta ex his, quod nigro, eoque

ains umb drey oder vier Denge / die grössern haben selten die recht weiß.

Fuchs pelger namblichen die schwartzen davon man gemaingclichen die präm umb die Kholpagkhen jre huetlen macht / seind vasst theur / das man ain nach seiner schön umb zehen und funfftzehen gulden gibt.

Feech oder Grabwerch bringt man auch von vil ortten / die schönesten und grösten hat man auß dem Land SIBIER etwan bracht / Die edlisten von SCHUWAI nit ferr von Casan /

auß Permia / Viatka / Ustyug / und Wolochda / bringt man der vil / auch umbgekhert / alwegen zehen in ain puntl zusamen gepunden /

darunder sein zway pälgl die pesstn / genent LYTZNA drey etwas schlechter genent CRASNA vier aber ringer POCRASNA / und die letzt genant MOLOYSCHNA / ist die geringste / die pälgl khaufft man umb aine oder zwo Dengen.

Lux seind nit sonders jnen zutragen hoch geacht gewest / die Wolffs heyt gelten auch was / dieweil in Teutschen landen yeder man Wolffspeltz trueg / bey jnen aber ist der Rugkhen für das schlechter daran geacht gewesst.

Piber die findt man gar schön rauch und gantz schwartz / die sein in grossen wierden / dann sy alle jre Schaubm unnd rauche Rögkh damit

nativo sint colore, fimbrias vestium habent.

Pellibus domesticorum catorum, mulieres utuntur.

Est quoddam animal, quod gentili lingua Pessetz vocant: huius pelle, quod plurimum caloris adferre corpori solet, in itinere, seu profectionibus utuntur.

Vectigal, seu portorium omnium mercium, quae vel importantur, vel exportantur, in fiscum refertur. De qualibet re, aestimatione unius rubli, penduntur septem dengae: extra ceram, de qua non solum iuxta aestimationem, sed pondus quoque, vectigal exigitur. De quolibet autem pondere, quod gentiliter Pud appellant, quatuor dengae penduntur.

De mercatorum itineribus, quibus in importandis ac exportandis mercibus, ac per diversas Moscovuiae regiones utuntur, infra in Chorographia Moscovuiae, copiose explicabo.

Usura communis est: quam licet magnum peccatum esse dicant, ab ea tamen nemo fere abstinet. Est autem quodammodo intolerabilis, nimirum de quinque semper unum: hoc est, de centum viginti. Ecclesiae mitius, ut dictum est, videntur agere, quae decem pro centum (ut vocant) accipiunt.

Nunc Chorographiam Principatus & dominii magni Ducis Moscovuiae aggrediar, puncto in Moscovuia principali civitate constituto: ex qua progressus, circumiacentes atque celebriores

am goller und vorn ab zieren und prämen.

Haimischer Khatzen pelger der gebrauchen sich die weiber / sy essen auch das fleisch /

PESSATZ ist ain thier weiß / rauch härig / ist nit in grossen wierden / aber vasst warm / des gebrauchen sy am raisen aller maist / hievor wil mans weiß Füchs nennen.

Maut gefelt von jeglichem weert / aines Rubl / des man ein und auß fürt / dem Fürssten siben Denge /

ausserhalb von wachs das hat ain andere Maut / nach dem gewicht / so sy PUD nennen / darvon vier Denge.

Wuecher ist gemain / unangesehen das sy bekhennen ain grosse sünd sein /
ja von fünffen ain /

die Kirchen seind hierinn milder / nemen von zehen ainn.

Hernach volgt die Beschreibung der Fürstenthumer und Herrschafften des Großfürsten in der Mosqua / und am ersten von der Mosqua / darvon ich alsdan ausgee auf die ansehenlichiste und

duntaxat principatus describam.
Etenim in tanta vastitate,
provinciarum omnium nomina
exacte indagare non potui. Quare
civitatum, fluminum, montium,
quorundamque locorum
celebrium nominibus contentus sit
Lector.

Urbs Moscovuia itaque, Russiae caput & metropolis, ipsaque provincia, & qui hanc praeterlabitur fluvius, unum idemque nomen habent, vernaculaque gentis lingua Mosqvua appellantur.
Quodnam autem caeteris nomen praebuerit, incertum. Verisimile tamen est, ea a fluvio nomen accepisse. Nam etsi urbs ipsa olim caput gentis non fuerit, Moscorum tamen nomen veteribus non ignotum fuisse constat.

Porro Mosqvua fluvius in Tvuerensi provincia, LXX fere supra Mosaisko vuerst (est autem vuerst, Italicum fere miliare) haud procul a loco qui Oleschno dicitur, fontes suos habet:

indeque emenso LXXXX vuerst spacio, ad Moscovuiam civitatem decurrit: receptisque in se aliquot fluviis, Orientem versus, Occam fluvium illabitur.
Caeterum sex supra Mosaisko miliaribus, primum navigabilis esse incipit: quo loco materia ad fabricandas domos, aliosque usus ratibus imposita, Moscovuiam defertur.

namhafftigiste Fürstenthumer / sovil ich der gründtlichen erfragen und erhalten hab mügen. Darumb wirdt der Leser an denselben auch der Stet / Flüß / und Gepürg benügt sein.

Mosqua die Stat / als das haubt in Reissen / in gleichem namen / dasselb Fürstenthumb / sambt dem fürfliessenden wasser werden Mosqua on underschaid genent /

welches aber dem andern den Namen geben hat / wais ich nit / gleichwol zu achten / wie auch an vil andern orrten / der fluß wirdt den namen erstlichen gehabt haben / wiewol die Stat hievor nit in solchen wierden gewest / So ist doch der Namen den Eltern nit unbekhant gewest.

Der fluß Mosqua entspringt im gepiet des Fürstenthumbs Twer / oder Otwer / Sibentzig werst oberhalb Mosaisco (WERST ist sovil als ain wälhische meil) nit verr von dem ort Oleschno genant /
So der Neuntzig werst geflossen / khumbt dann zu der Stat Mosqua / fleust in aufgang der Sunnen / und felt in die Occa /

Sechs meil oberhalb Mosaisco / flötzt man das holtz zu dem gepeu und anderer notdurfft zu der Stat /

Infra autem civitatem merces aliaque quae ab externis hominibus importantur, navibus advehuntur.	Underhalb der Stat Mosqua ist der fluß Schifreich / also das man darvon und dartzue in Schiffen Khauffmansgütter und anders fuert /
Tarda autem in fluvio, atque difficilis, propter gyros, seu maeandros, quibus multis incurvatur, navigatio est:	Aber gar langsamb fert man daran / von wegen der umbkhraiß / wie der laufft /
praesertim inter Moscovuiam & Columnam civitatem, tribus ab eius ostiis passuum millibus in littore sitam: ubi CCLXX vuerst spacio, flexionibus multis longisque navigantium cursum impedit atque remoratur.	und das aller maist zwischen der Mosqua und der Stat Columna / die dreythausent schriet von dem gemund desselben fluß ligt / und machen die umbwendungen zwayhundert und Sibentzig verst /
Fluvius non admodum piscosus, ut qui praeter viles & vulgares, nullos pisces habeat.	hat nit guet noch vil visch /
Moscovuia quoque provincia, nec lata nimis, nec fertilis est: cuius foecunditati, ager ubique arenosus, qui mediocri siccitatis aut humiditatis excessu segetes enecat, plurimum obest.	das Fürstenthumb des Namens ist an jm selbs nit groß / oder weit / auch nit sunders fruchtbar / dann ain claine ubrige dürr oder feichtigkhait schadn den Santtigen Gruntn leichtlich /
Accedit ad haec, immoderata asperaque nimis aeris intemperies, qua hyemis rigore solis calorem superante, sata quandoque ad maturitatem non perveniunt.	zu dem so khumen die frucht / von wegen der unmässigen khelten gar offt zu khainer rechten zeittigung /
Etenim tam intensa ibi nonnunquam sunt frigora, ut quemadmodum aestatis tempore apud nos aestu nimio, sic ibi frigore immenso terra in hiatum discedat: aqua etiam tum in aerem effusa, sputumque ex ore proiectum, anteaquam terram contingat, congelantur.	dann offt die khelten so groß / das sich das erdtrich / wie bey uns der hytz halben aufthuet und zerspalt / wan solche grosse khelten khumbt / so man ain wasser in die höch geust / ehe dasselb die erden erraicht / ist es gefrorn /
Nos ipsi, cum anno 1526 eo pervenissemus, ramos fructiferarum arborum, rigore hyemis anni praecedentis	Als wir jüngstlichen darkhamen / haben wir die Eeste an fruchtpaumen gesehen / die von der khelten ver-

prorsus periisse vidimus: quae eo anno adeo dura fuit, ut complures veredarii (quos ipsi Gonecz vocant) in vehiculis gelu concreti, reperti sint.	gangen jars verdorben seind / sy sagten auch das etliche postierer die sy GONETZ nennen / wie sy sich in die Schlitn gelegt / unnd dan ainander die gefuert / an die Possthof bracht / todt und erfrorn gefunden sein.
Fuere qui tum pecora Moscovuiam, funibus alligata, ex proximis pagis ducerent: vique frigoris oppressi, una cum pecoribus perierunt.	Noch merers gesagt / als etliche Herrn umb Rinder an jre Mayrhöf zuschlachtn geschickt / derselben Diener ainer fueret ain Rind und den strickh an arm gepunden / ist sitzunder erfrorn / auch das rind neben jme /
Praeterea multi circulatores, qui cum ursis, ad choreas edoctis, in illis regionibus vagari solent, tum mortui in viis reperti sunt.	Etliche so mit den Tantzenden Peern umbgangen / auch erfrorn /
Quin & ursi ipsi, fame eos stimulante, relictis sylvis, passim per vicinas villas discurrebant, inque domos irruebant: quorum conspectum atque vim cum rustica turba fugeret, frigore foris misere peribat.	seind die Peern den heusern zugangen / unnd die Thor auffgestossen / etliche arme leüt erschreckht / das die sambt den khindern außgeflohen / und also erfrorn /
Atque tanto frigori, aestus quoque nimius quandoque respondet, ut anno Domini 1525, quo immoderato solis ardore omnia fere sata exusta fuerunt, tantaque annonae caritas eam siccitatem consecuta est, ut quod tribus antea dengis emebatur, id XX, aut XXX post emeretur. plurimi pagi & sylvae, frumentaque nimio aestu incensa conspiciebantur.	herwiderumb so khumbts auch das ye ain so unmässliche hytz khumbt / als im 1525 Jar / seind schier alle Sattn außprunnen / und so ain theurung ervolgt / das man zuvor umb drey Dengen gekhaufft / umb zwaintzig und dreyssig hat khauffen müssen / Man hat auch vil traid im veld dartzu Wälder und heuser befunden / die allain der grossen hytz halben angetzundt und verprunnen sein /
Quorum fumus ita regionem oppleverat, ut prodeuntium hominum oculi graviter fumo laederentur. & absque fumo caligo quaedam oboriebatur, quae multos obcaecaverat.	unnd darvon ain so unmässlicher rauch im gantzen Land gewest das vil leut davon menglhafftig an augen sein worden / und vil erplind seind.

Totam porro regionem non ita diu admodum sylvosam fuisse, ex magnarum arborum truncis, qui etiamnum extant, apparet:

5 quae quamvis agricolarum studio ac opera satis culta sit, iis tamen quae in agris proveniunt exceptis, reliqua omnia ex circumiacentibus provinciis eo afferuntur.

10 nam frumento quidem, oleribusque communibus abundat:
cerasa dulciora, nucesque (avellanis tamen exceptis) in tota regione non reperiuntur.

15 Aliarum arborum fructus habent quidem, verum insuaves.
Melones autem singulari cura ac industria seminant.
terram fimo permixtam in areolas
20 quasdam altiores componunt, inque eas semen condunt: hac arte calori ac frigori immoderato aeque succurritur. Nam si forte aestus nimius fuerit, rimulas tanquam spiracula
25 quaedam, ne semen calore nimio suffocetur, per fimum terrae mixtum faciunt: in frigore vero nimio, laetaminis calor seminibus reconditis praestat auxilium.

30 Melle Moscovuia provincia, ferisque (leporibus tamen exceptis) caret.
Animalia nostris longe minora sunt, neque tamen cornibus (ut quidam
35 scripsit) carent.
Vidi enim ibi boves, vaccas, capras, arietes, cornuta omnia.
Iam vero civitas Moscovuia, inter

Dise gegent / wird nit so gar lang dermassen erpaut sein gewest / des geben ein antzaigen die grossen stögkh von paumen daselbstn / der ich vil selbs gesehen hab /
was man mit dem Phlueg erpaut / das hat man da / alles anders mueß man hintzue bringen /

Sy haben khain Kherschn noch Welsche nuß / gleichwol nuer Haslnuß
Andere paumfrucht / sovil der sein / seind unlieblich /
Melaun ertzugln sy mit grossem vleiß /
werffen ain Erttrich auf / wie ain hohen Pifangkh / dar auf schütten sy ain myst widerumen erttrich ainer span dickh / nemen ain schussl druckhen ain wone in derselben mitte / setzen sy den kheern / wird es dan khalt / so hilfft der mist / wird es vasst haiß / so machen sy mit ainem steckhen löcher durch den mist / an meer ortten / damit der lufft dardurch mag / und der Sam oder kheern nit erstickhe.

In dem Fürstenthumb / gefelt khain Hönig / auch ausser der Hasn khain wildprät /
gar clain viech / aber nit on hörner / wie etliche davon geschriben haben /

Die Stat under den andern des gant-

alias civitates Septentrionales, Orientem versus multum porrigitur: quod nobis in profectione nostra, observatu haud difficile fuit. Nam cum Vienna egressi, recta Cracoviam, atque inde centum fere Germanicorum miliarium itinere, in Septentrionem progressi fuissemus, itinere tandem in Orientem reflexo, Moscovuiam, si non in Asia, tamen in extremis Europae, qua maxime Asiam contingit, finibus sitam pervenimus. De qua re infra in Tanais descriptione plura dicam.	zen gepiets / lent sich seer nach dem Aufgang der Sunnen / dan an unser Rayß den merern thail uns die Sun morgens gemaingclichen in die augen und gegen uns geschinen hat / und soverr die nit in Asia / So ligt sy doch gar an dem gemerckh /
Urbs ipsa lignea est, satisque ampla: quae procul etiam amplior, quam re ipsa sit, apparet.	die Stat ist gar von holtz erpauen / ist wol groß / und von ferrn vil grösser zusehen /
nam horti, areaeque in qualibet domo spaciosae, magnam civitati accessionem faciunt:	dan vil der heuser haben grosse Gärtten und höf /
quam fabrorum, aliorumque opificum igni utentium, in fine civitatis longo ordine protensae aedes, inter quas sunt prata & agri, etiam magis adaugent.	darnach sein die handwercher so mit Fewer am maisten umbgehn / alle ausserhalb der Stat / also das ye ain lange zeil hindan von der Stat gepauen ist / Dazwischen seind gar grosse Plätz / die alle machen die Statt vil grösser zusehen weder sy ist.
Porro non procul a civitate domunculae quaedam apparent, & trans fluvium villae, ubi non multis retroactis annis, Basilius Princeps satellitibus suis novam Nali civitatem (quod eorum lingua Infunde sonat) exaedificavit, propterea quod cum aliis Ruthenis medonem & cervisiam bibere, exceptis paucis diebus in anno, prohi-	So seind auch andere heuser nit ferr von der Statt / und uber das wasser ist ain sunders eingefangen Stättle / darinnen frembdes Khriegsvolckhs wont / wirdt NALI genant nach jrer sprach / sovil als geus an oder schenckh ein / und das darumb / dieweil Medt und Pier dem gemainen man die merere zeit zutringkhen verpotten ist / aber denen als Khriegsleütten ist es er-

bitum sit, iis solis bibendi potestas a Principe sit permissa:
atque eam ob rem, ne caeteri illorum convictu corrumperentur, ab reliquorum consuetudine sunt seiuncti.

Haud procul ab urbe sunt aliquot Monasteria, quae vel sola procul spectantibus una quaedam civitas esse videntur.

Porro vasta civitatis magnitudo facit, ut nullo certo termino contineatur, nec muro, fossa, propugnaculisve commode sit munita.

Plateae tamen quibusdam in locis, trabibus per transversum ductis, obstruuntur: adhibitisque custodibus ad primam noctis facem ita obfirmantur, ut nemini noctu aditus post statam horam illac pateat:
post quam qui deprehensi forte fuerint a custodibus, aut verberantur, spolianturque, aut in carcerem coniiciuntur, nisi forte noti honestique viri fuerint.

Hi enim a custodibus ad sua deduci solent.
Atque tales custodiae qua liber in civitatem patet aditus, locari solent.
Nam reliquam urbis partem Mosqua alluit, in quem sub ipsa urbe, Iausa fluvius illabitur, qui ob altas ripas raro vadari potest. In hoc molendina complura, in publicum civitatis usum constructa sunt.

hisque fluviis civitas nonnihil munita esse videtur:
quae praeter paucas lapideas aedes,

laubt / davon also den namen genumen /

So sein auch etliche Clöster von der Statt hindan / die alle werden ain Stat von ferren gesehen.

Die Statt ist weder mit Maur / Grabnen / noch Zeinnen bevestnet /

Etliche gassn haben gatter oder Thür / die sy zu gesetzter stund in der nacht schließen / damit nit yeglichem frey sey hin unnd wider / villeicht andern zuschaden zugeen /

wo daruber ain unbekhanter betretten / wird geschlagen / abgetzogen / oder in fängkhnuß genumen / solche fürsehung wierd geordnet / damit dannocht ain sicherhait gehalten wirdet /

An der andern seitten / fleusst der fluß Mosqua an der Stat hin / und gleich undter der Stat khumbt der pach IAUSA ist wol hoch gestettigt das man nit an vil orten uber mag / und seind vil Müllen daran / fellt in die Mosqua /

Die Stat ist ausserhalb wenig Clöster

templa & monasteria, prorsus lignea est.

Aedium in ea urbe numerum vix credibilem referunt.

Aiebant enim, sexto ante adventum nostrum in Moscovuiam anno, Principis iussu aedes conscriptas fuisse, eorumque numerum 41500 superasse.

Civitas haec tam lata ac spaciosa, admodum lutosa est. quamobrem in vicis ac plateis, aliisque celebrioribus locis, pontes passim extructi sunt.

Est in ea castrum, ex lateribus coctis constructum, quod ab una parte Mosqvua, ab altera Neglima flumine alluitur.

Neglima autem ex paludibus quibusdam manat, qui ante civitatem circa superiorem castri partem ita obstruitur, ut in stagni formam exeat:

indeque decurrens, fossas castri replet, in quibus sunt molendina: tandemque sub ipso castro, ut dixi, Mosqvuae fluvio iungitur.

Castrum autem tanta magnitudine est, ut praeter amplissimas ac magnifice extructas ex lapide Principis aedes, Metropolitanus episcopus, item Principis fratres, Proceres, aliique quam plurimi, spaciosas in eo aedes ligneas habeant. Ecclesiae ad haec in eo multae, ut amplitudine sua civitatis propemodum formam referre videantur.

/ Khirchn und heuser / alle von holtz erpaut /

Sy sagten das der Fürsst hette vor sechs jaren die heuser abtzellen lassen / unnd gefunden Ainundviertzigthausendt Fünffhundert /

Nachdem das Land Sandig / so werden die strassen und gassen liederlich gar tieff / darumb so seind die ansehenlichisten gassen und plätz geprugkht /

Das Schloß ist von Ziegln gemauert / mit der ain seitten ligt es an der Mosqua / an der andern seitten rindt der pach NEGLIMA /

der nit fern hind an auß ainem gemöß heer fleusst / den schleusst man neben dem Schloß / wierd wie ain wasser grabm / oder Teicht zusehen /

und daselbstn am außfluß sein Müllen / und felt ob dem Schloß in die Mosqua /

das Schloß möcht seiner größ nach ain Stätle genent werden / dan darinn seind des Großfürssten vil gemaurte zimer / So hat der Metropolit mit seiner Briesterschafft auch des Großfürssten gebrueder vil der Rätte / und vil ander des Fürstn Handtwercher jre heuser darin / So sein zwo schön wolerpaut und getzierte Kirchen / unser Frawen / und die ander Sant Michaels / Noch meer ander Kirchen der man zwo der zeit wir da waren mit gemeuern gepauet /

Hoc castrum roboribus tantum initio circundabatur: atque ad magni Ducis Ioannis, Danielis filii, tempora usque, parvum ac ignobile erat.

5 Is enim Petri Metropolitae suasu, primus sedem Imperii eo transtulit. Nam Petrus amore Alexii cuiusdam, qui ibi sepultus claruisse miraculis dicitur, eo loci sedem sibi prius
10 elegerat:
eoque mortuo, atque ibidem sepulto, cum ad eius tumulum miracula pariter fierent, locus ipse religionis ac sanctitatis quadam opinione adeo
15 celebris factus est, ut posteri Principes omnes, Ioannis successores, ibi Imperii sui sedem habendam esse duxerint.
Nam mortuo Ioanne, eiusdem nomi-
20 nis filius, sedem ibi retinuit: ac post eum Demetrius, post Demetrium Basilius, is qui ducta Vuitoldi filia, Basilium Caecum post se reliquit.
Ex quo Ioannes, eius Principis pater,
25 apud quem Oratorem egi (qui primus castrum muro cingere coepit) natus est:
cui operi tricesimo ferme anno post, supremam manum eius posteri
30 imposuere.
Eius castri propugnacula basilicae, cum Principis palatio, ex latere ab hominibus Italis, quos propositis magnis praemiis Princeps ex Italia
35 evocaverat, Italico more extructa sunt.
Multae autem, ut dixi, in hoc sunt ecclesiae, ligneae ferme omnes: duabus tamen insignioribus, quae ex

Der Johannes Großfürsst hat das 40
erstlichen also gemauert und gepaut / ist zuvor alles holtzwerch und gar schlecht gewest / hintzt an Hannsen des Daniel Großfürsten Sun /
derselb auß Rat und anhalten Petern 45
des Metropoliten/ der dann ain solche andacht gehabt hat / zu Alexio der daselbstn begraben ligt / und vil zaichen gethon sol haben /

Dem Fürssten sytz dahin gericht / als 50
der starb / sollen auch zaichen bey seinem grab geschehen sein / dardurch ain solche andacht gegen der Stat fürgenumen ist worden / das die nachkhumene Großfürsten all jre 55
sytz bißheer da gehabt haben.

Nach dem selben Hannsen ist sein Sun auch Hanns genant / darnach Demeter nach dem Basilius / und wider Basilius der geplente / 60

von dem der groß Hanns geporn / der Basilius der vor Gabriel genent was / vater / also nach einander gewest /
das Schloß ist in dreissig Jarn erst 65
vollendt worden /

Walhen habens nach jrer monier gepaut / die mit grossem uncossten dahin pracht seind worden /

70

lateribus extructae sunt, exceptis:
quarum altera divae Virgini, al[t]era
divo Michaeli est sacra.

In templo divae Virginis sepulta sunt
duorum Archiepiscoporum corpora,
qui, ut Principes eo suam Imperii
sedem transferrent, ibique Metropo-
lim constituerent, auctores fuere:
eamque maxime ob rem in divorum
numerum sunt relati.

In altero templo principes vita de-
functi humantur.

Construebantur, nobis praesentibus,
plura etiam templa ex lapide.

Regionis coelum adeo salubre est, ut
ibi ultra Tanais fontes, praesertim in
Septentrionem, ac etiam magna ex
parte Orientem versus, memoria
hominum, nulla unquam pestis sae-
vierit.

Habent tamen interdum intestinorum
& capitis morbum quendam, pesti
haud dissimilem, quem ipsi Calorem
appellant.

eo qui corripiuntur, paucis diebus
pereunt.

Is morbus in Moscovuia nobis exi-
stentibus, grassabatur, unumque ex
familiaribus nostris absumpsit.

atque cum in tam salubri regione
degant, si quando in Novuogardia,
Smolentzko, & Plescovuia pestis
saevit, quoslibet illinc ad se venien-
tes, regione sua metu contagii exclu-
dunt.

Gens Moscovuiae caeteris omni-
bus astutior & fallacior esse perhibe-
tur, fluxa in primis in contractibus
fide: cuius rei ipsi haud ignari, si
quando cum externis commercia

In unser Frauen Khirchen ligen die
zwen Alex und Peter der wunder-
zaichner /

in der andern Khirchen ist der Fürss-
ten begrebnuß.

Von Tanais heer und für außferr ge-
gen Mitternacht unnd Aufgang ist in
menschen gedenckhen khain solcher
lauf oder sterben / wie anderstwo da
gewest /

haben gleichwol das gedermgicht
und haubtwehe / Sy nennens WRET-
ZE das ist die hytz oder das hais /

sterben auch daran /

und datzumal als wir da waren /
starben jr vil daran / auch von unsern
leüten ainer /

Darumb wan der sterb zu Großneu-
gartten / Plesco / Smolensco / wüett /
so verpietten sy allen denselben / das
khainer nit allain in die Stat / ja / gar
in das Fürsstenthumb nit khumen
thar.

Das volckh zu der Mosqua ist vil
listiger und betrieglicher für andere
daselbstn umb / des sy nun wissen /
das man sich vor jnen hüett / darumb
bekhennen sy sich nit gern / sunder

habent, quo maiorem fidem obtineant, non Moscovuitas se, sed advenas esse simulant.

Longissimus in Moscovuia dies in solstitio aestivali XVII horarum, cum tribus quartalibus, esse dicitur. Certam poli elevationem tum ex nemine potui cognoscere: quamvis quidam LVIII graduum se accepisse, incerto tamen autore, diceret.

Ipse tandem facto per Astrolabium periculo, utcumque solem nono die Iunii in meridie observavi LVIII graduum.

Ex qua observatione, computatione hominum harum rerum peritorum, deprehensum est, altitudinem poli L. graduum esse: longissimum autem diem, XVII horarum, & unius quartalis.

Moscovuia loco principali descripta, ad reliquas Magni Ducis Moscovuiae subiectas provincias progrediar, ordine primum Orientem versus servato: dein per Meridiem & Occidentem atque Septentrionem circumeuntes, recta in Orientem aequinoctialem deveniemus.

Vuolodimeria civitas magna primum occurrit, quae castrum ligneum sibi coniunctum habet. Haec a tempore Vuolodimeri, qui postea Basilius dictus est, usque ad Ioannem Danielis filium, Russiae metropolis fuit.

Est autem inter Vuolgam & Occam, magna duo flumina, triginta sex a Moscovuia in Orientem miliaribus Germanicis sita, loco adeo fertili, ut

nennen sich außlender / und verlaugnen jres haimat.

Der lengste tag im Jar zu der Mosqua / hat achtzehen stund und drey viertl /

Ich hab die erhöhung des Poli nit mügen gehaben / etlich sagen achtundfünfftzig grad /

Am neundten tag Junij hab ich gesehen zu mittag die Sun im achtundfünfftzigisten grad /

Darüber die erfarnen der Khunst außgeraidt / als solt der Polus nuer Fünfftzig grad hoch / und der tag nuer sibentzehen stund und ain viertl haben.

So ich nun von der Mosqua gesagt hab / Wil ich für auß gegen Aufgang der Sunnen vort faren / und darnach geen Mittentag füro zum Nidergang und Mitternacht khumen.

WOLODIMERIA khumbt am erst / ain grosse Stat / hat ain hültzens Schloß darbey / daselbstn die Fürssten von Wolodimero der in der tauff Basilius wardt genent / hintzt an Johannem des Daniel Sun / jre Fürssten stüel oder sitz gehabt /

ligt zwischen zwayen grossen wassern / der Volga und Occa sechsunddreyssig meil von der Mosqua an ainem gar fruchtbarn ort / das ye auß

ex uno tritici modio saepe XX, nonnunque XXX modii proveniant. Eam Clesma fluvius alluit, caetera sylvae magnae vastaeque cingunt.

Clesma porro quatuor a Moscovuia miliaribus Germanicis oritur, multisque ibi molendinis celebris ac commodus est:

qui infra Vuolodimeriam, usque ad Murom oppidum, in Occae littore situm, spacio duodecim miliaribus navigatur, Occaeque fluvio iungitur.

A Vuolodimeria viginti quatuor miliarium recta in Orientem, in vastis sylvis principatus olim fuit: cuius populi Muromani vocabantur, animalium pellibus, melle & piscibus abundantes.

Novuogardia inferior civitas, ampla & lignea, cum castro, quod Basilius praesens monarcha ad Vuolgae & Occae fluviorum confluxum ex lapide in scopulo exaedificavit.

Aiunt quadraginta miliaribus Germanicis eam a Murom abesse, in Orientem. quod si ita est, centum miliaribus Novuogardia a Moscovuia distabit.

Regio fertilitate, rerumque copia Vuolodimeriam aequat.

Atque hic Christianae religionis hac quidem parte terminus est. nam licet princeps Moscovuiae ultra Novuogardiam hanc, castrum, cui Sura nomen est, habeat:

tamen interiectae gentes, quae Czeremissae appellantur, non Christia-

ainer maß getraidts zwaintzig oder dreyssig erwachssen.

Das wasser CLESMA rint daran hin / so sein vasst grosse wälder allenthalben daselbstn umb /

Clesma entspringt vier meil von der Mosqua / daran auch gar vil Müllen sein /

auf demselben wasser underhalb der Statt fert man mit Schiffen biß zu der Statt MUROM so auch an der Occa

Vierundtzwaintzig meil von Wolodimer gerad in Aufgang durch grosse wälder ligt / ist ain Fürstenthumb gewest / die völckher Muromani gehaissen / seind reich von Hönig / Wachs / gefüll / und Vischn gewest.

NIDERNEUGARTN ain grosse hültzene Stat sambt ainem Schloß das diser Basilius auf ainen felß / da die zway wasser Volga und Occa zusamen fliessen / von stain und Maurwerch erpaut hat /

man sagt sey viertzig meil von Murom soverr dem also / wirt diß Neugartten hundert meil von der Mosqua sein /

das Land wirt mit der fruchtperkhait der Wolodimeria vergleicht /

an den ort hat die Christenhait ain endt. Wiewol der Großfürst noch ain Schloß furter hin ab hat / SZURA genant /

so seind doch entzwischen völckher

nam, sed Machumeti sectam sequuntur.
Porro ibi & aliae gentes sunt, Mordvua nomine, Czeremissis permixtae, quae cis Vuolgam, ad Suram, bonam regionis partem occupant.
Czeremissae enim ultra Vuolgam in Septentrione degunt: ad quorum differentiam, qui circa Novuogardiam habitant, Czeremissae superiores, seu montani, non a montibus quidem, qui ibi nulli sunt, sed a collibus potius, quos accolunt, nuncupantur.

Sura fluvius Mosci & Casanensis regis dominium dividit, qui ex Meridie veniens, vigintiocto miliaribus infra Novuogardiam, cursu in Orientem flexo, Vuolgam influit.

in quorum confluxu, ad alterum littus, iis Basilius princeps castrum erexit, idque a suo nomine Basilovugorod nominavit: quod postea multorum malorum seminarium extitit.

Haud procul inde est Moscha fluvius, qui & ipse ex Meridie profluens, Occam supra Murom illabitur, non longe ab oppido Cassimovugorod, quod Moscus Tartaris habitandum concessit.
Horum mulieres arte quadam ungues, decoris causa, nigro colore inficiunt: ac aperto capite, passisque crinibus perpetuo incedunt.
A Moscha fluvio Orientem & Meridiem versus, ingentes occurrunt sylvae, quas Mordvua populi, qui pro-

Czeremissen genant / die nit Christen / sonder Mahometisch / seind auch andere völckher Mordwa genant / dieselben wonen an der recht seitten / der Volga /

so man abwerts zeucht / und die CZEREMISSEN an der andern seitten gegen Mitternacht / so seind auch etliche der Czeremissen die umb Neugarttn wonen / werden die obern oder gepürgige genent / gleichwol ist der ende khain gepürg aber wol Püchl / darvon möchten sy den Namen haben.
SZURA der fluß tailt das gepiet des Moscovitter von den Casanischen Khünigreich / der fleusst heer von Mittemtag / achtundtzwaintzig meil undter Neugartten / khört sein fluß in aufgang felt in die Volga /
bey denen zusamen flussen hat der Basilius ain Schloß erpaut / und nach seinem Namen BASILOWGOROD genent.

Nit ferr von dan ist ain fluß MOSCHA genant / khumbt auch von Mittag / felt in die Occa ob Murom nit ferr von CASIMOWGOROD des vor der Großfürst den Tattern zubewonen vergundt hat /
derselben Tattern weiber die schwertzen jre negl zu ainer zier / und gehn ewigclich mit unbedecktem haubt / und zerstraittem haar /
Von Moscha dem fluß gegen dem Aufgang und Mittag / seind uberauß grosse Wälder / darinnen wonen die

---

1 <dt. Text:> völcker Czeremissen genant] völckher ~~Ctzeremissen~~ genant

prio idiomate utuntur, ac Principi Moscovuiae subiecti sunt, inhabitant.	völckher MORDWA genant / die ain aigne sprach haben / und dem Großfürssten undterworffen sein sollen /
Eos quidam idololatras, alii Mahometanos esse volunt.	Etlich sagen sy sein Machometisch / ander aber Abgöttereyer /
Hi in pagis passim habitant, agros colunt, victum ex ferina carne & melle habent, pellibus abundant preciosis: duri in primis homines.	haben Dörffer / pauen das Erttrich / jre maiste narung haben sy von Wildprät / und Hönig / haben auch vil guets gefülls / ain hoert volckh /
nam & Tartaros latrocinantes saepe fortiter a se propulsarunt, pedites fere omnes, arcubus oblongis conspicui, sagittandique peritia praestantes.	geprauchen sich des Pogens / seind damit wol geübt / haben die Tatterischen vil mal wol abgeferttigt / alles nuer zu fueß.
Rezan provincia inter Occam & Tanaim fluvium sita, civitatem ligneam non longe a ripa Occae habet.	REZAN ain alt Fürsstenthumb zwischen der flüß Occa und Tanais / ist ain hültzene Stat / ligt nit ferr vom gstatt der Occa /
Erat in ea castrum, quod Iaroslavu vocabatur: cuius nunc, praeter vestigia, nihil extat.	hat hievor ain Schloß darinn gehabt / mit namen IAROSLAW / darvon sicht man das Purgstal und etliche stumpf /
Haud procul ab ea civitate, Occa fluvius insulam facit, quae Strub dicitur,	die Occa macht ain Inssl nit ferr von der stat die haist man STRUB /
magnus olim ducatus, cuius Princeps nemini subiectus erat.	und diß Fürsstenthumb wardt frey / khainem andern underworffen /
	Darumb sy auch Großfürsten genant worden /
Columna ex Moscovuia inter Orientem & Meridiem, seu (ut alii volunt) in Orientem hyemalem civitas occurrit. Dein Rezan, quae a Moscovuia triginta sex miliaribus Germanicis distat.	So man den weg von der Mosqua daheer nimbt / in mitten zwischen Aufgang und Mittentag / etliche sprechen gegen dem Winter aufgang / khumbt man an die Stat COLUMNA / Sechsunddreyssig Teutscher meil nach den wersten zuraitten /
Haec provincia caeteris omnibus Moscovuiae provinciis fertilior est: in qua, ut aiunt, singula grana frumenti binas quandoque, pluresve	dise gegent umb Resan / sol die fruchtparist undter allen der ortten sein / sprechen das die Traidhalmen zwen und drey höher gemainclichen

spicas proferunt: quarum culmi tam dense accrescunt, ut nec equi facile transire, nec coturnices inde evolare possint.

Mellis, piscium, avium, ferarumque ibi magna copia, arborumque fructus longe Moscovuiae fructibus nobiliores: gens audacissima, bellicosissimaque.

Ex Moscovuia ad hoc usque castrum, ultraque spacio XXIIII fere miliarium Germanicis fluit Tanais, loco qui Donco dicitur:

ubi mercatores in Asoph, Capham, & Constantinopolim euntes, naves suas onerant:

quod plerunque fit in autumno, pluviosa anni parte.

nam Tanais ibi aliis anni temporibus non ita aquis abundat, ut oneratas naves bene ferre queat.

Dominabatur Rezan quandoque Basilius magnus dux, qui sororem Ioannis Basilii magni ducis Moscovuiae duxerat, ex eaque Ioannem & Theodorum susceperat.

Mortuo Basilio, Ioannes filius succedit: qui ex uxore Knes Theodori Babitz filia, Basilium, Theodorum & Ioannem filios genuit.

ex quibus, mortuo patre, maximi

tragen / und wachst so dickh / das ainem beschwerlichen ist / dardurch zureiten / und die wachtln vor digkhe nit wol auffliegen mügen / Hönig / Visch / gefügl / und wildprädt ist ain grosse menig / Ops vil pesser oder lieblicher weder zu der Mosqua / das volckh ist starckh und behertzent.

So man von der Mosqua zu dem wasser Tanais zeucht / die schiff mit Khauffmans waarn zubeladen / zeucht man den weg gen Resan / und furter vierundtzwaintzig meil / khumbt man zu demselben wasser an ainem Platz haist DONCO /
von dannen fert man mit den Schiffen ab / nach ASOW / und khumbt dan weiter auß dem fluß / in das Mör / des man Lateinisch am gmöß Palusmeotis nent / und fürt nach CAPHA unnd füruaß gar gen Constantinopl /
Solche anladung der Schiff geschiecht gemainclichen im Herbst / wan nasse oder regnige jar sein / dan der Tanais an den orten hat nit yeder zeit genueg wasser zuschiffen /
vor zeiten was da zu Resan Großfürst Basilius / der nam Eelichen des Großfürsten Hannsen zu der Mosqua schwester / darvon uberkham er zween Sün / Hannsen und Pheodor / das ist Dietrichen /
Als der vatter starb / namb der Hanns des Fürssten Dietrichs Babitz tochter / und geperten Basilium / Dietrichen / und Hannsen.
Nach dises vatters Hannsen tod /

natu duo filii, dum quisque sibi imperium vendicare nititur, in campis Razanensibus congressi: armis decertarunt: in qua pugna alter occubuit.	haben die eltern zwen Sün / sich umb das Fürstenthumb gezangt auch ainer den andern im Veld todt geschlagen /
nec multo post, qui victor fuerat, in eisdem campis moritur, in cuius rei memoriam, signum crucis ex robore ibi erectum est.	nit lang darnach starb. der ander in demselben Veld / An dem selben platz ist ain hültzen Creutz zu gedechtnuß gesetzt.
Minimus natu, qui ex tribus fratribus adhuc supererat, cognita fratrum suorum morte, adiunctis sibi Tartaris, principatu, pro quo fratres decertaverant, quemque mater adhuc possidebat, vi potitur:	Der dritte brueder kham mit der Tattern hilff / name das Fürstenthum mit gwalt von seiner Muetter /
quibus peractis, cum Duce Moscovuiae agit, ut quemadmodum maiores sui nemini obstricti, cum principatum libere tenuissent, possedissentque, ita se quoque imperare sineret.	und handlet mit dem Großfürssten in der Mosqua / damit er möcht frey on ainige erkhantnuß ainer öbrigkhait / wie seine voreltern sitzen /
Dum haec pacisceretur, ad magnum Principem delatus est, quod regis Tauricae, quo cum Principi bellum erat, filiam uxorem expeteret.	zwischen solcher handlung wird er dem Großfürsten angetragen / als handlet er mit dem Tatterischen Khünig im Precop (mit dem dan der Großfürst im khrig stuend) umb sein Tochter /
quam ob rem cum a Principe vocatus fuisset, metu adventum tardat, protrahitque. tandem a Simcone Crubin, uno ex consiliariis suis persuasus, in Moscovuiam proficiscitur: ubi Principis iussu captus, liberis custodiis mandatur.	Darumb ist er in die Mosqua zukhomen ervordert / weil er sich aber forchte / und also mit seiner ankhunfft vertzoche / hat er auf anhaltung seines Rats Simon Crubin sich bewegen lassen / und in die Mosqua khumen / da ist er in ehrlicher fancknus behalten und verwart worden /
Subinde Princeps matre illius iecta, & in monasterium intrusa, castrum cum principatu occupat:	sein Muetter hat der Großfürst auch außgestossen / und in ain Closter gethan / und das Fürssthumb eingenomen /
& ne aliqua quandoque secessio	und damit dasselb Volckh sich nit

Rezanensium fieret, bonam eorum partem per diversas distribuit colonias. qua re totius principatus vires labefactatae corruerunt.

Porro cum anno Domini 1521 Tartari prope Moscovuiam castra posuissent, Ioannes per tumultum e custodia elapsus, in Lithvuaniam profugit: ubi etiam tum exulabat.

Tulla oppidum quadraginta fere miliaribus Germanicis a Rezan distat, a Moscovuia vero in Meridiem triginta sex: estque ultimum oppidum ad campestria deserta, in quo Basilius Ioannis castrum ex lapide construxit, quod fluvius eiusdem nominis praeterlabitur.

Uppa vero alius fluvius, ab ortu castrum alluit. Tullaeque fluvio iunctus, Occam supra Vuorotinski viginti fere miliaribus Germanicis influit.

a cuius ostiis haud ita procul, Odoyovu castrum situm est. Porro oppidum Tulla, etiam Basilii tempore proprium principem habebat.

Tanais fluvius famosissimus, qui Europam ab Asia disterminat, octo ferme a Tulla in Meridiem miliaribus nonnihil in Orientem deflectendo, oritur,

non ex Ripheis montibus, ut quidam prodidere: sed ex Ivuanovuosero, hoc est, Ioannis lacu ingenti, qui in longitudine & latitudine circiter

von jm abwürffe / hat er sy außgethailt / und undter andere Fürsstenthumer eingemüscht / damit ist solches namhaffts Fürsstenthum von sein krefften khumen.

Als die Tattern jm 1521 Jar nahent zu der Stat Mosqua khomen / ist der gefangen Fürsst zu Rezan aus und gen Lithen khumen / da er dan in zeit unserer Raiß daselbstn im Elent gewest ist.

TULA ain Stat bey viertzig meillen von Rezan von der Mosqua gegen Mittentag zuraitten / sechsunddreissig meyl ist die letzte Stat gegen dem Oden Land / dahin hat der Basilius / darbey ich gewest / ain gemaurt schloß gebaut / fleusst daselbst für / das wasser auch TULA genant /

von Auffgang aber / khumt das wasser UPPA rint am Schloß hin / und fliessen die baide wasser zueinander / und fallen dan als zwaintzig meillen / ob WOROTIN in die Occa /

von welcher gmund nit ferr das schloß ODOYOW steet / da zu Tula saß auch etwan ain aigner Fürsst.

TANAIS Der Großberuemt fluß / der ain gemerckh genent wirdt / Zwischen EUROPA und ASIA hat sein ursprung acht meyl von Tula gegen Mittentag / etwas sich gegen dem Aufgang streckhent
aus ainem See IWANOWOSERO genant / als vil geret Hannsen See / und nit aus den gepürgen RIPHEY darvon sovil der alten geschrieben

1500 vuerst patet: inque sylva, quam quidam Okonitzkilies, alii Iepiphanovulies appellant, ortum habet.	haben / derselb See sol in die leng und weit 1500 werst haben / und ist in ainem holtz / des etliche nennen OCONIEZKILIES / Aber andere YEPIPHANOW /

Ex hoc lacu Schat & Tanais, magna duo flumina, emergunt.
Schat in Occidentem, Uppa fluvio in se recepto, Occam inter Occidentem & Septentrionem influit.
Tanais autem primo cursu recta in Orientem fluit, atque inter Casan & Astrachan regna sex vel septem miliaribus Germanicis a Vuolga fluvio labitur: dein reflexo in Meridiem cursu paludes facit, quas Maeotidis vocant.

Aus dem See fliessen zway grosse wasser /
der Tanais nimt sein ersten fluß in Aufgang / darnach zwischen Casan und Astrachan / khumt der piß auf sechs oder sieben meyl / Zu dem grossen fluß WOLGA / und wendet sich wider in Mittentag / und macht das gmöß so man nent MEOTIS.
Das ander wasser haisst SCHAT fleusst gegen dem Nidergang / Die UPPA felt in SCHAT und die baide zwischen dem Nidergang und Mitternacht in die Occa /

Ad eius porro fontes proxima civitas est Tulla, supra ostia vero tribus fere in littore miliaribus Asoph civitas, quae prius Tanas vocabatur.

die nägste Stat zu dem ursprung des Tanais ist Uppa und oberhalb des gmund bey dreyen meillen am gestat desselben Tanais / ligt ASOPH ain gar grosse Stat / die vor Zeiten TANAS genant sol gewest sein /

supra hanc quatuor dierum itinere Achas oppidum est, ad eundem fluvium situm, quem Rutheni Don appellant.
Hunc ab optimorum piscium copia singulari, item amoenitate, quod utraque fluminis ripa diversis herbis, radicibusque suavissimis, ad haec arboribus fructiferis plurimis, variisque in modum horti, quasi industria

oberhalb derselben / sol auch an dem gestat ain Stätl ligen ACHAS. Diesen fluß Tanais nennen die Reissen DON /
die gegent an dem selben Tanais wirdt vasst beruemt / von wegen menige und guette der visch des luffts / Kreutter / Würtzen / Paumfrüchten und andern nit anderst dan als obs ain gepflantzter gartten wäre /

22 <dt. Text:> ist Uppa] *muss heißen:* ist Tul(l)a

quadam exculta atque consita sit, satis laudare non possunt.

Et quod tanta ferarum, quae parvo negotio sagittis conficiuntur, ibi sit copia: ut per ea loca iter facientes, ad vitam sustentandam nulla alia re, igni tantum saleque excepto, indigeant.

In his partibus non miliaria, sed dierum itinera observantur.

Ego quantum coniectura assequi potui, a fontibus Tanais ad eius ostia usque, terrestri itinere recta eundo, sunt octuaginta fere miliaria Germanica.

A Donco, quo loco Tanaim primum navigabilem esse dixi, vix viginti diebus navigando, pervenitur Asoph, civitatem Turcis tributariam: quae quinque, ut aiunt, diaetis ab Isthmo Tauricae, quem alias Praecop vocant, distat.

In ea multarum ex diversis orbis partibus gentium insigne est emporium: quo ut omnibus, cuiuscunque nationis sint, liber patet accessus, libera etiam vendendi emendique cuilibet datur copia:

ita civitate egressis omnibus, quidlibet impune facere licet.

De aris autem Alexandri & Caesaris, quas plerique scriptores in his locis fuisse commemorant, vel earum ruinis, nihil certi ex indigenis, aliis-

man sol auch sovil und gar leicht wilprät bekhumen / das die Raisunde zu jrer speiß und notturfft merers nit dan alein Saltz und feuer beduerffen.

Der ortten raittet man die weg und raisen nit nach den Wersten / oder meillen / sonder nach tagraisen /

Nach demselben weil sy dreissig werst oder nach meiner außraittung sechs meyl für ain tagraiß rechnen /
So befindt sich das von ursprung des Tanais zu seinem gmund uber Land bey achtzig Teutscher meyl waren ungeverlichen /

Aber nach dem wasser zufarn / von Donco auß / khumt man kaum in zwaintzig tagen gen Asoph / die Stat so dem Türcken Zinßpar ist / von der Stat Precop Fünff tagraiß ligt /

Daselbstn zu Asoph ist ain grosser Kauffmans handl / von mancherley Völckhern / die ist aller meniglichen offen und frey zukhauffen / und zu handln / es sey ainer nur fridlich und ist yeder zeit darein und daraus zutzihen frey /
vor der Stat aber versech sich jeglicher nach seinem bessten.

Des grossen Alexander altärn wievil darvon geschriben ist worden / hab ich gar nichts khunnen

	que qui ea loca saepissime peragrarunt, cognoscere potui.	erfragen / das doch nur ain antzaigen darvon gesehen möcht werden /
5	Milites quoque, quos Princeps ad Tartarorum excursiones explorandas, & coercendas, quotannis ibi in praesidiis habere solet, super hac re a me interrogati, nihil se unquam tale vel vidisse, vel audivisse responderunt.	Der halben ich vil mit denen / die derselben ort offt umbgeraist sein / geredt und gefragt hab / die weder gesehen oder davon ye gehört hetten / geantwort /
10	Circa ostia tamen minoris Tanais, quatuor ab Asoph diaetis, iuxta locum Velikiprevuos ad S[anctos] montes, statuas imaginesque quasdam marmoreas & lapideas vidisse se, non negabant.	Es ist ain wasser genant der clain Tanais / da derselb drey tag raisen ob Asoph in den rechten Tanais felt / sagt man wol von etlichen Märbelstainen Seuln und Pildwerchen / so an dem ort genant WELIKI PREWOS zu den heilligen pergen genent sollen sein /
15	Minor porro Tanais in Sevuerski principatu oritur, unde Donetz Sevuerski vocatur, tribusque diaetis supra Asoph in Tanaim illabitur.	Der clain Tanais entspringt in dem Land Severa / darumb wirdt er genant SEWERSKI DONETZ.
20	Caeterum qui ex Moscovuia in Asoph terrestri itinere proficiscuntur, hi Tanai, circa Donco, vetus & dirutum oppidum, traiecto, a meridie nonnihil in orientem reflectuntur:	So dan die von der Mosqua nach Asoph raisen / faren zu Donco uber / und wenden sich etwas gegen dem Aufgang /
25	quo loci, si recta ab Tanais ostiis linea ad eius fontes ducatur, Moscovuiam in Asia, non in Europa sitam reperies.	Darumb wan ain Liny von dem ursprung zu dem gmund des Tanais getzogen wurde / möcht man sagen / das die Mosqua in Asia und nit in Europa läge.
30	Msceneck palustris locus est, in quo olim castrum erat, cuius etiamnum vestigia extant.	MSCENEK ligt an ainem gemösigen ort / ist gleichwol ain Schloß da gestanden / als man an etlichen uberbleiblingen sicht /
35	Circa hunc locum adhuc quidam in tuguriolis habitant, qui necessitate imminente, in paludes illas, ceu castrum refugiunt. Ex Moscovuia in Msceneck, meridiem versus eundo, sexaginta fere	Es haben auch neulichen etliche leut in clainen hütlen da gewont / die jr flucht in der veindts not in das gemöß genomen / aus der Mosqua daher zeucht man in Mittentag ungeverlichen sechtzig

Line numbers: 40, 45, 50, 55, 60, 65, 70

miliaria Germanica sunt: ex Tulla fere triginta.

A Msceneck decem & octo fere miliaribus ad partem sinistram, Occa fluvius oritur: qui primum in Orientem, dein in Septentrionem, postremo in Orientem aestivalem (ut ipsi vocant) cursum suum dirigit.

atque ita Occa, Msceneck forma circuli propemodum dimidiati claudit: multaque subinde oppida, Vuorotin scilicet, Coluga, Cirpach, Corsira, Columna, Rezan, Casimovugorod, & Murom alluit:

tandemque Vuolgam infra Novuogardiam inferiorem ingreditur, sylvisque utrinque clauditur, quae melle, aspreolis, hermelis & martibus plurimum abundant.

Campi omnes quos alluit, fertilissimi sunt: nobilissimus in primis piscium copia fluvius, cuius pisces caeteris Moscovuiae fluminibus praeferuntur, maxime qui circa Murom capiuntur.

Habet praeterea pisces quosdam peculiares, quos ipsi sua lingua vocant Beluga, mirae magnitudinis, sine spinis, capite & ore amplo,

Sterlet, Schevuriga, Osseter: postrema tria Sturionum genera: & Bielaribitza, hoc est, album pisciculum nobilissimi saporis.

meyl. Von Tula seind bey dreissig meyl /

OCCA das namhafft wasser entspringt von Msceneckh bey achtzehen meyllen / das nimbt sein lauf / Erstlichen in Aufgang darnach gegen Mitternacht / und fürt wider in Sumer Aufgang / wie sy sprechen / und beschleusst den Msceneckh nahend rund umb / und an dem selben fluß / sein vil Stet als Vorotin / Coluga / Cirpach / Corsira / Columna / Rezan / Casinowgorod / und Murom /

und felt under nidern Neugarten / in die Wolga / und hat vil wälder an baiden ortten / darauß man vil Hönig / Feech / Härml / und Märder bekhumt /

Alles Ertrich das diser fluß beruert / ist fruchtbar in sonderhait vil visch / die Edler dan khainer in der Moscoviter gepiet sein / unnd sonderlich die umb Murom gefangen werden /

man findt auch darinnen visch BELUGA genant / vasst groß / haben auch khain pain / nur kruschpeln / wie die Hausen / ain grossen kopff und maul wie ain Schaidn / die man an etlichen ortten Waller nent /

darnach auch STERLED, SEWRIGA, OSSETER die drey geschlecht möchten sein als Styerl / Schuerggen / unnd Tückh / Darnach BIELA RIBITZA das ist weiß vischl / hat gar khlaine liechte wie silberene schieppen / ist vasst ain guetter visch /

horum maximam partem ex Vuolga eo devenire putant.

Ex Occae porro fontibus duos alios fluvios oriri aiunt, Sem & Schosna: quorum Sem, Sevuera principatum perfluit:
oppidumque Potivulo praeterlapsus, in Desna fluvium, qui Czernigo oppidum interlabitur, atque infra Chiovuiam in Borysthenem fertur, influit: Schosna autem recta in Tanaim defertur.

Corsira in ripa Occae fluminis oppidum est, sex miliaribus supra Columnam. Habebat aliquando sui iuris dominum:
qui cum ad Principem Basilium, tanquam qui in necem eius conspirasset, delatus fuisset,
eamque ob rem sub venationis praetextu a Principe vocatus fuisset, illeque armatus (nam a quodam, ne inermis iret, admonitus fuerat) cum ad Principem in venatione venisset, neque tum admissus esset,
sed cum Michaele Georgii Principis Secretario ad vicinum oppidum Czirpach ire, ibique se operiri iussus esset:

ubi a Principis Secretario ad bibendum invitatus, idque (ut solet) pro Principis sui incolumitate, cum in eas insidias quas nullo modo evitare posset, se prolapsum esse sentiret: accersito sacerdote, haustoque poculo moritur.

man vermaint die alle khumen aus der Volga / und in die VOLGA aus dem Moer / ausserhalb der weissen vischl.

Aus dem ursprung der Occa solln noch zwen flüß außfliessen SEM und SCHOSNA. Der Sem rind durch das Land Sewera /
und fürt neben Potiwlo felt in die DESNA / die aber neben Ctzernigo / und darnach under Chiow in den Nieper / Schosna aber eylt gerad dem Tanais zue.

CORSIRA ligt am gestat der Occa / Sechs meyl oberhalb Columna / die Stat hat zuvor ainen aignen Herrn gehabt /
ist fürgeben worden / als wäre dem Basilio angetzaigt / derselb Herr stelte im nach seinem leben /
Darumb ervordert jne der Großfürst / auf ain geiadt ist der guet Herr durch ainen beret worden / das er bewertter zu dem Fürsten khumen ist / aber für den Fürsten nit gelassen worden /

Sonder Michael des Georgen Sun des Fürsten Secretari / hat den in das nächst Stätlen Ctzirpach mit sich genumen / und bevolhen sich außtzuthuen /
hat jme der Secretarj ainen Trunckh bracht / nach jrem brauch umb des Fürsten gesund / Der hat pald verstanden / wie sein sach ain gstalt würd haben / begert aines Briesters / und den Trunckh angenumen / pald gestorben /

4 <lat. Text:> oriri] ori̶ri̶ri̶

atque ita nephario hoc facinore, Basilius Czirpach oppido, octo miliaribus a Corsira ad Occam fluvium sito, ubi etiam loco plano minerae ferri effodiuntur, potitus est.

Coluga oppidum ad Occam fluvium triginta sex miliaribus a Moscovuia abest, quatuordecim a Czirpach.

Fiunt ibi affabre caelata pocula lignea, aliaeque e ligno res ad cultum domesticum pertinentes: quae inde in Moscovuiam, Lithvuaniam, aliasque circumiacentes regiones passim deferuntur.

Solet ibi Princeps quotannis praesidia sua contra incursiones Tartarorum habere.

Vuorotin principatus eiusdem nominis, cum civitate & castro, tribus supra Colugam miliaribus, non procul a littore Occae sito, nomen habet.

Hunc principatum Ioannes Knes Vuorotinski cognomento possidebat, vir bellicosus, ac multarum rerum experientia excellens, quo duce Basilius princeps praeclaras saepe ex hostibus victorias reportaverat.

Sed anno 1521, quo tempore rex Tauricae Occa traiecto, magno exercitu Moscovuiam, ut supra dictum est, invaserat, ad eumque coercendum & reprimendum Demetrius Knes Bielski, homo iuvenis, cum exercitu a Principe missus fuisset,

isque Ioannis Vuorotinski, aliorumque sanis consiliis neglectis, viso hoste turpi se fugae mandasset:

Dermassen hat der Großfürst auch CZIERPACH so acht meyl von Corsira / uberkhumen / daselbstn seind Eysnene Berckhwerch in der ebne.

COLUGA ain Stat ligt an der Occa / und Sechsunddreissig meyl von der Mosqua / von Ctzirpach viertzehen /

da macht man schönes holtzwerch / Schüssln / Trinckhgeschier und dergleichen / von dannen fürt mans in die Mosqua / Litten und andere ort /

da helt der Fürst Järlichen seine leut / wider der Tattern einfal.

WOROTIN das Fürstenthumb / Stat und Schloß aines namens / drey meyl oberhalb Coluga / nit ferr von dem gestat des fluß Occa gelegen /

dasselb Fürstenthumb hat hievor besessen Khnes IWAN WOROTINSKI ain streitparer und des Khriegs geübter Man / durch den der Großfürst Basilius vil Sigs von sein Veintn erhalten hat /

im 1521 Jar. Als der Tatterisch Khünig von Precop sich uber den fluß Occa mit seinem hoer gegen der Mosqua begeben / wie hernach darvon gesagt wirdt / und den Demetri Khnes Bielskj / ainen jungen wider den Tattern mit seinem Hoer gesant hette /

der den Khnes Worotinskj / und die andern eltere veracht. So pald die veindt sich dißhalb des wassers

Principeque post Tartarorum discessum, de fugae autoribus diligenter inquirente, Andrea Principis fratre (qui revera eius fugae autor fuerat) aliisque absolutis, Ioannes Vuorotinski non solum in summam venit Principis indignationem, sed captus etiam, atque principatu suo exutus est.	sehen liessen / sich in die flucht begaben / und so man erkhündigung hielt / wer solcher flucht ursacher ware / gieng alles antzaigen auf Khnes Andreen des Großfürsten brueder / Nichts minder muesst Khnes Worotinski die schuld und ungnad tragen / ja dartzu gefangen worden / jme auch sein Fürstenthumb genumen /
Postremo dimissus quidem fuit ex custodia, ea tamen conditione, ne Moscovuia unquam egrederetur. Hunc nos quoque inter primarios viros Moscovuiae, in aula Principis vidimus.	und sich verpinden muessen / von der Mosqua nit zuverruckhen / wir haben den noch datzumal daselbsten gesehen.
Seuuera magnus principatus est, cuius castrum Novuogrodek, haud ita diu Sevuerensium principum, priusquam hi ab Basilio principatu exuerentur, sedes erat.	SEVERA ain Großfürstenthumb darin ist der gewesnen Fürsten gesäs NOVOGRODEK gewest /
eo ex Moscovuia dextrorsum in Meridiem, per Colugam, Vuorotin, Serensko & Branski, centum quinquaginta miliaribus Germanicis pervenitur: cuius latitudo ad Borysthenem usque protenditur.	aus der Mosquazeucht man gegen Mittag / doch wol zu der rechten hand / durch Coluga / Worotin / Serensko und Bransko / hundert und fünfftzig Teutsch meyl / geraicht gar an Nieper / nach der braidt /
Vastos desertosque passim campos habet: circa Branski autem sylvam ingentem.	hat vil oden / zu Branskj ain vasst grossen wald /
Castra oppidaque in eo sunt complura: inter quae Starodub, Potivulo, Czernigovu, celebriora sunt. Ager quatenus colitur, fertilis est. Sylvae hermellis, aspreolis & martibus, mellequae plurimum abundant. Gens propter assidua cum Tartaris praelia, valde bellicosa.	In dem selben land sein vil Schloß und Stät / Staradub / Potiwlo / Ctzernigo / seind die namhafftigisten / ain fruchtpar Ertrich und reich von Hönig / Harmln / Fechn / und Mardern / das volckh ist aus täglicher ubung gegen Tattern geschickht zukhriegen.
Caeterum Basilius Ioannis, ut alios	Der Basilius des Hannsen Sun /

plerosque, ita hunc quoque principatum sibi subiecit, hoc modo.
Erant duo Basilii ex fratribus nepotes: horum alter cognomento Semetzitz, castrum Novuogrodek: alter vero Staradub civitatem tenebat. Potivulo autem Demetrius quidam Princeps possidebat.
Porro Basilium Semetzitz, cum strenuus in armis, eamque ob rem Tartaris terrori esset, tanta regnandi libido invaserat, ut principatum solus expeteret.
neque quievit, donec Basilium Staradubski afflictissimum redderet: eoque depulso, provinciam suam occuparet.
quo eiecto, Demetrium alia via aggressus est: quem apud Principem detulit, tanquam qui animum deficiendi a Principe haberet.
Qua re Princeps commotus, Basilio mandat, uti Demetrium, quacunque arte captum, ad se Moscovuiam mitteret. Huius itaque fraude Demetrius in venatione circumventus fuit.
Praemiserat enim Basilius equites quosdam ad castri sui portas, qui eum fuga evadere conantem exciperent, a quibus tum captus, in Moscovuiam deductus, atque in vincula coniectus fuit.
Hanc iniuriam filius, quem unicum habebat, Demetrius, adeo moleste tulit, ut ad Tartaros confestim confugeret. Utque patri illatam iniuriam celerius graviusque ulcisceretur, Christiana fide abnegata, in Machumetiritum circumciditur.
Interim dum apud Tartaros ageret,

wie der andere Fürstenthumber / Also auch dises under sich bracht /
Es sein zwayer Brueder zwen Sün gewest / der ain hat sein zuenamen gehabt SEMETZITZ hat hof gehalten zu Novogrodek / der ander zu Staradub / zu Potiwlo saß ain ander Fürst DEMETER.
Der Basilius Semetzitz war ain Kriegsman / den auch die Tattern seine Nachpern forchten / Der wolt ain ainiger Fürst sein /

veriagt sein veter Basilium von Staradub /

darnach den Demeter mit andern lisstn angriffen / bey dem Großfürsten angeben / als wolt der von jme abfallen /
Darumb befalch der Großfürst / jme dem Semetzitz / das er DEMETRIUM fahe / und jme zubringe / den hat er an einem geiadt zugeeilt /

und zuvor etliche pferdt fuer geschickht / wo Demeter die flucht zu hauß näme das sy dem undter augen khämen / und fiengen / Ist also gefangner in die Mosqua gefuert / und in gefenckhnuß gelegt worden.
Desselben Demetri Sun / uber solche beschwärung und unrecht / ist zu den Tattern geflohen / ob er sein Vattern rechn möchte / hat sich beschneiden lassen /

In dem hat sich der selb sein Sun in

	accidit, ut puellam quandam venustissimam deperiret: qua cum alias potiri non posset, invitis eam parentibus clam abduxit.	aine verliebt / und weil er die anderst nit gehaben möcht / hat die wider jrer Vatter und Muetter willen haimlich empfiert /

accidit, ut puellam quandam venustissimam deperiret: qua cum alias potiri non posset, invitis eam parentibus clam abduxit.

5 Eam rem servi, qui cum eo circumcisi fuerant, puellae propinquis clam indicarunt: a quibus quadam nocte subito oppressus, cum puella sagittis conficitur.

10 Basilius Princeps audita filii ipsius Demetrii fuga ad Tartaros, senem arctioribus vinculis constringi iubet. qui non multo post morte filii apud Tartaros cognita, carcere moeroreque confectus, eodem anno qui a
15 nato Christo MDXIX erat, obiit.

A[t]que haec omnia Basilio Semetzitz autore facta sunt: cuius impulsu antea quoque Princeps & Corsirae dominum & germanum suum fra-
20 trem, captos in carcere occidit.

Caeterum quemadmodum saepe fieri solet, ut qui aliis insidias struunt, in easdem tandem ipsi incidant: ita &
25 huic Semetzitz contigit.

Nam ipse quoque apud Principem defectionis crimine insimulatus est.

Eam ob rem cum Moscovuiam vocatus fuisset, illeque, nisi publicae
30 fidei literae Principis & Metropolitae iuramento confirmatae, sibi prius mitterentur, eo se venturum pernegaret:

missis acceptisque ex sententia
35 literis, XVIIII Aprilis, MDXXIII anni Moscovuiam cum venisset,

---

aine verliebt / und weil er die anderst nit gehaben möcht / hat die wider jrer Vatter und Muetter willen haimlich empfiert / 40

Des haben seine diener / die sich mit jme beschneiden lassn / der empfierten freundtn angetzaigt / die haben jne in der nacht uberfallen / und sambt dem weibspild aus handtpögnen erschossen / 45

wie der Großfürst des entweichen erindert / umb sovil beschwärlicher / hat er den Vatter halten lassen / aus dem und wie der seines Suns Todt 50 vernumen / ist er pald gestorben / jm 1519 Jar /

des ist der Semetzitz ain ursacher gewest / wie auch vor mit des Herrn zu Corsira / und seinen Brueder / die 55 baide in Fancknussen gestorben / Er Semetzitz ain anschifter was /

so khumt offt in gleichen fällen / wie ainer andern Netz fürspant / das er eben gleich in solche fallen thuet / 60 des dem Semetzitz auch zuegestanden ist /

dann man ain gleiche ursach gegen jme gefasst / und ist betzichtigt worden / als wolt er vom Großfürsten / abfalln / 65

ist etliche mal ervordert / aber nit khumen wöllen / er hette dan ain versicherung und glaidt / mit des Großfürsten / und mit des Metropolitn geschwornen Aydn bekhrefftigt / 70

auf dasselb ist er am achtzehendten tag Aprilis / im 1523 jar ghen der Mosqua khumen der ist im anfang

honorifice muneribus etiam oblatis a Principe exceptus fuit: sed paucos post dies captus, in carcerem coniicitur, ubi & tunc detinebatur.

Causam captivitatis suae hanc fuisse aiunt, quod literas ad regem Poloniae, quibus se ad eum deficere velle scripserat, praefecto Chiovuiensi misisset: qui resignatis literis, cum iniquum eius erga principem suum animum cognovisset, continuo eas Principi Moscovuiae misit.

Alii vero rationem magis verisimilem afferunt. Solus enim Semetzitz in toto Mosci Imperio supererat, qui castra & principatus possidebat:

quibus, ut facilius hunc eiiceret, tutiusque imperaret, perfidiae crimen, quo ille e medio tolleretur, in illum excogitatum est.

Ad quod alludens morio quidam, quo tempore Semetzitz Moscovuiam ingrediebatur, scopas & palam circumferebat.

qui cum interrogaretur, quid sibi hoc apparatu vellet?

Imperium principis nondum prorsus purgatum esse, respondit: nunc vero commodum tempus verrendi adesse, quo feces omnes eiiciendae forent.

Hanc provinciam Ioannes Basilii, Alexandri magni Ducis Lithvuaniae exercitu ad Vuedrosch fluvium profligato, primus imperio suo adiecit.

erlichen emphangen auch begabt / aber wenig tag darnach gefencklich eingesetzt worden / da er dan zu unsern zeitten noch gesessen ist.

Die ursach seiner fäncknuß hat man fürgeben / Er hette brief an Khünig zu Poln geschrieben / darin er sich erpotten hette zu jme zufallen / die selben Brieff sol er zu dem Haubtman zu Chiow geschickht / derselb die eröffnet / und dem Großfürsten ubersendt haben.

Ain andere ursach sagen andere die glaublicher ist / weil khain Fürst mehr im gantzen des Großfürsten gepiet gewest ist / der ainigerlay bevestigung hette / dan der / damit dan der auch hingenumen / und des Großfürsten Herrschafft dester sicherer wäre / ist das dermassen erdacht worden /

dem macht auch ain glauben ain Schalchsnarr / der mit denen / so dem Semetzitz entgegen geritten / auch mit gangen / ainen poesen und schaufl mit getragen / ye ain heuffl zusamen gekhert / und mit der schaufl vom weg geworffen /

So man den fragt / was er doch thette:

Gab Antwort / die Mosqua sei zimblich gerainigt / und gekhert / es sei noch ain uberblibne unsauberkhait / ist gleich zeit / das die gar gerainigt werde.

Dises Fürstenthumb hat der Großfürst Hanns / wie Khünig Alexanders zu Poln Großfürstens in Lithen hoer geschlagen worden / mit ergebung der Fürstn uberkhumen /

Porro Sevuerenses principes genus suum a Demetriomagno Duce Moscovuiae ducunt.	Die geweßne Fürsten seind von Demetrio Großfürstn in der Mosqua heerkhumen /
Erant Demetrio filii tres, Basilius, Andreas, & Georgius. Ex his Basilius natu maximus, iuxta patrias leges, patri in regno successit. Ex aliis duobus, Andrea videlicet & Georgio, Sevuerenses principes generis sui originem traxerunt.	dann er ließ drey Sün / Basilium / bliebe Großfürst / Andreen unnd Georgen / von denen zwayen waren die / darvon yetzo gesagt ist / heerkhumen / und von jrem aignen Pluet hingenomen.
Czernigovu triginta miliaribus a Chiovuia, totidem vero a Potivulo abest. Potivulo vero distat a Moscovuia centum quadraginta miliaribus Germanicis a Chiovuia sexaginta, a Branski trigintaocto. Haec ultra sylvam magnam, quae vigintiquatuor miliaribus in latitudinem protenditur, sita est.	CZERNIGO dreissig meyl von Chiow / auch soverr von Potiwlo / dises Potiwlo ist hundert und viertzig meyl von der Mosqua / und von Chiow Sechstzig / von Branskj Achtunddreissig / ligt uber den grossen walt / der Vierundtzwaintzig meyl prait ist.
Novuogrodeck decem octo miliaribus distat a Potivulo, a Staradub quatuordecim: Staradub a Potivulo triginta duobus miliaribus.	NOVOGRODEK Achtzehen meyl von Potiwlo / von STARADUB Viertzehen / Staradub von Potiwlo dreyundtzwaintzig.
Euntibus ex Potivulo in Tauricam, per solitudinem fluvii Sna, Samara & Ariel occurrunt: ex quibus posteriores duo latiores, profundioresque sunt: in quibus traiiciendis dum viatores diutius nonnunquam detinentur, a Tartaris saepe circumveniuntur, capiunturque.	Aus Potiwlo ghen Procop so man Lateinisch TAURICAM nent / raist man durch wildnussen / uber die Flüß SUA, SAMARIA und ARIEL / die letzten zwen / seind praiter und tieffer / offtermallen werden die raisenden / die sich an den pächern saumen uberfallen.
post hos Koinskavuoda & Moloscha fluvii occurrunt, quos novo quodam traiectionis genere superant: resectas arbusculas in fasces colligant, quibus se suaque imponunt, atque ita remigantes secundo fluvio in alterum littus deferuntur.	Nach denen khumt man an die flüß KOINSKA WODA und MOLOSCHA daselbstn haut man von Paumen Esst und werden in puoschen gepunden / darauf legen sy die leyth mit jrer haab / und lassen sy abrinnen / mit etlicher hilff / damit sy an das ander gestat rinnen /

25 <dt. Text:> SUA] = SNA

Alii huiusmodi fasces equorum caudis alligant, qui flagris impulsi, natantes in ulterius littus, homines secum trahunt, transferuntque.

Ugra fluvius profundus & lutosus, non longe a Drogobusch in sylva quadam oritur, interque Colugam & Vuorotin in Occam exoneratur. Is fluvius olim Lithvuaniam a Moscovuia dividebat.

Demetriovuitz oppidum & castrum inter Meridiem & Occidentem, decem & octo miliaribus abest a Vuiesma, a Vuorotim circiter viginti.

Smolentzko civitas Episcopalis,

ad Borysthenem fluvium sita,

castrum in ulteriore fluminis littore Orientem versus habet, roboribus constructum, quod plurimas domos in civitatis formam complectitur. Hoc qua in collem porrigitur (nam parte alia Borysthene alluitur) fossis, ad haec stipitibus acutis, quibus hostium incursus arcetur, munitum:

Etliche pinden solche puschn jren pferdtn an die schwäntz / und treiben die in das wasser / schwimendt ziehen sy die mit jnen uber.

UGRA ain tieffs wasser loettig / nit ferr von Drogobusch / entspringt in ainem wald / zwischen Coluga und Worotin / felt in die Occa / vortzeit was die Granitz zwischen Lithen und Moscovitter gepiet.

DEMETRIOWITZ Schloß und Stat zwischen Mittentag und Nidergang / Achtzehen meyl von der WIESMA / von Worotin bey Zwaintzig meyllen.

SMOLENSCO ist ain Schloß und Stat /
des so nit eingefangen ist / haisst man die Stat / was aber eingefangen / wie dann Smolensco ain grossen Platz / mit vil heusern eingeschlossen / mit holtzwerch und mit stain und Erttrich außgeschüt / nennen sy GOROD des nach gmainer Windisch ain Schloß / aber nach jrer deittung was bevestnet ist / als umbtzeint / verstanden wirdt /
ist ain Fürstenthumb / und Bischofflicher stuel /
ligt an dem namhafften wasser Nieper / auf Latein BORISTENES,
Solich Schloß ligt vom wasser uber sich nach ainem Pühl / und oben auf dem pühl unser Frauen gemaurte Khirchen / das ander alles hültzen / umb das Schloß ist ain grabm / nit vil uber khnie tieff / darin seind steckhen geschlagen / wie in Osterreich weingartnen / allein das die steckhen khürtzer / sterckher / und

Basilius Ioannis saepius gravissime oppugnavit, nunquam tamen illud vi capere potuit.
At postremo militum, praefectique cuiusdam Bohemi, de quo supra in historia Michaelis Linski dictum, proditione eo potitus est.

Civitas in valle sita, colles circumquaque fertiles habet, sylvisque vastissimis cingitur, ex quibus pellium diversarum magnus proventus.

Templum in castro divae Virgini sacrum, alia vero aedificia lignea: in civitatis suburbio Monasteriorum e lapidibus constructorum ruinae complures videntur.
Ex Moscovuia porro ad Smolentzkum, inter Meridiem & Occidentem euntibus, decem & octo miliarium itinere, Mosaisko primum occurrit:

inde viginti sex, Vuiesma: post decem & octo, Drogobusch: atque inde totidem, in Smolentzko pervenimus, totumque hoc iter octuaginta miliaribus Germanicis constat: quamvis Lithvuani & Moscovuitae centum

enger geschlagen sein / damit sy den anlauff zuverhuetten vermainen / Basilius wie vermelt / hat das mit gewalt nit mügen gewinnen /

aber mit ubergeben der dienstleut zu handen bracht /

was man aber die Stat haisst / seind vil heuser uber das wasser zwische[n] Püheln / neben der Stat / sicht man etliche vil gemeuer stehn / da zuvor Clöster gewest sein /
Dasselb Fürstenthumb ligt zwischen grossen wäldern / daraus man auch gefül und sonderlich vil guets hönig hat /
von Smolensco ghen dobrowna seind die wälder vasst mit Linden besetzt / darvon die Peyn oder Imen jre narung nemen / und gar guet hönig machen /

als man aus der Mosqua nach Smolensco raist / ist der weg zwischen Mittag und Nidergang / khumbt man ghen MOSAISCO ain Stat achtzehen meyll weitter /
Sechsundtzwaintzig meyl ghen WYESMA und furt achtzehen meyl gen drogobusch / und wider achtzehen ghen Smolensco / also das achtzig meyl bringt / Wiewol baid Litten und Moscovitter sagen von hunderten / ich bin aber den weg

computent. Ego tamen ter loca illa peragravi, nec plura observavi.

Hunc principatum Basilio imperante, Vuiltoldus magnus Dux Lithvua-[n]iae Moscis anno 1413 ademerat.

Eundem Basilius Ioannis anno 1514, die XXX Iulii, Sigismundo regi Poloniae eripuit.

Drogobusch & Vuiesma, castra & oppida lignea sunt, ad Borysthenem sita, quae olim sub dominio Principum Lithvuaniae erant.

Est sub oppido Vuiesma eiusdem nominis fluvius, qui haud procul inde, duobus videlicet vuerst, in Borysthenem fertur: solentque oneratae mercibus naves inde Borysthenem devehi, atque post vicissim adverso Borysthene Vuiesmam usque portari.

Mosaisko quoque castrum & oppidum ligneum, circa quod magna diversicolorum copia leporum est: soletque Princeps quotannis venationes suas ibi habere,

atque nonnunquam diversorum Principum Oratores audire:
sicuti nobis in Moscovuia existentibus, Lithvuanos Oratores audivit: nosque eo pariter ex Moscovuia accersitos, ubi mandatis Principum nostrorum confectis dimissi fuimus.

dreymal geraist und nit mer gefunden.

Dises Fürstenthumb hat Witold oder Witowd (man findt die baide namen) geborner Großfürst in Litten / ainem Basilio / der hinnach sein tochter nam abgewunnen / hat im 1413 jar / diser Basilius hat das wider erobert im 1514 jar am dreissigisten tag Julij / zu den zeitten Khünig Sigmunds in Poln / und Großfürsten in Litten.

DROGOBUSCH und Wießma / Schlösser und Stät hültzen / baide am Nieper gelegen / seind vortzeitten auch undter Litten gewest / nit ferr von Wießma rint ain Pach / desselben namen etwo zwo werst von der Stat felt in Nieper / daselbstn lädt man die Schif an / und nach Smolensco / von Smolensco wider daselbstn hin / als auch unsere guetter jüngstlichen hinauf / und wider abgefuert sein worden.

MOSAISCO ist auch ain Stat und Fürstenhof / alles hültzen / dahin hat der Fürst järlichen sein lust und hetz gehabt / sein gar vil Hasen manicherlay farben / der ich nie dermassen gesehen hab /

zu der zeit / als wir jungstlichen fridens halber gehandlt / und umb die Littischen Potte[n] geschickht / ist der Großfürst dahin gen Mosaisco getzogen / und fürgeben / welle die Litten in sein Haubtstat nit lassen / uns auch dahin ervordert / und daselbstn den anstand beschlossen / uns zu baider seitten abgeferttigt /

Porro imperium principum Moscovuiae, tempore Vuitoldi, quinque aut sex miliaribus ultra Mosaisko protendebatur.

Biela principatus, cum castro & civitate eiusdem nominis, ad fluvium Opscha, in vastis sylvis sexaginta miliaribus Germanicis magis in Occidentem a Moscovuia distat: a Smolentzko triginta sex, a Toropetz triginta.

Huius olim Principes ex Gidemino oriundi erant: sed Casimiro rege Poloniae imperante, Iagellonis filii hunc principatum obtinebant.

quo tempore, Basilius princeps Bielae, qui alias Bielski appellatur, ad Ioannem patrem Basilii defecit, se suaque illi subdidit:
uxoreque sua in eo motu in Lithvuania relicta, aliam, ut supra dictum est, in Moscovuia duxit: ex qua tres suscepit filios, quos nos apud Principem vidimus,
e quorum numero Demetrius propter patris sui authoritatem in magno precio honoreque habebatur.

in solcher abfertigung ließ der Großfürst uns fragen / welchen weg wir anhaims nemen würden / Sprechen die Secretarien / Darumb hat der Herr fragen lassen / dan jme sein Khundtschafften von seinen Granitzen khumen / das der Türck zu Ofen gewest ist / wisse aber nicht / was er außgericht hab /
Des Mosaisco und noch sechs meyl hinfur gegen der Mosqua ist bey Witold zeytten die Littisch Granitz gewest.

BIELA ist auch ain Fürstenthumb / mit Schloß und Stat / an ainem wasser OPSCHA genant / zwischen grossen wäldern / mer gegen dem Nidergang von Mittag gewent / Sechtzig meyl von der Mosqua / von Smolensco sechsunddreissig / von Toropetz dreissig meyl /
die Fürstn so daselbstn etwan gewont / seind von Gedemin herkhumen / und vor den Litten zugethon gewest / aber zu den zeitten CASIMIRI Khünig zu Poln / und Großfürsten in Litten /
sich Basilius der Fürst zu Biella / davon sy genent werden Bielskj / zu dem Hannsen Großfürsten in der Mosqua ergeben /
hat und sein jungs weib wie vor gesagt verlassen /

sein Sun der eltter / Demetri ist in grossen ehrn bey unsern zeittn gehalten worden /

Porro hi tres fratres, quamvis ex Bielski paterna haereditate vivebant, eiusque annuis redditibus alebantur, eo tamen ire non audebant.
nam Moscovuiae princeps, Bielski principatum illis ademit, titulumque sibi usurpabat.

Rsovua Demetrii civitas, cum castro, recta in Occidentem viginti tribus miliaribus abest a Moscovuia:

castrum, a quo Princeps titulum sibi usurpat, ad fluvium Vuolga situm est,

habetque latissimam ditionem.
Est & alia Rsovua centum quadraginta miliaribus a Moscovuia, a Vuelikiluki viginti, totidem a Plescovuia, quae deserta appellatur.

Ultra Rsovuam Demetrii, per certa miliaria progrediendo in Occidentem, est sylva Vuolkonzki dicta, ex qua quatuor fluvii oriuntur.

In ea sylva est palus, quae Fronovu vocatur: ex qua fluvius non ita magnus duobus fere miliaribus in lacum quendam Vuolgo influit:
unde rursus aquarum multitudine adauctus emergit, Vuolgaque sumpto a lacu nomine vocatur: qui multis paludibus emensis, multis etiam fluminibus in se receptis,
viginti quinque, vel (ut alii volunt) septuaginta ostiis in mare Caspium, a Ruthenis Chvualinsko morie ap-

aber das Fürstenthumb behellt der Großfürst / und setzt das in sein Titl.

RSOWA Demetry ist ain Schloß und Stat / gerad im Nidergang / von der Mosqua dreyundtzwaintzig meyl /

das Schloß so auch der Fürst in seinem Titl hat / ligt an dem grossen und nambhafften wasser Wolga / das man in alten Püchern Rha geschrieben findt /
hat ain groß weit gepiet /
Es ist gleichwol ain andere Rsova / ligt hundert und viertzig meyl von der Mosqua / und von VELIKILUKI zwaintzig / und sovil gen Plesco / die wirdt als öd genant /
so man von der Rsova Demetri fürauß gegen Nidergang etliche meyl zeucht / ist ain wald WOLKONSKI genant / daraus fliessen vier nambhaffte wasser /
darin ist ain gemöß / das nent man FRONOW Von dem fleusst ain pach / khumbt pald als nahent zwo meyl in ain See genant WOLGO
Von dem fleusst wider etwas grösser der pach / und wird also Wolga genant / durch fleusst vil gemöß und See / und von vil andern zufliessenden pächern /
wiert groß / rint in Aufgang und felt in das Moer / so die Moscovitter CHWALINSCO und die Lateiner CASPINUM und HIRCANUM

pellatum, & non in Pontum, ut qui-
dam scripsit, exoneratur.

Porro Vuolga a Tartaris Edel, a
Ptolemaeo Rha vocatur:
tantaque inter hunc & Tanaim in
campestribus est vicinitas, ut septem
duntaxat miliaribus distare affir-
ment.
Quas autem civitates & oppida prae-
terlabatur, suo loco referemus.
In eadem sylva decem fere a palude
Fronovuo miliaribus est Dnyepersko
pagus: circa quem oritur Borysthe-
nes, qui ab incolis Dnieper vocatur,
quem nunc Borysthenem dicimus.

Haud procul ab eo loco est monaste-
rium sanctae Trinitatis, ubi oritur
alius fluvius priore maior, Niepretz
per diminutionem dictus.

Ambo autem hi fluvii inter fontes
Borysthenis & paludem Fronovuo
confluunt, quo loco Moscovuitarum
& Chloppiensium merces navibus
impositae, in Lithvuaniam deferun-
tur: solentque mercatores ibi in mo-
nasterium ceu diversorium divertere.

Porro quod Rha & Borysthenes non
ex iisdem fontibus, iuxta quorundam
opinionem, oriantur, cum ex aliis,
tum ex complurium mercatorum
certa relatione, qui in illis partibus
rem fecerunt, compertum habeo.

Borysthenis autem cursus hic est, ut
primum Vuiesmam Meridiem versus

nennen / etliche sagen mit Fünffund-
tzwaintzig / etlich von Sibentzig ar-
men /
die Tattern deren Lande er vil durch
fleusst / nennen disen fluß EDEL
Diser fluß und Tanais khumen an
ainem ort auf siben meyl nahent
zusamen / wievor gesagt ist /

von Fronowo dem gemöß ist ain
dorff DNIEPERSKO genant / zu
nechst darbey entspringt der NYE-
PER, Dnyerper genant / der ist den
man Lateinisch BORISTHENES
haisst /
Nahent daselbstn ist ain Closter / zu
der heiligen Drivaltigkhait genant /
da entspringt ain pach NYEPRETZ,
als der khlain Nieper / und ist doch
grösser dan der ander /
die paide Pächer khumen zusamen /
und werden pald schiffreich / und
der enden lädt man die schiff mit
Kauffmans waarn / so die Moscovit-
ter oder ander Kauffleut von Clopi-
gorod darbringen / und nach Litten
fueren / bey demselben Closter
haben daselbstn jr gemaine herber-
gen.

Das aber Rha oder Wolga und
Boristhenes oder Nieper nit aus
ainem ursprung khumen / wie etliche
davon geschriben / hab ich von
villen Kaufleutten und andern die
daselbstn umb gehandlt / und ge-
wandert glaublich befunden.
Der Nieper hat den lauf am ersten
ghen Viesma gegen Mittentag /

alluat: mox reflexo in Orientem cursu, oppida Drogobusch, Smolenczko, Orscham, & Mogilef praeterlabatur: indeque rursus in meridiem tendens, Chiovuiam, Circassos & Otzakovu contingit.

ubi deinceps in pontum exoneratur, videtur eo loco mare formam lacus habere: & Otzakovu quasi in angulo est ad ostia Borysthenis.

Nos enim ex Orscha in Smolenczko venimus, ubi impedimenta nostra navibus usque Vuiesmam deduximus:

& tantum inundabat, ut Monachus Comitem a Nugaroli, & me scapha piscatoria per sylvas longe devexerit:

equi vero natando pluries superarunt itinera.

wendt sich etwas in Aufgang nach Drohobusch / Smolensco / Orsa / und Mogilew / khe00000rt sich dan wider in Mittentag / nach Chiow / Circassen / Otzakhow /

und fellt dan in das schwartz Moer Lateinisch PONTUS genant / wie der das Moer erraicht / erprait sich / als wäre es ain See /

darumb jr vil betrogen sein / die gesagt haben / der fiel in ain See wie hievor gesagt /

Als wir von der Orsa ghen Smolensco khumen sein / daselbstn wir unsere sachen auf ain schiff geladen / das uber sich triben / hintzt nahent zu der Wiesma /

wir aber in Osterfeyern zu Smolensco außgetzogen /

Nach dem der schne zergangen / seind die wasser vasst groß worden / also das bey ainem Closter / an ainem clainen vischer Zillelen ain Münich den Graffn und mich am ersten durch die wälder so vol wasser worden / ferr widerumb zu der Strassen gefuert / da wir gewartt / hintzt unsere Sätl und dergleichen an dem selben Zillelen nacheinander bracht sein worden /

Die pferdt aber drey oder vier mal von ainem Pühl zu dem andern schwemen muessen / dan derselben ende khumen vil Pühl nach der leng / gegen dem Nieper und albeg zwischen zwayen Pühln rint ain Pächl / die seind aber so groß worden / dan sich der Nieper hinein geschwelt hat

Dvuina lacus a fontibus Borysthenis decem fere miliaribus, & totidem a palude Fronovuo distat.
Ex eo fluvius eiusdem nominis versus Occidentem, qui a Vuilna viginti miliaribus abest, ac dein in Septentrionem decurrit, & prope Rigam metropolim Livuoniae mare Germanicum (quod Rutheni Vuareczkoie morie vocant) illabitur:

alluit Vuitepsko, Polotzko, Dunenburg: & non perfluit Plescovuiam, ut quidam scripsit. Livuonienses hunc fluvium ex bona parte navigabilem, Duna appellant.

Lovuat quartus fluvius, caeteris tribus minime comparandus, oritur inter lacum Dvuina, & paludem Fronovuo, aut ex ipsa palude. non potui equidem eius fontes, etsi haud

/ dardurch muessten unsere pferdt schwimen.
DWINA ist ain See als zehen meyl weg / von des Nieper ursprung / und sovil von Fronovo /
daraus entspringt ain wasser desselben namens / khert sich in Nidergang / rint auf Zwaintzig meyl von der Wilde hin / darnach khert es sich in Mittenacht / und bey Riga d[er] haubtstat in Leiffland felts in das Teutsch oder Leifflendisch Moer / das die Reissen Waretzkhoye nennen /
fleusst neben VITEPSCO und POLOZKHO Khumt nit gen Plesco / wie ainer geschrieben hat / sonder für Dunenburg (gehört den Leifflendern) und hat den namen von dem fluß / den sy DUNA nennen /
an dem fluß bin ich erster raiß mehr dan zwölff meyl im schlitn nach Polotzko uber sich gefarn / an ainem ort gefunden / da die praite des wassers plos on Eys gewest ist / allain das örtle daran die strassen getriben worden / davon erhertnet / hat sich noch zwischen baiden obern und undtern Eys gehalten / auf Fünff schriet lang ungeuerlichen / die praidt ist sovil die gemainen schlitten begriffen / darüber bin ich mit allem gesind nit on sorg khumen / Gott lob.
LOWAT der viertte fluß / ist den andern nit gleich mit d[er] grösse / entspringt zwischen dem See Dwina / und Fronowo / oder doch aus dem selben gemöß / hab des aigentlich nit erfragen mügen /

procul a Borysthenis fontibus distant, prorsus explorare.

Est autem ille fluvius, ut eorum Annales habent, in quem Sanctus Andreas apostolus ex Borysthene per siccum naviculam traduxit, & qui emensis quadraginta fere miliaribus, Vuelikiluki alluit, inque Ilmen lacum influit.

Vuolock civitas & castrum in Occidentem aequinoctialem viginti quatuor miliaribus distat a Moscovuia, a Mosaisko duodecim fere, a Tvuer viginti.

Huius loci titulum Princeps sibi usurpat, soletque quotannis ibi animum, falconibus lepores infectando, relaxare.

Vuelikiluki castrum & civitas in Occidentem a Moscovuia centum quadraginta miliaribus, a Novuogardia magna sexaginta fere, a Poloczko autem triginta sex miliaribus distat, hac etiam itur ex Moscovuia in Lithvuaniam.

Toropecz est castrum, cum civitate, inter Vuelikiluki & Smolenzko, ad confinia Lithvuaniae, distat a Luki decem & octo fere miliaribus.

Tvuer, sive Otvuer, amplissima olim ditio, una ex magnis Russiae principatibus ad Vuolgam fluvium sita, triginta sex miliaribus Occidentem aestivalem versus, distat a Moscovuia: habetque civitatem magnam, quam Vuolgam interfluit.

in altera autem ripa, qua Tvuer Moscovuiam spectat, castrum habet, ex

nach dem fluß wie die Reissen schreiben / sol Sant Andre wie der nach dem Nieper oder Borsthenes auf zu desselben ursprung khomen / ab nach Groß Neugartten gefaren sein / wan der bey viertzig meylln geflossen / khumt gen Velikhilukhj / und darnach weitter in den See Ilmen oder Ilmer.

WOLOKHI Stat und Schloß zu mitten Nidergang vierundtzwaintzig meyl von der Mosqua / von Mosaisco bey zwölff / von Twer Zwaintzig /

in des Fürsten Titl wirdt das Fürstenthumb auch benent / hat järlichen seinen lust daselbsten / mit Valckhen hetzen.

WELIKILUKI, Schloß und Stat in Nidergang der Sunnen / von der Mosqua Hundert und viertzig meyl / von groß Neugartten bey sechtzig / von Polotzkho Sechsunddreissig meyllen / daheer nimpt man auch ye den weg aus der Mosqua in Litten

TOROPETZ, Schloß und Stat / zwischen Smolensco und Welikhilukhj gegen den Littischen Granitzen / achtzehen meyl von Welikhilukhj.

TWER oder OTWER, ain Großfürstenthumb / hat etwan weitte gepiet gehabt / ligt an der Volga / von der Mosqua sechsunddreissig meyl in Sumer Nidergang /

das Schloß ist hültzen an dem gestat gegen der Mosqua / und die Stat und

cuius opposito Tvuertza fluvius Vuolga influit:

quo equidem in Otvuer navigio perveni, & altero die Rha fluvium navigavi.

Porro civitas haec Episcopalis sedes erat, vivente Ioanne Basilii patre, quo tempore Tvuerensem Principatum magnus Dux Boris moderabatur. Cuius postea filiam Mariam princeps Moscovuiae Ioannes Basilii uxorem duxerat: ex eaque Ioannem primogenitum, ut supra dictum, susceperat.

Boris autem mortuo, Michael filius successit: qui postea a sororio suo magno Duce Moscovuiae principatu depulsus, exul in Lithvuania moritur.

Tersack oppidum decem miliaribus a Tvuer: eius dimidia pars sub Novuogardiae, altera Tvuerensi

andere vil heuser stehen an baiden gestatten / gegen dem Schloß uber / felt ain fluß darein / genant TWERTZA,
Nach dem selben bin ich in erster meiner raiß / in die Volga geschifft /

Den andern tag darnach in ain grösser schiff gesessen / der mainung etliche meyl nach der Wolga abtzufarn / als wir aber nit gar ain meyl gefarn waren / Ersahen wir an ainer umbraib das Eys noch gantz von ainen gestat zu dem andern wir muessten mit grosser muehe und arbait / die grossen dickhen Eys stuckh / die am gestatten lagen aufwegen / und hin rinnen lassen / damit wir zu Landt khamen / und austratten / giengen zu ainem Closter Sant Helias / bliben etliche stundt / hintzt man uns pferdt zuwegen bracht /

Es hat auch das Fürstenthumb sein Bischove / der nägste Fürst alda was Boris genant / desselben Tochter Maria / nam des Großfürst Hanns des Basilijvatter / sein erste gemachl darvon er auch sein erst gebornen Sun Hannsen uberkhamb / von dem dan der Demeter geborn wardt / davon hieoben meldung geschehen /
So derselb Boris starb / verließ ain Sun Michael / pald hat jne sein Schwager veriagt / und das Fürstenthumb genumen.

TERSAK ain Stätl zehen meyl von Twer / ist halber thail under dem gepiet Großneugarten und halber

12 <dt. Text:> umbraib] = ?

dominio erat, duoque ibi Locumtenentes imperabant.

Oriuntur ibi quoque, ut supra dixi, duo fluvii, Tvuertza & Sna: hic Novuogardiam in Occidentem, ille in Orientem decurrit.

Novuogardia magna, amplissimus totius Russiae principatus est, patrio sermone Novuigorod, quasi Nova civitas, seu Novum castrum dicitur.

Quicquid enim muro cinctum, roboribus munitum, aut alioqui septum est, Gorod appellant.

Est autem ampla civitas, quam Vuolchovu fluvius navigabilis interfluit, qui ex Ilmen lacu vix duobus vuerst supra civitatem emergens in lacum Neoa, quem nunc Ladoga, ab oppido quod ei adiacet, appellant, illabitur.

Novuogardia porro in Occidentem aestivalem, a Moscovuia centum viginti miliaribus abest. quanquam sunt qui centum duntaxat computant: a Plescovuia triginta sex, a Vuelikiluki quadraginta, ab Ivuanovuogorod totidem.

Caeterum civitas haec olim dum floreret, suique iuris esset, latissimam ditionem in quinque partes distributam habebat:

quorum quaelibet pars non solum de publicis ac privatis rebus cognoscendis, ad ordinarium ac competentem suae partis magistratum referebat, verum in sua duntaxat civitatis re-

thail undter Twer etwan waren zwayerlay Ambtleut da /

So entspringen daselbsten zwen pach / der ain SNA zum Nidergang der ander TWERCZA in Aufgang fliessend.

NEUGARTN das groß / da vor zeitten die Reissischen Fürssten jren Stuel und hoffhaltung gehalten / und haisst Reissisch Novigorod das ware Neustat oder Neuschloß /

dan wievor gesagt / was eingefangen / oder vervestnet ist / haissen sy Gorod /

ist ain grosse weitte Stat / gleichwol nur ain thail eingefangen / dardurch fleusst das wasser WOLCHOW des auß dem See Ilmen khumbt zwo wersst oberhalb der Stat entspringt / ist Schifreich / und felt in ainen See von alter genent NEOA / jetzo aber nach dem Stätl so darbey ligt / nent man den auch also LADOGA /

da her raist man von der Mosqua / in Sumers Nidergang und man rait hundert und zwaintzig meyl / ander nur hundert / ligt von Plesco Sechsunddreyssig meyl / und von Velikhilukhi viertzig / von Iwanowgorod auch sovil / als viertzig /

dieweil die Stat in jren Freihaiten gewest ist / het ain groß weit gepiet / das maist in Mittenacht / und Aufgang der Sunnen / in funff thail gethailt /

Also das ain jeglicher thail sein sonderliche Obrigkhait in der Stat gehabt hat / dabey sy recht und beschaid in gemain und sondern sachen genumen /

gione contrahere res quascunque, ac
commode cum aliis civibus suis con-
ficere poterat:
nec licebat cuiquam, ad aliquem
5 alium eiusdem civitatis magistratum,
quacunque in re provocare.
Eoque tempore totius Russiae maxi-
mum ibi erat emporium, ingens enim
mercatorum turba undique ex Li-
10 thvuania, Polonia, Svuetia, Dania,
ipsaque Germania eo confluebat, ci-
vesque ex tam frequenti multarum
gentium concursu, opes suas copias-
que augebant.
15 Quin & nostra tempestate licet Ger-
manis suos ibi habere quaestores,
seu rationarios.

Imperium eius magna ex parte in
20 Orientem & Septentrionem extendi-
tur. Livuoniam, Finlandiam, atque
Nordvuegiam fere contingebat.
Eius loci mercatores, cum uno eo-
demque vehiculo Augusta Vindeli-
25 corum profectus eo pervenissem, me
impense rogarunt, ut vehiculum quo
tam longum iter emensus fuissem, in
aede ipsorum sacra perpetuae me-
moriae ergo relinquerem.
30 Habuit etiam Novuogardia principa-
tus ad Orientem, Dvuinam & Vuo-
lochdam: ad Meridiem vero dimi-
diam partem Tersack oppidi, non
longe a Tvueria.
35 Et quamvis hae provinciae, quod
fluviis & paludibus oppleantur, steri-
les sint, commodeque habitari non

von denselben Obrigkhaiten oder
Magistrat / ist khain dingnus weitter
gangen /
der zeitten seind grosse gewerb und
niderlagen der Khauffleut von allen
Landen da gehalten / davon sy auch
reich worden.

Es seind der zeit Ich da was Teütscher Khauffleut handler oder Factores gewest /
die haben ainen Schlittn den ich von
Augspurg dahin pracht von mir erpetten zu ainer gedechtnuß / den in
die Khirchen zusetzen /
Ire anrainer waren Leiflender /
Finlender / und auch an andern meer
ortten den Schweden zuegehörig /
darnach auch die Nordweder /

Sy hettn auch Fürstenthumber under
jnen gegen Aufgang / als Dwina und
Wolochda / in Mittentag Tersackh /

wiewol solche Fürstenthumer und
Land von wegen vil Wälder und
gewässer nit wol besetzt mügen sein

possint: nihilominus ex ferarum pellibus, melle, cera, & piscium copia magnum quaestum faciunt.

Principes porro, qui ipsorum Reipublicae praeessent, suo arbitrio ac voluntate constituebant, imperiumque augebant, vicinas gentes quavis sibi ratione devinciendo, ac stipendio tanquam autoramento quodam proposito in sui defensionem obstringentes.

Ex eiusmodi gentium, quarum opera Novuogardenses in conservanda Republica sua utebantur, societate factum est, ut Mosci suos se ibi Praesides habere gloriarentur, Lithvuanique vicissim eos sibi tributarios assererent.

Hunc principatum dum Archiepiscopus ipse consilio ac autoritate sua administraret, Ioannes Basilii Moscovuiae Dux invaserat, septem perpetuos annos gravi eos bello premens.

Tandem mense Novembri, anno Domini 1477. ad fluvium Scholona conflictu Novuogardenses superans, certis quibusdam conditionibus ad deditionem eos compulit, praefectumque suo nomine urbi imposuit.

Cum autem absolutum in hosce imperium nondum se habere putaret, neque sine armis id se assequi posse cerneret,

sub religionis praetextu, ac si a Ruthenico ritu deficere volentes, in fide contineret, Novuogardiam venit, eamque hac simulatione occupavit, inque servitutem redegit:

/ So haben sy doch grossen genieß von Wildprät / raucher waar / hönig / wachs / und vil Vischen.

Die fürgesetzten Regierunden personen daselbstn / haben jre Nachpern mit allem fleiß zu jrer freundtschafft unnd guettem willen getzogen / auch mit grossen gaben uberkhumen / als jre beschützer /

aus dem ist ervolgt / das sich die Moscoviter berüemen / als hetten sy jeder zeit jre für gesetzten Obrigkhaiten bey jnen / den Neugartnern gehalten / die Litten sagen die wären jre Tributarij oder dienstbare gewest /

ein Ertzbischof hat ain zeitlang da grosses ansehen gehabt / und vasst Regiert / hat der Großfürst Hanns den Khrieg siben jar wider sy gefuert /

darnach im Herbst Monat des 1477 jars an dem wasser Scholona sy geschlagen / haben sy sich mit etlichen Conditionen oder beschaidenhaiten jme ergeben / und ain Stathalter darein genumen /

da aber der Großfürst / noch nit völligen gwaldt uber sy hette / und solches on waffen zubekhumen nit verhoffte / hat er den weg erdacht / und für geben /

Sy die Neugartner wolten ain newen glauben an sich nemen / und ist mit seinem hör dahin khumen / als wolt er sy im glauben erhalten / unnd

Archiepiscopum, cives, mercatores, externos, omnibus bonis spoliavit: trecentosque currus inde auro, argento, gemmisque onustos, ut quidam
5 scripsere, Moscovuiam abduxit.

damit in die Stat khumen / sy in die 35
ewige dienstperkhait genumen /
den Ertzbischof / Burger / Khaufleut
und außlender gantzlich beraubt /
wie Ich von vilen vernumen / mehr
dann dreyhundert wägen mit Gold / 40
Silber / Edlgestain und khöstlichen
sachen und anderm geladen / den
Ertzbischoff und Burger auch mit in
die Mosqua gefüert /
 45

Equidem Moscovuiae diligenter de hac re percontabar, accepique longe plures currus praeda onustos inde abductos fuisse. Neque mirum.
10 Nam capta civitate Archiepiscopum, ditiores & potentiores omnes, secum Moscovuiam abduxerat, inque horum possessiones, subditos suos quasi novas colonias remiserat. Ex
15 illorum itaque possessionibus, praeter communes redditus, maximum quotannis vectigal in Fiscum percipit.

jre heüser andern zubewonen geben /
sy die Burger in der Mosqua behalten / und jme ain groß einkhumen
gemacht /

De Archiepiscopatus quoque proventibus, cuidam Episcopo tum a se
20 constituto, parvam duntaxat reddituum portionem concesserat:
quo mortuo, sedes Episcopalis diu vacabat.

Ainen neuen Bischoff dahin gesetzt / 50
dem er ain khlains von dem einkhumen verordent.

Nach desselben todt / ist das Ertzbisthumb lang on ain Bischove gestanden /
 55

25 Tandem ad maximam civium ac subditorum petitionem, ne perpetuo Episcopo carerent, rursus quendam, nobis tum praesentibus, instituerat.

darnach auff der Burger und gemain bit / wider ainen dahin geschickht.

Novuogardenses olim idolum
30 q[u]oddam, nomine Perun, eo loci quo nunc est monasterium, quod ab eodem idolo Perunzki appellatur, collocatum, in primis colebant, venerabanturque.

PERUN ainen Abgot also genent
/ haben die Neugartner vor zeiten
gehabt / an dem ort / da yetzmals ain 60
Closter steet / das noch den Namen
darvon hat Perunskhi /

Dein baptismate assumpto, id loco motum, cum in flumen Vuolchovu deiecissent, adverso dicitur fluvio natasse: & circa pontem auditam fuisse vocem, Haec vobis Novuogardenses in mei memoriam. simulque cum dicto, fustem quendam mox in pontem proiectum fuisse.

Solet etiamnum contingere, ut certis anni diebus haec vox Perun audiatur: qua audita, subito eius loci cives concurrunt, seque fustibus mutuo caedunt. tantusque inde tumultus quoque oboritur, ut vix magno Praefecti labore sedari possit.

Accidit praeterea, ut Annales eorum referunt, dum Novuogardenses Corsun Graeciae civitatem ad septem perpetuos annos gravi obsidione premerent, interim uxores eorum morae pertaesae, tum etiam de salute ac adventu maritorum dubitantes, servis nuberent.

Expugnata tandem civitate, quum victores mariti ex bello reversi, aereas portas superatae urbis, ac magnam quandam campanam, quam ipsi in cathedrali eorum Ecclesia vidimus, secum attulissent: servique dominos, quorum uxores duxerant, vi repellere conarentur:

domini indignitate rei commoti, depositis, cuiusdam consilio, armis, lora & fustes tanquam in mancipia arriperent:

Als sy aber den Tauff angenumben / haben sy den Abgot in das wasser Wolchow geworffen / sagen sey uber sich gerunnen / und bey der Pruckhen sol man ain solche stimb gehört haben / habt euch jr Neugartner zu meiner gedechtnus / und sey ain prügl auf die Pruckhen geworffen worden /

begibt sich noch ye im jar das ain stimb oder geschray gehört wirdet Perun / Perun. So laufft die gemain zusamen / und schlahen mit prügln und feustn aneinander / und wirdt ain gantzer auflauff / das die öbersten mit müehe stillen müssen.

In jren geschicht schrifften findt man das die Neugartner sollen in Griechenland gezogen sein / Corsun siben gantze jar belegert / Ire weiber sich jrer mannen nimmer getröst / haben jre Khnecht zu mannen genumen /

Als aber Corsun gewunnen / und die mannen wider haim gezogen / haben sy Khupferene thür und glockhen mit sich als zaichen jres sygs bracht / solche thür steet jetzo an jrer Khirchen da zu Neugarten die sy mir gezaigt haben / Die glockhen sol in dem Khirchthurn hengen / Die Khnecht haben jre Herrn zu veld emphangen und geschlagen /

Sol ainer zwischen den Herrn den Rath geben haben / das man nit mit der wehr / sonder mit prügln und gaysln gegen jren Khnechten ziehen soll / so werden sy der alten dienst-

quibus servi territi, inque fugam conversi, loco quodam qui etiamnum Chloppigrod, hoc est Servorum castrum dicitur, se reciperent, defenderentque. Verum victi, meritis a dominis suppliciis affecti fuere.

Habet Novuogardia in solstitio aestivali longissimum diem XVIII horarum, & ultra.
Regio multo frigidior est, ipsa Moscovuia. Gentem quoque humanissimam ac honestam habebat: sed quae nunc proculdubio peste Moscovuitica, quam eo commeantes Mosci secum invexerunt, corruptissima est.

Ilmen lacus, qui in antiquis Ruthenorum scriptis Ilmer vocatur, & quem alii Limidis lacum appellant, est supra Novuogardiam duobus vuerst: in longitudinem XII, in latitudinem vero VIII miliaribus Germanicis patet: duosque, praeter alios, celebriores fluvios excipit, Lovat & Scholona.
Is ex quodam lacu emergit. unum vero emittit Vuolchovu, qui Novuogardiam interlabitur: emensisque triginta sex miliaribus, Ladoga lacum ingreditur.

Is in latitudinem sexaginta, longitudinem centum fere miliaribus, insulis tamen quibusdam interiectis, patet: effunditque magnum fluvium Neoa, qui Occidentem versus in

perkhait gedenckhen / und darob verzagen / das auch also geschehen /
die Khnecht geflohen / und auf ain Stat die heuttigs tags obgleich wol khain bevestigung daselbstn mer ist CHLOPIGOROD genent wirdt / (als khnechts Schloß oder Stat) khumen / daselbst uberwunden und jämerlichen getödt.
Die weiber sich selbs erhangen.
Der lengste tag zu Großneugarten im Jar / hat Achtzehen stund und meer /
ain vasst khalts ort meer dan in der Mosqua / sol ain Eerlichs unnd gar menschlichs volckh daselbstn gewest sein / Es ist aber vermischt worden.

ILMEN der See den man in den alten Reissischen püechern oder schrifften Ilmer genent findt / Etlich der Lateiner nennen den Limidis See / ligt zwo wersst ober Großneugarten hat in die leng zwelff in die prait acht meillen / darein fliessen zwen namhaffte ausser der andern khlain flüß Lovat unnd Scholona
dieselb khumbt auß ainem andern See / Auß dem aber Ilmen fleusst nur ain fluß die Wolchow durch Neugarten und furt Sechsunddreissig meyl / felt dann in Ladoga den See / wie oben geschriben ist /
Derselb Ladoga sol sein nach der lenge hundert / nach der prait sechtzig meyl / hat gleichwol etliche plosse flegkhen und werden darinn / auß demselben fleusst ain groß wasser Neoa genant / gegen dem Nidergang

Germanicum mare sex fere miliaribus decurrit.
ad cuius ostia, sub dominio Mosci, in medio flumine situm est castrum Oreschak, quod Germani Nutemburg appellant.

Russ, olim antiqua Russia dicta, antiquum oppidulum est, sub ditione Novuogardiae, a qua duodecim, ab Ilmen vero lacu tredecim miliaribus distat.

Habet salsum fluvium, quem ampla fossa in modum lacus cives coercent, indeque aquam per canales pro se quisque in aedes suas derivant, salque coquunt.

Ivuanovugorod castrum Ioannes Basilii, a quo etiam nomen accepit, ad ripam Nervuae fluvii, lapide exaedificavit. Est ibi quoque ex adverso in altera ripa Livuoniensium castrum, quod ab eodem fluvio Nervua appellatur. Haec duo castra Narvua fluvius interlabitur, dominiumque Novuogardensium ab Livuoniensi dividit.

Porro Narvua fluvius navigabilis, ex eo lacu quem Rutheni Czutzko, seu Czudin, Latini Bicis, seu Pelas, Germani vero Peiifues appellant, emergit: duobusque in se receptis fluviis, Plescovuia & Vuelikareca, qui venit ex Meridie, Opotzka oppidum, Plescovuia a dexteris relicta, praeterfluit.

Facilis autem ex Plescovuia in mare Baltheum esset navigatio, nisi scopuli quidam, non longe ab Ivuanovu-

/ und felt dann in das Leiflendisch oder Finlandisch Moer /
im einfal daselbstn hat Moscoviter ain Schloß nach seiner sprach ORESCHAK und auf teütsch Nitenburg / genent.

RUS ain alt Fürstenthumb etwan alt Reissen genent / ain Stätl under dem gepiet Neugarten / und zwelf meyl davon / von dem See aber dreyzehen meyl /
hat ain gesaltzen wasser das die Burger in ain grueben zusamen bringen / wie ain Teicht / von dan lassen sy solch wasser durch Rörn in jre heuser und sieden das Saltz.

IWANOWGOROD hat der Großfürst Hanns nach seinem namen genent / und erpaut an dem gestat des wassers NERWA und ist gemaurt / Gegen dem schloß uber auch am gestat ist der Leifflender Schloß / nach dem wasser Nerwa genent und dasselb wasser ist das geschaid der zwayer Herrschafften /

Der fluß aber Nerwa khumbt auß dem See / den sy nach jrer sprach Zutzkho oder Czudin nennen / Lateinisch BICIS oder PELAS / die Teutschen Peyfueß / darein khumen zwen flüß die Plesca und Velikhareca der von Mittentag heerkhumbt / fleüsst fur OPOTZKA, da ich die erst Prugkhen am wasser ligund ubertzogen bin / lasst Plesco die Stat an der rechten hand /
man mag von Plesco / nit gar in das Moer faren / dann es hat hohe felsen

gorod & Narvua, impedimento essent.	/ und hohe faal im wasser nahendt bey Iwanowgorod.

Plescovuia civitas ad lacum sita est, ex quo eiusdem nominis fluvius emergit, ac per mediam civitatem decurrit sex miliaribus. in lacum, quem Rutheni Czutzko vocant, exoneratur.

PLESCO welches sy auch PSKOW nennen ain namhaffte Stat / ligt an ainem See auß demselben khumbt ain wasser des namens wie die Stat fleusst / mitten dar durch / und dan sechs meyl in dem See Zutzkho genant /

Sola autem Plescovuia, in toto Mosci dominio, muro cingitur: estque in quatuor partes divisa, quarum singulae suis moenibus continentur. Quae res quibusdam occasionem erroris praebuit, ut eam quadruplici muro cinctam esse dicerent. Huius civitatis ditio, seu principatus, gentiliter Pskovu, seu Obskovu vocatur.

das ist die ainige umbgemaurte stat in allen des Moscoviter gepiet / und ist in vier abgesunderte örter getailt / darumb jr vil gesagt die Stat hette vier Maurn umb sich und hat vor zeitten gehaissen Pskow und OBSKOW /

Olim amplissima, suique iuris erat: sed eam tandem Ioannes Basilii anno Domini MDIX. quorundam sacerdotum proditione occupavit, atque in servitutem redegit. item campanam, ad cuius pulsum Senatus ad rempublicam constituendam cogebatur, abstulit:

ain groß gepiet gehabt / und ain freye Stat gewest / Aber der Hanns Großfürst im 1509. jar durch etlicher geistlicher ubergeben / eingenumen / und die Glockhen damit sy der zeit was den gemain nutz zubetrachten dem volckh zusamen geleit / hinwegkh gefürt / und sy in ewige dienstperkhait bracht /

ipsisque per colonias alio deductis, introductisque in eorum locum Moscis, libertatem eorum prorsus imminuit. Unde factum, ut pro cultioribus, atque adeo humanioribus Plescovuiensium moribus, corruptiores in omnibus fere rebus Moscovuiensium mores sint introducti.

die Inwoner darauß genumen und außgethailt / Die Moscoviter an jrer stat darein gesetzt / und damit die sittigkhait / menschait und guette sitten gantz verendert /

Tanta enim in contractibus Plescovuiensi[u]m erat integritas, candor, & simplicitas, ut omni verbositate in fraudem emptoris omissa, uno tantum verbo res ipsas indicarent.

sy sein hievor der erwerkhait gewest / mit wenig wortten jr sachen beständigclichen gehandlt / khain waar uberpotten / sonder mit ainem wort verkaufft / und khaufft /

Plescovuienses autem, ut etiam hoc obiter adiiciam, in hunc usque diem caesarie non Ruthenorum, sed Polonorum more, bifurcata utuntur.
Distat autem Plescovuia in Occidentem triginta sex miliaribus a Novuogardia, ab Ivuanovugorod quadraginta, totidem a Vuelikiluki. Per hanc quoque civitatem ex Moscovuia & Novuogardia itur Rigam, Livuoniae metropolim, quae sexaginta miliaribus a Plescovuia distat.

Vuotzka regio inter Occidentem & Septentrionem sita, viginti sex, aut ad summum triginta miliaribus abest a Novuogardia, inque sinistra castrum Ivuanovugorod relinquit.
In hac regione hoc prodigii loco refertur: animalia, cuiuscunque generis in eam inducta fuerint, colorem suum in albedinem mutare.
Locus hic postulare videtur, ut rationem locorum & fluviorum circa mare, usque ad fines Svuetiae perstringam.
Nervua fluvius, quemadmodum supra dixi, Livuoniam a Mosci ditione dividit: a quo si ab Ivuanovugorod secundum littus maris, Septentrionem versus progrediare, Plussa fluvius occurrit,

ad cuius ostia Iamma castrum situm est. Duodecim miliaribus ab Ivuanovugorod, a Iamma totidem, spacio quatuor miliarium, occurrit castrum & fluvius eiusdem nominis Coporoia: inde ad fluvium Neoa, & castrum Oreschack, sex miliaria numerantur: ab Oreschak vero ad fluvium

Die ubrigen in der Stat halten noch die manier mit dem haar am hiern außzuthailn und khainen schopff zumachen /
Die Stat ligt von Großneugarten in Nidergang / sechsunddreissig meyl / von Iwanowgorod viertzig / auch sovil von Welikhilukhi von dannen und der Mosqua hieheer ist der weg geen Riga in Leiffland noch sechstzig meyl.

WOTZKHA ain gegent zwischen dem Nidergang und Mitternacht / von Neugarten Sechsundzwaintzig oder dreissig meyl / und lasst Iwanowgorod an der lingkhen seitten /
ist die gemain sag / was viech in dieselb gegent khumbt / das wirt weiß.

Alhie wil ich die Stet und flüß am Moer von hie auß / hintzt an Schweden erzellen.

NERWA der fluß wievor gesagt / ist die Gränitz zwischen der Leiflender unnd Moscoviter. Nach dem gestatt des Mores von Iwanowgorod in Mittenacht raisend khumbt man an PLUSSA das wasser / wie des in das Moer felt /
Ein Stat IAMA genant zwelff meyl von Iwanowgorod von der Jama gleich sovil / dann furt auß auf vier meyl ist der fluß und Stat aines namen COPOROYA genant / hinach sechs meyl zu dem fluß Neoa / und dem Schloß Oreschackh / Von disem Schloß zu dem fluß darvon auch die

Corela, unde civitas nomen accepit, sunt septem miliaria.

Atque inde tandem itinere duodecim miliarium pervenitur ad fluvium Polna, qui dominium Mosci a Finlandia, quam Rutheni Chainska Semla vocant, quae sub ditione Regum Svuetiae est, dividit.

Est & alia Corela praeter iam nominatam, provincia, quae suum territorium atque idioma habet, sexaginta fere & amplius miliaribus a Novuogardia in Septentrionem sita.

Ea quamvis a finitimis quibusdam gentibus tributum exigit, nihilominus & ipsa regi Svuetiae item, & Mosco, ratione dominii Novuogardensis, tributaria est.

Solovuki insula in Septentrionem, inter Dvuinam & Corelam provinciam, a continenti octo miliaribus in mari sita est: quae quantum a Moscovuia distet, propter crebras paludes, sylvas, & vastas solitudines, certa intervalli ratio non habetur.

Quamvis sint qui eam 300 miliaribus a Moscovuia, a Bieloiesero autem 200 abesse dicant. Sal in ea insula copiosus decoquitur. Estque ibi monasterium, in quod mulierem aut virginem ingredi, grande piaculum est.

Est etiam ibi piscatio copiosa piscium, quos indigenae Selgi vocant, quos nos haleces esse putamus.

Stat den namen genumen / CORELA, siben meyl
und meer zwelf meyl zu dem wasser POLNA / des gibt das gemerckh zwischen dem Moscovitern und Finlendern / des die Moscoviter nennen CHAINSKA Semla / ist ain stugkh von Schweden gepiet.

CORELA ist ain grosse Land gegendt (und nit die davon vorgesagt) hat sein sundere sprach / bey Sechstzig meyl von Großneugarten in Mittenacht /
und wiewol die in derselben gegendt von etlichen andern umbsassen Tribut einnemen / Nichts minder so geben sy auch Tribut dem Khünig in Schwedn / auch dem Moscoviter / als dem herrn zu Großneugarten / etlich nennen dises land Carela.

SOLOWKI ist ain Innsl gegen Mitternacht / zwischen den Lendern Dwina und Corela / und ligt vom Land im Moer acht meil / wie ferr die von der Mosqua sey / ist mir nit müglich gewest zuerfragen / weil sovil öder wälder / gemöser und unschickhligkhaiten des Landts der ortten ist /

gleichwol nach gemainem bedunckhen sollen drey hundert meil sein / aber von Bieloyesero zway hundert / man seut vil Saltz daselbstn / darin ist ain Closter / darein sol khain weib geen /

Grosse vischerey der visch den sy Szelgi nennen / acht man seien Häring /
sagen auch das die Sun daselbsten in

Aiunt hic Solem aestivali solstitio perpetuo, duabus tantum horis exceptis, splendere.

Dimitriovu civitas cum castro, a Moscovuia, ab Occidente in Septentrionem parum deflectendo, duodecim miliaribus distat. Hanc Georgius magni Ducis frater, tunc possidebat.

Eam Iachroma fluvius, qui Sest fluvium influit, praeterlabitur. Porro Sest Dubnam, qui in Vuolgam exoneratur, excipit.

Unde tanta fluviorum commoditate, magnae ibi mercatorum opes, qui merces ex Caspio mari per Vuolgam, labore non ita magno, in diversas partes, atque adeo Moscovuiam usque inducunt.

Bieloiesero civitas cum castro, ad lacum eiusdem nominis sita est.

Sonat autem Ruthenis Bieloiesero, albus lacus.

Porro civitas non est in ipso lacu sita, ut quidam retulerunt: paludibus tamen ita undequaque cingitur, ut inexpugnabilis esse videatur. Qua re ducti Principes Moscoviae, thesauros ibi suos recondere solent.

Abest autem Bieloiesero in Septentrionem centum miliaribus a Moscovuia, totidemque a Novuogardia magna. Duae vero viae sunt, per quas ex Moscovuia itur Bieloiesero. altera propinquior per Uglitz, hye-

khurtzen tagen nit meer dann zwo stund scheindt.

DIMITRIOW, Schloß und Stat von der Mosqua in Nidergang sich etwas naigent in Mittenacht zwölff meil / dasselb was des Großfürsten Brueder Georgen außgetzaigt / zu seiner underhaltung /

das wasser daselbstn haisst IACHROMA, und fellt in SEST / der Sest in die Dubna / und die in Wolga /

von solcher der wasser bequemligkhait / handlen die Kaufleut die selb strassen / dan sy bringen jre waarn gar von Chwalinsco moer am wasser daheer / und furtter in weittere Landt.

BIELOYESERO haisst der weiß See / Stat und Schloß an dem See / desselben namens /

die stat ist nit im See wie etlich geschrieben / aber seindt sovil gemöser darumb / das man die ungewindlich acht / darumb sagt man die Großfürsten behalten jren schatz / und haben jr letste zuflucht daselbsten hin /

ligt von der Mosqua hundert meil / gleich sovil von Großneugarten / und sein zwen weg von der Mosqua dahin der nechste durch Uglitz winters zeitten / der ander durch Jaroslaw /

mali tempore, aestate per Iaroslavu altera.

Utraque autem via, propter crebras paludes, & sylvas fluviis obsitas, haud commode, nisi stratis pontibus, concretis glacie, conficitur. quo fit, ut ibi locorum difficultate miliaria sint breviora.

Accedit ad hanc itineris difficultatem, ut propter crebras paludes, sylvas, ac undique concurrentes fluvios, loca inculta sint, nullisque civitatibus frequentata.

Lacus ipse duodecim miliaribus in longitudinem, totidemque in latitudinem patet: in quem trecenti, ut fertur, & sexaginta fluvii exonerantur. Unus autem Schocksna tantum ex eo emergit, qui quindecim miliaribus supra Iaroslavu, & quatuor infra Mologam oppida, Vuolgam influit.

Pisces qui ex Vuolga in hunc fluvium ac lacum perveniunt, meliores fiunt: imo tanto nobiliores, quanto diutius in eo fuerint, redduntur. In quibus agnoscendis ea est piscatorum peritia, ut pisces in Vuolgam reversos, captosque, quanto tempore in eo fuerint, agnoscant.

Huius loci indigenae proprium habent idioma: quamvis nunc ferme omnes Ruthenice loquantur.

Longissimum hi diem in Solstitio aestivali dicuntur habere, decem & novem horarum.

Retulit nobis quidam haud parvi nominis vir, se primo vere, cum arbores iam frondescerent, celeri cursu ex Moscovuia Bieloieserum contendisse: superatoque Vuolga

baid aber seindt durch sovil wälder gemöß / und fluß gantz unbequemb / darumb seindt auch die meil umb sovil khlainer gesetzt.

Die obern ursachen geben auch / das Stät / fleckhen noch Dörffer der ennden enttzwischen gefunden werden.

Der gemelt weiß See sol zwölf meil in der leng / gleich sovil an der praidt haben / darein sollen Drey hundert und Sechstzig Pächer oder wasser fliessen / daraus nur ain fluß Schoksna der felt Fünfftzehen meil ob Jaroslaw / und vier undter Mologa in die Wolga /

welche visch aus der Wolga in die Schoksna khumen / sovil lenger sy darinn bliben sein / umb sovil sein sy pösser worden / des wissen die vischer / so pald der visch gefangen wie lang der darin gangen ist.

Die jnnwoner derselben gegent / haben auch jr aigne sprach / gleich wol reden sy yetzmals al Reissisch / der lengste tag bey jnen sol Neuntzehen stund haben /

mir hat ain ehrlicher man gesagt / er sey umb die zeit als die paumb und esste das laub herfür gelassen auß der Mosqua dahin geschickht worden / und geritten / biß an die Wol-

fluvio, reliquum itineris, quod omnia ibi nivibus glacieque oppleta essent, vehiculis confecisse.

Et quamquam longior ibi hyems sit, fruges tamen eo, quo in Moscovuia, tempore & maturescunt, & colliguntur.

A lacu Bieloiesero, intra teli iactum, est alius lacus sulphur proferens: quod fluvius quidam ex eo manans, ceu spumas supernatantes, affatim secum defert. Inscitia tamen populi, eius ibi nullus usus est.

Uglitz civitas cum castro, at littus Vuolgae sita est: distatque a Moscovuia viginti quatuor, a Iaroslavu triginta, a Tvuer quadraginta miliaribus. Caeterum haec praedicta castra sunt in meridionali Vuolgae ripa, civitas vero ex utraque parte.

Chloppigrod locus, in quem Novuogardensium servos confugisse supra dixi, duobus miliaribus distat ab Uglitz.

Haud procul inde castrum nunc demolitum conspicitur, ad fluvium Mologa, qui ex Novuogardiae magnae ditione octuaginta miliaribus fluens, Vuolgam ingreditur:

in cuius ostiis est eiusdem nominis civitas & castrum, a quo duobus miliaribus in eiusdem fluminis ripa Chloppigrod ecclesia tantum sita est. Eo loci nundinae in toto Mosci do-

ga. So pald er uber das wasser khumen / hat auf der gueten winterpan sein Raiß mit dem Schlitten gar in die Stat Weissensee volbracht / wiewol der Wintter der ortten lenger / so zeittigen doch die frucht gleich also / das man ungeverlichen zu ainer zeit in der Mosqua und daselbsten das Traid schneidt /
von dem Weissensee ain armprustschuß ist ain anderer See / sol Schwebl geben / und der fluß so daraus geet / bringt solchen Schwebl als ai[n] faimb mit sich khunnen aber den nit zu fruchten bringen.

UGLITZ Schloß und Stat am gstat der Volga / von der Mosqua vierundtzwaintzig meil / von Jaroslaw dreissig / von Twer viertzig / die schlösser yetzo genent / ligen an dem gestat der Volga gegen Mittentag / die heuser der Stat an baiden gestatten.

GHLOPIGOROD ist ain Platz da hievor ain Schloß oder Stat gestanden ist darein der Neugartner khnecht die jrer Herrn weiber genumen hetten / geflohen waren / ist zwo meil von Uglitz /
nit gar ferr davon sicht man das Purgstal / da das Schloß gestanden ist / an dem wasser Mologa / des aus dem gepiet von Großneugarten heer achtzig meil geflossen in die Wolga felt an dem einfal /
ist ain stat und Schloß dem wasser gleich genennt / von dann zwo meil an desselben fluß gestat ist ain Khirchen des namens Chlopigorod / darbey ist ain solcher grosser

minio, quarum etiam alias memini, sunt frequentissimae.
eo etenim, praeter Svuetenses, Livuonienses, atque Moscovuitas, Tartari, aliaeque quam plurimae gentes, ex Orientalibus Septentrionalibusque partibus confluunt, quae rerum tantum permutatione utuntur.
Rarus enim, ac ferme nullus apud has gentes est auri, argentive usus. Vestes factas, acus, cultellos, coclearia, secures, aliaque eiusmodi, ut plurimum pellibus permutant.

Pereaslavu civitas & castrum, a Septentrione aliquantum vergens in Orientem, vigintiquatuor miliaribus abest a Moscovuia: sita autem est ad lacum, in quo, ut in insula Solovuki, Selgi pisciculi, quorum supra memini, capiuntur.
Ager satis fertilis est, & copiosus, in quo perceptis frugibus, Princeps venatione tempus fallere solet. Est in eodem agro lacus, ex quo sal decoquitur. Per hanc civitatem proficiscuntur, quibus Novuogardiam inferiorem, Castroma, Iaroslavu, & Uglitz eundum est.
In his partibus vera itinerum ratio propter crebras paludes & sylvas haberi non potest. Est etiam ibi Nerel fluvius, ex lacu quodam profluens, qui supra Uglitz Vuolgam influit.

Rostovu civitas & castrum, Archiepiscopalis sedes, cum Bieloiesero & Murom, inter praecipuos &

Marckh / der in gantzem Moscoviter gepiet nit ist /

da auch Gold und Silber in geschlechtem weerdt wievor auch davon gesagt ist.
PEREASLAW Schloß und Stat von Mitternacht sich etwas gegen Aufgang kherend / von der Mosqua vierundzwaintzig meyl / ligt an ainem See / darinnen man auch die visch Selgi wie in der Inssel Solowkhi hat / darvon auch oben gesagt / ain wol fruchtpars Ertrich darin auch der Fürst nach dem schnit khumbe zu paissen / In der selben gegendt ist auch ain See / darauß man Saltz seut / daheer ziehen die so nach dem Niderneugarten / Castroma / Jaroslaw / und Uglitz raisen thuen /

da hie umb khan man die meyl nit so gleich der grossen und vil wälder und gemöß halben raitten / ist auch ain fluß Nerel der auß ainem See sein ursprung hat / und oberhalb der Uglitz in die Wolga felt.
ROSTOW, Schloß und Stat / da wont auch ain Ertzbischof der eltisten Fürstenthumber ains / neben

antiquiores Russiae principatus, post Novuogardiam magnam habetur.

Eo ex Moscovuia, recta per Pereaslavu itur, a qua decem miliaribus distat. Sita est ad lacum, ex quo Cotoroa fluvius, qui Iaroslavu praeterlabitur, emergit, Vuolgamque influit.

Soli natura fertilis est, piscibus in primis ac sale abundans. Regio haec olim secundogenitis magnorum Ducum Russiae propria erat: quorum posteri novissime per Ioannem Basilii patrem ea depulsi, exutique sunt.

Iaroslavu civitas & castrum ad ripam Vuolgae, distat a Rostovu duodecim miliaribus recta itinere ex Moscovuia sumpto.

Regio satis fertilis est, ea praesertim parte, qua vergit ad Vuolgam: quae etiam, quemadmodum Rostovu, secundogenitorum Principum erat: quas monarcha ipse vi oppressit.

Et quanquam provinciae Duces, quos Knesos appellant, adhuc supersint: titulum tamen Princeps, Knesis, velut subditis regione concessa, sibi usurpat.

Tres autem Knesi secundogenitorum posteri, quos Rutheni Ioroslavuski appellant, eam regionem possident.

Primus est Basilius, is qui nos ex hospitio ad Principem duxit, & reduxit.

Alter est Simeon Foederovuitz, a Kurba patrimonio suo Kurbski dictus, homo senex, sobrietate singulari,

Byeloyesero und Murom ausser groß Neugarten /

daheer zeucht man von der Mosqua gerad auf Pereaslaw zehen meyll / [l]igt an ainem See darauß laufft Catoroa der fluß der neben Jaroslaw hin / und in die Wolga rinnt /

ain fruchtparer podn / reich an Vischen und Saltz / vor zeitten ist dises Fürstenthumb des Großfürsten gebrüedern verordent gewest / des seind sy aber jüngstlichen durch Großfürssten Hannsen entsetzt worden.

IAROSLAW Schloß und Stat an der Wolga / von Rostow zwelf meyl / den geraden weg von der Mosqua /

hat ein guet Ertrich / sonder das gegen der Wolga. Das Fürstenthumb was gleichermassen der Großfürsten gebruedern / erblichen zugethailt / die aber gleichermassen entsetzt / und seind noch dieselben Knesen oder Fürsten / die solche Fürstenthumer erblichen gehabt haben / Der Großfürst aber gibt jnen etliche einkhumen davon / er aber behelt den Titl sambt dem Fürstenthumb und dem mererm einkhumen.

So seind derselben drey / die auß der Großfürsten gebrüedern khomen seind /

der ain Basilius / der hat uns auß unser Herberg zu dem Großfürsten / und her wider begláidt /

Der ander Simeon Pheodorowitz Khurba / von ainem guet also genandt Khurbskhi ain alter nüchter

ac ipsa vitae rigiditate, qua ab ineunte aetate usus est, valde exhaustus. multis enim annis esu carnis abstinuit: piscibus quoque Solis, Martis & Saturni tantum diebus vescebatur: Lunae vero, Mercurii & Veneris, ab eisdem ieiunii tempore abstinebat.

hunc magnus Dux aliquando per Permiam, in Iuhariam, ad longinquas gentes debellandas, cum exercitu supremum Imperatorem mittebat. qui bonam eius itineris partem, propter nivis magnitudinem, pedes confecit: quibus dissolutis, reliquum itineris navigiis peregit, & montem Petzoram transgressus.

Ultimus est Ioannes cognomento Possetzen, qui Principis sui nomine Oratorem apud Carolum Caesarem in Hispaniis agebat, & nobiscum reversus est:

qui adeo pauper erat, ut vestes, & Kolpackh (quod capitis tegumentum est) aliunde (quod certo scimus) pro conficiendo itinere commodato sumeret.

Quare multum errasse videtur, qui scripsit, hunc Principi suo in quacunque necessitate triginta milia equitum ex ditione, seu patrimonio suo mittere posse.

Vuolochda provincia, civitas & castrum, in qua Episcopi Permiae sedem quidem suam, sed sine imperio habent, ab eiusdem nominis fluvio nomen accepere. sita est inter

unnd mässiger man / hat sich von jugent also gehalten / nun in vil jarn khain fleisch geessen / Visch aber allain am Suntag / Erchtag und Sambstag / Am Montag aber Mitwoch und Freytag in der vassten aller speiß sich gar enthalten.

Der Großfürst hat den als ain Haubtman durch groß Permia auff die volcker Juhra oder Jugritzn weitligende Land zuerobern gesant / ainen grossen thail des wegs zu fueß geund volbracht von wegen der grossen Schnee / So die aber zergangen auf den Pächern in schifflein vollendet /

Der dritte ist Hanns Khnes Posetzen den hat der Großfürst in Hispanien zu Khaiser Carolen geschickht / und am widertzug ist er zu Ertzhertzog Ferdinanden etc. nachmals Römischen Khünig meinem aller genedigisten Herrn khumen / mit dem ich dann zu seinem Herrn geschickht bin /

der ist arm gewest / also das er seine claider und hüetl Kholpackh genant zu der Rayß entlehnen müessen /

Darumb hat der größlich geirrdt / der geschriben hat / er möchte seinem Herrn zu yegclicher notturfft mit dreissig thausendt zu Roß auß seinem Erbgüettern dienen.

WOLOCHDA das Land / Schloß und Stat aines namens daselbsten wonen die Bischove zu Permia / aber nit als herrn / das wasser daselbsten hat auch den namen / ligt

Orientem & Septentrionem, ad quam ex Moscovuia per Iaroslavu itur.

Abest autem a Iaroslavu quinquaginta miliaribus Germanicis a Bieloiesero fere quadraginta. Regio tota palustris & sylvestris est. unde fit, ut exactam itineris rationem propter crebras paludes & fluviorum anfractus, hoc quoque in loco viatores observare non possint. Quo enim magis progrediare, hoc plures & inviae paludes, fluvii ac sylvae occurrunt.
Porro Vuolochda fluvius in septentrionem, civitatem praeterlabitur: cui Suchana fluvius ex lacu cui Koinzki nomen est, emergens, octo miliaribus infra civitatem iungitur, nomenque Suchanae retinet, atque inter Septentrionem & Orientem labitur.
Vuolochda provincia olim sub ditione Novuogardiae magnae erat, quae cum castrum natura loci firmum habeat, aiunt Principem partem thesauri sui illic reponere solere.
Eo anno quo nos Moscovuiae eramus, tanta illic erat annonae caritas, ut unus quo ipsi utuntur frumenti modius, XIIII dengis venderetur: qui alioqui in Moscovuia IIII, V, aut sex dengis emi solet.

Vuaga fluvius piscosus, inter Bieloiesero & Vuolochdam, in paludibus densissimisque sylvis oritur, ac Dvuinam fluvium influit.

Fluvii accolae, quod panis usu fere careant, venatione vivunt. Capiuntur autem ibi vulpes nigrae, & coloris cinericei. Porro compendiario itinere

zwischen Mitternacht und Aufgangs / daheer von der Mosqua zeucht man durch Jaroslaw /
von dann noch fünfftzig meyl / von Bieloyesero viertzig / das Land ist gar gemösig und waldig / Darumben auch die Raisende die meylln nit khünnen außthaillen /

der fluß rindt fur die Stat gegen Mitternacht / bekhumbt in Suchana / so auß ainem See Khoinskho genant fleusst / khumen also acht meyl under der Stat zusamen / Die Sachana behelt den namen / unnd rindt zwischen Mitternacht und Aufgang / die Stat was hievor under dem gepiet der Grossen Neugartner / das Schloß ist vesst / darumb der Fürst ain thail seines Schatz da behalten sol.

VUAGA ist ain fluß vasst vischreich zwischen Bieloyesero unnd Wolochda / entspringt in grossen dickhen wäldern und gemosen / felt in die Dwina /
die leüt daselbesten / gebrauchen sich nit des brots / sonder Visch und Wildprät / daselbstn feche man schwartze Füchs / deren pälger man

inde ad provinciam & fluvium Dvui-
na pervenitur.

Ustyug provincia, a civitate &
castro, quae ad fluvium Suchana sita
sunt, nomen accepit. a Vuolochda
abest centum miliaribus, a Bieloiese-
ro centum quadraginta. Haec prius
ad ostia fluvii Iug, qui ex Meridie in
Septentrionem fluit, sita erat.
Postea propter loci commoditatem,
ad dimidium fere miliare supra ostia
posita est, vetusque nomen adhuc
retinet. Nam Ruthenis Usteie ostium
est: unde Ustyug, quasi ostium Iug
dicitur.
Haec provincia olim subiecta erat
Novuogardiae magnae, in qua rarus
& propemodum nullus panis usus:
piscibus & feris pro cibo utuntur. Sal
ex Dvuina habent.
Idioma quoque proprium, quamvis
Ruthenico magis utuntur.
Zabellinorum ibi pelles nec multae,
nec admodum excellentes: aliarum
tamen ferarum pellibus abundant,
vulpinis praesertim nigris.

Dvuina provincia & fluvius ab
Iug & Suchana fluviorum confluxu
Dvuinae nomen accepit. nam Dvuina
Ruthenis duo, vel bini sonat.

Is fluvius emensis centum miliaribus
Oceanum Septentrionalem, qua
Svuetiam & Nordvuegiam alluit,

theur verhandlt / dahin durchkhumt
man am füeglichisten in das Land /
Dwina /
Ustyug das Land hat den namen von
der Stat und Schloß an der Suchana
gelegen / ist hundert meyl von Wo-
lochda / von Byeloyesero hundert
und viertzig / Die Stat was hievor an
dem gmund des wassers Jug / der
von Mittentag in Mittenacht fleusst /
von besser bequemblichkhait auf ain
halbe meyl uber sich gesetzt / behelt
noch den namen Reissisch Ustye /
ist aines fluß gmundt / und so man
spricht Ustyug als des Jug gmundt /

hat auch undter Neugarten gehört /
des prodts gebraucht man sich da
auch nit / Visch und Wildprädt
dartzue Saltz von der Dwina genueg
/
haben jr aigne sprach /

der Zöbl sindt man da nit vil / auch
selten guet / aber wol anders gefüll
unnd sonderlichen die schwartzen
Füchs.
DWINA das Land und wasser
gleich genent / wie man sagt / das
wasser habe den namen geschöpfft
von zwayen zusamen fliessenden
wassern Jug und Schuchana / dann
Reissisch Dwe haissen zway / also
das man khainem derselben wasser
sein namen genumen / sonder genent
zwifach oder zway /
laufft als bey hundert meyllen / und
felt in das Mitternächtisch Mör / des
Schweden / Nordweden / von dem

atque a terra incognita Engraneland dividit, ingreditur.

Haec provincia in ipso Septentrione sita, olim Novuogardensium ditionis erat.

Numerantur autem a Moscovuia ad Dvuinae ostia trecenta miliaria: quamvis ut antea dixi, in regionibus quae trans Vuolgam sunt, propter crebras paludes, fluvios, ac vastas sylvas, itineris ratio observari non potest: coniectura tamen ducimur, ut vix ducenta miliaria esse putemus. quandoquidem ex Moscovuia in Vuolochdam, ex Vuolochda in Ustyug, in Orientem aliquantulum: ex Ustyug postremo per Dvuinam fluvium recta in Septentrionem pervenitur.

Haec provincia, praeter Colmogor castrum, & Dvuinam civitatem, quae inter fontes & ostia in medio propemodum sita est, castrumque Pienega in ipsis Dvuinae ostiis situm, oppidis & castris caret.

Pagos tamen complures habere dicitur, qui propter terrae sterilitatem longe lateque distant. Victum hi ex piscibus, feris, ferarumque pellibus quaerunt, quibus omnis generis abundant.

In maritimis huius regionis locis, ursos albos, & eos pro maiori parte in mari degentes reperiri aiunt: quo-

Land darvon man sagt und schreibt Engronen Land schaidt /
Ich hab nur von ainem gehört / Niemand gesehen / der in demselben Land gewest wär /
Dis Land Dwina sol auch geen Neugarten gehört haben /

von der Mosqua hintzt das wasser in das Mör felt / sollen dreyhunder meyl sein / gleichwol ungewiß. Auß vorerzelten ursachen / möchten villeicht khaumb zwayhundert sein /

dann man rayst auß der Mosqua dahin geen der Wolochda von dan gen Ustyug etwas gegen Aufgang darnach an die Dwina / gerad in Mittennacht /

In dem land hat man khain Schloß allain Colmogor und die Stat Dwina / vasst in der mitte zwischen Aufgang und ende dises fluß / Als der aber in das Mör felt ist ain Schloß Pienega genant / andere Schloß und Stet seind nit darin /
wol etliche Döffer aber schitter / von wegen des Ertrichs unfruchtparkhait / die ernehrn sich allain der Visch / Wildprädt und von dem gefügl / des gar vil daselbstn ist /

vil Saltz haben sy in dem Land.
Weisse Peern findt man an demselben Mör / sollen auch am maisten im Mör wonen / man bringt der heyt

rum pelles in Moscovuiam saepius deferuntur.

Ego binas mecum, prima mea in Moscovuiam legatione, reportavi.

Regio haec sale abundat.

Itinerarium ad Petzoram, Iugariam, & Obi usque fluvium.

Principis Moscovuiae ditio longe in Orientem, & aliquanto in Septentrionem, ad loca quae sequuntur, protenditur: super qua re scriptum quoddam, quo eius itineris ratio continebatur, lingua Ruthenica mihi oblatum fuit, quod & transtuli, & hic certa ratione subiunxi.

Quanquam qui ex Moscovuia eo proficiscuntur, ab Ustyug & Dvuina, per Permiam, usitato magis & compendiario itinere utantur.

A Moscovuia ad Vuolochdam quingenta vuerst numerantur, a Vuolochda ad Ustyug dextrorsum secundo fluvio, & Suchana, cui iungitur, descendendo, sunt quingenta vuerst, quibus sub Streltze oppido duobus vuerst, sub Ustyug coniungitur fluvio Iug, qui fluit ex Meridie: a cuius ostiis usque ad fontes, ultra quingenta vuerst computantur.

Caeterum Suchana & Iug postquam confluxerint, amissis prioribus nominibus, Dvuinae nomen assumunt.

Per Dvuinam deinceps quingenta vuerst, ad Colmogor pervenitur: a quo infra itinere sex dierum, Dvuina sex ostiis Oceanum ingreditur.

vil von denselben Peern in die Mosqua /

Ich hab der etliche mit mir geen Wienn / als ich von erster Potschafft widerkham / bracht.

Die Raiß gehn Petzora / Jugra / und zu dem wasser Obi.

Des Großfürsten gepiet erstreckt sich verrer in Aufgang / und etwas gegen Mitternacht / auf die örtter wie hernach gesagt wirdt / davon mir ain Reissische beschreibung des wegs oder Rayß zuhanden khumen / die ich auch verteutschen hab lassen / und darauß die nachvolgunde Rayß beschriben /

Wiewol die so von der Mosqua dahin ziehen / haben den füeglichern weg von Ustyug und Dwina nach groß Permia /

als den gemainen weg von der Mosqua gen Wolochda fünffhundert wersst / von der Wolochda nach dem wasser ab / hintzt die Suchana darein khumbt / sein gen Ustyug fünfftzig wersst / dasselb wasser felt undter dem Schloß Streltze zwo wersst in Jug / der von Mittentag heerkhumbt / und fleusst bey fünffhundert werst,

So dan die zwen fluß Suchana unnd Jug sich vermischen und ain fluß wirdt Dwina genent

Nach derselben Dwina ab / fünffhundert werst geen Colmogor / undter demselben Schloß oder Stat sechs tagraiß nach / felt die Dwina in das Mör in sechs arm außgethailt.

Atque huius itineris maxima pars navigatione constat. nam itinere terrestri a Vuolochda usque ad Colmogor, traiecto Vuaga, sunt mille vuerst.	Solcher weeg oder Rayß wirdt am maisten von Pächern uber sich unnd nach / schiffendt vollendt / dann so man am Land zuge / und uber das wasser Waga / waren von Wolochda hintz gen Colmogor wol Tausendt werst /
Haud procul a Colmogor, Pienega fluvius, qui ab Oriente a dextris fluit: emensisque septingentis vuerst, Dvuinam illabitur.	Nit verr von Colmogor an der rechten seitten von Aufgang / khumbt der fluß Pyenega / und so der sibenhundert werst geflossen / felt in die Dwina /
Ex Dvuina ad locum qui dicitur Nicolai, per Pienegam fluvium ducenta vuerst, pervenitur, ubi itinere dimidii vuerst naves in fluvium Kuluio transferuntur.	von der Dwina raist man zu ainem ort haist Nicolai / und dan nach dem wasser Pienega ubersich / als zwaihundert werst / darnach zeucht man die schifl uber land als auf ain halbe werst in das wasser Kuluyo genant /
Kuluio vero fluvius ex eiusdem nominis lacu in Septentrione oritur, a cuius fontibus iter sex dierum est, usque ad ostia, ubi Oceanum ingreditur.	dasselb wasser khumbt auß ainem See in Mitternacht auch des namens Kuluyo / von dem ursprung hintzt an sein gmund bey dem Mör seind sechs tagraiß /
Navigatione secundum dexterum littus maris, sequentes possessiones praeterleguntur: Stanuvuische, Calunczscho, & Apnu.	So dann feert man nach dem gestat des Mörs der rechten hand nach für Stanowische / Caluntzo / Apnu /
Circumnavigataque Chorogoski Nosz promontorio, & Stanuvuische, Camenckh & Tolstickh, tandem in fluvium Mezen, quo sex dierum itinere ad eiusdem nominis pagum in ostiis fluvii Piesza situm pervenitur.	und so man das gepürg des sich der ortten in das Mör erstreckht / genant Chorogoskhinoß unnd Stanowische / Camenckh und Tolstigkh umbgefarn ist / khumbt man zu dem fluß Metzen / nach dem auff sechs tagraisen / khumbt man zu ainem Fleckhen auch des namens Metzen / da der fluß Piessa darein felt /
per quem rursus a sinistra Orientem aestivalem versus ascendendo, trium hebdomadarum itinere Piescoya fluvius occurrit.	Nach dem selben widerumb auf nach der linckhen seitten / gegen dem Aufgang seind zwaintzig tagraisen / khumbt man zu dem fluß Piscoya /

Unde translatis per quinque vuerst, in duos lacus navibus, geminae patent viae: quarum altera, parte sinistra in fluvium Rubicho, per quem in fluvium Czircho pervenitur, ducit. Alii via altera, & breviore, ex lacu naves recta in Czircho deferunt: a quo nisi tempestate detineantur, trium hebdomadarum spacio in fluvium ostiaque Czilme, magnum Petzora fluvium, qui eo loci duarum vuerst latitudine extenditur, influentem deveniunt:	von dem zeucht man die Schiff fünff werst uberland / so bekhumen zween weeg / der ain zur lingkhen hand / in das wasser Rubicho / von dem in Circho. Der ander weg und der nächner / auß dem See gerad in Cyrcho uber gefuert / von dann wo man mit ungewitter nit verhindert wirdt / in zwaintzig tagen mag man zu dem gmunt des fluß Cilma khumen / und dem grossen fluß Petzora / der an dem selben ort zwayer wersst prait ist /
quo delapsi, sex dierum itinere ad oppidum & castrum Pustoosero, circa quod Petzora sex ostiis Oceanum ingreditur, pervenitur.	Nach dem fert man sechs tagraiß zu dem Schloß und fleckhen Pustoosero / da dann Petzora in sechs arm gethaillt in das Moer fleusst /
Huius loci accolae, simplici ingenio homines, anno Domini MDXVIII primum baptismum susceperunt.	die Leut der ortten sein ainfaltig / haben den Tauff erst im 1518 Jar angenumen /
A Czilmae ostiis, usque ad ostia fluvii Ussa, per Petzoram eundo, est iter unius mensis. Ussa autem fontes suos habet in monte Poyas Semnoi, qui ab ortu aestivali ad laevam est, fluitque ex ingenti eiusdem montis saxo, quod Camen Bolschoi vocant.	von der Cilma gmundt zu der Ussa gmund nach der Petzora raisend / seind bey dreissig tagraisen / Ussa der fluß hat sein ursprung aus dem gepürg Poyass Semnoj / der in Sumers Aufgang ist zu der linckhen seitten / und fleusst aus grossen Velsen / des gepürgs / genant Camen Bolschoy /
Ab Ussae fontibus, usque ad eius ostia, ultra mille vuerst numerantur. Porro Petzora a Meridionali hac hyemali parte fluit, a quo ex Ussae ostiis ascendendo, usque ad ostia Stzuchogora fluvii, est iter trium hebdomadarum.	mehr dan tausent wersst / Von d[er] Ussa gmund uber sich / hintzt die Schuchogora einfelt / seind zwaintzig tagraisen /
Qui hoc itinerarium conscripserant, dicebant, inter Stzuchogore & Potzscheriema fluviorum ostia se quie-	die so den weg oder die raiß beschriben und getzogen / haben gesagt das zwischen Schuchogora und Potz-

visse: atque ad vicinum castrum Strupili, quod ad littora Ruthenica in montibus ad dextram situm est, comeatum, quem ex Russia secum portaverant, deposuisse.

Ultra Petzora & Stzuchogora fluvios ad montem Camenipoias, item mare, insulas vicinas, castrumque Pustoosero, variae & innumerae gentes sunt, quae uno ac communi nomine Samoged (quasi diceres seipsos comedentes) nuncupantur.

Apud hos magnus proventus avium, diversorumque animalium, ut sunt zabellini, martes, castores, hermelli, aspreoli, & in Oceano Mors animal, de quo supra, praeterea vess.
Item albi ursi, lupi, lepores, equivuoduani, cete, piscisque nomine Semfi, aliique quamplurimi.

Hae vero gentes in Moscovuiam non veniunt: sunt enim ferae, quae aliorum hominum coetum, vitaeque societatem refugiunt.
Ab Stzuchogorae ostiis adverso flumine usque ad Poiassa, Artavuische, Cameni, maioremque Poiassa, iter trium hebdomadarum.

Porro ad montem Camen trium dierum ascensus est, a quo descendendo ad fluvium Artavuischa, inde ad Sibut fluvium, a quo castrum Lepin, a Lepin ad Sossam fluvium pervenitur.
Huius fluvii accolae Vuogolici nun-

scheriema / der flüssen gmund sy gerast / und bey dem nächsten schloß Strupili / des da an den gestatten gegen Reissen an den gepürgen zu der rechten hand ligt / die speiß oder Profandt die sy mit jnen aus Reissen bracht / gelassen haben / uber die flus Petzora und Schuchogora / an dem Perg Cameni poyas bey dem Moer und Inssln / und bey dem Schloß Pustoosero seind manigerlay und villerlay Völckher / die man mit ainem namen Szamoyed (ist sovil gesprochen als sich selbs essend) nent /
da hat man vil des gefügls manigerlay thier / als Zöbl / Märder / Piber / Harmbl / Feech / und in dem Mör das Thier so sy Morß nennen / Item ains haisst Weß /
weisse Peern / Wölf / Hasen / Roß die sy nennen Wodwani / Walvisch / und ain Visch den sy Semphi nennen /

Die leüt seind so wild / das sy recht der menschen gemainschafft fliehen / sy khumen auch nit in die Mosqua /

Von der Schuchogora gmund / uber sich nach dem wasser zu dem Poyassa / Artawische / Cameni / und zu dem grossen Poiassa / seind zwaintzig tagraisen /
Auff dem perg Camen seind dreyer tagraiß / so man wider darab geet / so khumbt man zu dem fluß Artawischa / darnach zu dem fluß Sibut / von dann zu dem Schloß Lepyn.
Von dann an das wasser Sossa /
Die leut so an dem wasser wonen /

cupantur. Sossa autem a dexteris relicto ad fluvium Oby, qui oritur ex Kitaisko lacu, pervenitur: quem vix uno die & celeri cursu traiecerunt, adeo vasta huius fluvii latitudo est, ut ad octoginta fere vuerst extendatur.	haisst man Wogolitzi / das wasser Sossa an der rechten hand gelassen / khumbt man zu dem grossen fluß Obi / der entspringt auß dem See Khitaisco / den sy khaum mit grosser arbait ain tag uberschifft haben / so groß und weit ist der fluß / auf Achtzig werst geschätzt.
Hunc quoque Vuogulici & Ugritzschi gentes accolunt. Ab Obea castello secundum Oby fluvium ascendendo, usque ad Irtische fluvium, in quem Sossa ingreditur, ostia, est trium mensium iter.	An dem wonen auch Wogulici und Ugrici / Von dem Schloß Obea uber sich nach dem wasser der Obi / zu dem gmund des fluß Irtischa / darein die Sossa felt / seind dreyer Monath tagraisen /
In his locis duo castra sunt, Ierom & Tumen, quibus praesunt domini Knesi Iuhorski, magno Duci Mosco (ut aiunt) vectigales. Multa ibi animalia, pellesque quamplurimae.	An den ortten seind zway Schloß Jeron und Tumen / den seind fürgesetzt die Herrn Khnesn Juhorskhi / wie sy sagen dem Großfürsten zinßpar / da seind villerlay thier und gefül.
Ab Irtische fluvii ostiis ad castrum Grustina, duorum mensium iter: a quo ad lacum Kitai, per Obi fluvium, quem fontes suos in hoc lacu habere dixi, est plus quam trium mensium iter.	Von der Irtische gmund zu dem Schloß Grustina seind zwayer Monatraisen von dann zu dem See Khithay nach dem fluß Obi / der darauß entspringt / seind meer dann dreyer Monat raisen.
Ab hoc lacu plurimi homines nigri, communis sermonis expertes, veniunt: merces varias, in primis autem uniones, lapides preciosos, secum adferentes, quas populi Grustintzi & Serponovutzi mercantur. hi a castro Serponovu Lucomoryae ultra Obi fluvium in montibus sitae nomen habent.	Von dem See khomen Schwartze leüt / die der gemainn red mangln / verkhauffen manigerlay waarn / sonderlichen Perln und Edlgestain / von denen khauffen die völckher Grustintzi und Serponowtzi die wonen in dem Schloß oder Stat Serponow.
Lucomoryae autem hominibus mirabile quiddam ac incredibile, & fabulae persimile aiunt accidere, quos in singulos annos, nempe XXVII die Novembris, quae apud Ruthenos	LUCOMORYE uber den fluß Obi in gepürgen gelegen / denen aber zu Lucomorye sol was järlichen zuesteen / acht ich gleichwol meer ain fabl / dann war sein / Nembli-

Sancto Georgio sacra est, mori aiunt: ac vere insequenti, maxime ad XXIIII Aprilis, ranarum instar, denuo reviviscere.

Cum his quoque Grustintzi & Serponovutzi populi nova, & alias insueta habent commercia.

Cum enim statum tempus moriendi, seu dormiendi ipsis imminet, merces certo loco deponunt, quas Grustintzi & Serponovutzi, relictis suis interim aequa commutatione mercibus, auferunt:

eas illi redivivi, si iniquiore aestimatione abductas esse viderint, rursus repetunt: unde lites plurimae ac bella inter eos oriuntur.

Ab Obi fluvio, parte sinistra descendendo, sunt Calami populi, qui ab Obiovua & Pogosa eo commigrarunt.

Infra Obi ad Auream anum, ubi Obi Oceanum ingreditur, fluvii sunt, Sossa, Berezvua, & Danadim, qui omnes ex monte Camen, Bolschega, Poiassa, scopulisque coniunctis oriuntur.

Ab his fluminibus quaecunque ad Auream anum usque gentes habitant, vectigales dicuntur Principi Moscovuiae.

Slata baba, id est Aurea anus, idolum est, ad Obi ostia, in provincia Obdora, in ulteriori ripa situm. Secundum Obi littora, vicinisque circum fluminibus multa passim castra

chen sollen sy järlichen am Sibenundtzwaintzigisten tag Novembris (an dem tag halten die Reissen Sant Georgens tag) sterben / darnach im Frueling am Vierundtzwaintzigisten tag Aprilis wider erquickhen.

Mit denen halten sy Serponowtzi / und Grustintzi ain sondere handlung /

Wann denen jr zeit khumbt zum sterben oder schlaffen / legen sy jre waarn an ain ort / dargegen legen die Grustintzi / und Serponowtzi in gleichem werdt waaren an die stat / unnd nemen die andern hin.

So die Lucomortzi wider lebendig werden / oder entwachen / und befinden / das jnen nit ain gleicher weert erlegt ist / so khumbts zu ansprachen und Khriegen /

Nach dem Obi abwerts nach der linckhen seitten geend / seind völckher gehaissen Calami die von Obyova und Pogosa / daselbstn hin khumen sein.

Nach der Obi ab zu der gulden Vetln / da die Obi in das Moer felt / seind die flüß Sossa / Berezwa / unnd Danadim / khumen al von dem perg Camen Wolschega Poyassa / entspringend / aus den selben felsen / was von denen flüssen hintzt zu der Gulden Vetlen Völckher wonen / sollen al dem Moscoviter zinßpar sein.

SLATA BABA, sovil als ain Guldene Vetl / oder Anfrau / sol ain Abgott sein der ortten da Obi das groß wasser in das Moer felt / das Land haisst Obdora / auf der jenigen

sita sunt, quorum domini omnes Principi Moscovuiae (ut ferunt) subiiciuntur.

Narrant, seu, ut verius dicam, fabulantur, hoc idolum Auream anum statuam esse, in formam cuiusdam anus, quae filium in gremio teneat: atque ibi iam denuo alterum cerni infantem, quem eius nepotem esse aiunt.
Praeterea instrumenta quaedam ibi posuisse, quae perpetuum sonum in modum tubarum edant. Quod si ita est, equidem ventorum vehementi & perpetuo in ea instrumenta flatu fieri puto.

Cossin fluvius ex montibus Lucomoryae delabitur. in huius ostiis Cossin castrum est, quod olim Knes [V]uentza, nunc vero illius filii possident.
Eo a Cossin magni fluvii fontibus, est iter duorum mensium. Porro ex eiusdem fluvii fontibus alter fluvius Cassima oritur, emensaque Lucomorya in magnum fluvium Tachnin influit:
ultra quem prodigiosae formae homines habitare dicuntur, quorum alii ferarum more, toto corpore pilis horrent: alii caninis capitibus, alii prorsus sine collo pectus pro capite habent, longasque sine pedibus manus.
Est & in Tachnin fluvio piscis quidam, capite, oculis, naso, ore, manibus, pedibus, aliisque humana pror-

seitten des wassers / daselbstn an den gestatten des wassers / und der nächsten fluß wonen Völckher wie die Moscoviter sagen / sollen al jrem Fürsten underthenig sein /
Sagen auch das khaum zu glauben ist / diser Abgot sol ain Pild sein / aines weibs / die helt ainen Sun in der schoß / in ainer zeit / hat sich noch ain ander Sun sehen lassen / wöllen sprechen sey jr Eninckhl /

daselbstn sollen etliche werch oder Instrument / die ainen ewigen hall oder stimb geben / als obs Trumeter wärn / Soverr nun das ist / wirdt dermassen gestalt sein / das die Wind so villeicht für und an der orrtten sein / solchen thon geben.
COSSIN, ain fluß von Lucomorye heer fliessend an des gmundt / ist ain Schloß das etwan Knes Wentza jnngehabt / und nunmals seine Sün besitzen /
daselbsten hin von dem ursprung des Cossin / ist zwayer Monat raysen / Auß demselben ursprung khumbt ain ander wasser Cassima / das fleust durch Lucomorye in den grossen fluß Tachnin /
uber denselben fluß sollen die leut manigerlay frembde gestalt haben / Etliche sollen gar rauch sein / wie die thier / ander hundtsköpf / ander khain haubt / sonder die augen an der prust / Etliche aber khain fueß / aber lang hendt haben /
So solt in dem fluß Tachnin ain Visch gefunden werden / aller gestalt wie ain mensch / haubt / nasen /

sus forma, nulla tamen voce: qui, ut alii pisces, suave ex se praebet obsonium.

Hactenus, quaecunque retuli, ex oblato Itinerario Ruthenico, a me ad verbum traducta sunt:
in quibus etsi fabulosa quaedam, vixque credibilia esse videantur, veluti de hominibus mutis, morientibus & reviviscentibus, Aurea anu, monstrosis hominum formis, pisceque humana effigie:
de quibus etsi ipse quoque diligenter investigaverim, nihil tamen certi a quopiam, qui ea oculis suis vidisset (quamvis omnium fama rem ita se habere praedicarent) cognoscere potui:
tamen ut aliis ampliorem harum rerum praeberem investigandi occasionem, nolui quicquam obmittere. unde & locorum vocabulis iisdem, quibus a Ruthenis nuncupantur, usus sum.

Noss, Ruthenis nasus dicitur: quo nomine promontoria ad nasi similitudinem in mare prominentia, vulgo appellant.

Montes circa Petzoram fluvium Semnoi poyas, id est Cingulus mundi vel terrae vocantur. Poyas enim Ruthenis cingulum significat.
Lacus Kithai: a quo magnus Chan de Chathaia, quem Mosci Czar Kythaiski appellant, nomen habet. Chan autem Tartaris regem sonat.

augen / mund / hend und fueß / allain das khain stimb dergleichen von dem gehört wirdt / sol vast guet zuessen sein.

Was ich hintzt heer erzelt / hab ich auß dem verzaichen der Reissen von wort zu wort genumen /
Wiewol ich waiß das vil enttzwischn unglaublich ist /

hab nichts minder vil darnach gefragt / ob yemandt der solches gesehen vorhanden gewest / aber nit erfragen mügen /

Dennocht hab ichs nit ausstellen wellen / ob etwan yemand merere nachfrag haben wolte.

NOSS Reissisch ist ain Nasen damit bedeutten sy die Perg so sich in das Moer von dem andern gepürg lassen / als ain Nasen vom khopf / welche perg man Lateinisch Promontoria nent.

SEMNOY POYAS das gepüet bey Petzora ist genent / als des Landts oder des Ertrichs gürtl / Poyaß haist ain Gürtl.

KHYTHAI der See / davon das Land den namen hat / und darnach der Khünig des Lands / wirdt Chan zu Khithai genent / Moscoviter spre-

Lucomoryae loca maritima sylvestria sunt, quae ab accolis sine ullis aedibus habitantur.

Quamvis autem Itinerarii author plurimas Lucomoryae gentes principi Moscovuiae subiectas esse referebat:

tamen cum in propinquo Regnum Tumen sit, cuius princeps Tartarus est, & vernacula eorum lingua Tumenski Czar, id est Rex in Tumen appellatur, magnaque damna haud ita pridem principi Moscovuiae intulit: verisimile est, propter viciniam has gentes ipsi potius subiectas esse.

Ad Petzoram fluvium, cuius in Itinerario mentio sit, civitas & castrum Papin, seu Papinovugorod situm est: huius accolae Papini, qui diversum a Ruthenico idioma habent, nuncupantur.

Ultra hunc fluvium altissimi montes ad ripas usque protenduntur, quorum vertices ob continuos ventorum flatus omni prorsus materia gramineque fere carent.

hi etsi variis in locis varia habeant nomina, communiter tamen Cingulum mundi vocantur.

In his montibus nidificant Gerofalcones, de quibus infra, cum de Principis venatione verba facturus sum. Crescunt etiam illic arbores

chen Chan Khithaiskhi / Chan ist auf Tartarisch ain Khünig /
und nit ain hund / als etliche sprechen / Nemblichen die Walhen / als obs CAN oder CANIS hieß.

LUCOMORYE ist ain gegent neben dem Moer / höltzer und wälder / darinnen leut on heuser in huetlen wonend /
und wiewol die beschriben Rayß setzt manigerlay völckher zu Lucomorye / dem Großfürsten gehorsamen sollen.

So hat doch der Tartarisch Khünig zu Tumen dem Moscoviter neulichen grossen schaden gethon / wol zugedenckhen / solche völckher möchten mer demselben Tartarischen Khünig / als nächstem gehorsamb laisten.

PAPIN oder Papinowgorod Schloß und Stat bey dem fluß Petzora / und die völckher haissen Papini / haben gar ain andere sprach von der Moscovitischen /

uber denselben fluß seind hohe gepürg / gar an das gestat des wassers rainend / Derselben gepürg höhe von wegen der unaufhörigen wind / seind ploß one graß und holtz /
dasselb gepürg hat gleichwol an vil ortten villerlay namen / in der gmain aber nent mans / des Landes oder Ertrichs gürtl.

In denselben zuchten und wonen die Geerfalckhen / Czederpaum sollen der orten wachsen / neben denen seind die schwertzesten Zobl.

cedri: circa quas nigerrimi Zebelli reperiuntur.

Atque in Principis Moscovuiae ditione hi montes soli visuntur, qui veteribus Rhiphaei forte, vel Hyperborei montes visi sunt: & quod perpetuis nivibus ac glacie rigeant, transirique facile non possint, Engroneland provinciam incognitam faciunt.

Basilius Ioannis filius Moscovuiae dux, aliquando ad exploranda ultra hos montes loca, gentesque debellandas, duos Praefectos ex suis per Permiam & Petzoram miserat,

Simeonem Pheodorovuitz Kurbski a patrimonio suo ita nuncupatum, ex Iaroslavuski genere oriundum: & Knes Petrum Uschatoi.

quorum Kurbski me in Moscovuia existente, adhuc in vivis erat: mihique de hac re percontanti, decem & septem in ascendendo monte dies se consumpsisse dicebat: neque tamen montis verticem, qui patrio nomine Stolp, hoc est columna nuncupatur, superare potuisse.

Extenditur mons ille in Oceanum, usque ad ostia Dvuinae & Petzora fluviorum.

Et haec de Itinerario satis.

Ad principatus Moscoviae redeo.

Susdali principatus, cum eiusdem nominis castro & civitate, in qua sedes Episcopalis est, inter Rostovu & Vuolodimeriam sita est.

Quo tempore Mosci imperii sedes

Die perg möchten villeicht RIPHEI oder HIPERBOREI sein / davon vil der alten geschriben haben / die mit ewigem Schnee bedeckht sein sollen und mit grosser beschwerde darüber zukhumen sey / und das Engronen land unbekhant verhelt.

Diser Basilius hat meer frembde land zubekhumen / uber die gepürg / zwen Haubtleut durch Permiam und Petzoram geschickht /

den Khnes Pheodorowitz Kurbskhi / auß dem geschlecht der Jaroslawskhi / und Khnes Petern Uschatoy /

Und nach dem der Khurbskhi noch in leben zu mein zeitten was / und ich den sachen nachgefragt / hat er mir empotten sy wären Sibentzehen tag gangen / und dennocht die rechte höhe nit erraicht die sy STOLP als ain seil nennen /

das gepürg zeucht sich hintzt an die Dwina und Petzora / da die zwen fluß in das Moer lauffen /

sovil von der Rayß.

Nunmals khumb ich wider an die Moscovittische Fürstenthumer.

SUSDALI ain Fürstenthumb / sambt Stat unnd Schloß aines namens / da wont auch ain Bischoff / gelegen zwischen Roß[t]ow / und Wolodimeria /

alle weil die Reissische Großfürsten

Vuolodimeria erat, inter praecipuos hic principatus numerabatur, ac reliquarum adiacentium urbium metropolis erat.	jr geseß zu Wolodimeria gehabt / ist das under andern der namhafftigisten Fürstenthumer ains gewest / und der nahent umb gelegnen Stet ain Haubtstat /
Crescente post imperio eius, sede Moscovuiam translata, Principum secundogenitis est attributus: quorum tandem posteri, ex quibus Basilius Schuiski cum nepote ex fratre (qui dum nos Moscovuiae essemus, adhuc vivebant) per Ioannem Basilii eo sunt exuti.	So pald aber die Fürsten jren sitz in die Mosqua ubersetzt / ist dises Fürstenthumb den andern oder nachgebornen / als des Großfürsten bruedern zuthail worden / Auß welchen Basilius Schuiskhi mit seines brueder Sun / die noch zu unsern zeitten zu der Mosqua lebten / durch des Basilij vater / den Hannsen des Fürstenthumbs entsetzt seind /
Insigne in ea urbe Vestalium monasterium est, in quo Solomea a Basilio repudiata, erat inclusa.	Ain namhafftiges Frauen Closter ist daselbsten / darein diser Basilius erstes weib Salomeam gestossen hat /
Inter omnes Principis Moscovuiae principatus ac provincias, ubertate soli, rerumque omnium copia, Resan primas sibi vindicat: secundum hanc sunt, Iaroslavu, Rostovu, Pereaslavu, Susdali, Vuolodimeria: quae fertilitate terrae, proxime accedunt.	undter allen des Großfürsten Fürstenthumern ist Resan das vordrist / nach dem Jaroslaw Rostow / Pereaslaw / Susdali / und Wolodimeria an der fruchtperkhait des Ertrichs.
Castromovugorod civitas cum castro, in Vuolgae littore ad orientem aestivalem viginti fere miliaribus abest ab Ioroslavu, Novuogardia inferiori circiter quadraginta. Fluvius, a quo civitas nomen habet, ibi Vuolgam influit.	CASTROMOWGOROD, Schloß und Stat an der Wolga gestat / in Sumers Aufgang von Jaroslaw ungefärlichen zwaintzig meil / von dem Neugartn bey viertzig / das wasser des namens Costroma felt daselbstn in die Wolga.
Galitz alius principatus cum civitate & castro, ex Moscovuia in Orientem per Castromovugorod euntibus occurrit.	GALITZ ain Fürstenthumb Schloß und Stat / wann man auß der Mosqua durch Castromowgorod / in Aufgang zeucht / so khumbt man daheer.
Vuiathka provincia ultra Kamam fluvium, in Orientem aestivalem	WIATKHA ist ain Land uber den fluß Kama / in Sumer Aufgang

centum quinquaginta fere miliaribus abest a Moscovuia: ad quam itinere breviore quidem, sed difficiliore, per Castromovugorod & Galitz pervenitur.
nam praeter paludes ac nemora, quae inter Galitz & Vuiathkam sunt, iterque impediunt, Czeremissae populi passim ibi vagantes latrocinantur. Quare fit, ut itinere per Vuolochdam & Ustyug longiore, sed faciliore tutioreque eo proficiscantur.

Distat autem Vuiathka ab Ustyug centum viginti miliaribus, a Cazan sexaginta. Regioni eiusdem nominis fluvius nomen dedit, in cuius littore sunt Chlinovua, Orlo, & Slovuoda. Et Orlo quidem quatuor miliaribus est infra Chlinovuam. Dein sex miliaribus Occidentem versus descendendo, Slovuoda. Cotelnitz autem octo a Chlinovua miliaribus, ad Rhecitzan fluvium, qui ex Oriente fluens inter Chlinovua & Orlo, in Vuiathkam exoneratur.
Regio palustris & sterilis est, servorum fugitivorum velut asylum quoddam: melle, feris, piscibus, aspreolisque abundans.

Haec olim Tartaricae ditionis erat, adeo ut adhuc hodie ultra citraque Vuiathkam, maxime in ostiis quibus Kamam fluvium ingreditur, Tartari imperent.

Itinera illic computantur per Czun-

bey hundert und fünfftzig meyllen / den nächsten weg daselbstn hin / von der Mosqua doch der beschwärlicher durch Castromovgorod / und Galitz /
dann zwischen Galitz und Wiatkha an das / das sovil gmöß und wälder seind / So wonen auch daselbstn die völckher Czeremissa / die straiffen und rauben / darumb so ziehen sy gemaingelichen durch Wolochda und Ustyug / ist wol verrer aber bequember und sicherer.
Wiatkha ist von Ustyug hundert unnd zwaintzig meyl / von Casan sechstzig meyl / das Land hat mit dem wasser ain Namen / an demselben gestat seind die nachvolgunde Schloß Clinowa / Orlo / und Slowoda / Orla ist vier meyl undter Clinowa / darnach sechs meyl gegen Nidergang abwerts Slowoda auf dem wasser Retzitza / so von Aufgang zwischen Clinowa unnd Orlo in die Wiatkha rint / ist das Schloß Cotelnitz acht meyl von Clinowa /
das Land ist gemösig und unfruchtpar als ain freyung der enttrunnen khnechten und ublthäter. Wildprädt / Visch / Hönig und Feech hat es genueg /
die Tattern haben vasst darinnen geherrscht / und noch an paiden landen / des wasser Wiatkha hintzt die in Camam einfelt /

die Cama fleust zwelf meyl under Casan in die Wolga / an dem wasser ligt Sibier das Land.
CZUNKHAS ist ain namen der

ckhas. Czunckhas autem continet quinque vuerst.

Kama fluvius exoneratur in Vuolgam duodecim miliaribus infra Cazan. huic fluvio adiacet Sibier provincia.

Permia magna & ampla provincia, a Moscovuia ducentis quinquaginta (seu, ut quidam volunt, trecentis) miliaribus recta inter Orientem & Septentrionem distat. Civitatem eiusdem nominis ad Vischora fluvium habet, qui decem miliaribus infra Kamam influit.

Eo propter crebras paludes & fluvios, terrestri itinere vix, nisi hyeme, pervenitur: aestate vero per Vuolochdam, Ustyug, Vitzechdaque fluvium, qui duodecim ab Ustyug miliaribus Dvuinam influit, navigiis iter hoc facilius conficitur.

Caeterum qui ex Permia in Ustyug proficiscuntur, iis adverso Vischora navigandum est: emensisque aliquot fluviis, navibusque terra quandoque in alios fluvios translatis, ad Ustyug tandem trecentis ab Permia miliaribus deveniunt.

Rarissimus in ea provincia panis usus: loco tributi equos & pelles quotannis Principi pendunt. Idioma proprium habent: characteres item proprios, quos Stephanus episcopus, qui eos in fide Christi vacillantes

meylen / wie mans der ortten rayt / unnd ain Czukhas hat fünff werst / als ungeverlichen ain Teütsche meyl.

PERMIA ain groß und weits Land / darumb nennen sy es die groß Permia / von der Mosqua zwayhundert und fünfftzig / ander aber sagen dreyhundert meyl / zwischen Mitternacht und Aufgang / hat ain Stat auch Permia genant / an dem fluß Wischora der fluß zehen meyl darundter in die Cama felt /

daheer khan man Sumers zeitten der vil gemöß und wasser halben / nit wol khumen / aber im Winter wol / wil man dann ye im Sumer dahin raysen / so mueß man an die fluß Wolochda / Ustyug / und Witzechda (diser felt zwelf meyl undter Ustyug in die Dwina) khomen / und nach den wassern schiffen.

So man dann auß Permia nach Ustyug raist / mueß man nach dem wasser Wischora uber sich schiffen / khumbt dann in etliche andere fluß / und uberzeucht am Land etliche mal / das Schiffl / von ainem Pach in den andern / so khumen sy auf dreyhundert meyl / also zuraitten gehn Ustyug /

man findt selten prot in dem Land / Den Tribut den sy dem Großfürsten järlichen geben / verrichten sy mit Pherdten und gefül / haben jr aigne sprach / auch aigne schrifften / die ain Bischoff Stephanus genant / als

confirmarat (nam antea in fide adhuc infantes, episcopum quendam idem attentantem excoriaverant) primus adinvenit.

Hic Stephanus postea Demetrio Ioannis filio imperante, apud Ruthenos in numerum deorum relatus est.

Supersunt adhuc ex iis in sylvis passim plures idololatrae, quos monachi & heremitae eo proficiscentes, non cessant ab errore vanoque cultu revocare.

Hyeme in Artach fere, quemadmodum in plurimis Russiae locis, iter faciunt. sunt autem Artach, ligneae quaedam & oblongae soleae, sex ferme palmarum longitudine, quibus in pedes inductis feruntur, magnaque celeritate itinera conficiunt.

Canibus, quos in hunc usum magnos habent, pro iumentis utuntur, quibus sarcinas, quemadmodum infra de cervis dicetur, vehiculis circumvehunt. Aiunt eam provinciam Orientem versus, Tartarorum provinciae

er sy schwankhund im glauben wider bestättet hat / erfunden.

Der Stephan ist bey zeitten Demetrij Johannis Sun Großfürsten undter die heiligen gezelt worden /

hievor haben dise Permier ainen Bischoff geschunden /

Man findt noch in den wäldern die Abgöttereyer / so ziehen ye die Reissische Münich oder Ainsydl daselbstn hin / und befleissen sich / die zu dem rechten glauben zubekheren / unnd thuen das noch /

man raist allermaist an den ortten an Archtachn.

ARTACH ist ain holtz wie ain Pret ainer zwerchen handt prait geschnitten / ungeverlichen zwo daum eln lang / vornen wenig erhoben / in der mitte an örtern sovil erhoben / das ainer den fueß entzwischen setzt / an dem erhobnen holtz seind löcher damit den fueß hintzue pinden mag / So dann der Schnee erhertnet oder ruffen gewindt / ferdt ainer ain fern weeg aines tags / helt ain clains Spiessl in der handt / wann es von ainer höch abgeet / oder sich zum faal geben wil sich steurt oder behilft / deren ortten raist man vasst mit solchen Artachn /

Sagen auch das sy grosse hund haben / die Schlitten ziehen / und das Land sol gegen Aufgang dem Tatarischen Land Tumen genant / anrainend sein.

quae Tumen dicitur, esse conterminam.

Iugariae provinciae situs ex supradictis patet. Rutheni per aspirationem Iuhra proferunt, & populos Iuhrici vocant.

Haec est Iuharia, ex qua olim Hungari progressi, Pannoniam occuparunt, Attilaque duce multas Europae provincias debellarunt. Quo nomine Moscovuitae multum gloriantur, quod eorum subditi magnam Europae partem olim sint depopulati.

Referebat Georgius Parvus dictus, natione Graecus, in priori mea legatione inter tractatus volens ius Principis sui deducere ad magnum Ducatum Lithvuaniae, regnum Poloniae, &c.

Iuharos subditos magni Ducis Moscovuiae extitisse, & ad paludes Maeotidis consedisse: deinde Pannoniam ad Danubium, & inde nomen Hungariae accepisse: demum Moravuiam, ex fluvio sic nominatam: & Poloniam a Polle, quod est planicies, occupasse: de fratris Attilae nomine Budam nominasse.

Relata saltem volui referre.

Aiunt Iuharos in hunc diem eodem cum Hungaris idiomate uti. quod an verum sit, nescio. Nam etsi diligenter inquisierim, neminem tamen eius regionis hominem habere potui, quo

UGARIA auf Reissisch schreibt mans gleich wol mit dergleichen Puechstaben / sy sprechens aber nit also auß / sonder Juharia / Juhra / Juhrici /

von dannen sollen die Hungern heerkhomen sein / und das Land so sy yetz besitzen / haist von alter Panonia / Des sich die Moscoviter berüemen / das jre Underthonen den grossen thail EUROPE bezwungen haben /

Der clain Georg Griech Schatzmaister / hat in meiner Ersten Potschafft und handlungen seines Fürsten gerechtigkhait zu Lithen und Poln darmit darbringen wellen /

nachdem seines Herrn Underthon Juhrici gar zu dem gemöß Meotis / sich darnach in Panoniam zu der Thunaw nider gelassen / darvon dan der namen des Hungerlandts heerkhumbt / von dan dem Märher land nach dem fluß March den namen gegeben unnd Poln von Polle (sovil als veld genent) eingenumen / und uberkhumen haben / von jres Khünigs Brueder Ofn genent /

was der gesagt / solches schreib ich yetz darvon / ich waiß das ander anderst schreiben /

Sy sagen auch das die Juchri noch auf heut wie die Hungern / die sprach haben / ich möchte aber khainn zu wegen bringen / damit mein Diener nuer etliche wort mit

cum famulus meus linguae Hungaricae peritus colloqui potuisset.
Hi quoque pelles pro tributo Principi pendunt.

Quamvis uniones gemmaeque illinc in Moscovuiam afferantur, non tamen in eorum Oceano colliguntur, sed aliunde, praecipue vero a littoribus Oceani, ostiis Dvuinae vicinis afferuntur.

Sibier provincia Permiam & Vuiathkam contingit, quae an castra & civitates aliquas habeat, compertum non habeo.
In hac oritur Iaick fluvius, qui in mare Caspium exoneratur. Regionem propter viciniam Tartarorum desertam, aut si qua parte colitur, a Tartaro Schichmamai occupatam esse aiunt. Huius indigenae proprio idiomate utuntur.
quaestum faciunt maxime ex aspreolorum pellibus, quae aliarum provinciarum aspreolos magnitudine & pulchritudine excellunt: quarum tamen copiam in Moscovuia tum nullam habere potuimus.

Czeremissae populi sub Novuogardia inferiore in sylvis habitant. propriam hi linguam habent, Machumetique dogma sequuntur.

Regi Cazanensi nunc parent, quamvis maxima eorum pars duci Moscovuiae olim tributaria esset: unde subditis Moscovuiae adhuc annumerantur.

Adduxerat inde Moscovuiam Prin-

jme geredt / oder von jme verstanden hette /
die sollen auch nuer gefüll zu Tribut geben /
wiewol sy auch Perl und Edlgestain in die Mosqua zuverkhauffen bringen / aber sy habens im Land nit / sonder uberkhumens von dem gestat des Moers / nit verr von dan da Dwina einfelt.

SIBIER ist ain Land raint an Permia und Wiatkha / hab nit erfragen khunnen / ob auch Schlösser und Stet darinnen waeren /
in dem Land entspringt der fluß IAICK der rint in das Moer Lateinisch CASPIUM, Reissisch CHWALINSCO genant / ist den Tattern und andern zuberauben gelegen / und sonderlich dem Tater Schichmamai / haben auch jre sondere sprach /
da findt man die schönisten und grösten Feech / oder Grabwerch / Als ich zu ersten mal in der Mosqua was / hab ich derselben gesehen / hernach nimer.

CZEREMISSN seind völckher underhalb des Niderneugarten / wonend in wäldern mit aigner oder sonderer sprach / seind Machometisch glaubens /
dem Künig zu CASAN gehorsam / gleichvil derselben seind hievor dem Moscoviter zinspar gewest / und die Moscoviter wellen sy noch für jre Underthonen haben / darumb ich sy auch hieheer gesetzt.

Als ich zum andern mal in der Potschafft gewest bin / hat der Groß-

ceps illorum multos, defectionis crimine suspectos: quos ibi vidimus.

Hi autem cum ad fines Lithvuaniam versus missi fuissent, tandem in varias partes dilapsi sunt.
Haec gens a Vuiathka & Vuolochda, ad fluvium Kamam usque, longe lateque sine ullis aedibus habitant.

Omnes tam viri quam foeminae cursu sunt velocissimi, sagittarii porro peritissimi omnes, arcu nunquam e manibus deposito: quo adeo oblectantur, ut etiam filiis cibum non praebeant, nisi praefixum scopum sagitta feriant.

Duobus miliaribus a Novuogardia inferiore plurimae erant domus ad civitatis oppidique similitudinem, ubi sal decoquebatur. Hae paucos ante annos a Tartaris exustae, Principis iussu restitutae sunt.
Mordvua populi ad Vuolgam sunt, infra Novuogardiam inferiorem in littore Meridionali, Czeremissis,

fürst deren vil gehebt / und in die Mosqua bringen lassen / die ich weib und man gesehen hab / ursach erdacht als wolten sy von jme abtretten /
hat die gegen den Litischen Gränitzen außgethailt / darnach vil derselben in Littn gewichen /
die völckher von der WIATKA und WOLOCHDA hintz zu dem fluß KAMA weit und prait wonen on alle heuser /
seind al man und weiber resch / und behend im lauffen / maisterliche Pogenschützen / der Pogen khumbt selten auß der handt / geben auch jren etwas erwachsnen khindern die Speiß nit / sy haben dann zuvor geschossen / und sich damit wol gehalten.
Die weiber haben von pamrinden wie ain Diadem den heiligen gemalt wirdt / Und geschnitten / in ain runden raiff eingelassen auf jren heubtern / und mit ainem leinen tuech bedeckht / Als ich sy fragte / weil sy so offt durch die pam und staudn lauffen muesten / wie sy mit solcher höhe durchkhämen? Antworten sy / wie khumt ain Hiersch durch / hat vil höhers auf dem khopf.
Zwo meyl under dem Niderneugarten seind vil heuser als ain Stätl oder Dorff gewest / darinn man Saltz gemacht hat / aber von Tatern abgeprennt gleichwol verordent gewest wider zu erpauen.
MORDWA auch ain volckh undterhalb Neugarten an der Wolga an dem gestat gegen Mittentag / den

nisi quod frequentiores domos habent, per omnia similes.
Atque hic nostrae digressionis, Moscicique imperii terminus esto.

Nunc de vicinis ac conterminis populis certa quaedam subiungam, eodem quo ex Moscovuia egressus sum ordine in Orientem servato.

Hac autem parte Tartari Cazanenses primi occurrunt: de quibus, antequam ad peculiaria ipsorum perveniam, in genere quaedam referenda sunt.

De Tartaris.

De Tartaris, eorumque origine, praeter ea quae in Annalibus Polonorum, & duobus de Sarmatiis libellis continentur, multi passim multa scripsere: quae hoc loco repetere, magis taediosum quam utile esset.

Quae autem ipse in Ruthenorum annalibus, multorumque hominum relatione cognovi, paucis adscribenda censui.
Aiunt Moabitenos populos, qui postea Tartari dicti sunt, homines lingua, moribus, habituque a reliquorum hominum ritu consuetudineque dissidentes, ad fluvium Calka pervenisse: qui unde venissent, quo religionis dogmate uterentur, omnibus ignotum fuisse.

Quanquam a quibusdam Taurimeni,

Czeremissen aller sachen gleich / allain das die in heusern wonen.
Hiemit beschleuß ich des Moscoviter gepiet.

Hernach wil ich von der Nachperschafft der Moscoviter sagen / und gleich die ordnung von Aufgang nemen / und dann nach Mittentag / und fürt wider gar herumb khumen.

Von Tatern.

Von den Tatern und jrem ursprung / wie man das in der Polnischen Cronickhen und in dem Püchl von baiden Sarmacien vertzaichent findt / und jr vil darvon geschriben haben / wil ich der khains hie einleiben / wäre meer verdrießlich dann nutzlich.
Sovil ich aber auß der Reissischen geschicht schrifften / und viler leüt undterweisen gehaben mügen / wil ich hie einbringen /
Sy sprechen die völcker MOABITHENI die hernach Tatern genent seind / abgesundert wordn von aller anderer leut wesen / sprachen / Sitten / Klaidern / und gewonhaiten / haben sich bey dem fluß CALCA nidergelassen / von wannen die heerkhumen / was glaubens sy auch gewest sein / hat niemandts gewist / wiewol sy von etlichen TAURIME-

---

3 <lat. Text:>   Moscicique] *sic – ausnahmsweise also hier nicht* Mosci, *sondern* Moscici *wie zu Beginn der Praefatio*

ab aliis Pitzenigi, aliis alio nomine appellarentur.

Methodius Patanczki episcopus, ex Ieutriskie desertis inter Septentrionem & Orientem eos processisse dicit, causamque migrationis talem refert. Gedeonem quendam, primi nominis virum, terrorem ipsis de fine mundi, quem imminere dicebat, quandoque iniecisse:

cuius oratione inducti, ne amplissimae orbis opes cum mundo simul interirent, innumera cum multitudine ad spoliandas provincias exivisse: & quicquid ab Oriente ad Euphratem, sinumque Persicum continetur, crudeliter diripuisse.

atque ita provinciis passim vastatis, Polovutzos gentes, quae adiunctis sibi Ruthenorum auxiliaribus copiis, solae occurrere ausae erant, ad fluvium Calka profligasse: anno mundi 6533.
Quo loco autorem libelli de duabus Sarmatiis, de Polovutzis populis, quas venatores interpretatur, errasse clarum est.
Polovutzi enim campestres dicuntur. nam Polle, campus est: Lovuatz, & Lovutzi, venatores. adiuncta autem tzi, vel ksi syllaba, non mutat significationem: neque enim ab ultimis, sed primis syllabis significatio deducenda est.

NI genant worden / von andern PICENIGI / ander sy anderst genent haben.
Methodius Bischof Patantzkhi / sol sagen sy waren auß der wüeste IEUTRISKIE zwischen Mitternacht und Aufgang darkhumen / und gibt für die ursach jres uberziehens / ainer genant GEDEON der fürnembsten und weisesten ainer hat jnen ain forcht eingelagt mit anzaigen der welt zergängklichkait / als möcht die nahent sein /
Mit solcher seiner red sy bewegt zubedenckhen / damit die grossen Reichthumer der welt / sambt der welt nit vergiengen / sollen sy mit grosser menige außgezogen sein / die Länder zuberauben / und alles von Aufgang / biß zu dem fluß EUPHRATES und dem Persianischen Moer grausamlichen verwüstet /
Und nach viler Land verwüstung / haben die völckher Polowtzi mit den Reissischen sich understanden denen zubegegnen / und habens bey dem fluß Calca geschlagen im Jar von anfang der welt / 6533.
darbey versteet man das der in dem Püchel von baiden Sarmacien geschriben / und die Polowtzen jäger verteutscht / gejrrt hat.
Die POLOWIZI seind die im veld / und nit in heusern wonen / Polle haist das veld / davon das gantz wort mueß verstanden werden / Lowatz oder Lowtzi seind ja Jäger / aber die maisten sylben Pollow geben den verstand Czi oder Ksi verandern an der rechten deuttung nichts /

DE TARTARIS / VON TATERN

Et quod eiusmodi Ruthenorum dictionibus syllaba generalis ski adiici solet, ea res homini imposuit:

atque ita Polovutzi, campestres, & non venatores interpretari oportet.
Polovutzos Rutheni Gotthos fuisse perhibent: quorum tamen sententiae non accedo.
Qui Tartaros describere velit, multas nationes describat necesse est. Nam ex sola secta hoc nomen habent: & diversae nationes sunt, longe ab invicem distantes.

Atqui ad institutum redeo.
Bathi Tartarorum rex magna manu a meridie in Septentrionem egressus, Bulgariam, quae ad Vuolgam infra Cazan est, occupavit.

Anno dein sequenti, qui erat 6745, sequutus victoriam, in Moscovuiam usque pervenit, urbem Regiam aliquandiu obsessam per deditionem tandem accepit: sed fide quam dederat, non servata, omnibus caesis, ultra progressus, vicinas provincias, Vuolodimeriam, Pereaslavu, Rostovu, Susdali, compluraque castra & oppida, caesis, aut in servitutem abductis inhabitatoribus, exussit:

und seind vast alle Namen von Stetten / Schlössern / und Landen / die Herrn oder güter mit dem zuesatz / solcher letsten Sylben an den ortten außgesprochen /

Die Reissen vermainen das die Polowtzi Gotten gewest sein / khan das auch hart glauben /
Wer die Tartern beschreiben wolt / müste viler Nationen / Sitten und wesen auch der Land gelegenhaiten beschreiben / dann sy allain von jrem glauben yetzo den Namen in der gmain haben / und seind vil underschidlicher Nationen oder Völckher und ferr von einander gelegen /
die all den Tarterischen namen angenomen / wie auch der namen Reissen vil Land darein gezogen /

BATHI der Tartern Khünig ist von Mittag in Mittenacht mit grosser macht gezogen / und in Bulgariam die an der Wolga undter Casan ligt / khomen / und erobert /
des nechsten jars darnach / das ist im 6745 Jar / seinen Syg nachgevolgt / gar in die Mosqua khomen / die Stat ain zeit belegert die jme nachmals aufgeben ist worden /
gegebnen glauben nit gehalten / alles ertödt / dann weitters geruckht / Wolodimer / Pereaslaw / Rostow / Sußdali und vil ander Schloß und Stet verprent / alles tod geschlagen / oder in ewige dienstparkhait genumen /

Georgium magnum Ducem instructo exercitu sibi occurrentem profligavit, & occidit: Basilium item Constantini, captivum secum abduxit, interemitque.	den Großfürsten Georgen der jme entgegen getzogen tod geschlagen / den Basilium Constantini Sun mit jme gefangen hingefürt / und auch getödt /
quae omnia, ut supra dictum est, anno mundi 6745. gesta sunt.	das alles sol in obbemeltem Jar geschehen sein.
Ab eo tempore omnes fere Russiae principes, a Tartaris inaugurabantur, illisque parebant, usque ad Vuitoldum magnum Lithvuaniae Ducem, qui provincias suas, & quae in Russia occupaverat, a Tartarorum armis fortiter defendit, vicinisque omnibus terrori fuit.	Von derselben zeit seind die Reissen gemaingelich al der Tatern underthon gewest / Sy die Tatern haben auch die Fürsten gesetzt / und entsetzt / hintzt an Witolden den Großfürsten in Litten / der hat die Land sovil er der in Reissen uberkhumen / vor der Tatern gwalt vestigelichen beschützt / und ist allen Nachpern ain forcht gewest /
Magni autem duces Vuolodimeriae & Moscovuiae, usque ad modernum Basilium Ducem, semper in praestita semel Tartarorum Principum fide & obedientia permanserunt.	Aber die Großfürsten zu Wolodimer und Mosqua seind hintzt an Basilium des Hannsen Sun / dartzue ich geschickht bin / in der Tatern gehorsam bliben.
Hunc Bathi, annales referunt, ab Vulaslavu Hungarorum rege, qui post baptismum Vuladislaus dictus, inque divorum numerum relatus est, occisum fuisse in Hungaria.	Disen Bathi sol ain Khünig zu Hungern Wlaslaw und nach der Tauff Ladislaus genant wardt / der auch geheilligt sein solt /
nam cum regis sororem, quam in regni depopulatione forte nactus fuerat, secum abduxisset, rexque & sororis pietate, & indignitate rei commotus, hunc insecutus fuisset: impetuque in Bathi facto, cum soror arreptis armis, adultero contra fratrem auxilio esset: iratus rex, sororem una cum Bathi adultero interfecit.	als derselb Bathi in Hungern khriegt / des Khünigs schwester hingefürt / und der Khünig den ereilt / sein Schwester des Bathi wehr erwüscht / und wider den Brueder gefochten / also die baide / der Bathi und des Khünigs schwester erschlagen worden.
Haec gesta sunt anno mundi 6745.	
Asbeck ipsi Bathi in imperio successit, moriturque anno mundi	ASBECK ist dem Bathi im Khünigreich nachgevolgt / und ist ge-

| DE TARTARIS | VON TATERN |

6834. cui filius Zanabeck suffectus est: qui fratribus suis, ut solus sine metu regnaret, occisis, moritur anno 6865.

Hunc Berdebeck sequutus, qui fratribus duodecim pariter occisis, obiit 6867. Post quem Alculpa, a Naruss quodam regulo, cum liberis statim ab inito imperio occisus, non ultra mensem imperavit.

Ad hunc regnum iam possidentem, omnes Principes Russiae convenerunt, imperandique in sua quisque provincia potestate impetrata, abierunt. Occiditur anno 6868.

Cui Chidir in regno succedens, a filio Themerhoscha occisus est: qui regno per scelus parto, vix septem diebus potitur. Etenim a Temnick Mamai eiectus, cum ultra Vuolgam fugisset, ab insequentibus militibus occisus est, anno 6869.

Post hos Thachamisch imperium adeptus, anno mundi 6890, cum exercitu XXVI Augusti egressus, Moscovuiam ferro ignique vastavit. Is a Themirkutlu profligatus, ad Vuitoldum magnum Lithvuaniae ducem profugit. Themirkutlu porro regno Sarai anno mundi 6906 praefuit, moritur 6909.

Cui Schatibeck filius in imperio successit. post quem Themirassack, cum exercitum maximum in Retzan,

storben im 6834. Dem aber ist sein Sun SANABECK nachkhumen / hat seine gebrüder alle umbpracht / starb im 6868.

Nach dem khamb BERDABECK der auch zwelf seiner brüder erschlueg / und starb im 6867 Jar. ALCULPA volgt nach denen / der hat nit uber ain Monat geherrscht / sonder von Narusch ainem Fürsten sambt seinen khindern tod geschlagen /

Zu dem NARUSCH khamen alle Reissische Fürsten / und den willen oder gwalt erlangt yeglicher in seinem Fürstenthumb zu herrschen / seind also abgezogen / der ist erschlagen im 6868 /

dem ist CHIDIR nachgevolgt von seinem Sun THEMIRORSA erschlagen / der hat khaum siben tag geherrscht / dann der ist von TEMNIKMANAI veriagt und uber die Wolga geflohn / ist ereylt und getödt worden im 6869.

TACHTHAMISCH behielt das Reich / und im Jar 6890 am Sechsundzwaintzigisten tag Augusti hat er die Mosqua mit mordt und prant verwüst / der ist als dann von THEMICKUTLU geschlagen worden / und zu dem Witold in Litten geflohen / darnach hat der THEMICKUTLU das Khünigreich Sarai besessen im 6906 Jar / und drey jar darnach gestorben /

dann so ist sein Sun SHATIBECK an des vaters stat khumen / Nach dem THEMIRASSACK / der nam

---

4 <dt. Text:> im 6868] *sic, vgl. lat. [korrekt]: 6865*

ad depopulandam Moscovuiam duxisset, tantum terrorem principibus Moscovuiae iniecit, ut desperata victoria, abiectis armis, ad divorum tantum auxilium confugerent.

In Vuolodimeriam statim pro imagine quadam divae Mariae Virginis, quae multis miraculis editis ibi celebris erat, mittunt:
quae cum in Moscovuiam duceretur, Princeps omni cum multitudine honorifice illi obviam procedit, eaque primum ut hostem averteret humilime implorata, maxima veneratione ac reverentia in civitatem deducit. quo cultu se impetrasse dicunt, quod Tartari ultra Retzan non fuerint progressi.

In cuius rei perpetuam memoriam eo loci, ubi imago expectabatur, susceptaque fuit, templum exaedificatum est: diesque is quem Rutheni Stretenne, id est obviationis diem vocant, XXVI Augusti quotannis solenniter celebratur. Acta sunt haec anno 9903.

Narrant Rutheni, hunc Themirassack obscuro genere natum, ex latrociniis ad tantum dignitatis gradum pervenisse, furemque in adolescentia egregium fuisse, indeque nomen acquisivisse.
Et quod aliquando ovem furatus, deprehensusque a domino ovis, iactu lapidis vehementiore crus illi fractum fuisset: idque cum ferro quodam colligasset, a ferro & claudicatione nomen sibi inditum fuisse. Themir

sein zug nach Reßan und die Mosqua zuverderben / des erschrackhen die Fürsten dermassen das sy alle waffen verliessen / und flohen zu den heiligen /
und schickhten eylend gehn Wolodimer / umb unser Frauen Maria pild / darbey hievor vil wunderzaichen geschehen sein sollen /
Als man die gegen der Mosqua bracht / ist der Fürst mit aller menige entgegen gangen / und zum ersten gebetten / den feindt abzuwenden / darnach mit grosser andacht / und Ehrerbiettung in die Mosqua beglaidt / mit solcher andacht / sagen sy erlangt haben / das die Tatern für Reßan nit gezogen seind /
Dem zu ewiger gedechtnuß haben sy an der stat daran sy das Pild emphangen und erwart haben / ain Khirchen erpaut / und den Sechsundzwaintzigisten tag Augusti zu ehrn gesetzt / den haissen sy STRETENNE das ist der entgegenkhunfft / das sol geschehen sein nach beschaffung der welt 6903 Jar.
Sy sagen der Themirassack sey von geringer geburt und mit Rauberey zu solcher höhe khumen / sey auch ain maisterlicher Dieb in seiner jugent gewest / darvon jme sein namen heerkhumbt /
Er stal ain Schoff / den erwischt des Schoffs Herr oder Hiert / hat jme mit ainem stain das Diech zerworffen / Darumb er mit ainem Eisen sich jeder zeit behelffen müssen / Also von Eisen und hingkhen ist jme der

enim ferrum, Assack claudum significat.

Is Constantinopolitanis a Turcis graviter obsessis, filium suum cum auxiliaribus copiis misit: qui profligatis Turcis, soluta obsidione, ad patrem victor reversus est, Anno 6909.

Tartari in hordas dividuntur, in quibus Savuolhensis horda & celebritate & multitudine primas tenuit: nam reliquae hordae omnes ex ea originem traxisse dicuntur.

horda autem illis conventum, seu multitudinem significat. Quamvis autem quaelibet horda peculiare nomen habeat, scilicet Savuolhensium, Praecopensium, Nahaisensium, & aliae multae,
quae omnes Mahometani sunt: Turcas tamen se vocari aegre ferunt, probrique loco ducunt. sed Besermani appellari gaudent, eoque nomine & Turci se appellari volunt.

Ut autem varias longe lateque provincias Tartari incolunt, ita etiam moribus, ipsoque vitae genere non in omnibus conveniunt.

homines statura mediocri, lata facie, obesa, oculis intortis & concavis, sola barba horridi, caetera rasi.

insigniores tantum viri crines contortos, eosque nigerrimos secundum

nam geschepfft / Themir ist Eisen / Assack hingkher /

Diser hat den Constantinopolischen wie sy von Türckhen hart belegert waren / durch seinen Sun hilff geschickht / Als der Sun die Türckhen davon geschlagen / und die belegerten erledigt / ist er zum vater wider gezogen.

Die Tatern nennen jre gepiet oder Khünigreich HORDA / under denen hat die Horda Sawolskhi den Eltesten und namhafftisten namen gehabt / dan die andern al sollen von der außgangen und heerkhumen sein /

seind alle Mahumetisch / wöllen aber nit Türckhen genent werden / achtens für ain schmach / sonder BESERMANI, Die Türckhen nennen sich selbs auch mit dem namen / weil dann die Tatern weitte und villerlay Land besitzen / so khünnen sy auch nit al ainer monier oder wesens beschriben werden /

Aber die nächsten im PRECOP seind ainer mittern leng / praites angesichts / als geschwoln / fleischig / claine eintochne augen / den obern khneblpart tragen sy / sonstn gar und am haubt geschorn /

aber jre obristen tragen lange zotten von haar ob den ohrn herab schwartz

aures habent, corpore valido, animo audaci:	hangend und eingedräet / starckhs leibs / aines freidigen gemüets /
in Venerem, eamque praeposteram, putres:	und in sonder verpotner unkheusch /
5 equis, aliisque animalibus quoquo modo interemptis suaviter vescuntur: demptis porcis, a quibus lege abstinent.	alles selb sterbend Roß und Viech 35 nemen sy zu jrer speyß / Schwein essen sy gar nit /
inediae somnique adeo patientes, ut 10 toto nonnunquam quatriduo ea perferant, laboribus necessariis nihilominus intenti.	man sagt das sy gantzer vier tag mügen der speiß unnd schlaffs geratten / darneben alle arbait verbringen 40 /
Rursus aliquid forte ad vorandum nacti, supra modum se ingurgitat, 15 eaque crapula priorem inediam quodammodo resarciunt, nihil reliqui facientes: atque ita cibo laboribusque obruti triduo, quatriduove perpetuo dormiunt.	heerwiderumb so die zu essen khumen / so fressen sy sich unmäßlichen an / also das sy hinwider auch drey oder vier tag thuen schlaffen. 45
20 quos sic altum dormientes, Lithvuani & Rutheni, in quorum regionem derepente irruunt, praedasque inde abigunt, insequuti, omni amoto metu passim sine excubiis, ordine, cibo, 25 somnoque sepultos, opprimunt incautos.	Darumb wann die ain Raiß in Litten oder Reissen thuen / und sich abmüehen und mit dem Raub beschwären / so raist man jnen nach / und man waiß ungevärlichen den Platz 50 zu jrem leger bequemb / so lassen die nachraissenden dieselb nacht khain feuer in jrem Leger anmachen / damit vermainen die Tatern gar sicher zusein / So legern sy sich / 55 und schlachten viech essen sich an / lassen jre Pherd auf das graß / und schlaffen / dermassen sein sy gar offt uberfallen und geschlagen worden / 60
Equitantibus porro si fames sitisque molesta fuerit, quibus insident equis, venas solent incidere, haustoque eo- 30 rum sanguine famem pellunt, atque iumentis hoc prodesse putant.	wan dann jr ainer so gar hungerig wirdt / schlecht seinem Pherd ain adern / unnd trinckht das pluet / vermainen auch dem Pherd khain schad / sunder nutz sein / 65

Et quoniam incertis omnes fere va-
gantur sedibus, stellarum, in primis
vero poli arctici, quem ipsi sua
lingua Selesnikoll, hoc est ferreum
clavum vocant, aspectu cursum
suum dirigere solent.

Lacte equino in primis delectantur,
quod eo homines & fortes & pingues
fieri credunt. Herbis quamplurimis,
praesertim iis quae circa Tanaim
crescunt, vescuntur. sale paucissimi
utuntur.

Horum reges si quando suis com-
meatum distribuant, quadraginta
hominibus vaccam unam aut equum
dare solent: quibus mactatis, intesti-
na praestantiores tantum sumunt, ac
inter se dividunt. quae ad ignem
eatenus calefacta, ut adhaerentia
stercora decuti possint, abstergique,
vorant.

Non solum autem digitos pinguedine
unctos, sed etiam cultrum lignumve,
quo stercus detersum fuerat, suaviter
lingunt, suguntque.

Capita equorum, ut apud nos apro-
rum, in deliciis habentur, praestan-
tioribusque tantum apponuntur.
Equis cervice depressa, pusillisque,
sed fortibus abundant. qui aeque
inediam laboremque bene ferre pos-
sunt: ramisque & corticibus arbo-
rum, herbarumque radicibus, ungulis
e terra excussis, evulsisque aluntur.

His ita ad laborem assuefactis, Tar-

So haben sy khain tribnen weg oder strassen /
dann sy an khainer stat bleiblich seind / Raisen sy yeder zeit den Sternen und sonderlichen nach dem Polo den sy SZELESNICOL sovil als ain Eisnen Nagln nennen /

Roßmilch achten sy für ain guete speiß / darvon die leut starckh und faist werden / Villerlay wurtzen haben sy zu jrer speiß / wenig seind die Saltz brauchen /

wann man dann den raub oder ander Profand außtailt / gibt man auf viertzig personen ain Rind oder Pherd / und die ansehenlichern nemen das jngewaid / steckhen die fleckh oder khutlen und hertz / Lungl / Leber etc. an spissle zu dem feuer sovil das sy das khot etwas mit höltzln herdan bringen mügen / und fressens /

Darnach leckhen sy nit allain jre finger / sonder auch die höltzl / die faist oder safftig seind worden / mit denen sy das khot abgeschaben haben /

Die Roß heubter helt man für ain ehrlich essen / wie bey uns von Wildschweinen /

Ire Pherd seind gemaingelichen al niderträchtig nit gar hoch / aber wol starckh und notleidig / den hunger wol leiden mügen / Nehrn sich von der Pamen laub / Esste und rindten / es sey Schnee oder nit / so graben sy in die erden nach wurtzeln / wo khain graß verhanden ist.

Die Moscoviter sagen / wann ain

tari commodissime utuntur: aiuntque Mosci, perniciores hos sub Tartaris, quam sub aliis esse.

Hoc genus equorum Pachmat vocant.

Sellas, stapedesque ligneas habent, nisi si quas alias a vicinis Christianis rapuerint, aut emerint. Et ne equorum dorsa atterantur, gramine, seu arborum foliis eas suffulciunt.
Flumina transnatant: qui si forte fugientes insequentium hostium vim extimuerint, sellis, vestibus, aliisque impedimentis om[ni]bus abiectis, armis tantum retentis, effusissime fugiunt.
Porro arma illorum sunt, arcus & sagitta: framea apud eos rara.
Pugnam cum hostibus eminus audacissime ineunt: in qua tamen non diu perseverant, sed simulata fuga, hostibus insequentibus, occasione data primum in eos a tergo tela torquent: dein conversis derepente equis, in dissipatos hostium ordines denuo impetum faciunt.
Cum in patentibus campis pugnandum est, hostemque intra teli iactum habent, non structa acie praelium ineunt, sed sinuoso agmine in gyrum, quo certior & liberior hostem iaculandi via pateat, circumferuntur. Estque euntium & redeuntium mirus quidam ordo. in quam quidem rem ductores, quos sequuntur, harum rerum peritos habent:

Tater auf seinem Roß sitzt / sey dasselb undter jme vil rescher lauffend / dann under ainem andern / des sy auß erfarenhait haben /
Ire Pherd nennen sy Pachmat / haben gemainglichen dickhe schwäntz /
ire Sätl / stegraif und steigleder seind gantz von holtz / allain was sy von andern ortten rauben oder khauffen / für den Pambst nemen sy laub von pamen / ye auch graß /
wo sy an die wasser khumen so uberschwemen sy / wan auch ain Feind denen so harrt obligt / so verwerffen sy die claider / auch den Satl machen sich gering / allain die wehr behalten sy /
jre wehr seind Pogen und pfeil / gar selten haben sy Säbln /
jr streit ist allain von ferrn mit schiessen dann sy ruckhen für als ob sy fluhen / wan man sy dann eylt / so thuen sy den grössern schaden mit hinder sich schiessen / sehen sy dann das sollich nacheylen mit unordnung geschiecht / wenden sy sich pald /

wan sy mit grossen heuffen schlahen wellen / und den platz und die weit nach jrer gelegenhait haben / dann so füren sy den Tantz (also nennens die Moscoviter) jre weiser oder fürer / khumen mit jren hauffen neben jren veinden heer / und schiessen ab / pald ruckhen sy hinwegkh / aber ain ander hauffen dergleichen / und also ain hauffen auf den andern / der erste khumt dann wider nach dem

---

11 <dt. Text:> Pambst] = *Sattelpolsterung*

qui si vel hostium telis icti succubuerint, aut forte metu perculsi, in ducendo ordine aberraverint, tanta totius exercitus fit confusione, ut nec amplius in ordinem reduci, nec tela in hostem torquere possint.
Hoc genus certaminis ipsi a rei similitudine choream appellant.
In angustiis autem si forte decertandum est, nullus huius stratagematis est usus. atque ideo fugae se mandant: quoniam nec clypeo, nec lancea, nec galea muniti sunt, ut hostem in stataria pugna sustinere possint.
In equitando hunc morem servant, ut contractis in sellam sedeant pedibus, quo facilius in utrumque latus se possint convertere: & si quid forte delapsum, de terraque tollendum fuerit, stapedibus innixi, nullo negotio tollunt. in quo adeo exercitati sunt, ut etiam currentibus celeriter equis id efficiant.
Hastis impetiti, in alterum latus ad declinandum ictum adversarii subito se demittunt, altera duntaxat manu pedeque equo adhaerentes.

Dum vicinorum provincias infestant, quisque duos aut tres, pro opibus, equos secum ducit, ut uno scilicet defatigato, altero ternove uti possit: lassos interim manu ducunt.
Frena levissima habent, flagellis pro calcaribus utuntur.

letzten / wan sy das dermassen gehaben mügen / steet jr sach gwindlich / wan jnen aber die weisl so vor dem hauffen ziehen / erlegt / oder benumen werden / so seind sy bald in der unordnung /

wan man sy aber in ainer eng bekhumt / und der streit zu der hand und in die nahent khumt / gegen denen die Spieß unnd Tartschen auch seitten wehr haben / seind sy pald geschlagen /
sitzen gar khurtz / damit sy sich zum schiessen auf baid seitten auch hindersich gerecht machen / auch allerlay von der erden am Roß sitzend heben mügen / das khunnen sy auch im lauff der Pherd thuen /

so auch ainer mit dem Spieß an jne eylt / thuet als fal er vom Pherd / hintzt der Spieß ubergeet / dann ist er wider im Satl / behengt yeder zeit mit dem ainen fueß am Satl / und mit der ain hand in der maan des Roß /
ein yeglicher hat gemaingleichen ains oder zway Pherd neben dem darauf er sitzt / wan das ain müd wirdt / sitzt auff das ander / fuert das müed ledig an der hand /
gar schlechte Zam / khain Sporn / sonder gaisln /

6 <dt. Text:> unordnung] ~~unodrnung~~

	Castratos tantum equos habent, quod tales arbitrantur plus laboris inediaeque ferre posse.
5	Vestimentis iisdem tam viri quam foeminae utuntur, nec in cultu a viris quicquam differunt, nisi quod caput velo lineo tegunt, caligisque itidem lineis nautarum maritimorum instar utuntur.
10	Eorum reginae dum procedunt in publicum, facies solent obtegere.
	Reliqua turba, quae in campis passim degit, vestes ex ovium pellibus confectas habent: quas non mutant,
15	nisi longo usu prorsus attritae, laceraeque fuerint.
	Uno in loco non diu commorantur: rati gravem esse infoelicitatem, diu in eodem loco haerere.
20	Unde irati quandoque liberis, grave malum imprecantes, solent dicere: Ut eodem in loco perpetuo tanquam Christianus haereas, propriumque foetorem haurias.
25	quare depastis uno in loco pascuis, cum armentis, uxoribus & liberis, quos in plaustris secum circumferunt, alio migrant.
	quamvis hi qui in oppidis & urbibus
30	degunt, aliam vivendi rationem sequantur.
	Si bello aliquo graviore implicantur, uxores, liberos, senesque in loca collocant tutiora.
35	Iusticia apud illos nulla. nam ut quisque re aliqua indiguerit, eam ab altero impune rapere potest.

haben alle verschnitne Pherd / vermainen dieselben mügen meer arbait und hunger ubersteen /

Ain claid haben man und weib / alain das die weiber das haubt mit ainem leinen tuech bedeckhen / und haben von leinen tuech hosen / wie die Galeotn in gmain.

Die Khünigin wan der aine herfürkhumbt / bedeckhen sy jre angesicht /

Die gmain leüt haben allain von Schoffen oder andern thiern jre claider / tragens auch so lang / hintzt die gar erfaullen /

sy achten ain grosse unbequemblichkhait an ainem ort lang zu pleiben /

wan sy sich uber jre khinder ertzürnen sollen sy sprechen / das du dein aigen khot wie die Christen schmeckhen müst /

Als pald sy ain ort abgeetzt / und abgehalten haben / uberziehen sy sich auf ain anders / jre weib / khind und anders / füren sy auf Khärnen / Gleichwol seind ander die auch in Fleckhen und Dörffern wonen /

das seind die alten auch Khauffleut / die den khriegen nit nachziehen / und wan sy ain rayß thuen / schickhen die ansechliche jre weiber und khind an sichere ort /
Es ist ain schmal Recht bey jnen / wan ainer dem andern was nimbt / und der ander das jnnen wirdt / und

Si quis apud iudicem de vi, illataque iniuria conqueritur, reus non negat, sed ea re se carere non potuisse dicit. tum iudex huiusmodi proferre solet
5 sententiam: Si tu vicissim re aliqua indigueris, rape ab aliis.
Sunt qui dicunt, eos non furari. an vero furentur, aliorum esto iudicium: certe homines rapacissimi sunt, nem-
10 pe pauperrimi, ut qui alienis semper inhiant, aliorum pecora abigunt, homines spoliant, abducuntque, quos Turcis aliisque quibuscunque aut vendunt, aut redimendos concedunt,
15 puellis tantum servatis.

Civitates & castra raro oppugnant: villas, pagosque comburunt: adeoque de illatis damnis sibi placent, ut quo plures provincias desolaverint,
20 hoc se regna sua ampliora reddidisse putent.
Et cum quietis impatientissimi sint, mutuo se tamen non interimunt, nisi reges inter se dissideant.
25 Si in dissensione aliqua quispiam occidatur, autoresque sceleris capti fuerint, equis, armis, vestibus tantum ablatis, dimittuntur. Homicida porro, accepto vili equo & arcu, his verbis
30 a iudice dimittitur: I, & rem tuam cura.
Auri argentique apud illos usus, extra mercatores, fere nullus: rerum tantum permutatione utuntur. Quod
35 si quid pecuniae ex rebus venditis

den darumb anspricht / gibt der zuantwort / Ich bin des notturfftig gewest / wan du was notturfftig wirdest so nimbs auch /
So die sach gleich für die Obrigkhait 40 zu clag khumbt / wirdt jme ain solcher gleichmässiger beschaidt / sy laugnen auch nit was sy thuen /

Etlich schreiben sy stellen nit / man nens wie man wil / sy rauben und 45 nemen haimlich und offendlich wo sy das ankhumen mügen / sy seind arm / so volgt hernach das nemen / was dan die nächsten Tatern von leuten sonderlichen fahen / ver- 50 khauffen sy den Türckhen / oder andern oder gebens zulöse[n] / allain die jungen weibs personen nit /
Stet und Schlösser stürmen sy selten / haben ain freid wan sy schaden 55 thuen / und wievil mer sy lands veröden / umb sovil mer vermainen sy jre gränitzen erweittert haben /

sy selbs mörden oder erschlahen nit aneinander / allain wan die Khünig 60 widereinander ziehen /
so dan ye ainer ainen todschlag thuet und behendigt wirdt / nimbt man von jme Roß wehr und claider / last den lauffen / und der Richter spricht 65 zu jm / gee hin und verricht dein sach /

Ausserhalb der Khauffleut / brauchen sy selten Silber unnd Gold / es ist alles im tausch oder gleiches 70 weerdts wahr zubekhumen / Uber-

vicini corraserint, ea Moscovuiae vestes aliaque vitae necessaria emunt.

Fines inter se (de campestribus Tartaris loquor) nullos habent.

Erat aliquando a Moscis pinguis Tartarus quidam captus, cui cum Moscus dixisset, Unde tibi, canis, tanta pinguedo, cum non habeas quod edas?

Cur non habeam, inquit Tartarus, quod edam, cum tam vastam ab Ortu usque ad Occasum terram possideam: ex qua nonne affatim nutriri possum?

tibi potius, qui tam parvam orbis portionem tenes, & quotidie pro illa contendis, deesse puto quod edas.

Cazan regnum, civitas & castrum eiusdem nominis, ad Vuolgam, in ulteriore fluminis ripa, septuaginta fere miliaribus Germanicis infra Novuogardiam inferiorem sita sunt: secundum Vuolgam, in Orientem & Meridiem desertis campis terminatur: ad Orientem autem aestivalem Tartaros, quos Schibanski & Kosatzki vocant, conterminos habent.

Huius provinciae rex exercitum triginta milium habere potest, pedites praesertim, in quibus Czeremissae & Czubaschi sagittarii peritissimi sunt. Czubaschi autem, navigandi arte excellunt.

Cazan urbs a Vuiathka principali castro sexaginta miliaribus Germanicis

khumen sy dann etwo gelt / so khauffen sy pald in der Mosqua oder anderstwo claider / oder andere notturfft /
under denen Tatern so im veld wonen ist gar khain gemerckh / ainem oder dem andern zuegetailt.
Ain faister Tatter was gefangen / spricht der Moscoviter zu jm / woheer khumbt dir du hund die faist / weil du nit vil zu essen hast /

Der Tater Antwort / warumb hab ich nit zu essen / weil ich mich von allem dem Ertrich von Aufgang hintzt dem Nidergang ernern mag /

Euch mag aber wol essen mangeln / so jr klaine stuckh ertrich besitzend und täglichen darum zanckhet und khriegt.

CASAN die Horda oder das Reich / Stat und Schloß aines namens an der Wolga der seitten gegen Mitternacht gelegen bey Sibentzig meyllen underhalb Niderneugarten / dann abwerts nach der Wolga seind öde und wüste Land / jr gemerckh aber gegen dem Sumer Aufgang seind Nachpern die SCHIBANSKI und KOSATZKI Tatern /

Der Khünig zu Casan mag in dreyssigthausendt man aufbringen / und sonderlichen zu fueß / darundter seind die Czeremissen und Zuwaschi gewisse Schützen / Die ZUWASCHI seind erfarne Schiffleut /

Von Casan hintzt geen Wiatkha zu dem namhafftigisten Schloß / seind bey Sechstzig meylln / Casan auf

abest. Porro Cazan Tartaris ollam cupream bullientem sonat.

Cultiores hi Tartari reliquis sunt, utpote qui & agros colant, in domibus degant, mercaturasque varias exerceant:

quos Basilius Moscovuiae princeps eo adegit, ut se sibi subiicerent, atque eius arbitrio reges acciperent: quod illis partim ob opportunitatem fluviorum, qui ex Moscovuia in Vuolgam influunt, partim ob mutua commercia, quibus illi carere non poterant, factu haud difficile fuit.

Cazanensibus quondam rex erat Chelealeck: qui cum relicta uxore Nursultan sine liberis decessissset, Abrahemin quidam ducta vidua regno potitur. Ex hac Abrahemin duos suscepit filios, Machmedemin & Abdelativu. Ex priore autem uxore, quae Batmassa soltan vocabatur, Alegam filium habuit.

Is patre defuncto, ut primogenitus in regnum successit: cumque mandatis Mosci non ubique obtemperaret, a Mosci consiliariis, quos ibi ut regis animum observarent, habebat, aliquando in convivio inebriatus, atque in vehiculum, ac si domum veheretur, positus, ea nocte ductus est Moscovuiam versus.

quem aliquandiu detentum, Princeps tandem in Vuolochdam misit, ubi reliquum aetatis peregit.

Tartarisch / haisst ain wellender Khessl /

die seind menschlicher weder andere bewonen die heuser und erpauen die Agkher / treiben Khaufmanshandlung / selten Khrieg /

Der Basilius hat die dahin getzwungen / das sy sich ergeben / und die Khünig von jme eingesetzt / angenumen / das hat auch vil dartzue gethon / das die wasser / als Mosqua und vil andere zusamen in die Wolga khumen / und also der Moscoviter täglichen ob jnen sein mag / darnach auch der Khauffleut hanttierung davon baiden Herrn grosse einkhomen gefallen /

CHELEALECH was da ain Khünig und verließ sein wittib NURSULTAN one khinder / die nam ainer mit namen ABRAHEMIN, dem gepor sy zwen Sün / MACHMETEMIN und ABDELATIPH, er hette aber von dem ersten weib auch ain Sun ALEGA,

der selb als erstgeborner trat in das Reich nach dem Vater / und ward dem Moscoviter mit aller sachen gehorsam / den haben die Moscoviterischen Räth / so yeder zeit daselbstn gehalten seind worden / bey ainem Nachtmal wol bezechten / in ain Schlitten gelegt / als wolt man den haim in sein wonung füren / seind mit dem der Mosqua zuegefarn / und gar dahin bracht /

der Fürst hat den ain zeit in verwarung gehalten / hinnach geen Wo-

Eius autem matrem cum Abdelativu
& Machmedemin fratribus, Bieloie-
sero relegavit. Codaiculu unus ex
Alegae fratribus baptisatus, nomen
Petri accepit: cui post Basilius, mo-
dernus princeps, sororem suam ma-
trimonio iunxit.

Meniktair autem alter ex Alegae
fratribus, in sua, quoad vixit, secta
permansit: pluresque genuit liberos,
qui post decessum patris cum matre
omnes baptisati & mortui sunt: uno
Theodoro, qui nobis in Moscovuia
existentibus adhuc supererat, excep-
to.

Alega porro ita in Moscovuiam ab-
ducto, Abdelativu sufficitur: qui cum
pari ratione, ut Alega, regno amotus
fuisset, Machmedemin ex Bie-
loiesero emissum, Princeps in eius
locum substituit. Is regno usque ad
annum Domini 1518 praefuit.
Nursultan, quam Chelealeck &
Abrahemin regum uxorem esse dixi,
post Alegae mortem Mendligero regi
Precopiensi nupsit.

Haec deinde cum ex Mendligero
prolem non haberet, priorumque
filiorum desiderio teneretur, ad Ab-
delativu venit in Moscovuiam. Inde
progressa, ad Machmedemin alterum
filium in Cazan regnantem profecta
est,

lochda geschickht / daselbst er zu
seinem ende pliben /
sein Stiefmuetter und die zwen seine
gebrueder Abdelatif / unnd Mach-
metemin geen Byeloyesero ver-
schickt / des Alega brueder ainer hat
sich tauffen lassen / und den namen
Peter an sich genumen / dem hat
auch der Basilius sein Schwester
verheyrat /
der ander des Alega brueder ME-
NIKTAIR genant / blib in seinem
glauben / hintzt in sein tod / und
verließ sein wittib mit vil khindern /
die alle nach seinem tod den Tauff
angenumen und darin gestorben /
allain der Dietrich den sy nach jrer
sprach PHEODOR nennen / der ist
nit getaufft worden / den hab ich
noch daselbsten gesehen /
Als der Alega hingefürt ward /
MACHMETEMIN an sein stat in
das Khünigreich gesetzt / der ist bli-
ben hintzt auf das 1518 Jar /

die NURSOLTHAN so zuvor CHE-
LEALEKH und ABRAHEMIN zu
manen gehabt / nam sy nachmals
MENDLIGEREI der Khünig zu Pre-
cop /
als sy aber bey dem khain khind
gehabt / und die lieb jrer khinder sy
bewegt / ist in die Mosqua zu dem
ABDELATIPH khumen / und dar-
nach zu dem andern Sun MACH-
METEMIN dem Khünig zu Casan
getzogen /

32 <lat. Text:>] ~~Gazan~~

anno Domini 1504. Cazanenses a Principe Moscovuiae defecerunt.

Eam defectionem cum multa bella secuta sint, varieque a Principibus, qui se in societatem huius belli iunxerant, diu utrinque pugnatum, neque in hunc usque diem finis bello impositus sit, altius huius belli rationem repetere visum est.

Cum Cazanensium defectio Basilio Moscovuiae Principi innotuisset, rei indignitate & ulciscendi libidine motus, ingentem exercitum adiunctis tormentis bellicis in eos misit.

Cazanenses, quibus pro vita & libertate cum Moscis pugnandum erat, audito terribili Principis in se apparatu, cum hostibus in pugna stataria se haud pares fore viderent, astu eos circumveniendos censuere.

Quare collocatis palam contra hostem castris, optima copiarum suarum parte locis opportunis in insidias abdita, ipsi veluti terrore perculsi, relictis derepente castris, fugae se mandarunt.

Mosci, qui non ita procul aberant, cognita Tartarorum fuga, solutis ordinibus, citato cursu in hostium castra irruunt.

in quibus diripiendis dum occupati, rerumque suarum securi essent, Tartari cum Czeremissis sagittariis, ex insidiis progressi, tantam in eos stragem ediderunt, ut Mosci relictis tor-

Die zu Casan haben auch hievor dem Moscoviter kain glauben gehalten / und im 1504 Jar abgefallen / daraus vil grosses Kriegs erwachssen / Sich auch jr vil darein gemüscht / wie hernach gesagt wirdt /

So pald dem Basilio jr abfaal verkhünt wardt / schickt ain groß Hoer sambt grossem geschütz / dem wasser nach ab /

Die von Casan wissten das sy ainem solchen Hoer in vermessner Schlacht nicht gleich wären / haben sy bedacht mit lissten zuuberkhumen /

und haben jr volck gegen den Feindten sehen lassen / als lägen sy da zu Veld / mit villen jren Hoerhütten oder getzelten / Sy aber zu gelegner zeit / als sy dan wissten / wan der Feindt ungefärlichen sy würde angreiffen / seind sy haimlich aus dem leger in ain halt getzogen /

So dan Niemand meer da gesehen wardt / haben die Moscoviter dafür gehalten / sy wären vorcht halben entrunnen / seind on ordnung und sorg / in das Leger und Hoerhütten gefallen und geplündert /

In dem die Tatern mit jren schützen den Czeremissen aus der Halt geprochen / in die gefallen / dermassen abgevertigt / das sy alles geschütz und anders flüchtig verlassen haben /

mentis, machinisque bellicis, aufugere cogerentur.

In ea fuga machinarum magistri duo relictis tormentis, cum aliis evasere. quos Princeps in Moscovuiam reversos benevole accepit.

Horum alterum Bartholomaeum, natione Italum, qui assumpta post Ruthenorum fide, magna etiam tunc apud Principem erat autoritate & gratia, liberaliter donavit.

Redierat ex ea clade tertius bombardarius, cum tormento sibi commisso: seque magnam & solidam apud Principem gratiam initurum, servato diligenter & reducto tormento, sperabat. quem Princeps iurgiis adortus: Tu, inquit, cum me & te tanto exposueris periculo, aut fugere volebas, aut te cum tormento hostibus dedere, quorsum ista praepostera in servando tormento diligentia? cuius ego iacturam nihili facio, dummodo homines mihi supersint, qui ea fundere, iisque uti sciant.

Caeterum Machmedemin rege, sub quo Cazanenses defecerant, mortuo, Scheale ducta eius uxore vidua, Principis Moscovuiae & fratris uxoris auxilio, Cazan regnum obtinuit: cui quatuor tantum annis, magno subditorum & odio & invidia praefuit.

Augebant haec turpis & mollis corporis constitutio. erat enim homo ventre prominenti, rara barba, facie

in solcher flucht haben Zwen Puxenmaister jre stuck auch verlassen / und mit andern zu dem Großfürsten khumen / die hat er Ehrlich und mit gnaden emphangen /

und den Bartholomeum ain Walhen / der auch den Reissischen glauben angenumen / mit sondern gnadn emphangen und begabt / mit dem ich auch geredt hab /

Ain ander Püchsenmaister / der hat mit seinem vleiß das stuck Püchsen so jme bevolhen was wider haim bracht / verhofft grosse gnad damit zuerlangen /

aber der Fürst jne mit ungnadn angefarn / du hast mich und dich in groß gefar gestelt / villeicht hettest gern / das dich die Feindt sambt der Puxen hingenumen hetten / warumb hastu sovil mühe damit gehabt / und dich damit gesaumet / mir ist nichs an der Püxn gelegen / wan ich nuer leut hab / die giessen und schiessen khünnen /

hat jme khain gnad noch ergötzligkhait darumb gethon.

Als MACHMETEMIN starb / nam SCHEALE die wittib / hat mit hilff des Großfürsten das Khünigreich Casan uberkhumen / der hat das mit grössern der underthonen unwillen nit meer dan vier Jar besessen /

Sein ungeschickter weibischer leib / neben andern unschickligkhaiten / machte jme meer unwillens / er hette

pene muliebri: quae eum bello haudquaquam idoneum esse ostenderent.

Accedebat ad haec, quod contempta ac neglecta subditorum suorum benevolentia, Principi Moscouuiae plus aequo faueret, ac externis plus quam suis fideret.

Quibus rebus Cazanenses ducti, Sapgirei, Mendligeri filio, uni ex Tauricae regibus, regnum deferunt.

quo adueniente, Scheale regno cedere iussus, cum se uiribus inferiorem, infestosque suorum in se animos cerneret, fortunae cedere optimum ratus, cum uxoribus, concubinis, omnique supellectili in Moscouuiam, unde uenerat, rediit. haec acta sunt anno Domini 1521.

Scheale ita e regno profugiente, Machmetgirei rex Tauricae, Sapgirei fratrem magno exercitu in Cazan introducit: firmatisque Cazanensium erga fratrem animis, Tauricam rediens, traiecto Tanai, Moscouuiam uersus contendit.

Eo tempore Basilius rerum suarum securior, nihilque tale metuens, audito Tartarorum aduentu, coacto pro tempore exercitu, cui Demetrium Bielski ducem praefecit, ad Occam fluuium, ut Tartarorum transitum impediret, praemittit.

ain fürhengigen pauch / ain schitters Pärtl und weibisch angesicht / zwen groß schwartz löckh von haar / uber die Orn abhengig / unnd zum Krieg gantz für unteuglich angesehen / darzue hat er seiner undterthonen gueten willen gar veracht / und sich nuer dem Großfürsten guet ertzaigen wöllen / und alle sachen mit außlendern gehandelt /

Umb das seind die zu Casan zuegefarn / den SAPGEREI des MENDLIGEREI Khünigs im Precop Sun / zu ainem Khünig erpetten / und berueftt /

So pald der new Khünig zuegetzogen / ist der Scheale gewichen / also ist er mit seinem weib und beyschlaffen in die Mosqua khumen / das ist geschehen im 1521 Jar.

Uber das ist der Khünig aus dem Precop MACHMETGIREI mit ainem grossen Hoer hin gehn Casan getzogen / seinen Brueder SAPGEREI eingesetzt / dan wider zu ruckh haimwerts gekheert / so pald er uber den Tanaim khumen / hat er sein weg der Mosqua zu gekheert / und geeylt.

Der Basilius hat sich des gar nit versehen / als er aber des Feindt zuekhunfft vernam / versamlt sein Volckh / sovil er in der eyl gemügt / und Khnes Demeter Bielski Haubtman daruber gemacht / und an das wasser Occa verordent / den Tatern daruber zukhumen zu wehrn /

	Der Haubtman was jung / verachtet die Eltern / dieselben hetten des ain beschwärt / weil sy in vil Khriegen Haubtleut gewest / und yetzo khain ansehen hetten / damit von baiden thaillen / wie dan in der gleichen zwispalten geschiecht nit wol gehaust /
Machmetgirei viribus superior, Occa celeriter traiecto, ad piscinas quasdam tredecim vuerst ab ipsa Moscovuia castrametatus est. Inde eruptione facta, omnia rapinis incendiisque complevit.	Die Tatern khamen uber das wasser / das Landt jämerlichen verwüst / und seind khumen auf dreytzehen werst / von der Stat Mosqua / bey etlichen Teichten hat der MACHMETGIREI sich zu veld gelegert / weit und prait Prennen und Rauben lassen /
Sub id temporis Sapgirei pariter cum exercitu ex Cazan profectus, Vuolodimeriam & Novuogardiam inferiorem depopulatus est. His peractis, fratres Reges ad Columnam civitatem conveniunt, viresque coniungunt.	sein Brueder SAPGEREI ist mit seinen Casanern auch her auf gehn Wolodimeria und Niderneugarten khumen / allenthalben jämerlichen verwüst / darnach sein baide gebrüder bey Columna zusamen khumen /
Basilius cum ad tantum hostem propulsandum imparem se esse videret, Petro sororio suo, ex regibus Tartarorum oriundo, aliisque nonnullis proceribus, in castro cum praesidio relicto, ex Moscovuia fugit: adeo timore perculsus, ut rerum suarum desperatione, aliquamdiu sub acervo foeni, ut quidam referunt, latuerit.	Der Basilius hat gesehen / das er denen nit möcht widerstehn / gar vertzweiflt / das Schloß und al sachen seinem Schwager Petern / so sich Tauffen hat lassen / und etlichen andern Räthen bevolhen / er ist hin geflohen / und etliche zeit sich undter ainem schober Hey verporgen /
Vicesima nona Iulii, Tartari ultra progressi, late omnia incendiis conpleverant: tantumque terrorem Moscis incusserant, ut se in castro & in civitate parum tutos putarent.	am Zwaintzigisten tag Julij die im Schloß Mosqua nahent auch vertzweiffelt /
In ea trepidatione a mulieribus, pueris, aliaque imbelli aetate, qui curri-	ist ain jämerliche flucht von weibern und khindern in das Schloß gesche-

13 <dt. Text:> Teichten] *sic*

bus, vehiculis ac farcinis in castrum confugiebant, tantus in portis tumultus oboritur, ut nimia festinatione se invicem & impedirent, & conculcarent.

Ea multitudo tantum foetorem in castro fecerat, ut si hostis triduo aut quatriduo sub urbe permansisset, etiam peste obsessis pereundum fuisset.
nam in tanta hominum colluvie, ut quisque locum occuparat, ita naturae satisfacere cogebatur.

Erant tum temporis Moscovuiae Oratores Livuonienses: qui cum conscensis equis fugae se mandassent, & circumquaque nihil praeter ignes & fumum viderent, seque a Tartaris circumdatos esse arbitrarentur, adeo properarunt, ut una die in Tvuer, quae triginta sex miliaribus Germanicis a Moscovuia abest, pervenirent.

Magnam tum laudem meruerunt bombardarii Alemanni, praesertim Nicolaus, prope Rhenum, non longe a Spira, Imperiali Germaniae civitate, natus:
cui a praefecto, aliisque consiliariis, qui nimio timore iam fere confecti erant, tuendae urbis negotium blandissimis verbis committitur: orantibus, ut tormentis maioribus, quibus moenia deiici solent, sub portam castri deductis, Tartaros inde arceret.

hen und geeylt / das deren viel erdruckht und zertretten seind /

und ist sovil Volckh in das Schloß khumen / das khain Platz gewest ist / sich zulärn / ain yeglichs hat müssen nider geen lassen / da es gestanden ist /
daraus ain solcher gestanckh worden / wan die Feindt wenig tag darvor gelegen / wäre gestanckhs halben ain sterb erweckht /

Der zeit waren der Leiflender gesandn in der Mosqua / als die sovil Feur und Rauch im Landt sahen / seind sy in ainem tag Sechsunddreissig meyl geritten / gehn Twer uber das wasser Wolga / da sy dan sicher waren /

Ain Teutscher Püxenmaister Niclas /

wardt durch den Schatzmaister berueftt / und gar sonst mit im geredt / er sol ain groß alt Eisnen Stuckh (des in vil Jarn nit verruckht / auch unnütz ward) undter das Thor bringen lassen /

Horum autem tam vasta erat magnitudo, ut vix tridui spacio eo perduci potuissent.	daruber lacht der Püxenmaister / das befrembt den Schatzmaister / redt jne erstlichen an / ob er sein lachte / spricht der Püxenmaister in dreyen tagen / khan ich das zu khainem nutz under das Thor bringen / und so ich das dahin brächte / und nutz wäre / erschüttet es das Thor /

Sed neque pulveres bombardicos tam multos habebant paratos, quibus vel semel maius tormentum exonerari potuisset. Solent enim Mosci perpetuo hunc morem servare, ut omnia in recondito, nec quicquam tamen praeparatum habeant: verum urgente necessitate, omnia tum demum celeriter conficere student.

Visum est ergo Nicolao, ut tormenta minora, quae procul a castro erant recondita, humeris hominum celeriter in medium adducerentur.

wie thut man dan spricht Schatzmaister / ich hab geacht ye grösser ye besser /
dan sucht man erst das khlainer geschütz / ward verr vom Schloß / und die Paurn truegen die Falckhanetlen auf den Achseln on alle gefäß /

Iis dum detinerentur, clamor derepente exoritur, Tartaros adesse: quae res tantum timorem oppidanis incusserat, ut proiectis per vicos bombardis, etiam moenium defendendorum curam omitterent.
Quod si tum centum hostium equites impetum in civitatem fecissent, parvo negotio eam funditus igni consumpsissent.

und der vil / so entsteet ain geschray / Tatern / Tatern / Die al werffen die Püxen von sich / unnd lauffen dem Schloß zue / also lagen die Püxen ain lange gassen heer / nach der zeil /
wenig Pherdt hetten die gantz Stat leichtlich abprennen mügen /

man hat uber ain Centn Pulver nit gehabt / aller erst muesst man stossen und Pulver machen / der Fürst hat vil geschütz giessen lassen / aber wie in Zeugheusern von nöten ist /

In ea trepidatione, praefectus, quique cum eo in praesidio erant, optimum rati, ut Machmetgirei regis animum, missis muneribus plurimis, in primis autem medone, placarent, & ab obsidione averterent: acceptis muneribus, Machmetgirei se obsidionem solvere, & provincia velle decedere respondit, si datis literis Basilius sese obstringat, perpetuum se tributarium regi fore, quemadmodum eius pater & maiores sui fuissent.

Quibus literis pro voluntate scriptis, acceptisque, Machmetgirei exercitum ad Rezan reduxit. ubi data Moscis redimendi & permutandi captivos copia, reliquam praedam sub auctione vendidit.

Erat tum temporis in Tartarorum castris Eustachius, cognomento Taskovuitz, qui regis Poloniae subditus, cum auxiliaribus copiis ad Machmetgirei venerat.
Nam inter regem Poloniae ac Moscovuiae ducem nullae tum induciae erant. Is spolia quaedam ad castrum subinde deferebat venalia, eo consilio, ut data occasione, una cum ementibus Ruthenis in castri portas irrueret, idque depulsis inde custodibus occuparet.
Huius conatum rex simili astu adiuvare voluit. Ad praefectum arcis, quendam ex suis, hominem sibi

nichts dartzue verordent / sonder alles beschlossen gehalten / und wan man jchtes bedarff / sol man das in eyl verrichten /
die Rätte im Schloß Mosqua / hat für nottürfftig und guet angesehen / den MENDLIGEREI Khünig mit eherungen zu sonfften und sonderlichen mit gutem medt / damit er nit weiter verruckhte / oder schaden thätte / Er nam die gaben an / vil sagt wolt die Mosqua nit belegern / auch aus dem Landt ziehen / soverr sich der Basilius verschreibe / sein Ewiger Tributari oder Zinßman zusein / wie auch sein Vater und seine Vorvodern gewest waren /
Solche Brief waren mit dem bessten gevertigt / und uberantwort / Darauff der Khünig Medlingerei mit seinem Hoer nach Rezan getzogen / da sich gelegert / die gefangnen zu lösen und aus zu tauschen / und den Raub zu khauffen geben /
Der zeit was in des Tatern Hoer / Eustachi Taschcowitz des Khünigs zu Poln undterthon / mit etlich hundert Phärden dem Tatern zu dienst /

Dan derselben zeit was weder frid noch anstand / zwischen Polen und Mosqua / derselb Eustachi kham zu dem Schloß zu Rezan mit etlichem plunder / als wolt er den verkhauffen / der mainung ob er und ander sich möchten in das Schloß eindringen /

Der Khünig ging auch auf ainem gleichmessigen ranckh umb / schickht der seinen ainen zu dem

fidum, mittit, qui Praefecto tributarii sui servo mandet, ut ea quae petebat, sibi administret, atque ad se veniat.

Praefectus autem Ioannes Kovuar, rei bellicae eiusmodique artium non ignarus, nulla conditione induci potuit, ut castro exiret: verum simpliciter respondit, se nondum edoctum esse, Principem suum Tartarorum tributarium & servum esse. quod si edoceretur, scire se quid facto opus foret.

Quare illico Principis sui literae, quibus se regi obstrinxerat, proferuntur, atque exhibentur. Iterim dum ostensis literis praefecti animus ita sollicitatur,

Eustachius suum agens negotium, castro magis ac magis appropinquabat:

quove magis fucus lateret, Knes Theodorus Lopata, homo primarius, aliique complures Rutheni, qui in Moscovuiae depopulatione in hostium manus devenerant, certa pecunia redempti restituebantur.

Ad haec, plerique ex captivis negligentius servati, ac de industria quodammodo dimissi, in castrum evaserant:

ad quos repetendos cum Tartari magna multitudine castro appropinquassent, Rutheni metu perculsi, profugos denuo restituissent, Tartarique nihilominus a castro adeo non recederent, ut pluribus subinde adve-

Obristen im Schloß / mit solcher mainung / Der Großfürst war sein Tributarij und underthon / dar umb sol der Obriste im Schloß jme dem Khünig auch gehorsamen / Profandt unnd andere nottürfft dargeben / das er auch zu jme dem Khünig khäme / Der Oberste aber IWAN COWAR ain erfarner Khriegsman / und solcher anschleg verstendig / Antwort / jme wäre nit wissent / das sein Großfürst des Khünigs Zinßman ware / wan er aber des ain lautters wissen hette / wesste sich darnach zuhalten /

Pald waren jme des Großfürsten verschreibungen zuegeschickht / daruber jr vil gewaint haben /

Der Eustachius nahnet ye lenger ye meer zu dem Schlos /

Knes Pheodor Loppata ain ansehenlicher Man der under andern an diser Raiß gefangen und entrunnen /

und etliche mit lissten ausgelassen / die in das Schloß khamen /

solche entrunnene vorderten die Tatern wider / darumb auch die Tatern mit grossen heuffen zu dem Schloß nahneten / Die Reissen aus forcht wolten die entrunnene wider hinaus

nientibus, eorum numerus adaugeretur: Rutheni propter imminens periculum, in magno terrore, summaque rerum desperatione erant, neque quid facto opus esset satis videbant.
Tum Ioannes Iordan, natione Alemanus, ex valle Oeni oriundus, machinarum magister, periculi magnitudinem magis quam Mosci perpendens,

ex suo arbitrio collocatas ordine machinas in Tartaros & Lithvuanos exoneravit: eosque ita terruit, ut relicto castro omnes diffugerent.

Rex per Eustachium, huius technae artificem, de illata iniuria cum praefecto expostulat: qui quum se inscio ac inconsulto bombardarium machinas exonerasse dixisset, omnemque huius facinoris culpam in illum transtulisset, mox bombardarium tradi sibi rex postulat.
atque, ut plerunque in rebus deploratis fit, maxima pars, quo hostili terrore liberarentur, hunc dedendum censuere: solo Ioanne Kovuar praefecto renuente.
atque eius maximo beneficio tum Alemanus ille servatus fuit.
Nam rex sive morae impatiens, sive quod milites praeda onustos haberet, re sua id exigente, subito (literis etiam Moscovuiae Principis, quibus

geben / und stunden in grossen angstn und verzweiflung /

Ain Teutscher Püxenmaister Hanns Jordan / der sonsten ain Kuglschmid von Haal im Inntal / was im Schloß gewest / der merckhte den lisst / wan sy gar hintzue khomen wären / so hette man jnen mit dem grossen geschütz nichts mügen thuen / vermante des die Obern / und er vermaint zueschiessen / des sy aus forchten nit zuegaben /
zu letst so thuet er ain schuß in hauffen / nit verr vom Khünig / mit dem ist ain solcher schrecken under die Feindt khumen / yederman nur davon / damit bracht er die vom Schloß hindan.
Der Khünig bevalch dem Eustachi / er sol mit dem Obersten darvon reden / unnd jme dröliche wort geben / der oberste entschuldigt sich / der Püxenmaister hette wider sein verpot geschossen / daruber begert er den Püxenmaister /

Nun waren sy so gar vertzagt / das die maisten denselben uberantworten wolten / alain der Oberste Hanns Cowar wolt das nit thuen /

die Tatern eyleten darvon / was nun die ursach ist / villeicht das er lang ausgewest / oder seine leut mit vil plunder und Raub beladen / ist

se tributarium perpetuo sibi fore obstrinxerat, in arce relictis) solutis castris, in Tauricam discessit.

Porro tantam captivorum multitudinem ex Moscovuia secum duxerat, ut ea vix credibilis esse videatur. Aiunt enim numerum octingentorum millium excessisse, quam in Capha partim Turcis vendiderat, partim interfecerat.
nam senes & infirmi, qui vendi magno non possunt, adque laborem perferendum inutiles sunt, apud Tartaros iuvenibus, non secus ac catulis lepores, quo primae militiae tyrocinia inde addiscant, aut lapidandi, aut in mare praecipitandi, aut alio quovis mortis genere interficiendi obiiciuntur.
qui autem venduntur, perpetuo sexennio servitutem servire coguntur: quo exacto, liberi quidem fiunt, provincia tamen decedere non audent.

Sapgirei rex Cazan, quoscunque ex Moscovuia captivos abduxerat, in Astrachan emporio non longe ab ostiis Vuolgae sito, Tartaris vendidit.

Tartarorum regibus ita ex Moscovuia profectis, Basilius princeps rursus Moscovuiam rediit:
atque cum in ingressu Nicolaum Alemanum, cuius solertia & diligentia castrum servatum fuisse dixi, in

eylendt hingetzogen / und des Moscoviters verschreibung im Schloß beliben / darinnen er sich so hoch gegen den Tatern verschriben hette /
Datzumal ist ain unglaubliche antzal der gefangnen verfuert worden / sy haben thuern sagen / der wären in Achtmalhundert Thausendt gewest / die maisten verkhauffen sy zu CAPHA den Türcken /

die sy nit verkhauffen mügen / als die alten oder kranckhen / die zu der arbait nit teuglich sein / geben sy den Jungen jren leuten / machen sy paissig wie die Jungen hundt / die werffens mit stain zu todt / werffens in das Moer oder uber ain höche ab / oder wie sy verlust / damit sy die tötten /
welche aber bey jnen verkhaufft oder behalten werden / die dienen sich mit Sechs jaren frey / aber aus dem Landt thuern sy nit ziehen / dienen und wie sich ain yeglicher zu seiner weittern narung schickhen khan /
sovil aber der Khünig zu Casan gefangner uberkhumen hat / die gehen ASTRACHAN zuverkauffen geschickht / das ist auch ain Khünigreich an der Wolga / nahent da die in das Moer felt /
Als nun die zwen Khünig aus dem Landt getzogen / ist der Basilius wider gehn der Mosqua khumen /
Da ersach er under dem Thor den Niclas Püxenmaister / under vil Volckhs des da zuelieff den Fürsten

ipsa castri porta, quo ad excipiendum Principem ingens multitudo confluxerat, stantem vidisset, clara voce:

Tua, inquit, fides erga me & diligentia, quam in servando castro praestitisti, nobis cognita sunt, huiusque officii gratiam cumulate tibi reponemus.

Alteri quoque Alemano, Ioanni, qui ab castro Rezan Tartaros exoneratis repente machinis depulerat, advenienti:

Salvusne es? inquit. Deus nobis vitam dedit, hanc tu denuo nobis conservasti: magna erit erga te gratia nostra.

Uterque se liberaliter donatum iri a Principe sperabat: nihil tamen illis datum est, quamvis Principem hac de re saepe fatigassent, promissorumque admonuissent.

Qua Principis ingratitudine offensi, dimissionem, ut patriam, a qua diu abfuissent, cognatosque suos possent invisere, efflagitant. ea re effectum est, ut decem priori stipendio cuique floreni, iussu Principis, adiicerentur.

Interea cum in aula Principis de Ruthenorum fuga ad Occam, quis eius autor extitisset, contentio fuisset orta:

Seniores in Knes Demetrium Bielski exercitus ducem, hominem iuvenem, a quo consilia sua spreta fuissent, omnem culpam transferebant, eiusque incuria Tartaros Occam transiisse:

contra ille depulsa a se culpa, An-

zuemphahen / Spricht zu jme mit lauter stimb /

Nicolai dein trew und vleiß / die du zu erhaltung des Schloß bewisen hast / ist mir wissendt / ich sol dirs mit grossen gnaden vergelten /

Als hernach der Hanns Jordan Püxenmaister von Resan khame / der mit dem schiessen die Tatern vom Schloß bracht / Spricht der Großfürst wie bistu gesundt / Gott gab uns das leben / dasselb hastu bestättigt / unser grosse gnad wirdt bey dir sein /

die baid verhofften grosser gaben / wardt aber nichts daraus / ob sy gleich derhalben offt vermanung gethan /

Darumb sy auch ursach namen zuebitten / sy zu jren freundten ziehen zuelassen / uber solches seind yeglichem mit zehen Gulden die Järlich besoldung gebessert worden /

In der zeit entstuend ain red und zwitracht / wer der flucht von der Occa da die Tatern uberkhamen / ain ursacher oder anfenger gewest ware /

Die Eltern legten die schuld auf Knes Demetri Bielski als öbersten / der ware Jung und hette der Eltern Rat veracht /

Der Demetri aber legt die schuld auf

dream iuniorem fratrem Principis primum omnium fugam iniisse, caeterosque hunc sequutos fuisse dicebat.
Basilius, ne severior in fratrem, quem autorem fugae fuisse constabat, esse videretur, ex praefectis unum, qui una cum fratre profugerat, iniectis cathenis, dignitate & principatu privavit.

Ineunte deinde aestate, ut acceptam a Tartaris cladem ulcisceretur Basilius, ignominiamque quam fugiens & sub foeno latitans susceperat, deleret, coacto ingenti exercitu, adiuncto etiam magno tormentorum & machinarum apparatu, quibus antea in bellis Rutheni nunquam usi fuerant,
profectus ex Moscovuia cum omni exercitu, ad Occam fluvium, Columnamque civitatem consedit. inde missis ad Machmetgirei in Tauricam caduceatoribus, ad certamen eum provocat. superiore enim anno, se, non indicto bello, ex insidiis, furum latronumque more oppressum fuisse. ad ea rex respondit: Sibi ad invadendam Moscovuiam satis multas vias patere: bella non magis armorum, quam temporum esse: proinde ea se suo magis quam alieno arbitrio, gerere solere.
Quibus verbis irritatus Basilii animus, tum etiam quod ulciscendi libidine arderet, motis castris, anno Domini 1523, in Novuogardiam, inferiorem scilicet, ut inde Cazan re-

Knes Andreen des Großfürsten Brueder / der ware der erst fliehend gesehn / dem die andern nachgevolgt hetten /
damit aber Basilius ain straff thätte / und sein Brueder ubergienge / nam jme ain Haubtman für / der mit seinem Brueder geflohen ist / Knes Iwan Worotinski / ließ den verschmiden / entsetzt den seines ambts / und seines Fürstenthumbs /
Basilius wolt die erlitten schmach wider verplenden / hat auf den Sumer darnach ain groß Hoer gesamblt / und vil grosser Püxen mitgenumen / der sy doch zuvor in khainem streit gebraucht haben /

und legert sich wider an die Occa / er ist zu Columna bliben / schickht seine Potten zu MENDLIGEREI dem Khünig die jme ansagten / er wäre vergangnes Jars haimlich in sein Landt wie ain Rauber unentsagt gefallen / yetzo sol er khumen / da warttet der Großfürst sein /
Der Khünig gab Antwort / er wüsste vil weg in die Mosqua / und auch sein bequembe zeit / wirdt nit yeglichem zu seinem gefallen den zug annemen /

Uber solche emphange Antwort lasst der Moscoviter sein Hoer nach Nidern Neugarten verruckhen / das was im 1523 damit er möcht Casan berauben und verhörn / oder gar uberkhumen /

gnum depopularetur, occuparetur-
que, contendit.

Inde profectus ad fluvium Sura, in
finibus Cazanensium, castrum quod
a suo nomine appellavit, erexit: ne-
que tum ultra progressus, exercitum
reduxit.

Sequenti vero anno Michaelem
Georgii, unum ex praecipuis consi-
liariis suis, maioribus quam prius co-
piis, ad subigendum Cazan regnum
misit.

Eo apparatu adeo terribili, Sapgirei
rex Cazani perculsus, accersito ad se
ex fratre nepote, rege Tauricae, iuve-
nem tredecim annorum, qui interim
regno praeesset, ad Turcarum Impe-
ratorem, eius auxilium opemque im-
ploraturus, confugit.

Cum autem iuvenis avunculi monitis
parens, iter aggressus, ad Gostino-
vuosero, id est insulam quae merca-
torum dicitur, intra Vuolgae meatus,
non longe a castro Cazan sitam per-
venisset, liberaliter honorificeque a
regni principibus susceptus est.

Nam Seyd, supremus Tartarorum
sacerdos (qui in tanta apud eos auto-
ritate ac veneratione est, ut etiam
reges advenienti occurrant, stantes-
que huic equo insidenti manum por-
rigant: capiteque inclinato, quod so-
lis concessum est regibus tangant:
nam Duces non eius manum, sed ge-
nua: nobiles vero pedes, plebeii ve-
stes tantum, aut equum manu attin-
gunt) in eo comitatu fuit.

Is Seyd, cum Basilii partes clam fo-
veret, sequereturque, iuvenem cape-

von dannen zohe das Hoer an das
wasser SZURA / daselbsten an
Granitzen hat er das Schloß nach
seinem namen Basilowgorod erpaut
/ und wider zu ruckh getzogen /

aber im Nachvolgenden Jar / hat er
sein Rat Michaeln des Gregorn Sun /
mit ainem merern Hoer weder vor
nie / nach CAZAN Dasselb zuuber-
khumen ausgevertigt /

Der SAPGIREI ist gleichwol daran
erschrockhen / und darumb zu sei-
nem Brueder geschickht / Damit
derselb seiner Jungen Sün ainen
gehn Casan an sein stat schickhte /
Er zoche zu dem Türckhen umb hilff
/

der jung ist khumen / und hat sich
auf ain Platz gelegert / haisst GOS-
TINOWOSERO, ist ain Innsl oder
weerd in der Wolga / da die Khauf-
leut zusamen khumen / ist nit verr
vom Schloß / da ward er ehrlich von
den jnnwonern emphangen /

Darundter auch SEYT, das ist der
Oberste Briester / wirdt in solchen
Ehrn und wirden gehalten / so der
khumbt / das jme die Khünig entge-
gen steend / jme sitzunden am Roß
die hendt pieten / und mit dem Kopf
naigen / des ist den Khünig zuege-
ben. Die andern aber als Hertzogen
oder Haubtleut / greiffen dem nuer
an seine khnie / die Edlen an die Füß
/ der gmain man beruert alein sein
claid oder Pherdt /

Diser seyt / hat des Moscoviter
Parthey haimlich gehalten / Suechte

re, & Moscovuiam vinctum mittere satagebat: sed deprehensus, captusque, cultro in publico occiditur.

Michael interea, dux exercitus, coactis in inferiore Novuogardia ad machinas commeatumque deferendum navibus, quarum tanta multitudo erat, ut fluvius alioqui amplus, navigantium multitudine opertus undique esse videretur: ad Cazanum cum exercitu properabat.

cumque ad mercatorum insulam Gostinovuosero pervenisset, locatis septima die Iulii castris, viginti diebus, dum equitatum expectat, ibi commoratus est.

Interea Cazan castrum, quod ex lignis exstructum erat, per quosdam a Moscis subornatos incenditur, ac intuente Ruthenorum exercitu funditus exuritur.

Tanta occupandi castri occasio, adeo formidine ac ignavia Ducis neglecta fuit, ut nec militem ad expugnandum castri collem eduxerit, nec Tartaros id denuo aedificantes impediverit:

verum vigesima octava eiusdem mensis die traiecto in eam partem qua castrum situm est, Vuolga, ad Cazanca fluvium cum exercitu consedit, viginti diebus bene gerendae rei occasionem captans.

Ibi moratus, nec longe ab eo Cazanensis quoque Regulus sua castra locat: emissisque Czeremissis pediti-

weeg / wie er den Jungen möcht fahen / und in die Mosqua schickhen / ist aber daruber gefangen / und mit ainem messer offentlich getöd worden /

Der Veldhaubtman Michael bracht sovil der Schif zusamen / das geschütz und die Profandt zuefüren / wiewol das wasser vasst prait und weit an den ortten / was doch zu sehen als gar mit scheffen bedeckht / eylt also gegen Casan /

wie er gehn Gostinowosero khame / am Sibenden tag Julij / hat sich da gelegert / und Zwaintzig tag auff sein Reissisch volckh gewart /

in der zeit ist durch sein anschifftung das Schloß Casan angefeuert / und in angesicht der Reissen gar ausgeprent worden /

datzumal was ain grosse gelegenhait das Schloß zu uberkhumen / aber der Haubtman het khain erfarnhait noch schichligkhait / hat khain menschen an Püchl lassen antretten / so ist das Schloß auch sein unverhindert wider aufgepaut worden /
ist alles Holtzwerch /
am Achtundtzwaintzigisten tag / hat er uber di Wolga geschifft auf das Landt / daran das Schloß ligt / und bey dem fluß CAZANCA sich gelegert / Widerumb Zwaintzig tag auf ain guete gelegenhait gewart /
Der Jung zu Casan / sein Veldtleger nit verr von den Moscovitern geschlagen / der hat seine Czeremissen

bus Ruthenos saepius, frustra tamen, infestat.

quem Scheale rex, qui quoque ad id bellum navibus venerat, scriptis literis admonet, ut regno suo haereditario cedat.

Ad quae ille paucis: Si regnum hoc meum (respondit) habere cupis, age ferro decernamus utrique. id cui fortuna dederit, habeat.

Dum Rutheni ita frustra moras trahunt, absumpto quem abduxerant commeatu, fame laborare incipiunt.

nam Czeremissis omnia circumquaque vastantibus, hostiumque itinera diligenter observantibus, nihil adferri poterat: adeo ut nec Princeps de exercitus sui, qua premebatur, necessitate cognoscere, nec ipsi quicquam illi significare possent.

Huic rei duos Basilius praefecerat: unum, Knes Ioannem Paliczki, qui ex Novuogardia instructis commeatu navibus, secundo fluvio ad exercitum descenderet: relictoque ibi commeatu, statu etiam rerum praesenti considerato, ocyus ad se reverteretur.

alter eandem ob rem cum quingentis equitibus terrestri itinere missus fuerat, qui a Czeremissis, in quos inciderat, cum suis caesus est, vix novem per tumultum fuga elapsis. Praefectus graviter saucius, tertio post die in manibus hostium obiit.

Huius cladis fama cum ad exercitum pervenisset, tanta in castris consternatio, quam vanus de toto equitatu

offt an die Reissen geschickht / gleichwol nit vil geschaffen /
in dem khumt der ausgetriben Scheale mit etlichen Schiffen / und schreibt dem Jungen / Er solle sich aus seinem erblichen Reich heben / dargegen entpeut jme der Jung / wildu dis mein Reich haben / muesst das mit waffen besuechen / wem dan das glück gibt / der habs /

als die Reissen also lang ungethoner sachen vertzogn / haben sy die Profandt vergebens verzert / und hunger gelitten /

dan die Czeremissen haben alles weit und prait verheert / und die paß und weg verhuet / das jnen nichts zuekhomen mügen / dermassen / das der Großfürst ir not und abgang nit wissen mügen /

So hat er doch Zwen verordent / und nemblichen Khnes Iwan Palitzkhi der mit Profandtschiffen von undter Neugarten dem Hoer zufaren und pald herwider khomen sol / damit der Fürst wisste / was man doch thäte /

Der ander ist mit fünff hundert Pherdtn am Land abgezogen / der ist von den Czeremissen erlegt worden / das nit mer dann neun Personen davon khumen seind /
der Haubtman schwärlichen verwundt / am dritten tag bey den Feindten gestorben /

So pald die mär der niderlag in das Hoer verkhundt / wardt ain solich schreckhen davon / dann man sagte

ad internecionem caeso subito obortus rumor etiam adauxerat, coorta est, ut nihil nisi de fuga cogitarent.	der gantz geraisig hauffen wär erlegt / das khain anderer gedanckhen was / dan fliehen /
in quam cum omnes consensissent, haesitabant adhuc, adversone fluvio, quod difficillimum erat, redirent, an secundo tantisper descenderent, donec alios fluvios attingerent, ex quibus post terrestri itinere longo circuitu reverterentur.	und ward beschlossen abzuziehen / doch wussten sy nit / ob sy jren weg nach dem wasser auf nemen sollen / des doch gar beschwärlich was / oder ob sy abwerts Schiffen sollen / damit sy etwo zu ainem einrinnenden fluß khämen / nach demselben sy mit besser bequemlichkhait unverhindert der feindt uber sich khumen möchten /
In his dum fame, supra modum eos urgente, essent consultationibus, novem, quos ex quingentorum caede elapsos fuisse dixi, forte superveniunt, Ioannemque Palitzki cum commeatu adventurum nunciant:	In der betrachtung so khumen die neün uberbelibne von den Fünffhundert erschlagnen / die sagten das der Hanns Palitzkhi mit vil Schiffen und Profandt abgeverttigt / und am weg wäre /
qui etsi cursum suum maturaret, sinistra tamen fortuna usus, maiore parte navium amissa, cum paucis in castra pervenit.	der ist auch unglücksäliger mit wenig Schiffen den feindten entrunnen / und ankhomen /
Etenim cum diutino labore fatigatus, una nocte quietis causa in Vuolgae littus se recepisset, Czeremissae continuo magno accurrentes clamore, quisnam praeternavigaret, sciscitantur?	dann er was von grosser arbait müd worden / sich aines nachts am gstat im Schiff zu rhue gelegt / so khumen die Czeremissen / mit grossem geschray / wer fert alhie /
quos Palitzki servitores, nautarum servos esse rati, iurgiis increpantes, flagris se postero die caesuros minantur, quod domini sui somnum ac quietem importunis vociferationibus interturbarent.	des Palitzkhi diener vermaintn es wären jre Schifleüt / droen denen sy morgens zu gaisln / umb das sy dem herrn Obristen sein rhue nit liessen /
Ad quae Czeremissae: Cras, inquiunt, aliud nobis vobiscum negotium erit: nam vinctos vos omnes Cazan ducemus.	darüber sagten die Czeremissen / morgen wellen wir anderst mit euch handln / und al gepunden gen Casan füeren /
Mane igitur sole nondum apparente,	Am morgens vor Sunnen schein /

cum densissima nebula totum littus occupasset, Czeremissae derepente in naves impetu facto, tantum terrorem Ruthenis incusserant,	was ain dickher Nepl / fallen die Czeremissen in die Schiff / und erschreckhen die Reissen dermassen /
ut Palitzki praefectus classis, relictis in manu hostium nonaginta maioribus navibus, in quibus singulis triginta viri erant, soluta a littora navi, medium Vuolgae teneret, nebulaque tectus fere nudus ad exercitum perveniret.	das der Palitzkhi under seinen neüntzig der grössern Schiff verließ / in der jeglichen dreissig menschen waren / und verlast das gestat / gibt sich in die mitte des fluß / und in der finster des Nepls vasst plasser zu dem Hoer khomen /
Atque inde post, plurium navium comitatu rediens, haud dispari fortuna usus, in Czeremissarum insidias iterum prolapsus est. Navibus enim, quibus deducebatur, amissis, ipse vix cum paucis incolumis evasit.	darnach hat er mit vilen Schiffen sein weg wider uber sich genumen / mit gleichem unglückh / den Czeremissen in die hend khomen / alle Schiffung verlassen / mit wenigen entrunen /
Dum Rutheni ita fame hostilique vi undequaque urgentur, a Basilio missus equitatus Vuiega fluvio, qui a Meridie Vuolgam influit, octoque miliaribus a Cazan abest traiecto, ad exercitum contenderet, a Tartaris & Czeremissis bis excipitur: cum quibus congressi, multis utrinque desideratis, Tartaris deinde cedentibus, se reliquo exercitui coniunxerunt.	in denen allen unglückhen und hunger / So ist der geraisig zeug am Land uber das wasser VIEGA / so von Mittentag heer / und acht meil under Casan in die Wolga rindt / khumen / und zwier von Tatern angegriffen / und zu bayder seitten vil erlegt / doch seind die Tattern gewichen / darnach seind die zu dem andern Hoer khumen /
atque ita exercitu equitatu firmato, Cazan castrum quintadecima Augusti obsideri coeptum est.	und am Fünffzehenden tag Augusti haben sy Casan belegert /
Qua re cognita, regulus ad alterum oppidi latus in conspectu hostium, sua quoque castra locavit: emissoque subinde equitatu hostium, castra obequitare, eosque lacessere iubet. atque ita crebrae utrinque velitationes fiebant.	Der jung hat sein leger an der andern seitten der Stat geschlagen / denen under augen / und seine Reitter außgelassen / der feinde Hoer zubesehen / und sy zu der Schlacht zu raitzen / damit seind villerlay scharmutzeln geschehen /
Narratum est nobis ab hominibus fide dignis, qui ei bello interfuerunt,	uns haben namhaffte leüt / die auch darbey gewest sein / angezaigt / das

sex aliquando Tartaros in planiciem ad Mosci exercitum processisse: quos cum rex Scheale centum quinquaginta equitibus Tartaricis aggredi vellet, a duce exercitus prohibitum fuisse: duobusque milibus equitum ante eum collocatis, occasionem rei bene gerendae praereptam sibi fuisse.	sechs Reitter gegen der Moscoviter leger sich gelassen / die der SCHEALE mit hundert unnd fünfftzig Pherdten angreiffen wellen / aber durch den Obersten verbotten worden / dann zway tausent Pherdt waren verordent /
Hi cum Tartaros circumvenire, et quasi concludere, ne fuga elaberentur, vellent: Tartari eorum conatum hoc astu eludere, insequentibus Moscis paulatim cedere, parumque progressi subsistere.	damit wolten sy die Tatern umbritten haben / das die nit entrinnen möchten / Aber die Tatern theten gemachs fliehen / und so die Moscoviter nacheylten / stelten sich die Tatern wider zu wöhr /
Idem Mosci cum facerent, eorum Tartari timiditatem animadvertentes, mox arreptis arcubus tela in eos torquebant: inque fugam conversos persequuti, complures sauciabant.	gleichermassen theten die Moscoviter / So sehen die Tatern der Moscoviter clainmüetigkhait / und schiessen in sy / haben auch in der flucht jr vil verwundt /
Moscis denuo in se conversis, paululum cedere, iterumque subsistere, atque ita hostem simulata fuga ludificare.	Dan so sterckhen sich die Moscoviter / jagten die wider / und also ain zeit ainer den andern getribn /
Haec dum fiunt, duo Tartarorum equi, tormenti ictu prostrantur, illaesis tamen equitibus quos reliqui quatuor salvos ac incolumes, duobus milibus Moscorum spectantibus, ad suos reduxere.	in dem seind zway Tatarische Phärd auß ainer Püchssen erschossen / Die ubrigen vier Reitter / haben die zwen deren Pherdt erschossen / under jnen allen hinweg gefüert /
Dum equites se ita mutuo ludificant, magna vi interea admotis tormentis, castrum oppugnabatur: neque obsessi segnius, exoneratis pariter in hostem tormentis, se defendebant.	In der weil bracht man das geschütz an das Schloß / und beschoß das / die aber im Schloß haben sich auch nit faul gestelt / schossen seer wider herauß /
In eo certamine bombardarius, quem unicum in castro habebant, ex Ruthenorum statione sphaerula bombardica ictus, occubuit.	in dem ward der Püchssenmaister im Schloß erschossen / sy hetten auch khain andern /
Qua re comperta, mercenarii ex	So pald das erindert ward / hetten

Germanis & Lithvuanis milites, magnam spem ad occupandum castrum concipiunt: quibus si praefecti animus respondisset, haud dubie eo die castro potiti fuissent.	die Teütschen und ander besölte Diener oder khnecht gantzen trost / das Schloß zugewinnen /
Verum is cum suos inedia, quae quotidie etiam magis adaugebatur, premi cerneret, priusquam per internuncios de ineundis induciis clam cum Tartaris egisset,	aber der Haubtman hat den hunger seiner leüt bedacht / und haimlichen umb ain anstand gehandlt /
adeo militum conatum non probavit, ut eos etiam cum iracundia corriperet, verberaque minaretur, quod se inscio & inconsulta castrum oppugnare auderent.	damit er sein volck und geschütz von dannen bringen möcht / und den sturm nit wellen bewilligen / sonder sy mit sträfllichen worten angeredt / das sy an sein haissen sich des underfahen wolten /
Bene enim in tanta rerum angustia Principis sui rebus consultum fore putabat, si initis cum hoste quibuscunque induciis, tormenta & exercitum salvum reportaret.	
Tartari quoque cognita praefecti voluntate, in spem bonam adducti, conditiones quas praefectus offerebat, scilicet ut missis in Moscovuiam legatis, pacem cum Principem transigerent, libenter susceperunt.	Die Tattern so pald sy des Haubtmans mainung vernamen / schickhten sich auch darnach / Namen die mitl so der Oberste fürschlueg an / nemlich das sy jre Potn zu dem Großfürsten schickhten / und des fridens zwischen jnen handln /
quibus ita constitutis, Palitzki praefectus soluta obsidione, cum exercitu in Moscovuiam reversus est. Fama erat, praefectum a Tartaris muneribus corruptum, obsidionem soluisse. quam quidam natione Sabaudiensis adauxerat: qui cum tormento sibi commisso, ad hostes deficere voluisset, deprehensus in itinere, atque severius examinatus, confessus est, se deficere voluisse: atque ut plures ad	Nach solchem beschluß zoch Palitzkhi mit den Reyttern in die Mosqua / sy verdachten den Obersten / als hette er gaben von Tatern genumen /
	solchen verdacht merckhte ain Püchssenmaister Sophoier / der wolte mit seiner Püchssen zu den Feinden gefallen sein / und ist darüber gefangen und schwaerlichen gefragt worden /

hanc defectionem sollicitaret, argenteos se nummos & pocula Tartarica ab hostibus accepisse.
in quem tamen in tam manifesto scelere deprehensum, Praefectus nihil durius statuit.
Reducto ita exercitu, quem centium octoginta millium fuisse perhibent, Cazan regis Oratores ad pacem firmandam ad Basilium veniunt.

qui etiam tum, dum nos Moscovuiae essemus, aderant: neque adhuc ulla tunc futurae pacis spes inter eos erat.

nam & nundinas, quae circa Cazan in mercatorum insula fieri consueverant, in Cazanensium iniuriam Basilius Novuogardiam transtulit: gravi indicta poena, si qui in posterum ex suis ad mercatum in insulam proficiscerentur.

eamque nundinarum translationem magno Cazanensibus incommodo futuram sperabat: atque vel salis (cuius Tartari illis tantum nundinis copiam a Ruthenis habebant) emptione adempta, ad deditionem eos cogi posse. Verum huiusmodi nundinarum translatione non minus incommodi sensit Moscovuia, quam ipsi Cazanenses.
Plurimarum enim rerum, quae ex mari Caspio, Astrachan emporio, ad haec Persia & Armenia per Vuolgam importabantur, consequuta est caritas ac penuria: maxime autem nobilissimorum piscium, ex quorum

hat bekhent seinen willen / und das er gaben darumb emphangen hette /

gegen dem der Oberste nichts weitters gehandlt / sonder also bleiben lassen /
wie das Hoer wider abgezogen / als man sagte / waren hundert und achtzig tausendt / Des Khünig zu Casan gesandte ainer zu dem Großfürsten in die Mosqua khamen /
und noch der zeit / wie ich zum andern mal khame / da gewest / was noch khain frid zwischen jnen beschlossen /
Der Moscoviter hat auch den tag und platz wie die grossen märgkht zu GOSTINOWOSEROhievor gehalten worden / geen Niderneugarten gesetzt / und benent / zu grossem der Casaner abpruch jres einkhumens und narung / auch bey grossen peenen gepotten / das der seinigen khainer weitter hinab ziehen sol /
mit dem unnd von wegen mangl des Saltz verhoffte der Großfürst sy zubezwingen / sich wider zuergeben / Aber auß solcher uberlegung des Marckhts / hat der Moscoviter nit minder schaden / dan die Casaner genumen /

wan villerlay sachen die man von ASTRACHAN auch Persien und Armenia nach dem Moer und wasser hievor heraufbracht / seind in grosse staigerung und abgang khumen / und for auß der Edlen Visch Beluga die

DE TARTARIS

numero Beluga est, qui citra & ultra Cazan in Vuolga capiuntur.

Hactenus de bello Principis Moscovuiae cum Tartaris Cazanensibus gesto.
Nunc ad intermissam de Tartaris narrationem denuo redeo.
Post Tartaros Cazanenses, primi Tartari cognomento Nagai occurrunt, qui ultra Vuolgam, circa mare Caspium, ad fluvium Iaick ex provincia Sibier decurrentem habitant.

Hi reges non habent, sed duces.

Nostra tempestate tres fratres, aequali divisione provinciarum facta, ducatus illos obtinebant: quorum primus Schidack, civitatem Scharaitzick ultra fluvium Rha, Orientem versus, cum adiacente ad Iaick fluvium regione obtinebat:
alter Cossum, quicquid inter Kamam Iaick & Rha fluvios esset:

Schichmamai tertius fratrum Sibier provinciae partem, & omnem circumiacentem regionem possidet. Schichmamai interpretatur sanctus, vel potens.
Atque hae quidem regiones omnes fere sylvosae sunt: extra eam quae ad Scharaitzick vergit, quae campestris est.
Inter Vuolgam & Iaick fluvios, circa mare Caspium, habitabant

VON TATERN

undter und ober Casan gefangen werden / geraten müessen /
hab auch zu der andern meiner ankhunfft khain erfragen mügen /
Sovil von Casanischen handlungen.

NAGAI, (so man den namen außspricht / wirdt NAHAI geredt) die Tatern khumen nach Casan die yenhalb der Wolga wonen am CASPIO Moer an dem fluß IAYCK der auß dem Land SIBIER herfleust / dieselben Tatern haben khain Khünig / sonder Hertzogen oder Fürsten /
der seind zu unsern zeitten drey gewest / das volckh und gegent gleich gethailt / Der ain hieß SCHIDAK der hat ain Stat genent SARAITZICK gegen dem Aufgang yent der Volga sambt dem thail am Jaick /
COSSUM hieß der ander / der hat sein thail zwischen den flussen KAMA Jaickh und Wolga /
SCHICHMAMAI der dritte besaß ain thail des Landts Sibier und die umbligende Länder / Schichmamai wirdt sovil gesprochen / als heilig oder geweltig /
Dise Land seind vasst alle sehr wäldig / ausser der geen Scharaitzikh ligend / die seind etwas plosser.

Zwischen der Wolga und Jaickh bey dem Moer CASPIO wonten vor zeiten die namhafftigisten Tatern

quondam Savuolhenses reges, de quibus postea.

Apud hos Tartaros rem admirandam, & vix credibilem, Demetrius Danielis, vir (ut inter Barbaros) gravis ac fide singulari, nobis narravit:

patrem suum aliquando a Principe Moscovuiae ad Zavuolhensem regem missum fuisse: in qua dum esset legatione, semen quoddam in ea insula, melonum semini, paulo maius ac rotundius, alioqui haud dissimile, vidisse:

ex quo in terram condito, quiddam agno persimile, quinque palmarum altitudine succresceret: idque eorum lingua Boranetz, quasi agnellum dicas, vocaretur.

nam & caput, oculos, aures, caeteraque omnia in formam agni recens editi,

pellem praeterea subtilissimam habere, qua plurimi in eis regionibus ad subducenda capitis tegumenta uterentur. eiusmodi pelles vidisse se, multi coram nobis testabantur.

Aiebat insuper, plantam illam, si tamen plantam vocari phas est, sanguinem quidem habere, carnem tamen nullam: verum carnis loco, materiam quandam cancrorum carni persimilem. ungulas porro non ut agni corneas, sed pilis quibusdam ad cornu similitudinem vestitas: radicem illi ad umbilicum, seu ventris medium esse. vivere autem tamdiu, donec depastis circum se herbis, radix ipsa inopia pabuli arescat.

SAWOLSKI ain mechtiges Khünigreich /

Ein ehrlicher Moscoviter hat mir und andern glaubhafftig gesagt /

wie sein Vatter zu derselben Khünig ainem geschickht sey worden / habe daselbsten ain Samen gesehen / etwas clainer und runder dan Melaun Sam /

davon sol ain frucht erwachsen sein ainem Lämplen gleich / und der Stam wurde als fünff span hoch / nach derselben sprach nente man dieselb frucht BORANETZ / sovil als ain Lample /

dann es hette glider wie ain Neugefallen Lämpl /

die frucht sol bluet aber khain fleisch haben / sonder wie die Krebssen / zum hindersten ain materi haben an des fleischs stat / die füssl hetten nit hürnene khloe / sonder nur haar oder wollen / der Stam steet wie am napl oder mitten am pauch / sol so lang leben / als lang des die narung umb sich erraichen mag /

die heytl seind subtyl / soln sy prau-

DE TARTARIS / VON TATERN

chen under jre Colpagkhen oder hüetle / jr vil haben Khundtschafft geben / die der selben heytle gesehen haben / 35

Miram huius plantae dulcedinem esse: propter quam a lupis, caeterisque rapacibus animalibus multum appeteretur.

die Lämple sollen gar süeß zuessen sein / darumb streichen jnen die Wölff und das gefügl seer nach /

5 Ego quamvis hoc de femine & planta pro commento habuerim, tamen & antea tanquam a viris minime vanis auditum retuli:
& nunc tanto libentius refero, quod
10 mihi vir multae doctrinae Guilhelmus Postellus narravit,

Hernach in Teütschen landen vor 40
wenig zeiten hat mir Doctor Guilhelmus Postellus ain weit erfarner man gesagt / er hab auf mein Lateinische beschreibungen dem Lämplen nachgefragt / 45

se audivisse a quodam Michaele, apud rempublicam Venetam publico Turcicae & Arabicae linguae inter-
15 prete, quod viderit a finibus Samarcandae civitatis Tartaricae, caeterarumque regionum quae ad Euroaquilonem mare Caspium respiciunt, usque in Chalibontidem,

und vom Michael der Venedigischen herrschafft Türckischen und Arabischen Tulmätschn / der in vasst vil und ferren landen gewandert vernomen / das er in ainer Tatarischn Stat 50
SAMARCANDA die sich mit der Nachperschafft an das Caspysch Moer und die ort davon ich schreib erstreckht / gesehen hab /

20 deferri quasdam pelles delicatissimas, plantae cuiusdam in illis regionibus nascentis, quae aliqui Mussulmani ad capita sua rasa fovenda mediis pileis inferere, ac pectori
25 quoque nudo applicare soleant.

gar subtile pelgl die man von ainem 55
gwächs daselbstn hin und weitter bringt die MUSSULMANI prauchen die auff jren geschornen khopfn auch an plassen leib /

Plantam sibi tamen non visam esse, nec nomen se scire, nisi quod illic Samarcandeos vocetur: eamque esse ex animali instar plantae in terram
30 defixo.

Er Michael hab das gewächs nit 60
gesehen / aber vernomen / das von ainem gwächs auß der erden ainem Thier gleich furmüg sein / soltn daselbsten SAMARCANDEI genent werden / 65

Quae cum ab aliorum narratione non

Ich schreibs wie sy gesagt haben jm

dissideant, mihi (inquit Postellus) pene persuadent, ut hanc rem minus fabulosam esse putem, ad gloriam Creatoris, cui omnia sunt possibilia.

A Principe Schidack, progrediendo in Orientem viginti diebus, occurrunt populi quos Mosci appellant Iurgenci, quibus Barack Soltan, magni Chan seu regis de Cataia frater imperat.

A domino Barack Soltan, decem diaetis itur ad Bebeid Chan. Hic est ille magnus Chan de Cataia.

Astrachan urbs opulenta, magnumque Tartarorum emporium, a qua tota circumiacens regio nomen accepit, decem dierum itinere infra Cazan in citeriore Vuolgae ripa, ad eius fere ostia sita est.

Quidam hanc non ad Vuolgae ostia, sed aliquot dierum itinere inde distare aiunt.

Equidem eo loco quo Vuolga fluvius in multos ramos, quos quidem septuaginta esse aiunt, scinditur, pluresque insulas facit, totidemque fere ostiis Caspium mare tanta aquarum copia ingreditur, ut procul spectantibus mare esse videatur, Astrachan sitam esse puto. Sunt alii, qui eam Citrahan appellant.

Ultra Vuiatkam & Cazan, ad Permiae viciniam Tartari habitant, qui Tumenskii, Schibanskii, & Co-

sey wie jm welle / man mag sich der warheit erfragen.

Von SCHIDAK in Aufgang zwaintzig tagraisen / khumbt man zu den völckern / welche die Moscoviter nennen IURGENCZI uber die herrscht BARACK SZOLTHAN, sol des Großfürsten CHAN oder Khünig von Cathaia brueder sein / und von dannen sollen noch zehen tagraisen sein / zu dem BEBEYD Chan / das sol der groß CHAN zu CATHAIA sein.

ASTRACHAN ain namhaffte grosse Stat / darinnen grosser Khauffmans handl gephlegen wirdt / die gantz gegent oder herrschafft behelt denselben namen / und ist zehen tagraiß undter Casan / an der Wolga dißhalb gegen Mittag / nahend am gmund /

wiewol etlich schreiben / sol etliche tagraisen von gmundt ligen / des ainer oder der ander ursach mügen haben /

wie jr vil sagen und schreiben / sich der fluß in Sibentzig arm außthailt / und vil weerd oder Insseln macht / auch mit sovil gmunden einfelt / das alles wie ain Moer ain ansehen hat / jr vil schreiben und nennen dise Stat Citrachan.

TUMENSKI, SCHIBANSKI und COSACZKI / die Tatern wonen uber die Wiatkha und Casan / rainend an

---

9 <lat. Text:> Barack Soltan, magni Chan] ~~Cham~~

satzkii vocantur. ex quibus Tumen-
skii in sylvis habitare, decemque
milium numerum aiunt non excede-
re.
alii praeterea Tartari trans Rha flu-
vium sunt, qui quod soli capillos
nutriant, Kalmuchi vocantur:
& ad mare Caspium Schamachia, a
qua etiam regio nomen accepit, ita
appellati, homines in texendis seri-
ceis vestibus excellentes, quorum
civitas sex dierum itinere abest ab
Astrachan, quam una cum regione
rex Persarum haud ita diu (ut aiunt)
occupavit.
 Asoph civitas ad Tanaim, de qua
supra, septem dierum itinere distat
ab Astrachan: ab Asoph autem,
Taurica Chersonesus, praecipue
autem Praecop civitas, abest quinque
dierum itinere.

Inter Cazan autem & Astrachan,
longo secundum Vuolgam tractu, ad
Borysthenem usque, campi deserti
sunt, quos Tartari nullis certis sedi-
bus inhabitant:
praeter Asoph & Achas civitatem,
quae est duodecim miliaribus supra
Asoph ad Tanaim: & minori Tanai
vicinos Tartaros, qui terram colunt,
certasque sedes habent.
Ab Asoph ad Schamachiam sunt
duodecim diaetae.
 Ab Oriente Meridiem versus
reflectendo, circa Maeotidis paludes
& Pontum, ad fluvium Cupa, qui
paludes influit, Aphgasi populi sunt,
quo loci usque ad Merula fluvium,

groß Permia / Tumenski hat vil wäl-
der und uber zehentausent man nit.

KALMUCHI seind Tatern auch
uber die Wolga hinüber / die allain
under den Tatern lange haar tragen /
Darnach ist ain Stat dißhalb der
Wolga am Caspischen Moer / Sechs
tagraisen von Astrachan / haisst
SCHAMACHIA da arbait man vil-
lerlay Seiden / die sol der Khünig
von Persia nit vor lengst erobert und
eingenumen haben.

ASOPH ain Stat am wasser
Tanais / sol Siben tagraisen von
Astrachan ligen / und von Precop
der Stat fünf tagraiß /

von Asoph ghen Schamachia zwelf
tagraisen /
zwischen Casan und Astrachan /
nach der Wolga / zu baider seitz ab /
und gar herüber an Nieper / seind
alles ungepaute Land / da dennocht
vil volckhs wonent /
Allain was Asoph und ACHAS wel-
che zwelf meil ob Asoph am Tanais
ligt / und etliche wenige Tatern so
am clain Tanais das veld pauen und
in heusern wonen.

APHGASI seinn völckher / so
man sich von Aufgang nach Mittag
wendt / bey den gemösen Meothis /
unnd dem Moer bey dem wasser
CUPA des auch in die gemöß ein-

qui Pontum illabitur, montes occur-
runt, quos Circassi, seu Ciki inco-
lunt.

Hi montium asperitate freti, nec
Turcis, nec Tartaris parent. Eos
tamen Christianos esse, suis legibus
vivere, in ritu & caeremoniis cum
Graecis convenire, lingua Slavuoni-
ca (qua utuntur) sacra peragere,
Rutheni testantur.

Audacissimi piratae sunt. nam flu-
viis, qui ex eorum montibus fluunt,
navibus in mare delapsi, quoscunque
possunt spoliant: eos praesertim, qui
ex Capha Constantinopolim navi-
gant.
Ultra Cupa fluvium est Mengarlia,
quam Eraclea fluvius interlabitur:
deinde Cotatis, quam quidam Col-
chim esse arbitrantur.
Post quem Phasis occurrit, qui prius-
quam mare illabatur, haud procul ab
ostiis Satabellum insulam facit: in
qua fama est, Iasonis naves quon-
dam stetisse.

Ultra Phasim, Trapezus.

Tauricae Chersonesi paludes,
quae ab ostiis Tanais in longitudi-
nem trecenta miliaria Italica habere
dicuntur, ad caput S[ancti] Ioannis,
promontorium, qua in arctum

fleust / wonend / daselbsten seind
gepürg hintzt an das wasser MERU-
LA, welches in das Pontisch oder
Schwartz (die Walhen nennen diß
das groß Moer) felt / in denselben
gepürgen wonen die völckher CIR-
CASSI oder CYKY /
haben ain solch vesst Land / das sy
weder in der Türckhen noch der
Tatern gewalt oder gehorsamb seind
/ Nach der Reissen sag / seind die-
selben Christen des Griechischen
glaubens / und verrichten allen Gots-
dienst / in jrer als Windischer sprach
/
torsse Moerrauber / sy haben vil flüß
die auß den gepürgen in das Moer
fliessen / da sy jre Schiff halten /
und auff die Khaufleut die von
Capha nach Constantinopl schiffen /
jr aufsehen halten /
Uber die Cupa ist MENGARLIA das
wasser ERACLEA entzwischen /
hinfur COTATIS, des etlich COL-
CHIS vermainn sein /
Darnach khumbt PHASIS das was-
ser / unnd ehe das in das Moer felt /
nit verr von dem gmund / SATA-
BEL macht es ain Innsl oder weerdt
/ da nach etlicher mainung des
IASON Schiff gestanden sein sollen
/
uber den Phasis khumt TRAPE-
SUNT.
    Das Moer so man ain gmöß
Meothis nent / darein der Tanais
fleust / sol drey hundert Wälhisch
meyl in der lenge sein / hintzt an das
gepürg bey sant Johanns / dan so
khumbts in ain enge zwayer Welhi-

coeunt, duo tantum miliaria Italica continent.	scher meyl / furt auß so veraint es sich mit dem Moer.
	PRECOP das Land yetzo also genent Lateinisch THAURICA CHERSONESUS ligt mit dem ainen thail an den gemösen MEOTIS das merer mit dem Moer umbflossen / als man vom Land hinein zeucht / ist vom Moer an das gemöß nit verrer dan Tausent zweyhundert schriet /
In ea Kriim civitas, olim regum Tauricae sedes: a qua Kriimskii nominabantur.	In denselben umbgebnen Khraiß ligt ain Schloß oder Stat genant KRYM da zuvor die Khünig jre gesäß gehabt / davon sy auch KRYMSKI den namen gehabt /
	Ainer auß denen hat wellen die wasser zusamen bringen / mit durchgraben der ennge des Ertrichs / damit ain Innsl dar auß wer worden / Der graben ward zum thail gemacht / aber nit so tieff / als fürgenomen und von nöten was /
Postea toto Isthmo, spacio mille ducentorum passuum ad insulae formam perfosso, reges non Kriimskii, sed Praecopskii, ab illa nimirum perfossione sumpto vocabulo, nomen accepere. Praecop enim, lingua Slavuonica perfossum sonat.	von solchem grabm / als auch ain Stat daran gepauen / hat das Land und die Stat den Namen genumen / dan KOPAT haist grabm / PRECOP als durchgrabm / nach windischer sprach. Die Khünig daselbstn werden heut darnach PRECOPSKI genant /
Unde apparet, scriptorem quendam errasse, qui Procopium quendam ibi regnasse scripsit.	Es hat ainer geschriben / als ob zu Kayser Maximilian etc. zeitn ain Khünig da geherrscht mit namen Procopius /
	Gleichermassen yenthalb der Wolga so Windisch Savolski haist vermaint Sawolhius geregiert haben / der seer betrogen /
Porro tota Chersonesus, sylva quadam per medium s[c]inditur:	Diß Land ist auch nach der leng mit ainem wald gethailt /

eaque pars quae Pontum respicit, in qua Capha insignis urbs, olim Theodosia dicta, Genuensium colonia, tota a Turca possidetur.	das thail so gerad an das Moer raint / helt der Türckh / darin ist die Stat CAPHA etwan THEODOSIA genant / die Genueser habens etwan besessen /

5 Capham autem Mahumetes, qui expugnata Constantinopoli, Graecorum imperium destruxit, Genuensibus ademit.

Der MACHUMETES Türckischer Kayser hat jnen die Stat genumen /

Alteram peninsulae partem Tartarus
10 possidet.

Den andern thail dißhalb des walds so das Ertrich berürt / halten die 45
Tatern /

Omnes autem Tartari, Tauricae reges, originem suam ex Savuolhensibus regibus ducunt: & cum domestica seditione aliqui regno pulsi fuis-
15 sent, nec usquam in vicinia firmam sedem habere possent, hanc Europae partem occupavere:

dieselben Tatern alle khumen heer / von den Sawolhensern / als sy ainmal in zwitracht khamen / seind die daheer geratten / 50

veterisque iniuriae haud immemores, diu cum Savuolhensibus dimicabant:

und darum seind sy noch füro in der feindtschafft beliben / vil Kriegs gehabt /

20 donec patrum nostrorum memoria, Alexandro magno duce Lithvuaniae in Polonia imperante, Scheachmet rex Savuolhensis in partes Lithvuaniae venit, scilicet ut inito cum Ale-
25 xandro rege foedere, coniunctis viribus Mahmetgirei regem Tauricae eiicerent.

und noch zu unserm gedenckhen / als Alexander Khünig in Poln und 55
Großfürst in Litten herrschte / kham SCHEACHMET der Khünig von Sawolchen dahin zu dem Großfürsten in Littn / mit samht weib und seinem volckh / der maynung / das 60
sy paid solten wider den Khünig in Precop khriegen /

In quam rem uterque quidem princeps consensit.

des sy sich mit ainander verträgen und verpunden hetten /

30 Cum autem Lithvuani iuxta eorum consuetudinem longius quam par est, bellum differrent, uxor Savuolhensis regis, eiusque quem in campis habebat exercitus, morae, tum etiam
35 frigoris impatientes, eorum regem in oppidis quibusdam agentem sollici-

der Khünig belib in Heusern sein 65
weib und volckh lagen zu veld im Schnee / der khelten waren sy nit gewont / dan der orten sy heer khamen / pleibt khain solcher Schnee / und der Khünig zu Poln Großfürst / 70
gieng langsamb mit seiner zuberait-

tant, obmisso Poloniae rege, ut in tempore rebus suis provideat.

Quod cum illi persuadere non possent, uxor relicto marito, cum parte exercitus ad Mahmetgirei Praecopensem regem deficit: cuius impulsu, Praecopensis exercitum ad profligandas reliquas Savuolhensis copias mittit.

quibus dissipatis, Scheachmet Savuolhensis rex infoelicitatem suam videns, sexingentis fere equitibus comitatus, Albam ad Thiiram fluvium sitam, spe auxilii a Turca implorandi confugit.

In ea civitate cum structas sibi, ut caperetur, insidias intellexisset, converso itinere, vix media parte equitum assumpta, Chiovuiam pervenit. ubi a Lithvuanis circumventus, captusque, cum regis Poloniae iussu Vuilnam deduceretur, obviam sibi rex progressus, honorifice susceptum, ad Polonorum conventum secum duxit: quo quidem conventu bellum adversus Mendligerei decernitur.

Sed cum Poloni in cogendo exercitu

tung umb / die Khünigin und das volckh ward verdrossen /

Sy schickht jren Potn zu dem Khünig in Precop / Soverr Er sy zu seinem weib nemen / so wel sy sambt jrem volckh zu jme khumen / des also angenumen wardt / mit der besterckhung schickht der selb Precopski die ubermaß des volckhs / so bey dem SCHEACHMET beliben was / zu uberfallen /

Der Scheachmet sach sein unglückh / nam seine leüt die er noch hette / als Sechshundert Pherdt / wolt den Litten nimer trauen / zeucht hin gen Weissenburg das man MONCASTRO nent / am NISTER, Lateinisch TYRAS dem fluß / gehört dem Türckhen / verhofft vom Türckhen hilff zuerlangen /

weil er sich aber mit den Christen wider jres glaubens feindt verpunden hette / bevalch der Türckh den zufahen /

des er war genumen und khaum mit halben volckh von dannen entritten / khumt wider ghen Chiow / wont im veld /

der ist durch die Litten umbgeben / unnd in jren gwalt bracht worden / wie man mit dem ghen der Wild nachnete / kham Khünig Alexander jme entgegen / emphieng und beglaittet den eerlichen zu Herberg mit gueter vertröstung / fuert den auch mit sich in die zusamenkhunfft der Poln / da solte man des Khriegs halben wider MENDLINGEREI in Precop hanndlen /

Als sich das lang verzoch / und der

tempus longius, quam par erat, extraherent, Tartarus vehementer offensus, denuo de fuga cogitare coepit: in qua deprehensus, ad Trokii castrum, quatuor a Vuilna miliaribus retractus est.	Tater vernam die Hoerfart were bewilligt und beschlossen / Fragt er / was man nunmals thuen welle / sagt / man würde das Khriegsvolckh aufnemen und schicken / darzue spricht er / wolten die Herrn nit auch mit ziehen / vermaint on die wurde nit vil guets gekhriegt / und trachtet dan wider darvon / Darüber er gefangen / und zu TROKI in ainem Schloß vier meil von der Wild erlichen verhüet und gehalten worden / der Waivoda daselbstn zu Trokhi hat mich zu gast gehabt / und denselben Khünig auch an Tisch gesetzt /
quem ego ibi vidi, unaque cum eo pransus sum.	ist hernach gleichwol ledig gelassen / aber pald erschlagen /
Atque hic Savuolhensium regum imperii finis fuit: cum quibus & Astrachan reges, qui quoque ex eisdem regibus originem traxerunt, una perierunt.	Also haben die Savolhischen Khünig ain ende genumen / mit den seind die Khünig zu Astrachan / welche aines geschlechts gewest auch vergangen /
quibus ita oppressis & extinctis, regum Tauricae potentia maiorem in modum adaucta,	damit seind die zu Precop gewachsen /
vicinis gentibus terrori erat, adeo ut & regem Poloniae ad certum stipendium pendendum cogerent, ea conditione, ut eorum opera quavis urgente necessitate utatur.	also das derselb den Khünig zu Poln dahin bracht hat / das er jme järlichen ain gelt gibt / als die Poln sagen / ain diennst gelt / damit zu allen des Khünigs notturfften leüt zuschickhen und dienen sol / zu besorgen ainen Tribut gleich /
Quin & Moscovuiae Princeps, missis subinde muneribus illum sibi devincire solebat. quod ideo fit, quia cum mutuis assidue bellis implicentur, uterque Tartarorum ope armisque alterum se sperat opprimere posse.	Der Moscoviter gleichermassn denselben Tatern stätes mit gaben versünen mueß / khumt auch auß dem / weil die paid Großfürsten Litten und Mosqua in stäter Feindtschafft gegeneinander steen / vermaint yeglicher welle den Tatern zu hilff haben /

Cuius ille haud ignarus, acceptis muneribus utrumque vana spe lactabat. id quod vel eo tempore, dum ego Caesaris Maximiliani nomine apud Moscovuiae Principem de pace cum rege Poloniae ineunda tractarem, apparuit.

Nam cum Moscovuiae Princeps ad aequas pacis conditiones induci non posset, rex Poloniae Praecopensem regem pecunia conduxit, ut Moscovuiam cum exercitu ab una parte adoriretur, se quoque ex altera Opotzkam versus impetum in Mosci ditionem facturum.

qua arte Poloniae rex Moscum ad tolerabiles pacis conditiones cogi posse sperabat.

Quod Moscus animadvertens, missis Oratoribus suum vicissim apud Tartarum egit negotium, ut scilicet in Lithvuaniam, quam tum omni metu vacuam ac praesidio destitutam esse dicebat, vires suas converteret. Cuius consilium Tartarus, sui commodi duntaxat ratione habita, secutus est.

Atque is eiusmodi Principum dissensionibus potentior factus, cum imperii augendi libidine teneretur, neque quiescere posset, ad maiora animum applicuit:

Mamaique Nahaicensi principe sibi adiuncto, Tauricam anno Domini 1524, mense Ianuario, cum exercitu egressus, regem Astrachan adortus est. cuius urbem, cum ea relicta, metu profugisset, obsedit, & occupavit, mansitque victor in civitate sub tectis.

So begibt sich das er von baiden nimbt / yeglichem gueten trost gibt / und betreugt sy baid / wie dan der zeit als ich erstlich in Litten und Mosqua geschickt wardt /

der Moscoviter zu khainem gleichen friden oder anstand bewegt möcht werden / Der Polnisch Khünig vermöcht den Tatern wid[er] den Moscoviter / des er auch bewilligt / Als aber der Polnisch Khünig dem Moscoviter für OPOCZKA in sein Land zoch /

der Moscoviter handlt aber mit dem Tatern / die mainung / weil der Khünig sein volckh ausser seines Lands hette / müge der Tater in des Khünig zu Poln Land als unversehen seinen willen schaffen / dem Rat volgte der Tater /

ist also mit der Nachpern zwitracht so groß gewachsen.

Derselb MENDLIGEREI Khünig zu Precop hat ainen Taterischen Fürsten / auß NAGAI mit namen MAMAI auf sein seitten bracht. Als der / im 1524 Jar zu Precop außgezogen / und den Khünig zu ASTRACHAN uberfallen / ist jme aber empflohen / der Precopski die Stat

Interim Agis Nahaicensium quoque princeps, fratrem suum Mamai increpat, quod tam potentem vicinum suis copiis iuvaret.

⁵ Praeterea eum monet, ut Machmetgirei regis in dies crescentem potentiam suspectam haberet. posse enim, ut insanabili ille animo esset, fieri, ut conversis in se fratremque armis,
¹⁰ utrumque regno depulsum aut interimat, aut in servitutem deducat.
Quibus verbis Mamai permotus, fratri nunciat, eumque hortatur, ut quam magnis posset copiis ad se
¹⁵ properaret. posse enim nunc, cum Machmetgirei magno rerum successum elatus, securius ageret, utroque eo metu levari.
Agis fratris monitis parens, ad prae-
²⁰ scriptum tempus se cum exercitu, quem ad defendendas in tot bellis regni sui fines iam prius coegerat, affuturum omnino promisit.
Qua re intellecta, Mamai continuo
²⁵ regem Machmetgirei monet, ne militem soluta disciplina sub tectis aleret, corrumperetque: sed urbe relicta, in campis potius, ut mos est, degeret.
Cuius consilio acquiescens rex, mili-
³⁰ tem in castra educit. advolat Agis cum exercitu, seque fratri iungit:
atque hi non ita multo post Machmetgirei regem nihil tale timentem, cum Bathir Soltan filio, vigintiquin-
³⁵ que annos nato, prandentem, facto derepente impetu obtruncant, eius-

eingenumen / etliche tag darin gewont /
So schickhet ain ander Nahaiski Fürst mit namen AGIS zu seinem ⁴⁰ brueder MAMAI und strafft den / warumb er jnen allen zu schaden ainen so mächtigen an die ort brächte /
der sich auch ain Herrn uber sy undternemen werde / ⁴⁵

Auf das haben sich die paid gebrüder entschlossen / der AGIS sol mit wievil er müge volckh khumen / so wellen sy sich baid der gehabten ⁵⁰ sorg erledigen /

Agis bestimbt die zeit seiner zukhunfft /

der Mamai sagt zu dem Khünig das volckh sey nit in Steten zu halten / ⁵⁵ wurde damit verderbt / nachdem die yeder zeit im veld zuligen gewont seind / man sol sich zu veld legern / Der Khünig volgt / der Mamai legert sich an das ort da sein Brueder zu ⁶⁰ jme khumen möchte /
die uberfielen den Khünig sambt seinem Sun BATHIR Fünffund zwaintzig järigen am essen / schluegen die baid zu tod / und das maist ⁶⁵

que maiorem exercitus partem fundunt, & reliquos in fugam vertunt:
ac ultra Tanaim, Tauricam usque insequentes, caedunt, fugantque: Praecop civitatem, quam in Chersonesi ingressu esse dixi, obsident: tentatisque omnibus, cum ea nec vi nec deditione potiri posse viderent, soluta obsidione domum redeunt.

Horum ergo opera rex Astrachan regno suo iterum potitus est: viresque regni Tauricae, cum Machmetgirei fortissimo & foelicissimo rege, qui potenter aliquamdiu imperavit, conciderunt.

Machmetgirei occiso, frater eius Sadachgirei, Turcarum imperatoris (cui tum serviebat) auxilio Praecopense regnum occupavit:
qui tum Turcarum moribus imbutus, rarius praeter Tartarorum morem in publico versaretur, neque subditis suis se conspiciendum exhiberet,
a Tartaris, qui hanc insolitam rem in Principe ferre non poterant, eiicitur, inque eius locum ex fratre nepos substituitur.
a quo cum Sadachgirei captus fuisset, nepotem, ne caede in se saeviat, sed a suo sanguine abstineat, senectutis suae misereatur, denique ut privatus reliquum vitae in castro aliquo deducere, nomenque duntaxat regium, tota regni administratione nepoti permissa, retinere possit, supplex orat, & impetrat.

Nomina dignitatum apud Tartaros haec fere sunt. Chan, ut supra dixi, rex est: Soltan, filius regis: Bii,

sein volckh / sovil des nit mocht entrinnen /
und haben den fluchtigen nachgehengt / gar uber den Tanais und zu der Stat Precop / die belegerten sy ain zeit / als sy die mit bedroen oder betaidigen nit mochten erobern / seind sy abgezogen /

damit ist der Khünig von ASTRACHAN wider in sein reich khumen / und die Khünig in Precop an jrer macht ernidert /

Als MACHMETGIREI erschlagen / SADACHGIREI mit hilff des Türckhen dem er lang gedient hat / das Khünigreich uberkhumen /
wie aber der nach Türckischen gewonhait sich gehalten / sich wenig sehen lassen /

ist er wider außgetriben worden / und seins Brueder Sun eingesetzt /

derselb hat den SCHADACHGIREI zu fängkhnuß bracht / der pat den Jungen / damit Er in seim pluet nit wüttet / seines alters sich erparmbte / und vergundte jme als ainer ainschichtigen person etwo in ainem Schloß zuleben / und des Titl aines Khünigs lassen / Er welle sich alles gepiets entschlahen / hat das also erlangt.

Die Namen der wirdigkhaiten seind ungevärlich die / CHAN ist Khünig / SOLTAN aines Khünigs

dux: Mursa, filius ducis: Oiboud, nobilis, vel consiliarius: Olboadulu, alicuius nobilis filius: Seid, supremus sacerdos: homo vero privatus, Ksi. Officiorum vero, Ulan, secunda e rege dignitas: nam reges Tartarorum quatuor viros, quorum consilio in rebus gravibus potissimum utuntur, habent. ex his primus, Schirni vocatur: secundus Barni, tertius Gargni, quartus Tziptzan.

Hactenus de Tartaris:
nunc de Lithvuania, Moscovuiae vicina, dicendum est.

De Lithvuania.

Lithvuania Moscovuiae proxima est.

non autem de sola provincia, sed regionibus illi adiacentibus, quae sub Lithvuaniae nomine comprehenduntur, nunc loquor.
Haec longo tractu ab oppido Circass, quod ad Borysthenem situm est, in Livuoniam usque protenditur. Porro Circassi, Borysthenis accolae, Rutheni sunt,

alii ab his quos supra ad Pontum in montibus habitare dixi.
His nostra tempestate praeficiebatur Eustachius Tascovuitz, (quem cum Machmetgirei rege in Moscovuiam una profectum fuisse, supra dixi) vir belli peritissimus, astutia singulari:

Sun / BY als ain Hertzog / MURSA aines Hertzogen Sun / OLBOUT ain Edl oder Ratsman / OLBOADULU aines Edlmans Sun SEYT wierdt der Obrister Briester genent / KSI ist ain gemainer man / Der ämbter namen / ULAN ist der nechste nach dem Khünig / dan die Khünig haben vier / mit denen sy alle sachen beratschlagen / Der erst haist SCHIRNI, der Ander BARNI, der Drit GARGNI, der Viert CZYPTZAN,
Sovil von Tatern.

Von Litten.

LITHEN das Großfürstenthumb mit seinen zuegehörigen Fürstenthumen und Landen / stoßt an das Moscovitisch gepiet /

von Czircassn / nit die an de[m] Moer / davon hievor gesagt / sonder am Nieper undter Chiow / hinab sitzen / untzt an das Leifflendisch Land / so sich zu Dunenburg an der Duna / welche die Reissen Dwina nennen / anhebt. Dise Czircassen sein Reissen

denen was hievor fürgesetzt / Eustachius Taschcowitz ain anschlegiger listiger Khriegßman / der mit den Tatern vil handlungen und gemain-

qui cum crebra cum Tartaris commercia haberet, saepius tamen eos fudit.

quin & ipsum Moscum, cuius aliquando captivus fuerat, in magna saepe pericula adduxit. Eo anno, quo nos Moscovuiae eramus, miro astu Moscos profligavit: dignaque mihi res visa est, quae hoc loco ascriberetur. Tartaros quosdam habitu Lithvuanico in Moscovuiam deduxit, in quos ceu Lithvuanos, nullo metu Moscos irruituros sciebat. Ipse dispositis loco opportuno insidiis, Moscos ulciscentes praestolatur.

Tartari depopulata parte Sevuerae provinciae, Lithvuaniam versus iter arripiunt: indeque mutato itinere, cum Lithvuaniam tenuisse cognovissent, Mosci Lithvuanos esse rati, mox vindictae cupiditate magno impetu in Lithvuaniam irruunt. qua vastata, cum praeda onusti redirent, ab Eustachio ex insidiis circumventi, ad unum omnes caeduntur.

Qua re cognita, Moscus Oratores ad Poloniae regem, qui de illata sibi iniuria conquererentur, misit. quibus rex: Suos non intulisse, sed iniuriam ultos esse, respondit. Ita Moscus utrinque delusus, damnum cum ignominia ferre coactus est.

Infra Circassos nullae habitationes Christianorum sunt. Ad Borysthenis ostia, Otzakhovu castrum & civitas, quadraginta miliaribus a Circass, quam Tauricae rex non ita

schafft gehabt / und sy doch offt auch geschlagen / und erlegt.

So ist er auch bey dem Moscoviter gewest / die alle auch seinen herrn Khünig offt uberfüert / Des Jars als wir in der Mosqua waren / hat er etliche Tatern auff Littisch geclaidt / auff des Moscoviter Land raisen lassen / er wisste wol die Moscoviter wurden nit underlassen / denen nachzueyllen / hat sich mit seinen leüten in ain halt gestelt / die eyllende Moscoviter zuemphahen /

Als die Tatern ain grossen raub in dem Land SEVERA bekhumen / und auf Litten jren abtzug namen / Moscoviter pald denen nachgeeylt / und ain Raub in Litten gethon / und sich gerochen damit uberladen / und beschwärdt / am wider ziehen hat der Eustachius die emphangen / und alle erschlagen /

der Großfürst schickht sein potn zu dem Khünig in Poln / beschwärdt sich des unrechten / so jme wider den anstand beschehen wär / der Khünig antwort / Seine leüt hetten jme khain unrecht gethon / die Moscoviter aber hetten in Litten schaden gethon / des hetten die seinige gerochen / Also het der Großfürst den schaden sambt dem spot.

Undterhalb der Reissischen CZIRCASSN ist khain Christen wonung meer / aber viertzig meil undterhalb am Nieper / und nit verr ob dem einfaal in das Moer oder

diu Poloniae regi ademptam possidebat. Hanc nunc Turcus tenet.

Ab Otzakhovu ad Albam, circa ostia Thirae, quae veteri nomine dicitur Moncastro, quatuordecim miliaribus ab Otzakhovu, in Praecop quatuordecim miliaribus.

A Cercass circa Borysthenem ad Praecop quadraginta miliaribus. Supra Circassos septem miliaribus per Borysthenem ascendendo, Cainovu oppidum occurrit:
a quo decem & octo miliaribus est Chiovuia, vetus Russiae metropolis:

quam magnificam & plane regiam fuisse, ipsae civitatis ruinae, monumentaque, quae in ruderibus visuntur, declarant. Apparent adhuc hodie in vicinis montibus ecclesiarum, monasteriumque desolatorum vestigia, praeterea cavernae multae, in quibus vetustissima sepulchra, corporaque in his nondum absumpta visuntur.

Ab hominibus fide dignis accepi, puellas ibi ultra septimum annum raro castitatem servare. rationes varias audivi, quarum nulla mihi satisfacit: quibus, mercatoribus abuti quidem, sed abducere minime licet.

Nam si quis abducta puella depre-

gmundts / ist ain Stat genent OZAKOW an dem gestat gegen der Walachei welche die Tatern nit gar lengst von dem Großfürstenthumb Litten genumen / yetzo aber hat der Türck dieselb jnnen /
Von Ozakow untz gehn Weissenburg / das am gmundt des Nister den man Lateinisch TYRAS nent ligt / dieselb Stat nent man auch MONCASTRO hat auch der Türckh innen / seind viertzehen meil / Von Ozakow in Precop viertzehen /
von Czircassn gehn Precop viertzig meil / von Czircassen uber sich nach dem wasser syben meil ist KAYNOW /

aber uber sich achtzehen meyl ist KYOW / die alte Edle der Reissen etwan Haubtstat /
wie die gewest ist / mag man noch von den uberblibnen stumpfen und den wunderbarlichen grebnussen in den pergen und unvertzerten leihen abnemen / an vil ortten daselbstn umb / werden vil öder Clöster und Khirchen gesehen /

Ich hab von glaubwirdigen personen vernomen / das die Maidlen daselbsten selten uber syben Jar kheusch bleiben / khain glaubliche und vernüngftige ursach hab ich nit gehört / den Khaufleuten ist nit verpotten dieselben zu jrem willen zubringen / aber nit zuverfüren /
dan welcher aine understeet zuver-

hensus fuerit, et vita et bonis nisi Principis clementia servatus fuerit, privatur.

Lex etiam ibidem est, qua externorum mercatorum (si qui ibi forte decesserint) bona aut regi cedunt, aut eius praefecto: id quod apud Tartaros & Turcas, in Chiovuiensibus apud se mortuis observatur.

Ad Chiovuiam monticulus quidam est, per quem mercatoribus via aliquanto difficiliore transeundum est: in cuius ascensu, si forte currus aliqua pars frangatur, res quae in curru portabantur, Fisco vindicantur. Haec omnia Dominus Albertus Gastol Palatinus, Vuilnensis regis in Lithvuania vicegerens, mihi retulit.

Porro a Chiovuia ascendendo per Borysthenem triginta miliaribus, Mosier ad fluvium Prepetz, qui duodecim miliaribus super Chiovu Borysthenem influit, occurrit.

Thur fluvius piscosus influit Prepetz. a Mosier autem ad Bobranzko, triginta. Inde ascendendo vigintiquinque miliaribus, pervenitur in Mogilevu, a qua Orsa sex miliaribus abest.

Haec iam enumerata secundum Borysthenem oppida, quae omnia in Occidentali littore sita sunt, regi Poloniae: Orientali vero, Moscovuiae principi subiiciuntur: praeter Dobrovunam, & Mstislavu, quae Lithvuaniae ditionis sunt.

füeren / und betretten wirdt / verleust leib und guet /

Daselbstn haben sy das Recht / welcher frömbder Khauffman daselbstn stirbt / desselben guet gefelt der Herrschafft in gleichen faal herwider / Welcher Khauffman von Chiow bey dem Tatern oder Türckhen stirbt / so beleibt das guet so bey jme gefunden / auch dersel[ben] Herrschafft darin er gestorben ist /

Es ist ain perg daselbst / wan die Khaufleut darauf / als sy dan müssen faren / und ichtes am wagen pricht / das er nit faren mag / so ist das guet auf dem wagen der Herrschafft verfallen /

Das alles hat mir Herr Albrecht Gastold derselben zeit Waivoda zu der Wild / und Stathalter des Großfürstenthumbs Litten / selbs gesagt /

Noch für auf von Chiow dreissig meil ist MOSIER an dem fluß PREPETZ / der zwölf meil ober Chiow in Nieperg laufft /

THUR ain ander Vischreicher fluß / khumbt in Prepetz / Von Mosier gehn BOBRANSCO dreyssig meil / mer uber sich Fünffundtzwaintzig meil / ist MOGILEW das ligt Sechs meil undter ORSSA /

die Fleckhen alle / untzt heer / ligen am Nieper heer dißhalb gegen Nidergang gehörn gehn Litten / was aber an der andern seitten des Nieper ligt / gegen Aufgang ist des Moscoviter / allain DOBROWNA und MSTISLAW /

Traiecto Borysthene quatuor miliaribus Dobrovunam, indeque viginti Smolenzko devenitur. Ex Orsa nobis iter fuit in Smolenczko, & tum Moscovuiam usque.

Borisovuo oppidum viginti duobus ab Orsa in Occidentem miliaribus abest, quod Beresina fluvius, qui infra Bobrantzko Borysthenem influit, praeterlabitur.

Est autem Beresina, ut oculis conspexi, amplior aliquanto Borysthene, ad Smolentzko. Plane puto hunc Beresinam, id quod etiam vocabuli sonus indicare videtur, ab antiquis Borysthenem habitum fuisse.

nam si Ptolemaei descriptionem conspexerimus, Beresina fontibus magis quam Borysthenis, quem Nieper appellant, conveniet.

Lithvuania porro quos Principes habuerit, quando Christianismo initiata fuerit, ab initio satis dictum est. Huius gentis res ad Vuitoldi usque tempora, semper florebant.

Si bellum aliunde ipsis immineat, suaque adversus hostium vim defendere debeant, vocati quidem, ad ostentationem magis quam ad bellum instructi, magno apparatu ve-

zwischen Orsa und Dobrowna geschach die schlacht / davon hievor geschriben ist / in wenig Jarn erwuechs solch groß holtz / das niemandt glauben möcht / das da sovil platz gewest wör / sovil volgkhs mit jren hauffen sich da zusamen zuthuen.

BORISOW ist ain Stat Zwoundtzwaintzig meil von der Orsa heerwerts gegen Nidergang an dem wasser BERESINA des undterhalb Bobransco in Nieper felt /

das wasser an dem ort nach meinem ansehen / ist grösser und praiter dan der Nieper zu Smolensco / und ich acht das dises wasser von den alten der BORISTENES genent ward / dan die baide Namen haben schier ain außsprechn oder laut /
so man des PTOLOMEI beschreibung sicht / wirdt man nachend befinden derselben ainen ursprung umb die ort gesetzt haben.

Der Litten sachen seindt hintzt zu des Witolden zeitn wol gestanden /
wan man yetzo zu veld ziehen sol so khumen sy gleich wol gerüst / auf den bestimbten platz / aber so man weitter verruckhen sol / khumbt ainer nach dem andern zu dem Ober-

niunt: verum delectu habito, cito dilabuntur.

Quod si qui remanserint, hi equis vestibusque melioribus, quibus instructi nomina dederunt, domum remissis, cum paucis quasi coacti, ducem sequuntur. Caeterum magnates, qui certum militum numerum suis sumptibus in bellum mittere coguntur, data duci pecunia, se redimentes, domi remanent:

eaque res adeo dedecori non est, ut militiae praefecti, ducesque publice in conventibus castrisque proclamari faciant, si qui velint, numerata pecunia exautoratos domum redire posse. Tanta autem inter hos quidlibet agendi est licentia, ut immodica libertate non uti, sed abuti videantur, Principumque bona impignorata possideant:

adeo, ut Principes in Lithvuaniam venientes, suis, ni provincialium ope subleventur, vectigalibus ibi vivere non potuerint.

Gentis habitus oblongus, arcumque Tartarorum, hastam vero & scutum Hungarico more gerunt. equis bonis, iisdemque castratis, sine soleis ferreis, quos mollibus coercent lupatis, utuntur.

Vuilna est caput gentis: civitas ampla, intra colles sita, ad confluxum fluviorum Vueliae & Vuilnae. Vuelia autem fluvius aliquot infra

sten / suecht ain ursach / damit er sich außreden mag /
gibt dem Obersten gelt / und bleibt anhaimbs / die armen und die Diennner sollen alles thuen / und welche selbs raysen schickhen das beste von Rossen und Khlaidern widerumb haim /

und das geschiecht nit haimlich oder mit schandn / Man läst das offendtlichen also berüeffen / ob sich yemandt mit gelt von solcher rayß entledigen welle /
und geet also zue / das sy sich der guete jrer Fürsten und Freyhaiten nicht allain prauchen / sonder mißprauchen / sy haben der Fürsten einkhomen so gar in jren henden ain zeit gehabt /
Also wan der Khünig Sigmund in dasselb Land khumen ist / sein aigen gelt des mitbrach[t] ward / zeren müste / allain die Herrn oder Landleut hetten was auß guetem willen dargeben /
gebrauchen sich langer claider / mit dem Pogen auf Tatarisch / Spieß oder Copien und Tartschen / auch Säbln / auf Hungerisch / guete verschnitne Pherdt / unbeschlagen mit geringen pyssen oder Mundstuckhn.
WILD / Lateinisch und Windisch WILNA ist die Haubtstat in Litten / ligt zwischen Pühlen / do die zway wasser VELIA und WILNA zusamen fliessen / die Welia behelt den

---

22 <dt. Text:> mitbracht] ~~mitbrachr~~

	Vuilnam miliaribus, Cronomen influit.
5	Cronom autem oppidum Grodno nomine haud ita dissimili, praeterlabitur, Prutenosque populos quondam ordini Teutonicorum subiectos (quibus nunc Albertus Marchio Brandenburgensis, posteaquam se regi Poloniae subdidit, cruceque & ordine deposito, haereditarius praeest) a Samogitis, eo loci quo Germanicum mare illabitur, dirimit: ubi est oppidum Mumel.
10	
15	nam Germani Cronomen Mumel, patrio vero vocabulo Nemen appellant. Vuilna porro nunc est muro cincta.
20	multa templa aedesque lapideae in ea exaedificantur, in qua episcopalis sedes est, quam tunc Ioannes regis Sigismundi filius naturalis, vir singulari humanitate praeditus, tenebat, nosque in reditu nostro humaniter excepit.
25	Praeterea parochialis ecclesia, & aliquot monasteria, & praecipuum Franciscanorum de observantia coenobium, maximis sumptibus extructum, excellit.
30	Multo plura tamen sunt Ruthenorum templa in ea, quam Romanae obedientiae.
	In Lithvuaniae principatu sunt tres Romanae obedientiae episcopatus:
35	Vuilnensis scilicet, Samogithiae, & Chiovuiensis.

	namen / und felt etliche meil undter der Wild in fluß MUML /
40	also nennen den die Preysen / auf Reissisch NEMEN / Ich acht bey dem Ptolomeo CRONON genent /
45	der schaidt Preissen (des so yetzo Margraf Albrecht von Brandenburg sider er den Teütschen orden abgethon / und sich dem Khünig zu Poln undtergeben / Erblichen als Hertzog jnhat) Von SAMEITEN / da der auch in das Teutsch Moer felt /
50	Die Stat ist jetzmals mit ainer mauer umbgeben /
55	hat vil ansehenlicher Khirchen / und Clöster gemaurt / und ain Bischofflicher stuel / der zeit was Herr Hanns des Khünigs Sigmunden natürlicher Sun Bischove / hielt uns an unserer widerkhunfft wol /
60	In dem einfang da der Khünig oder Fürst sein wonung hat / ist ain Thumbkhirchen / heervornen ain Pharrkhirchen / etliche Clöster und sunderlichen der Parfuesser wol erpaut /
65	aber vil meer seind der Reissischen dann Römischen Khirchen in der Stat /
70	In dem Fürstenthumb und zuegehörigen Landen / seind drey Römische Bischoff da zu der Wild / zu Samathein / unnd zu Chiow /

Rutheni vero episcopatus in regno Poloniae & Lithvuania, aut suis incorporatis principatibus sunt, archiepiscopus Vuilnae nunc degens, Polocensis, Vuolodimeriensis, Lucensis, Pinski, Chomensis, Praemissiensis.

Lithvuani melle, cera, cinere, quibus potissimum abundant, quaestum faciunt, quae magna ab eis copia Gedanum, deinde in Holandiam deferuntur. Picem quoque & asseres ad fabricandas naves, frumentum quoque Lithvuania abunde praebet.

Sale caret, quod venale ex Britannia habet.

Quo tempore Christiernus Daniae regno eiectus, mareque piratis infestum esset, sal non ex Britannia, sed ex Russia portabatur: quo etiamnum utuntur apud Lithvuanos.

Nostra tempestate apud Lithvuanos duo potissimum viri bellica laude clari fuere: Constantinus Knes Ostroski, & Knes Michael Linzki. Constantinus ut plurimum Tartaros fudit: non occurrendo multitudini praedantium, sed praeda onustos sequebatur.

cumque redirent ad eum usque locum, in quo se omni metu solutos, respirandi & quiescendi commodum spacium habere putabant (is locus erat illi notus) cumque eos invadere

Die Reissischen aber seind in dem / und im Polnischen gebiet / der Ertzbischofe wont yetzo in d[er] Wild / Bischove zu Polotzkho / Wolodimer / Lutzkho / Pinsco / zu Khelm / und Premissl /

Die Litten haben jr narung von Hönig / Wachs / Pech / Traid / dartzu machen sy vil Aschen / Preter und manigerlay holtz / zu Schiffen / und anderm gepeu / des sy zu der See oder Moer und am maisten Dantzkha zue füeren verkhaufen /

und vertauschen umb Saltz / das bringt man auß Brithania daheer / Der zeit wie Khünig Cristiern auß Denmarck gewichen / und dasselb Moer der Rauber halben unsicher was / hat man angefangen das Saltz auß Reissen dahin zufüeren / des man sich noch gebraucht /

Bey unsern gedenckhen seind zwen namhaffte Fürsten in der Land ort gewest / der Khnes Constantin Ostroski der gleichwol aines mals von den Moscovitern geschlagen und gefangen worden / aber zuvor und hernach vil glückhs und uberwindung wider die Moscoviter / Walachen / und Tatern gehabt /

Ich bin so glückhsälig nit gewest / das ich den / wie offt ich der zeit Er noch gelebt / in Litten gewest bin / hette mügen sehen /

constituisset, monuit suos, ut sibi ea nocte cibaria pararent. nam se eis nullam ignis copiam in noctem futuram, esse facturum.

Itaque sequenti die continuato itinere, cum Tartari noctu nulla flamma aut fumo apparente, putarent hostes regressos, aut dilapsos, eoque & equos in pascua dimitterent, mactarent, vorarent, & se somno dederent: Constantinus primo diluculo invadens, magnis cladibus eos affecit.

Knes vero Michael Linski, qui cum adolescens adhuc in Germaniam venisset, & apud Albertum Saxoniae ducem eo tempore in Frisia bellum gerentem strenue se gessisset,

ac per omnes militiae gradus magnum sibi nomen peperisset, Germanorumque apud quos adoleverat moribus imbutus, in patriam rediisset, apud Alexandrum regem magna authoritate ac summo loco fuit: adeo ut rex arduas quasque res ex eius iudicio ac arbitrio constitueret.

Accidit autem, ut cum Ioanne Savuersinski Palatino Trocensi, regis causa in dissensionem veniret, ubi compositis tandem rebus, in vita regis omnia quieta inter illos manebant: at mortuo rege, manebat Ioanni alta mente repositum odium. nam ex eo privatus erat Palatinatu.

Dan Khnes Michael Linskhi der in seiner jugent bey Hertzog Albrechten von Saxen der zeit derselb den Khrieg in Friesland füerte / gedient /

derselben zeit sich khain Knesen / sonder Pan Michael lassen nennen / hat sich aller ehrlichen sitten und Ritterspyl angenumen / und was Khriegßsachen / Rennen / Stechen / Ringen / Springen / auch zu khurtzweil mit Tantzen und aller höfligkhait undterfangen / und damit für ander den rhuem gehabt / bey dem Großfürsten Alexander / der nach seinem Brueder Hanns Albrechten Khünig zu Poln worden / ist dermassen gehalten / das er die vorderist und höchste steel / und das vertrauen gehabt /

So hat es sich begeben / das auß seinem bevelch umb Habern des Khünig Pherdten gehn Trokhi geschickht ist worden / des Hanns SAWORSINSKI als VOIWODA daselbstn (vier meil von der Wild) des zum ersten gestatt mit betroung dem Wagenknecht / sol nimer khu-

men / oder er wurde geschlagen /
Solches was dem Khnes Linski ge-
sagt / der schickht hinwider der Fue-
rman ward geschlagen / und bracht
khain habern / Der Woivoda kham
geen der Wild / wie er in des Khünig
zimer geet / so ist der prauch der
Großfürsten daselbsten / wan solche
grosse Ambtleut khumen / das sy
gegen jnen auf stehen / und etliche
trit entgegen khomen / Alexander
aber kheert sich umb / und legt sich
in ain fenster. Der Hertzog Michael
stuend auch im zimer / da redt der
Saworsinskhi laut / Er merckhte die
ungnad / wiste doch nit / mit wen er
die verschuldt hette / dan sagt der
Knes Linskhi / wie es mit des Khü-
nigs Wagenkhnecht und Habern er-
gangen was / der wolt sich vil ent-
schuldigen / der mainung / als hette
er des Khünigs nutz damit betracht /
Darauf spricht der Khünig / Ich
bedarf khains Gerhaben / hab meine
jar / darnach gieng der Saworsinskhi
wider auß / und die ungnad blib der-
massen / das er der Woyvodschafft
und noch aines Ambts entsetzt ward
/ so doch die Woyvodschafft auf
lebenlang on verwürchung bleiben /
der Sawersinskhi hette noch das drit-
te Ambt / er und seine freundt sorg-
ten / wurde auch davon gestossen /
fanden in Rat / sol sich mit Hertzog
Michaeln vertragen / das geschach /
damit ist er bey dem dritten Ambt /
aber der grol in seinem hertzen
bliben / Es begab sich das der Khü-
nig khranckh was / und die Tatern
khamen / mit grossem Hoer in das

	Land / der Khünig muest nach jrer gewonhait antziehen / wardt mit gefürt / Al sachen warden Knes Michaeln / und ainem herrn Schißkha genant bevolhen / der selb erkhranckht auch / also das alle handlung auf den Knes Michaeln fiel / in Summa die sach ward wol und glücklich verricht / Die Tatern waren so harrt als vor nie geschlagen / den Khünig fürt man wider nach der Wild / starb aber undter wegen. Da erschin das Sawersinskhi erhaltner haß / schalt den Knes Linskhi ainen verräter des Vatterlands /
Tum ipse & complices, atque amici, apud Sigismundum regem, qui Alexandro successerat, crimine affectati imperii, ab aemulis quibusdam delatus est, & proditor patriae nominatus.	Er und seine freundt schickhten auch zu des abgestorbnen Khünigs brueder Hertzog Sigmunden zu grossen Glog / dem zaigten sy an / Knes Michael stelte nach dem Großfürstenthumb / derhalben sol er eylen und khumen / als auch Hertzog Sigmund nit feyrte / und raist nach Litten / Knes Michael kham dem entgegen / als mit Achthundert Pherdten / erkhent da sein natürlichen Herrn / und thet als recht und billich was /
Cuius iniuriae Knes Michael impatiens, cum saepe regem appellasset, rogassetque ut communi iudicio, quo tantum crimen a se depellere posse dicebat, causam inter se & Savuersinski actorem discerneret:	Wie Hertzog Sigmund das Großfürstenthumb eingenomen / Rüfft Knes Michael wider den Sawersinskhi umb verhör und Recht an / Der groß Hertzog verschub die sachen gehn Craccaw / dan der was nunmals zu Khünig in Poln erwelt / Als der Khünig gehn Craccaw kham / ruefft Michael widerumb verhör an / die sach wardt aber auß etlichen fürgebnen ursachen wider gehn der Wild verschoben /
cumque rex illius petitione locum	des sich der Knes Michael zum

non daret, in Hungariam ad Vuladislaum regis fratrem proficiscitur: a quo literis & Oratoribus, quibus ad cognoscendam suam causam rex admonebatur, impetratis, tentatisque omnibus, cum causae suae cognitionem a rege impetrare non posset, indignitate rei permotus Michael, tale facinus se aggressurum, regi dixit, quod ipsi sibique aliquando foret moerori.

At cum domum iratus se recepisset, quendam ex suis hominem sibi fidum, cum literis mandatisque ad Moscovuiae Principem mittit.
Scripserat autem, si Princeps securam liberamque ad se vivendi copiam, datis in hanc rem literis, atque addito iuramento, sibi promitteret, eaque res honori emolumentique sibi apud Principem foret, se castris quae in Lithvuania possideret, aliisque vi aut deditione occupatis, ad se deficere velle.
Eo nuncio Moscus, qui viri fortitudinem & dexteritatem cognitam haberet, mirifice exhilaratus, omnia quae a se Michael peteret, datis ut volebat literis, iuramentoque addito, se facturum recepit.

Rebus ita apud Moscum ex sententia confectis, Michael ulciscendi libidi-

höchsten beschwärdt / und derhalben gehn Hungern zu Khünig Wladislao umb befürderung zum Rechten gezogen / Derselb Khünig hat ain sondere ansehenliche Potschafft zu seinem Brueder geschickht / gleichwol nichts außgericht / Knes Michael sprach zu seinem Khünig / wirdestu mir nit des Rechtens gestatten / und verhelffen / so würde ich thuen das mir und dir layd wurde / solche reden seind mit ainem muff in windt geschlagen worden /
darüber hat Knes Michael seinen Potten zu Basilio dem Großfürsten in die Mosqua geschickht /

mit antzaigen der ursachen / warumb er sich jme sambt den Schlössern die er in Litten hette oder uberkhäme ergeben wolt / mit bit jme glaidt und sicherhait zugeben / damit er frey undter jme wonen möcht /

die Brief mit bestättung des Ayds / waren nach dem pösten gestelt / und geschickht. Der Basilius was erfreidt / das er ain solchen man uberkhomen möcht /

Nach emphangnen brief / beruefft Knes Michael seine Brüeder und Freundt / gab denen sein vorhaben zuvernemen / und beschlossen / auf welche des Sawersinski freund ain yeglicher ziehen und erschlagen sol / Er selbs name den Rit auf den Sawersinski / den betrat er in ainem

ne flagrans in Ioannem Savuersinski, qui tum in villa sua circa Grodno erat (in qua ego postea semel pernoctavi) toto impetu fertur, eumque ne elabi posset, dispositis circum aedes militum stationibus, immisso percussore quodam Mahumetano, in lectulo dormientem opprimit, obtruncatque:

qua re peracta, ad castrum Miensko cum exercitu progressus, vi illud, aut deditione occupare nitebatur: sed Miensko occupatione frustratus, alia subinde castra oppidaque aggressus est. Interea cum regis in se copias advenire, seque illi longe imparem esse intelligeret, obmissa castrorum oppugnatione, in Moscovuiam se contulit:

ubi a Principe honorifice exceptus est. nam Lithvuaniam illi parem non habere sciebat. Unde magnam de eo spem concoeperat, se eius consilio, opera, industria, universam Lithvuaniam posse occupare.

qua spe haud prorsus frustratus est. Nam communicatis cum eo consiliis, Smolenzko insignem Lithvuaniae principatum denuo obsedit, & eam viri huius industria magis quam viribus caepit. Unus enim Michael, militibus qui in praesidio erant, omnem urbis defendendae spem, sua praesentia ademit: eosque & metu & pollicitationibus, ut castrum proderent, permovit.

Quod eo audacius maioreque studio faciebat, quoniam Basilius, si Michael Smolenzko quacunque arte potiri posset, se castrum cum provincia

offnen Hof zu Grodno am Nemen / (Ich bin wol in demselben Hof darnach beherbergt gewest) stösst die thüer an seiner Camer auf / und last ainen Tater hinein / der dem das haubt im Pett abschlueg / seine Freund verrichten nichts /

Auf das wiste Knes Michael wol / wie es volgen wurde / Er legerte sich für ain Schloß MIENSCO genant / bin auch selbsten durchgetzogen / als Er aber das mit dronussen und thadingen nit mocht bekhumen / und das Land wär im antzug wider jn / verließ das Schloß / und zohe in die Mosqua /

der Großfürst emphieng den ehrlichen / dan Litten hette der zeit seines gleichen nit / verhoffte durch jne gantz Litten zubekhumen /

pald ward beschlossen / SMOLENSCO widerumen zubelegern / die dienstleut darinnen / khendtn Knes Michaeln wol / Er khundte auch mit jnen handlen / und bracht sy dahin / damit sy dasselb auffgeben haben /

er prauchte auch umb sovil meer vleiß die dienstleut zu solchem zubewegen / dann der Großfürst sagte

adiacente perpetuo sibi concessurum promiserat.

Quibus tamen promissis adeo ille postea non stetit, ut Michaelem de pactione se appellantem, vana tantum spe lactaret, atque illuderet.

Qua re vehementer Michael offensus, nondum abolita e pectore Sigismundi regis memoria, cuius gratiam, opera amicorum quos in eius aula tum haberet, se facile consequi posse sperabat, ex suis quendam sibi fidum ad regem mittit, seque, si quae gravius in se commisisset, condonaret, rediturum pollicetur.

Grata haec legatio regi fuit: nuncioque continuo publicae fidei, quas petebat, literas dari mandavit. Verum cum Michael literis regiis non prorsus fideret, quo tutius redire posset, a Georgio Pisbeck & Ioanne de Rechenberg, equitibus Germanis, quos ea authoritate apud regem, eiusque consiliarios esse sciebat, ut regem vel invitum possent ad servandam fidem cogere, similes literas efflagitavit, impetravitque.

Sed cum eius rei nuncius in Mosci custodias incidisset, captusque esset, re patefacta, Principique celeriter si-

zue / wolte jme das Fürstenthumb erblichen geben /

Nach ubergebung Smolensco hat Knes Michael etliche mal den Großfürsten des zuesagens vermant / und umb voltziehung angehalten / aber allain mit guetem trost den undterhalten /

das den beschmertzte / und die guete seiner vorigen Fürsten noch in der gedechtnus hette / verhofft durch seine guete freundt bey Khünig Sigmunden noch gnad zuerlangen / schickht umb glaidt / mit erpiettung sein verschulden mit treuen zuerstatten /

die Potschafft was dem Khönig angenäm / [u]nd sagte Herrn Georgen Wispeckhen / und Herrn Hannsen von Rechenberg / die neben jme des Khünigs brüeder gedient hetten / solch glaidt zue / das sy jme solche sicherhait bestättn sollen /

Der Potte warde zu jme abgeferttigt / und ainer auß des Khünigs Räten / der dem Knes Michael gram was / und besorgte / möcht in sein vorige wirde khumen / schickht ain haimlichen Potten zu dem Moscoviter / und verkhundt jme die handlung /

gnificata, Michael Principis iussu capitur.

Eodem tempore nobilis quidam ex Trepkonum familia, adolescens Polonus, a Sigismundo rege ad Michaelem Moscovuiam missus erat: qui ut mandata regis commodius exequi posset, perfugam se simulabat.

Is quoque haud meliore fortuna usus, a Moscis capitur: & cum perfugam se diceret, neque sibi fides adhiberetur, adeo arcani continens fuit, ut etiam graviter tortus, id non revelaret.

Porro cum Michael captus, in conspectum Principis in Smolenzko adductus fuisset:

Perfide, inquit, digna te pro meritis poena afficiam.

ad quae ille: Perfidiae crimen, quod mihi impingis, non agnosco. nam si tu mihi fidem promissaque servasses, fidelissimum me in omnibus servitorem habuisses. sed cum te eam floccifacere, meque a te insuper eludi viderem, grave mihi in primis est, ea quae animo in te concoeperam, me exequi non potuisse.

mortem ego semper contempsi, quam vel ea causa libenter subibo, ne vultum tuum Tyranne amplius conspiciam.

der Pot so zu dem Knes Michael geschickht was ain Polnischer Edlman des namens TREPKA

ward auf solche verkhundtschaftung gefangen / jämerlichen gemarttert / auch getödt / aber der potschafften khaine offenbaren wellen /

sonder auf dem bestanden / er wäre auch vom Khünig abgezogn / wolt Knes Michaeln dienen /

Knes Michael rüst sich zu der Rayß /
wardt aber in der flucht gefangen / für den Großfürsten gehn Smolensco bracht /
sprach der Fürst du untreuer oder monaidiger / ich wil dir nach deinem verdienst den lohn geben /
Darwider spricht der gefangen / Ich bekhenn mich khainer untrew oder monayds / hettest du mir dein Ayd gehalten / du hettest ain treuen undterthon an mir gehabt / Als ich aber gesehen / das du mich darneben auch verspottet hast / so ist mir laid / das ich mein fürnemen wider dich nit verbringen mügen /
ich hab den tod nie gefürcht / und noch nit /

8 <dt. Text:> offenbaren] offenwaren

Deinde Principis iussu in magnam populi frequentiam in Vuiesma abductus, ubi supremus belli Praefectus proiectis in medium gravibus, quibus vinciendus erat, cathenis:

Princeps te, inquit, Michael maxima (ut scis) dum fideliter servires, gratia prosequebatur. Postquam autem proditione fortis esse voluisti, hoc te secundum merita tua munere donat.
simulque cum dicto, cathenas illi iniici iubet.
qui dum ita spectante multitudine cathenis constringeretur, ad populum conversus:
Ne captivitatis, inquit, meae falsa apud vos fama spargatur, quid fecerim, curque captus sim, paucis aperiam: ut vel meo exemplo, qualem Principem habeatis, quidque quisque vestrum de eo sperare debeat, aut possit, intelligatis.
Ita orsus, totius sui in Moscovuiam itineris rationem, quaeque Princeps scriptis literis, addito iuramento, sibi promisisset, neque ulla ex parte promissis stetisset, referebat.
Cumque sua de Principe expectatione falsus esset, voluisse denuo in patriam redire:
ideo se captum esse. qua iniuria cum praeter meritum afficeretur, mortem se non magnopere refugere, praesertim cum sciret, communi lege naturae omnibus aeque moriendum esse.
Et cum corpore valido, ingenioque ad omnia versatili esset, multum

ain mal mueß ich ye sterben / die seel aber steet in deiner macht nit /
Darnach wardt er gehn Wiesma gefüert / da ain grosser thail des Hoers lag / wardt undter die menig bracht / so khumbt der Oberste Haubtman / dem trueg man groß Eisnene Khetten nach /
der spricht / Michael weil du dem Großfürsten wol gedient hast / hat er dich mit gnaden bedacht / yetzo aber so schickht er dir seine gaben nach deinem verdienst /
und last die Khetten vor sein niderwerffen /
So redt Knes Michael offendlichen gegen dem volckh /

damit jr ware ursachen meiner gefengkhnuß wissen habt / Ertzelte die gantz History und schleust / das zaig ich darumben an / das jr eurn Herrn / wie er ist erkhennet / und was Ewr yeglicher von jme gewartund sein mag /
so er mir sein Ayd und zuesagen nit gehalten /

hab ich mich fliehender gegen haimwerts gericht /

und also an der flucht gefangen worden / Ain mal waiß ich wol / das wir alle sterben müssen / daran mir gar nit graust /

etiam valebat consilio, feriis iocosisque rebus aeque idoneus, planeque (ut aiunt) omnium horarum vir: qua animi dexteritate multum sibi gratiae authoritatisque apud omnes, Germanos praesertim, ubi educatus fuerat, conciliaverat.

Tartaros, Alexandro rege imperante, insigni clade profligaverat: neque a Vuitoldi morte, Lithvuani tam praeclaram a Tartaris victoriam unquam reportarunt. Hunc Germani voce Bohemica, Pan Michael vocabant:

qui cum, ut homo Ruthenus Graecorum in fide ritum ab initio, eoque post obmisso, Romanum sequutus fuisset, quo Principis in se iram indignationemque leniret, mitigaretque, in vinculis denuo Ruthenicum assumpsit.

De eius liberatione, nobis in Moscovuia existentibus, multi praeclari viri, in primis autem Principis coniunx, quae sibi ex fratre neptis erat, apud Principem laborabat.

intercedebat pro eo etiam Caesar Maximilianus, literasque speciales in priore mea legatione ad Principem nomine suo dederat:

quibus tamen usque adeo nihil effectum est, ut mihi tum nec aditus ad se pateret: imo ne videndi sui copia dabatur. In altera vero legatione,

Er was nach Reissischem sitten getaufft / aber den Römischen glauben in Teutschen Landen angenumen / In der fängkhnuß verhofft er ain gnad zuerlangen / nam wider den Reissischen glauben an /

in Erster Potschafft hab ich bevelch gehabt / seiner erledigung halben zuhandlen / und sein person dem Khaiser Maximilian zuerlangen / ward mir geantwort / weyl er den Reissischen glauben wider angenumen / wolt dem Fürsten nit gebüren den in ain andern glauben zugeben / man vergont mir auch nit mit jme zureden / oder den zusehen / Als ich aber zum andern mal hinein geschickht ward /

und der Großfürst sein Ehelichs weib von sich schaiden / und in ain Closter stossen lassen / des Knes

cum forte de liberatione eius tracta-
retur, saepius a Moscis interrogabar,
an hominem novissem? quibus equi-
dem, quod in rem suam fore puta-
bam, nomen me duntaxat eius ali-
quando audivisse, respondi.

Michael brueder / Knes Basily des
plinten Tochter genumen hette /
handlet man seiner erledigung hal-
ben / Ich was von etlichen Erlichen
leuten in Poln erpetten / dem gefang-
nen was guets so ich möchte zu
thuen / bin offt seinethalben gefragt
worden / ob ich jne Knes Michaeln
khente / hab meines verstands dem
nichts pessers thuen khünnen / dan
das ich gesagt / ich khente den nit /
hab gleichwol hievor zu Khaiser
Maximilians zeiten bevelch gehabt /
von seind wegen zuhandln / aber
jetzmals nichts / damit ich jme sein
sach nit verhinderte / unnd khain
verdacht machte /

Atque Michael tum liberatus ac
dimissus fuit:

Er was ledig gelassen /

und jme vil personen zuegeordent /
die meer sein gehuet / weder das sy
jme dieneten /

cuius neptim Princeps, vivente ad-
huc priore uxore cum duxisset,
tantam spem in eo ponebat, ut filios
suos illius virtute a fratribus in regno
tutos fore crederet: tutorem denique
filiorum suorum testamento institue-
rat.

und die ursach seiner erledigung was
/ das der Großfürst bedacht / wan er
khinder uberkhäme / so wurden sei-
ne brueder der er noch zwen hette /
seine khinder nit Eelich sein / und zu
der herrschung wellen khumen las-
sen / Die khinder möchten durch
schickhlichkait jres vettern Knes Mi-
chaeln darbey erhalten werden / hat
auch jne neben etlichen andern zu
Gerhaben verordent.

Mortuo dein Principe, viduam lasci-
vientem cum identidem increparet,
proditionis crimine ab ea insimula-
tus, captusque infoelix moritur.

Nach absterben des Großfürsten hat
die witbe sich nit rechtgeschaffen
gehalten / darum er sy als sein na-
hende Muem etlich mal angeredt hat
/ Sy jne für ain verräter jrer khinder
angetzaigt / und damit wider in

Qua re patrata, non longe post, ipsam quoque ita saevientem, veneno sublatam: adulterum vero Ovutzina dictum, in partes laniatum ac dissectum aiunt.

Vuolinia, inter Lithvuaniae principatus, gentem bellicosiorem habet.

Lithvuania admodum sylvosa est. paludes ingentes, & multos fluvios habet: quorum alii, ut Bog, Prepetz, Thur & Beresina, Orientem versus Borysthenem illabuntur.

alii vero, ut Boh, Cronon, & Narevu, Septentrionem versus decurrunt.

Coelum inclemens, animalia omnis generis parva habet: frumento quidem abundat, sed seges raro ad maturitatem pervenit.

Gens misera, & gravi servitute oppressa. Nam ut quisque famulorum caterva stipatus, domum coloni alicuius ingreditur, impune quidvis facere, res ad vitae usum necessarias rapere, absumere, crudeliter etiam colonum verberare licet.

Colonis quavis de causa ad dominos suos absque muneribus aditus non patet. quod si etiam admittantur, ad Officiales & Praefectos relegantur: qui nisi munera accipiant, nihil boni decernunt, constituuntve.

fängkhnuß genumen / darinn er armklichen gestorben /
Nit lang darnach hat man jr auch mit gifft hingeholffen / und jren anhang OWTZINA in stuckhe zerhackht.

Litten hat vast grosse wälder vil See und gemöser / darauß grosse wasser / der Bog / Prepetz / Thur / und Berisina lauffen / in Aufgang und in Nieper /
Aber die Boh / Nemen / Narew / und Dwina gehn Mitternacht in das Preissisch Moer /
hat ain unbarmhertzigen himel / alles jr viech ist vast clain / Traidt haben sy wol vil / khumbt aber nit alle mal zu rechter zeitigung / also das man die garben in Stubnen dartzue gericht drugkhnen und zeittigen mueß lassen /
ain armbs volckh mit herter dienstperkhait behalten / Wann ain geweltiger in aines armen Paurn hauß khumt der nimbt was essend sachen sein / und was er wil / umb sonstn schlecht dartzue den armen man / wan der nit herfuer geben wil /
darumb seind die Dörffer gemaingclichen ab von der strassen /
der Undterthon thar zu seinem Herrn on ain vereherung nit khumen / so sy dan bringen / schafft man die / an die NAMESTNICK / das seind Phleger oder die ansehenlicher aber recht

---

23 <dt. Text:> behalten] behaltan

Neque vero haec solum tenuium ratio est, sed etiam nobilium, si a proceribus impetrare quippiam volunt.

Audivi a quodam primario Officiale apud Regem iuniorem, qui dixit, Unumquodque verbum in Lithvuania aurum esse.

Regi quotannis imperatam pecuniam pro defendendis regni finibus pendunt.

Dominis, praeter censum, hebdomadatim sex dies laborare:

Parocho denique ducta, vel mortua uxore, liberis similiter natis, aut vita defunctis, eo quo confitentur tempore, certam numerare pecuniam coguntur.

genent Stathalter / den müssen sy auch geben /
Solches ist auch nit allain undter den Paurn / ja die armen Edlleut / wan sy zu den mechtigen khumen one gaben / werden selten gehört / oder fürgelassen /
Ich hab von ainem Khünigclichen Hofmaister gehört / der sprach / ain jeglich wort in Litten ist gold / also zuversteen / man hört khain / man fürdert khain / on gab /
Die armen leüt geben dem Khünig oder Großfürsten järlichen den vierdung / nemen sy zwelff groschen von ainer hueben / die Gränitzen darvon zubewaren /
jren Herrn den ordenlichen Zinß / wan dann der Herr gesst oder Hochzeit hat / gehn Hoff oder anderstwohin raysen sol / legt man auf ain Dorff sovil Gens / Huener / Lemper / oder anders /
Sechs tag in der wochen dem Herrn arbaitten /
Darumb seind gemaingclichen zween wirt im hauß / der ain dem Herrn / der ander für das hauß arbait /
dem Pfarrer mueß er geben wan er ain weib nimbt / oder jme die stirbt / wan jme ain khind geborn wirdt oder stirbt / dan zu der peicht /
das gleich ainen verwundern / oder für unglaublich halten sol / wie die armen also bleiben mügen / Morgen so hebt der Tater oder Moscoviter den mit weib und khind / es ist ain

---

30 <dt. Text:> wan er] wan ~~es~~

Tam dura porro servitute a Vuitoldi tempore in hunc usque diem detinentur, ut si quis forte capite damnatus fuerit, de se ipso, iubente domino, supplicium sumere, suisque manibus se suspendere cogatur.
quod si forte facere recusaverit, tum crudeliter caesus, atque immaniter excarnificatus, nihilominus suspenditur.
Hac severitate effectum est, ut si Iudex aut Praefectus in re praesenti constitutus, reo moram forte nectenti, minatus fuerit, aut solummodo dixerit, Festina, dominus irascitur: tum miser gravissima verbera extimescens, laqueo vitam finit.

De feris.

Feras habet Lithvania, praeter eas quae in Germania reperiuntur,

Bisontes, Uros, Alces, quos alii onagros vocant, equos sylvestres.
Bisontem Lithvuani lingua patria vocant Suber: Germani improprie Aurox, vel Urox: quod nominis uro convenit, qui plane bovinam formam habet,

so schwäre dienstperkhait / uber das arm volckh /
Von zeitten des grossen Witoldts khumen / Wan ainer zum todt erkhent wirdt / so mueß er sich selber hengkhen /

thuet er das nit so wirdt er so jämerlichen geschlagen / das jme der tod ringer ist / dennocht mueß er sich henckhen /
so dan ainer langsam darmit umbgehet / spricht ainer / sol eylen / der Herr sey zornig / damit so thuets der arm mensch / fürcht die schleg und hengt sich.

Wilde thier so man in dem Littischen zuegethonen Landen / ausserhalb der so in Teütschen Landen seind /

die sy nach jrer sprach nennen SUBER / der in Latein BISONS genent wirdt / aber wir Teutschen wellen den ain Aurochsen nennen / So ist doch in der maß ain thier / des sy nennen THUR in Latein URUS / des wir Teutschen Bisont / gleichwol unrechtlich nennen / dann dasselb ain rechter Wilder Ox ist / aller gestalt nach /
seind gantz guet schwartz / allain am ruckhgrad ainen grablaten strich nach der leng.

DE FERIS ./. 353

cum bisontes specie sint dissimilima.

Iubati enim sunt bisontes, & villosi secundum collum & armos, barba quadam a mento propendente.
pilis muscum redolentibus, capite brevi, oculis grandioribus, & torvis, quasi ardentibus, fronte lata: cornibus plerunque sic diductis & porrectis, ut intervallum eorum tres homines bene corpulentos insidentes capere possit:
cuius rei periculum factum perhibetur a rege Poloniae Sigismundo, huius qui nunc regnat Sigismundi Augusti patre, quem bene habito & firmo corpore fuisse scimus, duobus aliis se non minoribus sibi adiunctis.

Tergum ipsum ceu gibbo quodam attollitur, & priore & posteriore corporis parte demissiore.

Qui venantur bisontes, eos magna vi, agilitate & solertia praeditos esse oportet.

Der SUBER aber hat khain gleichnuß mit dem Oxen

das haubt khurtz / ain gar praite stiern / die hörner weit ausgeworffen / und dan wider hertzue / zu der wehr oder khampff gericht / man hats so groß gefunden / das jr drey grosser mannen entzwischen sitzen mügen /

so sein die hörner khürtzer und dickher /
und ist der Suber vornen vil höher weder am hindern thail /

vornen mit langem haar / auch undter der khin / als partet / und am kamp auch langhärig / hat ain grobs herts haar / nit so schön schwartz als der Thur / darumb acht ich der Suber sey der Bisont / wie der auch in Latein genent wirdt / das ander Thier der Thur des namen sich mit Lateinischen und Moscovitischen sprachen vergleicht. AUR oder UROX sey / wie dan in Schweitz das ort Uri genant / desselben Thiers khopf auch Schwartz mit gleichen Oxenhörnern füert.

Deligitur locus venatui idoneus, in quo sint arbores iustis diremptae spaciis, truncis nec crassis nimis, ut facile circumiri possint: nec parvis, ut ad tegendum hominem sufficiant. Ad has arbores singuli venatores disponuntur,
atque ubi canibus persequentibus exagitatus bisons eum in locum propellitur, qui primus ex venatoribus sese profert, in eum magno impetu fertur. At is obiectu arboris sese tuetur, & qua potest percutit venabulo feram: quae ne saepius quidem icta cadit, sed incessa magis ac magis rabie, non tantum cornua, sed etiam linguam vibrat: quam ita scabram & asperam habet, ut venatorem solo vestis eius attactu comprehendat & attrahat: nec ante relinquat, quam occidat. Quod si quis forte circumcursitando & feriendo delassatus respirare cupit, is ferae obiicit pileum rubrum, in quem & pedibus & cornibus saevit. Si vero alteri in idem certamen non confecta fera descendere libet, ut fieri necesse est, si salvi illinc abire velint: is eam facile in se provocat, si vel semel sono barbaro Lululu succlamarit.

Uros sola Masovuia Lithvuaniae contermina habet: quos ibi patrio nomine Thur vocant, nos Germani proprie Urox dicimus. Sunt enim vere boves sylvestres, nihil a domesticis bobus distantes, nisi quod omnes nigri sunt, & ductum quen-

So man den Suber jagt / stelt man Personen an die Pam ainer gleichmässigen größ / die nit zu dün noch zu dickh sein /

wan dan die hund die jagen / und ertzürnen / So tritt ainer neben des Pam herfür / und schreit lu / lu / lu / dan laufft er den zue der tritt hinder den Pam am furlauff / sticht der mit dem Spies / der wendt sich herwider / understeet den vom Pam zubringen / darumb mueß der ain gelegnen Pam haben / wan das mit der scharphen zungen sein khlaid begreifft und bekhumen mag / ist der gewiß todts aigen / wan sich schickhen khan / gibt dem vil stich / der es vill ehe es felt erdulten mag / so der aber müed wirdt / mag sein rottes huettl von sich werffen / so wuet das Thier in huet / der ander so auch an ainem Pam gestelt / gibt sich wie der erst herfür / dan so laufft es den selben an /

mit solcher mas felt man das Thier man sagt das es Roß und man in alle höhe seiner sterckhe nach würfft.

DE FERIS

dam instar lineae ex albo mixtum per dorsum habent. Non est magna horum copia: suntque pagi certi, quibus cura & custodia eorum incumbit: nec fere aliter quam in vivariis quibusdam servantur. Miscentur vaccis domesticis, sed non sine nota. Nam in armentum postea, perinde atque infames, a caeteris uris non admittuntur: & qui ex eiusmodi mixtione nascuntur vituli, non sunt vitales. Sigismundus Augustus rex mihi apud se oratori donavit exenteratum unum, quem venatores eiectum de armento semivivum confecerant: recisa tamen pelle, quae frontem tegit. quod non temere factum esse credidi, quanquam cur id fieri soleret, per incogitantiam quandam non sum percontatus. Hoc certum est, in precio haberi cingulos ex uri corio factos. & persuasum est vulgo, horum praecinctu partum promoveri. Atque hoc nomine regina Bona, Sigismundi Augusti mater, duos hoc genus cingulos mihi dono dedit: quorum alterum serenissima Domina mea Romanorum Regina, sibi a me donatum, clementi animo accepit.

Quae fera Lithvuanis sua lingua Loss est, eam Germani Ellend, quidam Latine Alcen vocant: Poloni volunt onagrum, hoc est asinum agrestem esse, non respondente forma.

LOSS ist auch ain Thier / nit allain in Litten / sonder auch in Preyssen und Reyssen / das wier Teutsche ELLEND nennen / in der Latein vermainen / etliche als Poln sol ONAGER haissen / der nam hievor ain wald oder wilder Esl verteutscht wardt / das ist nit /
dan dasselb umb der gespalten khloen und hörnern willen nit sein khan / es ist bey mein zeitten aines

Sectas enim ungulas habet: quanquam & quae solidas haberent, repertae sint. sed id perrarum est.

Animal est altius cervo, auribus &
naribus prominulis, cornibus a cervo
nonnihil diversis,
5 colore item magis ad albedinem
tendente.
Cursus est velocissimi: non quo
caetera animalia modo, sed gradarii
instar. Ungulae, tanquam amuletum,
10 contra morbum caducum gestari
solent.
  In desertis campis circa Borysthenem, Tanaim & Rha, est ovis
sylvestris, quam Poloni Solhac, Mosci Seigack appellant, magnitudinis
15 capreolae, brevioribus tamen pedibus: cornua in altum porrecta, quibusdam circulis notata, ex quibus
Mosci manubria cultellorum transparentia faciunt: velocissimi cursus, &
20 altissimorum saltuum.

Samogithia proxima Lithvuaniae

gefangen worden / mit gantzen oder
ungespaltnen khloen 25
Aber ander wöllens ALCES achten /
ist meines achtens auch nit / dan
Alces sollen sich nit mügen legen /
weil die wie davon geschrieben ist
khain gengig glyd haben / da findt 30
man das widerspil /
den sy haben alle glider wie die
Hirschen /

des khloen praucht man für den 35
hinfallenden Siechthumb / es ist
resch / laufft aber nuer den Zellt.

  Wilde Pherdt find man auch / die
nimmer zu der arbait mügen ertzo- 40
gen werden / der gemain man isst
die / seind gemainclich alle falb / mit
Schwartzn strichen nach dem ruckhen.
  WOLIN ist ain stuckh oder ain 45
Land ort / Zu Lythen gehörig / darin
die streitparisten Völckher für andere der ende sich gegen Mittag lendend.
  SAMAITHN das man Lateinisch 50

est provincia, in Septentrionem ad mare Baltheum, quae Prussiam quatuor miliarium Germanicorum spacio a Livuonia dividit: nullo oppido, aut castro munito insignis.

huic ex Lithvuania a Principe Praefectus, quem sua lingua Starosta, quasi seniorem appellant, praeficitur. neque temere is, nisi gravissimas ob causas, officio movetur: sed quoad vivit, perpetuo manet.

Episcopum habet Romano Pontifici subiectum.

In Samogithia hoc in primis admirandum occurrit, quod cum eius regionis homines procera utplurimum statura sint, filios tamen alios corporis magnitudine excellentes, alios perpusillos, ac plane nanos, veluti vicissitudine quadam, procreare solent.

Samogithae vestitu vili, eoque ut plurimum cinericio utuntur.

In humilibus casis, iisque oblongioribus vitam ducunt, in quibus ignis in medio conservatur: ad quem cum paterfamilias sedet, iumenta, totamque domus suae supellectilem cernit.

Solent enim sub eodem, quo ipsi ha-

SAMOGITHIA / und nach Reissischer sprach SAMOTZKA SEMLA genent wirdt / ist das nächst Land an das Fürstenthumb Lithen gegen Mitternacht / gehört auch zu dem selben Großfürstenthumb / und raint gar an das Moer / der ortten bey vier meyl prait / thailt Preissn und Leifland / hat khain namhafft Schloß noch Stat gehabt / es wäre dan syder was darin erpaut worden /

Der oberste von Großfürsten darin verordent / den nennen sy nach seinem ambt STAROSTA als der elter / in Poln nent man ain gemain Haubtman dermassen / solche ambt in Samaithn ist auf lebenlang es verworchte dan derselb solches /

darin ist auch ain Bischoff / des Römischen glaubens /

seindt mit Khünig Jagello der Wladislaus genent ward / und dem Lithischen Land getaufft worden /

das Volckh darin seind gmainclich grosse und lange personen / daneben haben die Vätter neben den grossen auch khlaine Zwergen / die sy Carln in gemain nennen /

sy khlaidn sich in gemain schlecht / und vasst al in grab /

wonen in schlechten heusern / in form als wären das lange traid oder Viech städl / in der mitte ist der heert / und das feuer / neben heer so steet das Viech / Roß / Schwein / Oxn etc. Alles herumb / damit der wiert und ander on underlaß das

bitant, tecto, sine ullo interstitio pe-
cora habere.

Maiores urorum cornibus pro pocu-
lis etiam utuntur.
Audaces sunt homines, & ad bellum
prompti: loricis, aliisque plurimis ar-
mis, praecipue autem cuspide, & eo
breviore, venatorum more, in bello
utuntur.
Equos adeo parvos habent: ut vix
credibile sit, ad tantos labores eos
sufficere posse: quibus foris in bello,
domique in colendis agris utuntur.

Terram non ferro, sed ligno proscin-
dunt: quod eo magis mirandum, cum
terra eorum tenax, & non arenosa sit,
quaque pinus nunquam crescit. Ara-
turi ligna complura, quibus terram
subigunt, locoque vomeris utuntur,
secum portare solent: scilicet, ut uno
fracto, aliud atque aliud, ne quid in
mora sit, in promptu habeant.
Quidam ex provinciae praefectis,
quo provinciales graviore labore le-
varet, multos ferreos vomeres adferri
fecerat.
Cum autem eo, sequentibusque ali-
quot annis, segetes aliqua coeli in-
temperie expectationi agricolarum
non responderent, vulgusque agro-
rum suorum sterilitatem ferreo vo-
meri adscriberet, nec aliud quicquam
in causa esse putaret, Praefectus ve-
ritus seditionem, amoto ferro, suo
eos more agros colere permisit.
Provincia haec nemoribus, sylvisque

alles besehen mügen / So haben sy
auch gar selten ein verschlagen
Zimer zu jrer nächtlicher rhue /
Die Reichen und Edln trinckhen
noch aus Bisantn hörnern /
behertzende leut / haben vil pantzer
und ander wehr / und sonderlichen
Tierspieß / die sy auch zu Roß füren
/

und vasst khlaine Pherd / also das
wol ain wunder ist / das dieselben
undter denn schweren Personen
sovil arbait erwern mügen / mit
denen pauen sy jre Velder / und
brauchen die im Krieg /
Sy ackhern jr erdrich nit mit Phlueg-
eysen / sonder mit holtz / fuert ainer
viel derselben zuegerichten holtz mit
sich gehn ackher / damit er so aines
bricht / pald ain anders an die stat /
und hat doch ain zähes ertrich /

jrer fürgesetzter Starosta ainer bracht
phluegeysen in das Land /

begab sich das zwey oder drey jar
darnach das traid mißriet / gaben
dem eysen die schuld / brauchten
widerumb das holtz / der Starosta
muesst es geschehen lassen / forcht
ainer aufruer /

Das Land ist vasst mit höltzern und
wäldern uberwachsen / dartzue seind

abundat, in quibus horrendae quandoque visiones fieri solent.

Sunt etiamnum illic idololatrae complures, qui serpentes quosdam quatuor brevibus, lacertarum instar, pedidus, nigro oboesoque corpore, trium palmarum longitudinem non excedentes, Givuoites dictos, tanquam penates domi suae nutriunt: eosque lustrata domo statis diebus ad appositum cibum prorepentes,

cum tota familia, quoad saturati in locum suum revertantur, timore quodam venerantur.

Quod si adversi quid illis accideret, serpentem Deum domesticum male acceptum ac saturatum esse credunt. Cum priori ex Moscovuia itinere rediens, in Troki venissem, referebat hospes meus, ad quem forte diverteram, se eodem quo ibi eram anno, ab eiusmodi quodam serpentis cultore aliquot alvearia apum emisse:

quem cum oratione sua ad verum Christi cultum adduxisset, utque serpentem quem colebat occideret, per-

vil gemöß und See darinnen / da sol man wie sy sagen / manigerlay gesicht oder gespenst sehen /

so findt man noch an heut vil abgöttereien in denselben einschichten / der etliche das feuer / etliche Pam dan Son und Man /

aber ander haben jre Götter in jren heusern / das seind würmb wie die Adaxen aber grösser mit vier füssen / schwartz und dickh / bey dreyen spannen lang / etliche nennen die Giowites / ander Jastzuka / aber ander Szmya / sy haben jr zeit wann sy jren Göttern die speiß geben / setzen ain Milich in mitten jrer wonung / und khnien auf den Penckhn / so khumbt der wurm herfür / und pheifft die leut an / wie die zornige Gens /

dan so betten und eheren die leut den mit vorchten an /

geschicht ye ainem was widerwertigs / gibt jme selbs die schuldt / als hab er sein Gott nit wol gefuettert / Als ich in ersten meiner Potschafft aus der Mosqua wider gehn der Wild in Litten khame / zohe ich gehn Trokhi vier meyl die Auroxen zusehen / sagt mir mein wierdt / er ware etliche wenig wochen ehe ich dahin kham / zu ainem Paurn in ain wald gangen / und etliche Peinstöckh khaufft / und dem Paur[n] widerumb zubehalten geben / der selb Paur het ain solchen Gott in seinem haus / der gast beredte den Paurn / das er sich zu Gott kherte / und schlueg die Creatur zu tod / nit lang darnach

suasisset, aliquanto post cum ad visendas apes suas eo reversus fuisset, hominem facie deformatum, ore aurium tenus miserabilem in modum diducto offendit. Tanti mali causam interrogatus, respondit, se, quod serpenti deo suo manus nepharias iniecisset, ad piaculum expiandum, luendamque poenam, hac calamitate puniri:
multaque graviora, si ad priores ritus suos non rediret, eum pati oportere.
Haec quamvis non in Samogithia, sed in Lithvuania sunt acta, pro exemplo tamen adduxi.

Mel nusquam melius, nobiliusve, quodque minus cerae habeat, albumque sit, quam in Samogithia, reperiri aiunt.
    Mare quod Samogithiam alluit, quodque Baltheum, quidam Germanicum, alii Prutenicum, nonnulli Veneticum: Germani vero alludentes Baltheo, Pelts appellant: Sinus proprie dicitur.

interluit namque Cimbricam Chersonesum, quam hodie Yuchtland, & Sunder Yuchtland Germani: Latini vero, nomine inde pariter sumpto, Iuciam vocant.

khamb der selb mein wird wider / seine Pein zusehen / der Paur hette ain krums maul / und gegen dem Or getzogen / der sprach zu dem wierd / das hastu mir thon / und wirdestu mir nit bald helffen / so mueß ich mich mit dem Gott wider versuenen / und in mein haus bringen /

das ist gleichwol nit in Samaithen / sonder in Lythen geschehen / allain zu ainem beyspil oder exempl daheer gestelt /
man findt nit besser und edler hönig das minder Wax hat / und weiß ist / dan in dem Samaitner Land.

    Das Moer daran Samaiten stöst / als man dan die selb ort nent Samaitner strand khumbt herein zwischen Juchtland / und der Innsl Sieland in Dennmarck da zwischen Sieland und Sconland / des ain stuckh ist an Schweden /
hat manigerlay namen / da umb Dennmarck gegen Sunder Juchtland / Hertzogthumb Holnstain / und Lubeckh / nent mans den PELTS das wirdt Lateinisch Baltheum gehaissen / darnach das Teutsch / Pomerisch / Preyssisch / Leiflandisch und Finlendisch Moer genent /

DE FERIS

Alluit & Germaniam, quam Bassam
dicunt, incipiendo ab Holsatia, quae
Cimbricam contingit: dein Lubicen-
sem terram, item Vismariam, &
Rostok, Magnopolensium Ducum ci-
vitates, totumque Pomeraniae trac-
tum. id quod nomen eius loci indi-
cat. Pomoriiae enim Slavuonica lin-
gua idem est, ac si diceres, Iuxta ma-
re, seu maritimum.

Inde Prussiam, cuius metropolis est
Gdanum, quod & Gedanum & Danti-
scum appellatur, alluit. Porro Ducis
Prussiae sedes est, quam Germani
Regium montem appellant.

Eo loci certo anni tempore, succi-
num mari innatans, magno hominum
periculo, propter subitum maris ac-
cessum & recessum aliquando, pi-
scatur.

das schait des Moscoviters und
Schwedisch gepiet / ainen langen
strich / auch Leifland und Preussn
von Schweden / und ist nit das weit-
te Moer / sonder nur ain Armb / dar-
umb nennen die umbsessnen dasselb
Moer die See /

an der seitten gegen Teutschlanden
stosst an das Juchtland / Sonder
Juchtland / Lubeckh / das ligt gleich
wol nit gar am gestat / darnach das
Mechelburgisch gepiet / Wißmar /
Rostockh / darnach Pumern / derselb
namen ist Windisch / Pomorie / sovil
gesprochen als neben Moer / oder
nach dem Moer /

Darnach khumbt Preissen / darinn
Dantzkha die Haubtstat ist / und
Khünigsperg / des Hertzogen jn
Preissen Stuel oder hoffhaltung /

zwischen der zweyer Stet / und
ungeverlichen vier meyl von Khü-
nigsperg / da vischt oder fecht man
im ende des Monats Augusti den
weissen und gelben Agstain / ander
haissen den Pornstain meer dan
anderstwo / Es ist ain grosse frag /
ob der in der Erden wächsst / oder
ain harts von Pamen felt / ich glaub
das es ain sonder gewächs ist / dann
nie khainer erfarn khünnen / von
was Pamen der gleichen hartz fallen
solle / so hat man den in andern

	Seen auch groß gefunden / auch an etlichen ortten in äckhern / wierdt under andern Edlen stain geacht / das Moer wie vorgesagt / beruert das Samaiter land nit meer dan vier meyl / und das Leifland ain langen strich / Nachmals der Moscoviter gepiet / auf der an[d]ern seitten entgegen das Schwedisch gepiet / am ersten Finland

Samogithiam vix IIII miliaribus contingit: atque longo tandem tractu Livuoniam, & eam partem quam vulgo Khurland, Curetos absque dubio vocant, & regiones quae Mosco subsunt: Vuinlandiam denique, quae Svuetensium ditionis est, unde etiam Venedicum nomen originem duxisse arbitrantur, circumluit. Ab altera autem parte Svuetiam contingit.

und ab hintzt an das Sconland / wiewol dasselb an Schwedischen vestem Land hengt / so wirdt doch das gehn Denmarckh gebraucht / und ist khain Innsl / Die alten haben sich darinn geirrt / und die Jungen noch auf heutigen tag.

Totum autem Daniae regnum, quod insulis maxime constat, in hoc sinu continetur: exceptis Iucia & Scandia, quae continenti adhaerent.

Dennmarckht das Khünigreich hat das maist in dem Moer / dan es seind alles Innsln allain Sconland Jucht / und sonder Juchtland nit / das sonder Juchtland hengt an dem Hertzogthumb Holnstain / das an Teutschen landen hengt / unnd darinn begriffen unnd von Reich lehn ist / wiewol die Khünige zu Dennmarckht das erblich haben / so nemen sy doch dasselb von dem Römischen Khaiser oder Khünig zu lehn /

Gotlandia quoque insula regno Daniae subiecta, in hoc sinu est: ex qua plerique Gotthos prodiisse putabant: cum tamen longe angustior sit, quam quae tantam hominum multitudinem capere potuisset.

Undter den Innsln des Khünigreichs Dennmarckht / ist aine die man nent Gotland / haben jr vil vermaint / die Gotn sovil weite Land ubertzogen / und erobert haben / Wärn aus der selben Innsl khumen / die doch nur zwelff meyl groß / des nit ist /

DE FERIS ./. 363

Sonder dieselben Gotn seind aus
dem Khünigreich Schweden khumen
/ und seind heuttigs tags grosse
stuckh Erdtrichs / die den namen
haben / darnach die gegen Auffgang   25
oder Nidergang ligen / als Ost und
Westgotten genent werden / Bey den
selben Landen am Moer / haist OST
der Auffgang davon auch Osterreich
genent wirdt / weil es in Teutschen   30
landen gegen dem Auffgang ligt /
WEST haisst man den Nidergang /
davon Westerreich auch also genent
worden ist /

Praeterea si Gotthi ex Scandia pro-
gressi fuissent, ex Gotlandia in
Svuetiam, & iterum reflexo per
5   Scandiam itinere (quod rationi mini-
me consentaneum est) opportuisset
eos reverti.

und wan die Gotn aus diser Innsl   35
getzogen / und aus Sconland khu-
men / wie man dan schreibt / so
waren sy hinder sich in Schweden /
und wider durch Sconland heraus /

dan alle die von der Gotn ankhunfft   40
geschriben haben / seind in dem
ains / das sy aus Sconland das man
Lateinisch SCANDIA nent heraus-
khomen sind /

In Gothia insula adhuc Vuiisby civi-
10 tatis ruinae extant, in qua omnium
illac praeternavigantium lites ac con-
troversiae cognoscebantur, ac consti-
tuebantur: eo etiam ex longinquis
illis maritimis locis causae ac nego-
15 tia deferebantur, provocabanturque.

In der Innsl die Gotland genent wirdt   45
/ find man noch die zaichen / das
daselbsten ain grosse Stat gestanden
ist / mit namen WISWY, die hat ain
solche handierung am Moer gehabt /
und die freyhait / wan ain zwitracht   50
zwischen den Handelsleuten am
Moer sich zugetragen / so muessten
die selben gehn Wiswy zuentschai-
den khumen

Livuonia provincia in longitudi-
ne secundum mare protenditur.
Huius metropolis est Riga, cui Teu-
tonici ordinis magister praeest. In ea,
20 praeter Rigensem archiepiscopum,

Leifland ligt nach der lenge am   55
Moer / die Haubtstat ist Riga / des
Lands Herr ist der Maister Teutsches
Ordens / da zu Riga ist auch ain

Rivaliensis & Ossiliensis episcopi sunt. Oppida habet complura: praecipue autem civitatem Rigam ad fluvium Dvuina, non longe ab ostiis:	Ertzbisthumb / es seind noch zway Bisthumb zu Refl und Osl / undter andern Stetten und fleckhen sein die drey Stet die namhafftigisten / Ryg ligt nahend an dem gemund der Duna des wassers / behelt seinen namen Lateinisch / Teutsch / und Reissisch /
item Revualiam & Derbtenn civitates. Revualiam Rutheni Rolivuan: Derbt vero Iuryovugorod appellant. Riga nomen suum utraque lingua retinet.	REFL nennen die Reissen COLIWAN, DERBT nennen sy IURIOW GOROD,
Fluvios navigabiles, Rubonem & Nervuam habet. Huius provinciae Princeps, fratres ordinis, quorum primi Commendatores vocantur, item proceres & cives, Germani fere omnes sunt.	das Land hat zway Schiffreiche wasser / die Duna und Narwa / Nach dem die Maister Teütsch Ordens / als Fürsten im Land sein / und die Comentheurn als Landtherrn und mitglider der Regierung / gleichwol seind ander angesessen Landtleut / die erbliche gueter haben / dartzue die Burger in Stetten / seind vasst alle Teutsch /
Plebs ut tribus fere linguis utitur, ita in tres ordines seu tribus est divisa. In Livuoniam ex Germaniae principatibus, Iuliacensi, Geldrensi & Monasteriensi, quotannis novi & servitores & milites deducuntur: quorum pars in demortuorum, alii in eorum locum qui defuncti annuo officio, quasi manumissi in patriam redeunt, succedunt.	so fuert man gemainigclichen alle Jar aus Gülich / Cleff / Geldern und Münster neue diener / Khriegsleut und Reitter in das Land / unnd diejenige so weitter im Land zu dienen nit willens / fuert man auch wider aus /
Insigni equorum copia adeo abundant, firmique sunt, ut hactenus tam regis Poloniae, quam magni Ducis Moscovuiae hostiles & frequentes in agros eorum incursiones fortiter	halten ain grossen gerassigen zeug / sitzen allenthalben an die Lithische u[n]d Moscovitische gepieten / haben sich noch bißheer also bey den yerigen erhalten /

8 <lat. Text:> Rolivuan] *sic*

sustinuerint, seque strenue defenderint.

Anno Domini 1502, mense Septembri, Alexander Poloniae rex, magnusque Lithvuaniae Dux, Magistrum Livuoniensem Vualtherum a Pletterberg, pactionibus quibusdam induxit, ut ipse instructo exercitu Moscovuiae Ducis provincias aggrederetur: pollicitus, ubi is hostilem terram attigisset, cum magno se exercitu affuturum. Sedenim Rex cum ad constitutum tempus, sicuti receperat, non venisset,

Moscique cognito hostium adventu, ingenti multitudine magistro occurrissent, isque cum se desertum videret, neque sine summa turpitudine periculoque retrocedere posset, suos primum pro tempore paucis adhortatus, mox exoneratis tormentis, strenue hostem aggreditur: primoque impetu Ruthenos dissipat, atque in fugam convertit. Cum autem pro numero hostium pauciores essent victores,
gravioreque armatura praepediti, hostem longius persequi non possent: Mosci re cognita, recuperatis animis, denuo in ordines redeunt, atque Pletenbergii peditatum, qui circiter mille quingenti instructa phalange hosti se opposuerunt, aggressi strenue caedunt. In ea pugna Praefectus Matthaeus Pernauer, cum

Es ist ain unmäslichs und bedrangts trinckhen der ortten.
Im tausent Fünffhundert und andern jar / hat Khünig Alexander zu Poln / und als Großfürst in Litten / mit den Leiflendern ain Pundtnuß wider Mosqua gehabt (der maister was Walther von Pleterberg ain gar treffenlich Man) dermassen das baide Hoer auf ainen tag und benentn Platz sollen zusamen khumen / als aber des Khünigs Volckh nit kham

(Die Khünigischen gaben der Khün[i]gin des Moscoviter schwesster die schuld)
Die Moscoviter als sy in brauch haben / mit grossen heuffen an Maister khumen / der khundt on schaden nit abtziehen / vil minder mit der flucht / Ermant die seinigen / und die Feindt angriffen / das geschütz ist wol angangen / Die Feind in die flucht bracht / als der Feind heuffen vil waren /

fiellen der zum thail in die Fueßkhnecht / deren etwan bey Fünfftzehen hundert waren / schossen die hart von Pognen / der haubtman was Mathes Pernauer / und sein Brueder

	fratre Henrico, & vexillifero Conrado Schvuartz, periere.	Hainrich / der Fenndrich was Conrad Schwartz / seind alle drey bliben /
	Huius vexilliferi egregium facinus memoratur. nam cum hostium telis	der Fenndrich als er mit sovil Pheilln geschossen / Sanckh er nider und
5	obrutus, confectusque diutius stare non posset, priusquam occumberet, alta voce virum aliquem fortem, qui vexillum a se reciperet, inclamabat.	ruefft ist indert ain ehrlicher man / d[u] khumb und nem das Fendlein / 40
	ad cuius vocem Lucas Hamersteter,	bald kham Lucas Hamerstetter / der
10	qui se ex Braunsvicensibus ducibus, illegitimo tamen thoro, oriundum gloriaretur, illico accurrens, vexillum ex moribundi manibus capere nitebatur. quem Conradus, sive quod	sich ain Pastharten von Braunschweig auß gab / der Fendrich sagt / er erkhente jne des nit wirdig / wolt 45 ims nit geben etc. Der Lucas haut dem die hand ab /
15	suspectam haberet illius fidem, sive quod tanto honore indignum esse arbitraretur, tradere recusavit. Cuius iniuriae Lucas impatiens, educto gladio manum Conradi cum vexillo	
20	amputat.	
	Conradus nihilominus vexillum altera manu & dentibus mordicus apprehendens, tenet, laceratque. Lucas vexilli fragmentis arreptis,	nichts minder begriff der Fenndrich den Fetzen mit der andern hand / und zerriß den mit den Zennen / der 50 Lucas nam die drümer / und laufft
25	proditisque peditum copiis, ad Ruthenos deficit. Huius defectione factum est, ut quadringenti fere pedites ab hostibus misere trucidarentur:	damit zu den Moscovitern / mit dem seind bey vierhundert Knechten umbkhumen /
		und wiewol der geraisig zeug die 55 Moscoviter offt zerstraet / und in die flucht bracht / so khundt doch der schwer hauffen den geringen / und so villen nit nachkhumen /
30	reliqua turba cum equitatu, servatis ordinibus, ad suos incolumes rediere.	wentn sich wider zu dem fueß zeug / 60 und zogen dennocht mit ordnung ab /
	Huius cladis autor Lucas, postea a Moscis captus, atque in Moscovuiam	der Lucas wardt in die Mosqua geschickht / pald nach dem in dienst
35	missus, in aula principis aliquandiu	angenumen / auch nit lang bliben / 65

28 <dt. Text:> geschickht] ~~geschichht~~

honesto loco fuit. Verum is acceptae a Moscis iniuriae impatiens, ex Moscovuia clam ad Christiernum Daniae regem postea profugit, a quo tormentis praeficitur.

Cum autem pedites aliqui, qui ex ea clade evaserant, in Daniam elapsi, illius proditionem Regi indicassent, nec cum eo una militare vellent, rex Christiernus eum in Stockholm misit: mutatoque post regni statu, Iostericus, alias Gustaus Svuetiae rex, recuperata Stockholm, Lucam ibi inventum, numero familiarium suorum ascribit, & Vuiburg oppido praeficit:

ubi cum nescio cuius criminis se insimulari cerneret, veritus graviora, denuo in Moscovuiam se recepit: ubi ego illum honorifice vestitum, inter Principis stipendiarios vidi.

Svuetia imperio Mosci contermina,

Nortvuegiae & Scandiae non secus coniuncta est, atque Italia Neapolitano regno & Pedemonti:
marique Baltheo,

dein Oceano, & eo quod nunc Glaciale appellamus, circumquaque fere alluitur.

sonder entrunnen / zu Khünig Christiern in Dennmarckht / daselbsten ward er zu ainem Zeugmaister angenumen /

als aber mit der zeit etliche so in obgemelter Schlacht gewest in Dennmarckt khamen / den gekhent / und sein thuen angetzaigt / neben jme nit dienen wolten / schickht der Khünig den gehn Stokholm in die Schwedische Haubtstat / so bald aber Josterrich den man auch Gostaum nent / das Khünigreich Schweden und Stokholm einnam / behielt den Lucasen in seinem dienst / und schickht den gehn Wiburg / bevalch jme den selben Fleckhen

pald khamb ain clag / und zicht wider jne an Khünig / er aber wolt khainer weitter handlung erwartten / floch wider in die Mosqua / man hat mir den undter andern dienstleutn im Schloß getzaigt / er hette ain Schwartzen Sameten Rock an.

Schwedn das Khünigreich / wie gesagt / an des Moscoviter gepiet rainend /

und nach dem Moer gegen Leifland / Samaitn unnd Preissen uber /
hintzt an Sconland dan für Sconland / so geet das neben Nortwedn ainen langen strich /
hintzt zu dem Moer / das man das gefrorn Moer wil haissen /

und wider herumb zu dem Moscovi-

Svuetia, cuius regia Holmia, quam incolae Stockolm, Rutheni Stecolna appellant,

thischen gepiet / da die Duna in das Moer felt / seind wol etliche stuckh der lender gegen der Duna die baiden Herrn Schwedn und Moscoviter Zinßpar oder Tributarij seind /
Schwedn ist khain Innsl / als etlich vermaint und geschrieben haben / es ist ain gros stuckh Erdtrichs des von dem fluß Duna / die Finlappen / wilde Lappen / und Nortwedn / Gotn / Sconland und Schweden / hintzt widerumb mit Finland an des Moscoviter gepiet mit dem Moer umbgeben ist / in massen wie das Walhisch Land / sambt Neapolis etc.
In dem stuckh seind Schwedn / und Nortweden / zway Khünigreich / darin seind die Gotn / welche hievor auch sonder Khünig gehabt / Nunmals undter Schwedn / Sconland / ist auch an dem stuckh des Vesten Land Schweden anhengig / yetzo dem Khünig zu Dennmarckt gehorsamb / die Haubtstat in Schweden ist STOKHOLM, Lateinisch HOLMIA, Moscovitisch STECOLNA genent / die zwang Khünig Hanns in Dennmarckht / als der aber verruckht / sein Gemahl Khüngin Christina ain geborne von Saxen daselbst gelassen / durch die Schwedn belegert und erobert / gefangen gehalten / hintzt der Khünig denen von Lubeck ain groß gelt von wegen aines genomen Schieff zallen müssen / In der selben Stat hat Christiern Khünig in Dennmarckht / als er auch daselbsten einkhumen / in der er zu der maltzeit die ansechlichste / berueffт / und menigclichen frid trauen und glau-

ben geben gewuett / das ist beschehen am Suntag den viertten tag Novembris / jm 1520 Jar / durch solch wuetten / ist er sambt seinem gemahl Khünig Philipps in Hispanien Ertzhertzogen etc. Tochter und jr baider khindern sorg halben selbs unbetzwungen aus Dennmarckht getzogen / und damit von allen Khünigreichen / Landen und Leutn / und er in ewige gefanckhus khomen / aus disem stuck Erdtrichs seind die Gotn / welche so weit geraist und geherrscht / durch Sconland ausgetzogen / Diß Khünigreich Schwedn / ist durch sonder Personen on aines Khünigs Titl etliche Jar regiert worden / entzwischen Khünig Hanns und dann sein Sun Christiern dasselb understanden zuerobern / ist baiden darob mißlungen / dan so ist GOSTERICH darein khumen mit Khüniglichem namen / der solch Khünigreich auf heut besitzt / als ich zu dem andern mal in die Mosqua kham / ward ain Schwedische Potschafft auch ankhumen / der Graff und ich begerten uns zuvergönnen / dieselb zu uns zuerbitten / das ward vergont / als wir den liessen zu der maltzeit bitten / bewilligt des / soverr wir gleichermassen mit jme ain maltzeit nemen wolten / er hette vil Phaffen nach altem gebrauch mit jme / die khamen aber zu den maltzeitn nit / unser zugeordnete Moscoviter waren auch bey den maltzeitn / des Nam was Erich Flaming aus der Brandenburgischen March geborn /

	Wir hielten uns nach Teutschem gebrauch / khamen bald in freundlichs gespräch und gelächter / das den Moscovitern frembd / und sy wolten darumb nit glauben / das wir hievor nit solten khundtschafft miteinander gehabt haben.

amplissimum regnum, multas & varias nationes complectitur: inter quas virtute bellica celebres Gotthi, qui in Ostrogothos, id est orientales: & Vestrogothos, id est occidentales Gotthos, pro regionum quas incolunt situ, divisi: indeque progressi, toti orbi, ut plerique scriptores memoriae prodiderunt, terrori fuere.

Nortvuegia, quam quidam Nortvuagiam appellant, longo tractu Svuetiae adiacet, marique alluitur.

Nortweden das Lateinisch NORTVEGIA, aber ander Nortvagia nennen / wie hieoben gesagt ist / zeucht sich nach Schwedn uber sich / an der andern seitten gegen Mitternacht / an dem grossen Mör /

In dem Land wie die Inwoner sagen / seind vil frembder sachen / Prinnende und rauchende gepürg / da man auch frembdes geschray hört / frembde erscheinungen / auch geiste die mit den Leuten reden sollen / Got wais was das ist / oder man glauben sol / vil ehrlicher leut schreiben und reden davon / von den ichs auch gehört / an dem Land und an Schwedn hangen auch villerlay Landorter / als wilde Lappen / und ander gegen Engronen Land uber.

Atque ut haec a Sud, id est Meridie: ita illa a Nort, id est Septentrione, ad quem sita est, nomen accepit. Germani enim quatuor orbis plagis vernacula nomina indidere, provincias-

Das Land hat den Namen nach seiner gelegenhait / dan Nort wird der enden die gegent gehn Mitternacht bedeut / wie auch Sud davon auch Schwedn wirdt der Mittag /

que his adiacentes inde denominavere. Ost enim, Orientem significat: unde Austria, quam Germani proprie exprimunt, Osterreich. Vuest, Occidentem: a quo Vuestvalia. ita a Sud & Nort, ut dictum est, Svuetia & Nortvuegia.

Scandia vero non est insula, sed continens, Svuetiae regni pars, quae longo tractu Gotthos contingit, & cuius nunc bonam partem rex Daniae possidet.

weil die zwai Khünigreich aneinander ligen / das ain gegen Mitternacht das ander gegen Mittentag.

Sconland / SCANDIA Lateinisch / davon ist genueg gesagt / ist ain stückh das anhengt an dem Schwedischen Khünigreich / des der Khunig in Dennmarckht ain grossen thail jnhat /

und ist so nahent von der Innsl Sieland / darin die Haubtstat in Dennmarckht Khopenhagen ligt / das man von baiden Landen mit dem geschütz so geraichen mag / das khain Schiff sicher vor dem geschütz daselbstn durch faren mag / dan sy muessen glaidt haben oder Mautn.

Caeterum cum eam, harum rerum Scriptores, maiorem ipsa Svuetia fecerint, ex eaque Gotthos & Longobardos progressos fuisse retulerint: videntur, mea quidem sententia, haec tria regna veluti integrum quoddam corpus, Scandiae duntaxat nomine comprehendisse: quia tum illa terrae pars inter mare Baltheum, quod Finlandiam alluit, & Glaciale mare, incognita fuit: quaeque adhuc propter tot paludes, innumeros fluvios & intemperiem coeli inculta, atque parum cognita est. Quae res fecit, ut plerique hanc immensae magnitudinis insulam, uno Scandiae nomine appellarent.

Dennmarckht das Khünigreich / Lateinisch DANIA / hat allain zway

stuckh erdtrichs am vessten Land /
Sconland / wie hievor gesagt / und
Juchtland daran hengt sonder Iucht-
land / yetzo die baide Lateinisch
IUCIA hievor CIMBRICA CHER-
SONESUS genent / das ander alles
in Innsln / Graff Christernus von
Oldenburg / was zu Khünig erwellt /
von dem waren geborn nachkhu-
mender Khünig Hanns / und Fridrich
Hertzog zu Holnstain / des vom
Reich zu lehen ist / Khünig Hanns
geberte Christern den Khünig / der
het zu gemahl wievor gesagt / hielt
sich nit Ehrlichen / derhalben ich
von Khaiser Maximilian gesandt /
dem ich beschwärliche wort zuege-
redt / und dartzue das er ain gmain
weib meer dan Got sein Ehr und
Phlicht auch die höchste in der
Christenhait Freundschafft achtet /
darumb jme auch also im beschlus
ergangen / Hertzog Friderich zu
Holnstain / und darnach desselben
Sun Christianus seind Khünig wor-
den und noch sein. Undterwegen
hette ich bevelch / mit Ertzbischove
zu Maintz gebornen Marggraffen
Albrechten zu Brandenburg zu-
handln / der hat mich zu gast / setzt
mich am höchsten / er an ainem
Stuel gegen mir uber / ließ mir und
nit jme Credentzen.

Zu Hertzog Fridrichen zu Saxn
Churfürsten / dem ich mein Pot-
schafft in Dennmarckht antzaigen
muesst / weil des Khünigs Muetter
sein Schwester was als er mich hörte
/ setzt mich an sein rechte seittn /

3 <dt. Text:> Iuchtland] Inchtland

lies mich von Turga gehn Wittenberg in das Schloß füeren / darin herbergen / sein Stifft daselbstn zaigen lassen / pald darnach verkhert sich das wesen daselbstn.

Zu Marggraff Joachim Churfürsten zu Brandenburg / den fande ich zu Osterburg / muesst wider mit gehn Tangermund nahent umb Ständl / spricht zu mir / warumb der Khaiser seiner Enengcl ainen nit zu sich näme / des Reichs und der Teutschen art zuerlernen / dan wan sein Mayestät abgieng / damit wir wider ainen Römischen Khünig hetten / dann sonst im Reich niemandt dartzue vermügig wäre / sagt ich / was gieng meinem gnedigisten Herrn Churfürsten zu Brandenburg ab / Spricht / es ist khainer im Reich / der die Posst und Falkhnarey undterhalten möchte wie der Khaiser thuet / ausserhalb deren von Osterreich / als mich der hörte / sitzt er bey dem Tisch / ich auf ainen stuel / nahent in halben Zimer / bey der maltzeit saß ich jme an der linckhen hand / dan so verricht ich mein Potschafft / bey Hertzog Hainrichen von Mechelburg zu Schwerin / und seinem brueder Hertzog Albrechtn zu Wißmar / die mich als ain Khaiserlichen gesantn Ehrlich hielten / Furter durch Lübeckh auff Neustat und heiligen Hafn / zu Schiff gehn Femorn und Lollandt / und dan in Falster / die Innsln zu Neukheping / da ich die Khüngin fand / und zween Hertzog Carls der zeyt Printzen in Hispanien / jetzo Römischen Khaiser / gesannte

De Corela supra dictum est, eam & regi Svuetiae, & principi Moscovuiae, quod ditioni utriusque Principis interposita est, tributariam esse. eaque re uterque suam esse gloriatur: cuius fines ad mare Glaciale usque protenduntur.

Caeterum cum de Glaciali mari varia multaque a plerisque scriptoribus tradantur, haud abs re fore visum est, si illius maris navigationem paucis subiungam.

Navigatio per mare Glaciale.

Quo tempore Serenissimi Principis mei Oratorem apud magnum Ducem Moscovuiae agebam, aderat forte Gregorius Istoma, Principis illius interpres, homo industrius, qui apud Ioannem Daniae regem, linguam Latinam didicerat.

is anno Domini 1496, a suo Principe cum magistro David natione Scoto, regis Daniae tunc Oratore, quem ego quoque priori legatione illic cognovi, ad regem Daniae missus,

den Herrn von Bule / und Maister Ihan Pening von Amstertham / die auf mich wartteten / der Khünig khamb auch pald dar.

CORELA das Land / also nennens die Moscoviter / ander Carela / ist auf den andern Moer / darein die groß Dwina laufft / sol baiden Khünig in Schwedn / und Großfürsten Zinßpar sein / sy haben für sich selbs auch zinsleut.

Die Schiffung nach dem Moer / das man das Eisig oder gefrorn Moer nennt.

Der zeit als ich von Khaiser Maximilian in die Mosqua geschickht / was des Großfürsten Tulmatsch Gregor Isthumen genant / der hat die Lateinisch sprach bey Khünig Hannsen in Dennmarckht gelernt / ain beschaidner sitlicher man /

der ist im 1496 Jar sambt Maister David ainem Schotten / der des Khünigs in Dennmarckht gesandten (der auch datzumal als ich da gewest bin / und mit jme khundtschafft gemacht hab) in Dennmarckht geschickht worden /

Das mal wie Schweden von jrem Khünig abgefallen / und der Moscoviter mit den Schweden auch in Khrieg stuend / darumb sy den nächnern weg / nach dem Teutschen Moer und uber Land der Lithen /

totius itineris sui rationem nobis compendio retulit:

quod cum nobis in tanta locorum difficultate arduum & nimis laboriosum videretur, paucis, sicuti ab eo accepi, describere volui.

Principio dicebat, se cum David iam dicto oratore, a Principe suo dimissos, Novuogardiam magnam pervenisse.

Cum autem eo tempore regnum Svuetiae a rege Daniae defecisset, ad haec Moscus cum Svuetensibus dissideret, atque adeo commune & consuetum iter illi propter tumultus bellicos tenere non possent, aliud iter longius quidem, ac tutius ingressos fuisse:

ac primum quidem ex Novuogardia ad ostia Dvuinae ac Potivulo, difficili admodum itinere pervenisse. Dicebat autem iter hoc, quod ob molestias et labores nunquam satis detestari poterat, esse spacio trecentorum miliarium.

Conscensis denique in Dvuinae ostiis quatuor naviculis, littus Oceani dextrum se navigando tenuisse, ibique montes altos & asperos vidisse:

tandem confectis XVI miliaribus sinuque quodam traiecto, littus sinistrum adnavigasse. atque mari amplo a dextris relicto, quod a Petzora flu-

Preissen und Poln halben nit torfften / derhalben muessen sy den verrern weg an die hand nemen /
Derselb Tulmatsch hat mir solche seine rayß meer dan ainest gleichmässig gesagt /

Erstlichen seind sy aus der Mosqua gehn groß Neugarten verhoffend den nächsten weg antzunemen /

Darnach seind sy nach dem Land Dwina / und an dem ort / da derselb Fluß in das Moer felt / zu dem Fleckhen Potiwlo geraist / er khundt mir nit genueg von dem aller beschwärlichisten und ungeschicktisten weg / den sy dazwischen gehabt / sagen / Demnach uberschlueg er solchen weg auf dreyhundert meyl / daselbstn haben sich mit vier Schiflein in das Moer gelassen / der rechten hand nach / sich des gestats gehalten / Daselbsten grosse hohe und wilde gepürg gesehen /
als sy Sechtzehen meyl gefaren / seind sy hinüber an die Linckh hand zu dem gestat des Moers gelendt / und das Moer an der rechten gelas-

vio, quemadmodum & adiacentes montes, nomen habet, ad Finlappiae populos pervenisse: qui etsi humilibus in casis passim secundum mare habitant, ferinamque propemodum vitam ducant, feris tamen Lappis sunt mansuetiores. Eos Mosco vectigales esse dicebat.

Relicta postea Lapporum terra, ac octuaginta miliarium navigatione confecta, Nortpoden regionem, regi Svuetiae subiectam, attigisse.
Hanc Rutheni Kaienska Semla, populos vero Kayeni appellant. inde emenso ac superato littore flexuoso, quod in dextrum protendebatur, ad promontorium quoddam, quod Sanctum Nasum appellant, se pervenisse dicebat.

Est autem Sanctus Nasus, saxum ingens, ad nasi similitudinem in mare prominens: sub quo antrum vorticosum conspicitur, quod singulis sex horis mare absorbet, ac alternatim magno sonitu reddit evomitque eiusmodi voraginem.

Alii umbilicum maris, alii Charybdim dixere.
Tantam autem huius gurgitis vim

sen / das selb Moer nennen sy nach den gepürgen / daselbstn das PETZEROYSCH Moer / un[d] sind bald khumen zu den Volckhern / die man FINLAPEN nent / die / wie wol sy in gar clainen heußlein odet hüttlen neben dem Moer wonen / und vasst ain wilds leben füeren / dannocht seind die menschlicher / weder die wilden Lappen / der sagt diese weren seinem Fürsten Zinßpar /
von denen Völckhern schifftn sy achtzig meyl / seind khumen gehn NORTHPODN, ain gegent dem Khünig zu Schweden gehörig /
diese gegent nennen die Moscoviter KHAIENSKA SEMLA, unnd die Völckher KAIENI, dan so schifften sy nach ainem eingepognen gestat / das streckt sich aus nach der rechten seitten / und khamen an ain stuckh gepirgs des sich in das Moer herdan läst / nennen sy SWETINOSS das ist heilige Nasn /
das ist ain Fels / an dem selben Perg / darumb nennen sy den Perg ain Nasen / Das sich der selb Felß von dem andern gepürg herdan lässt / wie die nasen vom khopf / undter dem gepürg sicht man wie das Moer einfelt / und sich verleust / als auf sechs stund / unnd dan wider uber sich heraus mit grossem sauß in die höch wallund außfleust / und das in ewige zeit / von sechs zu sechs stunden wachsend / und ablauffend gesehen wirdt /

so es dan in sechs stunden das Moer

esse, ut naves aliasque in propinquo res attraheret, involveret atque absorberet: neque se unquam in maiori periculo fuisse aiebat. Nam gurgite subito ac violenter navem, qua vehebantur, ad se attrahente, vix magno labore renitentibus remis sese evasisse.

Superato S[ancto] Naso, ad quendam montem saxosum, quem circumire oportebat, pervenisse: ubi cum ventis restantibus aliquot diebus detinerentur, nauta, Saxum (inquit) hoc quod cernitis, Semes appellant:

quod nisi munere aliquo a nobis placatum fuerit, haud facile praeteribimus.

quem Isthoma, ob vanam superstitionem se increpasse aiebat. increpatus nauta subticuit, totoque illic quatriduo vi tempestatis retentos, ventis postea quiescentibus, solvisse.

Cumque secundo iam flatu veherentur, nauclerum dixisse: Vos admonitionem meam de placando Semes saxo, tanquam vanam superstitionem irridebatis: at nisi ego noctu clam ascenso scopulo, Semes placassem, nequaquam transitus nobis concessus fuisset.

Interrogatus, quid Semi obtulisset? avenae farinam butyro permixtam, super lapidem quem prominere vidimus, se fudisse dicebat.

Postea cum ita navigarent, aliud ingens promontorium, Motka nomine, ad peninsulae speciem ipsis occur-

einfleust / zeucht so starckh an sich / das die Schiff welche etwas in die nahent khumen / ye gar verzuckht / also das die zween mit grosser mühe und arbait sich darvor enthalten haben /

wie sy umb den Perg der heiligen Nasen / seind sy wider zu ainem Felsigen Perg khomen / da seind sy durch den Windt etliche tag aufgehalten worden / so spricht der Scheffman / der Fels den es secht / haist SEMES

soverr wir den nit mit ainer vereherung ermildern / khumen wir nit leichtlich hinfür /

als die baidt dem Schiffman darumb zuredten / schwig er darüber stil / sy seind vier gantzer tag also da aufgehalten worden / erst hörte der Wind auf /

und sy furen hin mit guettem Wind / sagt der Schifman wider / jr habt mein vermonung den Felsen zu sonfften verspot / hette aber ich den nit verehrt / wir wären noch nit herdan khumen /

sy fragten jne wie er gethon / und den verehret hette / sagt er wäre bey der nacht hienauff gestigen / und hette ain habermel mit ainem Putter abgemacht / und auf den Stain den sy sahen / gegossen /

Nach solchem fueren sy wider gegen aim Perg / der sich in das Moer gelassen / mit namen MOTKA zuse-

risse: in cuius extremitate Barthus castrum, quod praesidialem domum significat, esset. Habent enim ibi reges Nordvuegiae, ad defendendos fines, militare praesidium.

Tantam autem eius promontorii longitudinem in mare esse dicebat, ut vix octo diebus circumiri posset.
qua mora ne impedirentur, & naviculas & sarcinulas per Isthmum dimidii miliaris intervallo, magno labore humeris traduxerunt.
Dein in Dikilopporum, qui feri Loppi sunt, regionem, ad locum Dront nomine, qui ducentis a Dvuina in Septentrionem miliaribus abest, navigasse. atque eo usque Moscovuiae Principem, ut ipsi narrant, tributa exigere solere.

Relictis porro ibi scaphis, reliquum itineris terra trahis confecisse.

Referebat praeterea, cervorum ibi greges, ut apud nos boum, esse, qui Nordvuegorum lingua Rhen vocantur, nostratibusque cervis aliquanto maiores sunt: quibus Loppi vice iumentorum utantur, hoc modo.

Vehiculo in scaphae piscatoriae formam facto, cervos iungunt: in quo homo, ne citato cervorum cursu excidat, pedibus alligatur.
Lorum, quo cervorum cursum mode-

hen als stuende der gar im Moer / wie ain Innsl / zu ausserist des selben Perg stuend ain Schloß / nennen die jnwoner BARTHUS / da hebt an des Khünigreichs Nortweden gepiet / und da helt man yeder zeit dienstvolckh als an ainer Granitzen / zu behuet / davon das selb Schloß also genent wirdt /
und diser Perg hat sy dermassen angesehen / als möchten sy den in acht tagen nit umbfarn /
der halben sy die Schiff und jren plunder uber den Perg auf ain halbe meyl ziehen und tragen muessten / so enge was der Perg an dem ort /
dann seind sy undter die wilde lappen / durch die Moscoviter DIKILOPY genent khumen / an ainem ort des man nent DRONT / daheer man von der Dwina in Mittenacht zwayhundert meyl raet / und bißheer sol der Moscoviter seine zinß abzufordern haben /
Alhie verliessen sy die Schiffung / und setzten sich auffs Land in Schlittn /
und daselbstn waren Thier wie Hirschen / die man als bey uns viech herdtweis bey den heusern hielte / die nent man RHENEN / solten was grösser dann unsere Hierschen sein / die brauchen sy auch an des viechs stat /
Sy haben wie ain vischer Züln oder ain muelter / darin sitzt der man und bindt sich mit den füessen an /
der Rhen ist eingespandt / das lait-

---

35 <dt. Text:> Züln] = *flacher Lastkahn*

ratur, sinistra: dextra vero manu baculum tenet, quo vehiculi, si forte in aliquam partem plus aequo vergeret, casum sustineat.	sayl oder rhiem hat der da fert in der Linckhen hand / in der rechten ain steckhen / damit er sich behilfft / wann sich sein Schlittn zum fal richt /
atque eo vehendi genere viginti miliaria se uno die confecisse, cervumque tandem dimisisse: quem ad dominum suum stabulaque consueta sponte rediisse, dicebat.	sy seind auch mit der fart ain tag auf zwaintzig meyl damit geraist / So bald sy an die herberg khumen / haben sy das Thier ledig gelassen / ist selbs pald widerumb zu seim herrn in gewonlichen stal geloffen /
Eo tandem itinere confecto, ad Berges civitatem Nordvuegiae, recta in Septentrionem inter montes positam, indeque equitatione in Daniam pervenisse. Ceterum apud Dront & Berges in solstitio aestivali, dies vigintiduarum horarum esse dicitur.	alsdann seind sy gehn BERGEN in die Stat zu Nortweden geraist / ligt zwischen gepürgen geradt in Mittenacht / von dannen seind sy wider geritten / und in das Dennmarcktisch gepiet khumen / zu Dront und Bergan sagt er / das der lengste tag im Summer zwoundzwaintzig stund wäre.
Blasius alter Principis interpres, qui paucos ante annos a Principe suo ad Caesarem in Hispaniam missus fuerat, diversam, magisque compendiariam itineris sui rationem nobis exposuit.	BLASIUS ULAS der ander Tulmetsch auch ain zimblicher gueter man / der nit vor langst neben andern Pottn zu Khayser Carl in Hispanien geschickht was / hat mir sein weg der enden von der Mosqua auß / anderst angezaigt /
Dicebat enim, cum ad Ioannem regem Daniae missus fuisset ex Moscovuia, Rostovu usque pedes venisse: conscensisque navibus Pereaslavu, a Pereaslavu per Vuolgam in Castromovu:	als der zu Khünig Hannsen in Dennmarckht geschickht was / nam sein weg auß der Mosqua nach Rostow / und ist zu fueß dahin gangen / und dan auf ain Schiffl gesessen / gehn Pereaslaw / und nach der Wolga gehn Castromow /
indeque septem vuerst terrestri itinere ad fluviolum quendam se pervenisse, per quem cum in Vuolochdam primum, Suchanam deinde, & Dvuinam, ad Berges usque Norvuegiae urbem navigasset, omniaque pericu-	und von dannen wider zu fueß syben werst zu ainem pach khumen / nach demselben ist er in die Wolochda / darnach in die Schuchana / und die Dwina also geschifft / und von der Dwina hintzt gehn Bergen die

la & labores quos Isthoma supra retulit, navigando superasset, recta tandem Hafniam Daniae metropolim, quae Germanis Koppenhagen dicitur, pervenisse.	Haubtstat in Nortweden / auch zu Schiff khumen / mit aller müehe und arbait auch geferligkhait / wie der Isthumen angezaigt hat / Von dannen gehn Khopenhagen / in die Haubtstat des Dennischen Reichs / der yeglicher am widerzug ist nach der See auf Leifland / und in jres Herrn gepiet khumen / und yeglicher in ainem Jar solche rayß verricht / Der Isthumen aber sey lang mit ungestümigkhait verhindert worden /
In reditu uterque se per Livuoniam in Moscovuiam reversos fuisse, illudque iter annuo spacio confecisse dicebat.	
quamvis alter, Gregorius Isthoma, se media huius temporis parte tempestatibus in plerisque locis detentum & remoratum fuisse aiebat.	
Uterque tamen constanter affirmabat, se mille & septingenta vuerst, hoc est 340 miliaria hoc itinere peragrasse.	So hat auch jr yeglicher bekhent / das sy an solcher rayß Tausent und Sybenhundert werst / das wären dreyhundert und viertzig meyl verraist haben.
Demetrius item ille, qui novissime apud summum Pontificem Romae Oratorem egit, ex cuius etiam relatione Paulus Iovius Moscovuiam suam descripsit, perque hoc ipsum iter in Nordvuegiam & Daniam missus venerat, omnia supra dicta ita se habere confirmavit.	DEMETTER der dritte Tulmetsch der wenig zeit vor mein auß seiner Potschaff[t] vom Bapst wider in die Mosqua khame / Nach des antzaigen PAULUS IOVIUS sein Moscoviam beschriben hat / ist auch disen weg gehn Nortweden und Dennmarckht gezogen / bastättigt der andern baider sagen / also das khainer neben den andern mit mir davon geredt hat /
Caeterum hi omnes, de congelato seu glaciali mari a me interrogati, nihil aliud responderunt, quam se in maritimis locis plurimos & maximos fluvios, quorum vehementi & copioso in fluxu maria longis spaciis ab ipsis littoribus propelluntur, vidisse, eosque ab ipsis littoribus per certa spacia una cum mari congelari:	der yeglichen hab ich besprochen / wie die sachen des gefrornen Moers gestalt wäre / die sagten als auß ainem mund / das zu herter Wintters zeiten / nach dem sovil und grosse wasser in dasselbige Moer einlauffen / damit das sueß wasser / das gesaltzen ferr hindan treibt / so gefreurt dasselb / und sonderlichen an gestatten /

uti fit in Livuonia, aliisque Svuetiae partibus.

quamvis enim concurrentium ventorum impetu glacies in mari frangatur, in fluminibus tamen raro, vel nunquam, nisi inundatio aliqua superveniat, glacies tum congesta elevatur, aut frangitur.

nam glacierum frusta, fluviorum vi in mare delata, per totum fere annum supernatant: adeoque frigoris vehementia denuo concrescunt, ut aliquando plurimum annorum glaciem in unum concretam, ibi cernere liceat.

id quod ex frustis, quae a ventis in littus propelluntur, facile cognoscitur.

Equidem & Baltheum mare in plurimis locis & saepius congelari, a fide dignis audivi.

Dicebant, etiam in ea regione, quae a feris Loppis habitatur, Solem aestivali solstitio quadraginta diebus non occidere: tribus tamen noctis horis corpus solis caligine quadam obductum, ut radii illius non appareant, videri: tantumque luminis nihilominus praebere, ut nemo a labore suo tenebris excludatur.

aber die wind brechen dasselb mit den grossen thumen / was aber in grossen flüssen dickhes Eyß wirdet / bricht sich nit anderst / dann wann der Schnee zerschmeltzt / so hebt und ledigt das wasser das Eyß vom gestatt / und bricht das in grosse stuckh /

die khumen hinauß in das Moer / und bleiben offt uber Jar / das auch des andern jars Eyß dartzue khumbt / und ain stuckh uber das ander sich legt / und die Eyß von jarn im Moer also schwimen /

mit dem so ist den Schiffunden grosse sorg / der halben bleibt das Engronen Land unbesuecht /

So gefriern auch die Moer an vil andern orten umb Leifland auch zwischen Sconland / Dennmarckht / auch Juchtland / das man von ainem Land zu dem andern zu Roß / Wagen / und Schlitten und zu fueß raisen mag / das geschiecht aber nit alle Wintters zeit /

Sy sagten mir auch das in der gegent der wilden Lappen / als der tag im Sumer am lengsten ist / die Sun gantzer vierzig tag und nacht gesehen wirdt / alain zu Mitternacht drey stundt ungeverlich so gibt die Sun khain solchen schein / wie zu andern zeitten / aber die runde und Cörpel der Sunnen / siecht man dannocht /

Mosci iactant, se ex illis feris Loppis habere vectigal.	Sy geben für / als wären dieselben leut jrem Großfürsten zinßpar / 40
quod etsi verisimile non sit, mirum tamen non est, cum alios vicinos ab ipsis vectigal exigentes non habeant.	
Tributi autem loco pelles & pisces, cum aliud non habeant, pendunt.	so geben sy doch nit anders dann gefül und visch / haben nit anderst /
Persoluto autem annuo tributo, nemini se quicquam debere, suique se iuris esse gloriantur.	Nach verrichtung des Tributs sagen / sy sein frey / als hetten sy khain 45 Obrigkhait /
Loppi quamvis pane, sale, aliisque gulae irritamentis careant, solisque piscibus et feris utantur, multum tamen proni in libidinem esse perhibentur.	ob die gleich khain Brot noch Saltz / sonder nur Visch und Wilprät brauchen / so sein sy nichts minder seer zu unkheuschait genaigt / 50
Sagittarii porro peritissimi omnes, adeo ut si quas nobiliores in venatione feras nanciscantur, eas quo pelle integra & immaculata potiantur, missa in proboscidem sagitta interficiunt.	Maisterliche schützen / die alle khlaine thier / davon sy die Pälgl behalten / schiessen sy gemainclich allain an Ruesl / wo sy das an andern ortten treffen so underlaufft das 55 pluet / und das Pälgl mag an dem selben ort nit weiß gemacht werden /
Mercatores, aliosque hospites peregrinos, domi cum uxore, venatum euntes relinquunt. reversi, si uxorem hospitis consuetudine laetam ac solito hilariorem reperiant, munere aliquo hunc donant: sin minus, turpiter expellunt.	sy lassen die fromde und Kaufleut bey jren weibern so die ausgeen schiessen / und wan sy wider khu- 60 men / jre weiber frölich finden / verehrn sy den gast / ist sy aber nit frölich / so wirdt der gast nit wolgehalten /
Iam consuetudine hominum externorum, qui quaestus gratia eo commeant, innatam feritatem deponere, ac mansuetiores fieri incipiunt. Mercatores libenter admittunt, a quibus ex crasso panno vestes, item secures, acus, coclearia, cultri, pocula, farina, ollae, idque genus alia ipsis afferuntur: ita ut coctis iam cibis vescantur, humanioresque mores induerint.	sy seind auch nimmer so wild als vor 65 / weil sovil leut umb gwins willen zu jnen handln / gemachte grobe clai- der / hackhen nadln / löffel / messer / trinckhgeschier / hefen oder topfen / meel und dergleichen nemen sy am 70 liebsten an / und gewonen numals gekhochter speiß / und werden menschlicher /

Vestibus, quas ipsi ex diversis ferarum pellibus consuunt, utuntur,

eoque habitu in Moscovuiam aliquando veniunt:
paucissimi tamen caligis, ac pileis, ex pelle cervina confectis, utuntur. Nullus illis aureae & argenteae monetae usus, sola rerum permutatione contentis: & cum aliorum idiomata non calleant, apud exteros muti propemodum esse videntur. Tuguriola sua corticibus arborum tegunt: & nusquam certas sedes habent, sed absumptis uno loco feris ac piscibus, alio migrant.
Narrabant etiam praedicti Moscovuiae Principis Oratores, se in eisdem partibus altissimos montes, ad Aetnae similitudinem flammas semper eructantes vidisse: & in ipsa Nortvuegia multos montes perpetua conflagratione corruisse.
Quare adducti quidam, purgatorium ignem ibi esse fabulantur.
de quibus montibus, dum legatione apud Christiernum Danorum regem fungerer, eadem fere ab Nordvuegiae Praefectis, qui tum forte aderant, accepi.
Circa ostia Petzorae fluvii, quae sunt dextrorsum ab ostiis Dvuinae, varia magnaque in Oceano dicuntur esse animalia. Inter alia autem, animal quoddam magnitudine bovis, quod accolae Mors appellant. Breves huic, instar castorum, sunt pedes: pectore pro reliqui corporis sui proportione aliquanto altiore, latioreque, denti-

in gmainen claidern pinden sy allerlay gefül zusamen / Wolffsheüt / Füx / Märder / Zöbl / und was ainer hat /

auß Hierschen heutten machen sy auch claider / Silber und Gold achten sy nit / khünnen khain andere dann jr aigne sprach / wonen nur in hütten / von Pamrinden gemacht / wan sy an ainem ort außgevischt und geiagt haben / ziehen sy weitter /

Sy sagten das sy grosse gepürg mit rauch als ob die Prunnen gesehen haben / und vil verprunner perg die eingefallen sein /

dergleich als ich zu Khünig Cristern in Dennmarckt geschickht ward / hab solches auch vernumen /

Von dem gmund der Petzora / sagt man von wunderlichen thiern / ains wirdt genent MORS sol als ain Ox groß sein / hat khurtze fueß wont im Moer / hat oben zwen lang zend /

bus superioribus duobus in longum prominentibus.

Hoc animal sobolis ac quietis causa, cum sui generis animalibus, Oceano relicto, gregatim montes petit: ubi antequam somno, quo natura profundiore opprimitur, se dederit, vigilem, gruum instar, ex suo numero constituit:

qui si obdormiscat, aut forte a venatore occidatur, reliqua tum facile capi possunt:

sin mugitu, ut solet, signum dederit, mox reliquus grex excitatus, posterioribus pedibus dentibus admotis, summa celeritate, tanquam vehiculo per montem delapsi, in Oceanum se praecipitant:

ubi in supernatantibus glacierum frustis pro tempore etiam quiescere solent.

Ea animalia venatores, solos propter dentes insectantur: ex quibus Mosci, Tartari, & in primis Turci, gladiorum & pugionum manubria affabre faciunt: hisque pro ornamento magis, quam ut graviores ictus (ut quidam fabulatus est) incutiant, utuntur. Porro apud Turcos, Moscos & Tartaros hi dentes pondere veneunt, pisciumque dentes vocantur.

Mare Glaciale ultra Dvuinam, ad Petschora, & Obi ostia usque, longe

wan sy prunfftn / gehn sy auf die perg / und rhuen auch je daselbstn / ist yeder zeit ain wachter zwischen jnen /

wan der wisplt / unnd sy warnet / so setzen sy die fueß auf die zend und faren ab / wie an ainem Schlitten in das wasser /

wan der wachter verschläfft / so seind die zufahen / sy rhuen auch auf den grossen Eißschiellen /

man fecht die allain der schönen weissen Zend halben / davon man schöne messerhefft macht / Die Moscoviter / Türckhen und Tattern machen an jre wehrn und sonderlichen an die khurtzen als wie wir Tölchle oder Hessen tragen / gar schöne hefft / und ist allain zu ainer zier / und nit von der schwär wegen / damit ainer ain khrefftigern straich möcht thuen / wie ainer davon geschriben hat / man verkhaufft die zend nach der waag / und haist man die gemaingelichen Vischzend.

lateque protenditur. ultra quae Engronelandt regionem esse aiunt.

ENGRONENLAND / ligt gegen den Schwedischen und Nortwedischen Landen uber /

Eam cum ob altos montes, qui perpetuis nivibus obsiti rigent, tum perpetuam glaciem mari innatantem (quae navigationem impediat, periculosamque faciat) a conversatione seu commercio nostrorum hominum seiunctam, atque ideo incognitam esse audio.

aber uber Moer der ungestümigkhait der Wind und des Eyß halben / feert man zue / und von jnen nit / uber land seind die gepürg mit ewigen Eyß und Schnee bedeckht / das niemand darüber mag / also beleiben sy von der gemain der Menschait abgeschaiden /

Gotschalch Rosnkrantz / des Khünigs Christerns Sun (der an Khaiser Carls hoff gestorben) Cantzler gewest / hat mir gesagt / wie bey unserm gedenckhen etliche personen sich hinüber gewagt / und gleichwol halb mit dem Schiffbruch verdorben / die uberblibne haben sich understanden / uberland heraus zukhomen / sollen piß on ain in dem Eiß und Schne verdorben sein.

De modo excipiendi et tractandi Oratores.

Welcher massen die Potschafften emphangen und gehalten werden.

Orator in Moscovuiam proficiscens, eiusque limitibus appropinquans, nuncium ad proximam civitatem mittit, qui eius civitatis Praefecto indicet, se Oratorem talis Domini, limites Principis ingressurum.

So ain Potschafft gegen den Moscovitischen gränitzen nahnet / schickht derselb ain Pottn mit schreiben oder mundlicher werbung in die nächste Stat zu dem Verwalter oder Stathalter dessen orts mit anzaigen der Potschafft namen / und von wem der geschickht worden /

Mox Praefectus, non solum a quo Principe mittatur, sed cuius etiam conditionis, dignitatisve sit ipse Orator, item quotus veniat, diligenter inquirit: quibus cognitis, aliquem cum

pald so fragt man / was wesens oder wierdens die Potschafft sey / und wer mit der Potschafft khumbt / wellen auch aller Personen und der Dienner und derselben Vätter namen

comitatu, habita tam Principis a quo mittatur, dignitate, quam Oratoris ratione, ad excipiendum & deducendum Oratorem mittit.	wissen / Nach solcher gelegenhait des herrn von dem die Potschafft khumbt / auch in was wesen oder ansehen die Potschafft ist / schickht der Stathalter an die Gränitz die antzunemen und zuemphahen /
5 Interim etiam magno Duci, unde & a quo veniat, continuo significat. Missus, ex itinere pariter aliquem ex suis praemittit, qui Oratori significet, Magnum hominem advenire, qui 10 eum certo loco (locum designans) excepturus sit. Porro Magni hominis titulo propterea utuntur, quod illud praedicatum Magnus, tribuitur omnibus excellentioribus personis. neque 15 enim quenquam strenuum, aut nobilem, aut Baronem, illustrem aut magnificum vocant, aut alio denique id genus titulo ornant.	Also auch schickt derselb ain eyllende Posst zu dem Großfürsten in die Mosqua / mit allem anzaigen / wie vorgemelt / welcher dan von dem Stathalter der Potschafft entgegen geschickht ist worden / derselb sendet auch ain person zu der Potschafft anzuzaigen / das ain grosser man entgegen geschickht / jne an der Granitzen an zunemen und zuemphahen / der wart sein an dem . N . ort / Das wort (groß) brauchen sy für alle Titl / also das sy jren Fürsten und noch andern khain Durchleuchtigkhait / Hoch / oder Wolgeborn / Gestreng / Edl etc. geben / sonder mit dem wort Groß bedeutten /
Caeterum in congressu, missus ille 20 adeo non cedit loco, ut nivem hyberno tempore, ubi subsistit, verrere, seu terere ita iubeat, quo Orator praeterire queat, ipse interim via trita, seu publica non cedit.	wan dan die baide zusamen khumen / als im tieffen Schne / so stelt sich der von dem Stathalter gesant ist / im weg mit seim Schlitten / und lässt ain neuen weg tretten / damit die Potschafft den selben neuen weg zu gelegner zeit für faren müge / der gesant bleibt stät im weg /
25 Praeterea in congressu & hoc observare solent. mittunt nuncium ad Oratorem, qui eum admoneat, ut ex equo aut vehiculo descendat: 30	seine leut khomen dann zu der khomenden Potschafft / und zaigen an / das sy von Schlitten oder Pherden abtretten / und der ander wil zuvor die Potschafft steende sehen / ehe er sich auch zum absteen richt / damit

Line numbers: 35, 40, 45, 50, 55, 60, 65

si autem aliquis aut lassitudinem, aut aegritudinem causatus fuerit, tum respondent: quod nec proferre, nec audire verba Domini, nisi stando liceat.

vermainen sy jrem Herrn die Achtperkhait zuerhalten /
wan dan ain Potschafft die muede oder andere ursachen fürwendt / damit man auff den Schlitten oder Pherdten die sachen verrichten möchte / so sprechen sy / es gebürt sich nit / des Herrn wort anderst dan steend außzusprechen / noch zuhörn.

Imo missus diligenter cavet, ne prior ex equo aut vehiculo descendat, ne videatur hac re derogare domino suo. quin ubi Oratorem ex equo descendere animadvertit, tum primum & ipse descendit.

In priore mea legatione nunciabam occurrenti extra Moscovuiam, me fessum esse de via, & ut in equis expediremus expedienda. At sibi id faciundum (repetita priore causa) nequaquam videbatur. Interpretes & alii iam descenderant, monentes me, ut & ego descenderem. Quibus respondebam, quamprimum Moscus descendet, me quoque descensurum. Equidem cum viderem ipsos eam rem tanti facere, deesse ipse quoque Domino meo, eiusque minuere authoritatem pariter nolui.

Sedenim prior descendere cum renueret, illaque superbia aliquantisper protraheretur, finem facere volens, movi pedem ex subiice ephippiario, tanquam descensurus. qua re animadversa, missus continuo ex equo descendit: ego vero lente me ex equo detuli, ita ut illum a me illusum esse poenituerit.

In meiner ersten Potschafft bin ich von groß Neugarten an der Posst geritten / wie ich zu der Stat Mosqua genahnet / ist mir ainer entgegen geschickht worden / der Tulmätsch Ystumen khamb zuvor heer / und monte mich zum absteen / uber das ich mich vasst müedt entschuldigte / so es dan anders nit sein khundt / sagt ich jener sol zuvor abstehn /

wie wir aber ain weil mit solcher hochfart vertriben / wolt ich ain endt machen / schüt ich mein fueß / und raumbt den stegraif / so steet der gesandt bald ab / ich ließ mich wol langsamb aus dem Satl /

ich wolt auch meinem Herrn sein

Sub haec accedens, aperto capite inquit: Magni domini Basilii, Dei gratia regis & domini totius Russiae, & magni ducis, &c. (recitando potio-
5 res principatus) Locumtenens & Capitaneus N. provinciae, &c. iussit tibi significare.

Postquam intellexit te Oratorem tanti domini, ad magnum dominum no-
10 strum venire, misit nos tibi obviam, ut te ad se deduceremus. (repetendo titulum Principis, & Locumtenentis.) Praeterea nobis demandatum est, ut inquireremus, quam sane equitave-
15 ris. (is enim modus est in excipiendo, Quam sane equitasti?)

Dein Oratori dextram missus porrigit: neque rursus honorem prior
20 exhibet, nisi videat Oratorem caput suum aperire. Sub haec, humanitatis forte officio adductus, ultro Oratorem compellat, quaerens, quam sane equitasset. Postremo dat signum
25 manu innuens, Ascende & vade.

Conscensis tandem equis, aut vehiculis, subsistit loco una cum suis: neque via cedit Oratori, sed postremus a longe sequitur, curatque dili-
30 genter ne quisque retrocedat, aut subsequatur:
procedente Oratore, mox sciscitantur

Achtperkhait bey den wilden Leuten erhalten.

Wan dan baide Potschafft / und 35 der vom Stathalter gesandter an der Grenitzen zu fueß sein / emplösst der gesandt sein haubt / und spricht des grossen Herrn Basily Khünig und Herrn aller Reissen / und Groß- 40 fürsten etc. mit ertzelung der merern Fürstenthumer / Titl / Stathalter und Haubtman zu. N. hat bevolhen dir antzutzaigen /
als der vernumen / das du von ainem 45 solchen Herrn zu unserm grossen Herrn geschickht bist / hat er uns dir entgegen geschickht (yeder zeit verneuen sy den Titl des Großfürsten / auch des Stathalters) und hat uns 50 bevolhen von dir zuversteen / wie gesundt du geraist bist / das ist jr gemaines emphahen / wie gesundt hastu geraist /
hat uns auch bevolhen dich zube- 55 glaittn /
nach dem so peut er erst der potschafft die hand / hernach emplöst er sein khopf nimer zuvor / es hab dan die Potschafft sich zuvor emplöst / 60 darnach so fragt er von sein selbs wegen / wie gesundt hast geraist / so dan zaigt er mit flacher hand wider auftzusitzen / und spricht sitz auf und zeug / 65
der bleibt stät im weg / das die Potschafft neben jme hin raisen mueß / er bleibt hinden / nit dem Potten zu Ehrn / sonder als beschlüß er den weg / das niemandt hernach oder 70 wider hinder sich khumen müge /
also am raisen fragen sy widerumb

primum nomen Oratoris, & singulorum servitorum: item nomina parentum, & ex qua quisque provincia oriundus sit, qualem quisque calleat linguam, & cuius sit conditionis, an principis alicuius servitor, an Oratoris consanguineus, aut affinis sit: & an prius quoque in eorum provincia fuerit. quae singula ad magnum ducem per literas continuo referunt.

Porro cum paululum progressus est Orator, occurrit homo, mandatum dicens se a Locumtenente habere, ut sibi de omnibus necessariis provideat.

Dobrovuna igitur, oppidulo Lithuaniae, ad Borysthenem sito, egressi, octoque eodem die miliaribus confectis, cum limites Moscovuiae attigissemus, sub divo pernoctavimus: fluviolum aquis redundantem ponte stravimus, ut post mediam noctem inde progredi, & Smolentzko pervenire possemus. Nam ab ingressu, seu limite, in principatum Moscovuiae, Smolentzko civitas duodecim miliaribus tantum Germanicis distat.

Mane cum ad unum fere miliare Germanicum progressi essemus, honorifice suscipimur: atque inde vix ad dimidium miliare progressi, loco sub divo nobis constituto patienter pernoctavimus:

der Potschafft auch aines yeglichen und der Ministen diener namen / und aines yeglichen Vatter namen aus was landen ain yeglicher / und was sprach ain yeglicher khün / was wesens ain yeglicher sey / ob er ainem andern Fürsten diene / ob indert ainer der Potschafft Freund und ob er nit hievor auch in denselben Landen gewest sey / das alles beschreibt unnd schickht man dem Großfürsten fürderlichen zue /
pald so khumbt ainer / der sich antzaigt von Stathalter verordent / alle nottürfft an der Strassen zugeben /

und dann der Schreiber neben dem selben verordent / geben dan alle notturfft den Personen und Pherdtn.

DOBROWNA ist ain Schloß und Fleckhen in Lithen / am wasser Nieper gelegen / von dannen seind wir acht meyl geraist hintzt an die Moscovithische Granitzen / die selb nacht haben wir undter dem Himel im khueln Schne gehaust / nahent bey ainem Pach der an lieff nach dem der Schne zergieng / darauf haben wir die Pruggen gebessert / der mainung pald zu Mitternacht unsern weg zunemen / gar gehn Smolensco zukhomen / dan wir nur zwelff meyl dahin zuraisen gehabt /
Als wir ungeverlichen ain Teutsche meyl geraist / kham uns der gesandt entgegen / und empfhieng uns wie oben gemeldet / hat uns nit vil uber ain halbe meyl gefuert / da warde

postero die rursus ad duo miliaria progressis, locus pernoctandi constitutus fuit, ubi a deductore nostro prolixe & laute accepti sumus.

Caeterum sequenti die (quae erat dies Palmarum) quamvis servitoribus nostris mandaveramus, ut nullibi subsisterent, quin cum sarcinis recta Smolentzko contenderent:

eos tamen, vix ad duo miliaria Germanica progressi, in loco ad pernoctandum constituto detentos invenimus.

Nos autem cum ulterius pergentes viderent, obsecrabant, ut saltem ibi prandium sumeremus, quibus parendum erat.
Ea etenim die deductor noster, Oratores sui domini ex Hispania a Caesare nobiscum revertentes, Knes Ioannem Posetzen Iaroslavuski, & Simeonem Trophimovu secretarium invitaverat.

Ego, qui sciebam causam, cur nos tam diu in his solitudinibus detinerent (miserant etenim ex Smolentzko ad magnum Ducem, nunciando adventum nostrum, expectantes responsum, an liceret nos ducere in castrum, necne) volui experiri ani-

uns die Herberg undter dem Himel zu wonen betzaichnet /
den andern tag seind wir abermals bey zwayen meyllen geraist / mit gleicher Herberg / alain das uns der gesandt zu gast gehabt / und wol gehalten / haben also verguet gehabt /
das was am Palm abent / aber am Palmtag wie wir merckhten / das uns der noch lenger im Schne undter dem Himel halten wolte / bevolhen wir unsern vor reittenden dienern sy sollen nit absteen / hintzt gehn Smolensco /
wie die auf zwo meyl geraist / sambt unsern geladnen Schlittn / warde gleichermassen der Platz zum Nachtleger vertzaichnet / und unsern dienern wardt gewert weitter zuraysen /
wir khamen dar / und wolten fürbaß / des sy mit grossem pitter hielten / damit wir doch die frue maltzeit da nemen wolten /
des tags hat der gesandt die Moscovithische Pottn / Knes Iwan Posetzen Jaroslawski / und Simeon Trophimow Secretari / welche bey dem Römischen Khaiser in Hispanien gewest / und mit uns zugehn / zu gast gehalten /
Ich möchte wol abnemen / warumb sy uns so lang an dem weg hielten / Nämblichen / das wir spat fürgeschickht hetten / derhalben sy der Antwort von der Mosqua warteten / wie man uns halten / und sy uns in die Stat Smolensco oder hervor

30 <dt. Text:> Römischen] ~~Römimischen~~

mum illorum, ingrediorque viam Smolentzko versus.	halten sollen / darumb nach der malzeit nam ich den weg an / nach Smolensco /
Id alii procuratores cum animadvertunt, e vestigio ad deductorem currunt, discessum nostrum nunciant: mox reversi, orant, miscentes etiam precibus minas, ut maneremus.	da hueb sich ain lauffen dann der gesandte mit seinem leger was hievor alweg auff ainem Püchl gegen uns uber / ain klain Pächle was zwischen unser dem zaigten sy an / wie wir uns erhebt hetten / khamen pald etliche hernach geritten / patn / und droeten auch zum thail / wir sollen bleiben /
Sed illis interea huc atque illuc cursitantibus, cum ad tertium fere pernoctandi locum pervenissemus, meus procurator inquit: Sigismunde quis agis? cur pro arbitrio tuo in alienis dominiis contra ordinationem domini progrederis?	der ain spricht / Sigmund was thuestu in aines frembden herrn Land / also nach deinem willen zuraisen /
Cui respondi: Equidem non sum assuetus in sylvis, more ferarum, sed sub tectis & inter homines vivere. Oratores domini vestri transierunt per regnum domini mei pro arbitrio suo, & deducti sunt per civitates, oppida & villas. Hoc idem & mihi liceat. Neque est mandatum domini vestri, neque causam necessitatemve tantae morae video.	dem gabe ich antwort / Ich wäre nit gewont under dem himel zu hauß / und undter den wilden thiern / sonder bey den leüten / und undter den Dächern zuwonen / deines Herrn pottn / haben in meines herrn Land nach jrem gefallen bey tag oder nacht raisen mügen / und seindt in Stet Märckht / und guete herbergen gefürt / sovil sol mir hie auch gezimen / ich waiß auch das ewrs Herrn bevelch dermassen nit ist / und waiß khain not noch ursach / warumb jr uns so lang an dem weg dermassen aufhalt /
Postea aiunt sese parum deflexuros, causantes noctem iam imminere: praeterea sero castrum ingredi haudquaquam convenire. Horum autem nos causas, quas praetendebant, contemnentes, recta Smolentzko conten-	sy wolten uns vom weg in ain Dorff und undter die Dächer füeren / so nahente die nacht / man wurde uns in die Stat so spat nit lassen / unangesehen jrer fürgewendtn ursachen sein wir noch hintzt gehn Smolensco

dimus: ubi tam angustis tuguriolis, procul a castro accepti fuimus, ut equos, nisi prius effractis ianuis, inducere non potuerimus.
Sequenti die rursus per Borysthenem traducti, ex opposito fere castri ad Borysthenem pernoctavimus. Tandem Locumtenens per suos nos excipit, atque quintuplici fere potu honorat: Malvatico scilicet, & Graeco vino, caetera erant medones varii, item pane & certis ferculis. Mansimus in Smolentzko decem dies, expectantes responsum magni Ducis.
Venerant autem duo nobiles a magno Duce, ut nostri curam haberent, nosque Moscovuiam deducerent. Aedes vero utriusque nostrum ingressi, ornati commodis vestibus, nequaquam caput aperientes, putabant id nos priores facere oportere:

quod tamen negleximus.
Postremo, cum mandatum Principis utrinque referendum & audiendum esset, prolato Principis nomine, honorem exhibuimus.

Caeterum quemadmodum variis in locis detenti, tardius Smolentzko veneramus: ita ibi quoque diutius quam par fuit, detinebamur.
Ne autem longiore mora gravius offenderemur, aut ipsi desiderio quodammodo nostro deesse viderentur, semel atque iterum nos accesserant, dicentes, Cras mane discedemus.

geraist / nit verr undter halb der Stat gelosiert / dermassen das man an Stäln die Thüer müst zerhackhen / damit unsere Pherd darein möchten / Morgens hat man uns uber den Nieper gefüert / und gegen der Stat uber in zway guete heuser gelegt / und denselben tag und nacht also geruet / dann so schickht der Stathalter uns zuemphahen / mit Malvasier / Griechischem wein / dreyerlay Med / auch etlichem Prot und speiß / da muestn wir zehen tag beleiben / des Großfürsten antwort erwarten / darnach khumen jr zwen von der Mosqua gesandt / die wasser waren sehr angeloffen / dieselben zwen waren uns für Pristawen / wie sy die nennen / als zuegeordente nach der Mosqua zuversehen / geschickht / als die in unsere herberg zu uns khamen / wol geclaidt / die warteten / wan wir unsere heubter emplösten /

so sy dan jre werbung thetten / und jren Fürsten nentn / haben wir billichen unsere heubter endeckht /

aller erst haben sy sich auch an jren heubtern emplösst /
wie man uns am weg gehn Smolensco lang verhindert / also da auch lang verhaltn /

damit sy uns aber auch wilfarten / khamen die paid zu uns / sagten an morgen zu raysen /

Nos itaque mane equos celeriter adornavimus, accinctique tota die expectavimus. Tandem vesperi cum quadam pompa veniunt, seque eo die haudquaquam expedire potuisse respondent.

Cras mane tamen rursus, ut antea, iter sese ingressuros pollicentur: quod pariter distulerunt. nam vix tertia die post, circa meridiem discesseramus, eaque tota die ieiunavimus.

Sequenti quoque die longius iter constituerant, quam quo currus nostri pervenire possent. Interea temporis omnes fluvii hybernis nivibus dissolutis, aquarum multitudine redundabant. Rivuli quoque nullis coerciti ripis, ingentem aquarum vim volvebant: adeo ut tuto, citraque maximos labores transiri non possent.

Pontes enim ante horam, duas aut tres facti, exundantibus aquis natabant. Parum igitur abfuit, quin Comes Leonhardus de Nugarolis, Caesaris Orator, altera die post discessum a Smolentzko, submersus fuisset.

Equidem dum in ponte iamiam natante starem, curaremque ut impedimenta transportarentur,

wir rüsten uns aller sachen und warteten jr / sy khamen nahent zu vesper zeit /

und sagten aber morgen zu raisen / desselben tags wartteten wir auch aller sachen gericht / ward aber nichts daraus / also sein wir die zwen gantz tag aufgehalten / mit gantzer beraidtschafft / Am dritten tag haben wir auch hintzt auf Mittag gewardt / und ungeessen beliben / damit wir doch khain stund versaumten / ob die khumen wären /

Desselben tags setzten sy die tagrayß so ferr / das die Profandt und unsere wägen nit mochten hernach khumen / die wasser und claine Pächl lieffen an / das wir on grosse arbait / und on sorg nit wol mochten uberkhumen /

So wir ye ain Pruckhen gepessert oder gemacht hetten / in ainer halben stund / hat die geschwumen / auß dem hat ervolgt / das Graf Lienhardt von Nugarol an der andern tagrayß von Smolensco nahend ertrunckhen wär /

dann so ich verr im wasser gegangen / und zu ainer Pruckhen khumen bin / die geschwumen hat / und ich darauf gestanden ordnung geben / damit unsere Sättl und gattungen darüber bracht worden / die Pherdt schwembt man uber /

equus sub eo conciderat, eumque in caeca ripa reliquerat.

des Grafen Pherdt was muettig neben der Moscoviter Pherdtn die hielten daneben / als gehörten sy nit zu der sachen / in solchem umbtretten fiel das Pherd mit den hindern fuessen in die tieffe des Pachs / weil man nit sehen möcht / wo das gestat des Pachs was / das Pherdt was tapfer ruckht sich herauß / der Graf fiel hinden ab auß dem Satl / und behieng zu seinem glückh in Stegraiffen / mit dem kham er auß der tieffe / und dann hervor in der seichte wardt er ledig / ligt im wasser am ruckhn / der Hispanisch mantl kham jme uber das angesicht / khundt sich nit behelffen /

Procuratores duo illi, proximi tum Comiti, ne pedem quidem auxilii ferendi gratia movissent: adeo ut nisi alii a longe accurrissent, eumque iuvissent, actum de eo fuisset.

die zwen Moscoviter hielten gerad bey jme / het sich khainer verrüert / der jme geholffen hette /

Sy sassen in jren Japentze / also nennen sy jre Mäntl oder Gepenickh / dann es het ainen khlainen regen / meine zwen Vettern / Herr Ruprecht unnd Herr Gunther die gebrüder Freyherrn zu Herberstain etc. die khamen dem zu hilff / also das der Gunther auch nahent in die tieff verfallen wär / Ich schalt die zwen Moscoviter / umb das sy dem nichte geholffen hetten / wardt mir geantwort / ainem gebüert zu arbaitn dem andern gebüert es nit / Nach dem muesst sich der Graff außziehen / und truckhne claider anlegen /

Veneramus eo die ad quendam pontem, quem Comes cum suis maximo periculo transierat.

von diser Pruckhen khamen wir dasselben tags / wider an ainen grössern Pach / da hetten die fürge-

Ego, qui currus sciebam haud subsequuturos, citra pontem mansi, & villici cuiusdam domum sum ingressus.

Et cum procuratorem negligentius cibum curare viderem, propterea quod sese commeatum praemisisse responderet:
ipse a matrefamilias cibum, quem libenter & iusto precio dabat, comparabam. Hoc ille ubi rescivit, matronae illico inhibuit, ne quicque mihi venderet.

Quod cum animadverti, nuncium illius accersi, mandavique ut procuratori diceret, ut aut cibum tempestive ipse curet, aut emendi copiam permittat. quod nisi faciat, caput sim illi diminuturus.

Novi, inquam, morem vestrum: multa conquiritis ex mandato domini, & hoc nostro nomine, quae tamen nobis non porrigitis. ad hoc non permittitis, ut nostris sumptibus vivamus.

schickhten Paurn ain Floß zusamen gepunden / und von wydn wie ain strickh ubertzogen / daran der Floß hieng / an dem seind wir geferlich und langsam uberkhumen / und dan wider zu ainer Pruckhen / dartzue und darvon / man mueste lang im wasser reytten / Ich sahe etliche darüber reitten / die sich hart darauf waltzten / und was nahent abent / hab das mal nit wellen darüber / dann die Profandt und andere unsere wägen mochten nit hernach / Bin in aines Paurn hauß gezogen /

und umb Brot / Habern und ander notturfft die haußwirtin gefragt / hat mirs willig umb pare bezallung geben / So das dem meinem zuegeordenten gesagt ward / verpot er dem weib mir weitter zugeben / Als mir das angezaigt / empot ich jme bey seinem zuegebnen / Er sol gedencken / und mir die verordent speiß zeitlichen geben / oder mir vergünnen / umb mein gelt mein notturfft zu khauffen / wo nit / so welle ich jme sein khopff zerkhnülln /
ich khen und wiß jr schickligkhait das sy des / so verordent wirdet abstellen und verkhauffens und sagen dann / als hetten sys daheer geben / und wolten mir dennocht verpietten umb mein gelt zukhauffen /

minatus sum, haec me Principi dicturum.	
	und ob er nit anderst / wolt ich jne gepundtnen mit mir in die Mosqua füeren / ich wesste den brauch wol in disem Lande / und mit andern scharffen worten /
His verbis minui illius authoritatem, ita ut deinceps me non solum observaret, sed quodammodo veneraretur.	
	Der kham pald zu mir und ruckht wider sein prauch sein hüetl / Ich thete nichts dergleichen / mit dem prach ich jme sein stoltz /
Post venimus ad confluxum Voppi & Borysthenis fluviorum, ibique oneravimus Borysthenem sarcinulis nostris, quae Mosaisko usque adverso flumine portabantur: nos vero Borysthene superato, in quodam monasterio pernoctavimus.	Nachdem khamen wir zu den wassern / da die zusamen fliessen Woppy unnd Nieper / da legten wir unsere sachen auff die Schiff / unnd habens dem wasser nach uber sich geschickht / als wir uber den Nieper khumen / in ain Closter darin wir uber nacht beliben /
Sequenti die equi nostri in spacio dimidii miliaris Germanici tres fluvios, aliosque plurimos rivulos redundantes, non sine periculo natare cogebantur.	am morgens haben unsere Pherd in ainer halben meyl dreymal von ainem Pächl zu dem andern uberschwemmen müssen /
Nos illos per Borysthenem scalmis piscatoriis a monacho quodam vecti circumivimus,	uns baid hat ain Münich in ainem clainen Schifflein verr durch ain wald der uberrunnen was umbgefürt / hintzt wir und unsere Pherdt wider zusamen khumen seind / Derselb Münch hat als dan die andern unsere leut / welche die Pherd nit uberschwembt / sambt den Sätln und andern sachen zu aintzigen dahin bracht / damit wir wider zureitten khumen seind.
atque tandem XXVI Aprilis Moscovuiam attigimus.	Am Sechsundzwaintzigisten tag Aprilis / als wir hintzue der Mosqua

A qua cum dimidio miliari Germanico abessemus, occurrit nobis festinabundus, sudoreque diffluens, senex ille secretarius, qui in Hispaniis legatus erat, nuncians, dominum suum nobis obviam mittere magnos homines: nominans eos, qui nos praestolarentur, excepturique essent.

Ad haec ait, decere ut in congressu ex equis descendamus, & stantes verba domini audiamus. Postea manu porrecta confabulabamur. Equidem inter alia causam tanti sudoris cum quaesivissem, mox alta voce respondit: Sigismunde, est alius mos serviendi apud dominum nostrum, quam tuum.

Porro dum ita progredimur, videmus longo ordine, veluti exercitum quendam, stantes: atque mox, nobis appropinquantibus, ex equis descendentes: quod & ipsi vicissim fecimus.

Caeterum in ipso congressu, quidam initio ita orsus est: Magnus Dominus Basilius, Dei gratia rex & dominus totius Russiae, &c. (totum titulum recitans) intellexit, vos Oratores fratris sui Caroli electi Romanorum Imperatoris & supremi regis, ac eius fratris Ferdinandi, advenisse: misit nos suos consiliarios, nobisque iniunxit, ut a vobis inquireremus, quam sanus esset frater suus Carolus Romanorum Imperator & supremus

nahneten und auf ain halbe Teutsche meyl khamen /
Reit der ain Pott Simeon / so auß Hispanien und mit uns von Wienn dahin gezogen was / eyllend und voller schwaiß / zaigt uns an / sein Herr schickhte uns grosse leut entgegen / nent die mit namen / die wartteten unser zuemphahen /

daneben sagt / es gepür sich steend des Herrn wort zuhören / derhalben von Pherdtn abzusteen. Nach solchem haben wir die hendt aneinander gepoten / und allerlay gespräch gehalten / undter andern / fragt ich was die ursach seines schwaiß sey / der antwort mit lautter stim / Sigmund es ist vil ain andere mainung meinem Herrn zudienen / weder dem deinen /

Als wir fürbaß ritten / sahen wir ain solche antzal volckhs im Veld nach der leng in der ordnung / so pald wir denen nachneten / stuenden sy von Pherdtn / desgleichen theten wir auch /

wie wir gar zusamen khamen / spricht der Oberste under denen / der groß Herr Basilius / ain Khünig und Herr aller Reissen etc. (mit dem gantzen Titl) hat vernumen seines Brueder Carl erwölten Römischen Khaiser / und obristen Khünigs / und seines Brueder Ferdinandes / Euch derselben Potschafften zukhunfft / hat uns seine Rät gesandt / und auffgelegt / von euch zuerfragen / wie gesundt sein Brueder Carl / der erwölte Römischer Khaiser und

rex. Sub haec, similiter de Ferdinando.

Secundus ad Comitem: Leonharde Comes, inquit, Magnus Dominus (totum titulum recensens) iniunxit mihi, ut tibi obviam irem, teque in hospitium usque deducerem, tibique de omnibus necessariis providerem. Tertius hoc idem ad me dixit. Haec aperto capite, utrinque cum dicta & audita essent, primus rursus inquit: Magnus Dominus (recitando titulum) iussit, ut ex te, Leonharde Comes, inquirerem, quam sane equitasses. Hoc idem ad me.

Quibus iuxta eorum consuetudinem respondimus: Deus det sanitatem magno Principi. Clementia autem Dei & gratia Magni ducis sani equitavimus. Idem hoc rursus: Magnus dux, &c. (subinde titulum repetens) misit tibi Leonharde gradarium cum ephippio, & alium quoque equum ex suo stabulo. Haec eadem ad me.

Ad quae cum gratias egissemus, porrigunt nobis manus, & uterque utrumque nostrum ordine interrogant, quam sane equitassemus.

Tandem dicebant, Decere ut dominum eorum honoremus, equosque donatos conscendamus: quod qui-

höchster Khünig etc. sey. Darnach dergleichen von Ferdinando etc.
Denen wir nach jrem prauch geantwort / Von den genaden Gottes hat unser yeglicher seinen Herrn gesundt gelassen /
Ain ander undter denen spricht / Lienhard Graff / der groß Herr Basilius mit dem gantzen Titl / hat mir bevolhen dir entgegen zukhumen / und dich in dein Herberg zufüren / mit aller notturfft zuversehen /
Der dritte sagt eben das gegen mir / und das alles mit emplössten heubtern / dan so spricht widerumb der Erste / der groß Herr Basilius etc. mit gantzem Titl etc. hat bevolhen von dir Lienhard Graff zuvernemen / wie gesund du geraist hast / dan aber gleichermassen ain anderer gegen mir /
Auf des wir nach jrer art geantwort / Gott gebe das der Großfürst gesund sey / von den gnaden Gottes / und mildigkhait des Großfürsten seind wir gesund geraist / Uber das spricht aber ainer / der groß Herr Basilius etc. mit dem Titl / hat dir Lienhard Graf den Zellter mit dem Sattl und noch ain Pherd auß seinem Stal geschickht / Ain ander dergleichen zu mir /
darüber wir gebürlichen danckh gesagt / dann raichten sy uns aller erst die hend / und yeglicher fragt unser yeglichen / wie gesund wir geraist hetten /

Sprachen auch es gebür sich / das wir jren Herrn Eerten / und auf die gegebne Pherd sässen / des wir auch

dem fecimus. atque fluvio Moscua traiecto, praemissisque aliis omnibus, subsequimur.

In ripa porro est monasterium: inde per planiciem, perque medias hominum turbas, quae undique accurrebant, in civitatem, atque adeo diversoria ex opposito sita deducti sumus.

Erant autem aedes vacuae & habitatoribus, & omni supellectile.

Uterque vero procurator indicabat suo Oratori, se una cum illis procuratoribus qui nobiscum ex Smolentzko venerant, habere a Domino mandatum, nobis ut de omnibus necessariis provideant.

statuebant etiam coram nobis scribam, dicentes illum constitutum esse, ut quotidie cibum & alia necessaria afferat. hortantur denique, ut si quid usquam nobis deesset, illis id significaremus. Deinceps singulis fere diebus nos invisebant, semper de defectu inquirentes.

Habent autem constitutam sustinendi rationem, aliam pro Germanis, aliam pro Lithvuanis, aliam pro aliorum Oratoribus.

Habent inquam certum numerum, & eum quidem praescriptum, constituti procuratores, quantum videlicet dent

gethon / und pald zu dem fluß Mosqua khumen / und ubergefarn / gleichwol zuvor allen unsern plunder fürgefurdert.
Nahendt daselbstn am gestatt ist ain Closter / und dan ain schöner Anger hintzt zu der Stat / pald wardt ain groß geleiff von volckh zusehen / und warden mit denen allen in unsere Herbergen beglaidt / zway guete hültzene heuser derselben Land art nach gegen ainander uber unser yeglichem ains verordent /
die waren öde / also das khain mensch darinnen was / allain Tisch / Penngkh aber khain Schliemb fur die Fenster /
das ward alles erstat die neue uns zuegeordente Personen / sambt denen die von Smolensco uns dahin brachten / erzaigten sich yeglicher gegen dem sy verordent waren / sy hetten bevelch uns mit aller notturfft zuversehen /
stelten uns auch für die Schreiber / welche uns täglichen die speyß und alle notturfft zuebringen wurden / begerend was uns menglte oder wir begerten / jnen dasselb antzuzaigen / So haben sy uns täglichen besuecht / und befragt / ob uns was manglte /

Es ist ain gemaine ordnung welcher massen die Teütschen / Lytten / Leiflender / oder Tattern / so in Potschafft khumen / undter halten werden /
dermassen wievil Prot / Fleisch / Visch / Saltz / Pfeffer / Zwifl / Habern / Hey / Strey / Prandtwein etc.

panis, potus, carnis, avenae, foeni, & aliarum omnium rerum, iuxta numerum singularum personarum. Sciunt quantum lignorum ad culinam, item quantum ad vaporaria calefacienda, quantum salis, piperis, olei, caepe, aliarumque minimarum rerum in singulos dies dare debeant.

Eandem rationem quoque observant procuratores, qui Oratores deducunt & reducunt ex Moscovuia.

Caeterum quamvis satis superque tam cibi quam potus suppeditare solebant,

tamen omnia fere quae petieramus, prioribus commutata dabant.

Quintuplicem potum semper afferebant, triplicem medonem, duplicem cervisiam.

Aliquando pro certis rebus mea pecunia ad forum miseram, praecipue vero pro vivis piscibus. id graviter ferebant, dicentes, domino eorum inde magnam fieri iniuriam.

Indicabam etiam procuratori, me nobilibus, quorum quinque numero mecum habui, lectulos curare velle. At ille mox respondebat, non esse consuetudinem, lectulis cuiquam providere. Cui respondi: Me non petere, sed velle emere: atque ideo secum communicare, ne posthac, ut antea, irasceretur.

Tranckh etc. täglichen geraicht sol werden / nach antzal der Personen / und Pherdte / also auch mit dem holtz zu Khuchl / und öfnen /

Es ist auch ain ordnung an der strassen hinein und herauß / raisenden /

aller sachen hat man gnueg geben / wie man an den ortten phlegt zu leben / an denen ich meines thails gantz wol ersettigt bin gewest /

Fünfferlay trangkh hat man täglichen auf ainem wägenlein mit ainem Pherdtlen bracht / dreyerlay Medt und zwayerlay Pier /

lebendige Visch hat man nit geben / ist auch nit der gmain brauch. Darumb ich etliche wenig mal an Marckht geschickht / und umb mein gelt die khauffen lassen / wie sy das erindert / haben sich des vasst beschwärdt / mit den wortten / Ich thäte jrem Herrn darmit ain schand / uber das hat man zu yeder zeit die vasst täge lebendige Visch geben / So sprach ich sy an / weil ich etliche meine freund und ander Edlleut bey mir hette / denen wolt ich gern pethe zum ligen haben / pald spricht der ain / bey uns ist der brauch nit / yemandt mit pethen zuversehen / Sagt ich begerte das auch nit / sonder das sy nit aber zu unfriden sein wolten so ichs khauffte /

Sequenti itaque die reversus inquit: Retuli ad consiliarios domini mei, de quibus heri colloquebamur. Iniunxerunt mihi, ut tibi dicerem, ne nummos pro lectulis exponeres. nam quemadmodum nostros homines in partibus vestris tractastis, eadem ratione sese & vos tractaturos pollicentur.

Cum autem per biduum quievissemus in hospitio, quaesivimus a procuratoribus nostris, qua die Princeps nos accersurus, auditurusque esset: Quandocunque volueritis, respondent, referemus ad consiliarios domini. Mox petivimus. Erat nobis constitutus terminus, sed in alium diem reiectus. Pridie autem eius diei, venerat ipse procurator, dicens: Consiliarii nostri domini mandarunt mihi, ut tibi nunciarem, te cras ad Principem nostrum iturum.

Porro quotiescunque nos vocarunt, semper interpretes secum habuerunt. Eodem vesperi revertitur interpres, & dicit: Praepara te, quia vocaberis ad conspectum domini. Item mane revertitur, rursus commonens: Hodie eris in conspectu domini.

Dein vix quartali unius horae elapso, similiter utriusque nostrum venit procurator dicens: Iam iam magni homines pro vobis venient, atque ideo decet vos in easdem convenire aedes.

Cum itaque Caesareum oratorem accessissem, continuo interpres advo-

Des andern tags khamen die wider / sagten hetten mit den Rätten derhalben geredt / die haben bevolhen dir zusagen / das du dein gelt nit außgebest / weil durch unsere gesandtn angezaigt worden / wie sy und jre leut in Euren Landen mit pethen versehen seind gewest / so wil man deine leut auch versehen /

wir richten uns ein / und rassten zwen tag / dan fragten wir unsere Pristaven wan der Großfürst uns für sich lassen und hören wolt / Sy sprachen wan jrs begert / wellen wirs den Rätten anzaigen / zu stund begerten wirs / pald ward uns der tag bestimbt / gleichwol verendert auf ain tag / am Morgens so khumbt der Pristaw / spricht des Großfürsten Rätte haben mir bevolhen dir zuverkhündigen das du morgen für den Fürsten berüfft wirdest /

zu solchen verkhundigungen haben sy yeder zeit die Tulmätschen mit genumen / Umb vesper zeit desselben tags / khumbt der Tulmätsch wider und spricht / beraidt dich dan du wirdest morgen für den Fürsten khumen / des andern morgens frue / khumbt der Tulmätsch abermals / wie zuvor vermanend / heut wirdestu vor dem angesicht des Herrn /

in ainer halben stund ungevärlichen khumen / die Pristawen zu unser yeglichem mit gleichem antzaigen / Es khumen grosse leut umb euch / und gepürt sich / das jr in ainem hauß beyainander seyt / darüber bin ich zu den Khaiserischen gangen / pald khumbt der Pristaw

lat, & magnos homines, eosque praecipuos apud Principem viros, qui nos in aulam essent deducturi, nunc adesse ait.

Erat autem quidam Knes Basilius Iaroslavuski, magno duci sanguine iunctus: alter, unus ex iis qui nos nomine Principis exceperant: quos comitabantur plurimi nobiles. Interim procuratores nostri monebant nos, ut illis magnis hominibus honorem exhiberemus, & obviam iremus. quibus respondimus, scire nos debitum officium nostrum, atque etiam facturos.

Caeterum cum iam illi ex equis descendissent, atque hospitale diversorium Comitis ingrederentur, procuratores subinde nos urgebant, ut illis obviam procederemus, eorumque Principem in deferendo honore, nostris dominis quodammodo praeponeremus.

nos vero interim dum illi ascenderent, nunc hoc, nunc aliud impedimentum simulantes, occursum tardamus, atque recta in mediis gradibus in illos incidimus: eosque ut aliquantisper respirarent, in habitationem ducere voluimus.

sed id facere renuebant.

Ipseque Knes inquit, Magnus Dominus (recitando integrum titulum) iussit vos ad se venire. Mox conscensis equis, magna comitante caterva progressi, in tantas hominum turbas iuxta arcem incidimus, ut per eas vix magno satellitum labore ac opera penetraverimus.

mit antzaigen / grosse leut / und die vorderisten bey dem Fürsten khumen umb euch / seind gleich an der hand / die euch für den fürsten füren werden /

der ain hieß Knes Basilius Jaroslawski des Großfürsten freund / noch ain namhaffter neben denen khamen vil der Boyern oder wie wirs nennen Edl / so sein die Pristawen und monen on ondterlaß / wir sollen den grossen leuten Eer erzaigen / und entgegen gehn / Denen antworten wir wissten dem wol zuthuen /

Wie die in des Grafen herberg einreitten / die Pristaven moneten und triben denen entgegen zu gehn / dahin gedeitet / das durch unsere Herrn jrem Herrn als dem merern sovil Eer erzaigten /

darumb haben wir ains / und anders für ursachen genumen / die uns verhinderten / damit die gesanten auf die stiegen khamen / dansein wir jnen entgegenkhumen / wir sprachen denen zue / ob sy wolten gar hinauf etwas rueen /

Aber der erste spricht der groß Herr Basilius etc. hat bevolhen Euch für sich zukhumen / damit sassen wir auff die Pherdt / und warden gefürt neben dem Schloß wol hinum / ehe wir zu dem rechten thor khamen / da stuende des volckhs sovil / das wir khaum platz gehaben möchten durch zukhomen /

Est enim ea apud illos consuetudo, ut quotiescunque insignes externorum principum ac regum Oratores in aulam deducendi sunt, tum vulgus nobilium stipendiarii ac milites ex circumiacentibus ac vicinis regionibus, iussu Principis convocentur, urbis tabernae omnes ac officinae sub id tempus occludantur, vendentes ac ementes foro pellantur, cives denique undiquaque conveniant.

Hoc autem eo fit, ut ex tam immensa hominum multitudine, subditorumque turba, Principis apud alenigenas potentia: ex tantis autem externorum principum legationibus, maiestas apud omnes appareat.

Porro arcem ingredientes, diversis in locis ceu regionibus, diversi ordinis homines collocatos vidimus. Iuxta portam stabant cives: milites vero & stipendiarii aream tenebant, qui pedes nos comitabantur, antecedebant, & stando impediebant, ne ad gradus usque perveniremus, ibique ex equis descenderemus. Etenim prope gradus ex equo descendere, praeter Principem, nemini licet.

Quod ideo quoque fit, ut maior Principi honor exhibitus videatur.

Primum autem, ut ad medios gradus venimus, occurrunt nobis certi Principis consiliarii, porrigentes manum & osculum, nosque ulterius deducunt.

Mox superatis gradibus, occurrunt & alii, maioris authoritatis consiliarii: cedentibusque prioribus (est enim mos, ut priores sequentibus, ac proximis quibusque ex ordine cedant, ac

Ain solcher prauch wirdt gehalten / wann frembde Potschafften für den Fürsten gefüert werden / berueft man den Adl und Dienstleut / so in der nahent umb die Stat wonen / und alle handtierung am Marckht und Plätzen wirde beschlossen / unnd gepotten / das alles gmain Volckh auf denselben Platz vor dem Schloß khume / werden auch dahin getriben /

Wie man in das Schloß khame / da steen die Burger der Stat / aber hintzue gegen den Kirchnen / und des Fürsten wonung / steen die Soldaten allerlay gemuschat / wan man bey Sant Michaels Khirchen khumbt / geet die Stigen neben auf in des Großfürsten wonung / last man khain mit willen zu der stigen reitten / sagen es gebür alain dem Fürsten /

auf mitten der stigen khumen andere vom Fürsten gesandte / die uns emphahen mit handpietten und khüssen /

wie man uber die stigen auf khumbt / so steen die gemain Boyarskj Dieti / das sein die gemain Edlleut / auf dem selben ort / so bald wir uber die stiegen khamen / aber andere Rätte /

loco suo tanquam regione attributa subsistant) salutando dextras porrigunt. Dein ingredientibus palatium, in quo vulgus nobilium circumsta-
5 bat, primarii similiter consiliarii occurrunt, nosque ordine ac ratione praedicta consalutant.

Tandem in aliud atrium, quod Knesis, aliisque generosioribus, ex quo-
10 rum ordine ac numero consiliarii leguntur, septum erat:

atque inde ad Principis usque conclave (ante quod stabant ingenui, qui quotidiana officia Principi praestant)
15 ita deducti sumus,

ut interim nemo prorsus ex circumstantibus, vel minimum honorem nobis exhibuisset. quin si aliquem nobis familiariter notum praetereuntes,
20 forte salutaremus, aut alloqueremur, adeo ille non respondebat quicquam, ut perinde se exhiberet, ac si nunquam quenquam nostrum novisset, aut salutatus a nobis non esset.

25

die uns mit handtpietten und khuß emphingen / aber hinfurpaß gegen den verschlossnen gmachen / bekhamen uns aber ander wievor / und so die ersten an der stiegen uns em- 30
phingen / giengen neben unser / und die uns von der Herberg beglaitt hetten / muessten hernach gehn / dergleichen thetten die andern und dritten / das yeder zeit die uns em- 35
phiengen / neben unser giengen / und die andern nachvolgten /
mit den letzten giengen wir in die gmäch / im ersten da waren die mit Gulden stucken / Samat und andern 40
Seidn beclaidet / aus denen werden von tag zu tag zu höhern Ambtern genumen /
Furter in ain ander zimer / zu nächst an des Großfürsten gemach / darin 45
stuenden aber wolgeclaitte junge Fürsten / und Edl die in täglichen des Großfürsten diensten gebraucht werden /
undter allen denen durch die wir 50
gangen / und gefürt seind worden / nit allain zum ersten mal / sonder hernach zu yeder zeit / ob ich gleichwol ain gekhent / oder er mich / hat sich khainer verwenckht / oder 55
mercken lassen / als khente oder seche unser ainen / wo ich mich gegen jnen genaigt / den gesundt gewuntscht / khainer gedanckht / oder aynigerlay zaichen geben / 60
sonder wie die stöckh gestanden oder gesessen /
Die von Gold Seidn / oder dergleichen khöstlich geclaidet / uns emphangen / eingefürt / und die also 65

Ad Principem tandem quum ingrederemur, assurgebant nobis (fratres Principis, si forte adsunt, non assurgunt, aperto tamen capite sedent) Consiliarii. atque unus ex primariis ad Principem conversus, ex more suo, non rogatus nostro nomine, in haec verba loquebatur:

Magne Domine, Leonhardus Comes frontem percutit: & rursus, Magne Domine, Leonhardus Comes frontem percutit: de tua magna gratia. itidem de Sigismundo. Primum significat, quasi, inclinat se, aut honorem exhibet: secundum, gratias agit, de gratia accepta.

vor des Fürsten zimer gestanden / auch die bey dem Fürsten gesessen / werden all aus den Schatz Camern beclaidt / und mueß yeglicher was davon zallen / dahin gerechnet / damit die claider wider gerainigt werden /

Und nach dem sovil Volckhs zu solchem tag verordent auch ervordert / und zu dem / und in das Schloß getriben werden / geschicht aus zwayen ursachen / Nemblichen das die frembden sehen die menige des Volckhs / und Mechtigkhait des Herrns / das auch die underthonen sehen jres Herrn Achtperkhait / das so grosse Herrn den durch jre ansechliche Potschafftn besuechen.

Wie wir in das Zimer / darin der Fürst saß tratten / und uns erstmals naigten / sassen rund herumb vil alter Fürsten / und ander / die stuenden al auf / allain wan des Fürsten Brueder verhanden / die bliben sambt dem Großfürsten sitzendt / pald so spricht der fürnembsten Rät ainer / der uns zu letzter mal entgegen khamb (hat ain ambt / möchte als ain Marschalch sein)

grosser Herr / Khünig und Herr aller Reissen / Leonhard Graff / schlecht oder naigt dir sein hiern / zum andern mal / Leonhard Graff schlecht oder naigt dir sein Hiern / umb deiner grossen gnad willen / darnach gleichermassen Sigmund etc. Das erste bedeut die ehrerbietung / als naigen oder pugkhen / das ander danckhsagung umb der gnaden /

Nam frontem percutere accipiunt pro salutatione, gratiarum actione, & aliis id genus rebus. Etenim quoties aliquis quicquam petit, vel gratias agit, tum caput inclinare solet: si enixius id facere studet, tum ita se demittit, ut terram manu contingat. Si magno Duci pro re aliqua maxima gratias agere, aut petere ab eodem quicquam volunt, tum usque adeo se inclinant, demittuntque, ut fronte terram contingant.

Princeps in loco eminentiore ac illustri, pariete imagnine divi cuiusdam splendente, aperto capite sedebat, habebatque a dextra in scamno pileum Ko[l]pack, sinistra vero baculum cum cruce Posoch, atque pelvim cum duobus gutturniis, adiuncto impositoque mantili.

aiunt Principem, cum Oratori Romanae fidei manum porrigat, credere homini se immundo & impuro porrigere: atque ideo, eo dimisso, continuo manus lavare.

Erat ibi quoque ex adverso Principis, loco inferiore, scamnum pro Oratoribus adornatum. Eo Princeps ipse, exhibito sibi prius (ut iam dictum

oder speisung und verehrungen der Pherdt /
Dan hiernschlahen ist ain gmain wort ehrerpieten / dancksagen / zubitten und zu vil deutungen brauchen sy das wort / wann ainer gegen ainem merern oder höhern was bit oder danckhsagt / so naigt er sich so tieff mit dem Khopf und leib / das er mit der hand die erdt berürt / Ist es dan so hart zuerbiten / oder vom Grosfürsten jchtes zuerwerben ist / felt ainer auf die hendt nider / und rürt oder schlecht das hiern an die Erden / da heer khumbt das man spricht mit dem hirn schlahen.

Des Großfürsten Sitzstat / ist umb ain steende handt höher / also auch der fueß schaml / der Fürst was die offter zeit mit plossem khopf / hat jeder zeit Gottes oder aines Engel / oder heiligen Pildnuß ob sein an der wendt / An der rechten seitten auf der panckh seinen Kholpackh / an der linckhen seitten sein Stab Possoch genant / und ain Pegkh mit zwayen gießkhandln / und ain Handttuech auf den Gießkhandln ligend /
Man sagt er helt dafür wan er ainem Römischen glaubens die hand peut / er hab die verunrainigt / darumb so pald der Pot hinweg khumbt / so wäscht und rainigt er sein hend mit waschn /
Vor dem Fürsten stuend ain wol nidere Pangkh mit ainem Thebich bedeckht / darauff die Potschafften sitzen / als die Ehrerpietung und

14 <lat. Text:> imagnine] ~~imagnine~~

est) honore, nos nutu & verbo accersit, manu scamnum demonstrans. Quo loci cum ordine salutaremus Principem, aderat interpres, qui verbum verbo reddebat. Audito autem inter caetera Caroli & Ferdinandi nomine, surrexerat, deque scabello descenderat.
auditaque ad finem usque salutatione:
Frater (inquit) noster Carolus electus Romanorum Imperator & supremus Rex, sanusne est? Dum Comes respondit, Sanus est: interim scabellum ascendit, & sedit.

Haec eadem, finita mea salutatione, ex me de Ferdinando quaerebat.

Dein utrumque nostrum ordine ad se vocabat, dicebatque: Porrige mihi manum. qua data, subiungit, Sanusne equitasti? ad quae uterque nostrum, iuxta illorum morem respondit: Deus det, ut tu sanus sis ad multos annos. Equidem clementia Dei, & tua gratia, sanus.
Sub haec iusserat, ut sederemus. Nos vero, priusquam id fecimus, iuxta illorum consuetudinem, Principi in

dancksagung gethon / spricht der Fürst zu dem Potten / daheer stee oder trit / zaigt die stat mit der hand / die stat ist neben der pangkh / So pald der Grueß gesagt / und der namen des Khaisers ward außgesprochen / stuende der Großfürst auf / und trit ab dem fueß schamele /

und spricht unser Brueder Carl / erwölter Römischer Khayser und höchster Khünig / wie gesund ist er / als man antwort von Gottes genaden gesundt / setzt sich dann wider / und hört den grueß zum ende /

dann spricht er zu dem Potten / sitz nider last ainem den athm vahen / dann rüfft der Fürst den Tulmetsch / sagt jme in gehaim sol dem Pottn sagen / was offendlich zusagen ist / das müg er thuen / das ander auf ain andere zeit sparn / dann so steet der Pot auf und thuet sein werbung steend / uber zway oder drey wort nimbt der Tulmetsch nit an zuvertulmetschen.
Nach solchem fordert der Fürst unser yeglichen in sonderhait / und spricht / gib mir dein hand darzu / wie gesund bistu geraist / darauf geantwort / geb Gott das du grosser Herr lang gesundt seyest / Ich bin von den genaden Gottes und deiner mildigkhait gesundt /
dan bevilcht Er uns zusitzen / ehe wir uns vor dem Fürsten setzten / haben wir auf baide ort gegen den

primis, dein consiliariis & Knesis, qui pro honore nostro stabant, gratias, caput ad utramque partem inclinantes, egimus.

Solent alioqui aliorum Principum Oratores, praesertim qui ex Lithvuania, Livuonia, Svuetia, &c. mittuntur, in conspectum Principis admissi, una cum comitatu ac servitoribus, singuli singula munera offerre.

Porro consuetudo offerendi munera est eiusmodi.
Audita & exposita legatione, mox consiliarius is qui Oratores ad Principem introduxit, surgens, clara & aperta voce omnibus audientibus ita dicit: Magne Domine, N. Orator frontem percutit, N. tali munere: hoc idem de secundo & tertio repetit. Dein singulorum nobilium ac servitorum, eodem modo & nomina & munera exprimit. Constituitur denique illi in latere Secretarius, qui pariter & Oratorum, & singulorum ex ordine offerentium nomina & munera nominatim signat. Eiusmodi autem munera ipsi Pominki, quasi Mnemosynon quoddam appellant.
nostros vero admonebant de muneribus: quibus respondimus, Non esse moris nostri.

Fürsten Räten und andern die uns zu ehrn alle stuenden mit naygung unserer khöpff danckh gesagt.

Es ist gleichwol der prauch wan andere Potschafften / als auß Littn / Schweden Leifland etc. khumen / die bringen dem Großfürsten vereherungen / die uberantworttn sy nach erster jrer werbung offendlich / und nit allain die Potten / sonder auch jre ansehenliche Diener oder freundt die mit jnen darkhumen /
wie die uberantwort werden / volgt hernach /
Nach verrichter werbung so steet vor dem Fürsten der öbersten Räth ainer der uns zum dritten mal emphangen / und für den Fürsten gefüert hat / und die solche verehrung brachten neben jme / Spricht dann der Rath grosser Herr der. N. schlecht dir mit dem hiern und gibt POMINKI also nennen sy die vereherung / und nent die mit namen / so stehet auch neben denen ain Secretari der beschreibt den namen des so verehrt / und was yeglicher verehrt hat /

Als wir unsere werbung verricht hettn / sprachen / die so bey unsern leutn hindter unser stuenden Pominkj vermanend die eherungen zu uberantworten / sagten die unsern / der prauch wäre bey uns dermassen nit /
man hat hievor den prauch gehabt /

18 <dt. Text:> gefüert hat] gefüert Hat

Sed redeo ad propositum.
   Salutatione exposita cum paulisper sedissemus, invitaverat ordine utrumque nostrum Princeps hisce verbis: Prandebis mecum.

In priore mea legatione, ut hoc quoque adiiciam, iuxta illorum consuetudinem me hoc modo invitaverat: Sigismunde, comedes sal & panem nostrum nobiscum.
Mox dein vocatis ad se procuratoribus nostris, nescio quid illis demissa voce dixerat. a quibus vicissim admoniti interpretes: Surgite, inquiunt, eamus in aliam habitationem. in qua dum reliquum legationis ac mandatorum quibusdam consiliariis ac secretariis a Principe constitutis exponimus, adornabantur mensae.

Constituto porro prandii apparatu, Principe fratribus ac consiliariis iam discumbentibus, in cenaculum ipsi cum essemus deducti, continuo consiliarii caeterique omnes ordine nobis assurrexerunt:

quibus vicissim, morem eorum edocti, priusquam consederant, gratias, caput ad omnes partes inclinando,

das man yeder zeit drifach solche verehrung widerlegt hat / darumb hat man auch vil und jr vil verehrt / ist aber verendert worden / wie hernach in abverttigung der Littischen gesagt wirdet.

   Nach volbrachtem grueß als wir uns nach bevelch nidersetzten / Lued der Großfürst unser yeglichen in sonderhait mit Namen zu dem mal unnd spricht / Leonhard wirdest mit uns Essen /
in voriger Potschafft braucht der Fürst sein gwöndliche wort / und sprach / Sigmund wirdest unser Saltz und Prot mit uns essen /

dann so berueft der Fürst unser zuegeordente Pristaven / sagt jnen was in gehaim / dann tratten die zu uns / und durch die Tulmätschen sprachen / steend auf / wir wellen in ain andere Stuben gehn / daselbsten hin waren etliche Rath verordent / denen wir die ubermaß unserer Potschafft endeckhen / mitler zeit warden die Tisch gedeckht und die speyß gericht /
alsdan warden wir dahin zu Tisch gefüert / Der Fürst saß sambt seinen gebrüdern und mehrern thail der Räthe zu Tisch / nach ainer langen Tafl / die Räthe alle stuenden gegen uns auf /
Gegen des Großfürsten Tafl uber ward auf uns die Tafl beraidt /
dahin der Fürst selbs redt und zaigt mit der hand da wir sitzen sollen / ehe wir sassen / naigten wir uns nach

egimus: locumque in accubitu, quem nobis ipse Princeps manu designabat, caepimus.

Caeterum tabulae in coenaculo cir-
5   cumcirca adornatae erant. In medio stabat abacus, gravis diversis aureis & argenteis poculis.

10 In tabula, ad quam Princeps sedebat, utrinque tantum intervalli relictum erat, quantum ipse manibus expansis spacii pertingere posset: infra quod fratres, si forte adsunt, a dextris se-
15 nior, iunior a sinistris, sedent. A fratre rursus paulo ampliore spacio interiecto, seniores Knesi, consiliarii, ordine ac gratia quam quisque apud Principem obtinet observata, sede-
20 bant.
Ex opposito Principis in alia tabula nos sedebamus:
atque parvo intervallo interposito, familiares ac servitores nostri. qui-
25 bus ex adverso, in altero latere, ordine sedebant hi, qui nos ex hospitio in aulam deducebant.

jrem brauch gegen dem Fürsten / und fürab gegen den Räthn / und   30
andern die aufgestanden waren danckhsagend der ehrn jres auffsteens /

Neben dem Graffen saß ich /und   35
nach mir ward sovil platz gelassen / als ob zwen hetten mügen sitzen / darnach seind unsere freund und andere die mit uns gezogen / Gegen unser yeglichen saß ain Moscoviter   40
und sonderlichen die uns auß der Herberg gehn hoff gefüert haben / dem Großfürsten saß an der rechten hand sein Brueder / so ferr von jme das er den mit der hand geraichen   45
möcht / an der linckhen seitten aber ain Brueder auch dermassen / nach demselben Brueder was aber ain lärer platz gelassen / darnach sassen die eltisten Räthe und Ambtleut ain   50
lange Tafl /

So waren auch noch ander zwo Tafln besetzt / also das die gantz Stuben in der runde mit Tafln be-   55
setzt was / sovil das man durch die Thüer auß und ein gehn möcht / in

in posterioribus utrinque oppositis tabulis, sedebant hi quos Princeps singulari gratia invitaverat: quibus stipendiarii nonnunquam adhibentur.

In tabulis posita erant vascula, quorum alia aceto, alia pipere, alia sale repleta erant: singula autem per longitudinem tabulae ita collocata & distributa erant, ut semper quatuor numero convivae, singula haec tria haberent.

Sub haec dapiferi, splendidis vestibus ornati, ingressi, abacum circumeuntes, ex adverso Principis, neglecto omni honore, subsistunt: dum omnes vocati convivae accumberent, dumque cibum afferre iuberentur.

Interim omnibus discumbentibus, Princeps quendam ex suis ministris vocarat, ac duo sibi oblonga panis frusta dederat, inquiens: Da Leon-

mitn der stuben da stuende die Credentz reichlich von Gold und Silber besetzt /

An den zwayen andern Tafln / sassen aber etliche junge der Taterischen Khünig Süne / die den Großfürsten dienten / und sich tauffen hetten lassen / und ander wen der Fürst dartzue berüefft / darundter auch Püchsenmaister und dergleichen Personen sich da fanden /

Auff unser Tafl als sonder zweifl auch auf den andern ausserhalb des Fürsten und seiner gebrüder / ward also geordent / das alweg jr vier zu ainer Schüssl gehörten / darbey stuenden drey geschirr mit Pfeffer / Essich und Saltz / die stuenden von anfang hintzt zu ende /

Zu meiner ersten Rayß / was auch Czar Peter ain Taterischer Khünig / der sich het tauffen lassen / der het des Großfürsten Schwester zu der Ehe / derselb saß bey dem eltern Brueder / an der rechten hand bey der malzeit /

Als man nidersetzt / gehn die Druchsässen nachainander durch die Thüer hinein / für den Fürsten / für uns umb die Credentz und steen daselbstn nacheinander / sy waren wol angelegt / jr khainer thete dem Fürsten aintgerlay ehr / sonder giengen mit gestrackhten helsen / als ob sy jne nit sahen /

Nach dem allem rueft der Großfürst seinem Tischdiener oder Schenckhen / nimt drey schnitn prots die vor sein auf ainem hauffen dartzue geschnittn und gelegt lagen / und

hardo Comiti, & Sigismundo, hunc panem.	legt die dem Schenckhen auf sein handt und spricht / gib das unsers Brueder des erwölten Römischen Khaiser und obersten Khünigs Pottn dem Leonhard Graven /
Minister assumpto secum interprete, ordine utrique nostrum ita obtulit: Leonharde Comes, Magnus Dominus Basilius, Dei gratia Rex & Dominus totius Russiae, & Magnus Dux, facit tibi gratiam suam, & mittit tibi panem de sua tabula.	Derselb Schenckh rüfft dem Tulmetsch / der yeder zeit vor dem Tisch stuend / und spricht / Leonhard / der Groß Herr Basilius Khuonig und Herr aller Reissen / und Großfürst erzaigt dir sein gnad / unnd schickht dir Prot von seinem Tisch /
	Zum andern mal gangen / und gleichermassen gegen mir geredt /
Haec verba interpres clara voce reddebat. Nos stantes, Principis gratiam audiebamus. Assurrexerant & alii, extra Principis fratres, pro honore nostro.	Solche wort reden der Tischdiener und Tulmetsch wol laut / wann dan solche gaben und reden gegen uns geschehen / seind wir gestanden / pald wir aufstuenden / so steen alle umbs ässen auch auf / allain der Fürst und seine gebrüder und Schwäger nit /
Pro eiusmodi autem gratia ac honore, alia responsione opus non est, quam ut panem oblatum accipias, super tabulam ponas, gratiasque ipsi Principi capitis inclinatione, dein consiliariis item aliis, ad omnes partes caput circumferendo & inclinando agas.	Nach emphangnem prot / haben wir mit naigung unserer khöpff dem Großfürsten gedänckht / und dan den Räten bey der Tafl die dem Fürsten am nechsten gesessen sein / darnach auf die ander seittn / und die drit gegen uns uber auch genaigt / und gedanckht /
Porro pane ipso Princeps suam erga aliquem gratiam, sale vero amorem ostendit. Neque vero maiorem honorem potest alicui exhibere in suo convivio, quam si alicui sal de sua tabula mittit.	Der prauch daselbstn ist das der Fürst durch schickhung des Prots von seinem Tisch / die gnad bedeut / schickht er aber ain Saltz / bedeut die lieb / und sol ain grössere ehr sein / Saltz zuschicken /
Panes praeterea formam helcii equini habentes, mea opinione, omnibus	sy haben schön weiß Prot / ist in form aines Roß khumat / nach meiner außlegung die dasselb gemaingc-

iis vescentibus, durum iugum & perpetuam servitutem designant.

Tandem pro cibo dapiferi, nullo rursus honore Principi exhibito, egressi, aquam vitae, quam ab initio prandii semper bibunt: dein cygnos assos, quos fere pro primo ferculo, quoties carne vescuntur, hospitibus apponere solent, attulerant.
Ex quibus tres sibi appositos Princeps cultello pungens, quinam melior, aliisque esset praeferendus, explorabat, eosque continuo auferre iusserat.

Egressi mox omnes, eo quo intraverant ordine, cygnos discerptos, ac in partes divisos, in minores patinas, easque singulas singula quatuor frusta posuerant.

Ingressi, quinque patinas Principi apposuerant: reliquas fratribus, consiliariis, Oratoribus, aliisque ordine distribuerant.

Astat quidam, qui Principi poculum porrigit: is scilicet, per quem panem & alia fercula singulis mittit.
Solet autem Princeps portiunculam dapifero ad praegustandum dare, dein a diversis partibus decerpere, gustareque: post fratri, aut consilia-

lichen geniessen / im herten Joch und schwärer dienstperkhait dasselb verdien müessen /
pald so schafft man die Druchsässen umb die speisen zugeen. In dem so bringt man Prantwein / den sy gemaingclichen vor der speiß trinckhen / An fleisch tägen hat man yeder zeit pratne Schwanen für das erste eingetragen /
der seind zwen oder drey für den Großfürsten gesetzt worden / die hat er mit dem messer gestochen / zuerindern welcher der milder oder mörber wäre / die andern Druchsassen hielten jre Schüsseln und Schwanen in henden / dan so schueff der Fürst die für jne gesetzt waren hin zu heben /
damit gehn sy alle mitemander zu der Thuer hinaus / zu nächst vor der Stuben thuer steet der Tisch zum anrichten geordent / da zerschneidt man die Schwanen / und alweg in ain schussl vier flug oder vier diehl / und dan das ander nach jrer art /
die Druchsassen tragen dan die schüssln wider / und setzen dem Fürsten derselben die nit groß sein / vier oder fünff für / und dan seinen Brüedern / seinen eltern Räthen / dan der Potschafft / und furter den andern /

der Fürst suecht aber die mörbe / und schneidt ye von ainem / und rueft seinen Tisch diener / gibt jme ain schüssl / damit er die seiner ge-

rio alicui, aut Oratoribus, unam patinam, ex qua ipse gustavit, mittere.

Semper autem maiori solemnitate Oratoribus huiusmodi obsonia, ut de pane dictum est, offeruntur:
in quibus accipiendis, non solum ei cui mittuntur, sed aliis singulis assurgendum, adeo ut toties exhibita Principis gratia, assurgendo, stando, gratias agendo, caputque subinde in omnes partes inclinando,

non mediocriter quispiam defatigetur.

In priore legatione,
cum Caesaris Maximiliani Oratorem agerem, & convivio acceptus fuissem, aliquoties pro honore fratrum Principis surrexeram:

sed illos cum mihi vicissim neque gratias agere, neque vices ullas repo-

brüeder ainem gebe / aber aine seinen eltisten Räthen / dan der Potschafft

welchem dan ain solches zuegeschickht wirdet / der stehet auf / und die andern al stehen dem selben zu ehrn auf / der danckht dem Fürsten / und den andern / mit naigung des khopffs /
so geschicht doch das schickhen mit merer zierligkhait /
der dem Fürsten vor dem Tisch stehet / so er dem ruefft und was bevilcht / ausser ichtes tragend / so schneidt der Fürst ain stuckh von der Speiß / oder nimbt ain Prosn von Prot / gibts dem auf die hand zugeniessen / dem Druchsassen schneidt er auch was herdan / und gibts dem zu Credentzen / mit solchen verehrungen die hin und wider geschickht /
und so offt aufgestanden mueß werden / das fürwar ainer mued wirdt / sonderlichen wan die Tafl zu nahent gesetzt sein / da mit ainer nit gerat stehen mag /
In meiner ersten Potschafft /

wie ich sahe das des Großfürsten gebrüeder auch nit in grossem ansehen sein /
und sy mir als ainer solchen Potschafft nit auf stuenden / bin ich inen

nere viderem, deinceps quoties gratiam a Principe accepturos animadvertebam, coepi tum continuo cum aliquo loqui, dissimulans omnia: & quamvis quidam ex opposito mihi innuebant, meque stantibus Principis fratribus appellabant, ego tamen usqueadeo dissimulabam omnia,
ut vix post tertiam admonitionem ex eis, quidnam sibi vellent, quaererem. Caeterum, cum fratres Principis stare respondissent: ego priusquam respicerem, assurgeremque, caeremoniae quodammodo finiebantur.
Dein cum aliquoties tardius assurrexissem, iterumque statim sedissem, idque qui ex opposito sedebant, riderent: itidem quam ob rem risissent, tanquam aliud agens, interrogabam. Sed cum nemo causam aperire vellet, tandem quasi intellecta causa, vultu in gravitatem composito dicebam: Ego nunc non adsum, ut privata persona. certe qui dominum meum negligit, hunc & ego negligam.
Praeterea cum Princeps alicui ex iunioribus obsonium mitteret, equidem etiam admonitus ut non assurgerem, respondi:

Qui dominum meum honorat, hunc & ego honorabo.

auch nit aufgestanden / so hat mich der so gegen mir ubergesessen besprochn / vermanend des Großfürsten Brueder stuende / auftzusteen / hab ich mir ursach fürgenumen mit yemand zureden / als verstunde ichs nit /

dan zu letst mich umbgesehen etwas wenig aufgestanden / pald mich wider nider gelassen / als das die gegen mir uber sassen merckhten / lachten sy gemachs gegeneinander / so fragt ich sy warumb sy lachten / als mir niemandt wolt antwort geben / sagt ich mit ernst / wer mein Herrn ehrt / den ehere ich auch / pillich / wer aber mein Herrn nit ehrt den sol ich auch nit ehren /

Und das gabe ursach / das der Großfürst auch etlichen Jungern und Mindern sein gnad ertzaigt / und von seim Tisch geschickht / denen ich auch auffgestanden bin / gleichwol undterwisen gewest / ich beduerffte des nit / dann sy noch Jung warn / denen ich nichts minder auffgestanden bin /

der Fürst sahe das die lachten / und ich mit jnen darumb geredt / vordert der selben ainn / wolt wissen was

Porro cum assos cygnos coeperamus edere, apponebant acetum, addito sale & pipere: iis enim loco embammatis, seu iusculi utuntur. Lac praeterea acidum in eundem usum appositum, item cucumeres salsi, ad haec pruna eadem ratione condita, prandii tempore e mensa non removentur. Eadem ratio in aliis inferendis ferculis servatur: nisi quod rursus, ut assatura, non efferantur.

Apponuntur varii potus, malvaticum, Graecum vinum, varii etiam medones. Princeps communiter semel aut bis porrigi sibi poculum suum iubet: ex quo cum bibit, Oratores ad se ordine vocat, Leonharde, Sigismunde (dicens) venisti a magno domino, ad magnum dominum: fecisti magnum iter, posteaquam vidisti gratiam nostram, et serenos oculos nostros, bene tibi erit.

bibe & ebibe, & bene ede usque ad saturitatem: deinde quiesces, ut tandem ad dominum tuum redire possis.

geredt was / sonder zweifl der habe jms gesagt / der Fürst lacht auch darüber /

als wir anhueben von Schwanen zuessen / schütten sy ain Pheffer / und gossen Essich dartzue / und auch Saltz darein / daneben haben sy auch geseurte Milch / und gesaltzne Cucumern oder Murggen / die sy uber Jar behalten / die steen auch für und an am Tisch / Mit den andern Speysen und eintragen / wirdt es aller massen gehalten / allain das man die nit wider hinaus wie die Schwanen tregt /

Villerlay Tranckh ist uns fürgesetzt / Malvasier / Griechischen Wein / und manigerlay Met / so vordert ye der Fürst ain Trunckh /

khost daraus / und ruefft den Pottn / der geet hintzu dem Fürsten / der spricht Leonhart du bist von ainem grossen Herrn zu ainem grossen Herrn in grossen sachen geschickt / hast ain grossen weg volbracht / weil du nun mein gnad emphunden / und meine khlare augen gesehen hast / so wirdt dir wol /

trinckh und trinckhs aus / und Iß das du Sat werdest / rastest / und mügest wider zu deinem Herrn raisen / der gleichen auch gegen mir / und dasselb mal spricht der Fürst zu mir / ob ich ye mein Part geschorn hette / das mit ainem wort außgesprochen wirdt BRIL Sagt ich hab geschorn / auch mit dem selben ainigen wort / darüber spricht der Fürst das ist nach unserm sovil gesprochen / er hette auch geschorn / welches daselbsten

Omnia & singula vasa, in quibus cibus, potus, acetum, piper, sal, & alia apposita vidimus, dicunt esse ex puro auro: id quod ex pondere verum apparebat.

Sunt quatuor personae, quae singulae ex utraque parte abaci stantes, singula pocula tenent: ex quibus Princeps plerunque bibit, & saepius Oratores alloquitur, monetque eos ut edant. Aliquando etiam sciscitatur aliquid ab eis, seque valde urbanum & humanum exhibet.

Interrogabat me inter alia, an rasissem barbam? quod unica dictione fit, scilicet Brill. cum faterer, dicit, Et hoc iuxta nostrum: quasi diceret, Et nos rasimus. Cum enim alteram uxorem duxisset, totam barbam abraserat: quod nunquam ab aliquo Principe factum perhibebant.

Antea ministri tabulae, instar Levitarum sacris inservientium, dalmaticis induti erant, cincti tamen: nunc vero habent vestes diversas, quas Terlick vocant, gemmis & unionibus graves.

von ainigen Fürsten niehe erhört worden / als er das ander weib namb / ließ sein Part abscheren / alles an der Credentz / und daraus wir geessen / trunckhen / und darin Pfeffer Essich und Saltz gestanden / was Gold / des man an der schwer neben der sag / hat mügen spüren / Ich hab wolhernach und zuvor meer mit dem Großfürsten geessen / da die Credentz mit Silber besetzt / und die Tisch darmit versehen gewest sein /
neben der Credentz seind jr vier gestanden / hat yeglicher ain trinckhgeschierr in der handt gehalten / daraus der Fürst gemainclichen getrunckhen hat / uber Tisch hat sich der Fürst menschlichen genueg gegen uns gehalten / offt zuegesprochen / sollen essen / trinckhen / und ye umb was gefragt /

Als ich hievor bey dem Fürsten gewest bin / seind seine Tisch diener und Druchsassen angelegt gewest / vasst wie die Levittn in unsern grossen Khirchen / auf das mal aber anderst / nämlich mit ainem claid nahent ainem Wappenrockh gleich / das sy TERLICKH nennen / wolgetziert mit Perlen / und andern Khlainatern / alles aus des Fürsten schatz.

Prandet aliquando tres aut quatuor horas. In prima mea legatione, etiam ad unam usque noctis horam prandebamus. Quemadmodum enim de rebus dubiis consultantes, saepe totum diem consumunt, neque digrediuntur, nisi re prius mature deliberata, constitutaque: ita conviviis pariter seu comessationibus integrum absumunt nonnunquam diem, intendentibusque tandem tenebris secedunt.
Convivas saepe & ferculis & potu honorat. A prandio in negotiis gravioribus nihil agit:
quin finito prandio dicere solet Oratoribus, Ite nunc.

dimissos, illi ipsi qui eos in aulam deduxerant, rursus in diversoria reducunt: seque mandatum habere dicunt, ibi ut maneant, illosque exhilarent. Afferuntur argentea pocula, & certa vascula multa, cum certo potu: omnesque in hoc student, quo temulentos eos faciant.

Sciunt autem pulchre homines invitare ad bibendum.

& quum nullam aliam habent occasionem propinandi, incipiunt tandem bibere pro sanitate Caesaris, fratris eius, Principis, aliorum denique incolumitate, quos videlicet in aliqua

Die maltzeiten gwern lang / ich hab hievor ain maltzeit lenger dan ain stundt in die Nacht gehabt / sy richten al jr sachen vor der maltzeit / so dan ain handlung fürkhumbt / essen sy den gantzen tag nit / sonder erst in der Nacht / herwiderumb so vertzern sy offt den gantzen oder merern tag mit fressen und trinckhen /

nach der maltzeit / so spricht der Fürst zu den Potschafften / geet nun /
pald sein die sy gehn Hoff gefuort verhanden / die beglaitten sy wider zu Herberg / daselbstn setzen sy sich / und sagen / haben in bevelch bey uns zu bleiben / und frölich zumachen / man bringt ain wagen mit Silber geschierr / und ain wagen oder zwen mit tranckh (die wägen sein khlain) mit denen khumen auch Secretarien / und ander ehrliche leut / die Potten antzufüllen /
das dan bey jnen ain ehr und grosse gnad ist / die leut antzutrinckhen / der nit wol trunckhen wirdt / der acht nit wol gewierdt sein /
so sein sy Maister den leuten zutzusprechen / und zum trinckhen zubereden /
wan dan nichts anders helffen wil so steet ainer auff / und trinckht für des Großfürsten gesund / des sol ain yeglicher gegenwüertiger unabschlegig außtrinckhen / das nichts uber-

dignitate & honore constitutos credunt. Illorum nomine quenquam recusare poculum, non debere, nec etiam posse, existimant. Ita autem bibitur.

Qui incipit, sumit poculum, ac in medium habitationis procedit: stansque aperto capite, festivo sermone exponit, pro cuius salute bibat, quidque illi precetur: mox evacuato ac observo poculo, verticem tangit, quo omnes videant se ebibisse, & sanitatem illius domini, cuius nomine bibitur, exoptare.

Postea ad locum supremum se confert, plura pocula implere iubet, mox suum cuique porrigit, nomenque pro cuius salute bibendum sit, addit.

singuli itaque ad medium habitationis ire, ac evacuatis poculis in suum redire locum coguntur.

Qui vero longiorem compotationem effugere velit, fingat se necesse est temulentum, aut somno oppressum esse: aut, ut illos inebriet, aut saltem post multa exiccata pocula se amplius nequaquam bibere posse, affirmet.

Etenim non credunt convivas bene acceptos, ac laute tractatos, nisi temulenti reddantur. Hunc morem communiter nobiles, & quibus permissum est medonem ac cervisiam bibere, observant.

In priore legatione negotiis confectis, cum me dimitteret, finito prandio

bleib / darnach von des Khaisers wegen / und dergleichen vil fünde suecht man zu trinckhen zubereden / und solch trinckhen geschiecht mit sonder zierligkhait /

wer der ist / so den trunckh anfecht / steet mitten in der stuben / sagt was er dem Fürsten oder andern Herrn wuntscht / glück Sig / gesundt / und das in seinen Feindtn sovil Pluets bleib / sovil er im trinckhgeschierr lassen werde / und solche reden mit plossem khopff / so der den ausgetrunckhen hat / stürtzt das trinckgeschierr auf sein haubt / und wuntscht dem Herrn den gesundt /

dan so steet der wider hinauf die oberste stat / und lässt vil trinckhgeschierr angiessen / gibt yeglichem ains / mit antzaigen warumb der trinckhen solle /

so geet ain yeglicher auf die mitte der stuben / und mit plossem haubt / trinckt sein geschierr aus / und stürtzt das auf den khopf /

so ich zuvor und yetz nit hab trinckhen mügen / hab ich mich anderst nit mügen entledigen / dan das ich mich als trunckhen gestelt oder gesagt / Ich möchte vor schlaf nimer / und wär gantz satt /

Als mich der Großfürst in erster Potschafft abvertigte / nach der maltzeit

ad quod eram vocatus (solent enim legatos tam discedentes, quam advenientes, convivio accipere) surrexerat Princeps, subsistensque ad tabulam, poculum sibi dari iusserat, dicens:

Sigismunde, ego volo pro amore, quem habeo erga fratrem nostrum Maximilianum, Romanorum electum Imperatorem, & supremum Regem, proque sanitate sua, poculum hoc ebibere: quod & tu ebibes, & alii omnes ordine, ut videas amorem nostrum erga fratrem nostrum Maximilianum, &c. eique referas, quae videris.

Dein porrigit mihi poculum, & dicit: Ebibe pro sanitate fratris nostri Maximiliani Electi Romanorum Imperatoris, & supremi Regis.
Porrigebat & aliis omnibus qui prandio intererant, aut alioqui astabant, & ad singulos iisdem verbis utebatur. Acceptis igitur poculis, parum retrocessimus, caputque erga Principem inclinantes, bibimus. Quibus finitis, me ad se vocat, manum porrigit, ac inquit: I nunc.

Solet praeterea communiter Princeps, negotiis Oratorum ex aliqua parte pertractatis atque constitutis, eos ad venationem & solatium invitare.
Est iuxta Moscovuiam locus arbustis consitus, leporibus percommodus, in

(dan man helt den prauch den Potten zuemphahen / und abzufertigen zu der maltzeit zuberueffen) stuendt der Fürst auf / und laint sich an die Tafl / daran er gesessen was / bevilcht jme trinckhen zuraichen / helt das trinckhgeschierr und spricht /
Sigmund wir wöllen umb der lieb willen unsers Brueder Maximilian erwelten Römischen Khaiser und höchsten Khünig / und umb seines gesund willen / das außtrinckhen / und du wirdest das auch außtrincken / und die al nacheinander / damit du sehest unser lieb gegen unserm Brueder Maximilian etc. Und das du jm sagen wirdest / was du gesehen hast /
dan so peut er mir ain trinckhgeschierr / spricht trinckhs aus / umb den gesund unsers Brueder Maximilian etc. mit gwonlichem titl /
darnach gab er aus seiner hand yeglichem umbsteenden ain trinckgeschierr und zu yeglichen die wort / wie zu mir gesprochen / als wir die trinckgeschierr genumen / seind wir hindersich getretten / unser haubt gegen dem Fürsten genaigt / und aus getrunckhen / nach solchem trinckhen rueft mich der Fürst / peut mir die hand und spricht gee / damit zoche ich in die Herberg.
Der Fürst phlegt auch die Potschafften auf ain Hetz oder geiaid / ausser der Stat zuberueffen /

dan daselbstn vor der Stat seind vil khlaine Schächl / darin sich die Ha-

quo quasi quodam leporario fovetur maximus numerus leporum: quos proposita maxima poena capere, praeterea arbusta ibi secare, nemo audet. Nutrit etiam quamplurimos in vivariis ferarum, atque aliis locis.
Et quotiescunque vult eiusmodi uti solatio, tum ex diversis locis lepores comportare iubet.

nam quo plures lepores caeperit, hoc maiore solatio & honore negotium se confecisse putat.
Item cum in campum venerit, tum certos suos consiliarios, adiunctis certis etiam aulicis, seu equitibus, pro Oratoribus mittit, eosque ad se deduci iubet. Deducti itaque, Principique appropinquantes, de equis, consiliariorum admonitione, descendere, & ad Principem ire aliquot passibus coguntur. Nos eadem ratione in venatione ad se deductos, in equo exornato sedens, veste splendida indutus, chirothecis depositis, tecto tamen capite, humaniter excepe-

sen enthalten mügen / die auch bey grosser straff niemandt fahen thor[f] / da meren sy sich vasst / zu dem so ertzeucht man auch der vil in garttnen und heusern /

So dan der Fürst also mit Potschafften oder sonsten ain freyd oder lust haben wil / bringt man der Hasen sovil man mag / in die selben schächl /
und jagt die zusamen / von andern schächeln in ains oder zway / und umbsetzt die mit Netzen / alsdan hat er vil Jäger / der yeglicher zwen hund füert / in dreyerley farben / sein sy beclaidt gewest / wan sy die Jaghund in die schächle lassen / gehn sy nebeneinander mit grossem geschray / das sich gar nichts enthalten mag / hervornen helt man mit reschen hunden / die sy Kurtzen nennen /

so man im Veld zu dem Fürsten khumpt / muestn wir absteen und hintzue gehn / pot uns die hand und spricht durch den Tulmätsch /

rat, nudamque porrexerat manum, perque interpretem dicebat:
Exivimus ad solatium nostrum, vocavimus vos ut interessetis solatio
5 nostro, atque inde aliquam voluptatem caperetis: proin equos conscendite, nosque sequimini.
Habuit tegmen quod Kolpakh appellant, quodque utrinque a tergo & a
10 fronte monilia habebat, ex quibus laminae aureae in modum pennarum in altum tendebant, incurvantesque sursum deorsumque ferebantur.

Vestis erat instar Terlick, aureis filis
15 contexta. ex cingulo pendebant duo oblongi patrio more cultelli, & pugio pariter oblongus. a tergo habebat sub cingulo genus quoddam armorum veluti caestum, quo communiter in
20 bello utuntur.

Est etenim baculus cubito aliquantulum longior, cui corium duarum palmarum longitudine est affixum:
25 in cuius extremitate clava aut aenea, aut ferrea, ceu frustum quoddam existit. hoc tamen auro undique exornatum erat.
Claudebat eius dextrum latus, expul-
30 sus Casani rex, nomine Scheale, Tartarus: sinistrum vero, duo iuvenes Knesi. quorum alter securim ex ebore, quam ipsi Topor vocant, ea fere forma qualis in Hungaricalibus
35 aureis expressa cernitur, dextra ferebat: alter vero clavam pariter Hungaricae similem, quam ipsi Schestopero, id est sexpennatam appellant.

Wir seind auf unsern lust heraus getzogen / und euch zu uns berueft / 40 das jr auch bey solchem unserm lust seit / und ain freydn davon emphahet / sitzend auf und khumbt mir nach / er hette ain weissen Kholpackh auf / doch mit Stulpen / hette also wie die 45 Stulp zerschnitn seind / hinden und vor Clainater / und nemlichen von Gold wie Federn gemacht / die sich auf und ab liessen / nach dem er sich bewegte / 50
sein Rockh was ain Terlickh wie ain Wappenrockh / mit gulden fäden getziert / an seiner Gürtl hiengen zway messer / nach jrem brauch / noch ains zum stich / oder zu der 55 wehr / am ruckhen undter der Güertl ain Wehr /
haist man nach jrer sprach KESTENE / auf Polnisch BASZALIK /
das ist ain holtz zwayer oder dreyer 60 span lang / daran ain Rhiem geschlagen / auch zwayer span lang / am ort hengt ain eckhet oder rund stuckh von Eysen oder Kupffer / das ist in der gemain / aber das der Fürst füert 65 / ist von bessern sachen gemacht /
dem Fürsten rite an der ain seitten der vertriben Khünig von Casan mit namen SCHEALE / an der Linckhen seitten ritten neben jme zween Jung 70 Knesen / der ain fürt von Helffenbain / wie ain Mord hacken / als an den Hungerischen Gulden der Form ist / der ander fürt auch von Helffenbain ain Hungerischen Kholm / den 75 die Hungern BUSIGAN nennen /

Rex Scheale accinctus erat duplici pharetra: in una sagittas reconditas, altera vero arcum inclusum quodammodo habebat.

Aderant in campo plusquam trecenti equites. Porro dum ita per campum incedimus, Princeps nos aliquoties, nunc hoc, iam alio loco subsistere, aliquando ad se propius venire iusserat.

Dein ad locum venationis perductos, alloquebatur, consuetudinem esse dicens, ut quoties in venatione ac suo solatio esset, tum ipse & alii boni viri suis manibus canes venaticos ducerent: itidemque nos ut faceremus, hortabatur. Constituerat denique unicuique nostrum duos homines, quorum uterque canem ducebat, quibus ipsi pro solatio nostro uteremur.

Ad ea respondebamus: Nos hanc suam gratiam grato accipere animo, eundemque morem apud nostrates esse. illa autem excusatione ideo utebatur, quod apud eos canis immundum animal habetur: & turpe est, canem nuda manu attingere.

Ceterum stabant longo ordine centum fere homines, quorum dimidia pars nigro, altera flavo colore erat vestita. Non longe ab iis substiterant omnes alii equites, prohibentes ne illac transcurrerent ac elaberentur lepores.

Porro nemini ab initio dimittere canem venaticum permissum erat,

Reissisch nennen sy SCESTOPERO / das ist sovil als von sechs federn / der Thater hette sein Pogen und Pfeil nach jrer art / und ain Säbl an der seitten /

es waren als bey dreuhundert Pherden im veld / der Fürst ruefft uns ye daheer und dann dorthin / ye nahener zu sich /

so wir nahent zu der Hetz khamen / spricht es sey die gwonhait / wan er in seinem lust ist / das er und ander guet leut / die hund zu der Hetz mit jren henden füren / das sollen wir auch thuen / ließ also unser yeglichen zwen hund mit zwayen Jägern zuestellen /

das danckhten wir / und sagten das auch gleichermassen bey uns ansehenliche Herrn dermassen hundt zu der hetz fürten / die entschuldigung was darumb / das bey jnen die hund mit plosser hand von ehrlichen leutn nit angriffen werden / als unreine thier /

dan so stunden zu fueß bey hundert der jäger / halb in schwartz / halb in Gelb geclaidt / und die Pherdt hielten auch nach der leng zu wehr / das die Hasn nit außlauffen sollen mügen /

da was gepotten nimand vor dem Khünig Scheale und unser zu hetzen

quam regi Scheale, & nobis. Princeps primus inclamabat venatorem, ordiri iubens: qui continuo concitatissimo equi cursu ad caeteros venatores, quorum magnus erat numerus, advolat: mox uno ore omnes exclamant, canes molossos & odoriferos immittunt.

ubi sane periucundum erat audire tot, tamque varios canum latratus. habet autem quam plurimos, & eos quidem optimos, canes.

Quosdam autem ad insequendum lepores tantum, Kurtzos dictos, perpulchros pilosis caudis & auribus, communiter audaces, tamen ad longius currendi ac persequendi spacium haud commodos.

Cum lepus sese offert, dimittuntur tres, quatuor, quinque aut plures canes, eum undique adorientes: quo apprehenso, magno plausu acclamant, ac si magnam feram caepissent.

Porro lepores si tardius aliquando excurrunt, solet tum Princeps continuo aliquem, quemcunque inter arbusta leporem in sacco habentem conspexerit, nominare, ac Hui hui inclamare: qua voce leporem emittendum significat.

Egrediuntur itaque lepores nonnunquam quasi somnolenti, saltantes inter canes, veluti capreoli aut agnelli inter greges. Cuiuscunque canis plures capit, is eo die optimum stratagema praestitisse putatur.

Princeps ipse pariter Oratori, cuius

/ der Fürst selbs schrier und bevalch eintzuhetzen / so reit der Jäger zu den andern villen / die hueben auf ain mal an zu schreyen / und zu Jagen /

hat eben schöne Lait unnd ander Jaghund /

Wan dann ain Haß sich heraus gelassen / so hetzt man nit allain nach / Sonder von der seitten / unnd undter augen fuonff / sechs / oder sovil der Hund verhanden sein / so der gefangen / so schreyt man ho / ho / als hett man ain groß wildes Thier gefelt /

wan dan die Hasen sich lang nit heraus liessen / schrier der Fürst selbs huy / huy / an die undter der staudnen / mit den Sackhasen / Hothertn zaigend / sol den lassen /

die selben also khremig mochten nit lauffen / sonder hupfften in die höch / pald zuckhten die hund auf / welcher hund mer Hasen ergriff / der selb hette das peste gethon /

wan unser hund ainer vor andern

canis plures caeperit, applaudere videtur. Porro venatione tandem finita, omnes convenerant, leporesque comportaverant: quos tum numerabant. numerati vero sunt circiter CCC.

Aderant ibi tum Principis equi, non ita multi, nec satis pulchri. etenim in priore legatione simili solatio cum interfuissem, vidi longe plures ac pulchriores, praesertim eius generis quos nos Turcicos, illi vero Argamak vocant.

Aderant quoque complures falcones, alii albi, alii phoenicei coloris, magnitudine excellentes: quos nos Girofalcones, hos illi Kretzet appellant:

quibus venari cygnos, grues, & alias id genus aves capere solent.

Sunt autem Kretzet, aves audacissimae quidem: at non tam atroces, impetuque horrendo, ut aliae aves quantumvis rapaces, illarum volatu, seu conspectu (quemadmodum quidam de duabus Sarmatiis fabulatus est) decidant, extinguanturque.

Illud quidem experientia ipsa constat, si quis venatur accipitre, aut niso, aut aliis falconibus, & interim Kretzet (quam a longe volantem continuo sentiunt) advolaverit, quod praedam ulterius nequaquam insequuntur, sed pavidae subsistunt.

Retulerunt nobis fide digni ac insignes viri, Kretzet, quando ex illis partibus ubi nidificant, afferuntur, tum aliquando IIII, V, aut VI, in

icht erraicht / was der Fürst fro / und lobte den / Nach solcher hetz bracht man Hasen zusamen / der waren bey dryhundert /

des Fürsten Pherdt waren auch im Veld / aber nit dermassen schön / als ich die zuvor gesehen hab / seind adelicher weder die Türckhischen gewest / sy nennen die ARGAMAKLEN.

Vil schöner Gerfalckhen warn auch im Veld / Sy nennen die KRETZET,

seind gleichwol fraidig / aber nit so grausam wie ainer davon geschriben hat / Wan ain Habich / Sparber oder Vogl der sich des Raubs ernert / deren ainer ansichtig wirdt / das die selben vor vorchtn zu stundan fallen / und tod ligen solln /

Sovil ist doch in erfarnhait befunden / wan Habich / Spärber / und ander gmain Falckhen im flug seind / und das der ainer ainen Gerfalckhen ersicht / so steen die nider und fliegen nicht / ob die gleichwol ainem andern Vogl nachgeflogen seind /

Mit denen fahen sy Schwannen / Kränich / dergleichen grosse fang / etlich nambhaffte leut / haben uns gesagt / wan man dise Gerfalckhen noch junge von den Nestn in Khörben oder Steigen bringt / und der

quodam vehiculo ad hoc praeparato, simul includuntur: atque escam quae illis porrigitur, observato certo quodam senii ordine, capere solent.

5 Id autem ratione, an natura illis indita, an quo alio modo fiat, incertum est. Praeterea quemadmodum in alias aves adverso impetu feruntur, rapacesque existunt: ita inter se ipsas
10 sunt mansuetiores, mutuis sese morsibus minime dilaniantes.
Nunquam aqua se, ut caeterae aves, lavant: sed sola arena, qua pediculos excutiunt, utuntur. Frigiditate adeo
15 gaudent, ut perpetuo aut super glacie, aut lapide stare soleant.

Sed redeo ad institutum.
Princeps ex venatione ligneam quandam turrim versus, quae abest a
20 Moscovuia quinque millibus passuum, progressus est, ubi aliquot tentoria erant collocata. primum, magnum & amplum, instar domus, pro se: aliud pro rege Scheale: ter-
25 tium pro nobis: dein alia pro aliis personis, & rebus.

in quae cum ordine deducti essemus, Princeps in suum pariter ingressus, vesteque commutata, nos continuo
30 ad se accerserat, nobisque ingredientibus, sedebat in sede eburnea: latus eius dextrum claudebat rex Scheale,

etliche bey einander seind / das khainer den andern belaidiget / und dartzue sy ain beschaidenhait zwischen einander halten sollen / wan jnen das Aß geraicht wirdt / also das sy den Eltern zuvor nemen lassen / wie aber die natur das geben hat / ist nahend ainer vernunfft gleich / und wie grausamb sy gegen andern gefügl seind / so belaidigt doch der khainer den andern /

jr rainigung ist nit im wasser wie ander dergleich / sonder nur im Sandt / sy begern allain der khelten / oder khüelen / darumb jr er natur nach / begern sy yeder zeit auf dem Eyß / oder doch auff den Stain zusteen /

Nach verrichtung geiaits oder hetz / zohe der Fürst zu ainem hültzen Thurn / der steet auf ain halbe Teutsche meyl von der Stat Mosqua / Darneben warden etliche Getzelten auffgezogen / das ain für den Großfürsten / das was groß in die vierung / darunder vil Leut mochten wanen / das ander Getzelt für den Khünig Scheale / das dritte für uns Potschafften / gleichwol etliche ander mehr / zu allerlay notturfften / des Fürstens /
also ward yeglicher in sein Getzelt gefürt / sich zu ringern / als der Fürst sich auch uberlegte / berueft er uns zu sich / er saß in ainem Helffenbainen Sässl / an seiner rechten seitten der Khünig obgemelt / wir warden

nos ex adverso loco, alias Oratoribus, dum vel audiuntur, vel de negotiis tractant, destinato.

Infra regem sedebant certi Knesi & consiliarii. in sinistro latere, Knesi iuniores, quos favore singulari ac gratia sua prosequitur Princeps.

Discumbentibus itaque omnibus, apponebantur primum confectiones (ut vocant) coriandri, anisi, & amygdalorum: dein nuces, amygdala, atque saccari integra pyramis: quae ministri genibus flexis Principi, regi, & nobis, tenentes porrigebant.

Potus similiter de more dabatur: Princepsque gratiam suam (ut in prandiis assolet) exhibebat.

In priore mea legatione eo loci etiam prandium sumpsimus.

Et cum inter prandendum, panis, quem ipsi Beatae Virginis vocant, quemque quodammodo consecratum venerari, atque etiam edere, quem denique communiter in habitationibus loco eminentiore honorifice servare solent, cum forte tentorio commoto in terram decidisset:

tum Princeps, atque omnes alii eo casu gravissime obstupefacti, trepidantes stabant. Tum mox accersitus sacerdos, hunc ex gramine, summo studio ac veneratione colligebat.

Post finita collatiuncula, potuque

gesetzt gegen dem Fürsten uber / wie man gmainglichen phlegt / die Potschafften wan die in jrer werbung gehört / gesetzt werden /
nach dem Khünig ab / sassen die eltern Räthe / auf der linckhen seitten / die Jüngern Fürsten / und ander der gleichen / die der Fürst mit gnadn vermaint /
wie yederman saß bracht man Confectionen von Coriander / Anes und gepelgte Mandln / darnach Nussen / die wir Wälhisch haissen aufgeschelt / darneben plosse Mandln / und gantze grosse Zuckher Huet / Solches trugen die Diener / und khnieten damit vor dem Fürsten / die khamen auch für den Khünig und uns /
darnach bracht man das Tranckh / mit denen ertzaigt der Fürst sein gnad / und verehrung wie zu der maltzeit /
jn voriger meiner Potschafft / hat der Großfürst an dem ort die maltzeit gehalten /
und der Fürst hette das geweicht Prot / das sy unser Frauen Prot nennen / ob sein hengen / wie sy das gemainglich mit grossen ehrn nennen / und geniessen / auch an ainer ehrlichen stat im Haus auf hengen und ehrn / das Getzelt sich bewegt / das solch Prot herab in das Gras gefallen was /
des erschrackh der Großfür[s]t / und die andern al / stuenden gleich in vorchten / Es wardt ain Briester berueft / der khlaubt solches aus dem Gras.

Nach solchem obgemeltem fürtrag

quem nobis porrexerat Princeps, sumpto, nos dimiserat, dicens: Ite nunc. Dimissi, honorifice usque in hospitia nostra deducti fuimus.

Habet & aliud genus solatii, pro quo aliis Oratoribus (ut accepi) solet uti. Aluntur ursi, capti in quadam amplissima & ad hoc constituta domo: in qua Princeps, assumptis Oratoribus, ludos exhibere solet. Habet quosdam infimae conditionis homines, qui iubente spectanteque Principe, ligneis furcis occursant ursis, eosque ad pugnam lacessunt.
Congressi tandem, si forte a provocatis ac in rabiem conversis ursis laniati fuerint, ad Principem currunt clamantes: Domine, ecce vulnerati sumus. quibus Princeps: Abite, inquit, faciam vobis gratiam. Dein illos curare, vestes praeterea & certos modios frumenti illis largiri iubet.
Caeterum cum iam absolvendi dimittendique eramus, honorifice, ut antea, ad prandium invitati, ac in aulam deducti fuimus.
Utrique praeterea honoraria vestis, zebellinis pellibus subducta, oblata

und Tranckh / ließ uns der Fürst von sich / und warden wider in unser Herberg beglaidt /

Wir seind uber das wasser Mosqua hin und wider geritten / die Prucken ligt auf dem wasser wie grosse Plettn / aneinander gepunden / der etliche stuckh von ainem an das ander gestatt raichen / wan etliche Pherdt miteinander auf ain stuckh khumen / so sengt es sich / das die Pherdt wol im wasser gehn / so pald man darab khumbt / so schwimbt das wider auf / und helt ains das ander / damit khains gar under geet /
Der Großfürst helt auch ain ander Khurtzweil etlichen Potten / als nämlich helt man wilde Peern jngeschlossen / so läst man ainen heraus / so seind etliche arme Paurs leut mit hültzen Gapeln / die müssen den Peern fahen /

das gleichwol ye ain schaden geschiecht / wo dan ainer beschedigt / der laufft gegen dem Fürsten / und spricht Herr begnadt mich / so spricht der Fürst wil dich begnadn / gibt dem ain Rock und etlichs Traidt / und läst den haillen.

Wan die Potschafften abtzufertigen / seind wir abermals zu der maltzeit berueffe worden /

zuvor bringt man die verehrungen / Nämblichen hat man dem Grafen

fuit. qua indutis, inque Principis conclave ingressis, Marschalcus continuo utriusque nostrum nomine, ordine dicebat:

Magne Domine, Leonhardus & Sigismundus, de magna tua gratia, frontem percutit: hoc est, ob acceptum munus gratias agit.

Vesti honorariae adiunxerat zebellinorum quadragenas duas, hermelinorum vero 300. atque aspreolorum pelles 1500.

In priore legatione addiderat mihi vehiculum, seu traham, cum prae-

und mir / yeglichem ain Gulden Stuckh mit Zöbln gefuettert geben / mit braitn ermeln / auch weittn Röckhen / wider den brauch jrer Khlaider / die selben muestn wir anlegen / und damit für den Fürsten gehn / wie wir dar khamen / spricht abermals der Rath / den wir bey uns für ain Marschalch achteten / mit lautter stimb /

grosser Herr der Leonhard Graff schlecht dir das Hiern / damit vermaint die erpietung / und zum andern mal / Grosser Herr der Leonhard schlecht dir das Haubt / das ist der danckh / umb der bewisnen gnaden / darnach gleichermassen sagt der / mich nennent /

darüber lies man uns nider sitzen / spricht der Fürst / Leonhard und Sigmund jr habt gesehen / was wir auf bit unsers lieben Brueder Carln erwelten Römischen Khaiser und höchsten Khuonigs / und seines Brueder Ferdinanden gethon haben / das wirdestu Leonhart unserm Brueder / und du Sigmund seinem Brueder also antzaigen /

Zu der maltzeit hielt uns der Fürst wie vor angetzaigt / und zu letzt / tranckhen auch umb den gesundt / wie auch vor geschriben ist /

neben den Gulden und Zöblen Schaubmen / gab unser yeglichem der Fürst zway zimer Zöbl / drey hundert Härmel / und Fünfftzehenhundert Vechenpälglen oder Grab werch /

In voriger meiner Rayß gabe mir neben gleichmässiger verehrung ain

stanti equo, & alba ursina pelle, alio-
que tegumento commodo. Dederat
denique multa piscium, Belugae,
Osetri, & Sterled, in aere durata, sed
insalsa frusta:

meque perhumaniter dimiserat.
Porro reliquas ceremonias, quibus in
dimittendis Oratoribus utitur Prin-
ceps, item quando limites suae ditio-
nis ingressi Oratores excipiuntur,
rursusque dimissi, ad eosdem usque
reducti tractantur, sustentanturque,
supra in Lithvuanorum Oratorum
dimissione copiose explicavi.

    Caeterum, quia de pace perpetua
tractanda, aut saltem induciis inter
Moscovuiae principem ac Poloniae
regem ineundis, a Caesare CAROLO
& fratre eius FERDINANDO Au-
striae archiduce, missi fuimus,

caeremonias, quibus Moscovuiae
princeps tum in firmandis induciis
utebatur, subiungere visum est.

Schlittn / darauff ain grosse weisse
Peernhaut / darneben ain guetten
weissen Viltz / der den Schlittn
gantz bedeckhte / und ain schön
groß Fuxat Pherdt / das den Schlittn
zohe / dartzue auch vil stuckh Visch
/ die an allen Rauch und Saltz / al-
lain am Lufft getruckhnet oder ge-
selcht warn / von ainem grossen
Visch den sy Beluga nennen / ist
vasst lang und on Grädt wie Hausen
/ man isst den ungesottn / gab auch
von Osseter und Sterled /
die zway letzte geschlächt acht ich
seind Tückh und Styerl /

Wie nun die Pottn an der Granitzen
angenumen / und in die Mosqua
gefüert / und undterhalten / auch wie
die wider an die Granitzen bracht
werden / ist hievor angetzaigt / allain
nit mit sovil und manigerlay / wie in
der Stat Mosqua.

    Nach dem wir baid von Khaiser
Carl und seinem Brueder Ertzhertzo-
gen Ferdinanden zu beschliessung
aines Fridens oder doch anstandts
zwischen dem Khünig zu Poln / und
dem Großfürsten in der Mosqua
geschickht seind worden /
khamb auch derhalben ain Bapsti-
scher Pot / ain Titulierter Bischove
SCAREN. wardt ai[n] anstandt er-
langt /
wie es doch mit den CEREMONIEN
der halben gehalten worden / wil ich
nachvolgund antzaigen /
    Als wir unser werbung theten /
fridens halben zuhandln / wardt uns

zu antwort / wil der Khünig fridens
halben mit uns handlen / so schickh
er seine Pottn heer / wie von alter
herkhamen / so wellen wir ain Frid
nach unserer geleyenhait mit jme
annemen / darumb schickhten wir
unsere Pottn zu dem Khünig gar
ghen Dantzkha / Der Graff schickht
Gunthern Freyherrn zu Herberstain /
ich schickht Hannsen Wuechrer / die
warn da zu Dantzkha zu Ritter ge-
schlagen.

Der Khünig verordent Herrn
Petern Gischka Woyvoden zu Po-
lotzkho / und Michaeln Bohusch
Schatzmaister in Lithn / als die
nahneten / zohe der Großfürst gehn
Mosaisco / im schein des geiaits /
aber im grund wolt die Lithen so mit
vil Phärden und Khaufleuten kha-
men / in die Stat Mosqua nit lassen /
dahin wurden wir auch berueffet / die
Lithischen gesandtn khamen / warn
gehört / Sy uberantworten jr Pomin-
khi oder geschenckh nach jrem
geprauch / daselbstn haben wir die
sachen abgehandlt. Ehe wir zum be-
schlus khamen / schickht der Groß-
fürst den Lithischen Potschafften /
und jren Leuthen al jre verehrungen
wider zu Hauß / mit ainer zugab auf
die mainung zuversteen / die also
ungethoner sachen abtzufertigen /
und damit zu schreckhen / und damit
zu bessern mitln zu dringen /

des die Lithn hart erschrackhen /
mein Rath darin hielten / den ich ga-
be / sy sollen nindert dergleichen
thuen / man wurde sonder zweifl uns
zuvor davon sagen / ehe man sy

Conclusis itaque, ac in certam formam redactis cum Sigismundo rege Poloniae induciis, in aulam Principis vocati, cum in habitationem quandam deducti essemus, aderant Lithvuani Oratores: veniunt etiam eo Principis consiliarii, qui easdem nobiscum concluserant.

atque in hanc sententiam sermone ad Lithvuanos converso verba faciunt: Voluit quidem Princeps noster, in singularem gratiam ac petitionem magnorum principum, pacem perpetuam cum Sigismundo rege vestro inire.
Ea autem cum nullis conditionibus fieri nunc possit, se inducias ad eorundem principum adhortationem inire voluisse. Quibus constituendis, ac legitime firmandis, vos Princeps accersiri iussit, ac praesentes esse voluit.
Tenebant porro literas, quas Princeps regi Poloniae daturus erat, confectas, sigillo appenso, & eo quidem parvo ac rubro communitas: in cuius sigilli parte priore imago erat, homo nudus equo sine sella insidens, hastaque draconem transverberans: a tergo vero aquila biceps, utroque capite coronato, cernebatur.

wurde aberttigen / So werden wir ursach haben / umb verrere handlung antzuhalten / so was auch des Moscovither mainung nit / den anstand abtzuschlahen / darüber beschlossen wir dennocht

so nun der anstandt angenumen / und in schrifft verfasst / seind wir gehn Hoff berueft und in ain Gmach gefuert worden / dahin auch des Khünigs zu Poln die Lithische Potschafft khamen / darnach auch des Großfürsten Räthe / die zuvor mit uns gehandlt / und den anstandt beschlossen hetten /
die hueben an gegen den Lithen zuereden / unser grosser Herr hat wellen zuegefallen und auf groß bit solcher grossen fürsten ein ewigen Fryd mit Sigmunden euren Khünig eingehn /

so aber das khainerlay mittl das mal sein mügen / so hat doch der Großfürst auf solch groß fürbit den anstandt eingangen / und damit der gestelt oder bekhrefftigt werde / hat euch dartzue berueffen lassen / und gegenwuerttig haben wellen /
die Räth hielten die Brieff in jren henden / welche der Großfürst dem Khünig geben wurde / gantz geverttigt / mit anhangendem Insigl / das nit groß und Rot was / an dem ainen ort was die Figur aines nackheten Menschen sitzund auf ainem Pherdt on Satl / hielt ain Spieß / damit sticht der den Trackhen undter des Pherdts füssen / auf der ander seitten was ain

Habebant praeterea induciales literas, certa formula compositas: quarum similes, ac eodem exemplo, nominibus ac titulis duntaxat mutandis, rex ipse vicissim Principi erat missurus: in quibus nihil prorsus immutatum erat, excepta hac clausula, quae ad finem literarum addita erat:

Nos Petrus Giska palatinus Polocensis & capitaneus Drohitzinensis & Michael Bohusch Bohutinovuitz thesaurarius magni ducatus Lithvuaniae, & Slovinensis ac Kamenacensis Capitaneus, Oratores regis Poloniae & Magni Ducis Lithvuaniae, fatemur, eoque etiam nomine crucis signum deosculati sumus, nosque obstrinximus, Regem videlicet nostrum easdem pariter osculo crucis confirmaturum: in cuius rei meliorem fidem hasce literas nostris signetis communivimus.

His itaque auditis ac visis, omnes una ad Principem vocamur. Ad quem cum ingressi essemus, mox certo loco nos sedere iusserat, ac in haec verba loquebatur:

Ioannes Francisce, Comes Leonharde, Sigismunde, efflagitastis a nobis Clementis Papae septimi, ac fratris nostri Caroli, eiusque fratris Ferdinandi nomine, ut pacem cum Sigismundo Poloniae rege perpetuam

Adler / mit zwayen gekhronten Heubtern /
sy hetten auch daneben ain gleichlauttenden Brieff / den der Khünig zu Poln / als Großfürst in Lithn herwider geben sol / allain umb sovil meer was zu letzt hintzue gesetzt.

Wir Peter Gischka Woyvod zu Polotzkho / Haubtman zu Drohitzin / unnd Michael Bohusch / Buhotinowitz / Schatzmaister des grossen Fürstenthumbs Lithen / Haubtman zu Szlowin und Camenetz / Potschafftn des Khünigs zu Poln und Großfürsten in Lithen / Bekhennen / und in seinem Namen so khüssen wir das Creutz / und haben unsern Khünig verpunden / solchn Brief mit khüssen des Creutz zubestätten / und zu mererm glauben haben wir mit unsern Petschafften hiemit becrefftigt /

als das alles ersehen und vernumen / Sein wir al miteinander für den Großfürsten gangen / pald waß uns ain Platz getzaigt / da wir uns setzten / der Fürst hueb an zureden / und spricht /

Hanns Frantz / Leonhard Graffe / und Sigmund / jr habt an uns begert / von wegen Bapst Clementn des Sibendn / und in unsers Brueder Carln erwelten Römischen Khaiser / und Obristem Khünigs / und seines

14 <lat. Text:> Slovinensis] ~~Stovinensis~~
1 <dt. Text:> gekhronten] ~~gekhromten~~

iniremus. Eam commodis utrinque conditionibus facere cum haudquaquam potuimus, rogastis, ut saltem inducias imponeremus.	Brueder Ferdinanden / namen / damit wir mit dem Khünig Sigmunden zu Poln ainen Ewigen Frid eingiengen des wir aber bayder seits / durch mittl nit bekhumen mügen / so habt jr gebetten / das wir doch ainen anstandt an nämen /
5 quas quidem amore nostro in principes vestros, nunc facimus, acceptamusque: super quibus dum Regi iustitiam nostram facimus, easque confirmamus, vos praesentes esse 10 volumus, quo dominis vestris referatis, vos factis, ac iam legitime firmatis induciis interfuisse, vidisse, nosque illorum amore haec omnia fecisse.	Dasselb haben wir umb der Lieb willen die wir zu eurn Fürsten tragen angenumen / und weil wir unser recht dem Khünig thuen (das ist der verstand / das er mir seinem Ayd oder Creutz khüssen bestetten wollen) haben wir in eur gegenwuerttigkhait solches verrichten wöllen / damit jr euren Herren solches antzutzaigen werd wissen / das jr in beschluß des anstandts und der bestättu[n]g gegenwuerttig gewest seit / und gesehen habt / und das wir solches umb jren willen gethon haben etc.
15 Qua oratione finita, Michaelem Georgii consiliarium vocat, ac crucem deauratam ex opposito de pariete fune serico pendentem, sumere iubet.	Pald so rüefft der Großfürst seinem Rath Michaeln Georgen (der selb het das Ambt / als ungeverlichen bey unsern Fürsten ain Marschalch) und bevilcht das vergult Creutz / so ob dem Fürsten an ainer Seiden schnuer gehangen / herab zunemen /
20 Mox consiliarius, sumpto mundo lintheolo, quod super fusorio cantaro, in pelvi collocato, iacebat, crucem magna cum veneratione apprehendit, dextraque tenet.	derselb Rath nimbt das Handthuech / so yeder zeit an den Gießkhandtn im Peckh steend ligt / in seine Hendt / und mit grosser Ehrerpiettung das Creutz herab / und helt das in der höhe mit der rechten Hand /
25 Secretarius pariter literas induciales iunctas utraque manu tenebat, ita tamen, ut Lithvuanorum literae alteris subiectae, eatenus prominerent,	der ain Oberster Secretari hielt baide verfertigte Brief mit baiden henden ob einander / das die schrifft damit sich die Gesantn verpinden / undter

31 <dt. Text:> Gießkhandtn] ~~Gießkhandin~~

quatenus clausula, qua se Lithvuani obstrinxerant, appareret:

super quas simul, ubi Michael dextram, qua crucem tenebat, posuisset, Princeps surgens, sermone ad Lithvuanorum Oratores converso, longa oratione narrabat, se quidem pacem ad singularem petitionem ac cohortationem tantorum Principum, quorum legatos eo nomine ad se missos viderent, non refugisse, si ea ullis sibi commodis conditionibus fieri potuisset:

& cum pacem perpetuam inire cum rege illorum non posset, in horum gratiam quinquennales se inducias, vigore literarum (literas digito demonstrans) inisse: quas quidem, quoad Deus volet, servabimus, inquit, nostramque iusticiam fratri nostro Sigismundo regi faciemus: ea tamen conditione, ut similes per omnia literas, eodemque exemplo scriptas, rex nobis det, easque praesentibus Oratoribus nostris confirmet, iusticiam suam nobis faciat, ac illas ad nos tandem per Oratores nostros transferendas curet. Interim etiam iuramento vos obstringetis, ea omnia & singula regem vestrum facturum, observaturumque.

Dein crucem respicit, seque ter signo crucis, capite toties inclinato, ac manu ad terram fere dimissa munit: propiusque accedens, labia, ac si oraret, movens, os lintheolo tergens, inque terram expuens, crucem tandem deosculatus, fronte eam pri-

dem obern Brief gesehen und gelesen möchte werden /
auf die selben baide Brief legt der Rath sein rechte hand / darin er das Creutz hielt / der Fürst stuend auf und redt gegen den Lithischen Gesanten / mit langer rede / ungevärlichen die mainung / hette gleichwol den friden auf solcher grossen Herrn Potschafften die sy gegenwuerttig sahen / bit und begern mit dem Khünig Sigmunden antzunemen nit gewaigert / wo jme anderst annembliche mitl ervolgt wären /
so dan der Ewige frid nit mügen beschlossen werden / habe den anstand auf fürbit der Potten angenumen / jnhalt diser Brief (zaigt mit dem finger darauf) den wille er so lang Gott wil halten / darumb welle er sein gerechtig Brueder Khünig Sigmundn zu Poln / thuen / doch solcher gstalt / das der Khünig gleichlauttende Brief herwider gebe / und sein recht in gegenwurt seiner Potschafften thue / in mitler zeit werdet jr mit eurn Rechten verpinden / das euer Khünig das also aufrichten und voltziehen werde / und solche Brief der Khünig durch sein des Großfürsten Pottn zuebringen laß /

dann so schaut der Großfürst das Creutz an / zaichend sich dreymal mit dem Creutz / nach jrem sitten / mit dreyen fingern beruert das haubt und prust / die recht und zu letzt die linck Achsel / naigt sich mit den Khopf gegen dem Creutz / mit der

---

25 <dt. Text:> gegenwurt] *sic*

mum, dein utroque oculo attingit. retrocedens, rursus cruce, capite inclinato, se munit.

rechten hand / nahend an die Erd ruerend / Tritt nächner zu dem Creutz / ruerdt die Lepsen / als ob er was gebettet / wischt mit dem Thuech seinen mund / spüertzt zuvor aus / und khüst das Creutz / und beruert das mit dem Khopf / und darnach mit baiden augen / trit hinder sich / und creutzt sich widerumb / und naigt den Khopf wievor.

Postea Lithvuanos, ut accederent, idemque ipsi facerent, monet. Oratores antequam id facerent, inscriptionem, qua se obstrinxerant,

Nach dem so ermant er die Lithen / das sy hintzue trettn / und dergleichen thuen / der ain Lithisch Pot Bohusch des Reissischen glaubens / der hat die verpindnuß so sy bayd gethon /

pluribus quidem verbis congestam ac compositam, nihil tamen aut parum admodum ultra supradictam sententiam continentem,
Bogusius nomine, Ruthenus, recitabat: cuius verba singula Petrus, fide Romanus, collega repetebat. eadem nobis pariter interpres Principis ad verbum reddebat. Post recitata ac interpretata inscriptione, Petrus ac Bogusius ordine ipsam crucem, astante Principe, deosculantur.

und ain Brief verschriben was gelesen / und der Peter des Römischen glaubens / hat jme nach gesprochen / und des Großfürsten Tulmätsch hat solche wort yeder zeit uns Lateinisch vertulmätscht / Nach solchem verlesen / nach sprechen / und vertulmätschen / seind die baid Lithischen Potten hintzue getretten / das Creutz gekhüst /

in der weil die Lithen mit jrem lesen und Schweren verrichten / stund der Fürst auch herunden / da wir und ander stunden / spricht zu mir verstehestu Reissisch / sagt / ich verstuendts zum thail / doch nit alles / nach dem setzt sich der Fürst nider und spricht / jr habt nunmals gesehen / das wir unserm Brueder Sigmunden Khünigen zu Poln unser

Quibus finitis, Princeps sedens, in haec verba loquebatur: Vidistis nos fratri nostro Sigismundo Poloniae regi, iusticiam nostram ob singula-

rem petitionem Clementis, Caroli & Ferdinandi fecisse.

Dicite ergo dominis vestris, tu Ioannes Francisce Papae, tu Comes Leonharde Carolo, & tu Sigismunde Ferdinando, nos ea illorum amore, & ne Christianus mutuis bellis fundatur sanguis, fecisse.

Haec cum longa oratione, additis consuetis titulis, perorasset: nos illi vicissim ob singularem eius erga principes nostros observantiam, gratias egimus, nosque mandata illius diligenter executuros promissimus.

Dein duos ex suis praecipuis consiliariis & secretariis, ad se vocat, eosque legatos iam ad Poloniae regem institutos, Lithvuanis innuit.

Postremo multa pocula suo iussu allata, nobis, Lithvuanis, atque adeo omnibus & singulis, tam nostris quam Lithvuanorum nobilibus, manu sua porrigebat.

Lithvuaniae denique Oratores nominatim appellans, dicebat: Quae nunc egimus, & quae alioqui ex consiliariis nostris intellexistis, ea fratri nostro Sigismundo regi exponetis.

Haec cum dixisset, surgit, & rursus inquit: Petre, & tu Bogusi, fratri nostro Sigismundo Poloniae regi, & magno Duci Lithvuaniae, vos nostro nomine (caput interim parum movens) inclinabitis. moxque sedens, utrumque accersit: dextram illis, at-

Recht auf sonder ersuechen des Clements / Carls / und Ferdinands gethon haben /

sagt das also euren Herren / du Hanns Frantz dem Bapst / du Graff Leonhard dem Carl / und du Sigmund dem Ferdinanden / das wir solches umb jren willen / und damit das Christenlich Pluet mit unsern Khriegen nit vergossen werde / gethon /

solche redn seind mit vil wortten / und yeder zeit mit den langen Titln verpracht worden / Wir haben hinwider danckh gesagt / umb das er sich dermassen guetwillig gegen unsern Herrn ertzaigt hat / wir wolten auch sein bevelch vleissig verrichten /

Darnach ruefft er zwen aus seinen Räthen und Secretarien / stelt die den Lithen für / als die da Potn zu jrem Khünig verordent seind /

Dann ließ der Fürst zu trinckhen bringen / hat mit seiner hand / nit allain uns Potn / und den unsern Edln und dienern / yeglichem in sonderhait zu trinckhen gebotten /

unnd spricht den Lithischen sonderlichen zue / das wir nun gethon haben / und was jr von unsern Räthen verstanden habt / das werdt jr unserm Bruedern Khünig Sigmunden antzaigen /

dann steet der Fürst auf unnd spricht / du Peter und du Bohusch / unsern Brueder Sigmunden Khünig zu Poln / und Großfürsten in Lithen / werdt jr von unsern wegen naigen (er der Fürst naigt sich gar wenig mit dem Haubt) setzt sich pald nider / ruefft jr

que etiam ipsorum nobilibus ordine porrigit, dicitque, Ite nunc. atque sic illos dimiserat.

Itinera in Moscoviam.

yeglichen zu sich / peut jnen und allen jren Edlleuten sein hand / und spricht geet nun / und damit abgeverttigt.

Meine Raisen in die Mosqua volgen hernach die erste.

Als hievor ain Zwitracht sich zwischen Khaiser Maximilian / und Khünig Sigmunds in Poln Heyrat halben begeben het / Nemlichen namb Khünig Sigmund des Graff Stephan im Zipps Tochter / Des Sun Graf Hanns dem Khünigreich Hungern nach trachtet / dartzue jne sein groß Guet und sonderlichen sein Muetter ain geborne Hertzogin von Teschn / die vasst geschickht und verstendig was / bewegten / het die namhafftigiste unnd ansehenlichste in allen Spanschaften mit Gelt / und in vil ander weg zu sich getzogen / und nach dem Khünig VLADISLAUS zu Hungern der zeit ain ainige Tochter gehabt / seind die anschlege gangen / dieselb gemeltem Graf Hannsen zuvermäheln / mit dem so khame er zu dem Khünigreich / weil der Khünig alt und tadhafftig was / auch andere Khinder zubekhumen khlaine Hoffnung / wo solche Practickhen jren fürgang gehabt / so wäre Khaiser Maximilian und seinen Erben der zuegang / Innhalt der vertrag in das Khünigreich Hungern benomen worden / Khünig Sigmund was in verdacht / als fürderte er solche sachen seinem Schwager zu guet / bey seinem Bruedern dem Khünig zu Hungern /

des halben auch der Khaiser seine
Potschafften zu dem Großfürsten in
die Mosqua etlich mal geschickht /
und der zeit Marggraff Albrecht von
Brandenburg / als Hochmaister
Teutsches Ordens in Preyssen / mit
dem Khünig Sigmund Feindschafft
hette / auch vil in der sachen in die
Mosqua gehandlt / Hernach begab
sich / das Khaiser Maximilian den
Khrieg wider Hungern jm 1506 ge-
numen / doch nit wider den Khünig /
Die mainung was / das die Hungern
jren Khünig wenig in acht hetten /
und seind dahin gesindt gewest /
Graf Hannsen zu ainem Gubernator
des Reichs / dem alten unvermügli-
chem Khünig zusetzen /
So gibt Got das dem Künig sein Sun
Ludwig geborn was / gleichwol untz-
eittig / wie gesagt ist / on ain Haut /
darumb das Khind in ainem Schmer-
lab lang erhalten worden / damit hört
zum thail der Partheyen hoffnung
auf / das Khünigreich zubekhomen /
Die Hungern schickhten jre Pot-
schafften gehn Wienn zu dem Khai-
ser / und machten Frid / Nichts min-
der der Khaiser / wie auch hievor
hiendl on underlaß umb die Tochter
/ des Khünig zu Hungern / seinem
Enenckhl ainem der zeit Ertzhertzog
Carln / yetzo Römischen Khaiser /
oder Ertzhertzog Ferdinanden / yetz-
mals Römischen / Hungerischen und
Behamischen Khünig / des Khünigs
Philipps in Hispanien / Ertzhert-
zogen zu Osterreich etc. Sünen / und
ob der khainer nit näme / wolt der
Khaiser die für sich selbs haben /

Anno MDXV venerant Viennam ad Caesarem Maximilianum, Vuladislaus, & eius filius Ludovicus, Hungariae & Bohemiae, ac Sigismundus Poloniae, reges: ubi contractis ac conclusis matrimoniis filiorum & nepotum, confirmataque mutua amicitia,	Derhalben was beredt und betaidingt / das baide gebrüeder / Khünig Wladislaus zu Hungern / sambt seinem Sun Ludwigen / unnd der Tochter / auch Khünig Sigmund zu Poln / zu dem Khaiser gehn Wienn khamen / Daselbsten die Heyrattn beschlossen / der Khaiser vermählt jme oder seinem Enenckl / Annam des Khünigs zu Hungern Tochter / und Khünig Ludwigen Mariam / Khünig Philippsen zu Hispanien / Ertzhertzogen zu Osterreich etc. Tochter /

Als die zusamen khunfft der Khaiser und Khünigen im Veld undter Wienn geschach / zohe der Khaiser mit seinen Teutschen nach jrer monier geruest / und als man uber ain Pühl ab zohe / die Sun schine hell / An dem glantz von Harnasch hetten die Hungern ain verdacht / wartzue man der Harnasch und Wehr bedüerffte / so man Freundschafft machen wil / Hetten Rath darüber / vermainten sich mit jrem Khünig und Khindern / dem Khaiser dermassen khomenden nit zuvertrauen / Schickhten mit der mainung zu dem Khünig von Poln / der gab antwort / Er wäre im vertrauen heer khomen / blibe noch im vertrauen / dann wo er sich untreues besorgt / hette wol mügen zu Craccaw sicher bleiben / er wolte zu dem Khaiser ziehen / gabe yeglichem die waal / wer mit ziehen wolte / Also muestn die Hungern schanden halben mit ziehen / Der Khaiser saß in ainer Sennftn / ließ dem Khünig zu Hungern auch aine zuerichten / die zwo Sennften bracht

inter caetera Caesar pollicitus erat, se Oratores suos ad Basilium Moscorum ducem missurum, qui inter hunc & Poloniae regem pacem facerent.

Ad hanc legationem Caesar destinaverat Christophorum episcopum Labacensem, & Petrum Mraxi.

Sed dum Episcopus protraheret negotium, & interim regis Sigismundi secretarius Ioannes Dantiscus, postea episcopus Vuarmiensis, morae impatiens, profectionem sedulo urgeret, hoc legationis munus mihi non ita pridem ex Dania reverso, fuit impositum.

man zusamen / darnach khumt der Khünig von Poln zu Pherdt sitzendt / und emphiengen also der Khaiser und Khünig in weittem Veld aneinander / den Hungern warde Trautmanstorff / den Poln Entzestorff an der Vischa zum Nachtleger verordent / der Khaiser rit gehn Laxenburg / ich muest aus bevelch in der Nacht von Trautmanstorff gehn Laxenburg reitten /

da zu Wienn warde undter andern beschlossen / das Khaiser Maximilian sein Potschafft in die Mosqua schickhen sol / Fridens halben / zwischen Khünig Sigmunden / und dem Moscoviter zuhandlen / das ist geschehen jm 1515.

Der halben schickht Khünig Sigmund / seinen Secretarien als Solicitator IOANNEM FLACKSPINTER DANTISCUM / Der hernach Bischove zu Helsperg in Preyssen gewest ist /

zu solcher Potschafft hat Khaiser Maximilian Herrn Christoffen Rauber / Bischove zu Seccau und Laibach / und neben jme Herrn Petern Mraxi für genumen /

mir wardt bevolhen den Khaiser an solche abverttigung der Potschafft zuvermonen / das ich mit vleiß thette / weil aber der Herr Bischove sich lang saumbte / ward solche Pürd mir aufgelegt /

Derselben zeit khame auch des Moscoviter Gesanter / Gregor Sagrewskj zu dem Khaiser / und aber Chryso-

Mandatis itaque continuo a Caesare Haganoae Alsatiae oppido acceptis discedens.

Traiecto primum Rheno, per Marchionum Badensium ditionem & oppida, Rastat, Etlingen, Pfortzach, in ducatum Vuirtenbergensem, Constat: oppidum denique imperii Eslingen ad Necarum, quem & Nicrum appellant, situm, indeque Gopingen & Geislingen veni.

Ulmae mox Danubio superato, per Gunspurg, ac oppidum Purgavu, a quo Marchionatus Burgoviae nomen habet, Augustam Vindelicorum ad Lycum fluvium perrexi: ubi me praestolabantur Gregorius Sagrevuski Moscus nuncius, & Chrysostomus Columnus secretarius Elizabethae viduae Ioannis Sfortiae Mediolani & Bharii, qui itineris erant comites.

stomus Columnus / der Frauen Elisabeth des Hertzog Hannsen Sforcia von Mayland und Bary Witben / Gesandter belangend derselben Hertzogin Tochter Bona / zu sollicitiern / die dem Khünig Sigmunden zuvermähln / dan pald nach dem der Khünig Sigmund von Wienn gehn Craccau kham / starb sein erste Khünigin Barbara / so hett sich derselb Khünig erpotten / ausser des Khaisers Rath und willen nit zubeheyraten / Der Khaiser ruckht von Augspurg / ließ die obgemelten Potschafften und Sollicitatores daselbsten /
Ich volgte dem Khaiser nach / hintzt gehn Hagenaw / daselbsten bin ich abgevertigt worden /
und den Rhein uberschifft / durch der Marggraffen zu Padn / Rasstat / Erlingen / Phortzach / und dann des Hertzogen zu Wiertenberg Land / und durch Esslingen die Reichs Stat am Neckher / und furt durch Göppingen / Geislingen /

und zu Ulm uber die Thunaw auf Gunsperg / und durch die Marggrafschafft Purgaw / widerumb gehn Augspurg ankhumen /

Daselbsten noch die obgemelten alle gefunden / die zwen der Moscoviter / und Chrisostomus zugen mit mir /

Herr Hanns Freyherr vom Thurn / und zum Creutz / ward mir als ain Schaffer oder Außgeber zuegeben.

Relicta Augusta sub initium anni MDXVI ultra Lycum, per Bavariae civitates et oppida, Fridberg, Inderstorff, Freysingen, id est Frisingensem episcopatum ad fluvium Ambor, Landshuet ad Iseram fluvium[,] Gengkhofn, Pfarkhirchen, Scharding ad Oenum transivimus. Oenoque superato, ripasque Danubii legentes, Austriam supra Onasum attigimus.

Lincium oppidum in ripa Danubii situm, caput eius provinciae ingressi, pontemque illic Danubio impositum transeuntes, per oppida Galneukirchen, Pregartn, Pierpach, Kunigsvuisn, Arbaspach, Rapolstain, in archiducatum Austriae, atque adeo oppida Claram vallem, vulgo Tzvuelt dictam, Rastnfeld, Horn, & Retz pervenimus.

Moraviae recta dein, ultra fluvium Teya, qui pro maiori parte Austriam a Moravia dirimit, oppidum Snoimam appulimus: ubi Petrum Mraxi collegam meum vita defunctum esse intellexi. & ita solus hoc munus, quod Caesari gratum erat, obivi.

Ex Snoima, Vuolfernitz, Brunam, dein Olmutium sedem Episcopalem ad fluvium Moravua sitam: tres illae civitates Snoima, Bruna & Olmutium sunt primae in Marchionatu,
indeque Lipnik,

Hranitza, Germanice Vueissenkirchn.

Itzin, Germanice Tischein.

Ostrava, Germanice Ostra oppi-

Im eingang des 1516 Jars / bin ich mit solchen geferten von Augspurg aus / uber den Lech / in das Hertzogthumb Bayrn nach Fridberg / Inderstorff / nach Freising / Amber / Landshuet / an der Iser / Genghofen / Pharrkhirchen / Schärding / daselbsten uber den Yn / und dan der Thunaw nach ab in das Land Osterreich / ob der Enns /

und in die Haubtstat Lynntz khumen / daselbsten uber die Thunaw nach Galneukhirchen / Pregartn / Puerpach / Khünigswisen / Arbaßpach / und Rapoldstain geraist / darnach in das Ertzhertzogthumb Osterreich gehn Zwetl / Rastnfeld / Horn und Retz.

Darnach uber die Theya / in die Marggrafschafft Märhern / gehn Znaem / daselbsten ich vernumen / das Peter Mraxi / der mein mitgesanter was / abgestorben / Nam ich mein fürgenumen weg / und die Pürd an mich ainigen /

nach Wolfernitz / Prünn / und Olmuntz an der March /

furter gehn Leipmnickh /
Weissenkhirchen / das man Märherisch Hranitza nennt /
gehn Titschein / sonsten Itzin genent.

Ghen Ostra / sonsten Ostrava /

dum: ubi Ostravuitza fluvium, qui oppidum alluit, & Silesiam ab ipsa Moravia dirimit, transivimus.	das wasser aber Teutsch wie das Stätle / aber Märherisch Ostrawitza genant / Dasselb wasser schaidt der orten Märhern von der Schlesien /
Silesiae post ducum Theschinensium oppidum Freistat, ad Elsa fluvium situm.	Freistätl an dem wasser die Els genant in der Schlesien / gehört dem Hertzogen zu Teschen /
Strumen, Germanice Schvuartzvuasser.	gehn Schwartzen wasser nennen sy Strumen /
Ptzin, Germanice Ples principatum: a quo progrediendo duorum miliarium, spacio, est pons trans Istulam, limes Bohemicae ditionis.	Gehn der Plöß / sonsten Ptzina / von dannen seind zwo meyl an die Pruckhen der Weixl / die nahend bey Teschen an dem selben gepürg in der Schlesi entspringt / was dißhalb der Pruckhen ist gehn Behaimb /
A ponte Istulae Polonica est ditio, & usque Oschvuentzin principatum, Germanice Auschvuits, quo loco fluvius Sola Istulam ingreditur, est iter unius miliaris.	yenhalb ist gleichwol auch Schlesisch / aber dem Khünig zu Poln gehorsam / von der Pruckhen ist ain meil gehn Auschwitz / Polnisch Oswentzin / daselbsten felt das wasser Sola in die Weixl /
Extra Oschvuentzin, per pontem superamus Istulam: & confectis 8 miliaribus	pald ausserhalb Auschwitz / raistn wir wider uber die Weixl / seind noch acht meyl wegs gehn Craccau / entzwischen des Schlos Lypowetz / darin man die Pfaffen umb verschulden fänckhlichen hellt.
Poloniae regni caput Cracoviam pervenimus,	Craccau die Haubtstat in Poln /
	und die gegent nent man das khlain Poln / Posn ist die Haubtstat in groß Poln / Datzumal was der Khünig in Lithen / ain Teutscher mit namen Hanns Bonar / der dem Khünig vasst angenäm / und der gehaim ist und vertraut ist was / der hielt mich und den Wälhischen vasst wol / wie wir von der Heyrath redeten / und ain Contrafettung der verhoffendlichen Praut getzaigt wardt / Spricht der

Bonar sy sey nit so rot / dan er vor
auch ain solche Pildnus gesehen / so
spricht der Chrysostomus es sey der
brauch in denselben landen / wiewol
aine von natur gefarbt ist / so thuet
sy noch ain hilff dartzue / ich ver-
mont den mit ainem haimlichen stoß
/ des errottet er sehr / Darnach fragt
er mich / warum ich jne so gemont
hette / sagt ich es wäre in unsern
Landen nit der Prauch / sonder
lächerlich antzustreihen / Er batte
mich umb Rat / was zuthuen wäre /
sagt ich jme / er sol sagen / der Mal-
ler hette zuvil der rotte der Contrafe-
tung geben / Des Rats was er vasst
fro.

currusque nostros trahis imposui-
mus.

Wir muestn uns auf die Schlittn
rüsten / der Walch fandt in Rath / er
sol sein Kohlwagen auf ain Schlittn
legen / wie mans dan gebraucht / ich
aber verließ nach des Bonar Rath
mein wagen / rüst mich ploß auf den
Schlitten / und bedeckhte den wie
ain Wagen / Chrysostomus hette ain
Wälhischen khnecht / der seine tag
khain Schlittn gefüert / warff sein
Herrn zway mal umb / ehe er aus der
Stat kham / vor der Stat fand ich den
mit grossem Jamer / spricht / So ich
nunmals zwirend gefallen bin / wie
wirde es mir furan in den Hundert
und zwaintzig meyllen gehn / Also
nam ich den zu mir in meinen
Schlittn / und fueren in Gottes na-
men hin /

ich bestelte ainn Polnischen fuerman
/ mit zwayen Rossen / hintzt gehn
der Wild / nur umb acht Gulden
Reinisch / mit der notturfft am weg /

A Cracovia progressi,	Von Craccau
Prostovuitza, 4 miliaria.	gehn Prostowitz vier meyl /
Vuislitza, 6 miliaria.	gehn Wißlitza sechs /
Schidlovu, 5 miliaria.	gehn Schidlow fünff /
Oppatovu, 6 miliaria.	Oppatow sechs /
Savuichost, quatuor miliaria ubi rursus traiecto, & ad sinistram relicto Istula fluvio,	gehn Sawichost vier / Da seind wir widerumb uber die Weixl geschifft / und an der linckhen handt verlassen /
Ursendovu, quinque miliaria.	gehn Ursendoff fünff meyl /
Lublin, septem miliaria. Palatinatum, quo loci certo ac stato anni tempore insignes habentur nundinae, ad quas ex variis orbis partibus homines, Moscovuitae, Lithvuani, Tartari, Livonienses, Prutheni, Rutheni, Germani, Hungari, Armeni, Vualachi atque Ebraei confluunt.	Lublin siben meyl / das ist ain Stätle / da zu etlichen tägen im Jar grosse Marckht gehaltn werden / und khomen von vil orten Kaufleut / sonderlichen Moscoviter / Tathern / Reissen / Armenier / Türckhen / Lithen / Leiflender / Preissen / Teutsch / Hungern / Walhen / Juden etc.
Cotzko, octo miliaria. Antequam huc perventum est, labitur fluvius Vuiepers, septentrionem versus.	Gehn Khotzkho acht meyl / Ehe wann man daheer khumt / zeucht man uber das wasser Wiepers / das in Mittenacht fleust /
Meseriz octo miliaria paulo longius progrediendo, est limes Poloniae.	Meseritz ist gar nahent an der Granitzen gegen Lithen acht meyl /
Lithvuaniae oppidum Melnik, sex miliaria ad Buh fluvium.	Melnyckh ain fluß Buch in Lithen sechs meyl /
Bielsco, octo miliaria.	Bielsco Schlos und Fleckhen acht meyl /
Narevu, quatuor miliaria ubi eiusdem nominis fluvius ex quodam lacu & paludibus, quemadmodum Buh, effusus, & in Septemtrionem decurrit.	Narew ain Fleckh vier meyl / hat ain wasser desselben namens / das hat sein ursprung aus ainem See / wie auch der Buch / und fliessen baide gegen Mitternacht /
Ex Narevu, transeundo sylvam octo miliaribus: extra quam est oppidum Grinki, in quo regii homines, qui & commeatum suppeditabant (Pristavuos appellant) & Vuilnam	Grinckhi daheer zeucht man von Narew / alles ain Wald acht meyl / da fandt ich des Khünigs Leut / die auf mich beschieden warden / Herbergen und alle notturfft zue geben /

usque deducebant, me praestolabantur. tum in

Grodno, sex miliaria. Est ibi satis commodus pro eius regionis natura principatus. Castrum cum civitate ad fluvium Nemen, qui Germanice Mumel appellatur, quique ipsam Prussiam alluit,
quae olim a supremo Theutonici ordinis magistro gubernabatur. Sed eam nunc Albertus Marchio Brandenburgensis haereditarii ducatus nomine tenet.
Crononem hunc fluvium puto, alludens nomini oppidi.
ibi Ioannes Savuorsinski, a Michaele Linski in ea domo, aut (ut aiunt) curia, in qua hospitatus eram, oppressus est. Porro hic reliqui Moscorum nuncium, quem rex Vuilnam ingredi prohibuit.

Inde progressus,
    Prelai, duo miliaria.
    Vuolconik, quinque miliaria.
    Rudniki, quatuor miliaria.
    Vuilnam, quatuor miliaria quoque.
Ante Vuilnam autem viri insignes praestolabantur, qui me regis nomine cum honorifice excepissent, atque in traham, seu amplum vehiculum pulvinaribus stratum, & stragulis auro & serico contextis collocatum, regiis ministris latus utrumque claudentibus, officiumque perinde ac

man nent sy Pristawen / als zuegeordente oder zugesetzte / die mich auch hintzt zu der Wilde / mit aller notturfft versehen haben.

Grodno ist ain guetter Fleckhen hat auch ain Schlos / und rint das wasser neben für / das man auf Teutsch Müml nent / und fleusst nach Preissen /

meines erachtens wirdt der Fluß auf Lathein CRONON genent /

da bin ich in dem Hof / darinnen Hanns Saworsinskhj erschlagen worden / davon hievor gesagt / beherbergt gewest / da verließ ich auch des Moscoviters Pottn / den man nit wolt gehn der Wild einkhumen lassen / sechs meyl.

Dan gehn Prelai zwo meyl /
Wolkhonickh fünff meyl /
Rudnickh vier /
gehn der Wild vier meyl /

ehe wan ich gehn der Wild khumen bin / haben des Khünigs Haubtman ainen Probst / auch vil des Hoffgesindts bey ainer meyl von der Stat auf mich gewart / und mit zierlichen wortten durch Andream Gritzkhj / hernach Ertzbischove zu Gnesn emphangen / ainen grossen Schlittn mit Samat und Seiden getziert / bracht /

si ipse rex veheretur praestantibus, in hospitium usque deduxissent:

mox aderat Petrus Tomitzki, tunc episcopus Premisliensis, regni Poloniae vicecancellarius, vir omnium testimonio virtute singulari ac vitae integritate praeditus, meque regis pariter nomine humanissime consalutavit, excepitque. Ad ipsum denique regem, magna aulicorum caterva sequente, paulo post deduxit: a quo multis primariis viris, proceribusque magni ducatus Lithvuaniae praesentibus, honestissime exceptus fueram.

Vuilnae porro eo tempore inter caetera, matrimonium inter ipsum regem, & Bonam Ioannis Galeacii Sfortiae ducis Mediolani filiam, Caesare promovente, me nuncio, contractum atque conclusum fuit.

darauff ich eingefüert / und mir als dem Khünig gedient worden / das Hoffgesind an Khueffen gestanden / und gedient / der Hertzogin Pottn ließ ich in Schlitten gegen mir uber sitzen / und bin also in mein verordente Herberg beglaidt worden / pald khame Petrus Thomitzkhj der selben zeit Bischove zu Premissl / hernach zu Craccau / der emphieng mich erst in der Herberg von des Khünigs wegen / desgleichen Manes hat Poln zu mein zeitten in der Geistligkhait nit vil gehabt / derselb mich auch zue und von dem Khünig geführt / und beglaidt hat / von dem Khünig und allen Herrn des Lands / bin ich gar ehrlichen und wol emphangen und gehalten worden / alsdan mein Herr der Römisch Khaiser des wirdig gewest ist / und denen allen wol getzimbt hat.

Was die Moscovitische handlung belangte / wardt ich pald geverttigt / aus der ursach / wie hernach volgen wirdet.

Der Heyrat halben / sagt der Khünig hette ain mal bewilligt mit Rath und willen des Khaisers sich zubeheyrattn / der mainung war er noch / also sagt ich der Hertzogin Potten / ob ich das so er an mich begert hette verricht / das ist die Heyrath treulichen befürdert / des er bekhente / und gab mir des sein urkhundt /

dan er mir zu Lyntz seiner Fürstin Brieff gab / umb ain Tausent gulden / wan durch meinen vleiß die Heyrat beschlossen wurde / zubetzallen.

Erant ibi in arctis custodiis tres Moscovuitici duces, quibus summa rerum, atque adeo Moscovuiticus exercitus, anno MDXIIII ad Orssam commissus fuerat: inter quos erat Ioannes Czeladin primus. Quos equidem regis permissu salutatus, eo quo potui studio consolabar.

Vuilna caput magni ducatus Lithvuaniae, eo loci sita est, quo confluunt Vuelia & Vuilna fluvii: inque Nemen, seu Cronomen illabuntur.

Wilna die Haubtstat in Lithen / Teutsch Wild genent / ligt zwischen Perglen oder Püheln / da zway wasser zusamen fliessen / Wilna felt in Welia / dieselb felt aber in Nemen / das ist die Muml /

die Statmauer ist erst bey dem negst / vor dem Khünig seinem Brueder Alexander erpaut worden / ist vasst grosse Hanttierung daselbstn etc.

In ea relicto Chrysostomo Columno, non diu detinebar.

da verließ ich den Chrysostomum / dem wardt etwas Speiß und Tranckh auch der Lufft beschwärlich / clagt sich des Magens und spricht / er muesst sich meiner Ertzney gebrauchen / ainen Wermutsafft trinckhen / darob er sich an der strassen harrt gerumpft / bekhent mir das jme der gar wol bekhumen hette.

Vuilnam die XIIII. Martii egressus, non publica atque usitata via, quarum una per Smolentzko, altera vero per Livuoniam itur in Moscovuiam: sed media inter has usus, recta Nementschin quatuor miliaribus, indeque Svuintravua octo miliaribus, superato Schamena fluvio, perveni.

Aus der Wilde zoch ich den viertzehenden tag Martji / und wardt nit die gemain strassen nach der Mosqua / als gehn Smolensco oder nach Leiflandt / sonder in die mitte deren gefüert / gehn Nementschin vier meyl / uber das wasser Schamena gehn Swintrawa acht meyl /

Sequenti die Disla, sex miliaribus ubi eiusdem nominis lacus est: atque Drisvuet, quatuor miliaribus

dann gehn Disla an dem See / des selben namens sechs meyl / da khame der Moscovitisch Pott / den

12 <lat. Text:>] ~~Crononen~~

ubi nuncius Mosci, quem Grodno reliqueram, ad me rediit.

Braslavu, quatuor miliaribus ad lacum Navuer, qui in longitudinem uno miliari patet.

Dedina, quinque miliaribus atque Dvuina fluvium, quem Livuonienses (quorum ditionem percurrit) Duna appellant (sunt qui Turantum esse volunt) attigimus.

Drissam dein septem miliaria properantes, rursus sub Betha oppido ad Dvuina fluvium pervenimus: per quem glacie concretum, vehiculis, eius gentis more, 16. miliaribus sursumversus dum veheremur, duae nobis tritae viae occurrerunt.

Cum itaque utram ingrederemur, dubitaremus: mox servitorem in domum rustici in ripa sitam sciscitatum misi. quia vero sub meridiem glacies magnopere liquescebat, nuncius iuxta ripam liquefacta ac fracta glacie demersus, vix tandem extractus fuit. accidit etiam, ut quodam loco fluvius utrinque liquefacta prorsus & absumpta glacie, ea duntaxat glaciei parte, quam continua vectio induraverat, immo non nisi quatenus vehiculorum orbitae complectebantur, nobis tanquam pons quidam, non sine gravi horrore ac periculo transitum daret.

Augebat metum fama communis: quia non diu ante, aliquot centum Moscoviticos praedones, per eundem fluvium glacie concretum tran-

ich zu Grodno gelassen hette wider zu mir.

Braslaw an dem See genant Nawer / ist ainer meyl lang / vier meyl /

Dedina Fünff meyl / und an das wasser Duna oder Dwina / etlich vermainen dasselb wasser sey auf Latein TARANTUS, aber ander RUBON.

Von dannen namen wir unsern weg nach Drissa / seind sieben meyl / und undter dem Fleckhen Betha / gab sich die triben straß nach dem Eyß an der Dwina und fueren nach dem selben uber sich sechstzehen meyl / Wir khamen an ain Wegschaidt /
der halben schickt ich mein Lithischen Koch zu aines Paurn Hauß / des nahent an dem gestat des wassers stuend / umb den weg zufragen / wie der nahent zu dem gestat khamb / prach das Eyß / das wir den mit not heraus brachten /

wir bliben auf dem Eyß / und khamen an ain ort / da das wasser auf baiden seitten gantz offen was / allain wie die Schlitten die strassen erhertnet hetten / stuendt das Eyß wie ain Pruggen / und nit praitter / dan sovil die Schlitten mit den Kueffen geraichten / da fueren wir bey vier oder fünff schrieten lang / nit on sondere grosse sorg uber /

man sagte auch / wie nit langst hievor sechshundert Moscoviter an ainer Raiß daselbsten mit dem Eyß eingeprochen und ertrunckhen wären

---

13 <dt. Text:> Fleckhen] ~~Flechhen~~

seuntes, ad unum omnes fuisse submersos, ferebatur.

A Drissa Doporoski sex miliaribus, indeque
Polotzco principatum, quem Vuaivuodatum appellant,
ad Dvuinam fluvium, quem alii Rubonem appellant, venimus:

ubi honorifice, in maxima hominum occurrentium frequentia excepti, magnifice ac laute tractati, ad proximam denique mansionem usque deducti fuimus.

Inter Vuilnam & Polotzco plurimi lacus, crebrae paludes, atque immensae longitudinis sylvae sunt, ut quae ad quinquaginta miliaria Germanica protenduntur.

/ das macht uns umb sovil mer forcht.

Von Drissa gehn Doporoskhj sechs meyl /
und dan gehn Polotzkho ist ain Woiwodschafft /

und Granitzt mit dem Moscoviter / bin gar ehrlich ein und wider aus beglait worden / gleichwol lang auf den tag aufgehalten / Das ich mit viller Nacht zu der öden Herberg khamb / mit seer pösen weg /
von der wilde aus / daheer raitt man Fünfftzig meyl / man mueß vil See und Gemöß im Sumer umbtziehen / hat uberaus grosse Wälder furaus auch dergleichen /
wie ich durch etliche Wälder hinaus beglaidt wardt / und die Glaitsleut von mir verruckten / kham an ain Plöß da der Wind vil Schnees ubereinander gewet het / daruber auch etwo Roß oder ander Viech und Leut gangen / und der Schne erlöchert und erhertnet was / zu dem so was es nacht / da wesst niemandt wer Herr oder Knecht was / yeglicher hette mit im selbs zuschaffen / also fiel und walzelt sich ainer dort / der ander da / mit seinem Roß oder Schlitten / ich hette ainen Teutschen Fuerman oder Wagenkhnecht / zu Inderstorff in Payrn aufgenumen / der fürt den schweren Schlitten / in diser notte sagt / er hette nihe bey khainem Herrn ubel gethon / datzumal wolt er entlauffen / wan er nur wisste wohin /

Ulterius progressi iter, in limitibus regni minime tutum, ob crebras utriusque partis excursiones, hospitia deserta, aut nulla habuimus: perque magnas paludes ac sylvas, tandem Harbsle & Milenki, pastorum casas, venimus: in quo itinere Lithvuanus deductor me deserverat.

Accedebat ad hospitiorum incommoditatem, itineris summa difficultas. si quidem inter lacus & paludes nive & glacie labescente nobis eundum erat, dum Nischam oppidum, ad quendam eiusdem nominis lacum situm, indeque Quadassen quatuor miliaribus, quo loci cum magno pavore & periculo lacum quendam, aqua supra glaciem extante transivimus, atque ad tuguriolum rustici cuiusdam perveneramus, quo ex ditione Mosci, Georgii comitis mei cura commeatus allatus erat. Eo loci equidem limites utriusque Principis observare ac discernere non potui.

Moscovuiae sine contradictione ditio Corsula: ubi, duobus fluviis Vuelicarecka & Dsternicza traiectis, indeque duobus miliaribus confectis, venimus ad

Opotzka civitatem cum castro, ad Vuelicarecka sitam.

so wir nun zu den öden heusern khamen / da niemand kriegs halben bleiben torst / hetten wol grosse Feuer / aber anders nit / dan was wir mit uns brachten / lagen auch unsicher / also das des andern tags der Lithisch Pristaw ungesegneter mich verließ / khamen gehn Harbsle und Milenkhj gar schlechte Hüttle oder Heusle / im grossen Schne /
neben aller sorg und beschwärligkhait des Kriegs / Herberg und Speiß / was der weg gar beschwärlich zwischen und uber vil See und gemöß / Nachdem der Schne sich zerließ / und das Eyß uberran / khamen gehn Nischa / das bey dem See gleiches namens ligt / und dan gehn Quadessen vier meyl / uber ain See muesten am Eyß raisen / das wasser mer dan span hoch darauf stuend alle strassen giengen allain uber See / und wasser auf dem Eyß / und khamen in ain schlechts Paurn Heusl / daselbsten hin hette des Moscoviters Pot der mit mir zoch / durch ainen der seinen sovil verordent / das uns aus seines Herrn gepiet notturfft zuekham / An der Rayß von Polotzko hintztheer / hab ich die Granitzen nit mügen erfragen /
allain als wir gehn Corsula khamen / das was on widerred Moscovitisch / wir muesten uber zway nambhaffte wasser Welikareka und Dsternitza uberschiffen / und nach zwayen meyllen khamen wir gehn
Opotzka ain Hültzen Schloß auf ainem gespitzten Perg wie ain Kegl / und vil Heuser darunder /

quo loci natans pons est, quem equi plerunque genu tenus in aqua transeunt.

Hanc arcem rex Poloniae, dum ego Moscovuiae de pace tractarem, obsederat.

In illis porro locis, quanquam propter crebras paludes, sylvas, & innumeros fluvios, exercitus aliquo commode duci non posse videatur: nihilominus tamen quocunque volunt, recta contendunt: colonorum nimirum multitudine praemissa, qui quaelibet impedimenta arboresque incidendo submovere, paludes ac fluvios pontibus sternere coguntur.

da nam ich das fruemal / von dan aus bin ich mit notturfftiger underhalt versehen worden /
hab die erste Pruggen die auf dem wasser ligt gesehen / es seind stuck wie die grosse Pletten / die seind aneinander gehefft / wan das ain stuck gleich etwas sich senckt / so halten die andern zway hinden / und vor sovil auf / das man auf das ander stuck khumbt /
warumb man mich aber disen weg gefüert / ist die ursach / das der Khünig sich zueberaitt hat / dasselb Schloß dieweil ich umb Fryd handlte zubelegern / alß dan gschach /
weil aber sovil See und gemöser auch wälder sein / mocht yemand zweiflen wie doch ain Hoer der orten ziehen möcht / so haben sy die ordnung / das etlich tausent Paurn muessten ainen weg gerad durch ain wald außhagckhen / die gemöser und pächer prugnen und peuschn /

gleichwol hat der Khünig datzumal nichts verricht / dan zu spat angetzogen / und solcher spet auch Winters und aufentlaynung halben wider zu ruck eylen muestn /
Mir wardt auch in der Mosqua hefftig darumb zuegeredt / wie sich das getzimet / so ich umb Fryd handlte / und an ainem ort zugen des Khünigs Potten / die gleichwol auf mein schreiben geverttigt / und am weg nach Smolensco warn / am andern ort das Hoer Feindlich zuhandln / Denen muest ich antworten nach

jrem zuesprechen / ich hette lang gehandlt / damit baider Herrn Räthe und Gesandte an ainem drittn platz zusamen khumen wären / Frydens halben gehandlt / Sy hetten aber khurtz wellen / das des Khunigs Potten in die Mosqua derhalben khomen solten / Deßhalben ich zu dem Khünig geschriben / und von des Khaisers wegen gepetten / seine Potten hinein zuschickhen / das hat nun der Khünig dem Kayser zugefallen bewilligt / weil auch noch nichts Frydens halben beschlossen / und von khainem anstandt geredt noch gehandlt worden / hab ich khain schuldt daran / zu dem mag der Khünig gleichermassen sich entschuldigen / so befindt man das wol zway Hoer gegen einander im Veld gestanden / dannocht seind Potschafften Frydens halben geritten und gehandlt / Sy muestn sich damit ersettigen lassen / Nach dem aber der Khünig vor Opotzkha nichts außgericht hat / der Moscoviter auch khain anstandt annemen wellen / des Khünigs Gesantten ungethoner sachen verruckhen lassen.

Vuoronecz dein octo miliaribus oppidum situm ad Ssoret fluvium, qui recepto in se Vuoronetz fluvio, non longe infra oppidum Vuelicarecka illabitur.
Fiburg quinque miliaribus.
Vuolodimeretz oppidum cum propugnaculo, 3 fere miliaribus.
Brod coloni cuiusdam domum, pariter 3 miliaribus indeque 5 milia-

Woronetz ist acht meyl von Opotzkha an dem Fluß Szoret / in den khumt der Pach Woronetz / und zu nächst des Flecken fallen in die Welikhareka /
Dan gehn Fiburg Fünff meyl /
gehn Wolodimeretz drey meyl /

gehn Brod ain Paurn Hauß drey meyl / und furter fünff meyl haben

ribus emensis, stratoque ponte per Ussa fluvium, qui Scholonam influit.

Parcho civitatem, cum castro, ad Scholona fluvium sitam: Opoca villam quandam, sub quo Vuidocha fluvius Suchanam ingreditur, quinque miliaribus. inde septem superatis fluviis,

Reisch villam, quinque pariter miliaribus.

Dvuerenbutig villam, quinque miliaribus infra quam dimidio miliari Pschega, Strupin fluvio in se recepto, influit Scholonam: in quem alii quatuor fluvii, quos eo die transivimus, illabuntur.

Sotoki homuncionis domum 5 miliaribus a qua 4 miliaribus Novuogardiam tandem magnam quarta Aprilis attigimus. Caeterum a Polotzko Novuogardiam usque, tot paludes ac fluvios superavimus, ut eorum nomina ac numerum ne incolae quidem teneant: tantum abest, ut illos quispiam commemorare ac describere posset.

Novuogardiae paululum respirans, ac septem diebus quiescens, ab ipso locumtenente in die Palmarum convivio acceptus fui: atque ab eodem amanter admonitus, ut servitoribus equisque illic relictis, per dispositos, seu postarum (vulgo loquuntur) equos Moscovuiam irem.

wir den Pach Ussa gepruckt / der fleusst in Scholonam /
Parcho ain Stätle mit ainem Schloß an der Scholona / darnach ain Dorff Opoca / darunder fleusst Widocha / und felt in die Suchana fünff meyl / und siben Pächer ubertzogen /

dan gehn Reisch fünff meyl /

wider fünff meyl gehn Dwerenbutig / darunder ain halbe meyl / khumt der Fluß Strupin in die Pschega / die baide in die Scholona / darein rinnen noch vier Pächer / die wir das mals ubertzogen sein /

gehn Sotokhj ain Paurn Hauß fünff meyl / ligt nur vier meyl von groß Neugarten / es ist unmüglich die wasser flüß / See und Pächer zwischen Polotzkho und groß Neugarten all zubeschreiben.

Groß Neugarten / da berüefft mich der Stathalter am Palmtag zu der maltzeit hielt sich Freundlich und wol gegen mir / sprach mir zue / etlich tag da zurasstn / und das ich meine Pherdt da verließ / verordent mir die Posst Pherdt /

hernach ich bedacht darumb beschehen / damit die Fryds handlung zeitlicher fürgenumen wurde / villeicht sy vernumen des Khünigs zuberaittung /

23 <dt. Text:> hielt…Freundlich] *sic*

Cui morem gerens, egressus primum Beodnitz quatuor miliaria, indeque totius diei iter iuxta Msta fluvium, qui navigabilis est, & ex Samstin lacu oritur, confeci.

Eo porro die cum per pratum, liquescente iam nive, citato equorum cursu proficisceremur, pueri mei natione Lithvuani equulus ceciderat, ita ut cum puero prorsus praecipitaretur: seque denuo in modum rotae convolvens, in posteriores pedes daret, consisteretque: & interea nec terram latere attingeret, nec puerum sub se prostratum ac iacentem laederet.

Post recta Seitskovu, ultra fluvium Nischa, sex miliaribus.
Harosczi ultra fluvium Calacha, septem miliaribus.
Oreat Rechelvuitza ad fluvium Palamit, 7 miliaribus. Eodem die transivimus 8 fluvios, & unum lacum, congelatum quidem, sed aqua supra glaciem completum.

Tandem sexta feria ante Paschatis festum, in domum postarum pervenimus, tresque lacus superavimus: primum Vuoldai, qui uno miliari in latitudinem, duobus vero in longitudinem patebat: secundum Lutinitsch, non admodum magnum: tertium Ihedra, cui eiusdem nominis villa ab Oreat octo miliaribus adiacet.

Des ersten tags als ich gehn Beodwitz kham / darnach desselben tags states neben dem wasser so Schiffreich ist / Msta / und hat seinen ursprung aus dem See Samstin vier meyl geritten /
wie wir auf ain schön platz khamen / der Schnee abgangen / ranten wir frölich / in dem so felt mein Jung / der mir in Lithen wardt geben / mit seinem Pherdtlen / des ich selbs gesehen / dermassen uber den Kopff gestürtzt / und kham eben wie die hund sitzend auf / den hindern fuessen / und stuend auf / also das es auf khain seitten gefallen was / Dem Knaben geschach nit sonders / er stuend fürderlichen auf / lauffe dem Pherdtlen wider zue / gleichwol erstlichen gehunckhen /
Darnach kham ich gehn Seitskhow uber das wasser Nischa sechs meyl / gehn Haroschi / uber das wasser Calacha sieben meyl /
gehn Oreat / Rechelwitza bey dem wasser Palamit siben meyl / des tags bin ich uber acht flüß und ainen See (der gleichwol noch gefroren / aber das wasser stuend ob dem Eyß) getzogen.

Am Kharfreytag kham ich in ain Jama / das ist ain Posthoff / und drey See uberritten / der erste Woldai ainer meyl prait / zwayer lang / der ander Lutinitsch nit groß / der dritte Ihedra an dem selben ligt ain dorff / mit dem namen wie der See / von Oreat zu dem dorff acht meyl /

3 <dt. Text:> so Schiffreich] *sic*

quo sane die per hosce lacus, congelatos adhuc, sed aquarum multitudine nive liquescente inundantes, tritam viam secuti, difficillimum ac periculosissimum iter habuimus: nec deflectere de via publica cum ob nivis altitudinem, tum quod nullum vestigium alicuius semitae apparebat, audebamus. Confecto itaque tam difficili atque periculoso itinere, venimus

Choitilovua septem miliaribus infra quam duobus Schlingvua & Snai fluviis, eo loco quo confluunt, inque Msta fluvium illabuntur, superatis, Vuoloschak attigimus: ibique in die Paschatis quievimus. Post septem miliaribus confectis, traiectoque Tvuerza fluvio,

Vuedrapusta oppidum in ripa situm: indeque 7 miliaria descendentes,

Dvuerschak civitatem, infra quam 2 miliaribus Schegima fluvio navicula piscatoria transmisso, in

Ossoga oppido, uno die quievimus. sequenti die per Tvuerza fluvium septem miliaribus navigantes,

Medina appulimus. sumptoque prandio, rursus naviculam ingressi, 7 miliaribus Vuolgam, celeberrimum fluvium, atque adeo

Tvuer principatum attigimus. ubi sumpta maiore navi, per Vuolgam

das was ain sorgliche und schwärliche tagraiß / dann wievor gesagt / khain andere tribne straß / und allenthalben vil Schnees lag.

Choitilowa siben meyl / darnach sein wir zway wasser uberraist / Schlingwa / und Snaj / da sy zusamen / und dan in die Msta fliessen / und seind gehn Voloschak khumen / daselbsten am heilligen Ostertag bliben / den andern tag verritten sieben meyl / uber das wasser Twertza gefaren /

und gehn Wedrapusta khumen / ist ain zimlicher Fleck an dem gestat der Twertza /

darnach gehn Dworsackh ist ain Stätle darundter zwo meyl / seind wir an ainem clainen Vischer Züllelen uber das wasser Schegima geschifft.

Ossoga ain Flecken / ain tag geruet / mit dem man die Schiff zuegericht / nach der Twertza abgefaren / siben meyl /

hintzt gehn Medina / daselbsten das fruemal genumen / und wider zu Schiff siben meil ab / in das namhafft wasser die Wolga / gehn Twer khomen.

Twer ist ain namhafft Fürstenthumb / sein wir in ain gressern

24 <dt. Text:> abgefaren] ~~abgefaeen~~

navigantes, non ita longe post ad congelatum, ac glacierum frustis refertum ipsum fluvium venimus: inque quodam loco, maximo labore ac sudore appulimus. altumque congesta in acervum glacie, ripam vix tandem superavimus: indeque pedestri itinere in coloni cuiusdam domum venientes, parvosque ibi repertos equos conscendentes, ad monasterium divi Heliae venimus. ubi commutatis equis,	Schiff der maynung etliche meyl gefaren / des pösen weg halben / wir khamen aber nähner dan ainer meyl / da sich der fluß auf die recht hand wendet / also das wir spat ersahen / das noch Eyß uber und gantz stuendet / dan hetten wir grosse arbait / die uberaus grosse Eyßstuck so am gestatt lagen / herdan zubewegen / damit wir zu Land mochtn / und in aines Paurn Heusle zu Fueß giengen / da erwartteten wir / hintzt man etliche wenig schlechte Paurn Pherdtlen bracht / darauf ich und etliche in ain Closter Sant Helias ritten / dahin brachte man pessere und meer Pherdt /
Gerodin oppidum ad Vuolgam sitam, tribus inde miliaribus rectaque post Schossa 3 miliaribus,	raistn also drey meyl gehn Gerodin / gehn Schossa drey meyl /
Dschorno domum postarum, 3 miliaribus.	gehn Dschorno aines Hierten Heusle drey meil
Clin oppidum, ad fluvium Ianuga situm, 6 miliaribus.	dan gehn Clin ain Flecken an dem wasser Januga sechs meyl /
Piessack domum postarum, 3 miliaribus.	und gehn Piessackh in ain Possthoff drey meyl /
Schorna, ad fluvium eiusdem nominis situm. 6 miliaribus.	gehn Schorna an dem wasser desselben namens sechs meyl /
Moscovuiam, 3 miliaribus tandem decimaoctava Aprilis pervenimus: ubi quomodo consalutatus atque exceptus fuerim, abunde satis in hoc libro exposui, cum de exceptione ac tractatione Oratorum egissem.	und darnach in Gottes namen drey meyl in die Mosqua. Hievor ist angetzaigt / welcher massen ich daselbsten emphangen und gehalten bin worden / allain des so nit angetzaigt zu melden /
	Als ich den Tulmätsch vernam Lateinisch reden / sprach ich zu im am einreitten / Ich erfreyet mich das ich mich möcht mit jme bereden / dan jr Land wäre bey uns unbekhant / wolt

des gern ain verstand nemen / so het
ich auch aller unser Land Tafeln /
der wolt ich jne auch gern berichten
/ Der Pristav (oder mir zuegeordenter) fragt bald was ich gesagt hette /
Mit dem und das ich ainen Lithischen Pueben mit mir het / macht ich
mir ainen grossen verdacht / darumb
ich dermassen verhuet / damit niemandt zu mir gelassen was / wo nit
zween oder meer der huetter mit
khamen zusehen / und zuhörn / was
ich geredt oder gehandlt hette / sy
seind sonsten gantz untrausam / Mir
geschach wie denen / die jr sachen
unbedacht pald aussprechen / des
jnen anligt / der Ertzbischove Mathes Lang / Cardinal / zu Saltzburg /
begert an mich derselben Land art
siten und wesens zuerkhunden darumb ich zu frue solches zuverrichten
anhueb / nichts minder hab ich müssen mit langen umbschwaiffen ye
ain sach der ich pegert zuwissen erindern.

Nach dem der Moscoviter khain
handlung mit den Lithischen annimt
/ sy muessen dan jre Potten zu jme
in die Mosqua schickhen / Derhalben schickht ich Herrn Hannsen vom
Thurn zu dem Khünig gehn der Wild
/ und bat den von des Khaisers wegen / seine Potten daselbsten hin zuschickhen / das thet ich dem Khünig
zu ehren der Khünig schrieb mir
herwider / wolte seine Potten schickhen / soverr ich denselben Sicherung und Glaidtsbrief vom Großfürsten schickhte / das geschach / ließ
den wider reitten / In der zeit

schickht der Khünig sein Hoer für
Opotzkha / der von Thurn kham mit
den Lithischen Gesantten / nam
Wolffen von Lamberg der zeit des
Khünigs zu Poln Knab / unser baider
Vettern / die Land zusehen / der von
Thurn kham etwo zwen tag vor den
Potten / als er uber das wasser die
Mosqua bey der Stat uberfuer / wolten
jme dem von Lamberg als des
Khünigs Diener mit jme nit uberlassen
/ und muesst bleiben / hintzt die
Lithischen oder Khüngischen khamen
/ bey denen ließ man jne in
ainem Closter ausserhalb der Stat zu
negst wie man uber die Mos[q]ua
khumt / das was der von Lamberg /
hernach Vitzthumb in Crain / und
Freyherr zu Ortenegg und Orttenstain.

Als die Lithischen Potten Herr
Ihan Schtzith / und Michael Bohusch
in handlung khamen / redten die mit
den Moscovitischen verordenten Räthen
scharffe wort / man hette wider
geschworne Ayd oder wie sy es
nennen Creutzkhüssen / auch wider
Brief und Sigl on alle redliche ursach
den Krieg gefürt / also nach
dem in der Heyratt zwischen Khünig
Alexander und des Großfürsten
Schwesster beredt was / derselben
ain Reissische Khirchen zu Pauen /
damit sy jrem glauben nach / den
Gottesdienst möcht verrichten / nun
sey ain solche Khirchen umb wenig
schriet ferrer gestanden / die ursach
wardt in der Absag gestelt.

Schatzmaister der clain Georg
genant / ertzelte seines Herrn ge-

Reditus.

Dixi ab initio, me in Moscovuiam ad componendos Poloniae & Moscovuiae principes, a Divo Maximiliano Imperatore missum fuisse, sed re infecta inde rediisse.
nam dum Moscovuiae, praesentibus etiam regis Poloniae Oratoribus, de pace ac concordia tractarem, interim rex instructo exercitu Opotzka castrum, nequicquam tamen, oppugnabat. quare Princeps inducias cum rege facere pernegabat:

meque intercepto quidem negotio, honorifice tamen dimiserat.

Relicta itaque Moscovuia, recta
Moseisko, 18 miliaribus
Vuiesma, 26 miliaribus

Drogobusch, 18 miliaribus

rechtigkhait / zu den Reissischen Landen wievor steet.

Mein erste wider Rayß aus der Mosqua.

Nachdem des Khünigs zu Poln Hoer vor Opotzkha / des doch dermassen bedacht was / wo dasselb Schloß gewunnen wer worden / hette ainen guetten Frid bekhumen mügen / aber nichts außgericht / darumb der Großfürst auch hochmuettig worden / khain gleichmässigen Frydstand annemen wellen / und die Lithischen ungethoner sachen verruckhen muessten /
und wiewol meine Pherdt / und die merere diener zu groß Neugarten waren / verttigt mich den weg auf Smolensco zue / gab mir neben anderer verehrungen ain guetten Schlitten / mit ainer weissen Pernhaut auch ainen langen schön weissen Viltz / mich sambt den Schlitten zubedeckhen / und ain hoches Fuxat Pherdt zum Schlitten / dergleichen groß Pherdt hab ich in jrem Land nit gesehen / dan sy gemainclichen niderträchtige Pherdtle haben /

bin gehn Mosaisco achtzehen meyl /
gehn der Wiesma sechsundtzwaintzig meyl /
gehn Drogobusch achtzehen meyl /

Smolensko dein, 18 miliaribus perveni.
abinde duabus noctibus ibi sub dio in magnis nivibus quievimus: ubi ab deductoribus meis laute ac honorifice tractabar, et strato in longum aliquanto altius foeno, corticibus arborum superimpositis, stratisque linteis, attractis more Turcarum seu Tartarorum pedibus mensae accumbentes, cibum capiebamus, bibendoque aliquanto largius, coenam producebamus.

Altera nocte veneramus ad quendam fluvium, minime tum quidem congelatum: sed post medium noctis, ob infestum frigus usque adeo concretum, ut per glaciem plusquam decem onusta etiam vehicula traducta sint. equi vero alio loco, quo celerius maioreque impetu decurrebat fluvius, compulsi, fracta glacie transibant.

Eo loci duodecim a Smolensko miliaribus relictis deductoribus, in Lithvuaniam profectus sum: & a limite octo miliaribus ad

und aber achtzehen meyl gehn Smolensco / gefuert worden.

Von Smolensco bin ich gar ehrlichen und mit vil Pherden hintzt an die Granitzen zwo tagraiß beglaidt worden / die selben zwo nacht in grosser khelten und Schnee undter dem Himel gehaust / in der ersten tagrais bin ich abents zu gast gehalten / Sy machten von Hey ain höhe nach der lenge wie ain hoher Pifanckh / darüber legten sy rintten von Pamen / und zugen das Tischthuech darüber / neben denen sassen wir auf baiden seitten auf der Erden / mit eingetzognen Fuessen wie die Türckhen / und Tatern / gewirtet mich gar wol / und gab meer zutrinckhen dan mir geliebte /

die ander nacht khamen wir an ain Pach / der gab die Granitz / war nit gefroren / als ich auch mein diener ainen mit zwayen hunden die mir der Großfürst geben hette / durch den Pach furaus geschickht hab / aber in derselben nacht uberfroer dermassen / das ich meine schwere Schlitten auch des Moscoviter der mit mir wider zu dem Khaiser geschickht war / seine Schlitten uber das Eyß brachten / gleichwol nur mit den dienern pald damit uberloffen / die Pherdt triben wir an ainer Klingen da der pach resch ranne / und nit gar uberfrorn was / uber /

daher raet man von Smolensco zwelf meyl / und daselbsten kherten die Glaitsleut der in zway hundert Pherd waren wider zu ruckh / und bin noch acht meyl in dem Lithischen geraist /

Dobrovunam veni, ubi rerum necessariarum iustam quidem copiam, sed hospitium Lithvuanicum habui.

und gehn Dobrowna so am Nieper ligt khomen / die notturfft der Speiß was genueg verhanden / aber die Herberg was Lithisch.

So ich an die ort zubeschreiben khomen bin / sol ich nit underlassen zumelden / das an dem wasser dem Nieper der Khünig Sigmund auf ain zeit mit seinem Krigsvolckh gehalten / Ist ain Edlman Pierstinskhj mit dem zuenamen in seinem Spiesser Harnasch und Schalärn auff dem Haubt / in das wasser geritten / villeicht sein Pherdt zutrenckhen / dasselb wie man acht / mannig worden / und mit jme in die mitte des wassers gesprungen / von sich geworffen / der hat sich dreymal ubergeben / dan nimer gesehen worden / unnd für todten geacht / der ist undter dem wasser wider zu dem gestatt khomen / das sollen in drey Tausent Mannen auch der Khünig selbs gesehen haben /

Als ich den nachgefragt / ist ver gewenlich bey Herr Christoffen Schidlowitzkhj zu der Neustat Cortzin an der maltzeit dabey ich auch was gesessen / der mir gesagt / als er dreymal sich geschupfft / ist jme in Syn khumen das er gehört / darnach khain trost zu hoffen / hab er seine Augen aufgethon / das jme erstlich beschwärlich was / und dan gegen dem Land gangen / wol gesehen / sein hand uber sich gehalten / ob er an ain seiche kheme / und gesehen würde / das man jme zu hilff khom / und damit gar heraus khomen / sagt hab dreymal geschopfft / Solches

	auskhumen haben datzumal und darnach vil ehrlicher leut mir bestattet.
	Ich bracht mit mir Lebendige Feech und Härmel / zu nachts undter meinem Pet hat das Harmel drei Feech zu todt gepissen / und am genickh außgefressen /
Orsam quatuor miliaribus	von der Dobrowna gehn der Orsa sein vier meyl /
	datzwischen fleusst der pach Cropiwna / und nächner gegen der Orsa ist die Schlacht gehalten / davon hie oben gesagt worden /
quousque a Vuiesma a dextris Borysthenem habuimus, quem tum haud longo intervallo supra infraque Smolensko traiicere cogebamur. eoque circa Orsam relicto, recta	hintzt gehn der Orsa hab ich den Nieper an der rechten hand gehabt / aber zu der Orsa ubergetzogen / daselbst hab ich den Nieper verlassen /
Druzek, 8 miliaribus	und acht meyl geraist / gehn Drutzeckh /
Grodno, 11 miliaribus	gehn Grodno aylff meyl /
Borisovu, 6 miliaribus ad fluvium Beresina, cuius fontes Ptolemaeus Borystheni adscribit.	gehn Borisow sechs meyl / an dem wasser Beresina /
Lohoschakh, 8 miliaribus	gehn Lohoschackh acht meyl /
Radochostye, 7 fere miliaribus	gehn Radochostye siben meyl /
Crasno Sello, 2 miliaribus	gehn Craßnosello zwo meyl /
Modolesch, 2 miliaribus	Modolesch zwo meyl /
Crevua oppidum cum castro deserto, 6 miliaribus	gehn Crewa da ist ain odes gemeuer aines gewesnen Schloß / sechs meyl /
Mednik pariter oppidum cum castro deserto 7 miliaribus. indeque	gleichermassen Mednickh auch ain solche öden / siben meyl /
Vuilnam tandem pervenimus: ibique post regis in Poloniam discessum, paucis diebus, dum servitores cum equis meis ex Novuogardia per Livuoniam reverterentur, commoratus sum.	und dan gehn der wilde. In der Wilde beruet ich etliche tag / hintzt meine Pherdt und diener von Großneugarten durch Leifland beschieden zu mir khamen / der

quibus receptis, mox inde quatuor miliaribus de via in Troki deflexi, ut ibi in quodam horto conclusos ac conceptos Bisontes, quos alii Uros, Germani vero Auroxn appellant, viderem.

Palatinus porro, etsi meo inexpectato ac improviso adventu quodammodo offendebatur, me nihilominus tamen ad prandium invitavit:

cui intererat Scheachmet rex Savuolensis Tartarus: qui eo loci in duobus muratis, & inter lacus extructis castris, veluti liberis custodiis, honeste servabatur. Is inter prandendum variis de rebus per interpretem mecum colloquebatur: Caesarem praeterea fratrem suum appellabat, omnesque principes ac reges inter se esse fratres dicebat.

Sumpto prandio, acceptoque a Palatino iuxta Lithvuanorum consuetudinem munere, primum Moroschei oppidum, dein Grodno 15 miliaria

Khünig was nach Craccau verruckht /

ich nam den weg gleichwol nit den negsten / zu zwayen Schlössern die gemaurt sein / Trokhj genant vier meyl / allain die Auroxen zubesehen / die in ainem Thiergartten gehalten worden /

Niclas Nypschitz des Khünigs zu Poln diener / hat auf mich zu der Wild gewartt / und zoche mit mir nach Craccau /

als wir gehn Trokhj nahneten / schickht der Woyvoda daselbsten zu dem Nypschitz mit beschwärt / warumb er jme fromde Gesst / on sein willen und haissen brächte / des er sich entschuldigte / dan er khundte mir nit wehrn wo ich hinzuge / Nach langen handlungen / als ich zu Herberg kham / schickht der Woyvoda zu mir / und batt mich auf morgen zu dem fruemal /

hab des zwaymal abgeschlagen / zum dritten erpat mich Nypschitz das ichs willigte /

bey solcher maltzeit saß SCHEACHMET der etwan Khünig was der Sawolher Tatern / der dan daselbsten in ehrlicher verhuet gehalten wardt / der redt allerlay sachen / uber Tisch durch sein Tulmetschen / und nennt den Römischen Khaiser jeder zeit seinen Brueder / und spricht alle Fürsten und Khünig seind Brueder gegen einander /

Nach der maltzeit verehrt mich der Woyvoda nach jrem prauch / dan sy alle die von jnen geladen werden / nach der maltzeit verehrten und be-

	gabten / Von dan verruckht ich nach Moroschoj / und gen Grodno fünfftzehen meyl /
Grinki, 6 miliaribus. Sylva post superata,	gehn Grinkhi sechs meyl /
Narevu, 8 miliaribus atque	gehn Narew durch den Wald acht meyl /
Bielsko oppidum venimus, ubi Nicolaum Radovuil palatinum Vilnensem offendi, cui iam antea Caesaris literas reddideram: qui etsi antea me equo gradario, duobusque aliis pro vehiculo donaverat, castratum tamen & bonum iam denuo equum dono dedit:	gehn Bielsco da Herr Niclas Radawil Woyvoda zu der Wild / und öbrister Lithischer Cantzler / dem ich hievor am eintzug des Khaisers Brief darin er den Illustrem nennt uberantwort hab / und er mir ainen tzelter / auch zway Pherdt in Schlitten sambt vil Vischen verehrt hett / so gab er mir doch datzumal ain guet verschnitten Pherd /
obtrusitque praeterea aureos aliquot Hungaricales, adhortando, ut ex his annulum mihi fieri curarem, quo induto, quotidieque inspecto, sui facilius, & praesertim apud Caesarem recordarer.	und zwaintzig Ducaten / mit bitt mir ain Ring davon machen lassen / wan ich vor dem Khaiser stuende / und den Ring ansähe / sein darbey zugedenckhen.
Ex Bielsko in Briesti castrum cum oppido ligneo, ad fluvium Buh, in quem Muchavuetz illabitur,	Von Bielsco gehn Briesti ain hültzen Schloß und Stat / an dem wasser Buch / darein der Muchawetz felt /
Lamas oppidum: ubi Lithvuania relicta,	darnach gehn Lamas ist noch in Lithen.
Poloniae primum oppidum Partzovu ingressus, supra quod non ita longo intervallo Iasonica fluviolus labitur, Lithvuaniamque a Polonia dirimit. post	Partzow ist dan in Poln / vasst ain viertl meyl wegs / vor der Stat ist das Pächl die Granitz / Jasonica genent /
Lublin, 9 miliaribus	furt gehn Lublyn neun meyl /
Rubin,	Rubyn /
Ursendoff,	Ursendoff /
Savuichost, ad traiectus Istulae.	Sawichost / und uber die Weixl /
Sandomir civitatem cum castro,	gehn Sandomier Schloß gemaurt /

ad Istulam sitam, distantemque a Lublin 18 miliaribus.

Poloniza, ad fluvium Czerna: in quo nobilissimi pisces, quos vulgo Lachs appellant, capiuntur.

Civitatem novam Cortzin appellatam, oppidum cum castro murato.

Admonet me hic locus rei prodigiosae, & pene incredibilis, quam minime praetereundam esse putavi. Cum quodam tempore ex Lithvania redirem per hanc regionem, incidi in hominem apud Polonos primarium Martinum Svuorovuski: qui me multis precibus invitatum, in domum suam deduxit, ibique quam lautissime habuit.
Dumque, ut fit, familiariter multis de rebus colloqueremur, narravit idem mihi, virum quendam nobilem cognomento Pierstinski, quo tempore Sigismundus rex circa Borysthenem belligeraretur, graviorem armaturam equestrem indutum, sub ipsa usque genua, inter Smolensko & Dobrovunam ingressum Borysthenem, ibique ab equo rabie correpto, in medium flumen abreptum & excussum esse. & cum diu non comparuisset, ac plane pro perdito & deplorato habitus esset, subito sub aquis in ripam egressum esse, ipso rege Sigismundo & eius exercitu tribus fere hominum millibus inspectantibus. Etsi vero authoritate hominis movebar, tamen

auch die Stat ungemaurt achtzehen meyl.

Gehn Polonitza ain Stätle an dem wasser Czerna / darin man guette Laxn fecht /
die man auch am Lufft on allen Rauch und Saltz truckhnet / und ungepraten oder ungekhocht isst / vasst guet /
furt gehn der Neustat Cortzin / das Schloß ist gemaurt / und wol erpaut / dabey ain guet Polnisch Stätle /

cum difficilia creditu dicere visus esset, evenit, ut eodem die ipso, Martino comitante, huc ad novam civitatem Corczin perveniremus: ubi tum vir summa apud Polonos dignitate, Christophorus Schidlovueczki castellanus Cracovuiensis, & eiusdem loci Capitaneus, agebat. Ibi cum idem me splendidissimo convivio cum multis aliis clarissimis viris excepisset, recurrente narrationis illius de Pierstinski memoria, non potui mihi temperare, quin de ea mentionem facerem: quod sane peropportune accidit. Nam hoc non tantum conviviae ipsi, etiam regem ipsum tanquam oculatum testem citantes, confirmarunt: sed aderat in eodem convivio ipsemet Pierstinski, qui casum hunc suum ita exposuit, ut pro credibili haberi possit. Dixit autem, quod equo excussus ter se extulerit supra aquas: atque ibi venisse sibi in mentem, quod ante dici audivisset, pro perdito habendum esse eum, cui non succuritur, cum tertio effertur. Itaque se oculos aperuisse, atque ita sublata altera manu esse progressum, ceu signo dato, ut ei subveniretur. Rogatus autem, an hausisset aquam? bis se hausisse, respondit. Haec ut audita mihi sunt, ita aliis narrata volo. Sed nunc ad continuandum iter meum revertor.

Prostvuitza, ubi optima cervisia coquitur. indeque

und gehn Prostwitz / da man das Pier / so in Poln ain grossen namen hat / preut /

Cracovuiam, caput regni, sedem regalem, ad Istulam sitam, 18 miliaribus a Sandomir distantem,

Dan gehn Craccau daher von Sandomir sein achtzehen meyl.

urbem inquam clericorum, studiosorum atque mercatorum frequentia celebrem, pervenimus: ex qua, a Rege ipso, cui opera mea grata erat, munere accepto, honestissime fui dimissus. rectaque

Lipovuetz sub castrum, sacerdotum aliquid gravius delinquentium carcerem:

Indeque 3 miliaribus Osvuentzin, Silesiae quidem oppidum, Polonicae tamen ditionis, ad Istulam situm: quo loco Sola fluvius ex montibus, qui Silesiam ab Hungaria dividunt, decurrens, Istulam ingreditur. Non longe sub eodem oppido Preyssa fluvius ex alia parte Istulae, Silesiam a Polonica & Bohemica ditione dirimit, Istulam quoque influit.

Ptzina, Germanice Ples, principatum in Silesia Bohemicae ditionis, 3 miliaribus

Strumen Germanice Schvuartzvuasser, 2 miliaribus

Freystaetl, ducum Teschinensium oppidum, quod Elsa fluvius praeterlabitur, qui in Oderam exoneratur.

Moraviae dein Ostravua oppidum, quod Ostravuitza fluvius alluit, Silesiamque a Moravia dividit.

Itschin, Germanice Titzein oppidum, quatuor miliaribus

Hranitza, Germanice Vueissenkirchen oppidum, quod Betvuna fluvius praeterlabitur, 1 miliari

Lipnik, 1 miliari

Craccau ist Volckhreich des Khünigs Hoff / Geistligkhait / hoche Schuel / grosser gewerb der Khaufleut / der Khünig dem meine handlungen angenäm warn / hat mich gar ehrlichen begabt /

von dannen undter das Schloß Lypowetz /

und Auschwitz / darvon hievor geschrieben /

aber auf den andern seitten der Weixl / khumt ain Pächl Preyssa genant / der selben orten das geschaidt der Schlesien gehn Behaimb unnd gehn Poln gehörig / felt daselbsten in die Weixl /

furt gehn der Pleß

Schwartzenwasser /

Freistätl /

Ostra /

Titschein /

Weissenkirchen /

und Lipnickh

unde cum Vuistriciam 2 miliaribus recta contendentes,

forte ex quodam colle Nicolaus Cza-
plitz, eius provinciae nobilis, sibi
5 nos obvios conspexisset, mox pixide
arrepta, ad conflictum se quodam-
modo cum duobus comitibus praepa-
rabat. Qua re equidem non temerita-
tem hominis, sed ebrietatem potius
10 animadverteram: ac continuo servi-
toribus mandaveram, ut ei nobis oc-
currenti media via cederent. Sed ille
hoc humanitatis officio neglecto, in
altam nivem se coniecerat, nosque
15 praetereuntes torve intuebatur: ser-
vosque a tergo cum vehiculis se-
quentes, ad hoc ipsum genus officii,
quod illi praestare haudquaquam po-
terant, cogebat: strictoque gladio mi-
20 nabatur. Ea re exorto utrinque cla-
more, factoque servorum qui post
erant concursu, ipse mox telo bali-
stae laesus, equus pariter vulneratus
sub eo conciderat.

    Von dannen gegen Olmüntz bey 25
anderthalben meyl /
zoche ich mit meinem gevertte / des
ich vil hette / ain schweren Schlitten
/ mit vier Pherdten / aber ain Schlit-
ten mit Moscovitischen Kindern / 30
ainen mit Hundten / der Moscovi-
thische Pot het auch etliche Schlitten
/ der Schne was tieff / den Pherdten
an die peuch / Der zeit was in Mä-
rhern auch Osterreich nit gar sicher 35
zuraisen /
sich ertzaigten drey Reitter an ainer
höhe gegen uns / hielten stil / dan
ruckhten sy gegen uns / zochen jre
zündpüxen auf / darumb bevalch ich 40
meinen Leuten / auch bey jrer war-
nung sein / wir ritten in der ordnung
zwen und zwen / der Moscoviter
neben mir / als die drey nächneten /
bevalch ich / denen halben thail des 45
wegs zuweichen / des die meinige
thetten / die drey aber nit annamen /
setzten in Schne / der erste sach uns
saur an / sprach nichts / Wir auch
nichts / wie wir sovil unser geritten 50
seind fürkhamen / setzten die wider
in weg / und triben die geringen
Schlitten aus der Paan / der schwäre
Schlittn mocht nit weichen / derhal-
ben khamen meine Leut mit denen 55
in hader / Ein Tatern den mir Hert-
zog Constantin Ostroskhj geschickht
/ fürt meine Hund der hueb an zu-
schreyen als ich mich umbwendt /
sach das der ain sein plossen Prat- 60
spies oder Drieckher uber den Wa-
gen ainem nach stach / ermondt ich
meine leut sich zuwenden / ich ritte
dem zue / sprach in an / wes er mich

Postea cum Moscis Oratoribus iter institutum prosecutus, veni Olmutzium, quo ille quoque saucius pervenerat: statimque, veluti eius regionis incola notus, turba hominum (qui in fodendis aggerendisque piscinis operam locant) collecta, ulcisci sese volebat. Cuius ego tamen conatus maturo consilio repressi, ac intercepi.

auf freyer strassen zige / der gab khain antwort / was vol Weins / villeicht auch nit Teutsch verstanden / hielten also wir baide mit plossen wehrn gegen einander / in dem so rent der von Thurn mit ainem selbs Zindendten Püxl / dem für die Nasen / die versagt / und fert für / so wendt sich der unnd sticht dem vom Thurn hinden nach / zwischen dem Leib und dem rechten arm / uber das hueb sich der schertz / scheusst der meinigen ainer von Stahel / trifft den an die linckh schulter / das der Pheil enttzway sprang / so wardt dem sein schön weiß Pherdt hinden in die Lenkhn gestochen / der ain so mit ritte / hette auch sein plosse wehr / und vil wort / den stach der vom Thurn etc. vom Pherdt / mocht den Drieckher khaum gewinnen / die gröst sorg was / ob nit merere hinderhuet an der höhe wäre /

uber das zoch ich von stat / Olmüntz zue / noch kham der verwundt vor mein in die Stat / Ich schickht pald zu dem Burgermaister / mit bitt zwen oder drey seiner Raisfreundt zu mir zuschickhen / den selben zaigt ich das geschicht an / und bat sy mir Sicherhait in der Stat zugeben / sy erpotten sich wol / und sagten es wäre Nicolasch Czaplitz / der neulich vol Weins aus der Stat gerittn was / so schickht ich auch zu Herrn Jan vom Pernstain / als der zeit Landtshaubtman umb Glaidt / der verwundt hette aber zuvor seine leut

37 <dt. Text:> Landtshaubtman] ~~Landtshaubtmam~~

bey dem Haubtman / Der schrieb
mir auf mein peger zu antwort / es
wäre nit glaublich / das zwen oder
drey jr dreyssig sollen undtersteen
antzugreiffen / ich schrib jme hinwi-
der / so sey es auch der vernunfft
entgegen / das sich dreissig jr drey
sollen schlahen lassen / nichts min-
der schickht ich zu Herrn Laßla von
Tschernahor / der zeit Landts Came-
rer / Ich wesste das er mit Khay.
May. etc. wol was / dem zaigt ich
auch das geschicht / und des Haubt-
mans antwort an / batt jne umb Rath
und hilff / der schickht seiner Edl-
man ainen / Püchler genant zu dem
Haubtman / und auch zu mir / schrib
mit wenig zeillen / Ich sol dem
Püchler trauen und glauben als im
selbs / der Püchler sagt / wäre von
seines Herrn wegen bey dem Haubt-
man gewest / und sovil gehandlt /
weil der prauch nit wäre / geschribne
Glaidt zugeben / het aber seiner
Edlleut ain geschickht / der sol mit
mir durch das Land reitten / und
mich beglaitten / soverr ich aber
dem nit trauen wolt / hette er von
seinem Herrn bevelch mich zube-
glaitten / und wisste mich auch wol
sicher hinaus zubringen / Ich name
des Haubtmans diener für Glaidt an /
nichts minder ain wagen mit Schüt-
zen von der Stat entlehend / Har-
nasch auf mich und die meinigen /

Ex Olmutzio,
    Bischovu oppidulum, 4 miliari-
bus

Zohe also gehn Wischa vier meyl /
morgens ferttigt ich die Schützen ab

Niklspurg, 4 miliaribus arcem splendidam, cum oppido. quod etsi uno miliari ultra Teyam fluvium, qui multis in locis Austriam a Moravia dirimit, situm est, Moraviae tamen adiacet, eiusque ditioni subiecta est.

Austriae inde oppidulum Mistlbach, 3 miliaribus

Ulrichskirchen, 3 miliaribus

Viennam, ad Danubium sitam urbem, a multis scriptoribus celebratam, tribus pariter miliaribus confectis pervenimus: quo equidem duo integra vehicula ex Moscovuia usque deduxi.

/ und rit gehn Wisternitz fünff meyl / am morgens rit der Glaidsman wider zu ruckh /
und ich gehn Niclaspurg zu dem fruemal / hab der zeit nit anderst gewisst / dasselb läg in Osterreich /

und fande da Albrechten Penckher von der Hayd / mit fünff gerüssten Pherdten / der erfreit sich meiner ankhunfft / und ich seiner gegenwürttigkhait / Er was mit fünff Pherdten wol gerüsst / der auch nach Wienn raiste / so enthielten sich vil Reitters Mannen daselbsten / die nit an allen orten torsten bleiben / auch khain dienst hetten / Ain Reiter ainer vom Roß / Lang Jacob / und ander meer /
wir baid ritten gehn Mistelbach / an das nachtleger / khamen etlich an das Wiertshauß in der nacht / wolten darein / der Haußkhnecht was vernunfftig / wolt wissen wer die weren / zangten lang mit worten und schelten / ehe sich die nennen wolten / ehe ritten sy hindan /
morgens wie wir gegen Ulrichskhirchen ritten / khamen derselben gesellen etlich / gleichwol nit gerüsst / allain das sy uns besichtigeten / mit was ordnung wir ritten.

Ex Vienna, Novam civitatem, 8 miliaribus indeque ultra montem Semring, interque Styriae montes Salisburg[u]m usque veni.

Post Oeniponti, in Comitatu Tirolensi oppido, Caesarem assecutus: cuius Maiestati non solum ea quae ex mandatis gesseram, grata erant: sed etiam relatio de caeremoniis & consuetudine Moscovitarum, auditu valde iucunda.

Quare etiam Matthaeus Cardinalis Salisburgensis, Caesari admodum charus, Princeps industrius, & in rebus agendis versatissimus, iocose coram C[a]esare protestatus est, ne Caesar, se absente, reliquum caere-

Zu Wienn sagt / ich die Handlung der Regierung an / und bat mir etlich Pherdt zuetzuordnen / alles der Moscovitischen Potschafft halben / sagt mir Herr Georg von Rattal / wie dieselb nacht der von Liechtenstain Hauß / gegen jme uber / so offt auf und zue gethan / und vil ein und aus reittens gewest ist /

Ich rit in die Neustat / von dan beglaidt mich Herr Melchior von Manßmünster Haubtman daselbsten / fuor den Windischen perg / also kham ich gehn Schadwien / und durch das Land Steyr Pruckh / Leubm / Rottenman / Schladming / und gehn Saltzburg.

Da zu Saltzburg / sagt man hette ainem Khauffman aller erst zwayhundert Gulden an der strassen genumen / da khaufft ich mir erst Harnasch / und verruckhet durch das Payerlandt /
und kham gehn Innßprugg zu dem Khaiser / dem mein außrichtung nit allain / sonder die Relation von den Moscovithischen Ceremonien und Gebreuchen angenäm waren /

Hört mich aines abents uber die gwönlich zeit / hintzt der schlaff mit gwalt kham /
der Cardinal zu Saltzburg Matheus Lang / betzeugt hievor bey dem Khaiser / das ich ausser seiner gegenwurt nit sol gehört werden / als dan beschach / der Cardinal stuend alle zeit meiner Relation und antzaigen vor dem Khaiser /

moniarum ex me audiret, cognosce-
retve.

nach solchem / als wir vom Khaiser
herdan tratten / zeucht der Cardinal
mich neben jne nider zusitzen und
spricht / jr habt ain genedigen Khai-
ser / ich wil euch weg und mitl
antzaigen / damit jr in solcher gnad
bleiben / und merere erlangen mügt.

Der Khaiser hette dem Moscovi-
tischen Pottn der mit mir kham am
Palmtag gern zu Khirchen gehabt /
damit / er die Ceremonien gesehen
hette / schickht mich derhalben zu
dem Bischove von Brixn / was ainer
vom Schrofnstain / der fandt in sei-
ner Doctoresen Rath / nit zuezu-
lassen / weil sy der Römischen Khir-
chen nit gehorsambten / daruber
zohe der Khaiser hinab gehn Hal im
Inntal / daselbsten hin bevolch mir
den Moscoviter zu bringen / und zu
dem hoch Ambt / des der Khaiser in
seiner Capellen daselbsten durch
sein Cantrey mit halber stim singen
ließ / des dem Moscoviter gefiel /
der sprach / das ist nach unserm / so-
vil geredt / nach unserm Prauch mit
nider oder senfften Stim den Gottes
dienst zuverrichten.

Der Pot het in bevelch umb
Püxenmaister sich zubewerben / das
er offenlichen nit thuern thuen / gab
seinen dienern gelt / damit sy zu den
gemainen Hoffweibern zu abents
giengen / durch des haben sy fünff
Personen erfragt / die sich bewillig-
ten in die Mosqua zutziehen / der
Pot hette auch seines Herrn Brief /
darinnen yeglichem zuegesagt was /

Expedito mox ac dimisso a Caesare Moscorum Oratore, equidem in Hungariam ad regem Ludovicum, cum sub id tempus institutus Orator fuissem, eundem per Oenum ac Danubium Viennam deduxi: eoque ibi relicto,

ipse continuo Pannonium currum conscendi, quo triiugis equabus curru volitante celerrime ferebar, paucisque horis Budam triginta duobus miliaria perveni.

Tantae autem celeritatis causa est, tam commoda per iusta intervalla respiratio equorum, & permutatio.
Quarum prima utuntur in Prukh, oppidulo ad Leytham fluvium, qui Austriam ab Hungaria dividit, distatque a Vienna 6 miliaribus.
Secunda in Ovuar castro, cum oppidulo, Germanice Altenburg, 5 miliaribus.
Tertia in Iaurino oppido, sedeque Episcopali. Hunc locum Hungari Iurr, Germani vero ab Raba fluvio, qui oppidum alluit, Danubiumque ingreditur, Rab appellant. Hoc qui-

welcher nit lenger dienen wolt / frey ziehen zulassen / die selben fünff Personen verttigt er mit gelt ab / damit sy Pherdt khaufften / und zugen nach Lübeck / von dannen schifften sy nach Leifland / von dannen khamen sy in des Moscovithers gepiet.

Den Pottn verttigt der Khaiser ab / und ich muest mit jme den Inn und Thuenaw ab / hintzt gen Wienn faren / daselbsten verttigt ich den mit verehrung / ich muest gehn Hungern zu Khünig Ludwigen /

meine mit verordente waren / Herr Veit Strein / und Ulrich Wernegger / setzten wir uns auf Gotschien / die mit dreyen Veldpherdten gemainclich gefürt / und die wägen on eysen derselben zeit gewest sein / und in tag und nacht von Wienn gehn Ofen / zwounddreyssig meyl gefaren sein /

nichts minder zu Prugkh an der Leitta /

zu Hungerischen Altenburg / das die Hungern Owar nennen gefuettert /

zu Raab des die Hunger Jur / und Lateinisch IAURINUM nennen / an dem wasser Raab / wie das in Thunau fellt / da verwexlten sy die Pherdt /

dem in loco, qui ab Ovuar 5 miliaribus distat, equos permutant.

Quarta, sex infra Iaurinum miliaribus, in pago Cotzi, a quo & vectores currus nomen acceperunt: Cotzique adhuc promiscue appellantur. Ultima in Vuark pago, quinque a Cotzi miliaribus: quo loci equorum soleas, num qui clavi vacillent, aut desint, inspiciunt, currus loraque sarciunt: quibus omnibus refectis, Budam, sedem regalem, 5 inde miliaribus invehuntur.

Budae sede regia exposita, ac confecta legatione, finitisque comitiis, quae haud procul ab urbe, ab eo loco quo celebrantur, Rakhusch vulgo appellantur, a rege honestissime dimissus,

ad Caesarem redii: qui proximo Ianuario post, anno scilicet Domini 1519 mortem obiit.

hinnach fueterten sy wider im Dorff Gotzi genant / davon dise Vart und fuerleut den namen uberkhomen / noch fürbaß fueterten sy im Dorff Warkh / und besserten an wägnen oder Pherdten / ob icht von nötten was / dan gehn Ofen / in die Haubtstat in Hungern.

Zu Ofen hielt der Khünig ein Reichstag / den man Rakhusch nennt / nach dem platz zu nägst bey Pescht der Stat / die uber die Thuenaw gegen Ofen uber ligt / da yeder zeit die zusamenkhunfft im freyen Veld gehalten ist worden /

Die fürnemist Handlung in diser zusamenkhunfft / was dahin gestelt / das dem Khunig ain Gubernator seiner Jugent halben sold für genumen werden / und das wäre Graf Hans im Zipps gewest / davon hieoben geschriben ist / derhalben der Khaiser auch Khünig Sigmund zu Poln jre Potschafften dar schickhten / solches zuverhindern /
Herr Andre Tantzinskhj was der ain Polnisch Pot / ain weiser ehrlicher man / dem ich hernach den standt und Titl der Grafen mit allen seines namens erlangt hab / So kham von dem Bapst Leo auf solchen tag / Niclas Schönberger ain Meichsni-

scher Edlman / aber Dominicaner
Ordens Münich / der was der Indris-
ten Diener ainer bey dem Cardinal
Medices / der datzumal den Bapst
und Bapsthumb regierte / und nach
Leone auch Bapst wardt / Der Mü-
nich bracht sein sachen in offner
verhör dermassen für / das der Herr
Tantzinskhj sprach / Got hette uns
den Münich gsandt / unser baide
Herrn Khaiser und Khünig / und alle
jre Räthe hetten die sachen nit khün-
nen / solche ire sachen besser bevel-
hen / als der Münich die sachen zu
unserm besten gehandlt und für-
bracht hat / so demuettiget sich der
Münich / wolt khaineswegs vor
unser des Khaisers auch des Khünigs
zu Poln Potschafften steen / gieng
auch zu uns in unsere Herbergen /
und wir haben vil sachen mit jme
gehandlt / und geratschlagt / als mit
ainem vertrauten / Es kham ain sach
für / die was gehaims bedorffte /
spricht der Polack / wir sollen das
dem Münich oder Bapstischen
antzaigen / Das widerrieth ich / der
fragt warumb / er wär doch ain
Edlman geborn / dartzue ain Geistli-
cher / dargegen sagt ich nit all
Teutsch / auch nit all Geistlich wä-
ren dermassen jnen zuvertrauen / so
ist er eines solchen Herrn Potschafft
/ spricht der Pol / das widersprich
ich nit / aber man sol etlich maß
Saltz mit ainem vertzern / ehe man
sich in ein vertraut / in Summa wir
vertrauten jme die gehaim / uber
etlich tag schickht der Polack zu mir
etwas wol gegen dem abent / lässt

mir sagen / jme wern groß sachen
fürgefallen mit mir zureden / so het
er sich aber zu Peth gericht / batte
jme auf morgen ain stund zubenen-
nen / wie frue ich / wolt / er zu mir
khumen / Ich gieng pald zu jme /
fandt ich den am Tisch sitzen /
seufftzenden / das ich dem drey oder
vier mal zuesprach / was doch das
wäre / bracht den khaum zu der rede
/ Spricht / der Münich sey bey jme
gewest / und gesagt / er hette die
sachen alle nach unserm willen
erlangt / da fragt er jne was gestalt /
der Bapst wolt ain Haubtman in das
Hungerland setzen / mit ainer antzal
Volcks / der sol all sachen dem Khü-
nig und dem Reich zum bessten
handlen / So sprach der Pol / das
wäre nit nach unser Herrn Khaiser
und Khünig willen beschlossen /
wem wurde derselb Haubtman ge-
horsam sein / sonder zweifl spricht
der Münich / dem der in setzte und
besoldte / das wäre wider unser aller
mainung / sagt der Pol / herwider
spricht der Münich / haben wir doch
solches miteinander beschlossen /
und zoch sich des in mich / des
wardt der Pol beschwärt / da der
Münich mich nente / dan er besorgte
/ ich gieng auch ain weg wider ver-
trauen / und fragt mich pald / ob ich
dergleichen beschluß ingedenck
wäre / daruber gabe ich antwort / Er
möchte meiner warnung gedenckhen
/ das man etlich maß Saltz mit ainem
vertzeren sol / ehe man ainem gantz
vertraute / Da er vernam das der Mü-
nich dermassen ausser mein und der

andern also gehandlt / erquickht sich
erst der Pol / und spricht / Ich wil
euch Peichtn und bekhennen / das
ich in meinem Sin entschlossen was
/ soverr ich durch euch betrogen wär 5
worden / wolte khainem Teutschen
nimermer vertraut haben / Wir ent-
schlossen uns am morgens zusamen
zukhomen / als dan in unser der
Khaiserischen herberg geschach / 10
der Münich kham auch / und torst
undter uns allen sagen / es wäre
zwischen unser allen also beschlos-
sen / dagegen sagt ich jme / das
mich groß verwunderte / das er so 15
torstlich uns all wolte zu Lügnern
machen / ja treulose unserer Herrn
Diener / die gantz zuwider jren be-
velchen und Instructionen handleten
/ batte jn / sol sich anders und baß 20
bedenckhen / es wolt sich nit fuegen
/ solcher grosser Herrn Pottn / mit
andern worten und in ander weg wi-
der solche unschickliche betzichten
eintzulassen / Der Münich blib an 25
seiner mainung / sagt doch er hette
es treulichen vermaint / Ich kham
hernach alain zu jme vor seiner
herberg / da hueb der aber an von
den sachen zureden / und torst zu 30
mir sprechen / er wisste wol das ich
der sachen dermassen wie er fürgab
ingedenckh wär / aber weil die sa-
chen dem Poln nit gefiel / so hette
ich mich in Poln dermassen verliebt 35
/ das ich dem selben zuegefallen /
mich auf den rechten weg nit wolt
bewegen lassen / Ich sagt jme er sol
sein selbs verschonen / dan die not-
turfft wurde ervordern / jme auf 40

solch ungegründt reden mit gebürli-
cher antwort zubegegnen / uber das
so bat er / ich sol die sachen bey
Khaiserlicher May. etc. nit grösser
machen / weder die an jr selbs ist /
des ich jme bewilligt / doch das ich
meiner Phlichten nach seiner May.
etc. nit verhalten khünde / wie die
sachen allenthalben ergangen / mit
grund antzutzaigen / Nach erster des
Münichs werbung und handlung /
schrib ich dem Khaiser wie wir das
all dermassen geacht / das der Mü-
nich so wol hiendl / trueg der Khai-
ser mein Brief in seiner hand / wie er
zu Tisch gieng / und spricht / Ich
hab guette khundtschafft das der
Münich frum ist / vor dem man mich
von Rom aus gewarnt hat / So aber
mein anders schreiben kham / sagt
der Khaiser Aube / der Münich felt
ab vom glauben / und seinem guet-
ten lob / Als der Münich an des
Khaisers Hoff wider kham / erlangt
jme der Cardinal von Sa[l]tzburg mit
muehe / das jme der Khaiser die
Hand gepotten hat / In Poln was er
ein unwerder Gast / man hat jne und
seinen Brueder des Hochmaister
diener / verdacht / als wären sy ur-
sacher gewest des Kriegs / zwischen
Poln und Preyssen / dannocht erlangt
der Münich vom Khaiser Carol das
Ertzbisthumb zu Capua / warumb
solches offt geschiecht / wissen die
weisen wol.

    Als wir datzumal all zu Ofn im
Schloß gewest / bracht man ain
Mappa herfuer / und ich wardt ge-
fragt umb die gelegenhait der Mos-

Hancque in Hungariam profectionem, quod Moscoviticae coniuncta, unoque prope & continuo itinere confecta fuit, adiicere volui.

Caeterum cum in regni Hungariae mentionem inciderim, non possum equidem sine gemitu & gravissimo dolore commemorare, quomodo hoc regnum antea florentissimum & potentissimum, omnibus quodammodo intuentibus tam subito afflictissimum factum sit.

Est quidem, ut caeteris rebus omnibus, ita etiam regnis & imperiis terminus quidam constitutus: sed nobilissimum Hungariae regnum

qua / der Hofmaister Peter Corlatzkhj fragt mich welche Land darin ich gewest wäre / mich für die bessten ansähen / Sagt ich befindt in Hungern / Wälhischen / und Frantzösischen / auch Hispanischen Landen / grosse mechtigkhait / vil Silber Gold unnd andere narung ein uberfluß / dartzue grosse Kunst und Weißhait / mit vil und grossen Freyhaiten / in / Poln / Lithen / und Mosqua armuet / schwäre dienstperkhait / aber in Teutschen Landen von denen yegliches etwas von vernunfft / Schickhligkhait / Tapfferhait / Reichthum / und Narungen / das deichte bey mir das mittl sein zuerwellen / Des lachten sy all zu hauff / und spricht ainer / der hat yeglichem das seinig geben / jme das besste vorbehalten / Auf dem Reichstag ward der khains darumb der angefangen beschlossen / Dieweil ich dan mit der Moscovitischen Potschafft gehn Wienn khumen / und gleich gehn Hungern muessen / hab ich dieselb Raiß auch hieran gehangen.

Weil des Khünigreichs Hungern hie meldung beschehen / hab ich nit sollen underlassen / wiewol das on erseufftzen und grossen schmertzen davon was zuschreiben / nit beschehen mügen / wie das höchst beruemt und Großmachtig Reich in unserm angesicht und zuesehen so gar ernidert und zerrissen ist worden / sonder zweifl das dem Khünigreich / wie allen andern ain Zill oder Termin gesetzt sey / wie man sagt / sein sol schickht sich

certe non tam satis trahentibus, quam mala & iniqua administratione, plane ad interitum redactum esse videtur. Mathias rex, neque regio sanguine natus, neque vetusto ducum aut principum stemmate clarus, non tamen nomine solum rex fuit, sed ipsa re regem praestitit:

ac non modo Turcarum principi fortiter restitit, eiusque gravissimas impressiones invictus sustinuit: verum & ipsi Romanorum Imperatori, atque adeo Boemiae & Poloniae regibus negocium fecit: denique omnibus vicinis suis terrori fuit.

Quemadmodum autem huius regis virtute, ac rebus praeclare gestis, Hungariae regnum ad summam potentiam ipso vivente pervenerat: ita eo sublato, quasi mole sua laborans, inclinare coepit.

Nam qui ei successit Vladislaus Boemiae rex, Casimiri Poloniae regis filius primogenitus, princeps quidem pius, religiosus, & vitae inculpatae: sed ad moderandam tam bellicosam gentem, in tanti praesertim hostis vicinitate, minime sufficiens fuit.

Etenim tot rebus secundis ferociores & insolentiores facti Hungari, benignitate & clementia regis abutebantur ad licentiam, luxuriam, desidiam, fastum: quae vitia eo tandem evasere, ut etiam rex ipse contemptui haberetur.

/ dan solcher faal aus verlassner guetter ordnung dahin geraicht hat / Mathias der Khünig / und ob er nit aus Khüniglichem auch Hertzoglichen geschlecht geborn / so hat er doch durch seine ordnungen und thatten billichen den Khünigclichen namen getragen /

der nit allain dem großmechtigen Tuorggen / tapfern widerstand gethon / und von dem unuberwunden beliben / sonder auch dem Römischen Khaiser auch den Nachparlichen Khünigen zu Behaim auch zu Poln genueg zuthuen geben hat / also das alle seine umsassen jne geforcht haben /

mit dem er sein Hungerland in so hochen namen und grosse macht gesetzt / so pald aber der abgieng / haben der nam und macht angehebt abtzunemen /

Wladislaus Erstgeborner Khünig Casimiri zu Poln Sun / was zu Khünig in Behaim angenomen / ain Christenlicher guettiger und frumer Herr / ward zu Khünig in Hungern auch angenomen / aber zu ainem solchen Streitparen und Khriegischen Volckh / und sonderlichen neben ainem so mächtigen unruewigen Nachparn nit genuegsam /

die underthonen waren aus den vorigen sighafften und glücksälichen handlungen / aines stoltzen frechen gemuets / ubernamen sich der guetigkhait jres Herzn / mißprauchten die / also das sy den gleich in ver-

Porro Vladislao defuncto, sub eius filio Ludovico cum haec ipsa vitia magis ac magis invaluere: tum si qua reliqua fuit belli disciplina, ea tota est amissa.

nec potuit rex puer his malis ob aetatem mederi: nec alioqui ad eam, quam decebat, gravitatem educatus fuit.
Primores regni, ac praecipue praelati, luxu pene incredibili diffluebant:

achtung stelten / sich in freyes leben / wollust und träghait ergaben / sein nachkhumener Sun Ludwig was gar Jung gekhrönt / und gleich wol Khaiser Maximilian und Khünig Sigmunden zu Poln als Gerhaben durch des Vatter Testament bevolhen / die Hungern aber handlten nach jrem willen / undter dem haben sich die unschickhligkhaiten / wie auch anderstwo in gleichen fällen geschiecht nur gemert / und damit das Khünigreich in verderben gestelt / wie vernumen wirdt /
Als nach altem gebrauch SULEIMAN der Türckh in seines Vaters Stuel gesessen / sein Potschafft gehn Hungern geschickht / dasselb verkhündt mit dem zuesatz / wer Fryd oder Khrieg begerdt / dem wäre sein Portten offen / dieselb Potschafften haben die Hungern aufgehalten / zu ainer Rach / umb das des Türggen Vater jre Potschafft Barlabasch Belaj / als der Türckh wider den Soldan getzogen / bey sich behalten / gleichwol als der wider gehn Constantinopl khumen / den wol abgeverttigt / Mit der enthaltung haben sy den Großmächtigen und glücksäligen Türggischen Khaiser wider sich bewegt / und was noch für Khriegs uebung und zucht zuvor uberbliben / datzumal gar erloschen / des Khünigs Jugent hat das nit mügen erweren / sein natur was mild und guet / was auch dermassen wie das wesen gefuert / ertzogen /
die mächtigsten im Reich / und für ander die Reichen Ertz und Bischo-

& certabant quasi aemulatione quadam tum inter se, tum cum baronibus, ut alii alios profusione & splendore vincerent.

Iidem nobilitatem partim beneficiis ac praemiis, partim etiam potentia ac metu sibi obnoxiam tenebant, ut plures affectatores haberent, ac eorum studiis & acclamationibus in publicis conventibus iuvarentur.

Mirum dictu, qua pompa, quo apparatu, ac quibus equitum utriusque armaturae copiis Budam sunt ingressi, praecinentibus tubicinibus ad cuiusdam quasi triumphi speciem.

Porro in regiam cum irent, aut inde redirent, tanto deductorum & stipatorum comitatu undique septi incedebant, ut vici & plateae vix catervam caperent.

Cum vero prandendum esset, tota urbe ad aedes cuiusque tubae non aliter atque in castris resonabant: & ducebantur prandia in multas horas, quae somnus & quies excipiebant, cum contra quasi solitudo quaedam

ven / haben den gröstn Wollust mit Claidern / Speisen / bey tag schlaffen gefuert / und jnen von der gmain grossen anhang gemacht / denen haben alsdan die Weltlichen auch gevolgt / und nit minder angesehen sein wellen / und also ain Bischoff für den andern / ain Weltlicher für den andern / damit den vorgang und merere achtparkhait haben wellen / darumb haben sy auch den gmain Adl mit Jargelt und gaben / auch etliche mit gwalt und sorgen an sich getzogen / damit sy jren willen in gemain versamlungen / und andern orten mit geschray und jren Stimen mochten erhalten /

Ich hab meer dan ain mal als Gesantter den brauch / und das unmässig wesen gesehen / Mit derselben grossen Bischoven und ander Herren zu Ofen einreitten / auf schwär und gering gerüsst / mit sovil Trumetern / als ob gleich nach ainer eroberten Schlacht mit ainem Triumph das beschehen het sollen /

wan die gehn Hoff geritten oder gangen / seind die gassen schier zu eng gewest / sovil haben sy vor und nach geer gehabt / zu maltzeittn seind in allen gassen darin sy wonten / sovil der Trumeter gehört worden / als ob das in ainem großmechtigen Hoer oder Veldzug wäre / Die maltzeittn werdtn in vil stund / mit vil aufsetzen nit wenig trinckhen / Nach der maltzeit etliche stund yeder zeit geschlaffen / der zeit was des Khünigs Hof so gar ploß an Leuten / als wäre khaines Khünigs

esset circa regem: & fines regni interea destituti necessariis praesidiis, impune ab hostibus vastarentur.	wesen / sonder ain ainschicht / Mittler zeit solcher freiden und wesen stuenden die Granitzen unversehen on volck / on Gelt / on alle andere notturfft /
Episcopatus dignitates, & praecipua quaeque officia promiscue, non pro meritorum ratione, conferebantur: & quo plus potentiae quisque obtinebat, hoc plus iuris habere credebatur.	die Bisthumen und andere Ambter / und wierden warden nit nach schickhligkhait oder wirdigkhaiten den Personen / sonder nach gunst gegeben / und außgethailt / so vil jeglicher mer macht und gwalt hette umb sovil vermaint jme alles nach seinem willen zuthuen gepuern /
Itaque laborabat iusticia, & premebantur infirmiores: ac omni bono ordine sublato atque everso, subinde inveniebatur aliquid, quod Rei publicae labem aliquam cum vulgi detrimento afferret:	damit stuende gerechtigkhait schwach und die schwechern von den gewaltigern bedrangt / und damit all ordnungen verendert und aufgehebt allenthalben weg zu aignem nutz und der gemain verdruckhung gesuecht /
cuiusmodi fuit illa innovandae argenteae monetae licentia, per quam prioribus bonis numis conflatis, alii deteriores passim cudebantur: & his rursum sublatis, alii fiebant meliores: qui tamen iustum precium tenere non potuerant, sed nunc pluris, nunc minoris habiti sunt (prout locupletiorum cupiditati libuit:) qui etiam a quibusdam privatis pene palam impune sunt adulterati.	Als nämblichen die ringerung der Munß / was so frey das jeglicher nach seinem gefallen wo er wolt münste / von pösn zu pöser[n] / zu letzt wider verordent etwas bessere / doch nit der alten gleich zu münssen / und wie den vermüglichern gefallen / also ist damit gehandlt worden / und von etlichen one Straff offentlich gefelscht.
	Als auch hievor Hungern und Poln / als Nachparn und zwen Khünig gebrueder / gemainclich mit und neben einander zu dem mechtigen Türggen umb Fryden geschickht / und der Pol schickht sein Potschafft durch Hungern / vermonend das die Hungern mit schickhen wolten / des sy veracht / und erlassen / Sy geben

Denique ea erat in universa Hungaria omnium rerum inclinatio, vel potius confusio, ut quivis vel minimam experientiam habens, regnum hoc tot malis obnoxium, etiamsi nullum vicinum haberet hostem, mox perire oportere perspiceret.

Ego quidem certe cum oratorem Principis mei Budae agerem, non dubitavi, quasi aliud agens, serenissimam Hungariae reginam Mariam admonere, ut futura consideraret, sibique in omnem eventum praesidii aliquid compararet & seponeret: neque aut domini & mariti sui potentiae & iuventae, aut fratrum suorum opibus nimium fideret. Nam haec omnia morti & infinitis casibus obnoxia esse.

Meminisset veteris proverbii, quo fertur, Bonum esse, habere amicos: sed miseros esse, qui his uti cogantur.

Gentem Hungaricam ferocem & inquietam, seditiosam & turbulentam,

gleichwol für / der Bapst habe das mit gaben dartzue gebracht / dan er sorgt der Türckh wurde sein Zug auf das Wälhisch khern / darumb der Türckh sein Zug für Griechisch Weissenburg genomen / das gewunnen / der Christn thuen und wesen der enden erjndert / und damit ursach gehabt / weitter in das Land zuraisen.

Ein yeglicher vernunfftiger hat mügen sehen / und abnemen / das aus solcher unordnung und zerrütligkhait / das diß Reich allem ubl underworffen / Ob das gleich khain Feind gehabt / hette muessen in verderben gestürtzt werden /

Als ich das auf ain zeit dahin Gesanter bewueg / hab nit mügen undterlassen / der Khünigin antzutzaichen / sol bedenckhen ob sy gleich ainen Jungen Khünig hette / das die Jungen auch stürben / das sy auch under dem Volckh wäre / die manigerlay Sinn hetten / und nit yeder zeit beständig / den Außlendischen nit wol mainend / und auf vil weg beweglich wären / zu dem ain Großmechtiger Nachpar und Feind / der nicht höhers und merers trachtet / den Hungerland zubekhomen / Welches aus denen fürfiel das sy bedacht wolte sein / ob sy gleich Großmechtige Brueder und Freunde hette /

so sey doch ain gemain Sprichwort / Wol dem der guet Freundt hat / Wehe dem der an der Freund Rath und Hilff khumt /

advenis & exteris parum aequam &
amicam esse.

Imminere Hungariae hostem poten-
tissimum: neque quicquam magis af-
fectare, quam ut id suam in pote-
statem redigat.

Referre itaque ipsius, ut aliquid re-
condat, unde sibi & suis, si quid ad-
versi accidat, opitulari possit.

Darumb sol sy Järlichen ain antzal
gelt einlegen / und das khaines wegs
angreiffen / und darfür achten / als
hette sy des nit / Wo dan ain solche
not fürkhäme / wäre sy versehen /
wo Gott gebe / das dermassen nit
bescheche /

Et alioqui magis regium esse, iuvare
alios, quam alieno auxilio indigere.

were doch besser damit Freundtn
zuhelffen / dan von Freundn hilff zu-
bitten / oder zugewartten /

Etsi vero bonam in partem pro more
regio accepta fuit haec admonitio,
mihique actae sunt gratiae: tamen
quod mihi tum praesagiebat animus,
quodque metuebam, nihil proficien-
tibus bonis ac fidis monitoribus &
consultoribus, ingenti nostro malo
evenit: nequedum huius tragoediae
finis est.

Mein gethone vermonung was mit
gnadn und danckh angenomen / Ob
gleich dem nach gegangen wer wor-
den / hette khain grosse Summa sein
mügen / dann laider mein be-
denckhen in jr viller betruebung pald
in d[a]z werch khomen ist / und von
dannen heer die betruebung und
khümernuß noch khain ende hat /

Aula mansit, qualis erat: & nihil
remissum est a pompa, fastu, inso-
lentia ac luxu, donec concideret.

ut non inepte quidam ex aulicis tum
dixerit, se nunquam vidisse vel au-
disse regnum ullum, quod maiore,
atque Hungaria, gaudio & tripudio
periret.

Es seind wol Leut gewest / die ge-
sagt haben / sy hetten khain Reich
mit merern freyden gesehen zuver-
lieren weder das /

Etsi vero plane desperatae res
Hungarorum essent, tanta tamen eo-
rum erat insolentia, ut hostem prae-
potentem & vicinum, Turcam, non
modo superbe contemnere, sed etiam
iniuriis & contumeliis adversus se
provocare non dubitarent.

Nam cum hic, qui nunc imperat, Solimannus, patre suo defuncto de more denunciasset vicinis, se paterno solio potitum esse, & portam suam patere omnibus, sive pacem sive bellum petentibus: idque praecipue per Oratores suos Hungaris significasset: nec deessent qui suaderent, eos cum Polonis, ut antea, a Solimanno pacem petere debere:

Hungari non modo repudiavere consilia salutaria, sed etiam Oratores ipsos Turcae captos detinuere.

Qua contumelia iritatus Solimannus, Hungariam hostiliter invasit: captaque primum Nandoralba, fortissimo non tantum Hungariae, sed universi orbis Christiani propugnaculo, ad alia capienda progressus, eo pervenit, ut regia sede Buda & praecipuis quibusque ac munitissimis arcibus, ipsaque regni parte optima & florentissima potiretur.

Unde iis quae restant, nunc ita imminet, ut pene pro victis ac debellatis haberi possint. Videbantur quidem sibi Hungari aliquam habere causam ad detinendos Solimanni Oratores, quod pater eius Oratorem Hungarorum ad se missum Barnabam Bel detinuisset, secumque in expeditionem adversus Sultanum susceptam duxisset: quem tamen eo bello confecto, bene muneratum remiserat.

Sed mussitandum hoc erat potius Hungaris: cum, ut dicitur, vana sit sine viribus ira: quam per impotentem ultionem provocato potentiore sibi exitium accersere, & in idem discrimen vicinos adducere.

Cum Solimannus Budam ante semel captam, sed Ioanni Zapolitano redditam, denuo profligato exercitu nostro, qui eam post Ioannis mortem
5 obsessam tenebat, denuo caepisset & occupasset: ego ad eum Principis mei nomine, cum illustri Comite Nicolao a Salmis, Orator accessi: & in parte pacis habui, dextram osculari
10 tyranni.

Quo tempore non tantum de tota Hungaria, sed etiam conterminis provinciis actum esse videbatur.

Porro quam inique comparata
15 fuerit pugna Ludovici regis cum Solimanno, notius est quam ut dicere sit necesse.

Obiectus est rex adolescens, militiae rudis, & nullo ante in bello versatus,
20 cum paucis, magna ex parte imbellibus, hosti callidissimo, ac multis recentibus victoriis exultanti: trahentique secum robur exercitus, quo orientem & magnam Europae par-
25 tem debellarat.

Der Khünig zohe mit etlich und 40 zwaintzig tausent ungeuebtn und des Kriegs unerfarnen wider den Großmechtigisten glückseligisten / erfarnen Veindt / der in zwaymal hundert tausent starckh kham entgegen / der 45 Khünig was Jung / hat khain Veldhaubtman / khain Zeugmaister gehabt /

Quae praecipue futurae erant Hungarorum vires, eas Ioannes Zapoliensis Vuayvuoda Transylvanus apud se retinuit,
30 neque in auxilium regis sui accedere permisit.

Graff Hanns jm Zipps Woivoda in Sibenbürgen het sein besonder Hoer 50 /

die Thuenaw aber zwischen jnen / damit ward der Khünig geschlagen / und er ertruncken /

Idem vero extincto rege, sceptra invasit, quae dudum concupiverat:

Derselb Graff Hanns ließ sich wider 55 aller Hungern verschriebung zu Khünig wellen.

35 imo quae ei pater ipsius Stephanus Zapoliensis, adhuc puero destinarat.

Memini enim me audivisse a Ioanne Lazki, qui Casimiri regis Poloniae secretarius, ac postea Archiepiscopus Gnesnensis fuit: hunc Stephanum Zapoliensem, quum, Mathia rege mortuo, apud quem summam authoritatem obtinuerat, de creando novo Rege ageretur, filium suum Ioannem adhuc infantem complexum, dixisse: Si tantulus esses fili (modo corporis paulo maiore ostenso) nunc rex Hungariae esses. Idque idem Archiepiscopus ceu bene ominatum, & quasi praeiudicii cuiusdam vim habens, non destitit iacticare, cum inter nos de pace inter Principem meum & Ioannem concilianda ageretur. Quod autem evenit, ut Ioannes dignitatem & sedem Regiam cum aliqua parte Hungariae per Solimannum obtineret: idem nunc etiam soboles eius, aut hi potius in quorum potestate est, contra omnia iura & pacta affectant: nihil pensi habentes, neque cogitantes, quam perfidiose antea a tyranno tractati, & Buda eiecti fuerint. Sed feruntur excaecati regnandi libidine animi in interitum suum, eodemque vicinos trahunt.

Ertzhertzog Ferdinand was zu Behaim Khünig erwelt und gekhrönt / durch die Witbe sambt dem Großgrafen / Cantzler / und der ansechlichern villen / nach des Reichs ordnung und altem gebrauch / wardt auch Khünig zu Hungern erwelt / zohe hinab / verdrib den eingedrungnen / Nam Ofen den Khüniglichen Stuel ein / wardt ordenlich zu Weissenburg Gekhrönt / schickht sein

Hoer mit Graff Niclasen von Salm
dem Veind nach / zu Tokhaj ward
der geschlagen / Hernach ist er wi-
der aufkhomen / den hat Herr Hanns
Khatzianer zu Zyenna aber geschla-
gen / und gar aus dem Land in Poln
veriagt / entzwischen und hernach
vil handlungen beschehen / das der
yeder zeit wider einkhumen ist / und
dan gestorben / Zu Ofn ward letzlich
sein Witbe und Sün belegert / denen
schickht der Türckh sein hilff / und
zohe mit seiner macht Persondlichen
hernach /
Der Römisch Khaiser schickh Herrn
Johanns Thomasn Picus Grafen zu
Mirandula / und der Römisch Khü-
nig mich / mit vollen gwalt / auf all
Christenlich mittl mit der Khünigin
zuhandln / damit Ofen in des Thür-
ckhen gwalt nit khäme / man wolt
uns aber gar nit hören / mit dem ent-
stundt ain langwiriger grosser Wind
/ der die Pruggen so offt die gemacht
/ wider zerrissen hat / dardurch vil
Christenlichs volckh / unsaglich Ge-
schütz / Munition und Profandt dem
Türckhen in henden bliben / und
damit Ofen zu sein handen genomen
/ des er noch jnnhat / zu dem ich
neben Graf Niclasen von Salm / weil
der da bey Ofen im Leger was
geschickht bin worden / sein wir gar
undter die Stat und Schloß gefuert
worden / unser Jamer und angst in
den Schiffen mit unserm verlasnen
Geschütz und anderm zusehen / des
ist jm 1541 Jar geschehen / hernach
volgunden Jarn hat er Weissenburg /

Si Christiano orbi nullum fuisset in Hungaria praesidium (quod tamen fuisse maximum, quotidiana experientia, & iam clades additae cladibus testantur) tamen vel propter solas opes, quas Deus optimus maximus in Hungariam largissime effudit, & inde vicinis nationibus suppeditavit, non tantum Hungaris ipsis, sed Christianis omnibus, pro eius salute, tanquam pro communi patria, esset laborandum.

Nam quid fere est in tota rerum natura boni & preciosi, quod Hungaria non habeat? Si metalla quaeras, quae pars est orbis Hungaria foecundior auro, argento, cupro, chalybe, ferro? Nam plumbi minus habet, & stanno carere dicitur: si tamen carere est, quod nondum inveniri contigit. Quin & salem metallicum habet, optimum & purissimum, qui instar lapidum in lapicidinis caeditur.

Et quod iure mireris, alicubi etiam aquae metallorum speciem vertunt, & ex ferro cuprum reddunt.
Vina dat pro locorum diversitate, ut fit, diversa: sed plerisque in locis etiam extra Sirmium, vini proventu & bonitate clarum, quod amissimus, tam generosa & excellentia, ut pro Creticis haberi possint.
Taceo frugum ac omnis generis optimorum fructuum infinitam copiam.

Gran / und anders meer eingenomen / feyert noch nit.

Ob nun gemaine Christenhait an Hungern nit ainen vesstn vorschildt gehabt hette / den sy warlich gehabt / so sollen doch mit grösserm vleiß die so grosse bequemligkhait und gelegenhait dartzue gehabt / dartzue gethon haben / damit ain solch Reich dem khaum aines verglichen mag werden / aus der Christen hand nit khumen wäre / des der Almechtige mit sovil gnaden begabt hat / daraus sovil Landen und Leuten vil guets beschehen ist /

möcht sprechen was doch khöstlichs zu der menschen notturfft ja wollust begert mag werden / des in dem Khüni[g]reich nit wäre / Erstlich ubertrifft es alle Land mit Gold / Silber / und Khupffer / Zu dem hat es Stahl / Eisen / gleichwol an Pley hat es mangel / khain Zyn ist noch darin befunden / Saltz hat es sovil als grosse stainwendt möchten geacht werden / davon grosse stuckh abgehaut werden /
nit allain für das Land / sonder auch für die Nachparn /
so seind wasser darjnnen / die Eisen zu Khupffer verwenden /

Wein uberflüssig / und manigerlay khöstliche jn Sinichn die besten / allem khöstlichen getranckh zuvergleichen /

Porro feras, & quicquid venatu vel aucupio capitur, quid attinet commemorare? Ita enim his abundat Hungaria, ut interdicere rusticis, ne vel venentur, vel aucupentur, pro re valde insolente habeatur: nec pene minus plebeiorum quam nobilium epulae sint, lepores, damae, cervi, apri, turdi, perdices, phasiani, bonasi, & quicquid est eiusmodi, quod ad mensas delicatiores alibi expetitur.	des Traidts unseglichen vil / des Wilpräts von Hirschn / Rechen / Haßn / Wildtschwein / von Gfügl / Faßhannen / Rephünern / Wachtln / Trappn / und andern vil / also das auch den gemain Paurn zugeben ist / der yeglichs zufahen und sich davon speysen /

(Latin lines numbered 5, 10; German lines numbered 40)

Pecoris certe adeo abundans est, ut iure mirari possis, unde proveniant tot & tanta boum & ovium agmina, quae in exteras regiones, Italiam, Germaniam, Bohemiam mittit. Nam cum per Moraviam, Austriam, Stiriam, Slavoniam, perque alias Hungariae vicinas provincias multae pateant viae, per quas pecus agminatim expellitur: observatum est, per solam viam Viennensem uno anno plus quam octoginta millia boum in Germaniam acta esse.

Des Viechs / Ochsen / unnd Schoff wirdt ain untzalpare antzal yegliches Jars in vil Land vertriben / auf Wienn die ainige straß bey und ob achtzig tausent Ochsen / aines Jars getriben werden /

Iam de piscium omnis generis copia quid dicam? quae cum ad Danubium, Dravum, Savum, et alia minora flumina, tum ad Tibiscum, mediam fere Hungariam ab Oriente & Septentrionibus percurrentem, tanta est, ut fere quam minimo veneant, ac tantum non gratis dentur pisces: saepe etiam vel gratis dati, non auferantur.

von Vischen ist schier unglaublich zuschreiben / wie vil Hausn / der etlich in sechs und siben Centn wegen / Stür / Tuckh / Schur / aus der Thuenaw und alles guet / dan die Theissa gibt sovil das offt den Leutn umbsonst gegeben und veracht werden /

die Schwein der unsaglichen vil verwuesten / khöstliche grosse und sonderliche Kharpffen / wie gesagt nahent unglaublich / umb sovil mer ist die verlust zubewainen.

Nec est tantum ubertas quaedam pe-

ne incredibilis tantarum opum in
Hungaria: sed etiam tanta bonitas, ut
quae aliis in locis nascuntur eiusdem
generis, Hungaricis nequaquam con-
ferri aut aequiparari possint.

Quo maior & tristior erit nota huius
seculi apud posteritatem, quod non
omnes vires suas ad servandum re-
gnum tam opulentum, & ad coher-
cendum Christiani nominis hostem
capitalem, tam opportunum, conver-
terit.

In Hungern seind manigerlay Völckher / Cumani die sy Cuni nennen / reden nahent Tatharisch / Philistenj / die nennen sy Jaß / villerlay Teutschen an manigerlay orten / In Sibenbürgen die Saxen in Stätten / die Zäckheln halten die als Hungerisch sprach / der Windischen sprach mererlay / die an der Waag nennen wir Teutschen Waagwinden / die an der Saw nennen sy Posawtzj / und Posavetz / dan die Crabaten Sirven / und Ratzen / seind vasst all Windischer sprach / der Walachen seind auch mererlay / und an vil orten ausserhalb der Moldauer / und deren in der grossen Walachey / die man Transalpin nennt.

Jakhschitz waren zwen gebrueder Ratzen / die enthielten sich lang / das sy weder dem Thürggen noch Hungern gehorsamten / und sich von denen baiden nertn / zu letzt ergaben sy sich dem Khünig Mathiaschen zu Hungern / der schickht den ain zu dem Thürggen in Potschafft / der dem Khünig zuvor sagte / wie das er nit wider khumen wurde / als der

	vom Thürggen abgeverttigt / am rit schlueg jme ain Thürckh den Khopff hinweg / der Thäter was bestelt und vertröst nichts darumen zu ubersteen / nichts minder zu jrer entschuldigung als wäre der Khaiser des willen nit / ward pald nidergehauen.

Iter secundae legationis.   Die ander mein Raiß in die Mosqua.

Mortuo Caesare Maximiliano, Styriensium Orator ad Carolum Hispaniarum regem, archiducem Austriae, tum electum Romanorum Imperatorem,

ad cuius Maiestatem postea & Moscus suos miserat Oratores, qui confoederationes cum Maximiliano Imperatore initas iam denuo confirmarent,

missus sum.
Ut autem vicissim Imperator Mosco gratificaretur, dederat negocium fratri Domino Ferdinando, Archiduci, ut Ludovicum Hungariae regem admoneret, quo is apud suum patruum Sigismundum Poloniae regem tantum efficeret, ut ad aequas pacis seu induciarum conditiones cum Mosco consentiret. Viennae itaque Austriae Leonhardus Comes Nugarolae, no-

Khaiser Maximilian starb des 1519 Jars am 12 tag Jeners / also ward Khünig Carol in Hispanien als Ertzhertzog zu Osterreich / Zu Römischen Khünig / und khünfftigen Khaiser erwelt / sein Brueder Herr Ferdinand Printz in Hispanien / Ertzhertzog zu Osterreich etc. kham in die Osterreichische Erbland / Der Moscoviter nam ursach der verpindnus die Khaiser Maximilian mit jme wider Khünig Sigmunden zu Poln / und Großfürstn in Lithn eingangen was / hette die gern wider mit des Khaisers Erben verneurt / schickt sein Potschafft gar in Hispanien / den Knes Iwan Posetzen Jaroslawskhj / und Simeon Trophimow Secretarien /

die am widerzug khamen gehn Wienn / zu Ertzhertzogen Ferdinanden / mit gleichmessiger werbung / und Khaiser Carl hat dieselben Pottn mit aller handlung auf sein Brueder gewisen / Darumb warden von des Khaisers wegen Graff Leonhard Nugarolis / und von seines Brueder yetzigen Rö. Khü. etc. wegen ich / zu Pottn in die Mosqua verordent /

mine Caroli Romanorum Imperatoris & ego fratris suae Maiestatis Ferdinandi, Infantis Hispaniarum, Archiducis Austriae, &c. conscensis curribus Pannonicis, ad Ludovicum regem Hungariae properantes, Budam venimus: ibique expositis mandatis, negotiisque ex sententia confectis dimissi, Viennamque redeuntes, mox cum Mosci Oratoribus, qui tum ex Hispaniis a Caesare redierant, egressi per oppida,

 Mistlbach, 6 miliaribus
 Vuisternitz, 4 miliaribus
 Vuischa, 5 miliaribus
 Olmutium, 4 miliaribus
 Sternberg, 2 miliaribus
 Parn ferrifodinas, 2 miliaribus.

indeque duobus miliaribus pontem Morava fluvio impositum transeuntes: ibique Moravia relicta, Silesiae oppidum & principatum ingressi,

 Iagerndorff tribus miliaribus, tum per
 Lubschiz, 2 miliaribus
 Glogovia parva, 2 miliaribus
 Crepitza, 2 miliaribus. Et post trans Oderam fluvium
 Opolia civitatem cum castro, ad Oderam fluvium sitam, ubi ultimus Opoliensium Dux suam sedem habebat, 3 miliaribus.
 Oleschno, Germanice Rosenberg, trans fluvium Malpont, qui tum aquarum multitudine mirum in modum redundabat, 7 miliaribus

alle weg zu suechen / Fryd zwischen den zwayen zuschliessen / Damit aber dasselb bey dem Khünig zu Poln dester eher erhebt möcht werden / sein wir baide zu dem Khünig in Hungern geschickht / mit beger / an Khünig zu Poln zu schreiben / sich zu Fryden zu naigen / des wir pald erlangten / und wider nach Wienn verruckhten / das geschach im ende des 1525 Jars / von Wienn sein wir des 1526 Jars verruckht / gehn Mistlwach sechs meyl /
Wisternitz vier /
gehn Wischa fünff /
Olmüntz vier /

gehn Parn da ist ain Eisen Pergwerch zwo /
und wider zwo uber die clain March /

in die Schlesien /

gehn Jägerdorff drey meyl /

gehn Lubschitz zwo /
klain Glog zwo /
Khrepitz zwo / an der Oder / da seind wir ubergetzogen /
gehn Oppl in die Stat / da der letzte Hertzog daselbstn hoff hielt / drey meyl /

gehn Rosenberg das Polnisch Oleschno genant wirdet / siben meyl / die wasser waren groß / als nemlich Malpont / haist der Fluß /
darnach pald khamen wir auf das Polnisch.

Poloniae oppidum Crepitza vetus, duo fere miliaria pervenimus, quo in loco cum Poloniae regem, Pietercoviae oppido (in quo Regnicolae habere comitia ac celebrare solent) esse intelleximus, illico eo servitorem praemisimus.	Alt Khrepitz ist bey ainer halben meyl in Poln / ain zimlich Schloß und Polnisch Stätle / von dannen schickhten wir ain Pottn gehn Peterkaw / weil wir vernomen der Reichstag het ain ende / und der Khünig wurde da nit zufinden sein /
Reversus, cum inde Regem iam recta Cracoviam profecturum renunciasset, iter nostrum ex Crepitza eo nos pariter direximus, atque primum	uns wardt geschriben / der Khünig zuge nach Craccau / darumb namen wir unsern weg auch daselbsten hin /
Clobutzko, 2 miliaribus	gehn Clobutzkho zwo /
Czestochovu monasterium, in quo imago divae Virginis magno concursu populi, praecipue vero Ruthenici colitur, 3 miliaribus.	gehn Czestochow ist ein Closter / dahin ain grosse Khirchfart ist / auch von ferren aus Reissen zu ainem Marie Pild / drey meyl /
Scharki, 5 miliaribus	gehn Scharkhj fünff /
Cromolovu, 3 miliaribus	gehn Cromolow drey /
Ilkusch insignes plumbifodinas, 4 miliaribus	gehn Ilkhusch da ain groß Pleypergwerch ist vier /
Cracoviam inde post 5 miliaribus confectis, secunda Februarii die pervenimus:	und gehn Craccau fünff meyl / seind.
ubi nihil tum nobis honoris fuit exhibitum, neque nobis quisquam obviam processit, neque hospitia designata, seu constituta erant, neque humanitatis officio quisquam aulicorum nos consalutavit, excepitve, perinde ac si de adventu nostro nihil prorsus intellexissent.	Als wir gehn Craccau khamen / und unsere Leyt hievor umb Herberg geschickht hetten / wardt uns niemt entgegen / auch khain Herberg verordent / noch auch in der Herberg durch niemt besuecht / noch angesprochen / das doch gantz frombd an den orten ist /
Impetrato post ad Regem aditu, causam legationis nostrae elevabat, officiumque Principum nostrorum tanquam intempestivum reprehendebat:	als wir aber schickhten / und begertn an Khünig audientz / des uns dan vergünt wardt / und wir unsere bevelch ertzelten / das wir Frydens halben zwischen sein des Khünigs und des Moscoviter bevelch hetten zuhandlen / und batten sein willen darein zugeben / Solche unsere werbung ward nit für guet angenumen /

maxime vero, cum Oratores Mosci, a
Caesare ex Hispaniis usque redeuntes, nobiscum videret: Moscum ideo
moliri aliquid suspicabatur.
Quaenam tandem, inquit, vicinitas,
aut sanguinis coniunctio Principibus
vestris cum Mosco intercedit? quod
ultro se medios constituerent: praesertim cum Rex ipse a Principibus
nostris nihil tale peteret, hostemque
suum facile ad aequas pacis conditiones cogere posset.

Nos vero consilia pia & Christiana,
mentemque synceram Principum
nostrorum testabamur, illosque nihil
magis quam pacem, ac mutuam inter
Christianos Principes amicitiam ac
concordiam ex animo optare velle,
atque omni studio procurare. Dicebamus etiam: Si Regi non videtur, ut
nostra mandata prosequamur, tum
aut re infecta redibimus, aut Dominis nostris ea nunciabimus, & responsum super ea re expectabimus.

Qua re audita, humanius aliquanto
ließ uns sagen / wer unsere Herrn
gebetten hette / zwischen jnen Frydens halben zu handln / der Khünig
wesste selbs seinen Veindt zu ainem
Fryden zubringen / bedörffte khaines
underhandler / was haben eure Herrn
mit dem Moscoviter zuthuen / ist er
jr Nachpaur oder geborner Freund /
das sy sich seinethalben dermassen
annemen /

Wir sagten weil der seine Potschafften soverr geschickht hette / und
begerte Freundschafft / das jme nit
hat mügen mit fueg vertzigen werden / darneben bedacht / das one
Frydens zwischen den baiden nit
fuegen wolt / in ein verstand mit jme
zu gehn /

unsere Fürsten und Herrn thetten ain
Christlichs werch / zwischen Christen Frydens zubefürdern / und zu
handlen / soverr dan dem Khünig ye
nit gemaint sein wolt / solches durch
uns zuhandlen / sein wir urpüttig
wider zu ruckh zu ziehen / oder aber
solches unsern Herrn verkhünden /
weitters beschaidts erwartten /

Mit dem erpietten unsere Instructionen / wiewol das nit gebreuchig
sehen zulassen / das khain betrueg
hierin verdacht möcht werden /
Uber das handlet man menschlicher
und guettiger mit uns / vergunt uns

ac liberalius etiam in hospitiis tractabamur.

Eo tempore data erat mihi occasio petendi mille florenos, quos mihi mater Reginae Bonae, quod iam pridem ex Caesaris Maximiliani mandato hoc ipsum matrimonium filiae tractassem, inscriptione data, promiserat:

quam Rex tum benigne a me acceperat, eamque ad reditum meum servarat, mihique postea reverso satisfieri curaverat.

Die Februarii quartadecima, Cracovia relicta, trahis seu vehiculis satis commodo itinere per Poloniae oppida,

    Novam civitatem,

Cortzin,
Poloniza,
Ossek,
Pocrovitza,
Sandomeria,
Savuichost,
Ursendoff,
Lublin,
Parczovu,

furter zutziehen / schickht uns gelt in unser Herberg für die underhalt / die sy allen Pottn phlegen zugeben / und wurde all sachen guet.

Datzumal fand ich ain bequemlighkait den schuldbrief so mir der Khünigin zu Poln Mueter / umb tausent Gulden Reinisch geben hette zubetzallen / wan die Heyrat jrer Tochter mit dem Khünig in das werch bracht worden / fürtzubringen /

mir ward von guetten Freunden geratten / solchen brief dem Khünig zuetzustellen / und zuvertrauen / mit bit mein genedigister Khünig und Procurator darin sein /
das thet ich / der Khünig nam den an / mit dem beschaidt / wen ich wider khäme / möcht umb antwort anhalten / Ich wardt nit betrogen / wie ich wider kham / schickht mir sovil in guettem Hungerischen Gold / als ain Ehrlicher Khünig.

    Von Craccau schieden wir am viertzehenden tag Februarij / und es hueb erst recht an den Schnee zuwerffen / rüssten uns auf die Schlitten /
und zogen nach der Neustat / Corttzin /

Polonitza /
Osseckh /
Procowitza /

Sawichost /
Ursendoff /
Lublyn /
Partzow / das alles in Poln.

Lithvuaniae tum oppidum tribus miliaribus Polovuiza attigimus, ubi plurima itinera, propter crebras paludes, pontibus strata transivimus. indeque
   Rostovusche, 2 miliaribus
   Pessiczatez, 3 miliaribus
   Briesti, 4 miliaribus magnum oppidum cum castro, ad Buh fluvium, in quem Muchavuetz illabitur.

   Camenetz oppidum, cum lapidea turri in arce lignea, 5 miliaribus indeque duobus fluviis Oschna & Beschna traiectis, confectisque 5 miliaribus,
   Schereschovua recens aedificatum oppidum in magna sylva, ad fluvium Lisna, qui & Camenecz praeterlabitur, situm, venimus.
   Novuidvuor, 5 miliaribus
   Porossovua, 2 miliaribus
   Vuolkovuitza, 4 miliaribus quo loco commodius hospitium in tota profectione non habuimus.

   In Lithen auf drey meyl gehn Polowitza /

Rostowsche zwo /
Pessitzatetz drey /
Briesti vier meyl /

an dem tag als wir aus ainem Wald auf ain ebne gegen Briesti khamen / hetten wir ain so grausamen Wind mit Schnee / das man khain Pherdt uber ain stainwurff sehen khundt / das ich mir mittl und weg bedacht / so ich also im Veld bleiben mueste / wie ich mich vor Wind und khelte mocht enthalten / Nämlichen den Schlitten gegen dem Wind aufsetzen / so der mit Schnee angelegt / den alsdan wider höher ruckhen / darundter ich sambt dem Wagenknecht und Pherdten uns enthalten hetten / Gott gab gnad das wir dannocht gehn Briesti ankhamen /
Camenetz an der Lisna hat ain hohen gemaurten Thur[m] / fünff meyl / darnach uberzogen wir zwen flüß / Oschna unnd Beschna

gehn Schareschow fünff / an dem wasser Lisna / neulichen im Wald erpauen /

Nowidwor fünff /
Prorosowa zwo /
Wolkhowitza vier meyl / was die besste Herberg an der Raiß.

Pieski oppidum ad fluvium Selvua, qui ex ipsius Russiae Vuolinia provincia procurrit, Nemenque influit.

Mostu uno miliari ad fluvium Nemen situm oppidum, quod a ponte Nemen imposito, nomen accepit: Most enim pons est.

Czutzma, 3 miliaribus
Basiliski, 3 miliaribus
Radomi, 5 miliaribus
Hestlitschkami, 2 miliaribus
Rudniki, 5 miliaribus
Vilnam, 4 miliaribus.

Porro per haec loca a Vuolkhovuitza usque enumerata, hoc tempore non perveneramus Vilnam: sed cursum nostrum in dextram Orientem versus flectentes, per

Solvua,
Slonin,
Moschad,
Czernig,
Oberno,
Ottmut,
Cadayenovu,

Miensko oppidum, a Vuolcovuitza 35 miliaribus distans. inde praeterea omnes fluvii in Borysthenem feruntur, cum alii relicti in Nemen decurrant.

Borissovu oppidum ad fluvium Beresina situm, 18 miliaribus de quo supra.

Reschak 40 miliaribus. In illis porro locis, propter maximas solitudines, non compendiosa, sed com-

Da thailt sich der weg nach der Wild / den wir nit getzogen sein / nach Pyeskhi am wasser Selwa / so aus Volinia her fleusst / und in die Muml felt /

gehn Mostu ain meyl / das ist gehn Pruckh an der Muml /

Tzutzma drey meyl /
Basilischkhj drey /
Radomi fünff /
Hestlitschkhamj zwo /
Rudnickh fünff /
und gehn der Wild vier meil.

Die ander Strassen die wir getzogen sein / von Volkhowitza nach der rechten hand /

gehn Solwa /
Slonin /
Moschad /
Czernig /
Oberno /
Otmut /
Cadayenow /

Miensco / hintz her von Volkhowitza sein fünffunddreissig meyl / an dem ort fliessen nunmals alle Pächer in Nieper / als gegen Aufgang / so die vorigen in die Muml gehn Mitternacht geflossen sein /

dan gehn Borißow / an dem fluß Beresina / achtzehen meyl /

Resackh viertzig meyl / da raist man nit den nächsten weg / von wegen der Wildnuß und Herbergen / wir

muni via usi, Mogilevu oppido, ad dextram intervallo 4 miliaribus relicto, per

    Schklovu, 6 miliaribus
    Orsa, 6 miliaribus

Dobrovuna, 4 miliaribus aliaque loca in priore itinerario exposita, Moscovuiam tandem venimus:

ubi diu tractantes, nec tamen aliud extroquere potuimus, quam ista: Si rex Poloniae vult nobiscum pacem, mittat ad nos, ut consuetum est, Oratores suos, & nos volumus cum illo pacem nobis competentem.
Misimus tandem nostros ad regem Poloniae (qui tum in civitate Gdanensi fuit) destinavitque ad hortationem nostram suos Oratores, Petrum Gysca palatinum Plocensem, & Michaelem Bohusch Lithvuanicum thesaurarium.

zugen nur vier meyl oberhalb Mogilew / ain namhafftes stuckh /

dan gehn Sklow sechs /
Orßa sechs /
daselbsten uber den Nieper /
und gehn Dobrowna vier meyl / der weg von Dobrowna gehn der Mosqua ist abtzunemen ab dem wie ich in erster Raiß von der Mosqua gehn Smolensco / und gehn Dobrowna getzogen bin.

Zu Craccau beredten mich meine Wolbekhante nach offtem abschlahen / das ich ain Jungen Burgers Sun Erasm Wethman / den man sonsten Seyfrid nennte / mit mir in die Mosqua zuraisen / näm / gaben mir achtzig Hungerisch gold Gulden / dieselben in der Mosqua jme zugeben / damit er was khauffen möchte / Er hielt sich zimlich in Poln und Lithen / so pald wir auf das Moscovitisch khamen / da ertzaigt er sein tugent / er tranck seer.
Zu der Mosqua ist er zu nachts ausgangen / des sich sonderlich nit hat

getzimbt / er gab umb mein straff nit
/ ich ließ den in Eysen schlahen /
dan so begert er sein gelt / das ich
jme gab / er khaufft Roß und beredt
mein Wagenknecht oder Schlittn-
knecht / und drey Moscoviter / das
die mit jme entritten / namen jren
weg uber die grossen wasser Occa
und Tanais / uber das öde Wilde
Land / nach der Stat Asoph / der
macht mir ain verdacht / als wäre es
mit meinem willen oder wissen
geschehen / ich bat dem nach zu-
schickhen / das war zuvor verordent
/ auf alle Strassen.

Die so auf Asoph verordnet / kha-
men an die Scart die Järlichen und
täglichen in weittem Veld gegen den
Tathern gehalten wirdt / mit denen
khamen sy an ein Huefschlag oder
Spuer / an demselben bekhame jnen
ain Paur / den die enttrunnen mit
sich genött hetten / die gelegenhait
zu tzaichen / der ward jnen bey ainer
nacht entgangen / ab dem erinderten
sy sich / das des jr Huefschlag was /
dem ritten sy nach / und zu nachts
merckhten sy auf das Feuer oder
Rauch / den die zu jrer speiß anget-
zündt hetten / als sy nächner khamen
/ seind etlich nächner hintzue gekhr-
ochen / hintz sy an jre Roß seind
khomen / die an der Waidt giengen /
triben die von jnen herdan / mein
Wagenknecht ersach das die Pherdt
zu verr gangen warden / die wolt er
zu ruck treiben / und khumbt zwi-
schen denen die im Graß lagen / die
fueren auf / und druckten den nider /
er war der sterckheste undter den

fünffen / den panten sy / und gepotten jme zu schweigen / oder mueste sterben / pald kham ain ander / wolte auch die Roß zu ruck khern / dem geschach dergleichen und dem dritten /

Mit dem tratten sy dem Polackhen zue / der erwüscht sein Säbl / stelt sich zu Wehr / man sprach jme zue / die andern all waren gefangen / er sol seines lebens verschonen / da ruefft er dem Ständzel Wagenknecht / der meld sich / fragt den wie er stünde / sagt wär gefangen / da vertzweiflt der / und würfft sein Säbl von jm / und ergab sich gefangen / die zwen Poln warden in den letzten tägen unserer abverttigung gehn Mosaisco da wir abgeverttigt wurden bracht / ich batte mir die wider zutzestellen / erpot mich den uncossten zubetzallen /

Der Wagenknecht ward mir zustundan zuegestelt / aber des Erasms halben / ließ mir der Großfürst sagen / er wär darumb in die Mosqua khumen / den rechten Christlichen glauben zulernen und antzunemen / weil er dan des besind und fürnemens wär / wolt dem Fürsten nit gebürn / den von handen zugeben /

Ich sagt meinem Pristaw / das mich für guet ansehe / das der Großfürst den für uns all bringen ließ / dem wolt ich dermassen zuesprechen / ob das sein wil und mainung wäre / und so er das unbetzwungen also bekhente und begerte / so möcht man nit sagen der Großfürst hielt den Potschafften jre Leut wider jren

willen auf / das thet ich auch zu
meiner entschuldigung / das seine
Freund mich in ander weg hierin
hetten verdenckhen mügen / seines
gelts halben / Man bracht den für
uns / ich sprach jme dergleichen zue
/ Er bestuendt an den worten / wie
gesagt was / ich sprach pettestu dir
wol / so wirstu wol ligen / In dem
wässerten jme die Augen / ainer
sprach zu jme / was er sich zige / da
ließ er sich merckhen / er forchte
mein / ich wurde jnen gefenckhlichen
mit füren / mit dem Graffen
wolt er aber ziehen / der Graff sagt
mirs / obs nit wider mich wäre / wolt
den mit sich nehmen / Das ich gantz
gern sahe / wie solches dem Großfürsten
angetzaigt ward / gab den
auch willig dar / Der Erasm hat uber
anderthalbe tagraiß nit gehabt / gehn
Asoph zukhomen / von dannen hat
er vermaint sich hindurch auf das Lithisch
durch die öden und wilde zustraiffen.

  Der Püxenmaister ainer aus den
fünffen / davon hievor gesagt / die
zu Innspruck beredt worden / und
nach Lübeckh / und nach Leifland /
und in die Mosqua geraist sein / ain
Walch ist erplindt / dem hat der
Moscoviter auff unser fürbit vergont
heraus zutziehen / die andern begerten
gleichermassen heraus / Innhalt
jrer Glaidtsbrief / der Fürst gab uns
antwort / er wäre solcher brief wol
jngedenckh / er wolt sy auch lassen /
aber das mal nit / dan er jr bedörffte
/ die andern als Niclasen und Jordan

Porro Princeps cum Oratores Lithuanos haud procul a Moscovuia esse cognovisset, subito se venationis praetextu ac recreandi animi gratia, tempore minime tamen ad venandum congruo, Mosaisko, quo loco maximam habet leporum copiam, contulerat: nosque ad sese, ne fortasse Lithuani urbem ingrederentur, vocaverat.

ubi impetratis confirmatisque induciis, undecima Novembris dimissi, sciscitabatur Princeps, qua via nos redituri essemus, quia Turcam Budae fuisse intellexerat: quid autem effecisset, se ignorare aiebat.

Eadem qua veneramus via, Dobrovunam usque reversi, impedimenta nostra, quae ex Vuiesma per Borysthenem miseramus, ibi recepimus: Pristavumque Lithuanum, qui nos eo loci exspectabat, reperimus: a quo, Ludovicum Hungariae regem periisse, tum primum intelleximus.

A Dobrovuna 4 miliaribus venimus Orsam: unde eodem itinere, quo ego in priore reditu usus eram, Vilnam pervenimus:

muessten wir verlassen / die andern zwen warn hievor gestorben.

Wie wir verehrt und abgeverttigt seind worden / steet hievor / ließ uns darnach der Großfürst fragen / welchen weg wir wider zu ruckh nemen wolten / wir sagten nach der Wild / Craccau und Wienn / darumb / sagten die Secretarien / fragt der Großfürst / dann jme sey von seinen Granitzen zu khundt gethon / wie der Türckh zu Ofen gewest wäre / was der aber außgericht / weste man nit / damit wir uns wisten darnach zuhalten.

Die ander mein wider Raiß aus der Mosqua.

Also namen wir unsern weg wider / wie wir den hinein gehabt / hintzt gehn Dobrowna / dahin khamen unsere guetter von der Wiesma / nach dem Nieper / daselbsten fanden wir den Lithischen Pristaw / der sagt uns die laidige mär von Khünig Ludwigs tod.

Von der Dobrowna nach Orsa und gar gehn der Wild / nach meiner ersten Raiß /

ibique ab Regis naturali filio, Ioanne
episcopo Vilnensi, humaniter accep-
ti, lauteque tractati fuimus. tum
    Rudnik, post 4 miliaribus
    Vuolkonik, 3 miliaribus
    Meretsch oppidum, quod ab eius-
dem nominis illic fluvio nomen ha-
bet, septem miliaribus
    Osse, 6 miliaribus
    Grodno principatum ad Nemen
fluvium situm, septem miliaribus
    Grinki, 6 miliaribus quo cum pri-
ma Ianuarii proficisceremur, tam du-
rum frigus obortum fuit, impetusque
ventorum nives in modum turbinis
volvens, dispergensque,
adeo ut hoc tanto tamque infesto
frigore equorum testiculi, & aliqua
ex parte caniculae ubera congelata,
corruptaque exciderint.
Equidem nasum, nisi tempestivius a
Pristavo admonitus fuissem, fere
amisissem. Ingressus enim hospi-
tium, vix tandem, nive, monitu Pri-
stavi, nasum macerando ac fricando,
non citra dolorem sentire coeperam,
scabieque quodammodo oborta, ac
dein paulatim arescente, convalue-
ram.

gallumque Moscoviticum, more

von der Wild gehn Rutnikhj vier /
Volkhovitz drey /
Moretz siben / nach dem fürfliessen-
den wasser auch also genant /

Osse sechs /
Grodno siben meyl /

Von Grodno ruckhten wir sechs
meyl gehn Grinkhj / wir hetten ain
so scharffen wind von Aufgang der
den Schnee tribe /

als ich zu Herberg kham / het mir
grosse stuckh Eyß an meinem Part
anplasen / der Pristaw spricht / wie
mir an meiner Nasen wäre / griffe
ich daran / emphande gar khain be-
schwärd / er warnte mich treulich /
als ich aber zum feuer kham / das
Eyß vom Part zubringen / und die
wierme an mich raicht / emphande
ich erst an der Nasen ein beschwärdt
/ ich fragt den Pristaven wie ich dem
thuen solt / hieß mich die Nasen der
Ende mit Schnee wol und wol rey-
ben / das thet ich auch als lang ich
müed halben mochte / dannocht
wuechs mir ain messerruckh dickh
ain rufen / an dem selben ort der Na-
sen / darundter hat es mit der zeit
wider gehailt.

    Meine Leut haben ain Junges

./.

Germanorum super currum sedentem, frigoreque iamiam morientem, servitor crista, quae gelu concreta erat, subito abscissa, non solum hoc modo servavit, verum etiam ut erecto statim collo cantaret, nobis admirantibus, effecit.

Huendle in der Mosqua ertzüglt / das ain gewachsner Hon was / mit ainem dickhen khamp / der saß auf dem wagen / in der Herberg hieng den Kopff / man schnit jme den khamp ab / pald hueb er an zukhräen / ich sahe den khamp / wardt recht mit Eyß underspickht.

Martin Gilig / genant Khü. May. Portier ain Hispanier / het ain Hundtsmuetter zu der Mosqua uberkhomen / die neulichen gewelfft / also das noch die hinderisten thutn vol waren / die seind dermassen wie ain schwartz thuech erschwartzet und abgefallen / Mathesen Zeller seind zwen finger in der hand erhertnet / das er die hintzt gehn Craccau nit piegen noch brauchen mügen / er kham in ain Paurn heusle / ist wider sein willen daraus in ainen Schlitten getragen worden / und also hingefürt / Frantz Fitzin / meiner Schwester Sun / hette Martin Gilig den in seinem Schlitten vom Pherdt nit genomen / und in sein Wolffspeltz verwickhlt / wäre bliben und erfroren.

Des Grafen wagenpherdt ainem seind etliche stuckh vom geschröt hingefallen / als hette mans hingeschnitten / alles khelten halben.

A Grinki, per magnam sylvam, in
    Narevu, 8 miliaribus
    Bielsco, 4 miliaribus
    Milenecz, 4 miliaribus
    Mielnik, 3 miliaribus
    Loschitzi, 7 miliaribus. post 8 miliaribus
    Poloniae oppidum tandem Luco-

Von Grinkhj

gehn Narew acht meyl /
Biesco vier /
Milenetz drey /

Lositzi siben meyl / alles in Lithen /

dan auf das Polnisch gehn Lucow

vu, ad Oxi fluvium situm. Huius loci praefectus Starosta, quasi dicas senior, appellatur: sub cuius ditione tria millia nobilium esse feruntur. Sunt ibi aliquot villae atque pagi, in quibus tantus nobilium crevit numerus, ut nullus sit colonus.

Oxi oppidum ad fluvium eiusdem nominis situm, 5 miliaribus

Steschicza oppidum, sub quo Vuiepers fluvius Istulam ingreditur, 5 miliaribus.

Svuolena oppidum, 5 miliaribus quo loco Vuiepers fluvio transmisso,

Senna, 5 miliaribus.

Polki, 6 miliaribus.

Schidlovu oppidum muro cinctum, 6 miliaribus

Vuislicza oppidum muratum in lacu quodam situm, 5 miliaribus.

Prostvuicza, 6 miliaribus indeque 4 miliaribus

Cracoviam tandem reversi sumus: ubi multa quidem praeter mandata, sed quae tamen Domino meo Bohemorum regi recens electo non ingrata & profutura sciebam, tractavi.

acht / an dem wasser Oxi / undter dem gepiet / sollen bey dreythausent Edlleut sein / dan vil Dörffer die khain Paurn haben / seind all Edl / Sunder zweifl die Väter jren Sünen mit der zeit also außgethailt / und noch der zeit ye ain Vater sechs / acht oder zehen Süne unversehen gehabt /

Furter gehn Oxi nach dem wasser also genannt fünff meyl /

Stesitza am Nipers fünff meyl /

Svolena fünff meyl / daselbsten uber den Wiepers geraist /

Senna fünff /

Polkhj sechs /

Schidlow gemaurt Stätle sechs /

Visslitza eingemaurt Stätle fünff meyl /

Prostwitz sechs / und gehn Craccau vier meyl.

Als ich des Khünig Ludwigs tod vernam / ich wisste das mein Herr zu Khünig in Behaim gewelt wurd / auch das recht so den Herrn von Osterreich gehn Hungern gehabt / hab ich aller der sachen was meinem Herrn zu guet zuhandlen bedacht dasselb zu Craccau gehandlt /

so kham Herr Jan Mraxi dahin gesanter / nun het ich vil vor seiner ankhunfft des / darumb er gesant was gehandlt / er was khranck / hab ich sein werbung und bevelch auch verricht.

Ex Cracovia iter nostrum Pragam versus dirigentes, per
    Cobilagora, 5 miliaribus
    Ilkusch plumbifodinas, 2 miliaribus
    Bensin oppidum, 5 miliaribus infra quod haud longo intervallo Pieltza fluvius Poloniam a Silesia dirimit.
    Silesiae oppidum Pielscovuicza, 5 miliaribus
    Cosle oppidum muratum, ad Oderam fluvium, quem Viagrum appellant, situm, quatuor miliaribus
    Biela, 5 miliaribus
    Nissam, 6 miliaribus civitatem, Vratislaviensium Episcoporum sedem, in qua ab Iacobo episcopo perhumaniter accepti ac tractati fuimus.
    Othmachavu castrum episcopi 1 miliari.
    Baart, 3 miliaribus
    Bohemiae oppidum Glacz, Comitatus, 2 miliaribus
    Ranericz, 5 miliaribus
    Ieromiers pariter 5 fere miliaribus
    Bretschavu, 4 miliaribus
    Limburg, 4 miliaribus civitatem ad Albim fluvium sitam.
    Pragam tandem, caput regni Bohemiae 6 miliaribus ad Moltavam fluvium sitam, perveni,
meumque Principem iam Bohemorum Regem electum, eoque ad coronationem vocatum reperi: cui equidem coronationi vicesima quarta Februarii interfui. Porro Oratores Mosci, qui me sequebantur, & quibus officii atque honoris gratia obviam processeram, dum arcis & urbis ma-

Von Craccau namen wir den weg gehn
Cobilagora fünff meyl /
Ilkhusch zwo

Bensin fünff / nit verr von dan fleusst Pieltza das geschaid an dem ort zwischen Poln und Schlesien / gehn Pielscovitza fünff /

Cosle an der Oder vier meyl /

Biella fünff /
gehn der Neiß / des Bischove zu Breßlau Hofhaltung sechs meyl / Otmachau mit dem Bischove Jacobo geessen / ain meyl /

Bart drey /
dan in Behaim / Glatz ain Grafschafft zwo meyl /
Raneritz fünff /
Jeromters fünff /

Bretschaw vier /
Limburg an der Elb vier /

und gehn Prag sechs meyl.

Zu Prag fand ich mein Herrn zu der Cronung berüefft / bin auch bey der Cronung gewest / die gehalten ist worden am vierundtzwaintzigisten tag Februarij / Der Khünigin Cronung den nechsten tag darnach / Die Moscovitisch Potschafft kham hernach / der ich entgegen geritten /

gnitudinem intuerentur, non esse castrum, aut civitatem, sed regnum potius dicebant, quod sine sanguine acquiri permagnum esset.

Caeterum rex clemens & pius, audita ac cognita relatione mea, consultationeque de rebus tum imminentibus finita, grata habuit quae gesseram, de diligenti mandatorum suorum expeditione, deque his quae praeter mandata profutura tum effeceram: & quod me aegrotum quidem, ad omnes labores obeundos obtuleram, gratiam suo ore pollicebatur. Quae omnia cum Regi grata essent, mihi iucundissima fuere.

und eingefurt hab / wie derselb Schloß und Stat sahe / sprache / es ist nit ain Schloß / es ist nit ain Stat / sonder ain Khünigreich / und ist nit nichts ein solch Khünigreich / on Pluet vergiessen zu uberkhomen.

Als ich mein Handlung im Rath fürbracht / auch antzaigte / was ich ausserhalb bevelch in Poln gehandlt het / da ward geredt / der Khünig solte bald wider in Poln schicken / der Rath gieng mich zu schickhen / wie ich aber gefragt ward / sagt ich / wiewol ich seer khranckh ward / nichts minder soverr der Khünig vermaint / not sein zu schickhen (des ich doch antzaigte / das es nit sein sol) khünte ich nit reitten / so wolt ich faren / möchte ich nit faren / wolte mich tragen lassen / und seiner Khü. May. Nutz nit versaumen / meinem Rath fiel der Khünig zue / und sagte mir danckh / umb das ich seiner Khü. May. etc. Bevelch wol verricht hette / Zum andern das ich seiner May. etc. sachen treulichen nachgedacht / und ausser bevelchs gehandlt het Zum dritten umb das ich mich wider zu raysen angepotten het / Des alles mit gnaden zuerkhennen / solches genedigen danckhs ich mich nit wenig erfreiet hab / und noch / Gott dem Herrn sey Ewiger Danckh Lob und Ehr / mit des gnaden solches alles verricht ist worden.

FINIS.

Register

Zum Informationswert der Register

Beim Aufbau der Register wurde versucht, möglichst viele potentielle Gesichtspunkte zu bedenken, unter denen ein Nutzer an einem Begriff interessiert sein könnte. Auch ungewöhnlichen Suchabsichten sollen die Register so weit wie möglich entgegenkommen. Welchen Gebrauchswert sie im Einzelnen haben, mögen die folgenden Beispiele verdeutlichen.

Unterschiedliche Informationsbedürfnisse kann man schon bei dem Namen „Herberstein" haben. Dem einen genügt es, sämtliche Stellen, an denen der Autor in seinem Werk namentlich erscheint, im Personenregister unter „Herberstein, Sigismund Frh. v." zu finden; einen anderen interessiert vielleicht mehr, wie oft Herbersteins vollständiger Name im Text enthalten ist. Im zweiten Fall führt ein Nachschlagen unter „Gutenhag" (bzw. „Neuberg") schneller zum Ziel. Die Bindung dieser Namensbestandteile an Gebietsherrschaften legt freilich nahe, sie ins Ortsregister einzuordnen.

Eine schwierige Überlegung war, ob an Stellen, an denen der Autor in genitivischer Konstruktion Vatersnamen nennt – also etwa: „Ioannes Basilii" –, beide enthaltenen Namen für die Register erfasst werden sollen. Beschlossen wurde, in der Tat beide Namen zu erfassen, sofern der im Genitiv stehende Vater daneben auch eigenständig im Werk vorkommt. Bezieht man das gegebene Beispiel auf Ivan III. und Vasilij II. Temnyj, so vermehrt sich damit die Zahl der Belegstellen für Vasilij II.; das Ausmaß dieser Vermehrung fällt jedoch nicht übermäßig ins Gewicht. Ein ausschließlich an Vasilij II. Interessierter kann daher in Kauf nehmen, auch auf Stellen, an denen dieser nur indirekt, als Vater Ivans III., erwähnt ist, verwiesen zu werden – vor allem deshalb, weil Vatersnamen bei Herberstein gehäuft in genealogischen Reihungen auftreten; oft also wird der Betreffende in unmittelbarer Nähe auch eigenständig im Text genannt.

Bei der Suche nach Stellen, an denen Herberstein ein bestimmtes Land nennt, interessieren wohl in erster Linie Kontexte, die dieses Land als geographischen Ort oder bezüglich seiner Eigenschaften ansprechen. Schon aus dieser Art von Nennungen ergibt sich eine hohe Zahl von Textstellen für Länder wie „Litauen", „Polen" oder den Moskauer Staat (im Register als „Moskau, Gftm.", also „Großfürstentum Moskau", eingeordnet). Zusätzlich kommen diese Namen jedoch auch oft in Verbindung mit Herrschernamen vor. Zwecks sinnvoller Begrenzung der Textstellen-Menge bei „Litauen", „Polen" usw. wurde deshalb entschieden, zwar die Stellen, an denen anonym vom „rex Poloniae" oder „princeps Moscoviae" die Rede ist, hier mit einzuordnen, nicht jedoch Stellen zu erfassen, an denen dieser Herrscher zugleich namentlich genannt ist und der Ländername lediglich der ergänzenden Definition der Person dient. Die Erfassung von Ländernamen im Kontext konkreter Herrschernamen beschränkt sich stattdessen auf Fälle, in denen besonderes Gewicht auf dem vollständigen Titel liegt oder in denen es darum geht, dass jemand überhaupt erst

zum Herrscher über ein bestimmtes Land wird. Register-Nutzer, die im Zusammenhang mit dem Stichwort „Polen" hingegen auch Stellen des Typs „Sigismundus rex Poloniae" auffinden wollen, gelangen zum Ziel, indem sie zusätzlich im Personenregister sämtliche von Herberstein genannten Könige Polens nachschlagen. Das Register weist diese zuverlässig als „Kg. (v. Polen)" aus und beschleunigt damit die Orientierung.

Manchmal schließt Herberstein an eine Herrschernennung statt eines Ländernamens ein Ethnonym im Genitiv an. Die Textstellen dieses Typs sind weniger zahlreich und betreffen Herrscherpersonen von weit unterschiedlicherer Art – vom türkischen Sultan bis zum Stammesfürsten. Sie werden in den Registern deshalb ganz regulär berücksichtigt; das heißt sie sind dort ebenso erfasst wie jede andere Stelle, an der das Ethnonym vorkommt. Dass dies aufgrund der Vielzahl an Nennungen von „Romanorum Imperatores" viele Einträge bei „Römer (= Bewohner des röm.-dt. Reichs)" verursacht, muss hingenommen werden. Immerhin besteht bei „Römer" die Möglichkeit, zwischen Römern der Antike, „Romani" bzw. Römern in zeitgenössisch-politischem Sinn (das heißt Reichsbewohnern zu Herbersteins Zeit) sowie „Romani" oder Römern als Glaubensangehörigen zu differenzieren – und durch diese Dreiteilung manchen Suchaufwand doch wieder zu verringern. Verzichtet wurde darauf, gleichermaßen klar unterscheiden zu wollen, ob Herberstein im Einzelfall von einem „Ruthenus" im ethnischen oder aber in einem religiösen Sinne spricht. Hier sollte man sich lieber auf Herbersteins Sprachgebrauch einlassen und keinesfalls Nutzern das Auffinden von Stellen, die der Register-Bearbeiter womöglich anders deutet als sie selbst, unnötig erschweren.

Die Länder-Abkürzungen neben den Namen von Städten und Dörfern im Ortsregister sind nicht allein als geographische Information zu verstehen – als solche wären sie vielfach überflüssig –, sondern dienen zugleich als Standard-Kennzeichnung für alle diejenigen Orte, deren Lage (bzw. deren grundsätzliche Existenz in Übereinstimmung mit den Angaben Herbersteins) zweifelsfrei feststeht. Eine ähnliche Funktion erfüllt die Nennung von Todesdaten im Personenregister: Im Falle Maksim Greks beispielsweise zeigt schon das Todesdatum an, dass Herbersteins Verdacht, Vasilij III. habe den Mönch wegen dessen Kritik an der Religionspraxis der Russen zu Tode kommen lassen, falsch war. Entsprechende Kommentierungen erübrigen sich so.

Das Prinzip, sämtliche in den Originaltexten vorkommenden Schreibweisen in den Registern zu erfassen, wurde so konsequent umgesetzt, dass etwa auch die Lautungen „Obskow" und „Otwer" auftauchen, obwohl sie offensichtlich nur durch Herbersteins falsches Dekomponieren präpositionaler Verbindungen zustande gekommen sind. – Sachlich weniger klar scheint beispielsweise, an welchen Stellen mit Herbersteins Rjazań nicht Perejaslavl' Rjazanskij gemeint ist, sondern doch eher das spätmittelalterliche Rjazań. Zu dem Register-Eintrag „Perejaslavl' Rjazanskij" wurde hier nur in Fällen hinverwiesen, in denen diese Auflösung eindeutig ist.

Schreibweisen sind da, wo es verschiedene Möglichkeiten gegeben hätte, zumeist dem Gebrauch im Lexikon des Mittelalters angepasst. Auch dessen Definitionen und

Termini – zum Beispiel zur Charakterisierung bzw. Typologisierung nicht mehr existenter Siedlungen – wurden verschiedentlich übernommen.

Weitere detaillierte Rechtfertigungen für spezifische Entscheidungen bei der Erstellung der nachfolgenden Register enthält der Aufsatz: Der Informationsgehalt vollständiger Register zu Herbersteins „Rerum Moscoviticarum Commentarii" und wie man ihn optimal steigert, in: Jahrbücher für Geschichte Osteuropas 51 (2003), S. 367–378.

Zur Systematik der Register

Im Ortsegister folgt auf die Namen von Städten, Dörfern und Burgen in Klammern das jeweilige heutige Land, in dem diese liegen, bzw. die heute dort übliche Namensform, falls sie nicht mit dem deutschen oder russischen Namen identisch ist. Entsprechende moderne Namensvarianten sind mit in das Register aufgenommen; Pfeile weisen von dort zum heutigen russischen oder deutschen Namen.

In Großschrift erscheinen die Namen von Ländern, Erdteilen und historischen Regionen. Länderadjektive sind nicht in das Ortsegister aufgenommen, sondern im Register der Völker, Sprachen und Religionen zu finden.

Für Gewässer wurden nach Möglichkeit deutsche Namensformen benutzt. Bei Flüssen, die nicht durch deutschsprachiges Gebiet fließen, folgt in der Regel der im Mündungsgebiet landesübliche Name in Klammern. Als geographische Orientierungshilfe steht bei Flüssen, die nicht in Meere oder Seen münden, eine Bestimmung als Nebenfluss (Nfl.) des größeren Flusses, in den sie münden.

Wie das Ortsregister enthält auch das Personenregister alle in den Texten vorkommenden Namenslautungen und weist zu einer einheitlichen (in der Regel modernen) Form. Zusätzlich zu den Formen, die man bei Herberstein findet, sind vielfach auch moderne Namensformen, unter denen eine Person möglicherweise gesucht wird (etwa „Dantyszek, Jan" statt „Johannes Dantiscus"), berücksichtigt. Ist das Todesjahr einer Person nicht ermittelbar, so dienen ersatzweise andere ergänzende Angaben dazu, einzugrenzen, wann die Person gelebt hat.

Abkürzungen

Bf.	Bischof
Bm.	Bistum
böhm.	böhmisch
Bulg.	Bulgarien
byz.	byzantinisch
bzw.	beziehungsweise
dän.	dänisch
Dänem.	Dänemark
dt.	deutsch
Dtld.	Deutschland
Ebf.	Erzbischof
Ehzg.	Erzherzog
estn.	estnisch
finn.	finnisch
Fl.	Fluss
Frh.	Freiherr
frz.	französisch
Fs.	Fürst
Fsbf.	Fürstbischof
Fsm.	Fürstentum
Fsn.	Fürstin
Gf.	Graf
Gfs.	Großfürst
Gfsm.	Großfürstentum
griech.	griechisch
hl.	heilig
Hzg.	Herzog
Hzm.	Herzogtum
israelit.	israelitisch
It.	Italien
ital.	italienisch
Jh.	Jahrhundert
Kard.	Kardinal
Kfs.	Kurfürst
Kg.	König
Kgn.	Königin
Kgr.	Königreich
Ks.	Kaiser
lett.	lettisch
li.	linker
lit.	litauisch
Lit.	Litauen

livländ.	livländisch
Mgf.	Markgraf
Mgft.	Markgrafschaft
Ndl.	Niederlande
Nfl.	Nebenfluss
Norw.	Norwegen
norweg.	norwegisch
Österr.	Österreich
Pl.	Plural
poln.	polnisch
re.	rechter
röm.	römisch
russ.	russisch
Russ. Föd.	Russische Föderation
schwed.	schwedisch
serb.	serbisch
Sg.	Singular
slowak.	slowakisch
slowen.	slowenisch
span.	spanisch
tatar.	tatarisch
tschech.	tschechisch
u.	und
u.a.	unter anderem
Ukr.	Ukraine
ukrain.	ukrainisch
ungar.	ungarisch
Usb.	Usbekistan
usw.	und so weiter
v.	von
v. Chr.	vor Christi Geburt
weißruss.	weißrussisch
Weißrussld.	Weißrussland

Folgende Nennungen von Autorennamen innerhalb der Register beziehen sich auf folgende Werke:

ZAMYSLOVSKIJ, E. E. Gerberštejn' i ego istoriko-geografičeskija izvěstija o Rossii (S.-Peterb. 1884).

ZIMIN, A. A. Rossija na poroge novogo vremeni (Moskva 1972).

Personenregister

Abd-el Letif (Prinz aus Kazań, † 1517) 297,21; 297,58; 298,1; 298,17; 298,30; 298,38; 298,67

Abdelatif, Abdelatiph, Abdelativu → Abd-el Letif

Abrahemin → Ibrāhīm

Adrianus → Hadrian I.

Aegeas (Aegeates, Statthalter in Achaia, 1. Jh.) 111,16; 111,53

Afranius → Avraamij

Agatho, hl., Papst († 681) 122,20; 122,56; 125,2; 125,38

Agis (führender Nogaier, 16. Jh.) 330,1; 330,19; 330,30; 330,40; 330,48; 330,52

Agus Antipatrus → Aegeas

Albertus → Albrecht II., → Albrecht der Beherzte, Hzg., → Albrecht v. Ansbach

Albertus Campensis, Albertus Pighius Campensis → Campensis, Albert

Albertus Gastol, Albertus Gastold → Gasztold, Olbracht

Albrecht der Beherzte, Hzg. (v. Sachsen, † 1500) 340,15; 340,38

Albrecht Gastold → Gasztold, Olbracht

Albrecht II. (dt., böhm. u. ungar. Kg., † 1439) 96,12; 96,33; 96,42; 97,29

Albrecht Penckher von der Hayd → Penckher von der Hayd, Albrecht

Albrecht v. Ansbach (Ordenshochmeister in Preußen, † 1568) 338,8; 338,43; 439,5; 447,11

Albrecht v. Brandenburg, Kfs., Ebf. (v. Mainz, † 1545) 372,30

Albrecht VII., Hzg. (v. Mecklenburg, † 1547) 373,32

Alculpa → Qulpa

Alega, Alegam → Alegam'

Alegam' (Ali-Chan, Khan v. Kazań, 15. Jh.) 297,23; 297,60; 298,4; 298,8; 298,16; 298,18; 298,25; 298,40; 298,45; 298,55

Aleksandr Jaroslavič Nevskij, Gfs. (v. Vladimir, † 1263) 51,13; 51,50

Aleksej, hl.??, Metropolit († 1378) 218,42

Alex → Aleksej

Alexander → Alexander der Große, → Aleksandr Jaroslavič Nevskij, → Witowt, → Alexander VI., → Alexander, Gfs. (v. Lit.), Kg. (v. Polen)

Alexander der Große († 323 v. Chr.) 227,32; 227,65

Alexander VI., Papst († 1503) 141,8; 141,11; 141,42; 141,44

Alexander, Gfs. (v. Lit.), Kg. (v. Polen, † 1506) 57,13; 57,27; 57,50; 60,3; 60,40; 63,14; 63,22; 63,33; 63,50; 63,62; 63,72; 97,11; 97,39; 98,6; 98,37; 98,44; 235,32; 235,72; 326,21; 326,25; 326,55; 327,61; 340,23; 340,49; 341,11; 342,3; 348,8; 365,5; 365,41; 449,38; 460,32

Alexandra (Gattin Ziemowits IV., † 1434) 99,24; 99,56

Alexius → Aleksej 217,7; 217,48

Algirdas → Olgerd

Amulia → Maria (Tochter Ziemowits IV.)

Anastasia → Sofia (Tochter Witowts)

Andre → Andrej, Fs. (v. Gorodec; Sohn Aleksandr Nevskijs), → ‚Andrej' (Bruder des Dmitrij Šemjaka), → Andrej, Fs. (v. Starica, Sohn Ivans III.)

Andre [Sant] → Andreas, hl.

Andre Tantzinskhj → Tęczyński, Andrzej

Andre(s) Hannsen Sun → Andrej Ivanovič, Fs. (v. Kiev)

Andreas → Andreas, hl., → Andrej, Fs. (von Gorodec; Sohn Aleksandr Nevskijs), → ‚Andrej' (Bruder des Dmitrij Šemjaka), → Andrej, Fs. (v. Možajsk), → Andrej, Fs. (v. Starica, Sohn Ivans III.)

Andreas Gritzkhj → Krzycki, Andrzej

Andreas, hl., Apostel († 60) 110,25; 110,62; 245,5; 245,40

‚Andrej' (Bruder des Dmitrij Šemjaka) 53,25; 53,65

Andrej Ivanovič, Fs. (Vater v. Jagiełłos Gattin Sofia) 96,4; 96,25

Andrej, Fs. (v. Gorodec), Gfs. (v. Vladimir, Sohn Aleksandr Nevskijs, † 1304) 51,13; 51,16; 51,50; 51,53

Andrej, Fs. (v. Možajsk u. Beloozero, † 1432) 236,5; 236,8; 236,43

Andrej, Fs. (v. Starica, Sohn Ivans III., † 1537) 56,2; 56,32; 79,30; 108,32; 232,3; 232,43; 310,1; 310,39

Anna (byz. Prinzessin, Gattin Vladimirs I., †

nach 1011) 48,20; 48,58; 49,6; 49,32; 49,54
Anna (Gattin Ferdinands I., † 1547) 83,5; 83,17; 97,18; 97,23; 97,52; 97,61; 102,3; 102,6; 102,34; 102,38; 103,1; 104,1; 104,41; 440,18
Anna (Schwester Witowts, † 1448) 94,18; 94,56
Anna (Tochter Ziemowits IV. v. Masowien, 15. Jh.) 100,10; 100,31
Anna comes Celeiae → Anna v. Cilli
Anna v. Cilli (Gattin Jagiełłos, † 1416) 95,37; 95,69
Anna v. Foix-Grailly (Gattin Vladislavs II., † 1506) 97,49; 102,32
Annastasia → Sofia (Tochter Witowts)
Anndre [Sannt] → Andreas, hl.
Antonius Bied → Wied, Anton
Apolinaris zu Laodicea → Apollinaris
Apollinaris, Bf. (v. Laodikeia, † nach 390) 127,23; 127,60
Arnestus austriae Archidux → Ernst der Eiserne
Asbeck, Aszbegkh → Özbeg
Attila (Hunnenherrscher, † 453) 280,9; 280,27
Augustus (röm. Ks., † 14) 227,32
Avraamij, Bf. (v. Kolomna, † 1502) 92,32; 92,71

Babič, Fedor, Fs. (15. Jh.) 223,29; 223,68
Babitz, Dietrich, Babitz, Theodorus → Babič, Fedor
Bagrakov, Fedor (Mitorganisator der Hochzeit Vasilijs III.) – oder, wie A. A. Zimin vermutet, Tret'jak Rakov 79,6; 107,40
Barack Soltan, Barack Szolthan → Nevrūz Ahmed (Baraq Chan)
Barbara Radziwiłł (Gattin Sigismunds II. August, † 1551) 98,26; 99,32
Barbara Zápolya (Gattin Sigismunds I., † 1515) 98,11; 98,46; 102,63; 442,33
Barlabasch Belaj, Barnabas Bel → Bel, Varnava; → Bel, Varnava
Baro Herberstaynius → Herberstein, Sigismund, Frh. v.
‚Bartholomäus' (Waffenschmied aus It., 15./16. Jh.) 300,7; 300,43
Bartholomaeus → Varlaam, Metropolit, → ‚Bartholomäus' (Waffenschmied aus It.)
Bartholome → Varlaam, Metropolit
Bartholomeus → Varlaam, Metropolit, → ‚Bartholomäus' (Waffenschmied aus It.)
Basil → Vasilij II. Temnyj
Basileios II. (byz. Ks., † 1025) 43,1; 43,34; 48,19; 48,55
Basilius → Basilius der Große, hl., → Vladimir I. Svjatoslavič, → Basileios II., → Vasil'ko, → Vasilij II. Temnyj, → Vasilij Ivanovič, Gfs. (v. Rjazań), → Vasilij (Sohn v. Gfs. Ivan Vasil'evič v. Rjazań), → Vasilij, Fs. (v. Starodub), → Šemjačič, Vasilij Ivanovič, Fs. (v. Ryl'sk u. Novgorod-Severskij), → Vasilij III., → Jaroslavskij, Vasilij → Dolmatov, Vasilij Vasil'jevič Tret'jak
Basilius [Knes], Basilius Linczkii, Basilius Linßkhj, Basilius Lintzkii, Basilius Lynski → Glinskij, Vasilij L'vovič
Basilius Bielski, Basilius [Fürst zu Biella, princeps Bielae] → Bel'skij, Fedor Ivanovič
Basilius Constantini → Vasil'ko
Basilius der Große, hl. (griech. Kirchenlehrer, Bf., † 379) 155,23; 155,59
Basilius Iaroslavuski, Basilius Jaroslawski → Jaroslavskij, Vasilij
Basilius Schuiskhi, Basilius Schuiski → Šujskij, Vasilij
Basilius Semeczitz, Basilius Semetzitz, Basil Semetzytz → Šemjačič, Vasilij Ivanovič, Fs. (v. Ryl'sk u. Novgorod-Severskij)
Basilius Staradubski, Basilius von Starodub → Vasilij, Fs. (v. Starodub)
Basilius Tretyack Dolmatovu, Basilius Tretyak Dalmatow → Dolmatov, Vasilij Vasil'evič Tret'jak
Basilly → Vasilij II. Temnyj
Bathi → Batu
Bathir, Bathir Soltan → Batir
Bati → Batu
Batir (Sohn Mehmed Girāis) 330,34; 330,63
„Batmassa soltan" (erste Gattin Ibrāhīms v. Kazań, 15. Jh.) 297,22
Batti → Batu
Batu (erster Herrscher der Goldenen Horde, † 1255) 50,26; 50,64; 285,16; 285,54; 286,21; 286,31; 286,34; 286,37; 286,61;

286,65; 286,68; 286,70; 286,74
Batyj → Batu
Beatrice v. Aragón (Gattin Matthias' I. Corvinus, † 1508) 101,51
„Bebeid Chan" (angeblicher „Chan de Cataia") 322,12; 322,46
Bebeyd Chan → „Bebeid Chan"
Bel, Varnava (zu den Osmanen entsandter ungar. Bote, 15./16. Jh.) 484,36; 489,30
Bel'skij (Nachfahren Gedimins) 240,58
Bel'skij, Dmitrij Fedorovič, Fs. (russ. Heerführer, † 1551) 231,35; 231,71; 240,26; 240,63; 301,30; 301,66; 309,33; 309,69; 309,72
Bel'skij, Fedor Ivanovič, Fs. († wahrscheinlich 1506) 172,6; 172,14; 172,35; 240,17; 240,18; 240,57; 241,2
Berdabeck, Berdebeck → Berdi Beg
Berdi Beg (Khan der Goldenen Horde, † 1359) 287,5; 287,39
Bethmani → Bethmann
Bethmann (Krakauer Patrizierfamilie) 159,17
Bethmann, Erazm (Krakauer Patriziersohn, 16. Jh.) 159,18; 159,50; 161,2; 161,8; 161,22; 161,29; 161,33; 161,59; 162,8; 162,36; 162,51; 162,63; 503,41; 503,42; 505,27; 506,21
Bied, Antonius → Wied, Anton
Bielski, Basilius, Bielski → Bel'skij, Fedor Ivanovič
Bielski, Demetrius [Knes] → Bel'skij, Dmitrij Fedorovič
Bielskj → Bel'skij
Bielskj [Khnes] → Bel'skij, Fedor Ivanovič
Bielskj, Demetri [Khnes] → Bel'skij, Dmitrij Fedorovič
Blasius, Blasius Ulas → Vlas' Ignat'ev
Blud (Gefolgsmann Jaropolks, 10. Jh.) 46,9; 46,14; 46,29; 46,36; 46,45; 46,50; 46,67; 46,71; 47,7; 47,39
Bogusius → Bohowitynowicz, Bohusz Michał
Bogusław IX., Hzg. (v. Pommern-Stolp, † 1446) 100,7; 100,29
Bohowitynowicz, Bohusz Michał (lit. Schatzmeister, † 1530) 431,17; 433,12; 433,46; 436,12; 436,18; 436,38; 437,30;

437,70; 460,23; 503,21
Bohusch [Michael] → Bohowitynowicz, Bohusz Michał
Bohutinovuitz → Bohowitynowicz, Bohusz Michał
Bolesłaus → Boleslav I.
Boleslav I., Fs. (v. Böhmen, † um 970) 49,57
Bolesław I., Hzg. (v. Schlesien-Teschen, † 1431) 100,5; 100,26
Bona Sforza (Gattin Sigismunds I., † 1557) 98,15; 98,51; 100,47; 355,24; 442,28; 448,18; 500,5
Bonar, Hanns → Boner, Jan
Boner, Jan (Krakauer Bankier, † 1523) 444,56; 445,3; 445,24
Boris Aleksandrovič, Gfs. (v. Tveŕ, † 1461) 246,10; 246,15; 246,46; 246,53
Boris, hl., Fs. (v. Rostov, Sohn Vladimirs I., † 1015) 48,2; 48,36; 50,3; 50,6; 50,37; 50,41
Boulon (Gesandter, 1516 im Auftrag des späteren Ks.s Karl V. bei Christian II. v. Dänem.) 374,27
Brassicanus, Johannes Alexander (Dichter, † 1539) 23,32
Brassicanus, Johannes Ludwig (Dichter, † 1549) 23,23; 24,13
Buhotinowitz, Michael Bohusch → Bohowitynowicz, Bohusz Michał
Bule [Herr von] → Boulon

Caesar → Augustus
Calufcza, Caluwtza → Malk aus Ljubeč
Campensis, Albert (Verfasser einer Schrift „De Moscovia", † 1542) 16,5
Candale unnd Foyx → Foix
Carl, Carol, Carolus → Karl V.
Casimirus → Kasimir IV., → Kasimir, hl.
Catharina → Katharina (Tochter Ziemowits IV.), → Katharina (Tochter Ferdinands I.)
Celestinus → Zölestin I.
Čeljadnin, Ivan Andreevič, Fs. († 1516 oder wenig später) 65,21; 65,61; 67,26; 67,66; 449,6
Chabaŕ-Simskij, Ivan Vasil'evič († 1534) 306,4; 306,44; 307,27; 307,63
Chalil („Chalilek', Khan v. Kazań, † 1467)

297,16; 297,53; 298,23; 298,60
Chelealech, Chelealeck, Chelealekh →
   Chalil
Chidir, Chidyŕ → Chiżyr Chān
Chisaletzkhj, Michael → Kizaleckij,
   Michail
Chiżyr Chān (Khan der Goldenen Horde, †
   1361) 287,16; 287,53
Chleb → Gleb
Chrisostomus → Johannes Chrysostomos,
   → Colonna, Crisostomo
Christern → Christian II.
Christernus → Christian I., → Christian II.
Christernus von Oldenburg → Christian I.
Christian I., Kg. (v. Dänem., Norw. u.
   Schweden, † 1481) 372,8
Christian II., Kg. (v. Dänem., Norw. u.
   Schweden, † 1559) 17,39; 22,25; 163,3;
   163,40; 339,17; 339,51; 367,3; 367,10;
   367,34; 368,42; 369,19; 372,14; 383,26;
   383,56; 385,38
Christian III., Kg. (v. Dänem. u. Norw., †
   1559) 372,26
Christianus → Christian III.
Christiern, Christiernus → Christian II.
Christina (Gattin Johanns v. Dänem., †
   1521) 368,35
Christoff Rauber → Christoph (III.) Rauber
Christoff Schidlowitzkhj → Szydłowiecki,
   Krzysztof
Christoph (III.) Rauber, Bf. (v. Seckau u.
   Laibach, † 1536) 441,8
Christophorus episcopus Labacensis →
   Christoph (III.) Rauber
Christophorus Schidlovueczki → Szydło-
   wiecki, Krzysztof
Chrysostomus [Johannes] → Johannes
   Chrysostomos
Chrysostomus Columnus, Chrysostomus →
   Colonna, Crisostomo
Cicero († 43 v. Chr.) 23,27
Cimburg → Zimburgis
Cirilus → Kirik
Clemens → Klemens I., → Klemens VII.
Clement → Klemens VII.
Codaiculu → Petr (getaufter Prinz aus Ka-
   zań)
Coelestinus → Zölestin I.
Colonna, Crisostomo (Gesandter Isabellas v.
   Aragón, Dichter, † 1539) 442,19; 442,24;
   442,55; 445,5; 445,27; 449,14; 449,40
Columnus, Chrysostomus → Colonna,
   Crisostomo
Conrad Schwartz, Conradus Schvuartz, Con-
   radus → Schwartz, Conrad
Constantin Ostroskhi, Constantin →
   Ostrožskij, Konstantin
Constantinus → Konstantin VIII., →
   Ostrožskij, Konstantin
Constantinus Ostroskii → Ostrožskij,
   Konstantin
Corlatzkhj, Peter → Korlacki, Piotr
„Cossum" (führender Nogaier zu Herber-
   steins Zeit, in russ. Quellen ‚Košum')
   319,22; 319,57
Cowar, Hanns, Cowar, Iwan → Chabař-
   Simskij, Ivan Vasil'evič
Cristern, Cristiern → Christian II.
Crubin, Simeon, Crubin, Simon → Ko-
   rob'in, Semen
Cures → Kurja
Curtius (Quintus Curtius Rufus, röm. Ge-
   schichtsschreiber, 1. Jh.) 25,2
Cyrillus → Kirik
Czaplitz v. Altendorf, Nikolaus (im Kontext
   des Jahres 1518 erwähnter Adliger)
   470,4; 471,43
Czaplitz, Nicolasch, Czaplitz, Nicolaus →
   Czaplitz v. Altendorf, Nikolaus
Czeladin, Ioannes, Czeladin, Ioannes
   Andreae, Czeladin, Iwan → Čeljadnin,
   Ivan Andreevič
Czimburgis → Zimburgis

Dalmatow, Basilius Tretyak → Dolmatov,
   Vasilij Vasil'evič Tret'jak
Damasus I., hl., Papst († 384) 122,17;
   122,52
Daniel → Daniil, Fs. (v. Moskau), →
   Mauch, Daniel, → Daniil, Metropolit
Daniil, Fs. (v. Moskau, † 1303) 51,22;
   51,57; 217,3; 217,44; 219,34; 219,66
Daniil, Metropolit (bis 1539, † 1547)
   112,17; 112,49
Dantyszek, Jan → Johannes Dantiscus
Daškevič, Evstafij, Statthalter (v. Kanev u.
   Čerkassy, † 1536) 305,20; 305,60;
   305,65; 306,18; 306,54; 307,16; 307,53;

332,30; 332,64; 333,24; 333,58
Daszkowicz, Ostafiej → Daškevič, Evstafij
David → Boris
David (Gesandter Johanns v. Dänem., gebürtiger Schotte) 374,22; 374,50; 375,7
David (israelit. Kg., 10. Jh. v. Chr.) 87,36; 87,75
Demeter → Dmitrij (Sohn Ivan Molodojs), → Dmitrij Ivanovič Donskoj, → Dmitrij, Fs. (v. Putivl') → Dmitrij Žilka
Demetri → Dmitrij Michajlovič, → Dmitrij Ivanovič Donskoj, → Dmitrij (Sohn Ivan Molodojs), → Bel'skij, Dmitrij Fedorovič
Demetri Khnes Bielskj → Bel'skij, Dmitrij Fedorovič
Demetri Schemekha → Dmitrij Šemjaka
Demetrius → Dmitrij (Sohn Aleksandr Nevskijs), → Dmitrij Michajlovič, → Dmitrij Ivanovič Donskoj, → Dmitrij Šemjaka, → Dmitrij (Sohn Ivan Molodojs), → Dmitrij (Sohn des Dmitrij v. Putivl'), → Dmitrij, Fs. (v. Putivl'), → Bel'skij, Dmitrij Fedorovič, → Gerasimov, Dmitrij
Demetrius Danielis → Ivanov, Dmitrij Danilovič
Demetrius Knes Bielski → Bel'skij, Dmitrij Fedorovič
Demetrj → Dmitrij (Sohn Aleksandr Nevskijs), → Dmitrij Šemjaka, → Dmitrij (Sohn Ivan Molodojs)
Demetter → Dmitrij (Sohn Ivan Molodojs), → Gerasimov, Dmitrij
Demettrius → Dmitrij (Sohn Ivan Molodojs)
Diasterius → Dioskoros I.
Dietrich → Fedor (Sohn v. Gfs. Vasilij Ivanovič v. Rjazań), → Fedor (Sohn v. Gfs. Ivan Vasil'evič v. Rjazań), → Fedor (Enkel Ibrāhīms v. Kazań)
Dietrich Babitz → Babič, Fedor
Dietrich Kackh → Bagrakov, Fedor
Diomedes (griech. Held vor Troja) 23,28
Dioskoros I., Patriarch (v. Alexandria, † 454) 127,25; 127,62
Dmitrij (Sohn des Dmitrij v. Putivl', † um 1518) 233,34
Dmitrij (Sohn Ivan Molodojs, † 1509) 56,9; 56,15; 56,19; 56,29; 56,44; 56,51; 56,54; 56,60; 56,69; 57,6; 57,39; 62,26; 86,7; 86,35; 87,21; 87,56; 88,6; 88,40; 90,12; 90,33; 90,36; 90,48; 90,72; 90,75; 91,5; 91,16; 91,34; 91,39; 91,51; 91,73; 92,21; 92,60; 246,51
Dmitrij Ivanovič Donskoj, Fs. (v. Moskau), Gfs. (v. Vladimir, † 1389) 51,33; 51,70; 52,5; 52,15; 52,40; 52,51; 217,21; 217,59; 236,2; 236,4; 236,40; 279,5; 279,29
Dmitrij Michajlovič, Fs. (v. Tveŕ), Gfs. (v. Vladimir, † 1326) 51,20; 51,23; 51,55; 51,60
Dmitrij Šemjaka, Fs. (v. Galič u. Uglič), Gfs. (v. Moskau, † 1453) 53,25; 53,65; 54,16; 54,26; 54,48; 54,54
Dmitrij Žilka, Fs. (v. Uglič, Sohn Ivans III., † 1521) 56,1; 56,31
Dmitrij, Fs. (v. Perejaslavl'-Zalesskij), Gfs. (v. Vladimir, Sohn Aleksandr Nevskijs, † 1294) 51,15; 51,52
Dmitrij, Fs. (v. Putivl', † 1519) 233,7; 233,18; 233,23; 233,26; 233,48; 233,55; 233,61; 233,64; 233,69; 234,11
Dobrawa (Gattin Mieszkos I., † 977) 49,56
Dobrina → Dobrynja
Dobrowkha → Dobrawa
Dobrynja (Onkel – bei Herberstein Tante – Vladimirs I., † um 1000) 42,22; 42,26; 42,59; 42,65
Dolmatov, Vasilij Vasil'evič Tret'jak (Sekretär Vasilijs III., † spätestens 1517) 71,7; 71,29; 71,40
Dolmatovu, Basilius Tretyack → Dolmatov, Vasilij Vasil'evič Tret'jak

Elena (Tochter Ivans III. u. Gattin Alexanders v. Polen, † 1513) 57,12; 98,6; 98,37
Elena Glinskaja (Gattin Vasilijs III., † 1538) 78,26; 107,20; 108,38; 172,3
Elisabeth → Elisabeth (Tochter Albrechts II.), → Isabella v. Aragón, → Elisabeth (Tochter Ferdinands I.), → Isabella (Tochter Sigismunds I.)
Elisabeth (Tochter Albrechts II. u. Gattin Kasimirs IV., † 1505) 97,8; 97,35
Elisabeth (v. Österr., Tochter Ferdinands I.

u. Gattin Sigismunds II. August, † 1545) 98,19; 98,59; 99,15
Elisabetha → Elisabeth (Tochter Albrechts II.), → Elisabeth (v. Österr., Tochter Ferdinands I.)
Elisaweth → Elisabeth (Tochter Albrechts II.)
Elizabetha → Isabella v. Aragón
Emanueles → Manuel II. Palaiologos
Erasm Bethman, Erasm Wethman, Erasm, Erasmus → Bethmann, Erazm
Erich Flaming → Fleming, Erik
Ernst der Eiserne, Hzg. (v. Österr., † 1424) 99,28; 99,65
Eufemia (Tochter Ziemowits IV. v. Masowien, † 1447) 100,5; 100,24
Eugen IV., Papst († 1447) 120,30; 120,68; 143,1; 143,32
Eugenius → Eugen IV.
Eustachi, Eustachius → Daškevič, Evstafij
Eutyches (Archimandrit, † nach 449, wahrscheinlich um 456) 127,24; 127,62
Eutychius → Eutyches
Evfimij Podrez, Bf. (v. Sarāi, † 1498/99) 92,33; 92,72

Fabri, Johannes, Bf. (v. Wien, † 1541) 16,1
Fedor (Bruder des Vasilij Tret'jak Dolmatov) 71,62
Fedor (Enkel Ibrāhīms v. Kazań, 16. Jh.) 298,13; 298,51; 298,52
Fedor (Sohn v. Gfs. Ivan Vasil'evič v. Rjazań, † 1500) 223,29; 223,70
Fedor (Sohn v. Gfs. Vasilij Ivanovič v. Rjazań, † 1503) 223,26; 223,65; 223,66
Fedor Lopata, Fs. (16. Jh.) 306,22; 306,56
Ferdinand I., Ks. (ab 1556, † 1564) 15,1; 17,20; 18,8; 20,1; 21,28; 22,21; 25,5; 25,12; 26,18; 26,53; 72,15; 72,49; 97,23; 97,63; 98,20; 98,61; 99,6; 99,11; 99,35; 99,43; 100,3; 102,39; 172,53; 262,57; 397,31; 397,69; 398,2; 398,34; 407,7; 407,17; 429,40; 430,20; 430,52; 433,33; 434,29; 437,2; 437,6; 437,37; 437,42; 439,35; 491,31; 496,15; 496,38; 496,54; 497,3
Flaming, Erich → Fleming, Erik
Fleming, Erik (schwed. Adliger, 1526 als Gesandter in Moskau, † 1548) 369,38

Foix, frz. Adelsfamilie 97,49; 102,33
Foxis [unnd Candala] [de] → Foix
Francesco III. Gonzaga → Franz III.
Franciscus, Francistn zuo Manthua → Franz III.
Frantz Fitzin → Vicin, Franz
Franz III., Hzg. (v. Mantua, † 1550) 99,15; 99,44
Friderich → Friedrich III., Ks., → Friedrich I., Kg., → Friedrich II., Mgf. (v. Brandenburg)
Fridericus → Friedrich III., Ks., → Friedrich II., Mgf. (v. Brandenburg), → Friedrich, Kard., Ebf. (v. Gnesen)
Fridrich → Friedrich, Kard., Ebf. (v. Gnesen), → Friedrich III. der Weise, Kfs. (v. Sachsen), → Friedrich I., Kg.
Friedrich I., Kg. (v. Dänem., † 1533) 372,11; 372,24
Friedrich II., Mgf. (v. Brandenburg, † 1471) 96,1; 96,19
Friedrich III. der Weise, Kfs. (v. Sachsen, † 1525) 372,35
Friedrich III., Ks. († 1493) 99,29; 99,67; 99,68
Friedrich, Kard., Ebf. (v. Gnesen, Sohn Kasimirs IV., † 1503) 97,13; 97,41

„Gabriel" als Name für → Vasilij III. 56,1; 56,5; 56,17; 56,31; 56,39; 56,53; 57,1; 57,6; 57,9; 57,31; 57,39; 57,46; 62,24; 62,62; 74,52; 77,40; 82,17; 94,65; 217,62
Ğambek (Khan der Goldenen Horde, † 1357) 51,28; 51,64; 287,1; 287,36
Gastol, Albertus → Gasztold, Olbracht
Gastold → Gasztold, Olbracht, → Gasztold, Stanislaw
Gastoldus → Gasztold, Stanislaw
Gasztold, Olbracht (lit. Kanzler, † 1539) 68,33; 68,70; 335,17; 335,55
Gasztold, Stanislaw († 1542) 98,27; 99,33
Gedamin, Gedemin, Gedeminus, Gedenim → Gedimin
Gedeon (Weissager) 284,7; 284,43
Gedimin, Gfs. (v. Lit., † 1340/41) 94,10; 94,46; 95,3; 95,42; 101,2; 101,21; 240,13; 240,52
Gediminas → Gedimin
Georg → Jurij II., → Jurij, Fs. (v. Moskau),

Gfs., → Jurij, Fs. (v. Galič), Gfs., → Jurij, Fs. (v. Dmitrov, Sohn Ivans III.), → Jurij, Fs. (v. Uglič, Sohn Vasilijs III.), → Jurij (angeblicher Sohn Solomonias)
Geörg → Jurij, Fs. (v. Dmitrov, Sohn Ivans III.), → Trachaniot, Georg
Georg v. Podiebrad, Kg. (v. Böhmen, † 1471) 101,30
Georg von Rattal → Rattal, Georg von
Georg Wispeckh → Wiesbeck, Georg
Georg, hl. (Märtyrer, 3./4. Jh.) 271,1
Georg. Logus → Logau, Georg v.
Georgius → Jurij II., → Jurij, Fs. (v. Moskau), Gfs., → Jurij, Fs. (v. Galič), Gfs., → Jurij, Fs. (v. Dmitrov, Sohn Ivans III.), → Trachaniot, Georg, → Jurij (angeblicher Sohn Solomonias), → Zagrjažskij, Grigorij
Georgius [Parvus] → Trachaniot, Georg
Georgius [sanctus] → Georg, hl.
Georgius Pisbeck → Wiesbeck, Georg
Georgius Vernerus → Vernerus, Georg
Gerasimov, Dmitrij (Dolmetscher u. Rom-Botschafter Vasilijs III.) 380,18; 380,52
Gian Galeazzo Sforza, Hzg. (v. Mailand, † 1494) 98,15; 98,52; 442,20; 442,25; 448,18
Gideminus → Gedimin
Gilig, Martin (Spanier am poln. Hof, erwähnt im Kontet des Jahres 1526) 509,42
Giovanni Francesco da Potenza → Johannes Franciscus de Potentia
Giovio, Paolo → Jovius Novocomensis, Paulus
Gischka, Peter, Giska, Petrus → Kiszka, Piotr
Glarean (eigentlich Loriti oder Loritz), Heinrich (Philologe, Geograph u. Musiktheoretiker, † 1563) 25,1
Glareanus, Henricus → Glarean, Heinrich
Gleb, hl., Fs. (v. Murom, Sohn Vladimirs I., † 1015) 48,2; 48,37; 50,4; 50,6; 50,37; 50,41
Glinskij, Michail, Fs. (russ.-lit. Heerführer, † 1534) 63,30; 63,70; 64,4; 64,7; 64,40; 64,42; 78,28; 78,31; 79,36; 80,7; 80,12; 80,23; 80,33; 107,23; 108,27; 108,36; 109,22; 238,6; 339,25; 340,13; 340,36; 340,41; 341,2; 341,13; 341,18; 341,35; 342,7; 342,17; 342,20; 342,27; 342,33; 342,37; 342,43; 342,49; 342,53; 343,8; 343,29; 343,34; 343,42; 343,48; 343,63; 344,31; 344,39; 344,48; 344,65; 345,4; 345,7; 345,19; 345,35; 345,57; 346,1; 346,6; 346,18; 346,36; 346,46; 346,47; 347,7; 347,47; 347,54; 348,13; 349,7; 349,21; 349,28; 349,50; 447,17
Glinskij, Vasilij L'vovič, Fs. († 1515) 78,27; 107,21; 108,17; 172,4; 349,21
Gostaus → Gustav I. Eriksson Vasa
Gostautas → Gasztold, Olbracht, → Gasztold, Stanislaw
Gosterich → Gustav I. Eriksson Vasa
Gostomissel, Gostomissl → Gostomysl
Gostomysl (halblegendärer Novgoroder Fs., 9. Jh.) 36,20; 36,58; 38,18; 38,52
Gotschalch Rosnkrantz → Rosenkrantz, Gotskalk Eriksen
Gregor Isthumen → Istoma, Grigorij
Gregor Sagrewskj → Zagrjažskij, Grigorij
Gregor v. Nazianz, hl. (griech. Kirchenlehrer, Bf., † um 390) 155,23; 155,59
Gregorius → Gregor v. Nazianz
Gregorius Istoma → Istoma, Grigorij
Gregorius Sagrevuski → Zagrjažskij, Grigorij
Gritzkhj, Andreas → Krzycki, Andrzej
Guilhelmus Postellus → Postel, Guillaume
Gunther [Freyherr zu Herberstain] → Herberstein, Gunther Frh. v.
Gustaus → Gustav I. Eriksson Vasa
Gustav I. Eriksson Vasa, Kg. (v. Schweden, † 1560) 367,12; 367,44; 367,45; 369,22
Gysca, Petrus → Kiszka, Piotr

Hadrian I., Papst († 795) 122,22; 122,59
Hadrian VI., Papst († 1523) 478,4
Hainrich [Pernauer] → Pernauer, Heinrich
Hainrich von Mechelburg → Heinrich V.
Hamersteter, Lucas, Hamerstetter, Lucas → Hammerstetter, Lukas
Hammerstetter, Lukas (livländ. Ordensritter, später Zeugmeister bei Christian II., dann Kommandant v. Wiborg) 366,9; 366,18; 366,24; 366,33; 366,42; 366,46; 366,51;

366,63; 367,13; 367,47
Hanns → Ivan I. Kalità, → Ivan II., → Ivan Molodoj, → Ivan III., → Ivan Vasil'evič, Gfs. (v. Rjazań), → Johann, Kg. (v. Dänem.), → Ivan Ivanovič, Gfs. (v. Rjazań), → Jan (Joannes de Thelnicz), → Johann I. Zápolya
Hanns [Freyherr] vom Thurn → Thurn, Hanns Frh. v.
Hanns Albrecht, Hannßalbrecht, Hannß Albrecht, Hans Albrecht → Johann Albrecht
Hanns Bonar → Boner, Jan
Hanns Frantz → Johannes Franciscus de Potentia
Hanns jm Zipps → Johann I. Zápolya
Hanns Jordan → Jordan, Hans
Hanns Khatzianer → Katzianer, Hans
Hanns Khnes Posetzen → Zasekin-Jaroslavskij, Ivan
Hanns Palitzkhi → Palickij, Ivan
Hanns Sapur → Saburov, Jurij Konstantinovič
Hanns Saworsinskhj, Hanns Saworsinski → Zabrzeziński, Janusz
Hanns Schygona → Šigona-Podžogin, Ivan Jur̕evič
Hanns Sforcia, Hans Sforcia → Gian Galeazzo Sforza
Hanns Sigmund → Johann II. Sigismund Zápolya
Hanns von Rechenberg → Rechenberg, Johann
Hanns Wuechrer → Wuechrer, Hans
Hans → Johannes I. Tzimiskes, → Ivan Šemjakin, → Ivan Molodoj, → Ivan III., → Johann I. Zápolya, → Ivan IV., → „Johannes", Metropolit
Hans im Zips → Johann I. Zápolya
Hedvuigis → Hedwig, hl., Kgn., → Hedwig (Tochter Jagiełłos), → Hedwig (Tochter Sigismunds I.)
Hedwig (Tochter Jagiełłos mit Anna v. Cilli, † 1431) 96,1; 96,18
Hedwig (Tochter Sigismunds I., † 1573) 98,12
Hedwig, hl., Kgn. (v. Polen, Gattin Jagiełłos, † 1399) 49,59; 95,9; 95,17; 95,26; 95,33; 95,47; 95,67
Heinrich V. der Friedfertige, Hzg. (v. Mecklenburg, † 1552) 373,30
Helena → Olga, → Elena (Tochter Ivans III.), → Elena Glinskaja
Hellena → Elena (Tochter Ivans III.), → Elena Glinskaja
Henricus [Pernauer] → Pernauer, Heinrich
Henricus Glareanus → Glarean, Heinrich
Herberstein, Gunther Frh. v. (Vetter Sigismunds v. Herberstein) 394,36; 394,39; 431,11
Herberstein, Ruprecht Frh. v. (Vetter Sigismunds v. Herberstein) 394,35
Herberstein, Sigismund Frh. v. († 1566) 13,3; 13,25; 14,4; 14,16; 16,33; 17,1; 20,4; 21,2; 24,6; 24,11; 25,5; 31,3; 391,11; 391,43; 397,15; 397,53; 405,14; 405,53; 409,9; 409,45; 412,1; 416,18; 420,7; 420,44; 429,6; 429,36; 429,42; 433,30; 433,65; 437,42
Herodot (5. Jh. v. Chr.) 25,2
Herodotus → Herodot
Homer (8. Jh. v. Chr.) 14,19; 23,28
Homerus → Homer

Iacobus episcopus → Jakob v. Salza
Iacobus Mazur → Mansurov (Mazur̕), Jakov Ivanovič
Iacobus Spiegl → Spiegel, Jakob
Iagello, Iagelo → Jagiełło
Ianus, Ianusius → Janusz I.
Iaphet → Japhet
Iaropolkh → Jaropolk
Iaroslavuski → Jaroslavskij
Iaroslavuski, Basilius → Jaroslavskij, Vasilij
Iaroslavuski, Ivuan Posetzen, Iaroslavuski, Ioannes Posetzen → Zasekin-Jaroslavskij, Ivan
Iaroslaw → Jaroslav I. der Weise
Iason → Jason
Ibrāhīm (Khan v. Kazań, † 1478) 297,18; 297,19; 297,56; 298,24; 298,60
Ieropolchus, Ieropolkh → Jaropolk
Ieroslaus → Jaroslav I. der Weise
Iesus [Christus] → Jesus Christus, Christus
Ieufimi → Evfimij Podrez
Igor, Fs. (v. Kiev, Nachfolger Olegs, † 945) 39,10; 39,21; 39,47; 39,59
Ihan Pening → Penning, Jan

Ihan Schtzith → Szczyt, Jan
Ioannes → Johannes I. Tzimiskes, → Ioannes II. Prodromos, → Ivan I. Kalità, → Ivan III., → Ivan Molodoj, → Ivan Vasil'evič, Gfs. (v. Rjazań), → Johann, Kg. (v. Dänem.), → Ivan Ivanovič, Gfs. (v. Rjazań), → Jan (Joannes de Thelnicz), → Johann I. Zápolya, → Ivan IV., → Zasekin-Jaroslavskij, Ivan, → Zabrzeziński, Janusz, → Jordan, Hans
Ioannes [Knes] Vuorotinski → Vorotynskij, Ivan Michajlovič
Ioannes [scriba] → Ivan (Schreiber)
Ioannes Albertus → Johann Albrecht
Ioannes Alexander Brassicanus → Brassicanus, Johannes Alexander
Ioannes Andreae Czeladin → Čeljadnin, Ivan Andreevič
Ioannes Dantiscus, Ioannes Flackspinter Dantiscus → Johannes Dantiscus
Ioannes de Rechenberg → Rechenberg, Johann
Ioannes Fabri, Ioannes Fabrus → Fabri, Johannes
Ioannes Franciscus → Johannes Franciscus de Potentia
Ioannes Galeacius Sfortia, Ioannes Sfortia → Gian Galeazzo Sforza
Ioannes II. Prodromos, Metropolit (v. Kiev, † 1089) 121,3; 121,37; 129,22; 129,58
Ioannes Iordan → Jordan, Hans
Ioannes Kovuar → Chabař-Simskij, Ivan Vasil'evič
Ioannes Lazki → Łaski, Jan
Ioannes Ludovicus Brassicanus → Brassicanus, Johannes Ludwig
Ioannes Oporinus → Oporin, Johann
Ioannes Paliczki, Ioannes Palitzki → Palickij, Ivan
Ioannes Posetzen Iaroslavuski → Zasekin-Jaroslavskij, Ivan
Ioannes Rosinus → Rosinus, Johann
Ioannes Savuersinski, Ioannes Savuorsinski → Zabrzeziński, Jan
Ioannes Schygona → Šigona-Podžogin, Ivan Juŕevič
Ioannes Zapolitanus, Ioannes → Johann I. Zápolya

Iohannes → Ivan III., → Ivan Molodoj
Iordan, Ioannes, Iordanus → Jordan, Hans
Ioroslavuski → Jaroslavskij
Iostericus → Gustav I. Eriksson Vasa
Iovius, Paulus → Jovius Novocomensis, Paulus
Isabella (Tochter Sigismunds I. u. Gattin Johanns I. Zápolya, † 1559) 100,48
Isabella v. Aragón (Gattin des Gian Galeazzo Sforza, † 1524) 442,20; 442,25
Isoslaus, Isoslaw → Izjaslav I. Vladimirovič
Isthoma, Gregorius, Isthoma, Isthumen, Gregor, Isthumen, Istoma, Gregorius → Istoma, Grigorij
Istoma, Grigorij (Istoma Malyj, Dolmetscher Vasilijs III.) 374,17; 374,45; 377,18; 380,1; 380,10; 380,38; 380,45; 387,50
István Zápolyai → Stefan Zápolya
Iudas → Judas Iskarioth
Iuhorski → ‚Jugorski'
Iulianus → Julianus
Ivan (Schreiber Vasilijs III.) 71,23; 71,56
Ivan I. Kalità, Fs. (v. Moskau), Gfs. (v. Vladimir, † 1341) 51,27; 217,3; 217,16; 217,19; 217,43; 217,57; 219,34; 219,66; 279,6; 279,30
Ivan II., Fs. (v. Moskau), Gfs. (v. Vladimir, † 1359) 217,58
Ivan III., Gfs. (v. Moskau, † 1505) 55,4; 55,22; 55,31; 55,42; 56,57; 57,11; 57,48; 60,9; 60,44; 61,39; 61,45; 62,22; 62,60; 74,9; 74,13; 74,43; 74,48; 86,6; 86,26; 86,35; 86,57; 90,22; 90,25; 90,46; 90,58; 90,61; 92,6; 94,25; 94,64; 98,6; 106,8; 186,21; 186,54; 217,24; 217,40; 217,61; 223,24; 223,63; 225,15; 232,38; 232,72; 235,31; 235,71; 238,1; 239,6; 240,19; 240,59; 246,8; 246,12; 246,47; 249,21; 249,58; 253,17; 253,56; 254,19; 254,56; 261,13; 261,50; 275,10; 276,11; 276,49; 286,58
Ivan IV. Groznyj, Zar († 1584) 80,14; 80,37; 109,8; 109,30
Ivan Ivanovič, Gfs. (v. Rjazań, † 1534) 223,30; 223,70; 225,7
Ivan Molodoj (Sohn Ivans III., † 1490) 55,23; 55,54; 56,4; 56,8; 56,36; 56,42; 87,16; 87,51; 90,36; 90,75; 246,13; 246,50

Ivan Šemjakin (Sohn Dmitrij Šemjakas, † nach 1471) 54,21; 54,57
Ivan Vasil'evič, Gfs. (v. Rjazań, † 1500) 223,25; 223,27; 223,65; 223,68; 223,71
Ivanov, Dmitrij Danilovič (Informant Herbersteins) 320,4
Ivuan Posetzen Iaroslavuski → Zasekin-Jaroslavskij, Ivan
Iwan → Ivan (Schreiber)
Iwan Cowar → Chabaŕ-Simskij, Ivan Vasil'evič
Iwan Czeladin, Iwan Tzeladin → Čeljadnin, Ivan Andreevič
Iwan Palitzkhi → Palickij, Ivan
Iwan Posetzen Jaroslawskhi → Zasekin-Jaroslavskij, Ivan
Iwan Worotinski → Vorotynskij, Ivan Michajlovič
Izjaslav I. Vladimirovič, Fs. (v. Polock, † 1001) 47,30; 47,68

Jacob Masur → Mansurov (Mazuŕ), Jakov Ivanovič
Jacobus → Jakob v. Salza
Jadwiga → Hedwig
Jagello → Jagiełło
Jagiełło, Gfs. (v. Lit.), Kg. (v. Polen, † 1434) 49,58; 95,5; 95,30; 95,31; 95,45; 95,64; 99,24; 99,52; 99,58; 100,12; 100,35; 106,41; 240,15; 357,51; 357,52
Jakhschitz [zwen gebrueder] → Jakšići
Jakob v. Salza, Bf. (v. Breslau, † 1539) 511,17; 511,53
Jakšići (serb. Adelsfamilie – bei Herberstein gemeint sind die Söhne des Jakša Breščić, Stefan u. Dmitar) 495,34
Jan (Joannes de Thelnicz), Bf. (v. Wilna bis 1536, dann v. Posen, † 1538) 338,20; 338,54; 508,1
Jan Mraxi → Mrakesch v. Noskau, Johann
Jan Olbracht → Johann Albrecht
Jan vom Pernstain → Pernstein, Johann Frh. v.
János I. → Johann I. Zápolya
János Zsigmond → Johann II. Sigismund Zápolya
Janusz I., Hzg. (v. Masowien, † 1429) 94,18; 94,56
Japhet (Sohn Noahs in der Bibel) 35,28; 35,67
Jaropolgkh → Jaropolk
Jaropolk, Fs. (v. Kiev, bis 978) 28,14; 42,18; 42,55; 44,28; 44,33; 44,67; 44,71; 45,6; 45,16; 45,32; 45,44; 45,55; 45,72; 46,4; 46,9; 46,17; 46,20; 46,26; 46,29; 46,35; 46,40; 46,45; 46,53; 46,74; 47,9; 47,18; 47,42; 47,46; 47,50; 47,55
Jaropolkh → Jaropolk
Jaroslav I. der Weise, Fs. (v. Kiev, † 1054) 47,30; 47,68
Jaroslavskij, russ. Fürstenfamilie 261,30; 275,17; 275,49
Jaroslavskij, Vasilij, Fs. (15./16. Jh.) 261,32; 261,70; 402,6; 402,45
Jaroslawskhi → Jaroslavskij
Jaroslawkhi, Iwan Posetzen → Zasekin-Jaroslavskij, Ivan
Jaroslawski, Basilius → Jaroslavskij, Vasilij
Jason (griech. Sagengestalt) 324,24; 324,62
Jesus Christus, Christus 32,17; 41,19; 48,22; 49,4; 65,50; 90,34; 90,73; 92,64; 94,70; 95,21; 109,34; 110,25; 111,16; 123,31; 123,69; 126,30; 126,70; 142,27; 142,65; 143,11; 143,30; 143,44; 144,32; 145,51; 147,27; 147,38; 147,63; 151,16; 158,2; 158,12; 158,14; 169,38; 234,16; 278,34; 359,27
Jeuphimj → Evfimij Podrez
Jhesus Christus → Jesus Christus, Christus
Joachim I. Nestor, Kfs. (v. Brandenburg, † 1535) 373,7
Joachim II. v. Brandenburg, Kfs. († 1571) 98,13; 98,48
Jogaila → Jagiełło
Johann Albrecht, Kg. (v. Polen, † 1501) 55,28; 55,60; 97,11; 97,39; 98,4; 98,36; 98,43; 340,50
Johann Fabri → Fabri, Johannes
Johann I. Zápolya, Fs. (v. Siebenbürgen), Kg. (v. Ungarn, † 1540) 83,4; 100,48; 102,7; 102,25; 102,55; 103,4; 104,4; 438,18; 438,31; 439,17; 477,46; 490,2; 490,4; 490,27; 490,49; 490,55; 491,9; 491,17; 491,18
Johann II. Sigismund Zápolya, Fs. (v. Siebenbürgen), Kg. (v. Ungarn, † 1571) 100,53
Johann, Kg. (v. Dänem., Norw. u. Schwe-

den, † 1513) 368,33; 369,18; 372,11; 372,13; 374,19; 374,47; 379,23
Johannes → Ivan I. Kalità, → Ivan III., → Ioannes II. Prodromos
Johannes Chrysostomos, hl., Bf. (v. Konstantinopel, † 407) 155,24; 155,25; 155,60; 155,62
Johannes Dantiscus, Bf. (v. Kulm, † 1548) 441,12; 441,39
Johannes Franciscus de Potentia, Bf. (v. Skara, † 1528) 430,59; 433,29; 433,64; 437,4; 437,40
Johannes I. Tzimiskes (byz. Ks., † 976 – genannt mit Bezug auf einen Zeitpunkt, zu dem noch Konstantin VII. Porphyrogennetos regierte) 41,9; 41,44
Johanns Thomas Picus Graf zu Mirandula → Pico della Mirandola, Gian Tommaso
Jordan, Hans (Waffenschmied aus Hall in Tirol, 16. Jh.) 174,19; 174,55; 307,6; 307,38; 309,10; 309,46; 506,40
Josterrich → Gustav I. Eriksson Vasa
Jovius Novocomensis, Paulus († 1552) 15,38; 380,21; 380,56
Judas Iskarioth, Apostel 127,13; 127,49
‚Jugorski' (Fs.en über Jerom u. Tjumeń) 270,16; 270,55
Juhorski → ‚Jugorski'
Julianus, Bf. (v. Halikarnassos, † nach 527) 127,22; 127,60
Juljana (v. Tveŕ, Gattin Olgerds, † 1392), hier verwechselt mit Olgerds erster Gattin Maria 95,4; 95,43
Jurij (angeblicher Sohn Solomonias) 79,11; 108,6
Jurij II., Gfs. (v. Vladimir, † 1238) 50,24; 50,62; 286,1; 286,39
Jurij Trachaniot → Trachaniot, Georg
Jurij, Fs. (v. Dmitrov, Sohn Ivans III., † 1536) 56,1; 56,32; 79,30; 92,5; 92,14; 92,18; 92,40; 92,51; 92,58; 108,32; 257,7; 257,42
Jurij, Fs. (v. Galič u. Zvenigorod), Gfs. (v. Moskau, † 1434) 52,21; 52,25; 52,30; 52,32; 52,55; 52,59; 52,63; 52,72; 53,17; 53,25; 53,53; 53,59; 53,65; 236,5; 236,9; 236,44
Jurij, Fs. (v. Moskau), Gfs. (v. Vladimir, † 1325) 51,21; 51,57
Jurij, Fs. (v. Uglič, Sohn Vasilijs III., † 1563) 80,14; 109,8
Jursickh → Georg v. Podiebrad

Kackh, Dietrich → Bagrakov, Fedor
Kalufča Malyj → Malk aus Ljubeč
Karl V., Ks. († 1558) 15,23; 21,25; 22,33; 25,12; 72,10; 72,44; 100,3; 102,38; 163,32; 163,71; 262,19; 262,55; 373,40; 379,58; 385,39; 397,29; 397,34; 397,67; 397,73; 407,6; 407,11; 407,39; 429,37; 430,19; 430,51; 433,32; 433,68; 437,1; 437,5; 437,37; 437,41; 439,34; 481,37; 496,3; 496,34; 496,55; 497,1
Kasimir IV., Gfs. (v. Lit.), Kg. (v. Polen, † 1492) 96,9; 96,17; 96,30; 96,57; 97,47; 98,42; 100,15; 100,37; 101,7; 101,27; 240,14; 240,55; 483,23; 483,60; 491,2
Kasimir, hl. (Sohn Kasimirs IV., † 1484) 97,13; 97,42
Katharina (Tochter Ferdinands I. u. Gattin Sigismunds II. August, † 1572) 99,14; 99,42
Katharina (Tochter Ziemowits IV. v. Masowien, 15. Jh.) 100,11; 100,32
Katzianer, Hans (kaiserlicher Feldherr, Neffe Sigismunds v. Herberstein, † 1539) 492,6
Kazimierz → Kasimir IV., → Kasimir, hl.
Kestud → Kynstute
Kęstutis → Kynstute
Khatzianer, Hanns → Katzianer, Hans
Khestud, Khestut → Kynstute
Khurba, Simeon Pheodorowitz → Kurbskij, Semen Fedorovič
Khurbskhi → Kurbskij, Semen Fedorovič
Kirik (Mönchpriester aus dem Novgoroder Antoniev-Kloster, 12. Jh.) 131,27; 131,64
Kiszka, Piotr (Woiwode v. Polock, Kastellan v. Traken, † 1534) 431,16; 433,10; 433,43; 436,13; 436,17; 436,43; 437,30; 437,70; 503,20
Kiszka, Stanisław Piotrowicz, Statthalter (v. Smolensk, † 1513/14) 342,17
Kizaleckij, Michail (v. Herberstein als Zeitgenosse ausgegebener Krieger im Kampf gegen die Tataren) 153,8; 153,22; 153,28; 153,44; 153,47; 153,57; 153,62; 153,64

Klemens I., hl., Papst († um 101) 124,18; 124,57
Klemens VII., Papst († 1534) 433,31; 433,66; 437,1; 437,37
Konstantin VIII. (byz. Ks., † 1028) 43,2; 43,34; 48,20; 48,56
Korlacki, Piotr (ungar. Hofmeister, 16. Jh.) 482,18
Korob'in, Semen (Berater v. Gfs. Ivan Ivanovič v. Rjazań) 224,28; 224,62
Kovuar, Ioannes → Chabaŕ-Simskij, Ivan Vasil'evič
Krzycki, Andrzej, Ebf. (v. Gnesen, † 1537) 447,66
Kuda(j)kul' → Petr (getaufter Prinz aus Kazań)
Kurbskhi, Pheodorowitz [Khnes], Kurbski → Kurbskij, Semen Fedorovič
Kurbskij, Semen Fedorovič, Fs. († 1527) 261,35; 261,36; 261,74; 261,75; 275,15; 275,19; 275,48; 275,51
Kurja (Fs. der Pečenegen, 10. Jh.) 44,21; 44,54
Kynstute, Gfs. (v. Lit., † 1382) 94,15; 94,16; 94,28; 94,52; 94,53; 100,14; 100,36
Kysaletzki, Michael → Kizaleckij, Michail

„Ladislaus" (angeblicher Mörder Batus in russischen Chroniken, somit nicht Ladislaus I. der Hl., Kg. v. Ungarn 1077-1095) 286,22; 286,23; 286,62; 286,63
Ladislaus II. → Vladislav II.
Ladislaus posthumus → Ladislaus V. Postumus
Ladislaus V. Postumus, Kg. (v. Ungarn u. Böhmen, † 1457) 96,13; 96,42; 97,2; 97,6; 97,29; 97,34
Lamberg, Wolff v. (späterer Frh., während Herbersteins erster Mission in Moskau ebendort anwesend) 460,5; 460,11; 460,18
‚Lang Jacob' (erwähnt im Kontext der Rückkehr über Nikolsburg nach Wien 1518) 473,34
Lang, Matthäus → Matthäus Lang v. Wellenburg
Lasla, Lassla → Ladislaus V. Postumus
Laßla von Tschernahor → Tschernahor, Laßla v.

Lauredanus → Loredan, Leonardo
Lazki, Ioannes → Łaski, Jan
Lech (angeblicher Ahnherr der Polen) 31,8; 31,41; 36,8; 36,43
Lecho → Lech
Leo → Leo I., → Lev (angeblicher Kiever Metropolit), → Leo X.
Leo I., hl., Papst († 461) 122,19; 122,54
Leo X., Papst († 1521) 22,35; 477,56; 478,6
Leonardus Comes a Nugarola, Leonardus Comes de Nugarolis, Leonhard Nugarolis → Nogarola, Leonardo
Leonhard, Leonhardus, Leonhart → Nogarola, Leonardo
Lev (angeblicher Kiever Metropolit zur Zeit Vladimirs I.) 164,4; 164,37
Liechtenstain [von] → Liechtenstein
Liechtenstein, Adelsfamilie 474,25
Lienhard [Nugarolis] → Nogarola, Leonardo
Lienhardt von Nugarol → Nogarola, Leonardo
Linczkii, Basilius, Linßkhj, Basilius, Lintzkii, Basilius → Glinskij, Vasilij L'vovič
Linczkii, Michael, Linskhi, Michael, Linski, Michael, Linßkhj, Michael, Lintzkii, Michael, Linzki, Michael → Glinskij, Michael
Linskhi [Knes] → Glinskij, Michail
Ljubčaniń Malk → Malk aus Ljubeč
Ljut Svenel'dič (Gefolgsmann Jaropolks, 10. Jh.) 44,31; 44,70
Logau, Georg v. (Dichter, Sekretär Ferdinands I., † 1553) 24,8
Logus, Georg. → Logau, Georg v.
Lopata, Theodorus, Loppata, Pheodor → Fedor Lopata
Loredan, Leonardo, Doge (bis 1521) 22,36
Lucas Hamersteter, Lucas Hamerstetter, Lucas → Hammerstetter, Lukas
Ludovicus, Ludvicus → Ludwig II.
Ludwig I. der Große, Kg. (v. Ungarn u. Polen, † 1382) 49,60; 95,47
Ludwig II., Kg. (v. Ungarn u. Böhmen, † 1526) 22,30; 97,17; 97,18; 97,51; 97,52; 97,61; 100,49; 103,11; 103,34; 103,39; 103,48; 104,13; 104,22; 104,39; 104,51; 105,41; 106,38; 439,21; 440,3; 440,13; 440,20; 476,3; 476,42; 484,2; 484,15;

490,15; 496,16; 497,5; 507,24; 507,62; 510,51
Luta → Ljut Svenel'dič
Lynczky, Michael, Lynczky → Glinskij, Michail
Lynski, Basilius → Glinskij, Vasilij L'vovič
Łaski, Jan, Ebf. (v. Gnesen, † 1531) 491,2

Macedonias, Machidonias → Makedonios I.
Machmedemin → Mehmed Emīn
Machmet → Mehmed II.
Machmetemin → Mehmed Emīn
Machmetgirei → Mehmed Girāi
Machmethemin → Mehmed Emīn
Machumetes → Mehmed II.
Machumetus → Mohammed
Maciej z Miechowa → Miechów, Mathias v.
Mackhiry → Makarij
Mahumetes → Mehmed II.
Makarij (1495-1506 Igumen des Kirill-Beloozero-Klosters) 93,4; 93,39
Makedonios I., Patriarch (v. Konstantinopel, † wahrscheinlich 364) 128,22; 128,60
Makirii → Makarij
Maksim Grek († 1556) 156,11; 156,48
Mal (Drevljanen-Fürst, 10. Jh. – in Herbersteins Aufzeichnungen offenbar notiert als „Mal dictus" und später entstellt zu „Maldittus") 39,26; 39,67
Maldito, Maldittus → Mal
Malk aus Ljubeč (Vater Malušas, 10. Jh.) 42,25; 42,64
Maluša (Mutter Vladimirs I., 10. Jh.) 42,27; 42,65; 42,68
Maluscha → Maluša
Mamai → Mamāi (tatar. Emir), → Mamāi (führender Nogaier)
Mamāi (führender Nogaier, 16. Jh.) 329,33; 330,2; 330,12; 330,24; 330,41; 330,54; 330,59
Mamāi (tatar. Emir, † 1381) 51,34; 51,71; 287,20; 287,57
Mamaii → Mamāi (tatar. Emir)
Manßmünster, Melchior v. (1518 Begleiter Herbersteins zwischen Wiener Neustadt u. Schottwien) 474,31
Mansurov (Mazuŕ), Jakov Ivanovič

(Kammerdiener, † 1519/20) 78,38; 107,30
Manuel II. Palaiologos (byz. Ks., † 1425) 55,34; 55,66
Marcus (griechischer Kaufmann aus Kaffa, 16. Jh.) 156,29; 156,65
Maria → Maria (v. Vitebsk, Gattin Olgerds), → Maria (Tochter Ziemowits IV.), → Maria (Gattin Ivans III.), → Maria (v. Österr., Gattin Ludwigs II.)
Maria (Gattin Ivans III., † 1467) 55,6; 55,22; 55,30; 55,53; 55,63; 246,11; 246,47
Maria (Tochter Ziemowits IV. v. Masowien, † 1454) 100,7; 100,28
Maria (v. Österr., Gattin Ludwigs II. v. Ungarn, † 1558) 97,19; 97,55; 104,39; 440,20; 487,11
Maria (v. Vitebsk, Gattin Olgerds, † 1346) - gemeint ist → Juljana 95,4; 95,43
Martin Gilig → Gilig, Martin
Martinus Svuorovuski, Martinus → Zborowski, Marcin
Masur, Jacob → Mansurov (Mazuŕ), Jakov Ivanovič
Mathes Lang → Matthäus Lang v. Wellenburg
Mathes Pernauer → Pernauer, Matthias
Mathes Zeller → Zeller, Mathes
Matheus Lang → Matthäus Lang v. Wellenburg
Mathias, Mathiasch → Matthias I. Corvinus
Matthaeus Cardinalis Salisburgensis → Matthäus Lang v. Wellenburg
Matthaeus Mechovita → Miechów, Mathias v.
Matthaeus Pernauer → Pernauer, Matthias
Matthäus Lang v. Wellenburg, Kard., Ebf. (v. Salzburg, † 1540) 17,12; 459,18; 474,14; 474,51
Matthias I. Corvinus, Kg. (v. Ungarn, † 1490) 55,27; 55,59; 101,31; 101,36; 101,51; 102,9; 102,44; 483,4; 483,39; 491,5; 495,39
Mauch, Daniel (Wormser Domherr, † 1567) 14,2; 14,3
Mauchius, Daniel → Mauch, Daniel
Maximilian I., Ks. († 1519) 15,15; 15,21; 17,7; 17,19; 17,39; 18,3; 22,28; 25,11;

26,16; 26,50; 67,30; 67,70; 71,10; 71,43; 81,17; 82,15; 82,35; 83,9; 83,12; 83,18; 83,23; 83,29; 83,38; 84,21; 84,29; 98,54; 99,30; 99,68; 100,1; 101,12; 101,16; 101,34; 102,28; 102,35; 103,18; 104,8; 111,29; 111,66; 325,52; 329,4; 348,27; 348,47; 349,33; 372,17; 374,43; 414,17; 420,9; 420,15; 420,19; 420,45; 420,52; 420,58; 438,13; 438,37; 439,11; 440,2; 441,32; 441,44; 461,5; 484,17; 496,2; 496,9; 496,32; 496,42; 500,6

Maximilianus → Maximilian I., → Maksim Grek

Mazur, Iacobus → Mansurov (Mazuŕ), Jakov Ivanovič

Mechovita, Matthaeus, Mechovskij → Miechów, Mathias v.

Medices [Cardinal] → Hadrian VI.

Medlingerei → Mengli Girāi

Mehmed Emīn (Khan v. Kazań, † 1518) 59,8; 59,44; 297,20; 297,57; 298,19; 298,31; 298,39; 298,56; 298,69; 300,27; 300,65

Mehmed Girāi (Krim-Khan, † 1523) 301,20; 301,54; 302,2; 302,44; 305,3; 305,7; 305,23; 310,23; 326,26; 327,5; 330,6; 330,16; 330,25; 330,33; 331,13; 331,16; 331,52; 332,31

Mehmed II. der Eroberer, Sultan († 1481) 55,26; 55,59; 326,5; 326,42

Meidel genannt Spieß, Michael (Krakauer Kaufmann und Ratsherr, † 1528) 159,45

Melchior von Manßmünster → Manßmünster, Melchior v.

Mendligerei, Mendligerus, Mendlingerei → Mengli Girāi

Mengli Girāi (Krim-Khan, † 1514) 298,25; 298,27; 298,62; 301,9; 301,45; 305,41; 305,54; 310,58; 327,27; 327,67; 329,65

„Meniktair" (Sohn Ibrāhīms v. Kazań, 15./16. Jh.) 298,8; 298,46

Methodios v. Olympos, hl., Bf. (u.a. v. Patara, † 311) 284,3; 284,38

Methodius Bischof Patantzkhi, Methodius Patanczki episcopus → Methodius v. Olympos

Meydl, Michael → Meidel genannt Spieß, Michael

Michael → Michael III., → Michael (lit. Fs., Enkel Kynstutes), → Michail, Fs. (v. Tveŕ), Gfs., → Glinskij, Michail, → Zacharin, Michail Juŕevič → Kizaleckij, Michail, → Michele (Dolmetscher Venedigs)

Michael (lit. Fs., Enkel Kynstutes, † 1452) 100,10; 100,31

Michael [Hertzog] → Michael (lit. Fs., Enkel Kynstutes), → Glinskij, Michail

Michael [Knes], Michael [Pan] → Glinskij, Michail

Michael Bohusch → Bohowitynowicz, Bohusz Michał

Michael Chisaletzkhj, Michael Kysaletzki → Kizaleckij, Michail

Michael des Georgen Sun, Michael des Gregorn Sun, Michael Georgen, Michael Georgii → Zacharin, Michail Juŕevič

Michael III. (byz. Ks., † 867) 36,32; 36,72

Michael Linskhi, Michael Lynczky → Glinskij, Michail

Michael Meydl → Meidel genannt Spieß, Michael

Michael Tvuerensis, Michael zu Twer → Michail Borisovič, Gfs. (v. Tveŕ)

Michael Zimmerman → Zimmerman, Michael

Michail Borisovič, Gfs. (v. Tveŕ, † um 1505) 55,7; 55,44; 246,15; 246,54

Michail, Fs. (v. Tveŕ), Gfs. (v. Vladimir, † 1318) 51,20; 51,56

Michajłuszka → Michael (lit. Fs., Enkel Kynstutes)

Michał Bolesław Zygmuntowicz → Michael (lit. Fs., Enkel Kynstutes)

Michele (Dolmetscher Venedigs für Türk. u. Arabisch) 321,12; 321,46; 321,60

Miechów, Mathias v. (Krakauer Domherr, Geograph, † 1523) 16,4

Miesco → Mieszko I.

Mieszko I., Fs. (v. Polen, † 992) 49,55

Mirandula, Johanns Thomas Picus Graf zu → Pico della Mirandola, Gian Tommaso

Mohammed († 632) 127,22; 127,60; 221,1; 233,39; 281,31

Mrakesch v. Noskau, Johann (österr. Gesandter, 1527 nach Polen abgefertigt, sonst auch mehrfach mit Herberstein nach Ungarn) 510,59

Mrakesch v. Noskau, Peter (Gesandter Maximilians I., † 1517) 441,9; 441,47; 443,25; 443,61
Mraxi, Jan → Mrakesch v. Noskau, Johann
Mraxi, Petrus → Mrakesch v. Noskau, Peter
Münster, Sebastian (Theologe u. Kosmograph, † 1552) 16,5
Munsterus → Münster, Sebastian

Nagy Lajos → Ludwig I. der Große
Narusch, Naruss → Nevrūz
Nevrūz (Khan der Goldenen Horde, † 1360) 287,7; 287,44; 287,47
Nevrūz Ahmed (bekannt auch als Baraq Chan, † 1556) 322,8; 322,11; 322,42
Nicla [Sant] → Nikolaus v. Myra
Niclas → Nikolaus v. Myra, → Niklas (dt. Waffenschmied)
Niclas Nypschitz → Nipszyc, Mikołaj
Niclas Radawil → Radziwiłł, Mikołaj
Niclas Schönberger → Schönberg (Schomberg), Nikolaus v.
Niclas von Salm, Nicolas Comes a Salmis → Nikolaus II. v. Salm u. Neuburg
Nicolasch Czaplitz → Czaplitz v. Altendorf, Nikolaus
Nicolaus → Niklas (dt. Waffenschmied)
Nicolaus Barensis, Nicolaus → Nikolaus v. Myra
Nicolaus Cusanus → Nikolaus v. Kues
Nicolaus Czaplitz → Czaplitz v. Altendorf, Nikolaus
Nicolaus Radovuil → Radziwiłł, Mikołaj
Nifont, Bf. (v. Novgorod, † 1156) 131,29; 131,65
Nifont, Bf. (v. Suzdal' bis 1503, † 1508) 92,29; 92,68
Niklas (dt. Waffenschmied, 16. Jh.) 180,60; 181,34; 181,37; 303,27; 303,56; 304,15; 308,32; 308,72; 309,42; 506,40
Nikolaus II. v. Salm u. Neuburg, Statthalter (v. Ungarn, † 1550) 15,26; 490,8; 492,2; 492,32
Nikolaus v. Kues († 1464) 15,38
Nikolaus v. Myra, hl. († angeblich 342/347) 153,2; 153,13; 153,16; 153,24; 153,37; 153,49; 153,52; 153,62; 168,8; 168,40
Niphont → Nifont, Bf. (v. Novgorod)

Nipszyc, Mikołaj (Sekretär Sigismunds I., † 1541) 465,35; 465,41; 465,51
Nogarola, Leonardo, Gf. (1526 Gesandter Karls V.) 15,18; 17,22; 20,3; 71,64; 72,56; 162,15; 162,49; 243,18; 393,26; 393,56; 398,4; 398,14; 398,23; 398,40; 398,50; 398,60; 405,10; 405,12; 405,48; 405,50; 409,41; 412,1; 412,5; 412,36; 412,40; 416,17; 416,48; 429,5; 429,26; 429,30; 429,35; 429,41; 433,30; 433,64; 437,5; 437,41; 496,22; 496,59
Norby, Søren (Piratenführer auf Gotland, † 1530) 163,2; 163,39; 163,53
Nordvued, Severinus, Nordwed, Severin → Norby, Søren
Nugarol, Lienhardt von, Nugarola, Leonardus, Nugarolis, Leonhard, Nugarolis, Lienhard → Nogarola, Leonardo
Nügarolis → Nogarola, Leonardo
Nuŕ-Saltań (Gattin Chalīls u. Ibrāhīms v. Kazań sowie Mengli Girāis, † um 1520) 297,55; 298,23; 298,59
Nursolthan, Nursultan → Nuŕ-Saltań
Nyphont → Nifont, Bf. (v. Suzdal')
Nypschitz, Niclas, Nypschitz → Nipszyc, Mikołaj

Oaphanius → Agatho
Odysseus (griech. Sagengestalt) 14,19; 23,28
Olaus Gothus → Olaus Magnus
Olaus Magnus (Geistlicher u. Geograph, † 1557) 16,4
Olech → Oleg (Veščij), → Oleg (Sohn Svjatoslavs I.)
Oleg (Sohn Svjatoslavs I., † 977) 42,18; 42,56; 44,30; 44,68; 45,1; 45,12; 45,38
Oleg (Veščij), Fs. (v. Kiev, † 912/13) 39,12; 39,21; 39,49; 39,59
Olega → Oleg (Sohn Svjatoslavs I.)
Olga, Fsn. (v. Kiev, † 969) 39,22; 39,61; 40,1; 40,5; 40,34; 40,40; 41,11; 41,47; 42,28; 42,67; 110,24
Olgerd, Gfs. (v. Lit., † 1377) 94,14; 94,28; 94,51; 95,3; 95,39; 95,42; 99,52; 99,56; 100,12; 100,34
Olgierd, Olgird → Olgerd
Olha → Olga

Oporin, Johann (Basler Drucker, † 1568) 13,22; 14,2
Oporinus, Ioannes → Oporin, Johann
Ostroskhi, Constantin, Ostroski, Konstantinus, Ostroskii, Constantinus → Ostrožskij, Konstantin
Ostrožskij (Ostrogski), Konstantin, Fs. (lit. Heerführer, † 15??) 470,57
Ostrožskij (Ostrogski), Konstantin, Fs. (lit. Heerführer, † 1530) 58,15; 58,53; 59,27; 59,64; 65,3; 65,13; 65,37; 65,49; 67,22; 67,60; 339,25; 339,26; 339,60; 340,11
Ovčina-Telepnev-Obolenskij, Ivan Fedorovič, Fs. († 1539) 80,18; 80,36; 109,12; 109,27; 350,4; 350,37
Ovuka → Eufemia (Tochter Ziemowits IV.)
Owka → Eufemia (Tochter Ziemowits IV.)
Owtzina → Ovčina-Telepnev-Obolenskij, Ivan
Özbeg (Khan der Goldenen Horde, † 1341) 51,22; 51,59; 286,37; 286,74

Palaeologori, Paleologori → Palaiologen
Palaiologen, byz. Dynastie 55,35; 55,69
Palickij, Ivan, Fs. († 1531) 313,22; 313,60; 314,15; 314,27; 314,54; 314,65; 315,5; 315,45; 317,28; 317,60
Paliczki, Ioannes, Palitzkhi, Hanns, Palitzkhi, Iwan, Palitzkhi, Palitzki, Ioannes, Palitzki → Palickij, Ivan
Paul v. Samosata, Patriarch (v. Antiochia, bis 272) 127,23; 127,61
Paulus Iovius → Jovius Novocomensis, Paulus
Paulus Sirius Samosatensis, Paulus Syrius Samosatensis → Paul v. Samosata
Paulus, hl., Apostel († vor 66) 123,29; 123,67; 126,13; 126,49; 147,1; 147,35; 168,7
Penckher von der Hayd, Albrecht, 1518 Begleiter Herbersteins zwischen Nikolsburg und Wien 473,24
Pening, Ihan → Penning, Jan
Penning, Jan (Gesandter, 1516 im Auftrag des späteren Ks.s Karl V. bei Christian II. v. Dänem.) 374,28
Pernauer, Heinrich (livländ. Ordensritter, † 1502) 366,1; 366,36
Pernauer, Mathes, Pernauer, Matthaeus → Pernauer, Matthias
Pernauer, Matthias (livländ. Heerführer, † 1502) 365,37; 365,67
Pernegger, Ulrich (österreichischer Gesandter, 1518 Begleiter Herbersteins zu Ludwig II. v. Ungarn) 476,44
Pernstain, Jan vom → Pernstein, Johann Frh. v.
Pernstein, Johann Frh. v. (Träger verschiedener Ämter in Böhmen u. Mähren, † 1548) 471,46
Perstinski (poln. Adliger, 16. Jh.) 463,16; 467,21; 468,12; 468,19
Peter → Peter, Bf., → Petr, Metropolit, → Petr (getaufter Prinz aus Kazań), → Kiszka, Piotr
Peter [Sanct, sant], Petter [sant] → Petrus, hl., Apostel
Peter Corlatzkhj → Korlacki, Piotr
Peter Gischka, Peter → Kiszka, Piotr
Peter Mraxi → Mrakesch v. Noskau, Peter
Peter Uschatoy → Ušatyj, Petr Fedorovič
Peter, Bf. (u. Abt des Klosters des Hl. Sabas, 8. Jh.) 122,23; 122,60
Petr (getaufter Prinz aus Kazań, seit 1506 Gatte der jüngeren Schwester Vasilijs III.) 298,3; 298,5; 298,42; 302,17; 302,56; 411,44
Petr, hl., Metropolit († 1326) 217,5; 217,7; 217,45; 218,42
Petrovič (Adelsfamilie orthodoxen Glaubens in Ungarn) 79,26; 108,23
Petrovitz, Petrovuitz → Petrovič
Petrus → Petrus, hl., Apostel, → Peter, Bf., → Petr, Metropolit, → Petr (getaufter Prinz aus Kazań), → Kiszka, Piotr
Petrus Giska, Petrus Gysca → Kiszka, Piotr
Petrus Mraxi → Mrakesch v. Noskau, Peter
Petrus Thomitzkhj, Petrus Tomitzki → Tomicki, Piotr
Petrus Uschatoi → Ušatyj, Petr Fedorovič
Petrus, hl., Apostel († um 64) 122,14; 122,49; 124,19; 124,58; 144,1; 144,33; 147,1; 147,35; 168,7; 168,40
Petteer → Peter, Bf.
Pheodor → Fedor (Sohn v. Gfs. Vasilij Ivanovič v. Rjazań), → Fedor (Enkel Ibrāhīms v. Kazań)
Pheodor [Kack] → Bagrakov, Fedor

Pheodor Loppata → Fedor Lopata
Philipp der Schöne, Ehzg., Kg. (v. Kastilien, † 1506) 97,19; 97,55; 100,1; 100,2; 102,3; 102,39; 104,39; 369,5; 439,38; 440,21
Philippus → Philipp der Schöne
Pico della Mirandola, Gian Tommaso, Gf. (kaiserlicher Gesandter, † 1567) 492,18
Picus Graf zu Mirandula → Pico della Mirandola, Gian Tommaso
Pierstinskhj, Piersztinski → Perstinski
Pilecki (Familie Elżbietas, der dritten Gattin Jagiełłos) 96,22
Piletzkhj → Pilecki
Pisbeck, Georgius → Wiesbeck, Georg
Pletenbergius → Wolter v. Plettenberg
Podžogin, Ivan Jurevič → Šigona-Podžogin, Ivan Jurevič
Posetzen Iaroslavuski, Ivuan, Posetzen Jaroslawskhi, Iwan → Zasekin-Jaroslavskij, Ivan
Posetzen, Hanns [Khnes] → Zasekin-Jaroslavskij, Ivan
Possetzen → Zasekin-Jaroslavskij, Ivan
Postel, Guillaume (frz. Visionär u. Philologe, † 1581) 321,11; 321,42; 322,1
Postellus, Guilhelmus → Postel, Guillaume
Potat → Putjatiń, Grigorij Nikitič
Procopius (angeblicher Krim-Khan) 325,16; 325,54
Protasij, Bf. (v. Rjazań bis 1520) 92,31; 92,70
Prothasius → Protasij
Ptolemaeus → Ptolemaios
Ptolemaios († um 180) 25,2; 242,4; 336,18; 336,53; 338,41; 464,12
Ptolomeus → Ptolemaios
Püchler (von Tschernahor geschickter Adliger) 472,20; 472,23; 472,24
Putjatin, Grigorij Nikitič (Sekretär Vasilijs III.) 79,7; 107,40

Quintus Curtius → Curtius
Qulpa (Khan der Goldenen Horde, † 1360) 287,7; 287,42

Rack, Theodoricus → Bagrakov, Fedor
Radavili → Radziwiłł

Radawil, Niclas, Radovuil, Nicolaus → Radziwiłł, Mikołaj
Radziwiłł, Barbara → Barbara Radziwiłł; → Barbara Radziwiłł
Radziwiłł, lit.-poln. Familie 98,27
Radziwiłł, Mikołaj (lit. Kanzler, Woiwode v. Wilna, † 1565) 466,5; 466,39
Rattal, Georg von (im Kontext des Jahres 1518 erwähnt) 474,24
Rauber, Christoph → Christoph (III.) Rauber
Rechenberg, Hanns von, Rechenberg, Ioannes de → Rechenberg, Johann
Rechenberg, Johann (Söldner u. Geheimrat, † 1537) 345,22; 345,51
Rjurik († angeblich 879) 38,29; 38,64; 39,7; 39,41; 74,3; 74,42
Rochmida → Rogneda
Rochvolochda, Rochvuolochda, Rochwolochda → Rogvolod
Rogneda (Gattin Vladimirs I., † 1000) 45,29; 45,68; 46,1; 46,37; 47,29; 47,67
Rogvolod, Fs. (v. Pskov, 10. Jh.) 45,26; 45,36; 45,65; 45,76
Roman, Romanus → Gleb
Rosenkrantz, Gotskalk Eriksen (dän. Kanzler, † 1544) 385,37
Rosinus, Ioannes → Rosinus, Johann
Rosinus, Johann (Dichter u. Musiker, † 1584) 22,4; 24,5
Rosnkrantz, Gotschalch → Rosenkrantz, Gotskalk Eriksen
Roß [vom] (erwähnt im Kontext der Rückkehr Herbersteins über Nikolsburg nach Wien 1518) 473,34
Ruprecht [Freyherr zu Herberstain] → Herberstein, Ruprecht Frh. v.
Rurick, Rurickh, Rurikh → Rjurik
Russo (angeblicher Ahnherr der Russen) 31,7; 31,40

Sa'ādet Girāi (Krim-Khan bis etwa 1525) 331,17; 331,28; 331,53; 331,61
Saburov, Jurij Konstantinovič (Vater Solomonias) 77,55; 106,26
Saburova, Solomonia → Solomonia Saburova
Sadachgirei → Sa'ādet Girāi

Šādī Beg (Khan der Goldenen Horde bis 1407, † um 1410) 287,32; 287,71
Safa Girāi (Khan v. Kazań ab 1521, Sohn Mengli Girāis) 301,9; 301,20; 301,44; 301,57; 302,8; 302,47; 308,25; 311,13; 311,50
Sagrevuski, Gregorius, Sagrewskj, Gregor → Zagrjažskij, Grigorij
Šaih Ahmed (Khan der Goldenen Horde bis 1502) 326,22; 326,57; 327,10; 327,39; 327,41; 465,13; 465,54
Salm, Nikolaus v. → Nikolaus II. v. Salm u. Neuburg
Salomea → Solomonia Saburova
Samuel (Prophet) 87,36; 87,74
Sanabeck → Ǧambek
Sapgerei, Sapgirei → Safa Girāi
Sapur, hanns → Saburov, Jurij Konstantinovič
Saslaus, Saslav → Vyšeslav
Savuersinski, Ioannes, Savuersinski, Savuorsinski, Ioannes → Zabrzeziński, Janusz
Sawersinskhi, Saworsinskhi, Saworsinskhj, Hanns, Saworsinski, Hanns → Zabrzeziński, Janusz
Sawolhius (angeblicher Khan der Zavolžskaja Orda) 325,57
Scaren [Bischove] → Johannes Franciscus de Potentia
Schadachgirei → Sa'ādet Girāi
Schatibeck → Šādī Beg
Scheachmet → Šaih Ahmed
Scheale → Šig'-Alej
„Schichmamai" (führender Nogaier zu Herbersteins Zeit, wahrscheinlich ‚Šaih Mamāi') 281,19; 281,57; 319,24; 319,27; 319,60; 319,62
Schidack → „Schidak"
„Schidak" (führender Nogaier zu Herbersteins Zeit) 319,18; 319,53; 322,5; 322,38
Schidlovueczki, Christophorus, Schidlowitzkhj, Christoff → Szydłowiecki, Krzysztof
Schißkha → Kiszka, Stanisław Piotrowicz
Schönberg, Nikolaus v., Ebf. (v. Capua, † 1537) 477,57
Schroffenstein, Christoph v., Fsbf. (v. Brixen, † 1521) 475,17

Schrofnstain [vom] → Schroffenstein, Christoph v.
Schtzith, Ihan → Szczyt, Jan
Schuiskhi, Basilius, Schuiski, Basilius → Šujskij, Vasilij
Schvuartz, Conradus → Schwartz, Conrad
Schwartz, Conrad (livländ. Ordensritter, Fahnenträger am Smolina-See, † 1502) 366,2; 366,14; 366,19; 366,21; 366,37
Schygona, Hanns, Schygona, Ioannes → Šigona-Podžogin, Ivan Juŕevič
Scomber, Nicolò → Schönberg, Nikolaus v.
Semeczitz → Šemjačič, Vasilij Ivanovič, Fs. (v. Ryl'sk u. Novgorod-Severskij)
Semen Gordyj, Fs. (v. Moskau), Gfs. (v. Vladimir, † 1353) 51,26; 51,63
Semen, Fs. (v. Kaluga, Sohn Ivans III., † 1518) 56,2; 56,32
Semesitz [dux] → Šemjačič, Vasilij Ivanovič, Fs. (v. Ryl'sk u. Novgorod-Severskij)
Semetzitz [Hertzog], Semetzitz → Šemjačič, Vasilij Ivanovič, Fs. (v. Ryl'sk u. Novgorod-Severskij)
Šemjačič, Vasilij Ivanovič, Fs. (v. Ryl'sk u. Novgorod-Severskij, † 1529) 54,22; 54,58; 59,13; 59,15; 59,51; 111,33; 111,71; 233,3; 233,5; 233,9; 233,22; 233,27; 233,45; 233,49; 233,60; 234,17; 234,25; 234,53; 234,57; 234,61; 235,14; 235,22; 235,58
Semovit, Semovites → Ziemowit IV.
Serapian → Serapion
Serapion, Igumen (später Ebf. v. Novgorod, † 1516) 93,2; 93,37
Sergij v. Radonež, hl. († 1391/92) 158,19; 158,56
Sergius [Sanctus, sant] → Sergij v. Radonež, hl.
Servuoldus → Vsevolod (Sohn Vladimirs I.)
Severin Nordwed, Severinus Nordvued, Severin → Norby, Søren
Sevuoldus → Vsevolod Jaroslavič
Sewald → Vsevolod Jaroslavič
Sewold → Vsevolod (Sohn Vladimirs I.)
Seyfrid → Bethmann, Erazm
Sforza → Gian Galeazzo Sforza, → Isabella v. Aragón, → Bona Sforza
Shatibeck → Šādī Beg

Siegmund v. Herberstein → Herberstein, Sigismund Frh. v.

Šig'-Alej (Šaih Ali, Khan v. Kazań bis 1521, † 1567) 300,29; 300,66; 301,11; 301,19; 301,49; 313,3; 313,42; 316,3; 316,43; 422,30; 422,69; 423,1; 423,70; 424,1; 426,24; 426,32; 426,61

Sigismund I., Gfs. (v. Lit.), Kg. (v. Polen, † 1548) 17,10; 22,18; 63,16; 63,25; 63,52; 63,56; 63,64; 64,32; 64,65; 64,68; 67,71; 68,2; 81,11; 82,35; 82,37; 83,7; 83,19; 83,23; 83,26; 84,30; 84,36; 97,12; 97,40; 98,10; 98,42; 100,46; 101,6; 101,27; 102,25; 102,61; 103,17; 103,41; 103,48; 104,7; 104,30; 104,46; 105,7; 105,13; 105,18; 105,45; 105,54; 105,58; 106,43; 239,7; 239,42; 337,55; 338,21; 338,55; 342,2; 342,31; 342,35; 342,41; 345,9; 345,44; 346,5; 353,13; 432,2; 432,14; 432,51; 433,34; 434,30; 435,21; 435,50; 435,60; 436,23; 436,61; 437,28; 437,31; 437,68; 437,71; 438,14; 438,16; 438,41; 439,8; 440,5; 440,14; 441,11; 441,34; 441,38; 442,29; 442,31; 463,14; 467,22; 467,32; 477,48; 484,18; 496,18; 496,43

Sigismund II. August, Gfs. (v. Lit.), Kg. (v. Polen, † 1572) 84,36; 94,2; 98,17; 98,56; 99,10; 99,54; 100,21; 100,42; 106,42; 353,14; 355,12; 355,25

Sigismund v. Herberstein → Herberstein, Sigismund Frh. v.

Sigismundus → Sigismund I., → Herberstein, Sigismund Frh. v., → Sigismund II. August

Sigismundus ab Herberstayn, Sigismundus de Herberstain, Sigismundus Liber Baro in Herberstain → Herberstein, Sigismund Frh. v.

Sigismundus Augustus → Sigismund II. August

Sigmund → Sigismund I.

Sigmund [Augustus] → Sigismund II. August

Sigmund Freyherr zu Herberstain → Herberstein, Sigismund Frh. v.

Šigona-Podžogin, Ivan Juŕevič (Günstling Vasilijs III.) 78,11; 107,6

Silvester I., hl., Papst († 335) 122,17; 122,51

Simeon → Semen Gordyj, → Semen, Fs. (v. Kaluga, Sohn Ivans III.), → Simeon, Metropolit, → Trofimov, Semen

Simeon Crubin → Korob'in, Semen

Simeon Foederovuitz, Simeon Pheodorovuitz Kurbski, Simeon Pheodorowitz Khurba → Kurbskij, Semen Fedorovič

Simeon, Metropolit 92,26; 92,66

Simon → Simeon, Metropolit

Simon Crubin → Korob'in, Semen

Sinaus → Sineus

Sineus (Bruder Rjuriks, 9. Jh.) 38,33; 38,68

Sismundus → Herberstein, Sigismund Frh. v.

Slatausta → Johannes Chrysostomos

Sofia (Gattin Jagiełłos, † 1461) 96,6; 96,7; 96,24; 96,28

Sofia (Tochter Witowts u. Gattin Vasilijs I., † 1453) 52,17; 52,56; 94,21; 94,23; 94,59

Sofia Palaiologa (Gattin Ivans III., † 1503) 55,32; 55,63; 56,12; 56,48; 57,11

Soliman, Solimannus, Solimanus, Solymanus → Suleiman II.

Solomonia Saburova (Gattin Vasilijs III. bis 1525, † 1542) 77,54; 78,34; 78,40; 106,25; 107,11; 107,19; 107,26; 107,31; 108,6; 171,39; 171,72; 276,14; 276,53

Sonca, Sońka → Sofia (Gattin Jagiełłos)

Sophia → Sofia (Tochter Witowts), → Sofia (Gattin Jagiełłos), → Sofia Palaiologa

Spiegel, Jakob (Humanist, Jurist, Sekretär Maximilians I., Karls V. u. Ferdinands I., † 1547) 20,28

Spiegl, Iacobus → Spiegel, Jacob

Spies → Meidel genannt Spieß, Michael

Stahel [von] (Begleiter Herbersteins auf dem Weg durch Mähren) 471,23

Stanislaus → Stanislav, → Stanisław (poln. Fuhrmann)

Stanislav, Fs. (v. Smolensk, Sohn Vladimirs I., um 1000) 48,1; 48,35

Stanislaw → Stanislav

Stanisław (poln. Fuhrmann Herbersteins) 161,4

Stäntzel (Wagenknecht Herbersteins) 505,15

Staradubski, Basilius → Vasilij, Fs. (v. Sta-

rodub)
Ştefan cel Mare → Stefan III. der Große
Stefan III. der Große, Fs. (der Moldau, †
  1504) 55,24; 55,26; 55,55; 55,57; 60,32;
  60,69
Stefan v. Perm', hl., Bf. († 1395/96) 278,33;
  278,71; 279,5; 279,29
Stefan Zápolya, Fs. (v. Siebenbürgen, †
  1499) 83,1; 98,11; 98,46; 102,8; 102,43;
  102,63; 438,17; 490,35; 491,5
Steffan in Zips, Steffan in Zipps, Steffan →
  Stefan Zápolya
Steffan Weyda → Stefan III. der Große
Stephan → Stefan v. Perm'
Stephan im Zipps → Stefan Zápolya
Stephan Weyda → Stefan III. der Große
Stephanus → Stefan III. der Große, →
  Stefan v. Perm'
Stephanus [Bischoff] → Stefan v. Perm'
Stephanus comes Scepusiensis, Stephanus
  comes Zepusiensis, Stephanus Zapoliensis
  → Stefan Zápolya
Stephanus episcopus → Stefan v. Perm'
Strein, Veit (österreichischer Gesandter,
  1518 Begleiter Herbersteins zu Ludwig II.
  v. Ungarn) 476,44
Šujskij, Vasilij, Fs. (15./16. Jh.) 276,9;
  276,46
Suleiman II. der Prächtige, Sultan († 1566)
  15,27; 18,11; 21,33; 23,3; 104,65; 105,1;
  484,28; 489,2; 489,10; 489,14; 489,28;
  490,1; 490,16; 491,21
Suleyman → Suleiman II.
Svenel'd (Gefolgsmann Igors, Svjatoslavs I.
  u. Jaropolks, 10. Jh.) 44,27; 44,65; 45,9;
  45,48
Svjatopolk Vladimirovič Okajannyj, Fs. (v.
  Kiev, † nach 1019) 47,32; 47,70; 50,1;
  50,34
Svjatoslav I. Igorevič, Fs. (v. Kiev, † 972)
  39,30; 39,70; 41,21; 41,57; 42,16; 42,29;
  42,31; 42,48; 42,52; 42,68; 42,71; 43,14;
  43,48; 44,17; 44,26; 44,50; 44,64
Svjatoslav, Fs. (der Drevljanen, Sohn
  Vladimirs I., † 1015) 48,1; 48,35
Svuadolt → Svenel'd
Svuatopolchus → Svjatopolk
Svuatoslaus → Svjatoslav I. Igorevič, →
  Svjatoslav (Sohn Vladimirs I.)

Svuetopolchus → Svjatopolk
Svuorovuski, Martinus → Zborowski, Marcin
Swadolt → Svenel'd
Swatopolch → Svjatopolk
Swatoslaw → Svjatoslav I. Igorevič, →
  Svjatoslav (Sohn Vladimirs I.)
Sylvester → Silvester I.
Szczyt, Jan (Botschafter Sigismunds I. in
  Moskau) 460,23
Szonca → Sofia (Gattin Jagiełłos)
Szydłowiecki, Krzysztof (poln. Kanzler, †
  1532) 463,33; 468,6

Tachtamisch, Tachthamisch → Tochtamyš
Tamerlan → Tīmūr
Tantzinskhj, Andre, Tantzinskhj [herr] →
  Tęczyński, Andrzej
Taschcowitz, Tascovuitz, Taskovuitz →
  Daškevič, Evstafij
Tęczyński, Andrzej (Woiwode v. Krakau,
  Kastellan, † 1536) 477,51; 478,9
Temnick Mamai, Temnikmanai → Mamāi
  (tatar. Emir)
Temür Chōġa (Khan der Goldenen Horde, †
  1361) 287,17; 287,54
Temür Qutluġ (Khan der Goldenen Horde, †
  1400/01) 287,27; 287,29; 287,65; 287,68
Thachamisch → Tochtamyš
Themerhoscha, Themirorsa → Temür
  Chōġa
Themickutlu, Themirkutlu → Temür Qutluġ
Themirassack → Tīmūr
Theodor → Fedor (Bruder des Vasilij
  Tret'jak Dolmatov)
Theodoricus Rack → Bagrakov, Fedor
Theodorus → Fedor (Bruder des Vasilij
  Tret'jak Dolmatov), → Fedor (Sohn v.
  Gfs. Vasilij Ivanovič v. Rjazań), → Fedor
  (Sohn v. Gfs. Ivan Vasil'evič v. Rjazań),
  → Fedor (Enkel Ibrāhīms v. Kazań)
Theodorus Babitz → Babič, Fedor
Theodorus Lopata → Fedor Lopata
Theophil v. Pečersk, hl., Ebf. (v. Novgorod,
  † 1482) 60,20; 60,55
Theophilus → Theophil v. Pečersk
Thomas (Despot v. Morea, Sohn Manuels
  II., † 1465) 55,32; 55,64
Thomitzkhj, Petrus → Tomicki, Piotr

PERSONENREGISTER 539

Thurn [vom, von] → Thurn, Hanns Frh. v.
Thurn, Hanns Frh. v. (an Herbersteins zweiter Reise nach Moskau beteiligt) 442,56; 459,31; 460,3; 460,8; 471,16; 471,19; 471,30
Thychon → Tichon Malyškin
Tichon Malyškin, Ebf. (v. Rostov bis 1503) 92,28; 92,67
Tīmūr (Timur der Lahme, Mongolenherrscher, † 1405) 287,33; 287,73; 288,28; 288,66
Tochtamyš (Khan der Goldenen Horde, † 1406) 52,4; 52,38; 287,23; 287,60
Tomicki, Piotr, Bf. (v. Przemyśl, poln. Vizekanzler, † 1535) 448,3; 448,29
Tomitzki, Petrus → Tomicki, Piotr
Trachaniot, Georg (Kanzler u. Schatzmeister, † 1525/26) 77,49; 106,16; 106,27; 107,29; 107,36; 156,35; 156,74; 157,64; 280,14; 280,47; 460,40
Trepca, Trepkha → Trepka
Trepka (Adelsfamilie) 346,4
Trepka (v. Sigismund I. zu Michail Glinskij ausgesandter Bote) 346,38
Trepka, Adrzej (Pole am ungar. Hof, † 1526) 105,6
Trepka, Andrzej (Pole am ungar. Hof, † 1526) 105,13; 105,44; 106,3
Trepkones → Trepka (Adelsfamilie)
Trofimov, Semen (1524-1526 beteiligt an einer Gesandtschaft zu Karl V.) 72,9; 72,42; 390,59; 397,38; 496,49
Trophimovu, Simeon, Trophimovu, Semen, Trophimow, Simeon, Trophimow, Symeon → Trofimov, Semen
Truvor (Bruder Rjuriks, 9. Jh.) 38,34; 38,69
Truwor → Truvor
Tschernahor, Laßla v. (1518 Landkämmerer in Olmütz) 472,14
Tydides → Diomedes
Tzeladin, Iwan → Čeljadnin, Ivan Andreevič

Ulrich Wernegger → Pernegger, Ulrich
Ulysses, Ulyxes → Odysseus
Ušatyj, Petr Fedorovič, Fs. (15./16. Jh.) 275,18; 275,50
Uschatoi, Petrus, Uschatoy, Peter → Ušatyj, Petr Fedorovič

Varjažko (Gefolgsmann Jaropolks, 10. Jh.) 47,9; 47,43
Varlaam Chutynskij (mit weltlichem Namen Aleksej Michajlovič, † nach 1206) 113,21; 113,58
Varlaam, Metropolit (bis 1521 oder 1522) 111,30; 111,67; 112,41
Varlamus → Varlaam Chutynskij
Vasil'ko, Fs. (v. Rostov, † 1238) 50,25; 50,62; 286,3; 286,41
Vasilij (Sohn v. Gfs. Ivan Vasil'evič v. Rjazaň, † 1500) 223,29; 223,69
Vasilij I., Gfs. (v. Vladimir, † 1425) 52,11; 52,15; 52,45; 52,51; 54,30; 94,21; 94,60; 217,22; 217,59; 236,4; 236,6; 236,42; 239,3; 239,38
Vasilij II. Temnyj, Fs. (v. Moskau), Gfs. (v. Vladimir, † 1462) 52,16; 52,26; 52,31; 52,33; 52,52; 52,65; 52,72; 52,73; 53,15; 53,18; 53,19; 53,24; 53,29; 53,35; 53,51; 53,55; 53,63; 53,69; 54,13; 54,18; 54,30; 54,45; 54,52; 54,64; 55,1; 55,4; 55,31; 55,38; 55,42; 60,9; 60,45; 74,9; 74,44; 86,6; 90,25; 90,62; 94,24; 94,62; 94,63; 186,22; 186,54; 217,23; 217,60; 223,24; 235,31; 246,12; 249,21; 253,18; 254,19; 276,11
Vasilij III., Gfs. (v. Moskau, † 1533) 17,11; 22,24; 27,21; 27,57; 39,34; 50,32; 50,70; 57,9; 57,47; 62,24; 62,31; 62,62; 63,36; 63,54; 63,75; 64,5; 64,26; 64,41; 64,60; 68,34; 69,16; 74,13; 74,16; 74,53; 74,55; 77,34; 77,40; 81,2; 82,18; 90,9; 94,25; 94,65; 98,39; 106,8; 178,69; 179,1; 179,30; 179,40; 214,30; 217,62; 220,21; 220,59; 221,21; 221,59; 225,15; 225,25; 225,52; 230,17; 230,56; 231,2; 231,28; 231,64; 232,19; 232,38; 232,72; 234,10; 238,1; 238,31; 239,6; 239,40; 240,19; 246,8; 246,48; 261,14; 275,10; 275,44; 276,15; 276,49; 276,52; 286,18; 286,58; 297,7; 297,42; 298,5; 298,43; 299,10; 299,42; 301,26; 301,62; 302,15; 302,53; 305,9; 305,48; 308,30; 308,69; 310,5; 310,13; 310,34; 310,43; 310,50; 311,38; 313,21; 315,19; 318,10; 318,17; 343,49;

343,59; 344,38; 388,2; 388,39; 397,26;
397,64; 398,41; 398,48; 398,59; 402,68;
412,6; 412,40; 441,2
Vasilij III., Gfs. (v. Moskau, † 1533) unter
dem Namen „Gabriel" 56,1; 56,5; 56,17;
56,31; 56,39; 56,53; 57,1; 57,6; 57,9;
57,31; 57,39; 57,46; 62,24; 62,62; 74,52;
77,40; 82,17; 94,65; 217,62
Vasilij Ivanovič, Gfs. (v. Rjazań, † 1483)
223,23; 223,27; 223,62
Vasilij Konstantinovič → Vasil'ko
Vasilij, Fs. (v. Starodub, Vetter des Vasilij
Šemjačič, 15./16. Jh.) 59,13; 233,3;
233,14; 233,53
Vazjan Strigiń Obolenskij, Bf. (v. Tveŕ, †
1508) 92,30; 92,69
Veit Strein → Strein, Veit
‚Venca' (Fs. über „Cassim") 272,20; 272,58
Vernerus, Georg (Dichter, † 1567) 24,16
Vicin, Frantz (Neffe Herbersteins, begleitete
ihn 1526) 509,41
Vigilius, Papst († 555) 122,19; 122,55
Vladimir (II.) Vsevolodovič Monomach, Fs.
(v. Kiev, † 1125) 50,15; 50,21; 50,50;
54,33; 54,67; 93,24; 93,27; 93,62; 93,66
Vladimir I. Svjatoslavič der Hl., Fs. (v. Kiev,
† 1015) 42,12; 42,19; 42,23; 42,29;
42,47; 42,57; 42,60; 42,69; 45,13; 45,19;
45,30; 45,35; 45,51; 45,58; 45,64; 45,70;
45,76; 46,7; 46,13; 46,16; 46,19; 46,24;
46,31; 46,43; 46,47; 46,51; 46,56; 46,63;
46,70; 47,5; 47,8; 47,14; 47,20; 47,48;
47,51; 47,57; 47,67; 48,7; 48,29; 48,30;
48,43; 48,67; 48,68; 48,69; 49,7; 49,17;
49,34; 49,46; 49,53; 110,23; 164,2;
164,18; 164,36; 164,52; 219,32; 219,33;
219,64; 219,65
Vladislaus → Vladislav II.
Vladislav II., Kg. (v. Böhmen u. Ungarn, †
1516) 83,5; 83,18; 97,9; 97,17; 97,37;
97,47; 101,5; 101,10; 101,25; 101,29;
101,45; 101,50; 102,1; 102,4; 102,10;
103,3; 103,11; 103,15; 103,47; 343,2;
343,36; 438,28; 440,3; 440,12; 483,22;
483,59; 484,1
Vlas' Ignat'ev (Dolmetscher Vasilijs III.)
379,17; 379,55
Volodimer → Vladimir I. Svjatoslavič, →
Vladimir Vsevolodovič Monomach

Vorotynskij, Ivan Michajlovič, Fs. († nach
1534) 231,25; 231,37; 231,62; 231,74;
232,6; 232,45; 310,47
Vsevolod Jaroslavič, Fs. (v. Kiev, † 1093)
50,15; 50,50
Vsevolod, Fs. (v. Vladimir-Volynskij, Sohn
Vladimirs I., † wahrscheinlich 995)
47,30; 47,69
Vualtherus a Pletterberg → Wolter v.
Plettenberg
Vuasian → Vazjan Striga Obolenskij
Vuasilius → Vasilij III.
Vuentza [Knes] → ‚Venca'
Vuerasco → Varjažko
Vuihelmus → Wilhelm
Vuitenen → Witen
Vuitoldus, Vuitovudus → Witowt
Vuladislaus → Jagiełło, → Władysław III.
Warnénczyk, → Vladislav II., „Ladislaus"
Vulaslavu → „Ladislaus"
Vuoguslaus → Bogusław IX.
Vuoleslaus → Bolesław I., Hzg.
Vuolodimerus → Vladimir I. Svjatoslavič,
→ Vladimir Vsevolodovič Monomach
Vuorotinski, Ioannes [Knes] → Vorotyns-
kij, Ivan Michajlovič
Vyšeslav, Fs. (v. Novgorod, Sohn Vladimirs
I., † 1010) 47,33; 47,71
Vytautas → Witowt
Vytenis → Witen

Walther von Pleterberg → Wolter von
Plettenberg
Waresco → Varjažko
Warlam [prior Huttenssis] → Varlaam Chu-
tynskij
Wasian → Vazjan Strigiń Obolenskij
Wentza [Knes] → ‚Venca'
Wernegger, Ulrich → Pernegger, Ulrich
Wernher, György → Vernerus, Georg
Wethman, Erasm → Bethmann, Erazm
Wied, Anton (Danziger Ratsherr, 16. Jh.)
16,2
Wiesbeck, Georg (Vertrauter Sigismunds I.)
345,21; 345,50
Wilhelm, Hzg. (v. Österr., † 1406) 95,11;
95,51
Wispeckh, Georg → Wiesbeck, Georg
Witen, Gfs. (v. Lit., † 1316) 94,9; 94,44

Witenen → Witen
Witold, Witoldt, Witowd → Witowt
Witowt, Gfs. (v. Lit., † 1430) 59,20; 59,57; 94,16; 94,17; 94,20; 94,30; 94,54; 94,56; 94,58; 94,67; 94,68; 95,2; 110,9; 110,46; 217,22; 239,4; 239,35; 239,36; 240,3; 240,40; 286,50; 287,28; 287,66; 336,25; 336,59; 348,10; 352,1; 352,31
Wladislaus → Jagiełło, → Władysław III. Warnénczyk, → Vladislav II.
Wladislaw → Władysław III. Warnénczyk
Wlaslaw → „Ladislaus"
Władysław II. Jagiełło → Jagiełło
Władysław III. Warneńczyk, Kg. (v. Polen u. Ungarn, † 1444) 96,8; 96,10; 96,29; 96,31; 96,39; 96,46
Woguslaus → Bogusław IX.
Woleslaus → Bolesław I., Hzg.
Wolodimer → Vladimir I. Svjatoslavič, → Vladimir Vsevolodovič Monomach
Wolodimerus → Vladimir I. Svjatoslavič
Wolter v. Plettenberg (livländ. Ordensmeister, † 1535) 365,7; 365,33; 365,45
Worotinski, Iwan, Worotinski [Khnes], Worotinskj → Vorotynskij, Ivan Michajlovič
Wuechrer, Hans (Begleiter Herbersteins 1526) 431,12

Ystumen → Istoma, Grigorij

Zabrzeziński, Janusz (Woiwode v. Traken, † 1508) 340,28; 340,32; 340,59; 341,15; 341,25; 341,31; 342,12; 342,26; 342,43; 343,66; 343,69; 344,1; 447,16; 447,50
Zacharias → Zacharij (Bruder des Vasilij Tret'jak Dolmatov)
Zacharij (Bruder des Vasilij Tret'jak Dolmatov) 71,30
Zacharin, Michail Jur̓evič (Hofmeister, 1526 Brautführer Vasilijs III.) 230,26; 230,63; 311,8; 311,46; 312,4; 312,42; 434,15; 434,52; 435,3
Zagrjažskij, Grigorij (1516 russ. Gesandter im Reich) 441,55; 442,18; 452,21
Zanabeck, Zanabegkh → Ğambek
Zápolya → Stefan Zápolya, → Johann I. Zápolya, → Barbara Zápolya, → Johann II. Sigismund Zápolya
Zasekin-Jaroslavskij, Ivan, Fs. (1524-1526 beteiligt an einer Gesandtschaft zu Karl V.) 72,8; 72,41; 262,17; 262,18; 262,53; 390,21; 390,57; 496,48
Zborowski, Marcin (Woiwode, Kastellan, † 1565) 467,14; 468,3
Zeller, Mathes (Begleiter Herbersteins 1526) 509,34
Ziemowit IV., Hzg. (v. Masowien, † 1426) 99,23; 99,60; 100,24
Zimburgis (Tochter Ziemowits IV. v. Masowien u. Großmutter Maximilians I., † 1429) 99,27; 99,64
Zimmerman, Michael (Wiener Drucker, 16. Jh.) 13,44
Zoē → Sofia Palaiologa
Zölestin I., hl., Papst († 432) 122,18; 122,53
Zygmunt August → Sigismund II. August
Zygmunt Stary → Sigismund I.

Ortsregister

„Achas" (nach Herberstein eine Stadt nahe dem Unterlauf des Don, genaue Lage unklar) 226,22; 226,58; 323,28; 323,63
Adria, Teil des Mittelmeers 32,30; 32,59
Adriaticum [mare], Adriatisch [Mör] → Adria
Aegyptus → ÄGYPTEN
ÄGYPTEN 126,6; 126,41
Aidgnoschafft → SCHWEIZ
Alba → Belgorod-Dnestrovskij
Albis → Elbe
Albus lacus → Beloozero, Fsm., → Belozersk
Alsace, Alsatia → ELSASS
Alt Khrepitz → Krzepice bei Kłobuck
alt Reissen → Staraja Russa, „Fsm."
Altenburg [Hungerischen], Altenburg → Ungarisch-Altenburg
altum castrum → Vyšgorod
Amber, Ambor → Amper
Amper, li. Nfl. der Isar 443,5; 443,44
Amsterdam (Ndl.) 374,28
Amstertham → Amsterdam
antiqua Russia → Staraja Russa
„Apnu" (Halteplatz an der Mezenskaja Guba) 267,23; 267,59
Arbaspach, Arbaßpach → Arbesbach
Arbesbach (Österr.) 443,16; 443,53
Ariel → Orel'
Armenia → ARMENIEN
ARMENIEN 125,5; 125,40; 318,33; 318,69
Artavuischa, Artavuische, Artawischa, Artawische → Sertyńja
Asia → ASIEN
ASIEN 214,10; 214,12; 214,43; 225,28; 225,67; 228,26; 228,62
Asoph, Asovu, Asow → Azov
Asowsches Meer, Teil des Schwarzen Meers 223,52; 226,15; 226,45; 280,22; 280,53; 323,36; 323,71; 324,67; 325,26
Astrachań (Russ. Föd.) 226,41; 308,27; 318,32; 318,68; 322,14; 322,29; 322,31; 322,49; 322,67; 323,13; 323,18; 323,47; 323,54; 323,58
Astrachań, Khanat 226,11; 308,64; 328,12; 328,48; 329,36; 329,71; 331,10; 331,49
Astrachan → Astrachań, → Astrachań, Khanat
Ätna, Vulkan auf Sizilien 383,19
Augsburg (Dtld.) 20,24; 248,24; 248,49; 442,15; 442,36; 442,52; 443,1; 443,42
Augspurg → Augsburg
Augusta Vindelicorum, Augusta → Augsburg
Auschvuitz → Auschwitz
Auschwitz (poln. Oświęcim) 444,14; 444,15; 444,18; 444,42; 444,43; 444,45; 469,10; 469,46
Austria → ÖSTERREICH
Azov (Russ. Föd.) 28,27; 159,29; 160,14; 160,32; 160,48; 161,11; 161,40; 223,14; 223,49; 226,19; 226,20; 226,54; 226,56; 227,19; 227,53; 227,56; 228,10; 228,18; 228,20; 228,46; 228,56; 323,16; 323,18; 323,28; 323,30; 323,33; 323,52; 323,56; 323,63; 323,64; 504,11; 504,17; 506,23
Azovskoe More → Asowsches Meer

Baart → Wartha
Bad Cannstatt (heute Teil von Stuttgart, Dtld.) 442,8
BADEN 442,43
Balearica [freta] → ‚Balearische Meerengen'
‚Balearische Meerengen' 22,11
Balthea [freta] → Belt
Baltheum [mare] → Ostsee
Bardo Śląskie → Wartha
Bari (It.) 153,37
Bari, Hzm. 98,16; 98,53
Barium → Bari, Hzm.
Bärn (tschech. Moravský Beroun) 497,18; 497,55
Bart → Wartha
Barthus → Vardøhus
Bary → Bari
Basel (Schweiz) 13,22; 14,28; 17,32
Basilea → Basel
Basilischkhj, Basiliski → Vasiliški
Basilovugorod, Basilowgorod → Vasil'sursk
Basl → Basel
Bavaria → BAYERN
BAYERN 18,2; 443,2; 443,43; 451,54;

474,42
Bečva → Betschwa
Będzin (Polen) 511,6; 511,45
Beern → Verona
Behaim, Behaimb, Beham, Behamb → BÖHMEN
‚BELGICA' (dichterisch für die spanischen Ndl.) 22,32
Belgorod (einstige Burg bei Kiev, Ukr.) 48,4; 48,39
Belgorod-Dnestrovskij (ukrain. Bilhorod-Dnistrovśkyj) 34,5; 34,6; 34,36; 34,37; 327,13; 327,45; 327,46; 334,3; 334,5; 334,39; 334,42
Belgrad (serb. Beograd) 105,2; 105,35; 487,31; 489,16
Belgradum → Belgrad
Beloia → Belyj, Fsm.
Beloozero, Fsm. 38,33; 38,68; 74,26; 74,64; 260,37; 261,38
Beloye → Belyj, Fsm.
Belozersk (Russ. Föd.) 71,13; 71,48; 112,12; 112,43; 256,28; 256,69; 257,19; 257,21; 257,22; 257,29; 257,33; 257,54; 258,39; 259,38; 263,5; 263,32; 263,43; 263,60; 264,7; 264,40; 298,3; 298,20; 298,39
Belt, Meerenge 22,11
Belyj (Russ. Föd.) 58,4; 59,5; 59,41
Belyj, Fsm. 74,25; 74,63; 240,6; 240,42; 241,5
Bensin → Będzin
Beodnitz, Beodwitz → Bronnica
Beograd → Belgrad
Beresina (weißruss. Bjarèzina), re. Nfl. des Dnepr 65,1; 65,35; 336,9; 336,12; 336,15; 336,19; 336,44; 350,11; 350,42; 464,11; 464,50; 502,34; 502,69
Berestovo (einstige vorstädtische Siedlung u. Residenz bei Kiev) 48,5; 48,40
Berestovuo, Berostow → Berestovo
Berezvua → „Berezwa"
„Berezwa", Fl. (laut Text von Westen her in die Nähe der Ob-Mündung fließend) 271,24; 271,64
Bergan → Bergen
Bergen (Norw.) 379,11; 379,15; 379,33; 379,46; 379,52; 379,74

Berges → Bergen
Berisina → Beresina
Beroun → Bärn
„Beschna" (Fl. bei Brest im Fl.system der Lesna) 501,15; 501,52
Betha → Vjata
Betschwa (tschech. Bečva), li. Nfl. der March 469,35
Betvuna → Betschwa
Biała Prudnicka → Zulz
Bicis → Peipussee
Biela → Belyj, → Belyj, Fsm., → Zulz
Bielgrad → Belgorod
Biella → Zulz
Bielogesero → Belozersk
Bielograd → Belgorod
Bieloiesero → Belozersk, → Beloozero, Fsm.
Bieloyesero, Bieloyessero → Belozersk
Bielozeria → Beloozero, Fsm.
Bielsco, Bielsko, Biesco → Bielsk Podlaski
Bielsk Podlaski (Polen) 446,26; 446,64; 466,4; 466,18; 466,39; 466,54; 509,13; 509,52
Bielski principatus → Belyj, Fsm.
Bisantium → Istanbul
Bobransco, Bobrantzko, Bobranzko → Bobrujsk
Bobrujsk (weißruss. Babrujsk) 335,25; 335,64; 336,10; 336,45
Boemia → BÖHMEN
Bog → Südlicher Bug
Boh → Westlicher Bug
Bohemia → BÖHMEN
BÖHMEN 13,29; 15,2; 18,9; 74,77; 97,3; 97,30; 97,53; 101,30; 103,40; 444,38; 469,51; 483,13; 483,50; 483,61; 491,32; 494,16; 510,53; 511,22; 511,31; 511,56
Bolgaria → WOLGA-BULGARIEN
Bologna (It.) 18,4
‚Bol'šij Pojas' (Bezeichnung für einen Teil oder einen einzelnen Berg des Ural) 269,27; 269,66
Bononia → Bologna
Borisov (weißruss. Barysau) 64,37; 64,69; 336,7; 336,41; 464,10; 464,49; 502,33; 502,68
Borisovu, Borisovuo, Borisow, Borissovu,

Borißow → Borisov
Boristenes, Boristhenes, Borsthenes, Borysthenes → Dnepr
BRANDENBURG 17,40; 369,39; 373,20
Brandenburgische March → BRANDENBURG
Branski, Branskj, Bransko → Brjansk
Braslav (weißruss. Braslau) 450,3; 450,40
Braslavu, Braslaw → Braslav
Bratislava → Preßburg
Braunschweig, Hzm. 366,44
Brensco, Brensko → Brjansk
Brescia (It.) 18,7
Breslau (poln. Wrocław) 511,52
Bressa → Brescia
Bressanone → Brixen
Breßlau → Breslau
Breßpurg → Preßburg
Brest (weißruss. Brèst) 466,18; 466,54; 501,8; 501,30; 501,34; 501,48
Bretschavu, Bretschaw → Neu-Bidschow
Briesti → Brest
Britannia → BRITANNIEN
BRITANNIEN 339,15; 339,19; 339,50
Brithania → BRITANNIEN
Brixen (ital. Bressanone) 475,16
Brixn → Brixen
Brjansk (Russ. Föd.) 59,9; 59,11; 59,46; 59,48; 232,23; 232,28; 232,59; 232,62; 236,16; 236,52
Brno → Brünn
„Brod" (auf Herbersteins Weg eine Station zwischen Vybor und Porchov) 454,9; 454,47
Bronnica (Russ. Föd.) 456,2; 456,36
Bruck an der Leitha (Österr.) 476,17; 476,53
Bruck an der Mur (Österr.) 474,34
Bruna → Brünn
Brünn (tschech. Brno) 443,30; 443,32; 443,65
Buch → Westlicher Bug
Buda → Ofen
Bug → Südlicher Bug, → Westlicher Bug
Buh → Westlicher Bug
Bulgaria → BULGARIEN, → WOLGA-BULGARIEN (einstiges Khanat an der mittleren Wolga u. am Unterlauf der Kama)

BULGARIEN 35,30; 35,70; 37,2; 37,37; 42,32; 42,72
Bulgarn, Bulgarnn → BULGARIEN
Bulgern → BULGARIEN, → WOLGA-BULGARIEN
Burgau (Dtld.) 442,13
Burgau, Mgft. 442,14; 442,51
Burgovia → Burgau, Mgft.
BURGUND 15,3; 20,2
Burgundia → BURGUND
Byeloyesero → Belozersk, → Beloozero, Fsm.
Byzanz → Istanbul

Cadayenovu, Cadayenow → Kajdanov
Cainovu → Kanev
Calacha → Cholova
Calca, Calka → Kal'čik
Calunczscho, Caluntzo → ‚Kalunčo'
Cama → Kama
Camen [Bolschega, Poiassa], Camen Wolschega Poyassa → ‚Kameń Bol'šogo Pojasa'
Camen Bolschoi, Camen Bolschoy → ‚Kameń Bol'šoj'
Camen, Cameni → ‚Kameń'
Camenckh → ‚Kamenka'
Camenecz, Camenetz → Kamenec
Camenipoias, Cameni poyas → ‚Kamennyj Pojas'
Capha → Feodosija
Capua (It.) 481,38
„caput Sancti Ioannis" (Landspitze an der Straße von Kerč) 324,30; 324,70
Carela → KARELIEN
Car͂grad → Istanbul
Casan → Kazań, → Kazań, Khanat
Casanense regnum, Casanensis regis dominium → Kazań, Khanat
Casanisch Khünigreich, Casanisch Thatterisch Khünigreich → Kazań, Khanat
Casanum → Kazań, Khanat
Casimovugorod, Casinowgorod → Kasimov
Caspinum, Caspio [Moer], Caspisch [Moer], Caspium [mare], Caspysch [Moer] → Kaspisches Meer
„Cassima", Fl. (vielleicht zu deuten als Kazym, re. Nfl. des Ob, sonst wohl als Kośja, Nfl. des Is im Fl.system der Tura) 272,25;

272,64
Castroma, Castromovgorod, Castromovu, Castromovugorod, Castromow, Castromowgorod → Kostroma [Stadt]
castrum [altum] → Vyšgorod
Cataia, Cathaia → CHINA
Catoroa → Kotorosi
Caynon → Kanev
Cazan → Kazań, → Kazań, Khanat
Cazanca → Kazanka
Celeia, Celje → Cilli, Gft.
Čepca → „Retzitza"
Cercass → Čerkassy
Čerin (weißrussld.) 502,58
Čerin (Weißrussld.) 502,24
Čerkassy (ukrain. Cherkasy) 34,19; 34,54; 243,5; 243,27; 332,22; 333,37; 334,8; 334,10; 334,45; 334,46
Černaja Grjaź (Russ. Föd.) 458,22; 458,57
Černigov (ukrain. Chernihiv) 28,5; 28,40; 113,5; 113,40; 230,8; 230,47; 232,32; 232,66; 236,11; 236,48
Černigov, Fsm. 74,62
Chainska Semla → ‚KAJANSKAJA ZEMLJA'
Chathaia → CHINA
Chełm (Polen) 339,40
Cherson → Chersones
Chersones (Ukr.) [auf der Krim, nicht Cherson am Dnepr] 48,24; 48,27; 48,62; 48,65; 49,1; 49,25; 251,18; 251,54; 251,59
Chersonesus [Cimbrica, Cymbrica] → ‚Zimbrische Halbinsel'
Chersonesus [Thaurica] → Krim [Halbinsel]
CHINA 273,34; 322,9; 322,13; 322,44; 322,48
Chiovu, Chiovuia → Kiev
Chiovuiensis [civitas] → Kiev
Chiovuiensis [principatus] → Kiev, Fsm.
Chiow → Kiev
Chlinovua, Chlinowa → Kirov
Chlopigerod, Chlopigorod, Chlopigrod, Chloppigrod → Cholopij gorodok
Choitilovua, Choitilowa → Chotilovo
Cholmogory (Russ. Föd.) 265,21; 265,55; 266,34; 266,71; 267,4; 267,6; 267,39; 267,41

Cholopij gorodok (einstiger Handelsplatz bei Mologa, Russ. Föd.) 28,2; 28,36; 201,23; 201,51; 203,52; 242,60; 252,3; 252,41; 259,21; 259,33; 259,58; 259,73
Cholova, li. Nfl. der Msta 456,19; 456,58
Chorogoskhinoß, Chorogoski Nosz → Karnovskij Nos
Chotilovo (Russ. Föd.) 457,12; 457,39
Chvualinsko morie → Kaspisches Meer
Chwalinsco moer, Chwalinsco → Kaspisches Meer
Cieszyn → Teschen
Cili → Cilli, Gft.
Cilli, Gft. 95,37; 95,70
Cil'ma, li. Nfl. der Pečora 268,10; 268,21; 268,48; 268,59
Cilma → Cil'ma
Cimbrica Chersonesus, Cimbrica → ‚Zimbrische Halbinsel'
„Cingulus mundi" (vgl. → ‚Zemnoj Pojas') 273,30; 274,28
Circas, Circass, Circassi → Čerkassy
Circho → Čirka
Čirka, Nfl. der Cil'ma 268,5; 268,7; 268,42; 268,44
Cirpach → Serpuchov
Citrachan, Citrahan → Astrachań
Civitas nova Cortzin → Nowy Korczyn
clain March → Mohra
clain Tanais → Donec
Clara vallis → Zwettl
Cleff → Kleve, Hzm.
Clesma → Kljaźma
Clin → Klin
Clinowa → Kirov
Clobutzkho, Clobutzko → Kłobuck
Clopigorod → Cholopij gorodok
Cna, Quellfluss der Msta 247,4; 247,40; 457,14; 457,41
Cobilagora → Kobylany
Colchis → KOLCHIS
Coliwan → Reval
Colmogor → Cholmogory
Coluga → Kaluga
Columna → Kolomna
CONDINIA, KONDIJA (Territorium am Fl. Konda, Nfl. des Irtyš) 74,27; 74,65
Constantinopel, Constantinopl, Constantino-

polis → Istanbul
Constat → Bad Cannstatt
Coporoia, Coporoya → Kopor̂e, → Koporka
Corczin [nova civitas] → Nowy Korczyn
Corela → KARELIEN, → Priozersk, → Vuoksa
Coreste, Coresto → Korosteń
Corsira → Kašira
„Corsula" (auf Herbersteins Weg eine Station zwischen Polock und Opočka) 452,63
Corsun → Chersones
Cortzin [Civitas nova, Neustat] → Nowy Korczyn
Cosel (poln. heute Kędzierzyn-Koźle) 511,11; 511,49
Cosle → Cosel
„Cossin" (Festung am gleichnamigen Fl.) 272,19
„Cossin", Fl. (vielleicht zu deuten als Kośva, li. Nfl. der Kama) 272,17; 272,22; 272,56; 272,62
Costroma → Kostroma [Fl.]
„Cotatis" (von Herberstein als möglicher anderer Name für die Kolchis angeführt) 324,19; 324,55
Cotelnitz → Kotel'nič
Cotoroa → Kotorosi
Cotzi → Kocs
Cotzko → Kock
Crabaten → KROATIEN
Cracaw, Craccau, Craccaw, Crackaw → Krakau
Cracovia, Cracovuia → Krakau
Crasno Sello, Craßnosello → Krasnoe
Crepitza vetus → Krzepice bei Kłobuck
Crepitza → Krappitz, → Krzepice bei Kłobuck
Crevua, Crewa → Krevo
Croacia → KROATIEN
Cromolovu, Cromolow → Kromołow bei Zawiercie
Cronom(en), Cronon → Memel [Fl.]
Cropivuna, Cropiwna → Krapivna
Ctzernigo → Černigov
Ctzirpach → Serpuchov
Čudskoe Ozero → Peipussee
Cupa → Kubań
ČUVAŠIJA 208,12; 208,48

Cymbrica Chersonesus → ‚Zimbrische Halbinsel'
Cyrcho → Čirka
Czarigrad → Istanbul
Czarna, li. Nfl. der Weichsel 467,3; 467,39
Czerna → Czarna
Czernig → Čerin
Czernigo, Czernigovu → Černigov
Czernigovuia → Černigov, → Černigov, Fsm.
Czernigow → Černigov, Fsm.
Czestochovu, Czestochow, Częstochowa → Tschenstochau
Czierpach → Serpuchov
Czilma → Cil'ma
Czircassen, Czircassn → Čerkassy
Czircho → Čirka
Czirpach → Serpuchov; → Serpuchov; → Serpuchov
Czudin → Peipussee
Czutzko → Peipussee
Czutzma → Ščučin
Danadim → Nadym, Fl.

DÄNEMARK 15,21; 37,32; 76,14; 76,42; 163,12; 163,43; 248,10; 339,17; 339,52; 360,51; 360,55; 362,13; 362,18; 362,36; 362,40; 362,49; 362,54; 367,7; 367,39; 368,29; 369,8; 371,12; 371,39; 371,43; 371,50; 371,51; 372,37; 374,23; 374,25; 374,47; 374,51; 374,54; 375,12; 379,13; 380,3; 380,23; 380,59; 381,53; 441,16
Dania → DÄNEMARK
Dankov (Russ. Föd.) 223,13; 223,47; 227,17; 227,52; 228,21; 228,56
Dantiscum → Danzig
Dantzkha → Danzig
Danubius → Donau
Danzig (poln. Gdańsk) 106,2; 106,38; 339,11; 339,47; 361,13; 361,14; 361,40; 431,10; 431,13; 503,18
Daugava → Düna
Daugavpils → Dünaburg
Dedina → Dedino bei Druja
Dedino (weißruss. Dedina) bei Druja 450,6; 450,43
Demetriovuitz, Demetriowitz → Dmitrov
Denmarckh, Dennmarck, Dennmarckht → DÄNEMARK

Derbt, Derbtenn → Dorpat
Desna, li. Nfl. des Dnepr 36,22; 36,60; 230,8; 230,47
Deßna → Desna
DEUTSCHLAND 33,8; 37,32; 201,63; 202,26; 203,37; 206,11; 206,45; 208,25; 208,29; 208,65; 248,11; 303,28; 321,40; 340,14; 348,39; 352,20; 352,47; 361,2; 361,30; 362,46; 363,30; 364,20; 482,29; 494,16; 494,24
Dimitriovu, Dimitriow → Dmitrov
Disla → Disnaj; → Disnaj
Disnaj (Weißrussld.) 449,25; 449,57
Dmitrov (Russ. Föd.) 237,11; 237,38; 257,4; 257,38
Dnepr (ukrain. Dnipro), Fl. 22,12; 34,3; 34,11; 34,14; 34,19; 34,23; 34,34; 34,43; 34,46; 34,50; 34,52; 34,60; 36,12; 36,25; 36,47; 36,62; 65,4; 65,15; 65,20; 65,40; 65,41; 65,44; 65,51; 110,27; 110,64; 111,4; 111,36; 230,10; 230,49; 232,26; 232,61; 237,19; 237,25; 237,58; 239,11; 239,16; 239,18; 239,19; 239,46; 239,50; 242,14; 242,15; 242,21; 242,27; 242,33; 242,47; 242,48; 242,65; 242,71; 243,10; 243,57; 243,60; 244,2; 244,25; 245,1; 245,5; 245,41; 323,25; 323,60; 332,23; 332,25; 332,56; 333,35; 333,73; 334,8; 334,11; 335,20; 335,23; 335,31; 335,61; 335,69; 335,71; 336,2; 336,10; 336,13; 336,17; 336,20; 336,45; 336,48; 336,50; 350,12; 350,43; 356,13; 389,18; 389,56; 392,5; 392,7; 392,43; 396,9; 396,10; 396,13; 396,20; 396,38; 396,41; 463,7; 463,14; 464,4; 464,12; 464,42; 464,44; 467,22; 467,26; 502,30; 502,65; 503,29; 507,21; 507,59
Dneprec, li. Nfl. des Dnepr 242,18; 242,52; 242,53
Dneprovskoe (Russ. Föd.) 242,12; 242,45
Dnestr (ukrain. Dnister), Fl. 34,1; 34,2; 34,7; 34,28; 34,29; 34,38; 34,50; 327,13; 327,46; 327,47; 334,4; 334,39; 334,40
Dnieper → Dnepr
Dniepersko → Dneprovskoe
Dnyepersko → Dneprovskoe
Dnyerper → Dnepr
Dobrovuna, Dobrowna → Dubrovno

Don, Fl. 21,14; 22,14; 34,26; 34,27; 34,66; 160,38; 176,22; 214,14; 218,16; 218,47; 222,16; 222,52; 223,12; 223,19; 223,42; 223,58; 225,27; 225,65; 226,4; 226,9; 226,23; 226,39; 226,52; 226,54; 226,59; 226,60; 226,61; 227,13; 227,17; 227,48; 228,18; 228,21; 228,24; 228,46; 228,60; 230,12; 230,50; 242,5; 242,40; 291,11; 301,24; 301,59; 323,16; 323,30; 323,53; 323,64; 324,28; 324,67; 331,3; 331,43; 356,13; 504,10
Donau, Fl. 21,12; 22,16; 32,35; 33,23; 35,29; 35,68; 36,5; 36,40; 41,31; 41,71; 95,54; 105,36; 280,23; 280,55; 442,12; 442,49; 443,9; 443,11; 443,13; 443,48; 443,51; 473,12; 476,6; 476,27; 476,39; 476,60; 477,36; 490,52; 494,27; 494,55
Donaw → Donau
Donco → Dankov
Donec, re. Nfl. des Don 228,9; 228,15; 228,16; 228,45; 228,52; 228,54; 323,30; 323,66
Donetz Sevuerski → Donec
Doporoskhj → „Doporoski"
„Doporoski" (vermeintlicher Ortsname, tatsächlich wohl in zwei Wörter zu zerlegen u. auf eine Stromschnelle – russ. porog – der Düna zu beziehen) 451,3; 451,23
Dorogobuž (Russ. Föd.) 58,5; 58,40; 58,49; 59,4; 59,40; 68,8; 68,45; 237,6; 237,33; 238,24; 238,57; 239,9; 239,44; 243,2; 243,24; 461,19; 461,53
Dorpat (estn. Tartu) 364,7; 364,9; 364,43; 364,44
Drau, re. Nfl. der Donau 32,33; 33,21; 33,24; 105,40; 494,27
Dravum → Drau
Drissa → Verchnedvinsk
Drisvjaty (weißruss. Drysvjaty) 449,27
Drisvuet → Drisvjaty
Drogobusch, Drohobusch → Dorogobuž
Drohiczyn (Polen) 433,44
Drohitzin → Drohiczyn
Dront → Drontheim, → Tromsø
Drontheim (norweg. Trondheim) 378,14; 378,52; 379,14; 379,51
Druck (Weißrussld.) 464,8; 464,47
Drutzeckh, Druzek → Druck

Dschorno → Šornovo
„Dsternicza" (nicht identifizierbarer Fl. bei Opočka, intendierte Schreibung anderem Druck zufolge „Osternicza") 452,27; 452,66
Dsternitza → „Dsternicza"
Dubna, re. Nfl. der Wolga 257,11; 257,46
Dubrovno (weißruss. Dubrouna) 67,14; 67,50; 238,44; 335,35; 335,73; 336,3; 336,32; 389,17; 389,54; 463,1; 463,7; 464,35; 467,26; 503,7; 503,30; 503,31; 503,34; 507,19; 507,26; 507,57; 507,63
Düna (lett. Daugava), Fl. 21,16; 28,64; 36,15; 36,18; 36,51; 36,54; 68,27; 68,66; 244,15; 244,41; 332,59; 350,45; 364,5; 364,12; 364,39; 364,47; 450,7; 450,8; 450,9; 450,13; 450,44; 450,46; 450,47; 450,52; 451,7; 451,8
Duna → Düna, → Nördliche Dwina
Dünaburg (lett. Daugavpils) 244,12; 244,39; 332,58
Dunenburg → Dünaburg
Duszniki Zdrój → Reinerz
Dvuerenbutig → „Dwerenbutig"
Dvuerschak → Toržok
Dvuina lacus → Ozero Dvine
Dvuina → Düna, → Dwina [„Provinz"], → Nördliche Dwina, → „Dwina"
Dwina [„Provinz", „Land"] 28,64; 206,32; 248,31; 248,58; 256,21; 256,60; 264,2; 264,27; 264,36; 264,59; 265,42; 375,46
Dwina [See] → Ozero Dvine
Dwina → Düna, → Dwina [„Provinz"], → Nördliche Dwina, → „Dwina"
„Dwina" (Stadt an der Nördl. Dwina) 265,22; 265,55; 266,17; 266,56
Dworsackh → Toržok
Dyje → Thaya

Edel → Wolga
Egipten → ÄGYPTEN
Eichstätt (Dtld.) 18,2
Eisig [Moer] → Eismeer
Eiškiškės (Lit.) 502,13; 502,49
Eismeer 367,30; 367,67; 371,23; 374,6; 374,8; 374,13; 374,40; 384,33
Elb → Elbe
Elbe, Fl. 21,12; 22,16; 33,8; 33,37; 511,29; 511,61

Els, Elsa → Olsa
ELSASS 442,2
Engraneland, Engroneland, Engronelandt, Engronen Land → ‚ENGRONENLAND' ‚Engronenland' 385,26
‚ENGRONENLAND' 265,1; 265,38; 275,8; 275,42; 370,45; 381,50; 385,2
Enns, re. Nfl. der Donau 443,10; 443,49
Entzestorff → Enzersdorf an der Fischa
Enzersdorf an der Fischa (Österr.) 441,24
Eraclea → Inguri
Ereğli (Türkei) 39,24; 39,64
Erlingen → Ettlingen
Eslingen → Esslingen
Esslingen (Dtld.) 442,9; 442,46
Esztergom → Gran
Etlingen → Ettlingen
Ettlingen (Dtld.) 442,6; 442,44
Euphrat, Fl. 284,15; 284,55
Euphrates → Euphrat
EUROPA 14,18; 15,32; 214,11; 225,28; 225,67; 228,26; 228,63; 280,9; 280,13; 280,45; 326,16; 490,24
Eystet → Eichstätt

Falster, dän. Insel 373,37
Fehmarn, dt. Insel 373,36
Femorn → Fehmarn
Feodosija (auf der Krim, Ukr.) 93,25; 93,63; 156,30; 156,65; 223,14; 223,53; 308,8; 308,45; 324,15; 324,51; 326,2; 326,3; 326,5; 326,39
Ferrar → Ferrara
Ferrara (It.) 18,4
Fiburg → Vybor
Finland, Finlandia → FINNLAND
Finlandisch [Moer], Finlendisch [Mör] → Ostsee
Finnischer Meerbusen, Teil der Ostsee 35,7
FINNLAND 35,6; 35,42; 111,12; 248,21; 256,6; 362,7; 362,32; 368,18; 371,23
Firenze → Florenz
Fischa, re. Nfl. der Donau 441,25
Florentia, Florentz → Florenz
Florenz (ital. Firenze) 143,3; 143,34; 163,34; 163,73
Forumiulium → FRIAUL
Franckfurt → Frankfurt am Main
Franckhreich, Frangkhreich → FRANK-

REICH
Frankfurt am Main (Dtld.) 17,33
FRANKREICH 15,24; 18,7; 97,50; 102,31
Frannkhreich → FRANKREICH
Freising (Dtld.) 443,4; 443,44
Freistadt (tschech. Frýštát) 444,5; 444,28; 469,25; 469,56
Freistat, Freistätl, Freystaetl → Freistadt
Freysingen → Freising
Freystaetl → Freistadt
FRIAUL 18,7; 32,30; 32,60
Fridberg → Friedberg in Bayern
Friedberg in Bayern (Dtld.) 443,3; 443,43
FRIESLAND 340,16; 340,39
Frisia → FRIESLAND
Friuli → FRIAUL
Fronovo, Fronovu → „Fronow"
„Fronow" (nach Herbersteins Angaben Sumpf, aus dem die Wolga hervorgeht) 241,24; 241,60; 242,12; 242,21; 242,44; 244,3; 244,20; 244,26; 244,59
Fronowo → „Fronow"
Frýštát → Freistadt

Galič (Russ. Föd.) 200,51; 276,67; 277,4; 277,7; 277,41; 277,42
Galič, Fsm. 200,13; 276,30; 276,67
Galitz → Galič, → Galič, Fsm.
Gallia → FRANKREICH
Gallneukirchen (Österr.) 443,15; 443,52
Galneukirchen, Galneukirchen → Gallneukirchen
Gangkofen (Dtld.) 443,7; 443,45
Gangra → Tchiangre
Gdańsk, Gdanum → Danzig
Gedanum → Danzig
gefrorn Moer → Eismeer
Geislingen an der Steige (Dtld.) 442,11; 442,48
Geldern, Hzm. 364,21; 364,58
Geldrensis [principatus] → Geldern, Hzm.
Genghofen, Gengkhofn → Gangkofen
Germania → DEUTSCHLAND
Germanicum [mare] → Ostsee
Gerodin → Gorodnja
Ghlopigorod → Cholopij gorodok
Glaciale [mare], Glaciale → Eismeer
Glacz → Glatz

Glatz (poln. Kłodzko) 511,22; 511,56
Glog [grossen] → Glogau, Hzm.
Glog [klain] → Oberglogau
Glogau, Hzm. 342,32
Glogovia parva → Oberglogau
Głogówek → Oberglogau
Głubczyce → Leobschütz
Gnesen (poln. Gniezno) 447,67
Gnesn → Gnesen
Gniezno → Gnesen
Gopingen → Göppingen
Göppingen (Dtld.) 442,10; 442,48
Gorodnja (Russ. Föd.) 458,13; 458,49
Gostinovo Ozero, Wolga-Insel 311,22; 311,59; 312,13; 312,49; 318,15; 318,53
Gostinovuosero, Gostinowosero → Gostinovo Ozero
GÖTALAND 368,16; 368,24
Gothia → Gotland
Gotland, schwed. Insel 163,15; 163,54; 362,17; 362,55; 363,3; 363,9; 363,45
Gotlandia → Gotland
Gotn → GÖTALAND
Gotzi → Kocs
Goža (weißruss. Hoža) 508,9; 508,35
Graecia → GRIECHENLAND
Gran (ungar. Esztergom) 493,35
Grätz → Graz
Graz (Österr.) 32,34; 33,22
Gretzium → Graz
Griechen → GRIECHENLAND
GRIECHENLAND 39,14; 41,8; 41,43; 42,4; 42,37; 44,4; 44,11; 44,19; 44,37; 48,24; 48,63; 110,26; 110,63; 134,13; 134,51; 251,18; 251,54
Griechisch Weissenburg → Belgrad
Grinckhi, Grinkhi, Grinkhj, Grinki → Krynki bei Sokólka
Grodno (Dorf bei Borisov) 464,9; 464,48
Grodno (weißruss. Hrodna) 338,4; 344,2; 344,41; 447,3; 447,40; 450,1; 450,38; 465,26; 466,34; 508,10; 508,36; 508,37
Grodno → Grodno [Stadt], → Grodno [Dorf bei Borisov]
Grosneugarteen → Novgorod
groß Neugarten → Novgorod
groß Poln → GROSSPOLEN
grossen Glog → Glogau, Hzm.

grösser Mör, groß Moer → Schwarzes Meer
Großneugarten → Novgorod, → Novgorod
  [„Staat"], Novgorod, „Fsm."
Großneugartn → Novgorod [„Staat"]
Großneugartten → Novgorod, → Novgorod
  [„Staat"]
GROSSPOLEN 444,54
Groß-Wisternitz (tschech. Velká Bystřice)
  470,1
„Grustina" (Festung) 270,20; 270,60
Guetenhag, Guettenhag → Gutenhag
Gülich → Jülich, Hzm.
Gunsperg, Gunspurg → Günzburg
Günzburg (Dtld.) 442,13; 442,50
Guottenhag → Gutenhag
Gutenhag (slowen. Hrastovec) 13,3; 13,26;
  16,33; 17,1; 21,2; 25,5; 31,4
Győr → Raab

Haal im Inntal, Haal im Intaal → Hall in Tirol
Hafn [heiligen] → Heiligenhafen
Hafnia → Kopenhagen
Haganoa → Hagenau
Hagenau (frz. Haguenau) 442,2; 442,40
Hagenaw, Haguenau → Hagenau
Hainburg an der Donau (Österr.) 95,54
Hal → Hall in Tirol
Hall in Tirol (Österr.) 174,56; 307,39;
  475,21
Hamburg → Hainburg an der Donau
Hannsen See → Ozero Ivan-Ozero
„Harbsle" (auf Herbersteins Weg eine Station zwischen Polock und Opočka) 452,6;
  452,39
Haroschi, Harosczi → Krestcy
heiligen Hafn → Heiligenhafen
Heiligenhafen (Dtld.) 373,36
Heilsberg (poln. Lidzbark Warmiński)
  441,41
Helsperg → Heilsberg
Helvetiae → SCHWEIZ
Heraclea, Herakleia → Ereğli
‚HESPERIA' (griech. dichterische Bezeichnung für It. u. Spanien) 21,28
Hestlitschkami, Hestlitschkhamj →
  Eiškiškės
Hiperborei → ‚Hyperboräische Berge'
Hircanum → Kaspisches Meer

Hispanias, Hispanien → SPANIEN
Holandia → HOLLAND
HOLLAND 339,11
Holmia → Stockholm
Holnstain → HOLSTEIN
Holsatia, Holstain → HOLSTEIN
HOLSTEIN 37,28; 37,69; 360,56; 361,3;
  362,45
Horn (Österr.) 443,19; 443,56
Hranice, Hranitza → Weißkirchen
Hrastovec → Gutenhag
Hungaria → UNGARN
Hungerischen Altenburg → Ungarisch-Altenburg
Hungerland, Hungerlandt, Hunger Lannd,
  Hungern → UNGARN
‚Hyperboräische Berge' 275,5; 275,38
Hyperborei [montes] → ‚Hyperboräische
  Berge'

Iachroma → Jachroma
Iagerndorff → Jägerndorf
Iaick, Iayck → Ural
Iama, Iamma → Kingisepp (Jamburg)
Ianuga → Jamuga
Iaroslavu → Jaroslavl', → Perejaslavl' Rjazanskij
Iaroslavuia → Jaroslavl', Fsm.
Iaroslaw → Perejaslavl' Rjazanskij
Iasonica → Jasionka
Iaurinum → Raab [Stadt]
Iausa → Jauza
Ibitza → Ibiza
Ibiza, span. Insel 18,5
Iepiphanovulies → ‚Okonickij Les'
Ierom → „Jerom"
Ieromiers → Jermer
„Ieutriskie", Wüste 284,4; 284,40
Ihedra → Ozero Edrovskoe
Ilkhusch, Ilkusch → Olkusz
Ilmen → Ilmensee
Ilmensee 36,19; 36,55; 111,6; 111,41;
  245,8; 245,47; 247,17; 247,54; 252,17;
  252,18; 252,54; 252,56; 252,57; 252,64;
  253,10
Ilmer lacum, Ilmer → Ilmensee
Inderstorff → Markt Indersdorf
Inguri (georg.), Fl. 324,18; 324,54
Inn, re. Nfl. der Donau 307,7; 443,8;

443,47; 475,22; 476,5; 476,38
Innsbruck (Österr.) 172,52; 474,6; 474,43; 506,29
Innspruck, Innßprugg → Innsbruck
Inspruckh → Innsbruck
Ioannis lacus → Ozero Ivan-Ozero
Ioroslavu → Jaroslavl'
Irboska → Izborsk
Irtischa, Irtische → Irtyš
Irtyš, li. Nfl. des Ob 270,11; 270,19; 270,50; 270,59
Isar, re. Nfl. der Donau 443,6; 443,45
Iser, Isera → Isar
Istanbul (Türkei) 33,2; 33,28; 39,15; 39,52; 41,45; 44,16; 44,50; 48,19; 48,57; 48,67; 75,24; 75,56; 75,57; 105,20; 110,59; 129,40; 156,46; 223,15; 223,54; 324,15; 324,51; 326,6; 484,40
Ister → Donau
Isthmus Tauricae → Perekop, Landenge v.
Istula → Weichsel
Italia → ITALIEN
ITALIEN 15,24; 22,10; 163,34; 217,34; 367,25; 487,29; 494,15
Itschin → Neutitschein
Itzin → Neutitschein
Iucia → JÜTLAND
Iug → Jug
Iugaria, Iugra → ‚UGRIEN'; → ‚UGRIEN'
Iuharia, Iuhra → ‚UGRIEN'
Iuliacensis [principatus] → Jülich, Hzm.
Iuriow gorod → Dorpat
Iurr → Raab [Stadt]
Iursa → Roś
Iuryovugorod → Dorpat
Ivangorod (Russ. Föd.) 163,28; 163,65; 247,26; 247,65; 253,17; 253,55; 254,1; 254,40; 255,7; 255,17; 255,29; 255,34; 255,46; 255,55; 255,65; 255,70
Ivuanovugorod, Ivuanovuogorod → Ivangorod
Ivuanovuosero → Ozero Ivan-Ozero
Iwanowgorod → Ivangorod
Iwanowosero → Ozero Ivan-Ozero
Izborsk (Russ. Föd.) 38,35; 38,71
İzmit (Türkei) 39,24; 39,65

Jaanilinn → Ivangorod

Jachroma, re. Nfl. der Sestra 257,9; 257,45
Jägerdorff → Jägerndorf
Jägerndorf (tschech. Krnov) 497,24; 497,60
Jaick, Jaickh, Jaik → Ural
Jama → (?) Kingisepp (Jamburg)
Jamuga, li. Nfl. der Sestra 458,18; 458,54
Januga → Jamuga
Jaroměř → Jermer
Jaroslavl' (Russ. Föd.) 28,13; 28,47; 92,68; 257,70; 258,1; 258,20; 258,55; 259,16; 259,53; 260,28; 260,57; 261,6; 261,15; 261,43; 261,52; 263,2; 263,3; 263,41; 276,26; 276,62
Jaroslavl', Fsm. 74,25; 74,64; 276,20; 276,57
Jaroslaw → Jaroslavl', → Jaroslavl', Fsm.
Jasionka, re. Nfl. der Tyśmienica 466,25; 466,62
Jasonica → Jasionka
Jausa → Jauza
Jauza, li. Nfl. der Moskwa 28,13; 28,47; 215,30; 215,62
Jažlebicy (Russ. Föd.) 456,21; 456,59
Jermer (tschech. Jaroměř) 511,25; 511,59
Jeromters → Jermer
„Jerom" (Festung) 270,14; 270,54
Jeron → „Jerom"
Johanns [sant] → „caput Sancti Ioannis"
Jucht, Juchtland → JÜTLAND
Jug, Quellfluss der Nördl. Dwina 264,8; 264,14; 264,28; 264,42; 264,48; 264,63; 266,27; 266,30; 266,65; 266,68
Jugaria, Jugra → ‚UGRIEN'
Juharia, Juhra → ‚UGRIEN'
Jülich, Hzm. 364,21; 364,58
Jur → Raab [Stadt]
JÜTLAND 360,27; 360,30; 360,50; 361,31; 362,15; 362,43; 372,4; 372,6; 381,54
Južnyj Bug → Südlicher Bug

Kaerntn → KÄRNTEN
Kafa, Kaffa → Feodosija
Kaienska Semla → ‚KAJANSKAJA ZEMLJA'
‚KAJANSKAJA ZEMLJA' 256,6; 256,44; 376,13; 376,46
Kajdanov (weißruss. ??) 502,27; 502,61
Käkisalmi → Priozersk

Kal'čik (ukrain. Kal'chyk), re. Nfl. des Kal'-
mius 283,30; 283,64; 284,22; 284,61
Kaliningrad → Königsberg
Kaluga (Russ. Föd.) 229,12; 229,45; 231,6;
231,21; 231,45; 231,58; 232,22; 232,58;
237,8; 237,34
'Kalunčo' (Halteplatz an der Mezenskaja
Guba) 267,23; 267,59
Kama, li. Nfl. der Wolga 276,34; 276,73;
277,33; 277,71; 277,72; 278,3; 278,14;
278,47; 282,7; 282,37; 319,22; 319,59
'Kameń' (ein Berg im Ural) 269,27; 269,29;
269,65; 269,68
'Kameń Bol'šogo Pojasa' (ein Berg im Ural)
271,25; 271,66
'Kameń Bol'šoj' (Bezeichnung für einen
Teil oder einen einzelnen Berg des Ural)
268,27; 268,66
Kamenec (weißruss. Kamjanec) 433,48;
501,12; 501,19; 501,49
'Kamenka' (Halteplatz an der Mezenskaja
Guba) 267,26; 267,63
'Kamennyj Pojas' (Bezeichnung für einen
Teil des Ural) 269,7; 269,44
Kanev (ukrain. Kaniv) 34,56; 334,11;
334,48
KARELIEN 256,9; 256,21; 256,46; 256,57;
256,60; 374,1; 374,31; 374,32
Karnovskij Nos, Landspitze an der Me-
zenskaja Guba 267,24; 267,62
KÄRNTEN 13,28; 17,2
Karpaten 33,18; 33,58; 35,10; 35,45
Kasimov (Russ. Föd.) 221,65; 229,14;
229,46
Kašira (Russ. Föd.) 229,13; 229,45; 230,13;
230,51; 231,3; 231,42; 234,19; 234,55
Kaspisches Meer 241,34; 241,35; 241,70;
241,71; 257,15; 257,51; 281,16; 281,54;
281,55; 318,32; 319,12; 319,34; 319,45;
319,69; 321,18; 321,52; 322,27; 323,8;
323,46
Kaynow → Kanev
Kazań (Russ. Föd.) 180,4; 180,38; 208,12;
208,49; 226,40; 277,14; 277,51; 277,73;
278,5; 285,19; 285,57; 296,18; 296,34;
296,55; 296,71; 296,73; 297,1; 301,21;
301,55; 302,9; 311,24; 311,48; 311,54;
312,10; 312,17; 312,48; 312,54; 314,36;
314,71; 315,22; 315,30; 315,62; 315,70;

318,14; 319,2; 319,35; 322,18; 322,32;
322,54; 322,70; 323,23; 323,58
Kazań, Khanat 59,8; 59,45; 61,4; 61,40;
69,11; 69,49; 179,2; 179,35; 221,15;
221,54; 226,10; 281,69; 296,18; 296,55;
296,65; 298,32; 299,36; 299,46; 300,31;
300,68; 301,43; 308,62; 310,38; 310,72;
311,11; 312,71; 318,9; 318,44; 319,43;
422,30; 422,68
Kazanka, li. Nfl. der Wolga 312,31; 312,68
Kazym → 'Cassima'
Kędzierzyn-Koźle → Cosel
Kexholm → Priozersk
Khaienska Semla → 'KAJANSKAJA
ZEMLJA'
Khelm → Chełm
Khiow → Kiev
Khitaisco [See] → 'Kitai'
Khithai → CHINA
Khithay [See] → 'Kitai'
khlain Poln → KLEINPOLEN
Khoinsko [See] → Kubenasee
Khopenhagen → Kopenhagen
Khotzkho → Kock
Khrepitz [Alt] → Krzepice bei Kłobuck
Khrepitz → Krappitz
Khriechen, Khriechenland, Khriechen lannd
→ GRIECHENLAND
Khriechischweissenburg → Belgrad
Khünigsperg → Königsberg
Khünigswisen → Königswiesen
Khurland → KURLAND
Khythai [See] → 'Kitai'
Kiev (ukrain. Kyïv) 28,1; 28,35; 34,22;
34,56; 36,13; 36,48; 40,22; 40,60; 41,7;
41,41; 42,18; 44,28; 44,66; 46,2; 46,6;
46,7; 46,24; 46,39; 46,41; 46,43; 46,52;
46,62; 47,21; 47,58; 110,2; 110,29;
110,39; 110,66; 142,1; 230,10; 230,48;
235,44; 236,12; 236,15; 236,49; 236,52;
243,5; 243,26; 327,20; 327,56; 332,56;
334,14; 334,50; 335,10; 335,19; 335,22;
335,44; 335,58; 335,60; 338,70
Kiev, Fsm. 42,55; 50,2; 50,35
Kingisepp (vor 1922 Jamburg, Russ. Föd.)
28,14; 28,48; 255,32; 255,34; 255,69;
255,70
Kirov (Russ. Föd.) 28,2; 28,35; 277,17;
277,19; 277,22; 277,24; 277,55; 277,57;

277,60; 277,62
„Kitai" (angeblicher See, aus dem vermeintlich der Ob hervorgeht) 270,3; 270,21; 270,43; 270,62; 273,33; 273,63
Kitaisko [lacus] → „Kitai"
klain Glog → Oberglogau
Klaipėda → Memel [Stadt]
KLEINPOLEN 444,53
Kleščino Ozero → Ozero Pleščeevo
Kleve, Hzm. 364,58
Klin (Russ. Föd.) 458,18; 458,53
Kljaźma, re. Nfl. der Wolga 220,3; 220,5; 220,41; 220,44
Kłobuck (Polen) 498,12; 498,46
Kłodzko → Glatz
København → Kopenhagen
Kobylany bei Krakau oder eine Örtlichkeit nordwestlich davon (Polen) 511,3; 511,43
Kock (Polen) 446,18; 446,56
Kocs (Ungarn) 477,4; 477,5; 477,7; 477,26
Koinskavuoda, Koinska Woda → Konka
Koinzki [lacus] → Kubenasee
KOLCHIS 324,20; 324,56
Kolomna (Russ. Föd.) 92,71; 113,5; 113,40; 211,9; 211,48; 222,28; 222,70; 229,13; 229,46; 230,15; 230,53; 302,12; 302,52; 310,22; 310,57
Königsberg (russ. Kaliningrad) 361,16; 361,41; 361,46
Königswiesen (Österr.) 443,16; 443,53
Konka (ukrain. Kińska), li. Nfl. des Dnepr 236,32; 236,69
Konstantinopel → Istanbul
Kopenhagen (dän. København) 371,43; 380,3; 380,4; 380,39
Kopoŕe (Russ. Föd.) 255,37; 255,73
Koporka, Fl. 255,37; 255,73
Koppenhagen → Kopenhagen
Koprzywnica (Polen) 500,23; 500,63
Korosteń (Ukr.) 39,28; 39,68
Korsuń → Chersones
Kośja → „Cassima"
Kostroma (Russ. Föd.) 260,28; 260,57; 276,23; 276,32; 276,60; 276,69; 277,4; 277,40; 379,28; 379,68
Kostroma, li. Nfl. der Wolga 276,65
Kośva → „Cossin"
Kotel'nič (Russ. Föd.) 277,21; 277,62

Kotorosi, re. Nfl. der Wolga 261,6; 261,43
Koźle → Cosel
Krakau (poln. Kraków) 33,18; 34,28; 99,17; 99,46; 159,44; 214,6; 342,46; 342,48; 440,42; 442,32; 444,21; 444,47; 444,51; 446,1; 446,37; 448,31; 465,27; 465,38; 468,37; 468,43; 469,38; 498,9; 498,21; 498,44; 498,55; 498,56; 500,16; 500,53; 503,38; 507,45; 509,36; 510,23; 510,49; 510,58; 511,1; 511,41
Kraków → Krakau
Krapivna, li. Nfl. des Dnepr 67,16; 67,53; 464,38
Krapkowice → Krappitz
Krappitz (poln. Krapkowice) 497,28; 497,63
Krasnoe (weißruss. Krasnae) 464,16; 464,54
Krestcy (Russ. Föd.) 456,19; 456,57
Krevo (weißruss. Krèva) 464,18; 464,56
Kriim → Staryj Krim
Krim, Khanat 34,41; 34,42; 179,34; 224,55; 231,67; 289,59; 301,10; 311,15; 325,5; 326,11; 326,62; 327,33; 328,16; 328,51; 331,12; 331,18; 331,50; 333,37
Krim, ukrain. Halbinsel 34,10; 224,24; 231,31; 236,25; 236,60; 236,61; 301,23; 308,3; 310,23; 323,19; 324,27; 325,23; 325,24; 325,46; 329,34; 329,69; 331,3
Krnov → Jägerndorf
KROATIEN 82,6; 82,40
Kromołow bei Zawiercie (Polen) 498,18; 498,52
Krym → Staryj Krim
Krynki bei Sokólka (Polen) 446,34; 446,71; 466,1; 466,36; 508,12; 508,38; 509,10; 509,50
Krzepice bei Kłobuck (Polen) 498,1; 498,10; 498,36
Krzna (Pd.), li. Nfl. des Westlichen Bug (bei Herberstein irrtümlich mit der Okrzejka, einem rechten Weichsel-Nfl., gleichgesetzt) 510,1; 510,30
Kubań, Fl. 323,37; 323,73; 324,17; 324,53
Kubenasee 263,15; 263,49
Kuloj, Fl. 267,14; 267,15; 267,51
Kuluio → Kuloj
Kuluyo → Kuloj, → Ozero Kel'dozero
Kunigsvuisn → Königswiesen
KURLAND 362,5

Kuvšin (eine der Sem'-Inseln vor Charlovka bei Murmansk) 377,14; 377,25; 377,28; 377,31; 377,50
Kyow → Kiev, → Kiev, Fsm.
lacus Pereaslavuiensis → Ozero Pleščeevo

Ladoga lacus → Ladogasee
Ladoga → Staraja Ladoga, → Ladogasee
Ladogasee 111,9; 111,45; 247,19; 247,57; 247,59; 252,29; 252,67; 252,69
Ladožskoe Ozero → Ladogasee
Laibach (slowen. Ljubljana) 441,46
Lajta → Leitha
Lamas → Łomazy
Landshuet → Landshut
Landshut (Dtld.) 443,6; 443,45
Laxenburg (Österr.) 441,27; 441,29
Lech, re. Nfl. der Donau 442,16; 443,2; 443,42
Leiffland, Leifflendisch Land, Leifland, Leiflandt → LIVLAND
Leifflendisch [Mör], Leifflendisch Moer, Leiflendisch [Moer] → Ostsee
Leipmnickh → Leipnik
Leipnik (tschech. Lipník) 443,35; 443,68; 469,37; 469,60
Leitha (ungar. Lajta), re. Nfl. der Donau 476,18; 476,54
Leitta → Leitha
Leoben an der Mur (Österr.) 474,35
Leobschütz (poln. Głubczyce) 497,26; 497,61
Lepin, Lepyn → Ljapin
Lesna (weißruss. Ljasnaja), re. Nfl. des Westl. Bug 501,19; 501,49; 501,54
Leubm → Leoben an der Mur
Leytha → Leitha
Lidzbark Warmiński → Heilsberg
Limburg → Nimburg
Limidis lacum, Limidis See → Ilmensee
Lincium → Linz
Linz (Österr.) 443,11; 443,50; 448,58
Lipnickh, Lipnik, Lipník → Leipnik
Lipovuetz → Lipowiec
Lipowiec (Burg bei Płaza, Polen) 444,48; 469,7; 469,45
Lisna → Lesna
LITAUEN 17,10; 18,10; 22,19; 35,12; 35,22; 35,24; 35,47; 35,53; 35,59; 35,61; 59,17; 63,53; 64,16; 64,20; 64,28; 64,36; 64,55; 64,61; 64,67; 65,71; 66,4; 68,26; 68,30; 68,64; 69,7; 78,30; 84,35; 94,9; 94,34; 94,39; 94,43; 94,69; 95,1; 95,23; 95,60; 97,1; 97,27; 108,18; 110,15; 110,43; 110,58; 141,30; 141,68; 172,7; 172,35; 172,51; 172,58; 202,34; 203,1; 203,38; 207,31; 225,8; 225,44; 231,13; 231,52; 237,9; 237,36; 239,12; 239,47; 240,22; 242,24; 242,60; 245,25; 245,28; 245,63; 246,18; 248,10; 280,18; 280,50; 282,3; 282,34; 290,46; 326,24; 326,59; 328,63; 329,22; 329,44; 332,13; 332,15; 332,16; 332,20; 332,48; 332,49; 333,17; 333,19; 333,22; 333,53; 333,55; 333,66; 334,36; 335,18; 335,36; 335,57; 335,70; 336,22; 337,22; 337,68; 338,33; 339,2; 339,14; 339,68; 342,36; 343,23; 343,53; 344,21; 344,25; 344,28; 344,58; 344,60; 350,6; 350,8; 350,39; 351,7; 351,31; 352,19; 354,32; 355,40; 356,23; 356,46; 357,6; 357,34; 359,56; 360,14; 360,41; 389,18; 389,55; 408,7; 408,37; 431,18; 433,14; 433,16; 433,40; 433,47; 433,50; 437,24; 444,55; 446,24; 446,61; 446,62; 448,13; 449,10; 449,30; 456,44; 462,26; 462,67; 466,21; 466,26; 466,59; 467,11; 482,27; 501,1; 501,26; 503,48; 506,25; 509,55
Lithen, Lithisch [das], Lithn → LITAUEN
Lithvuania → LITAUEN
Litn, Litten, Litthn, Littn → LITAUEN
Littner land → LITAUEN
Lituania → LITAUEN
LIVLAND 35,8; 35,42; 37,18; 37,33; 76,15; 76,43; 111,13; 244,8; 244,32; 248,21; 255,11; 255,27; 255,49; 332,24; 332,57; 357,4; 357,39; 361,25; 362,4; 362,28; 363,16; 363,55; 364,20; 367,61; 380,6; 380,42; 381,1; 381,52; 408,7; 408,38; 449,19; 449,53; 464,26; 464,64; 476,34; 506,30
Livuonicus [sinus] → Finnischer Meerbusen
Ljapin (Festung an der Sygva) 269,33; 269,72
Ljapin (Fl.) → Sygva
Ljubljana → Laibach
Logojsk (weißruss. Lahojsk) 464,14; 464,52

Lohoschackh, Lohoschakh → Logojsk
Lolland, dän. Insel 373,37
Lollandt → Lolland
Łomazy (Polen) 466,21; 466,58
Loschitzi, Lositzi → Łosice
Łosice bei Biała Podlaska (Polen) 509,16; 509,55
Lovat', Fl. (fließt in den Ilmensee) 111,5; 111,40; 244,17; 244,56; 252,25; 252,62
Lovat, Lovuat → Lovat'
Lowat → Lovat'
Lubeca → Lübeck
Lübeck (Dtld.) 37,27; 37,68; 360,57; 361,5; 361,32; 368,39; 373,35; 476,33; 506,30
Lubeck, Lubeckh, Lübeckh, Lubegkh → Lübeck
Lubicense terra → Lübeck
Lubinga → Tübingen
Lublin (Polen) 446,10; 446,47; 466,28; 466,64; 467,2; 500,27; 500,67
Lublyn → Lublin
Lubschitz, Lubschiz → Leobschütz
Luck (ukrain. Lutśk) 142,1; 339,40
Lucomorye → „Lucomorya"
Lucovu, Lucow → Łuków
Luga → Pljusa
Luki → Velikie Luki
„Lucomorya" (Region jenseits des Ob) 270,31; 270,34; 270,73; 270,75; 272,18; 272,26; 272,57; 272,65; 274,1; 274,5; 274,38; 274,44
Łuków (Polen) 509,56; 510,1
Lutherstadt Wittenberg → Wittenberg
Lutinitsch → Ozero Ljutinec
Lutzeoriensis [civitas] → Luck
Lutzkho → Luck
Lycus → Lech
Lynntz → Linz
Lypowetz → Lipowiec
Lythen, Lytten → LITAUEN

Maeotis → Asowsches Meer
Magyaróvár → Ungarisch-Altenburg
MÄHREN 36,37; 280,25; 280,57; 443,21; 443,23; 443,59; 444,3; 444,27; 469,29; 469,31; 470,35; 473,5; 473,6; 494,17; 497,21
Mährisch-Ostrau → Ostrau [Stadt]

Mailand (ital. Milano) 18,7
Mailand, Hzm. 98,16; 98,52
Mailandt → Mailand
Mainz (Dtld.) 17,40
Maiorica → Mallorca
MAKEDONIEN 33,53
Mała Panew → Malapane
Malapane (poln. Mała Panew), re. Nfl. der Oder 497,35; 497,71
Mallorca, span. Insel 18,6
Malpont → Malapane
Manthua → Mantua, Hzm.
Mantua, Hzm. 99,16; 99,44
March (tschech. Morava), li. Nfl. der Donau 36,38; 280,58; 443,31; 443,66
March [clain] → Mohra
mare Glaciale → Eismeer
Märher land, Märhern → MÄHREN
Markt Indersdorf (Dtld.) 443,4; 443,44; 451,54
Masovuia → MASOWIEN
MASOWIEN 35,9; 77,20; 81,13; 352,54; 354,32
maß, Maß → MASOWIEN
Mcensk (Russ. Föd.) 228,28; 228,35; 228,64; 229,3; 229,9; 229,37; 229,42
Mechelburg, Mechelburgisch gepiet → MECKLENBURG
MECKLENBURG 18,1; 361,34
Medina → Mednoe
Medininkai (Lit.) 142,2; 464,20; 464,59
Mediolanum → Mailand, Hzm.
Mednicensis [civitas] → Medininkai
Mednickh, Mednik → Medininkai
Mednoe (Russ. Föd.) 457,29; 457,60
Melnik, Melnyckh → Mielnik am Westlichen Bug
Memel (lit. Klaipėda) 338,14
Memel (lit. Nemunas), Fl. 21,17; 338,1; 338,4; 338,15; 338,16; 338,38; 338,40; 338,41; 344,41; 350,13; 350,44; 447,6; 447,7; 447,14; 447,43; 447,47; 449,12; 449,34; 449,35; 502,4; 502,7; 502,8; 502,31; 502,43; 502,45; 502,66; 508,10
Mengarlia → MINGRELIEN
Menorca, span. Insel 18,5
Mentz → Mainz
Meothis, Meotis → Asowsches Meer

mercatorum insula → Gostinovo Ozero
Meretsch → Merkinė
Merkinė (Lit.) 465,25; 466,34; 508,6; 508,33
Merkula (Fl. bei dergleichnamigen Stadt in Abchasien) 323,39; 324,34
Merula → Merkula
Meseritz, Meseriz → Międzyrzec Podlaski
Metzen → Mezeń [Stadt], → Mezeń [Fl.]
Mezeń (Russ. Föd.) 267,67
Mezeń, Fl. 267,27
Mezen → Mezeń [Fl.]
Międzyrzec Podlaski (Polen) 446,21; 446,60
Mielnik am Westlichen Bug (Polen) 446,24; 446,62; 509,15
Miensco, Miensko → Minsk
Mikulov → Nikolsburg
Milano → Mailand
Milejczyce (Polen) 509,14; 509,53
Milenecz, Milenetz → Milejczyce
Milenkhj → „Milenki"
„Milenki" (auf Herbersteins Weg eine Station ziwschen Polock und Opočka) 452,6; 452,40
MINGRELIEN 324,17; 324,53
minor Tanais → Donec
Minorica → Menorca
Minsk (Weißrussld.) 110,50; 344,10; 344,13; 344,50; 502,28; 502,62
Mistelbach an der Zaya (Österr.) 473,10; 473,36; 497,13; 497,50
Mistlbach, Mistlwach → Mistelbach an der Zaya
Mitternächtisch Mör → ‚Nordmeer'
Modolesch → Molodečno
Moer [Eisig, gefrorn] → Eismeer
Mogilef → Mogilev
Mogilev (weißruss. Mahilëu) 243,3; 243,25; 335,28; 335,66; 503,1; 503,26
Mogilevu, Mogilew → Mogilev
Mohács (Ungarn) 97,21; 97,58; 106,40
Mohacz → Mohács
Mohaetsch, Mohätsch → Mohács
Mohra (tschech. Moravice), re. Nfl. der Oppa 497,20; 497,57
Mokša, re. Nfl. der Oka 221,25; 221,35; 221,63; 221,72
Molčady (weißruss. Maučadź) 502,23; 502,57
Molda → MOLDAU
MOLDAU 34,39
Moldau (tschech. Vltava), li. Nfl. der Elbe 511,31
Moločnaja (ukrain. Molochna), Fl. 236,32; 236,70
Molodečno (weißruss. Maladzečna) 464,17; 464,55
Mologa (im Rybinsker Stausee verschwundene Stadt, Russ. Föd.) 258,21; 258,56
Mologa, li. Nfl. der Wolga 259,27; 259,66
Moloscha → Moločnaja
Moltava → Moldau [Fl.]
Monasteriensis [principatus] → Münster, Bm.
Moncastro → Belgorod-Dnestrovskij
montes Sarmatici → Karpaten
Morava → MÄHREN, → March, → Mohra
Moravia → MÄHREN
Moravice → Mohra
Moravská Ostrava → Ostrau [Stadt]
Moravský Beroun → Bärn
Moravua → March
Moravuia → MÄHREN
Morea → Peloponnes
Moretz → Merkinė
Moroschei, Moroschoj → Merkinė
Mosaisco, Mosaisko → Možajsk
Moscha → Mokša
Moschad → Molčady
Moschovia → Moskau, Gfsm.
Moscovia, Moscovuia → Moskau, → Moskau, Gfsm.
Moscovitisch [das] → Moskau, Gfsm.
Moscovuia [provincia] → Moskau, Fsm.
Moscovuia → Moskau, → Moskau, Gfsm.
Moscua → Moskwa [Fl.]
Moseisko → Možajsk
Mosier → Mosyŕ
Moskau (russ. Moskva) 13,5; 13,13; 13,23; 13,40; 14,16; 15,37; 16,23; 17,8; 17,11; 22,23; 26,19; 26,34; 26,36; 26,57; 50,28; 50,66; 52,6; 52,41; 53,27; 53,68; 54,23; 54,60; 60,63; 61,9; 61,46; 62,3; 62,5; 62,36; 64,10; 64,24; 64,49; 65,71; 66,1; 67,31; 68,7; 68,39; 68,44; 71,66; 72,20; 72,56; 76,20; 79,9; 81,10; 84,8; 106,31;

108,5; 110,4; 110,41; 110,57; 111,29;
116,9; 116,44; 119,33; 156,8; 156,28;
156,66; 158,15; 158,18; 158,54; 159,15;
159,28; 159,67; 162,65; 163,29; 163,68;
172,7; 172,35; 174,17; 175,5; 177,1;
177,30; 179,4; 179,32; 179,39; 179,70;
180,30; 180,56; 186,15; 186,49; 189,9;
189,12; 189,46; 189,50; 195,35; 197,1;
197,19; 199,18; 201,2; 201,19; 201,29;
201,42; 201,63; 202,2; 202,5; 202,35;
203,54; 204,13; 204,33; 207,4; 208,29;
209,37; 209,67; 210,9; 210,13; 210,28;
210,36; 210,43; 210,47; 210,64; 211,8;
211,40; 211,48; 212,6; 213,38; 214,10;
216,6; 218,27; 218,36; 218,65; 219,4;
219,21; 219,38; 219,43; 219,56; 219,70;
220,5; 220,28; 220,45; 220,65; 222,28;
222,32; 222,65; 223,7; 223,10; 223,39;
223,41; 224,30; 224,58; 224,63; 225,6;
225,12; 225,42; 225,48; 228,19; 228,26;
228,35; 228,55; 228,62; 228,72; 231,8;
231,13; 231,32; 231,47; 231,52; 231,69;
232,12; 232,14; 232,21; 232,50; 232,56;
233,24; 233,31; 233,67; 234,28; 234,36;
234,74; 235,22; 236,14; 236,51; 238,19;
238,50; 239,28; 239,30; 240,10; 240,23;
240,39; 240,48; 241,10; 241,17; 241,41;
241,51; 245,13; 245,20; 245,24; 245,35;
245,38; 245,50; 245,59; 245,63; 245,71;
245,74; 247,22; 247,60; 250,5; 250,6;
250,12; 250,44; 250,47; 252,12; 252,50;
255,10; 255,48; 256,24; 256,28; 256,62;
257,5; 257,17; 257,31; 257,33; 257,39;
257,65; 257,67; 258,39; 258,71; 259,5;
259,16; 259,42; 259,51; 260,18; 260,47;
261,3; 261,18; 261,40; 261,54; 263,2;
263,25; 263,29; 263,40; 265,7; 265,15;
265,44; 265,49; 266,1; 266,4; 266,16;
266,20; 266,38; 266,54; 266,59; 269,21;
269,62; 275,19; 276,6; 276,10; 276,31;
276,42; 276,48; 276,69; 277,2; 277,39;
278,8; 278,41; 281,6; 281,26; 281,37;
281,43; 281,61; 282,28; 283,7; 285,21;
285,61; 287,26; 287,63; 288,10; 288,48;
288,53; 296,1; 296,37; 297,32; 297,63;
297,70; 298,13; 298,16; 298,30; 298,66;
300,5; 301,16; 301,24; 301,51; 301,60;
302,5; 302,20; 302,43; 302,63; 303,15;
303,23; 303,50; 305,39; 305,46; 306,24;
308,5; 308,26; 308,31; 308,70; 310,20;
310,29; 310,65; 312,1; 312,38; 317,25;
317,30; 317,60; 318,11; 318,46; 329,45;
332,31; 333,7; 333,43; 336,6; 343,50;
344,18; 344,56; 346,6; 347,24; 348,22;
359,20; 359,55; 366,34; 366,63; 367,3;
367,19; 367,53; 369,25; 374,43; 375,41;
379,25; 379,60; 379,64; 380,7; 380,55;
383,3; 385,15; 386,39; 387,12; 387,47;
390,67; 392,17; 392,53; 392,57; 396,24;
396,27; 396,60; 400,11; 420,35; 426,20;
426,55; 430,44; 430,49; 431,23; 438,4;
438,10; 439,4; 441,32; 449,20; 449,52;
453,6; 455,34; 458,24; 458,60; 459,29;
461,3; 461,7; 461,16; 461,23; 473,16;
475,39; 482,17; 496,31; 496,61; 503,9;
503,32; 503,33; 503,43; 503,45; 503,51;
505,29; 506,31; 507,2; 507,54; 509,19;
509,29

Moskau, Fsm. 211,18; 213,30
Moskau, Gfsm. 15,17; 25,12; 26,19; 26,57;
35,20; 35,57; 39,1; 52,20; 55,18; 63,34;
74,7; 74,18; 74,46; 74,57; 75,28; 75,32;
77,13; 81,4; 82,13; 86,3; 93,18; 93,56;
113,15; 157,12; 163,25; 202,45; 202,62;
209,22; 209,24; 209,36; 209,66; 210,13;
210,47; 219,23; 220,34; 222,2; 222,35;
224,17; 224,49; 229,23; 235,12; 235,65;
237,10; 240,3; 241,5; 246,17; 257,27;
266,8; 271,31; 272,2; 274,6; 274,12;
275,3; 275,31; 276,16; 280,21; 281,34;
281,35; 286,17; 286,57; 288,1; 288,3;
288,40; 297,11; 299,2; 300,30; 301,5;
305,25; 305,65; 307,34; 308,30; 318,29;
319,5; 320,8; 328,23; 328,64; 329,5;
329,8; 329,12; 332,13; 332,16; 333,11;
335,33; 343,16; 364,31; 365,10; 365,44;
374,3; 374,16; 378,17; 383,17; 389,20;
389,26; 430,18; 430,23; 430,55; 439,10;
452,25; 453,49; 454,17; 461,4; 482,27;
503,49
Moskva → Moskau, → Moskwa
Moskwa, li. Nfl. der Oka 210,13; 210,22;
210,47; 210,57; 215,29; 215,60; 215,65;
216,17; 216,27; 216,52; 216,61; 297,46;
399,1; 399,33; 428,33; 460,10; 460,17
Mosonmagyaróvár → Ungarisch-Altenburg

Mosqua, Mosqvua → Moskau, → Moskau, Gfsm., → Moskwa [Fl.]
Mostu → Mosty
Mosty (weißruss. Masty) 502,6; 502,44; 502,45
Mosyŕ (weißruss. Mazyr) 335,21; 335,25; 335,59; 335,63
Motka → Mys Motka
Možajsk (Russ. Föd.) 71,31; 161,48; 204,32; 210,23; 210,32; 210,60; 210,67; 238,22; 238,53; 239,21; 239,56; 239,66; 240,4; 240,38; 245,13; 245,51; 396,11; 431,20; 461,17; 461,50; 505,22; 507,6
Mšaga, li. Nfl. des Šeloń 455,13; 455,46
Msceneck, Msceneckh, Mscenek → Mcensk
Msta, Fl. (fließt in den Ilmensee) 456,3; 456,38; 457,15; 457,42
Mstinoozero 456,4; 456,39
Mstislavl' (weißruss. Mscislau) 335,35; 335,74
Mstislavu, Mstislaw → Mstislavl'
Muchavec (weißruss. Muhavec), re. Nfl. des Westl. Bug 466,20; 466,56; 501,10
Muchavuetz, Muchawetz → Muchavec
Muer, Muera → Mur
Mumel → Memel [Stadt], → Memel [Fl.]
Muml, Müml → Memel [Fl.]
Münster, Bm. 364,22; 364,59
Mur, li. Nfl. der Drau 32,35; 33,23
Murom (Russ. Föd.) 92,71; 220,10; 220,26; 220,49; 220,64; 221,27; 221,64; 229,14; 229,24; 229,47; 229,57
Murom, Fsm. 260,37; 261,38
Mys Motka, Landspitze an der Halbinsel Rybačij 377,36; 377,73
Mys Svjatoj Nos, Landspitze im Osten der Halbinsel Kola 376,18; 376,20; 376,52; 377,9; 377,44

Nadym, Fl. 271,24; 271,65
„Nali" („Nalej', zu Herbersteins Zeit noch außerhalb Moskaus gelegene Siedlung) 214,31; 214,63
Nandoralba, Nándorféhervár → Belgrad
Napoli → Neapel
Narevu → Narew [Ort], → Narew [Fl.]
Narew (Polen) 446,27; 446,32; 446,66; 446,72; 466,3; 466,37; 509,12; 509,51

Narew, re. Nfl. der Weichsel 350,13; 350,44
Narowa → Narve
Narva jõgi → Narve
Narva → Narve, → Narwa
Narve (estn. Narva jõgi), Fl. 163,27; 163,64; 253,19; 253,24; 253,27; 253,58; 253,64; 255,26; 255,62; 364,13; 364,47
Narvua → Narve, → Narwa
Narwa (estn. Narva) [Stadt (Fl. → Narve)] 253,23; 253,61; 254,1
Navuer → „Nawer"
„Nawer" (See bei Braslav) 450,4; 450,41
Neapel (ital. Napoli) 18,4
Neapel, Kgr. 153,38; 367,26; 368,21
Neapolis → Neapel, → Neapel, Kgr.
Neapolitanum regnum → Neapel, Kgr.
Necarus → Neckar
Neckar, re. Nfl. des Rheins 442,9; 442,47
Neckher → Neckar
Neglima → Neglinnaja
Neglinnaja, li. Nfl. der Moskwa 216,17; 216,19; 216,53
Neiperg → Neuberg
Neiß → Neisse
Neisse (poln. Nysa) 511,15; 511,51
Nemen → Memel [Fl.]
Nemenčinė (Lit.) 449,21; 449,54
Nementschin → Nemenčinė
Nemunas → Memel [Fl.]
Neoa [lacus] → Ladogasee
Neoa → Neva, → Ladogasee
Nerel → Nerl'
Neris → Wilia
Nerl', re. Nfl. der Wolga 260,32; 260,62
Nervua, Nerwa → Narve, → Narwa
Neuberg (Burg bei Hartberg, Österr.) 13,3; 13,25; 16,33; 17,1; 21,2; 25,5; 31,3
Neu-Bidschow (tschech. Nový Bydžov) 511,27; 511,60
Neugardten → Novgorod, „Fsm."
Neugarten [groß], Neugartten [groß] → Novgorod
Neugarten [nidern, undter] → Nižnij Novgorod
Neugarten des undern Erdtrichs → Nižnij Novgorod, „Fsm."
Neugarten → Novgorod, → Novgorod [„Staat"], → Nižnij Novgorod
Neugartn [das groß] → Novgorod

Neugartn → Nižnij Novgorod
Neugartten [groß] → Novgorod
Neugartten → Novgorod, → Novgorod, „Fsm." → Nižnij Novgorod
Neugarttn → Nižnij Novgorod
Neugrädt → Novgorod, „Fsm."
Neukheping → Nykøbing
Neuschloß → Novgorod
Neustadt in Holstein (Dtld.) 373,35
Neustat Cortzin, Neustat Corttzin → Nowy Korczyn
Neustat → Neustadt in Holstein, → Wiener Neustadt, → Novgorod
Neutitschein (tschech. Nový Jičín) 443,38; 443,71; 469,32; 469,58
Neva, Fl. 111,9; 111,47; 252,35; 252,74; 255,37; 255,74
Neyperg → Neuberg
Niclaspurg → Nikolsburg
„Nicolai" (Örtlichkeit nahe der Pinega) 267,11; 267,47
Nicomedia → İzmit
Nicrus → Neckar
Niderneugarten, Niderneugartn, nidern Neugarten → Nižnij Novgorod
Nieper [khlain] → Dneprec
Nieper → Dnepr
Nieperg → Dnepr
Niepretz → Dneprec
Niklspurg → Nikolsburg
Nikolsburg (tschech. Mikulov) 473,2; 473,21
Nikomedeia → İzmit
Nimburg (Neuenburg, tschech. Nymburk) 511,28; 511,61
Nipers → Wieprz
Niša (Fl.) 456,18
Niša, (Fl.) 456,56
Nischa → „Nischa", → Niša (Fl.)
„Nischa" (auf Herbersteins Weg eine Station zwischen Polock und Opočka, wo auch ein Fl. Nišča fließt und in den Fl. Drysa mündet) 452,13; 452,48
Nissa → Neisse
Nisster, Nister, Nistru → Dnestr
Nitenburg → Petrokrepost'
Nižnij Novgorod (Russ. Föd.) 220,19; 220,28; 220,35; 220,57; 220,65; 221,10; 221,18; 221,47; 221,56; 229,16; 229,48; 260,27; 260,57; 276,26; 276,64; 281,29; 281,65; 282,19; 282,25; 282,59; 282,65; 296,22; 296,59; 302,10; 302,49; 310,37; 310,71; 312,5; 313,23; 313,62; 318,17; 318,54
Nižnij Novgorod, „Fsm." 74,22; 74,61
Nördliche Dwina (russ. Severnaja Dvina), Fl. 28,64; 206,61; 263,34; 263,63; 264,2; 264,20; 264,27; 264,29; 264,52; 264,59; 265,8; 265,18; 265,25; 265,52; 266,32; 266,33; 266,35; 266,69; 266,70; 266,73; 267,9; 267,10; 267,45; 267,46; 275,28; 275,59; 278,20; 278,55; 281,9; 281,47; 368,7; 368,9; 368,15; 374,34; 375,20; 375,26; 378,15; 378,53; 379,33; 379,73; 379,74; 383,31; 384,33
‚Nordmeer' 264,32; 264,69
Nordvuegia → NORWEGEN
NORRBOTTEN 376,11; 376,43
Northpodn, Nortpoden → NORRBOTTEN
Nortvagia, Nortvegia, Nortvuagia, Nortvuegia → NORWEGEN
Nortweden, Nortwedn → NORWEGEN
NORWEGEN 248,22; 264,33; 264,70; 367,24; 367,64; 368,16; 368,23; 370,10; 370,11; 370,27; 370,28; 371,7; 378,4; 378,37; 379,11; 379,33; 379,47; 380,23; 380,35; 380,58; 383,21; 383,28
Noteborg → Petrokrepost'
nova civitas Corczin, Nova civitas Cortzin → Nowy Korczyn
Nova civitas → Wiener Neustadt, → Novgorod
Novgorod (Russ. Föd.) 31,14; 31,48; 36,19; 36,56; 38,20; 38,32; 38,53; 38,67; 42,24; 42,62; 45,14; 45,16; 45,21; 45,53; 45,56; 54,19; 54,53; 60,53; 63,7; 63,44; 111,8; 111,44; 112,65; 113,1; 119,46; 120,38; 131,66; 195,34; 195,66; 196,31; 196,63; 198,55; 201,22; 201,49; 218,31; 218,60; 245,22; 245,43; 245,60; 247,5; 247,9; 247,10; 247,21; 247,43; 247,46; 247,47; 248,30; 249,37; 251,64; 252,8; 252,20; 252,28; 252,47; 252,58; 252,66; 255,7; 255,10; 255,16; 255,44; 255,53; 256,13; 256,49; 257,31; 257,66; 375,9; 375,19; 375,42; 387,46; 455,19; 455,21; 455,27;

455,52; 455,54; 455,56; 461,37; 464,25; 464,64
Novgorod [„Staat", „Republik"] 55,11; 55,19; 55,48; 56,5; 56,39; 60,28; 74,8; 74,46; 81,4; 246,21; 246,59; 247,7; 253,9; 253,47; 256,56; 259,27; 259,67; 261,2; 261,39; 263,21; 264,17; 264,49; 265,43
Novgorod, „Fsm." 38,29; 38,65; 42,20; 42,57; 74,19; 74,58; 87,25; 87,61; 90,26; 90,63; 91,1; 91,35
Novgorod-Severskij (ukrain. Novhorod-Siverśkyj) 232,17; 232,55; 233,5; 233,46; 236,20; 236,56
Novigorod → Novgorod
Novogrodek → Novgorod-Severskij
Novuidvuor → Novyj Dvor bei Grodno
Novuigorod → Novgorod
Novum castrum → Novgorod
Novuogardia inferior → Nižnij Novgorod
Novuogardia magna → Novgorod, → Novgorod [„Staat"]
Novuogardia terrae inferioris → Nižnij Novgorod, „Fsm."
Novuogardia → Novgorod, → Novgorod [„Staat"], Novgorod, „Fsm.", → Nižnij Novgorod
Novuogrodeck, Novuogrodek → Novgorod-Severskij
Nový Bydžov → Neu-Bidschow
Nový Jičín → Neutitschein
Novyj Dvor (weißruss. Novy Dvor) bei Grodno 501,21; 501,56
Nowidwor → Novyj Dvor bei Grodno
Nowy Korczyn (Polen) 463,33; 467,6; 467,45; 468,4; 500,20; 500,59
Nutemburg → Petrokrepost'
Nyeper → Dnepr
Nyepretz → Dneprec
Nykøbing (Dänem.) 373,38
Nymburk → Nimburg
Nysa → Neisse

Ob, Fl. 266,7; 266,44; 270,2; 270,10; 270,21; 270,31; 270,42; 270,49; 270,62; 270,74; 271,18; 271,22; 271,33; 271,35; 271,57; 271,62; 271,63; 271,74; 384,34
Óbarok (Ungarn) 477,7; 477,29
Obdora → OBDORIA
OBDORIA (Territorium am unteren Ob)

74,26; 74,64; 271,34; 271,76
„Obea" (Festung) 270,9; 270,48
Oberglogau (poln. Głogówek) 497,27; 497,62
„Oberno" (auf Herbersteins Weg eine Station zwischen Slonim u. Minsk) 502,25; 502,59
Obi → Ob
Obša, re. Nfl. der Meža 240,8; 240,44
Obskovu → Pskov, Fsm.
Obskow → Pskov
Oby → Ob
Očakov (ukrain. Očakiv) 334,44
Očakov (ukrain. Ochakiv) 28,26; 28,65; 34,13; 34,45; 243,6; 243,9; 243,27; 333,35; 334,3; 334,6; 334,33; 334,38
Occa → Oka
Oceanus Septentrionalis → ,Nordmeer'
Oconiezkilies → ,Okonickij Les'
Oczakovu → Očakov
Oder, Fl. 469,27; 497,29; 497,31; 497,63; 511,12; 511,49
Odera → Oder
Odoev (Russ. Föd.) 225,24; 225,63
Odoyovu, Odoyow → Odojev
Oenus → Inn
Ofen (ungar. Buda) 21,33; 23,4; 240,35; 280,28; 280,62; 476,12; 476,49; 477,11; 477,14; 477,31; 477,33; 477,37; 481,41; 485,13; 485,48; 487,9; 489,20; 490,1; 491,26; 491,39; 492,21; 492,30; 492,33; 497,7; 507,15; 507,49
Ofn → Ofen
Oka, re. Nfl. der Wolga 35,1; 35,34; 49,9; 49,38; 159,28; 160,33; 160,38; 176,22; 179,6; 179,41; 210,30; 210,66; 219,36; 219,69; 220,10; 220,12; 220,22; 220,50; 220,60; 221,27; 221,64; 222,15; 222,17; 222,22; 222,52; 222,54; 222,59; 225,20; 225,60; 226,7; 226,50; 229,4; 229,9; 229,36; 230,3; 230,13; 230,42; 230,52; 231,3; 231,6; 231,22; 231,31; 231,46; 231,59; 231,68; 237,8; 237,35; 301,30; 301,68; 302,2; 309,30; 309,37; 309,65; 310,21; 310,56; 504,9
,Okonickij Les' 226,2; 226,3; 226,34; 226,35
Okonitzkilies → ,Okonickij Les'
Okrzeja (Polen) 510,8; 510,39

Olbramovice → Wolframitz
Oleschno → ‚Olešnja' (einstiges Dorf), → Rosenberg
‚Olešnja' (einstiges Dorf, von Herberstein als Quellort der Moskwa angegeben) 210,26; 210,62
Olesno → Rosenberg
Olkusz (Polen) 498,19; 498,53; 511,4; 511,44
Olmuntz, Olmüntz, Olmutium → Olmütz
Olmütz (tschech. Olomouc) 443,30; 443,33; 443,66; 470,25; 471,3; 471,34; 472,1; 497,16; 497,53
Olmutzium → Olmütz
Olomouc → Olmütz
Olsa (poln. Olza, tschech. Olše), re. Nfl. der Oder 444,5; 444,28; 469,26
Onasus → Enns
Opatów bei Sandomir (Polen) 446,5; 446,41
Opoca → Opoka
Opočka (Russ. Föd.) 253,33; 253,71; 329,14; 329,52; 452,30; 452,69; 454,35; 454,41; 460,3; 461,10; 461,26
Opoczka, Opotzka → Opočka
Opoka (Russ. Föd.) 455,4; 455,40
Opole, Opolia → Oppeln
Opotzka, Opotzkha → Opočka
Oppatovu, Oppatow → Opatów bei Sandomir
Oppeln (poln. Opole) 497,30; 497,65
Oppeln, Hzm. 100,54
Oppl → Oppeln, → Oppeln, Hzm.
Opscha → Obša
Orel' (ukrain. Oril'), li. Nfl. des Dnepr 236,26; 236,63
Oreschack, Oreschackh, Oreschak, Orešek → Petrokrepost'
Oreškoviči (Weißrussld. 502,70
Oreškoviči (Weißrussld.) 502,36
Orla, Orlo → Orlov
Orlov (Russ. Föd.) 277,17; 277,18; 277,24; 277,55; 277,56; 277,60
Orša (Weißrussld.) 65,5; 65,15; 65,18; 65,41; 65,53; 66,9; 66,38; 67,14; 67,50; 243,3; 243,12; 243,24; 243,35; 335,28; 335,67; 336,4; 336,8; 336,32; 449,4; 464,1; 464,7; 464,35; 464,38; 464,41; 464,43; 503,5; 503,28; 507,27; 507,63

Orsa, Orscha, Orssa, Orßa → Orša
„Oschna" (Fl. bei Brest im Fl.system der Lesna) 501,14; 501,52
Oschvuentzin → Auschwitz
Ösel, estn. Insel (estn. Saaremaa) 364,35
Osiek bei Staszów (Polen) 500,22; 500,62
Osl → Ösel
Osse → Goža
Osseckh, Ossek → Osiek bei Staszów
Ossoga → Osuga
Ost[gotten] → ÖSTERGÖTLAND
Osterburg (Dtld.) 373,9
ÖSTERGÖTLAND 363,26
ÖSTERREICH 13,44; 15,3; 16,28; 20,2; 25,6; 96,34; 237,66; 363,29; 371,3; 371,4; 373,24; 443,10; 443,17; 443,23; 443,49; 443,55; 470,35; 473,5; 473,9; 473,23; 476,19; 494,17; 496,35; 510,55
Osterreich → ÖSTERREICH
Ostra → Ostrau [Stadt]
Ostrau (tschech. Ostrava) 443,39; 443,73; 469,29; 469,57
Ostrau (tschech. Ostravica), re. Nfl. der Oder 444,1; 444,25; 469,30
Ostrava, Ostravua → Ostrau [Stadt]
Ostravica, Ostravuitza, Ostrawitza → Ostrau [Fl.]
Ostsee [‚die'] 37,17; 37,20; 37,29; 37,54; 37,55; 37,56; 37,57; 37,58; 37,60; 38,3; 38,4; 111,11; 111,12; 111,48; 111,49; 111,50; 163,17; 244,9; 244,10; 244,33; 253,1; 253,37; 253,39; 253,40; 338,13; 338,48; 350,46; 357,2; 360,21; 360,22; 360,23; 360,24; 360,57; 360,58; 360,59; 360,60; 360,61; 362,9; 367,27; 371,22; 374,60; 381,20
Osuga (Russ. Föd.) 457,26; 457,56
Osvuentzin → Auschwitz
Oswentzin → Auschwitz
Oświęcim → Auschwitz
Othmachavu → Ottmachau
Otmachau, Otmuchów → Ottmachau
Ottmachau (poln. Otmuchów) 511,19; 511,53
Ottmut → „Otmut"
„Otmut" (auf Herbersteins Weg eine Station zwischen Slonim u. Minsk) 502,26; 502,60

Otvuer → Tverʹ
Otwer → Tverʹ, Fsm.
Otzakhovu, Otzakhow, Otzakovu, Otzokhow → Očakov
Ovuar → Ungarisch-Altenburg
Owar → Ungarisch-Altenburg
Oxi → Okrzeja, → Krzna
Ozakovu, Ozakow → Očakov
Ozero Beloe → Weißer See
Ozero Dvine 244,1; 244,19; 244,24; 244,58
Ozero Edrovskoe 456,33; 456,70
Ozero Ilʹmeń → Ilmensee
Ozero Ivan-Ozero 225,33; 225,34; 225,71
Ozero Kelʹdozero (See, aus dem der Fl. Kelʹda, ein Quellfluss des Kuloj, hervorgeht) 267,54
Ozero Kubenskoe → Kubenasee
Ozero Ljutinec 456,31; 456,69
Ozero Pleščeevo 93,13
Ozero Valdaj 456,29; 456,67
Ozero Volgo 241,27; 241,62

Palamit → Polometʹ
Palusmeotis → Asowsches Meer
Pannonia → PANNONIEN
PANNONIEN 21,35; 280,8; 280,23; 280,43; 280,54
Panonia → PANNONIEN
Papinovugorod, Papinowgorod → „Papinowgorod"
„Papinowgorod" (Stadt u. Festung an der Pečora) 274,17; 274,53
Parcho → Porchov
Parczew (Polen) 466,24; 466,60; 500,28; 500,68
Parczovu, Partzovu, Partzow → Parczew
Parn → Bärn
Payerlandt, Payrn → BAYERN
‚Pečora' (Berg) 262,16
Pečora, Fl. 206,33; 206,62; 266,6; 266,43; 268,11; 268,16; 268,22; 268,30; 268,49; 268,54; 268,60; 269,6; 269,43; 273,29; 273,60; 274,15; 274,55; 275,14; 275,28; 275,47; 275,59; 375,33; 383,30; 383,59; 384,34
Pečora-Meer 376,32
Pečorskoje more → Pečora-Meer
Pedemons → PIEMONT
Peiifues → Peipussee

Peipsi järv → Peipussee
Peipussee 253,28; 253,29; 253,30; 253,66; 253,67; 253,68; 254,7; 254,47
Pelas → Peipussee
Peld → Ostsee
Peloponeso → Peloponnes
Peloponnes, griech. Halbinsel 55,33; 55,65; 111,15; 111,53
Peloponneso → Peloponnes
Pelts → Ostsee
Pereaslavu → Perejaslavlʹ, → Pereslavlʹ-Zalesskij, → Perejaslavlʹ Zalesskij, Fsm., → Preslav, → Preslavec
Pereaslavuiensis [lacus] → Ozero Pleščeevo
Pereaslaw → Perejaslavlʹ, Pereslavlʹ-Zalesskij, → Peresjalavlʹ Zalesskij, Fsm., → Preslav, → Preslavec
Perejaslavlʹ Rjazanskij (das heutige → Rjazań, Russ. Föd., bezogen auf die Zeit, als der Herrschaftssitz des Fsm.s noch nicht dorthin verlegt war) 222,19; 222,56
Perejaslavlʹ Zalesskij, Fsm. 93,17; 93,55; 276,20; 276,58
Perekop (auf der Krim, Ukr.) 227,55; 323,20; 323,54; 325,13; 325,46; 331,5; 331,44; 334,6; 334,9; 334,44; 334,45
Perekop, Landenge v. 227,21; 227,22
Perekopskij perešeek → Perekop, Landenge v.
Pereslavlʹ-Zalesskij (Russ. Föd.) 93,48; 260,15; 260,45; 261,4; 261,41; 285,28; 285,66; 379,27; 379,67
Perg der heiligen Nasen → Mys Svjatoj Nos
Permʹ (Russ. Föd.) 113,4; 113,39; 208,13; 208,50; 278,22; 278,27; 278,45; 278,57
Permʹ [„Provinz"] 74,20; 74,59; 81,6; 262,9; 262,45; 266,18; 266,57; 275,14; 275,46; 278,7; 278,39; 278,41; 281,11; 281,49; 322,33; 323,40
Permʹ, Bm. 262,33; 262,72
Permia [groß] → Permʹ [„Provinz"]
Permia → Permʹ, → Permʹ [„Provinz"], Permʹ, Bm.
Persia → PERSIEN
Persianisch Moer → Persischer Golf
Persicus [sinus] → Persischer Golf
PERSIEN 318,33; 318,68; 323,50
Persischer Golf 284,16; 284,55
Pescht → Pest

Peški (Russ. Föd.) 458,20; 458,55
Peski (Weißrussld.) 502,2; 502,41
Pessiczatez, Pessitzatetz → Piszczac
Pest (heute Teil Budapests, Ungarn) 477,35
Peterkaw → Petrikau
Peti → Pripet
Petrikau (poln. Piotrków Trybunalski) 498,4; 498,40
Petrokrepost' (Russ. Föd.) 253,5; 253,43; 255,38; 255,39; 255,75
Petzeroysch Moer → Pečora-Meer
Petzora → Pečora, → ‚Pečora' (Berg)
Peyfueß → Peipussee
Peza, re. Nfl. des Mezeń 267,29; 267,68
Pfarkhirchen → Pfarrkirchen
Pfarrkirchen (Dtld.) 443,7; 443,46
Pfortzach → Pforzheim
Pforzheim (Dtld.) 442,6; 442,44
Pharrkhirchen → Pfarrkirchen
Phasis → Rioni
Phortzach → Pforzheim
Pielscovuicza, Pielscovitza → Pyskowice
PIEMONT 18,7; 367,26
Pienega → Pinega [Festung], → Pinega [Fl.]
Pierbach (Österr.) 443,15; 443,53
Pierpach → Pierbach
„Piescoya" (Fl. zwischen den Flüssen Mezeń u. Pečora) 267,32
Pieski → Peski
Piessa → Peza
Piessack, Piessackh → Peški (Russ. Föd.)
Piesza → Peza
Pietercovia → Petrikau
Pinega (Festung im Mündungsgebiet der Nördl. Dwina) 265,24
Pinega (Festung im Mündungsgebiet der Nördl. Dwina, Russ. Föd.) 265,59
Pinega, re. Nfl. der Nördl. Dwina 267,6; 267,11; 267,43; 267,48
Pinsco → Pinsk
Pinsk (Weißrussld.) 339,40
Piomont → PIEMONT
Piórków → „Polki"
Piotrków Trybunalski → Petrikau
Piscoya → „Piescoya"
Piszczac (Polen) 501,7; 501,29
Ples → Pleß

Plesca → Pskova
Pleschtschejewo-See → Ozero Pleščeevo
Plesco → Pskov, → Pskov, Fsm.
Plescovuia → Pskov, → Pskov, Fsm., → Pskova
Pleskau → Pskov
Pleß (poln. Pszczyna) 444,9; 444,33; 469,20; 469,54
Pljusa, re. Nfl. der Narve, hier beschrieben, als sei die Luga gemeint 255,30; 255,67
Plöß → Pleß
Plussa → Pljusa
Pocrovitza → Koprzywnica
Podčefe, re. Nfl. der Pečora 268,37; 269,36
„Pogosa", Fl. 271,20; 271,60
Poiass Semnoi → ‚Zemnoj Pojas'
Poiassa [groß], Poiassa [maior] → ‚Bol'šij Pojas'
Poiassa → ‚Pojas'
‚Pojas' (ein Teil oder einzelner Berg des Ural) 269,26; 269,65
Połaniec (Polen) 467,3; 467,38; 500,21; 500,61
POLEN 15,22; 15,26; 17,10; 18,10; 31,42; 35,9; 35,23; 35,44; 35,60; 35,61; 49,62; 57,14; 57,51; 74,77; 76,48; 80,2; 80,31; 81,49; 82,22; 84,6; 84,23; 84,34; 85,13; 85,14; 94,4; 94,33; 94,36; 94,38; 95,8; 95,16; 95,49; 96,33; 96,40; 97,5; 97,32; 98,58; 100,20; 104,32; 105,46; 207,30; 235,7; 235,41; 248,10; 280,18; 280,26; 280,50; 280,59; 305,21; 305,24; 305,61; 305,64; 326,22; 326,70; 327,1; 327,22; 328,19; 328,53; 329,6; 329,10; 329,16; 329,59; 333,27; 333,61; 334,1; 335,33; 338,10; 338,45; 339,2; 340,51; 342,47; 349,25; 357,45; 364,30; 430,18; 430,54; 432,24; 432,42; 433,16; 433,40; 433,49; 437,17; 440,38; 441,4; 441,20; 444,21; 444,40; 444,51; 446,23; 448,5; 448,34; 453,5; 460,6; 461,3; 461,8; 461,25; 464,23; 465,36; 466,23; 466,26; 466,60; 468,41; 469,52; 478,19; 480,35; 481,31; 481,36; 482,27; 483,13; 483,51; 492,7; 497,41; 497,44; 497,73; 498,1; 498,3; 498,37; 500,17; 500,35; 500,68; 503,12; 503,17; 503,47; 509,18; 509,56; 511,8; 511,47; 512,27; 512,29

Polkhj → „Polki"
„Polki" (nicht eindeutig bestimmbarer Ort in Polen, möglicherweise das heutige Piórków) 510,16; 510,45
Polln, Poln → POLEN
Poln [groß] → GROSSPOLEN
Poln [khlain] → KLEINPOLEN
„Polna" (nicht eindeutig bestimmbarer Fl. bei Vyborg, dem Zusammenhang bei Herberstein nach am ehesten die dortige Sestra) 256,5; 256,41
Polnisch [das] → POLEN
Polock (weißruss. Polack) 68,28; 68,66; 69,33; 244,11; 244,37; 244,44; 245,23; 245,61; 339,39; 431,17; 433,44; 451,5; 451,15; 451,25; 452,61; 455,21; 455,54
Poloczko → Polock
Polomet', re. Nfl. der Pola 456,22; 456,60
Polonia → POLEN
Polonitza, Poloniza → Połaniec
Polota, re. Nfl. der Düna 36,17; 36,53
Polotzco, Polotzkho, Polotzko, Polozkho → Polock
Polovuiza, Polowitza → Polubicze
Polta → Polota
Polubicze (Polen) 501,2; 501,27
Pomerania → POMMERN
POMMERN 100,8; 100,29; 361,7; 361,9; 361,35; 361,36
Pomorie, Pomoriiae → POMMERN
Pontisch [Moer] → Schwarzes Meer
Pontus Euxinus, Pontus → Schwarzes Meer
Porchov (Russ. Föd.) 455,3; 455,38
Porossovua → Porozovo
Porozovo (weißruss. Porazava) 501,22; 501,57
Posen (poln. Poznań) 444,53
Posn → Posen
Posonium → Preßburg
‚Potivlo' (Ort an der Mündung der Nördl. Dwina) 375,20; 375,48
Potivulo, Potiwlo → Putivl', → ‚Potivlo'
Potzscheriema → Podčeŕe
Poyas Semnoi → ‚Zemnoj Pojas'
Poyassa → ‚Pojas'
Poznań → Posen
Praecop → Perekop, → Perekop, Landenge v.
Praecopense regnum → Krim, Khanat

Prag (tschech. Praha) 98,1; 98,30; 511,1; 511,30; 511,62; 511,63
Praga, Praha → Prag
Precop → Perekop, → Krim [Halbinsel], → Krim, Khanat
Pregarten (Österr.) 443,15; 443,52
Pregartn → Pregarten
Preissen → PREUSSEN
Preissisch Moer, Preissisch [Mör] → Ostsee
Preissn → PREUSSEN
Prelai (Lit.) 447,23; 447,57
Premissl → Przemyśl
Prepetz → Pripet
Preslav (einstige Hauptstadt v. Bulg.) 42,32; 43,33
Preslavec (einstige Stadt nahe der Donaumündung, genaue Lage umstritten) 42,1; 42,33
Preßburg (slowak. Bratislava) 83,17; 103,27
PREUSSEN 37,18; 37,33; 76,15; 106,2; 106,38; 338,42; 355,41; 357,2; 357,38; 361,12; 361,15; 361,25; 361,39; 361,42; 367,62; 439,7; 441,41; 447,8; 447,44; 481,36
Preussn → PREUSSEN
Preyssa → Przemsza
Preyssen → PREUSSEN
Priozersk (Russ. Föd.) 256,39
Pripet (ukrain. Pryp"yat'), re. Nfl. des Dnepr 36,16; 36,51; 335,21; 335,24; 335,60; 335,63; 350,10; 350,41
Procop → Krim [Halbinsel]
Procowitza → Koprzywnica
Prorosowa → Porozovo
Prostovuitza, Prostowitz, Prostvuicza, Prostwitz → Proszowice
Proszowice (Polen) 446,2; 446,38; 468,35; 468,40; 510,21; 510,49
Pruckh an der Muml → Mosty
Pruckh → Bruck an der Mur
Prughk, Prukh → Bruck an der Leitha
Prünn → Brünn
Prussia → PREUSSEN
Prutenicum [mare] → Ostsee
Przemsza, li. Nfl. der Weichsel 469,17; 469,49; 511,8
Przemyśl (Polen) 339,41; 448,30
Pschega → Mšaga
Pskov (Russ. Föd.) 39,22; 39,60; 63,9;

63,45; 198,63; 218,32; 218,60; 241,19; 241,52; 244,12; 244,37; 247,25; 247,63; 253,34; 253,36; 253,73; 253,75; 254,3; 254,9; 254,41; 254,42; 254,53; 254,54; 255,5; 255,12
Pskov, Fsm. 38,35; 38,70; 74,19; 74,58; 254,17
Pskova, re. Nfl. der Velikaja 253,32; 253,69
Pskovu → Pskov, Fsm.
Pskow → Pskov
Pszczyna → Pleß
Ptzin, Ptzina → Pleß
Puerpach → Pierbach
Pumern, Pummern → POMMERN
Purgavu → Burgau
Purgaw → Burgau, Mgft.
Pustoosero → Pustozersk
Pustozersk (Russ. Föd.) 268,15; 268,53; 269,9; 269,46
Putivl' (ukrain. Putyvl') 230,7; 230,46; 232,31; 232,65; 233,7; 233,47; 236,12; 236,13; 236,21; 236,22; 236,24; 236,49; 236,50; 236,57; 236,59; 236,60
Pyenega → Pinega
Pyeskhi → Peski
Pyskowice (Polen) 511,9; 511,48

„Quadessen" (auf Herbersteins Weg eine Station zwischen Polock u. Opočka) 452,15; 452,50

Raab (ungar. Győr) 476,24; 476,26; 476,28; 476,57; 476,58; 477,3
Raab (ungar. Rába), re. Nfl. der Donau 476,26; 476,59
Rab → Raab [Stadt]
Raba, Rába → Raab [Fl.]
Radochostye → Radoškoviči
Radomi → Raduń
Radoškoviči (weißruss. Radaškovičy) 464,15; 464,53
Raduń (Weißrussld.) 502,12; 502,48
Ranericz, Raneritz → Reinerz
Rapoldstain, Rapolstain → Rapottenstein
Rapottenstein (Österr.) 443,16; 443,54
Rasstat, Rastat → Rastatt
Rastatt (Dtld.) 442,6; 442,43
Rastenfeld (Österr.) 443,19; 443,56

Rastnfeld → Rastenfeld
Rechelvuitza, Rechelwitza → Jažełbicy
Refl → Reval
Regium mons → Königsberg
Reich der Goldenen Horde 287,30; 287,68
Reinerz (poln. Duszniki-Zdrój) 511,58
„Reisch" (auf Herbersteins Weg eine Station zwischen Porchov und Novgorod) 455,9; 455,43
Reissen [alt] → Staraja Russa, „Fsm."
Reissen land, Reissenlandt, Reissen lannd, Reisserland → RUSSLAND
Reissen → RUSSLAND
Resackh → Oreškoviči
Resan → Rjazań, → Rjazań, Fsm.
Reschak → Oreškoviči
Reßan → Rjazań
Retz (Österr.) 443,20; 443,57
Retzan → Rjazań
„Retzitza", Fl. (vielleicht zu deuten als Čepca, li. Nfl. der Vjatka) 277,23; 277,59
Reval (estn. Tallinn) 364,7; 364,8; 364,35; 364,42; 364,43
Revualia → Reval
Reyssen → RUSSLAND
Rezan → Rjazań, → Rjazań, Fsm.
Rezania → Rjazań, Fsm.
Rha → Wolga
Rhecitzan → „Retzitza"
Rhein, Fl. 21,11; 22,16; 303,27; 442,4; 442,42
Rhenus → Rhein
Rhiphaei [montes] → ‚Riphäische Berge'
Rhoden → Rodnja
Rhussia → RUSSLAND
Riga (lett. Rīga) 244,8; 244,31; 255,10; 255,49; 363,18; 363,56; 363,58; 364,4; 364,10; 364,38
Rioni, Fl. 324,21; 324,26; 324,57; 324,64
‚Riphäische Berge' 22,15; 225,32; 225,73; 275,5; 275,37
Riphei [montes], Riphey → ‚Riphäische Berge'
Rjazań (Russ. Föd.) 92,70; 222,31; 222,72; 223,44; 225,11; 225,48; 229,13; 229,46; 287,34; 288,17; 288,39; 288,56; 305,15; 305,55; 305,66; 309,11; 309,47
Rjazań, Bm. 113,39

Rjazań, Fsm. 74,24; 74,62; 172,47; 222,15; 222,51; 223,22; 223,61; 225,43; 276,18; 276,56
Roden → Rodnja
Rodnja (einstiges Städtchen an der Mündung des Roś, Ukr.) 46,21; 46,25; 46,58; 46,63
Rom (ital. Roma) 18,4; 38,73; 111,13; 111,51; 121,39; 147,4; 147,36; 380,19; 481,23
Roma → Rom
Roś, re. Nfl. des Dnepr 46,21; 46,59
Rosenberg (poln. Olesno) 497,34; 497,68; 497,69
Rosseia, Rosseya → RUSSLAND
Rossosz (Polen) 501,6; 501,28
Roßtow → Rostov
Rostock (Dtld.) 361,6; 361,35
Rostockh, Rostok → Rostock
Rostoff → Rostov
Rostov (Russ. Föd.) 28,27; 28,65; 92,67; 112,65; 113,2; 260,35; 260,65; 261,16; 261,21; 261,53; 275,34; 275,67; 285,28; 285,66; 379,25; 379,64
Rostov, Fsm. 74,25; 74,63; 276,20; 276,57
Rostovu → Rostov, → Rostov, Fsm.
Rostovuia → Rostov, Fsm.
Rostovusche → Rossosz
Rostow → Rostov, → Rostov, Fsm.
Rostowsche → Rossosz
Rottenman → Rottenmann
Rottenmann (Österr.) 474,35
„ROXOLANIA' 31,17; 31,52
Rschovuia → Ržev, Fsm.
Rsova Demetri → Ržev
„Rsova" (nach Zamyslovskij Vorgänger-Siedlung eines Dorfes zwischen Opočka u. Novoržev) 241,16; 241,49
Rsovua Demetrii, Rsowa Demetry → Ržev
Rsovua → „Rsova"
Rsowia → Ržev, Fsm.
Rubicha, li. Nfl. der Oma 268,4; 268,41
Rubicho → Rubicha
„Rubin" (auf Herbersteins Weg eine Station zwischen Lublin u. Zawichost) 466,29; 466,65
Rubon → Düna
Rūdininkai (Lit.) 447,25; 447,59; 502,14; 502,50; 508,4; 508,31
Rudnickh, Rudnik, Rudniki → Rūdininkai

Rus → Staraja Russa, „Fsm."
Russ → Staraja Russa
Russia [antiqua] → Staraja Russa
Russia → RUSSLAND
RUSSLAND 13,4; 13,23; 26,3; 27,11; 31,5; 31,17; 31,21; 31,24; 31,29; 31,36; 31,37; 31,52; 31,56; 32,14; 32,36; 33,17; 33,57; 34,22; 34,54; 35,18; 35,37; 39,4; 39,37; 41,19; 42,7; 42,41; 43,17; 43,51; 45,18; 48,8; 49,4; 49,12; 49,30; 50,17; 50,28; 50,32; 50,52; 50,56; 50,67; 51,18; 55,1; 55,20; 55,39; 74,10; 74,17; 77,14; 81,3; 84,12; 86,9; 90,26; 90,64; 91,1; 93,34; 94,1; 94,32; 94,35; 109,33; 110,6; 110,24; 120,30; 120,69; 121,4; 129,14; 210,9; 210,44; 219,34; 245,31; 247,8; 248,7; 261,1; 261,12; 269,4; 269,39; 269,42; 279,14; 285,52; 286,8; 286,13; 286,52; 287,12; 290,47; 334,14; 339,20; 339,55; 355,41; 388,3; 397,27; 412,7; 498,49; 502,3
Russo → Staraja Russa
Rutnikhj → Rūdininkai
Ryg → Riga
Ržev (Russ. Föd.) 241,8; 241,20; 241,39; 241,54
Ržev, Fsm. 74,24; 74,63

Saaremaa → Ösel
Sachana → Suchona
SACHSEN 17,40; 368,36
Sachssen → SACHSEN
Salisburgum, Saltzburg, Saltzpurg → Salzburg
Salzburg (Österr.) 17,12; 18,1; 459,18; 474,5; 474,36; 474,37; 474,51; 481,29
Samaiten, Samaiter land, Samaithen, Samaithn, Samaitn, Samaitner Land → SCHEMAITEN
Samara, li. Nfl. des Dnepr 236,26; 236,63
Samarcanda → Samarkand
Samaria → Samara
Samarkand (Usb.) 321,16; 321,51
Samathein, Sameiten, Sameitn → SCHEMAITEN
Şamaxı → Šemacha
Samogithia, Samogitien → SCHEMAITEN
Samotzka semla → SCHEMAITEN
Samstin lacus, Samstin [See] → Mstinooze-

ro
Sanctus Nasus → Mys Svjatoj Nos
Sandomeria, Sandomier, Sandomierz → Sandomir
Sandomir (poln. Sandomierz) 466,32; 466,68; 468,39; 468,44; 500,24
sant Johanns [gepürg] → „caput Sancti Ioannis"
Sarāi (einstige(r) Herrschaftssitz(e) der Goldenen Horde am Unterlauf der Wolga, Russ. Föd.) 92,33; 92,72; 113,5; 113,41
Sarai [Khünigreich], Sarai [regnum] → Reich der Goldenen Horde
Saraiğiq, Saraitzick → Sarajčik
Sarajčik (einstige tatar. Stadt am Fl. Ural) 319,19; 319,31; 319,54; 319,67
Sardinia → Sardinien
Sardinien, ital. Insel 18,5; 22,12
Sari, Sarj, Sarkhj, Sarki → Sarāi
‚SARMATIA' 25,3
Sarmatici montes → Karpaten
Sarmatisch gebürg → Karpaten
Šat, re. Nfl. der Upa 226,4; 226,6; 226,46; 226,48
Satabel, Satabellum → Sataplia
Sataplia, Berg (nach Herberstein Insel) in Georgien 324,23; 324,60
Sava → Save
Save (serb. Sava), re. Nfl. der Donau 33,24; 105,35; 105,40; 494,27; 495,26
Savuichost → Zawichost
Savuolhensis horda → ‚ZAVOLŽSKAJA ORDA'
Savus → Save
Saw → Save
Sawichost → Zawichost
Sawolskhi [Horda], Sawolski → ‚ZAVOLŽSKAJA ORDA'
Saxen → SACHSEN
Scandia → SCHONEN
Schadwien → Schottwien
Schamachia → Šemacha
Schamena → Žeimena
Scharaitzick, Scharaitzikh → Sarajčik
Schärding (Österr.) 443,7; 443,46
Scharding → Schärding
Schareschow → Šereševo
Scharkhj, Scharki → Żarki bei Myszków

Schat → Šat
Schegima → Šegrina
SCHEMAITEN 35,8; 35,13; 35,43; 35,48; 95,23; 95,60; 338,35; 338,47; 338,70; 356,23; 356,50; 357,15; 357,31; 357,32; 357,47; 360,13; 360,18; 360,20; 360,40; 360,46; 360,47; 360,49; 362,2; 362,27; 367,62
Schereschovua → Šereševo
Schidlovu, Schidlow → Szydłów bei Staszów
Schklovu → Šklov
Schladming (Österr.) 474,35
Schlesi → SCHLESIEN
SCHLESIEN 100,55; 444,2; 444,4; 444,27; 444,29; 444,37; 469,11; 469,14; 469,18; 469,21; 469,31; 469,51; 497,22; 497,59; 511,8; 511,9; 511,47
Schleswig, Hzm. 360,28; 360,55; 362,43; 362,44; 372,4
Schlingvua, Schlingwa → Šlina
Schloß [hohes] → Vyšgorod
Schlüsselburg → Petrokrepost'
Schocksna, Schoksna → Šeksna
Scholona → Šeloń
SCHONEN, „SCANDIA" 360,52; 362,15; 362,33; 362,42; 363,2; 363,5; 363,36; 363,39; 363,42; 363,43; 367,24; 367,63; 368,17; 368,26; 369,14; 371,8; 371,20; 371,29; 371,35; 372,3; 381,53
Schorna → Černaja Grjaź
Schosna → Sosna
Schossa → Šoša
Schottwien (Österr.) 474,33
Schuchana → Suchona
Schuchogora → Ščugor
Schuvuaii, Schuwai → ČUVAŠIJA
Schvuartzvuasser, Schwartzenwasser, Schwartzen wasser → Schwarzwasser
Schwartz(es) Mör, Schwartz [Mör] → Schwarzes Meer
Schwarzes Meer 33,7; 33,36; 34,2; 34,30; 34,31; 242,1; 243,7; 243,28; 243,29; 323,37; 324,1; 324,34; 324,35; 324,36; 326,1; 332,27
Schwarzwasser (poln. Strumień) 444,7; 444,8; 444,31; 444,32; 469,23; 469,24; 469,55

SCHWEDEN 16,4; 35,6; 35,41; 37,20;
38,1; 76,14; 76,43; 163,10; 163,49; 207,1;
207,34; 248,10; 255,24; 255,61; 256,8;
256,16; 256,55; 264,33; 264,70; 360,53;
361,26; 362,11; 362,31; 363,4; 363,22;
363,38; 367,22; 367,46; 367,57; 368,3;
368,10; 368,12; 368,17; 368,22; 368,26;
368,28; 368,30; 369,15; 370,12; 370,30;
370,43; 370,50; 371,6; 371,9; 371,15;
374,2; 374,35; 375,12; 376,12; 376,44;
381,1; 408,7; 408,38
Schwedn → SCHWEDEN
Schweitz → SCHWEIZ
SCHWEIZ 18,2; 207,1; 207,34; 353,51
Schwerin (Dtld.) 373,31
Sconland → SCHONEN
Ščučin (weißruss. Ščučyn) 502,10; 502,46
Ščugor, re. Nfl. der Pečora 268,33; 268,36;
268,70; 268,74; 269,6; 269,25; 269,44;
269,63
Scythia, Scythien → SKYTHIEN
Seccau → Seckau
Seckau (Österr.) 441,45
Seeland, dän. Insel 360,50; 360,51; 371,42
Šegrina, re. Nfl. der Tverca 457,24; 457,54
Seitskhow, Seitskovu → Zajcev
Sejm (ukrain. Seym), li. Nfl. der Desna
230,4; 230,5; 230,43; 230,44
Šeksna, li. Nfl. der Wolga 258,18; 258,54;
258,58
Šeloń, Fl. (fließt in den Ilmensee) 60,11;
60,47; 249,26; 249,62; 252,25; 252,62;
455,2; 455,4; 455,6; 455,14; 455,37;
455,39; 455,41; 455,47
Selvua, Selwa → Zel'vjanka
Sem → Sejm
Šemacha (Şamaxı, in Aserbaidschan) 323,8;
323,33; 323,48; 323,56
Semes → Kuvšin
Semmering, Gebirgspass in Österr. 474,4
Semnoi poyas, Semnoy Poyas → ‚Zemnoj
Pojas'
Semring → Semmering
Seňa (Slowakei) 492,6
Senna → Sienno bei Iłża
Serensk (Russ. Föd.) 232,23; 232,59
Serensko → Serensk
Šereševo (weißruss. Šarašova) 501,17;
501,53

‚Serponov' 270,31; 270,72
Serponovu, Serponow → ‚Serponov'
Serpuchov (Russ. Föd.) 229,12; 229,45;
230,28; 230,65; 231,2; 231,9; 231,41;
231,47
Sertyńja, Quellfluss der Sygva 269,27;
269,31; 269,65; 269,71
Sest → Sestra
Sestra, li. Nfl. der Dubna [siehe auch →
„Polna"] 257,9; 257,11; 257,45; 257,46
Severa → SEVERIEN
SEVERIEN 34,24; 34,61; 58,2; 58,37;
59,16; 59,42; 59,53; 206,37; 206,66;
228,15; 228,53; 230,5; 230,45; 232,16;
232,53; 333,16; 333,52
Severnaja Dvina → Nördliche Dwina
Severnaja Sośva, li. Nfl. des Ob 269,33;
269,73; 270,1; 270,12; 270,40; 270,51;
271,24; 271,64
Severskij Donec → Donec
Sevuera → SEVERIEN
Sewera → SEVERIEN
Sewerski Donetz → Donec
Sibenbürgen → SIEBENBÜRGEN
Sibier → SIBIRIEN
SIBIRIEN 208,10; 208,47; 277,74; 278,5;
281,11; 281,48; 319,13; 319,24; 319,46;
319,61
Sibut → Sygva
SIEBENBÜRGEN 490,50; 495,21
Sieland → Seeland
Sienno bei Iłża (Polen) 510,15; 510,44
Silesia → SCHLESIEN
Sinichn → Sremska Mitrovica
sinus Livuonicus → Finnischer Meerbusen
sinus Persicus → Persischer Golf
Sirmium → Sremska Mitrovica
SKANDINAVIEN 45,27; 45,66
Skåne → SCHONEN
Šklov (weißruss. Šklou) 503,4; 503,27
Sklow → Šklov
SKYTHIEN 25,2; 26,4; 26,37
Slavonia → SLAVONIEN
SLAVONIEN 494,18
Šlina, Quellfluss der Msta 457,13; 457,41
Slobodskoj (Russ. Föd.) 277,17; 277,21;
277,56; 277,58
Slonim (Weißrussld.) 433,48; 502,22;
502,56

Slonin → Slonim
Slovuoda, Slowoda → Slobodskoj
Smolenczkia → Smolensk, Fsm.
Smolenczko, Smolensco → Smolensk, → Smolensk, Fsm.
Smolensk (Russ. Föd.) 36,26; 36,64; 58,5; 58,41; 58,48; 63,27; 63,37; 63,66; 63,76; 64,6; 64,29; 64,33; 64,35; 64,42; 64,46; 64,62; 64,66; 65,6; 65,43; 68,6; 68,11; 68,23; 68,44; 68,46; 68,49; 68,61; 71,31; 72,26; 113,39; 179,30; 179,57; 179,69; 218,32; 218,60; 237,16; 237,43; 237,47; 238,20; 238,25; 238,44; 238,51; 238,58; 239,52; 240,11; 240,48; 243,3; 243,12; 243,24; 243,36; 243,41; 245,27; 245,65; 336,4; 336,5; 336,14; 336,48; 344,39; 344,63; 345,34; 346,19; 346,50; 389,24; 389,27; 389,66; 390,9; 390,26; 390,45; 390,69; 391,2; 391,30; 391,33; 391,66; 392,13; 392,29; 392,68; 393,28; 393,57; 399,14; 449,18; 449,52; 453,55; 461,39; 462,1; 462,24; 462,29; 462,30; 462,63; 464,6; 467,25; 503,34
Smolensk, Fsm. 63,11; 63,47; 74,19; 74,58; 81,5; 344,28
Smolensko → Smolensk
Smolenskum → Smolensk, Fsm.
Smolentzko, Smolentzkum → Smolensk
Smolenzko → Smolensk, → Smolensk, Fsm.
Sna → Cna, → Sula
Snai, Snaj → Cna
Snoima → Znaim
Sola, re. Nfl. der Weichsel 444,16; 444,44; 469,13
Soloveckij-Insel (Russ. Föd.) 256,20; 256,58; 260,19; 260,51
Solovuki [insula], Solowkhi, Solowki → Soloveckij-Insel
Solvua, Solwa → Zel'va
Sonder Juchtland → Schleswig, Hzm.
Sonnwendstein, Berg in Österr. 474,32
Šornovo (Russ. Föd.) 458,16; 458,51
Sorot', re. Nfl. der Velikaja 454,2; 454,41
Šoša (im Wolga-Stausee verschwundene Siedlung am Fl. Šoša, Russ. Föd.) 458,15; 458,50
Sosna, re. Nfl. des Don 230,4; 230,11; 230,44; 230,49
Sossa, Sośva → Severnaja Sośva
Sotokhj, Sotoki → Sutoki
SPANIEN 15,2; 15,25; 18,5; 20,1; 22,31; 72,43; 262,20; 262,54; 373,40; 379,19; 390,19; 390,60; 397,4; 397,39; 496,48; 497,11; 499,2
Speyer (Dtld.) 303,28
Spira → Speyer
Sremska Mitrovica (Serbien) 493,29; 493,67
Ssoret → Sorot'
Ständl → Stendal
‚Stanovišče' (alter Terminus für einen Halteplatz für Fischer, im Text toponymisch aufgefasst als konkreter Halteplatz an der Mezenskaja Guba) 267,22; 267,25; 267,59; 267,62
Stanuvuische, Stanowische → ‚Stanovišče'
Staradub → Starodub
Staraja Ladoga (Russ. Föd.) 38,31; 38,66
Staraja Russa (Russ. Föd.) 31,13; 31,47; 253,7
Staraja Russa, „Fsm." 253,45; 253,46
Starodub (Russ. Föd.) 59,14; 59,50; 232,31; 232,65; 233,6; 233,47; 236,21; 236,22; 236,58
Staryj Krim (auf der Krim, Ukr.) 325,4; 325,32
Stecolna → Stockholm
STEIERMARK 18,4; 474,4; 474,34; 494,18
Stendal (Dtld.) 373,11
Sternberg (tschech. Šternberk) 497,17
Šternberk → Sternberg
Steschicza, Stesitza → Stężica bei Ryki
Steyr → STEIERMARK
Stężica bei Ryki (Polen) 510,10; 510,41
Stiria → STEIERMARK
Stockholm (Schweden) 163,9; 163,11; 163,48; 367,10; 367,13; 367,42; 367,46; 368,3; 368,4; 368,31; 368,32
Stockolm, Stokholm → Stockholm
„Stolp" (ein hoher Berg im Ural) 275,25; 275,56
Strel'nyj (Russ. Föd.) 266,25; 266,64
Streltze → Strel'nyj
„Strub" (‚ostrov', von Herberstein fälschlich als Name statt als Terminus gedeutet) →

Sudarev
Strumen, Strumień → Schwarzwasser
„Strupili" (Festung nahe der Pečora) 269,2; 269,38
„Strupin", li. Nfl. der Mšaga 455,13; 455,46
Stuhlweißenburg (ungar. Székesfehérvár) 491,41; 492,40
Stzuchogora → Ščugor
Sua → Sula
Suchana → Suchona, → Šeloń
Suchona, Quellfluss der Nördl. Dwina 263,15; 263,18; 263,48; 263,52; 264,4; 264,28; 264,38; 264,63; 266,23; 266,30; 266,61; 266,67; 278,18; 278,53; 379,32; 379,72
Sudarev, Insel im Fl. Oka 222,23; 222,60
Südlicher Bug (ukrain. Pivdennyy Buh), Fl. 350,10; 350,41
Suetia → SCHWEDEN
Sula, li. Nfl. des Dnepr 36,22; 36,60; 236,25; 236,63
Sunder Juchtland, Sunder Yuchtland → Schleswig, Hzm.
Sura (Festung bei Nižnij Novgorod – identisch mit → Vasil'sursk?) 220,35; 220,71
Sura, re. Nfl. der Wolga 221,5; 221,15; 221,52; 311,3; 311,41
Susdali → Suzdal', → Suzdal', Fsm.
Susdalj, Susdalum → Suzdal'
Sußdali, Sußdalj → Suzdal'
Sutoki (Russ. Föd.) 455,17; 455,50
Suzdal' (Russ. Föd.) 78,5; 92,69; 113,4; 113,40; 285,28; 285,67
Suzdal', Fsm. 106,33; 275,32; 275,64; 276,21; 276,58
Švenčionys (Lit.) 449,22; 449,56
Svijaga, re. Nfl. der Wolga 315,20; 315,60
Svolena → Zwoleń bei Radom
Svuetia → SCHWEDEN
Svuintravua → Švenčionys
Svuolena → Zwoleń bei Radom
Svuortzech → Izborsk
Swetinoss → Mys Svjatoj Nos
Swintrawa → Švenčionys
Swortzoch → Izborsk
Sygva, li. Nfl. der Severnaja Sośva 269,32; 269,71
Székesfehérvár → Stuhlweißenburg

Szina → Seňa
Szlowin → Slonim
Szoret → Sorot'
Szura → Sura [Festung], → Sura [Fl.]
Szydłów bei Staszów (Polen) 446,4; 446,40; 510,17; 510,46

„Tachnin", Fl. (bei Identifikation von „Cossin" als Kośva u. „Cassima" als Kośja deutbar als Tura) 272,26; 272,35; 272,66; 272,74
Tallinn → Reval
Tanais [clain], Tanais [minor] → Donec
Tanais → Don
Tanas → Azov
Tangermund → Tangermünde
Tangermünde (Dtld.) 373,10
Tarantus → Düna
Tartaria, Tarttarey → ‚TATAREI'
Tartu → Dorpat
Tarusa (Russ. Föd.) 92,69
‚TATAREI' 172,58; 203,9; 203,47
Tatterey → ‚TATAREI'
Taurica Chersonesus → Krim [Halbinsel]
Taurica → Krim [Halbinsel], → Krim, Khanat
Tchiangre (Türkei) 125,17; 125,55
Tersack, Tersak → Toržok
Tersackh → Toržok, Fsm.
Teschen (poln. Cieszyn) 444,36
Teschen, Hzm. 100,26; 102,48; 438,22; 444,30
Teschn → Teschen, Hzm.
Teutsch Moer, Teutsch [Moer], Teutsch Mör → Ostsee
Teutscheland, Teutsche lande, Teütsche Lande, Teutschland → DEUTSCHLAND
Teya → Thaya
Thaurica Chersonesus → Krim [Halbinsel]
Thauricia → Krim [Halbinsel]
Thaya (tschech. Dyje), re. Nfl. der March 443,22; 443,58; 473,4
Theiß (serb. Tisa), li. Nfl. der Donau 494,28; 494,56
Theissa → Theiß
Theodosia → Feodosija
Theya → Thaya
Thiira(s), Thira(s) → Dnestr
„Thoruskhj" (syntaktisch im Text wie die

eigentliche Lautung des Toponyms erscheinend) → Tarusa
Thuenaw, Thunau, Thuoenaw → Donau
Thur → Turija
Thurcia → TÜRKEI
Thurgkhey → TÜRKEI
Tibiscus → Theiß
TIROL 474,7
Tirolensis Comitatus → TIROL
Tisa → Theiß
Tischein → Neutitschein
Titschein, Titzein → Neutitschein
Tjumeń (Russ. Föd.) 270,15; 270,54; 274,10; 274,47
Tjumeń, Khanat 274,8; 279,61; 280,1
Tokaj (Ungarn) 492,3
Tokhaj → Tokaj
Tolstickh, Tolstigkh → ‚Tolstij'
‚Tolstij' (Halteplatz an der Mezenskaja Guba) 267,26; 267,63
Torgau (Dtld.) 373,2
Toropec (Russ. Föd.) 58,3; 58,38; 59,5; 59,40; 240,11; 240,49; 245,26; 245,64
Toropecz, Toropetz → Toropec
Toržok (Russ. Föd.) 246,19; 246,57; 248,33; 457,23; 457,51
Toržok, Fsm. 248,59
Traa → Drau
Trabzon (Türkei) 324,26; 324,65
Trakai → Traken
Traken (lit. Trakai) 328,4; 328,38; 328,41; 340,57; 359,21; 359,57; 465,2; 465,31; 465,39
Trapesunt, Trapezus → Trabzon
Trautmannsdorf an der Leitha (Österr.) 441,24; 441,28
Trautmanstorff → Trautmannsdorf an der Leitha
Trokhi, Trokhj, Troki, Trokii → Traken
Tromsø – möglicherweise mit verschmolzen in dem Namen „Dront" für → Drontheim
Trondheim → Drontheim
Tschenstochau (poln. Częstochowa) 498,13; 498,47
Tübingen (Dtld.) 20,7
Tula (Russ. Föd.) [Stadt (Fl. → Tulica)] 225,10; 225,25; 225,29; 225,47; 225,63; 225,68; 226,18; 226,52; 229,1; 229,34

Tulica, re. Nfl. der Upa 225,19; 225,54
Tulla → Tula, → Tulica
Tumen [Regnum] → Tjumeń, Khanat
Tumen → Tjumeń
Turantum → Düna
Türckhen, Türckhey → TÜRKEI
Turga → Torgau
Turija (ukrain. Turiya), re. Nfl. des Pripet 335,24; 335,62; 350,11; 350,41
TÜRKEI 76,43; 172,57; 203,1; 203,38
Tveŕ (Russ. Föd.) 92,70; 113,38; 198,51; 245,14; 245,37; 245,51; 246,3; 246,20; 246,58; 248,34; 259,17; 259,53; 303,22; 303,53; 457,33; 457,63
Tveŕ, Fsm. 51,62; 55,10; 60,29; 60,65; 74,20; 74,59; 81,5; 95,44; 245,30; 245,68; 246,9; 247,37; 457,65
Tveŕ, Gfsm. 51,26; 210,22; 210,58; 210,59
Tverca, li. Nfl. der Wolga 246,1; 246,25; 247,4; 247,41; 457,19; 457,27; 457,46; 457,50; 457,58
Tvuer → Tveŕ, → Tveŕ, Fsm.
Tvuerensis [magnus ducatus] → Tveŕ, Gfsm.
Tvuerensis [Principatus, provincia] → Tveŕ, Fsm.
Tvueria → Tveŕ, Fsm.
Tvuertza, Tvuerza → Tverca
Twer → Tveŕ, → Tveŕ, Fsm.
Twercza, Twertza → Tverca
Tyras → Dnestr
Tzutzma → Ščučin
Tzvuelt → Zwettl

Udocha, li. Nfl. des Šeloń 455,5; 455,40
UDORIA (Territorium zwischen Mezeń u. Nördlicher Dwina) 74,26; 74,64
Uglič (Russ. Föd.) 54,14; 54,46; 257,34; 257,68; 259,14; 259,24; 259,50; 259,63; 260,29; 260,34; 260,58; 260,64
Uglič, Fsm. 53,20; 53,56
Ugliscz → Uglič
Uglistz → Uglič, Fsm.
Uglitz → Uglič, → Uglič, Fsm.
Ugra, li. Nfl. der Oka 237,5; 237,32
‚UGRIEN', JUGRA 28,10; 28,11; 28,44; 28,45; 74,20; 74,59; 81,5; 262,9; 266,7; 266,43; 280,3; 280,5; 280,7; 280,35;

280,38
Ulm (Dtld.) 442,12; 442,49
Ulma → Ulm
Ulrichskhirchen → Ulrichskirchen
Ulrichskirchen (Österr.) 473,11; 473,45
undter Neugarten → Nižnij Novgorod
Ungarisch-Altenburg (ungar. heute Mosonmagyaróvár) 476,21; 476,22; 476,55; 476,56; 477,1
UNGARN 13,28; 14,9; 15,2; 15,22; 15,26; 18,2; 18,9; 22,29; 33,5; 33,32; 35,30; 35,69; 42,7; 42,40; 74,78; 79,27; 82,8; 82,40; 83,11; 85,27; 85,38; 96,11; 96,47; 97,44; 97,53; 97,58; 100,50; 101,11; 101,19; 101,32; 102,14; 103,6; 103,21; 103,39; 104,19; 104,58; 105,18; 105,22; 105,34; 105,40; 108,24; 280,24; 280,56; 286,25; 286,62; 286,65; 343,1; 343,36; 438,19; 438,40; 438,44; 439,12; 439,32; 440,19; 440,48; 469,14; 476,3; 476,19; 476,42; 477,32; 479,16; 482,1; 482,6; 482,16; 482,21; 482,41; 482,44; 483,18; 483,54; 483,63; 484,30; 486,63; 487,2; 487,11; 487,56; 488,3; 488,27; 489,15; 489,17; 490,12; 491,12; 491,20; 491,37; 493,2; 493,7; 493,14; 493,16; 493,38; 494,4; 494,19; 494,29; 495,2; 495,16; 497,43; 510,55
Upa, re. Nfl. der Oka 225,18; 225,57; 226,6; 226,48
Uppa (irrtümlich gedruckt statt → Tula) 226,52
Uppa → Upa, → Uppa (irrtümlich gedruckt statt → Tula)
Ural, Fl. 281,15; 281,53; 319,12; 319,20; 319,23; 319,33; 319,45; 319,56; 319,59; 319,68
Ursendovu, Ursendoff → Urzędów
Urzędów (Polen) 446,9; 446,46; 466,30; 466,66; 500,26; 500,66
Usa, re. Nfl. der Pečora 268,22; 268,23; 268,28; 268,31; 268,59; 268,61; 268,69
Ussa → Usa, → Uza
Ustjug [„Provinz", „Land"] 206,32; 264,3; 264,37
„Ustyug", Fl. 206,60
Ustyug → Velikij Ustjug, → Ustjug [„Provinz"], → „Ustyug"
Uza, li. Nfl. des Šeloń 455,2; 455,36

Vaga, li. Nfl. der Nördl. Dwina 263,31; 263,59; 267,4; 267,38
Vagus → Waag
Váh → Waag
Valkininkas (Lit.) 447,24; 447,58; 508,5; 508,32
Vardøhus (Norw.) 378,1; 378,36
Varetzkhoye morye → Ostsee
Varna (Bulg.) 96,55
Varna-See (Meeresarm im Mündungsgebiet des Fl.es Provadija) 96,15
Vasiliški (Weißrussld.) 502,11; 502,47
Vasil'sursk (Russ. Föd.) 221,23; 221,61; 311,43
VÄSTERGÖTLAND 363,27
Vedroša, li. Nfl. des Dnepr 28,22; 58,13; 58,51; 235,33
Velia → Wilia
Velikaja, Fl. (fließt in den Peipussee) 253,32; 253,70; 452,27; 452,31; 452,66; 454,5; 454,44
Velikhareca → Velikaja
Velikhilukhi, Velikhilukhj → Velikie Luki
Velikie Luki (Russ. Föd.) 241,18; 241,51; 245,8; 245,19; 245,27; 245,29; 245,45; 245,57; 245,66; 245,67; 247,26; 247,65; 255,8; 255,47
‚Velikij Perevoz' (Örtlichkeit am Donec) 228,11; 228,49
Velikij Ustjug (Russ. Föd.) 208,13; 208,50; 264,14; 264,48; 265,17; 265,18; 265,51; 266,17; 266,22; 266,26; 266,56; 266,62; 277,11; 277,13; 277,48; 277,50; 278,19; 278,22; 278,26; 278,54; 278,58; 278,65
Velikiluki → Velikie Luki
Velikiprevuos → ‚Velikij Perevoz'
Velká Bystřice → Groß-Wisternitz
Venedicum → Ostsee
Venedig (ital. Venezia) 18,4; 172,56
Venedig, Republik 321,13
Veneta [respublica] → Venedig, Republik
Veneticum [mare] → Ostsee
Venezia → Venedig
Verchnedvinsk (weißruss. Verhnjadzvinsk) 450,11; 450,49; 451,3; 451,23
Verona (It.) 18,7
Viacka → Vjatka [„Provinz"]
Viagrus → Oder

Viatka → ‚Vjatka'
Vicenza (It.) 18,7
Viega → Svijaga
Vienna → Wien
Viesma → Vjaźma
Viipuri → Vyborg
Vilna, Vilnius → Wilna
Vilnia → Wilnia
Vincentz → Vicenza
Visby → Wisby
Vischa → Fischa
Vischora → Višera
Višera, li. Nfl. der Kama 278,12; 278,23; 278,46; 278,59
Vismaria → Wismar
Visslitza → Wiślica bei Busko-Zdrój
Vistonice → Wisternitz
Vitebsk (weißruss. Vicebsk) 244,11; 244,36
Vitepsco → Vitebsk
Vitzechda → Vyčegda
Vjata (Weißrussld.) 450,12; 450,50
‚Vjatka' (wohl das bis 1934 Vjatka genannte, jedoch als Chlinow gegründete Kirov?) 208,13; 208,50; 277,7; 277,13; 277,42; 277,50
Vjatka [„Provinz", „Land"] 276,34; 276,72; 281,12; 281,49; 296,34; 296,71
Vjatka, re. Nfl. der Kama 277,25; 277,32; 277,61; 277,70; 282,6; 282,35; 322,32; 322,70
Vjaźma (Russ. Föd.) 28,22; 237,14; 237,41; 238,23; 238,56; 239,9; 239,13; 239,19; 239,44; 239,48; 242,34; 242,72; 243,14; 243,39; 347,3; 347,41; 461,18; 461,51; 464,3; 507,20; 507,58
Vladimerec (Russ. Föd.) 454,7; 454,46
Vladimir (Russ. Föd.) 28,21; 28,63; 49,11; 49,36; 50,27; 50,66; 110,3; 110,40; 219,29; 219,61; 220,9; 220,13; 220,52; 275,35; 275,68; 276,1; 276,36; 285,27; 285,66; 288,6; 288,45; 302,10; 302,49
Vladimir, Fsm. 220,31; 220,68; 276,21; 276,58
Vladimir, Gfsm. 55,18; 74,7; 74,11; 74,18; 74,46; 74,57; 81,4; 87,24; 87,61; 90,25; 90,36; 90,62; 91,35; 286,16; 286,56
Vladimir-Volynskij (ukrain. Volodymyr-Volynśkyj) 339,39

Vltava → Moldau [Fl.]
VODSKAJA PJATINA (Teil des Novgoroder Gebiets gemäß dessen traditioneller Gliederung) 255,13; 255,51
Volchov, Fl. (fließt in den Ladogasee) 111,7; 111,42; 111,45; 247,16; 247,53; 251,2; 251,38; 252,27; 252,65
volga, Volga, volha → Wolga
Volinia → WOLHYNIEN
Volkhovitz, Volkhowitza → Valkininkas
‚Volkovinskij Les' (Wald um den Quellort des Dnepr) 241,22; 241,57
Volkovysk (weißruss. Vaukavysk) 501,23; 501,58; 502,16; 502,29; 502,53; 502,63
VOLOCK 74,24
Voločok, Voloschak → Vyšnij Voločok
Vologda (Russ. Föd.) 208,14; 208,51; 262,32; 262,70; 263,32; 263,61; 264,5; 264,40; 265,16; 265,50; 266,20; 266,22; 266,59; 266,60; 267,3; 267,38; 277,10; 277,47; 297,34; 298,35
Vologda [„Provinz", „Land"] 248,32; 248,59; 262,32; 262,70; 263,20
Vologda, re. Nfl. der Suchona 263,13; 278,18; 278,53; 282,6; 282,36; 379,31; 379,71
‚Volok' zwischen Dnepr u. Lovat' (bei Herberstein durch Fehldeutung des entsprechenden altrussischen Wortes als See verstanden) 111,4; 111,39
Volokolamsk (Russ. Föd.) 245,10; 245,48
Volothkhia → VOLOCK
Vop', re. Nfl. des Dnepr 396,8; 396,38
Voppi → Vop'
Voroneč (Russ. Föd.) 454,1; 454,40
Vorotin → Vorotynsk
Vorotynsk (Russ. Föd.) 28,22; 28,64; 225,20; 225,60; 229,12; 229,44; 231,56; 232,22; 232,58; 237,8; 237,14; 237,35; 237,41
Vorotynsk, Fsm. 231,19; 231,56
Vuaga → Vaga
Vuagria → WAGRIEN
Vuareczkoie morie → Ostsee
Vuaregae → SKANDINAVIEN
Vuaregum [mare] → Ostsee
Vuaretzkoiae [mare], Vuaretzokoie morie → Ostsee

Vuark → Óbarok
Vuarna lacus → Varna-See
Vuedrapusta → Vydropužsk
Vuedrasch, Vuedrosch → Vedroša
Vueissenkirchen, Vueissenkirchn → Weißkirchen
Vuelia → Wilia
Vuelicarecka, Vuelikareca → Velikaja
Vuelikiluki → Velikie Luki
Vuestvalia → WESTFALEN
Vuiathka → ‚Vjatka', → Vjatka [Fl.], → Vjatka [„Provinz"]
Vuiatka → ‚Vjatka'
Vuiburg → Vyborg
Vuidocha → Udocha
Vuiega → Svijaga
Vuiepers → Wieprz
Vuiesma → Vjaźma
Vuiisby → Wisby
Vuilna → Wilna, → Wilnia
Vuilnense [castrum], Vuilnensis [civitas] → Wilna
Vuinlandia → FINNLAND
Vuirtenberga, Vuirtenbergensis [ducatus] → WÜRTTEMBERG
Vuischa → Wischau
Vuislicza, Vuislitza → Wiślica bei Busko-Zdrój
Vuisternitz → Wisternitz
Vuistricia → Groß-Wisternitz
Vuitepsko → Vitebsk
Vuoksa, Fl. (fließt in den Ladogasee) 256,1; 256,39
Vuolha, Vuolhia → Wolga
Vuolchovu → Volchov
Vuolconik → Valkininkas
Vuolcovuitza → Volkovysk
Vuoldai → Ozero Valdaj
Vuolfernitz → Wolframitz
Vuolga → Wolga
Vuolgo [lacus] → Ozero Volgo
Vuolinia → WOLHYNIEN
Vuolkhovuitza, Vuolkovuitza → Volkovysk
Vuolkonzki [sylva] → ‚Volkovinskij Les'
Vuolochda → Vologda [Stadt], → Vologda [Fl.], → Vologda [„Provinz"]
Vuolock → Volokolamsk
Vuolodimeretz → Vladimerec
Vuolodimeria → Vladimir, → Vladimir, Gfsm.
Vuolok lacus → ‚Volok'
Vuoloschak → Vyšnij Voločok
Vuolotkia → VOLOCK
Vuoronecz → Voroneč
Vuoronetz → „Woronetz"
Vuorothin, Vuorotim, Vuorotin, Vuorotinski → Vorotynsk
Vuotzka [regio] → VODSKAJA PJATINA
Vybor (Russ. Föd.) 454,6; 454,45
Vyborg (Russ. Föd.) 367,15; 367,48
Vyčegda, re. Nfl. der Nördl. Dwina 278,18; 278,53
Vydropužsk (Russ. Föd.) 457,20; 457,48
Vyšgorod (einstige Burgstadt bei Kiev, Ukr.) 48,3; 48,38
Vyškov → Wischau
Vyšnij Voločok (Russ. Föd.) 457,16; 457,43

Waag (slowak. Váh), li. Nfl. der Donau 33,4; 33,31; 33,32; 495,24
Waga → Vaga
Wagria → WAGRIEN
WAGRIEN (für Herberstein nicht nur die Region, sondern auch eine gleichnamige dortige Stadt) 37,25; 37,66
WALACHEI 334,34; 495,32
Walachey → WALACHEI
Waldai-See → Ozero Valdaj
Wälhisch [das] → ITALIEN
Waregen → SKANDINAVIEN
Waretzkhoye, Waretzkoye → Ostsee
Warkh → Óbarok
Warna → Varna
Wartha (poln. Bardo Śląskie) 511,21; 511,55
Wedrapusta → Vydropužsk
Wedrasch → Vedroša
Weichsel (poln. Wisła), Fl. 21,12; 36,7; 36,42; 444,12; 444,13; 444,16; 444,19; 444,35; 444,44; 444,46; 446,8; 446,43; 466,31; 466,67; 467,1; 468,38; 469,12; 469,15; 469,17; 469,19; 469,49; 469,53; 510,11
weiß See → Weißer See, → Belozersk
Weissenburg [Griechisch] → Belgrad
Weissenburg → Belgorod-Dnestrovskij, → Stuhlweißenburg
Weissenkhirchen → Weißkirchen

Weissensee → Belozersk, → Beloozero, Fsm., → Weißer See
Weißer See 258,49; 259,8; 259,44
Weißkirchen (tschech. Hranice) 443,36; 443,37; 443,69; 443,70; 469,34; 469,35; 469,59
Weixl → Weichsel
Welia → Wilia
Welikareka, Welikhareka → Velikaja
Welikhilukhj, Welikiluki → Velikie Luki
Weliki Prewos → ‚Velikij Perevoz'
WESTFALEN 371,5
Westgotten → VÄSTERGÖTLAND
Westliche Dwina → Düna
Westlicher Bug (poln. Bug), li. Nfl. des Narew 350,13; 350,44; 446,25; 446,30; 446,62; 446,69; 466,19; 466,56; 501,9
Wiatka → Vjatka [Fl.]
Wiatkha → ‚Vjatka', → Vjatka [Fl.], → Vjatka [„Provinz"]
Wiborg, Wiburg → Vyborg
Widocha → Udocha
Wien (Österr.) 13,43; 16,28; 103,18; 103,49; 103,53; 104,37; 214,5; 266,40; 397,39; 439,28; 440,1; 440,15; 440,25; 441,30; 442,31; 473,12; 473,30; 474,2; 474,20; 476,6; 476,20; 476,39; 476,49; 482,40; 494,48; 496,21; 496,53; 497,9; 497,47; 497,48; 507,45
Wiener Neustadt (Österr.) 474,2; 474,29
Wienn → Wien
Wiepers → Wieprz
Wieprz, re. Nfl. der Weichsel 446,20; 446,58; 510,11; 510,14; 510,41; 510,43
Wiertenberg → WÜRTTEMBERG
Wiesma, Wießma → Vjaźma
Wild, Wilda, wildd, Wilde → Wilna
Wilia (lit. Neris), re. Nfl. der Memel 337,34; 337,35; 337,70; 337,71; 449,11; 449,34
Wilna (lit. Vilnius) [Stadt (Fl. → Wilnia)] 35,54; 57,21; 57,59; 67,29; 67,68; 97,46; 110,14; 110,51; 110,53; 141,32; 145,50; 146,51; 244,5; 244,30; 327,23; 327,60; 328,5; 328,39; 335,56; 337,32; 337,67; 337,68; 338,1; 338,17; 338,38; 338,69; 339,4; 339,38; 340,60; 341,6; 342,24; 342,51; 359,55; 445,41; 446,36; 447,20; 447,26; 447,28; 447,38; 447,54; 447,60; 447,61; 448,16; 449,9; 449,16; 449,30; 449,31; 449,49; 451,15; 451,34; 459,31; 464,22; 464,61; 464,62; 465,37; 466,40; 502,15; 502,18; 502,40; 502,51; 507,29; 507,44; 507,64; 508,31
Wilnia (lit. Vilnia), li. Nfl. der Wilia 337,34; 337,70; 449,11; 449,33
Windisch(er) perg → Sonnwendstein
Wisby (schwed. Visby) 363,9; 363,48; 363,53
Wischa → Wischau
Wischau (tschech. Vyškov) 472,41; 497,15; 497,52
Wischora → Višera
Wisła → Weichsel
Wiślica bei Busko-Zdrój (Polen) 446,3; 446,39; 510,19; 510,47
Wismar (Dtld.) 361,5; 361,34; 373,32
Wißlitza → Wiślica bei Busko-Zdrój
Wißmar → Wismar
Wisternitz (tschech. Vistonice) 473,18; 497,14; 497,51
Wiswy → Wisby
Wittenberg (Dtld.) 373,3
Witzechda → Vyčegda
Wolchow → Volchov
Woldai → Ozero Valdaj
Wolfernitz → Wolframitz
Wolframitz (tschech. Olbramovice) 443,29; 443,65
Wolga, Fl. 21,15; 22,13; 28,10; 28,11; 28,45; 35,1; 35,3; 35,34; 35,35; 35,36; 35,37; 36,24; 36,62; 49,9; 49,37; 52,13; 52,48; 118,54; 219,36; 219,69; 220,22; 220,60; 221,5; 221,7; 221,19; 221,42; 221,57; 226,12; 226,43; 229,15; 229,49; 230,1; 230,39; 241,12; 241,29; 241,45; 241,46; 241,64; 242,3; 242,4; 242,27; 242,39; 242,64; 245,32; 245,36; 245,70; 246,2; 246,4; 246,27; 246,30; 257,11; 257,16; 257,46; 258,21; 258,22; 258,27; 258,40; 258,56; 258,57; 259,15; 259,19; 259,29; 259,35; 259,51; 259,55; 259,68; 260,34; 260,64; 261,7; 261,16; 261,20; 261,44; 261,53; 261,56; 265,10; 276,24; 276,29; 276,61; 276,66; 277,73; 278,4; 282,24; 282,65; 285,18; 285,57; 287,20;

287,58; 296,19; 296,23; 296,57; 296,60;
297,12; 297,48; 303,54; 308,28; 308,66;
311,23; 311,60; 312,30; 312,66; 314,22;
315,9; 315,21; 315,62; 318,33; 319,2;
319,11; 319,19; 319,23; 319,33; 319,44;
319,55; 319,59; 319,68; 322,18; 322,20;
322,23; 322,54; 323,5; 323,24; 323,43;
323,46; 323,59; 325,55; 356,13; 379,27;
379,67; 457,31; 457,34; 457,63; 458,13
WOLGA-BULGARIEN (einstiges Khanat an der mittleren Wolga u. am Unterlauf der Kama) 52,12; 52,47; 74,21; 74,60; 81,6; 285,18; 285,56
Wolgo [See] → Ozero Volgo
WOLHYNIEN 350,6; 356,45; 502,3; 502,42
Wolin → WOLHYNIEN
Wolkhonickh → Valkininkas
Wolkhowitza → Volkovysk
Wolkonski [wald] → ‚Volkovinskij Les'
Wolochda → Vologda [Stadt], → Vologda [Fl.], → Vologda [„Provinz"]
Wolodimer → Vladimir, → Vladimir, Gfsm., → Vladimir-Volynskij
Wolodimeretz → Vladimerec
Wolodimeria → Vladimir, → Vladimir, Gfsm.
Wolokh [See] → ‚Volok'
Wolokhi → Volokolamsk
Woppy → Vop'
Woronetz → Voroneč, → „Woronetz"
„Woronetz" (Nfl. des Sorot') 454,3; 454,42
Worothin, Worotin → Vorotynsk
WOTZKHA → VODSKAJA PJATINA
Wrocław → Breslau
WÜRTTEMBERG 15,3; 442,7; 442,45

Wyesma → Vjaźma

Yepiphanow → ‚Okonickij Les'
Yn → Inn
Yuchtland [Sunder] → Schleswig, Hzm.
Yuchtland → JÜTLAND

Zajcevo (Russ. Föd.) ?? 456,17; 456,55
Zapadnaja Dvina → Düna
Żarki bei Myszków (Polen) 498,17; 498,51
‚ZAVOLŽSKAJA ORDA' 289,9; 289,44; 320,40
Zawichost (Polen) 446,6; 446,42; 466,31; 466,67; 500,25; 500,65
Žeimena, re. Nfl. der Wilia 449,23; 449,56
Zel'va (weißruss. Zèl'va) 502,21; 502,55
Zel'vjanka (weißruss. Zal'vjanka), li. Nfl. der Memel 502,3; 502,41
Žemaitija → SCHEMAITEN
‚Zemnoj Pojas' (Bezeichnung für den – oder für Teile des – Ural) 268,24; 268,63; 273,30; 273,59
Zernigo, Zernigow → Černigov
Zibuta → Sygva
‚Zimbrische Halbinsel' 21,22; 360,26; 361,4; 372,6
Znaem → Znaim
Znaim (tschech. Znojmo) 443,24; 443,29; 443,32; 443,60
Znojmo → Znaim
Zulz (poln. Biała Prudnicka) 511,14; 511,50
Zutzkho → Peipussee
Zwetl → Zwettl
Zwettl (Österr.) 443,18; 443,19; 443,56
Zwoleń bei Radom (Polen) 510,13; 510,42
Zyenna → Seňa

Register der Völker, Sprachen und Religionen

Abchasen 323,38; 323,69
Adyge → Zychen
Aegyptii → Ägypter
Ägypter 126,43
Alemani, Alemanus → Deutscher, Deutsche
Alemannus, -a, -um → deutsch
Aphgasi → Abchasen
Arabicus, -a, -um → arabisch
arabisch 321,14; 321,48
Aramäer [Pl.] 32,6
Aramei → Aramäer
Armeni → Armenier
Armenier [Pl.] 124,31; 124,71; 143,4; 143,35; 446,16; 446,52
Austriacus, -a, -um → österreichisch

Behaim, Beham → Böhmen
Behaimin → Böhmin
Behaimisch, Behamisch → böhmisch
Besermani → Besermjane
Besermjane 289,22; 289,53
Bohema → Böhmin
Bohemi → Böhmen
Bohemicus → böhmisch
Bohemus → Böhme, Böhmen
Böhme, Böhmen 22,29; 33,3; 33,29; 36,3; 36,39; 74,34; 75,1; 238,5; 510,27; 511,34
Böhmin 47,33; 47,71; 47,72; 48,1
böhmisch 28,9; 96,35; 97,64; 98,60; 348,13; 444,12; 469,18; 469,21
Bohoemi → Böhme, Böhmen
Bosnier [Pl.] 32,28; 32,57
Bossnenses, Bossner → Bosnier
Bulgaren 33,1; 33,25; 41,31; 41,70; 135,27; 135,65
Bulgari → Bulgaren
Bulgarin 48,2; 48,36
Bulgarn, Bulgary → Bulgaren

„Calami" 271,19; 271,59
Carinthii → Kärntner
Carni → Karner
Carniolani → Krainer
Carssy, Carster → Karner
Casaner → Kazań-Tataren
Cazanenses → Kazań-Tataren

Čeremissen 28,5; 220,38; 221,4; 221,10; 221,38; 221,44; 221,46; 277,8; 277,45; 281,28; 281,64; 282,26; 283,37; 296,31; 296,68; 299,33; 299,65; 312,36; 312,73; 313,14; 313,31; 313,53; 313,68; 314,23; 314,33; 314,63; 314,69; 315,2; 315,14; 315,24; 315,42; 315,55
Chaldaicus, -a, -um → chaldäisch
chaldäisch 32,2
Charsi → Karner
Chazaren 37,9; 37,13; 37,43; 37,50
Chorontani, Chorothani → Karantanen
Chorvuati → Kroaten
Chrabaten → Kroaten
Christ, Christen 111,2; 121,34; 122,1; 122,35; 122,37; 124,34; 124,74; 126,6; 126,42; 127,36; 128,6; 128,43; 133,20; 133,58; 158,36; 158,73; 184,13; 192,27; 201,42; 221,39; 292,7; 294,23; 294,58; 324,6; 324,43; 327,50; 333,34; 333,71; 487,32; 493,10; 493,45; 495,10; 499,49
Christenlich → christlich
Christian, Christiani, Christianus → Christ, Christen
Christiana → Christin
Christin 41,16; 41,52; 95,44
christlich 32,40; 41,56; 48,17; 48,60; 49,30; 85,39; 88,61; 95,5; 110,70; 121,33; 121,50; 121,74; 122,3; 122,8; 122,38; 122,43; 128,35; 141,31; 142,33; 142,45; 142,67; 157,66; 158,38; 158,50; 161,55; 171,32; 171,68; 220,32; 221,1; 233,38; 437,7; 437,44; 483,62; 489,18; 492,20; 492,27; 493,1; 499,14; 499,18; 499,48; 505,30
Chrivitzi, Chrivuitzi → Krivičen
Chroati → Kroaten
Ciki → Zychen
Circasi [Quinquemontani], Circassen → Tscherkessen
Circassi → Kosaken, → Tscherkessen
Cosaczki, Cosatzkii → Kajsak-Tataren
Coseri → Chazaren
Crabaten → Kroaten
Crainer → Krainer
Cumani → Kumanen

Cuni → Kumanen
Cyky → Zychen
Czechi → Tschechen
Czeremissa, Czeremissae, Czeremissen, Czeremissn → Čeremissen
Czircassen, Czircassn → Kosaken
Czubaschi → Tschuwaschen
Czudi → Finnen

Dalmatae → Dalmatiner
Dalmatiner [Pl.] 32,28; 32,57
Dänen 21,21; 22,24; 24,15; 37,22; 37,63; 163,50; 201,46; 383,26
Dani → Dänen
dänisch 379,50; 380,40
Denmarckht → Dänen
Dennen → Dänen
Dennisch → dänisch
Dennmarcktisch → dänisch
deutsch 17,37; 18,10; 26,34; 27,31; 28,39; 31,37; 32,45; 72,17; 74,68; 75,45; 75,54; 76,38; 174,54; 180,35; 180,44; 180,59; 248,46; 253,43; 303,26; 303,56; 307,37; 317,1; 345,22; 364,41; 364,55; 370,19; 373,14; 443,36; 443,38; 443,39; 444,7; 444,9; 444,15; 444,24; 447,6; 447,43; 451,52; 469,20; 469,23; 469,32; 469,34; 471,13; 476,22; 497,34
Deutscher Orden 338,7; 338,44; 363,19; 363,57; 364,48; 439,7; 447,9
Deutscher, Deutsche 17,36; 27,28; 27,38; 27,67; 28,20; 33,12; 33,42; 37,56; 111,49; 174,17; 180,14; 184,30; 184,64; 184,67; 190,8; 201,21; 201,45; 201,54; 248,16; 253,5; 253,30; 253,68; 307,7; 307,30; 308,33; 309,10; 317,39; 338,15; 340,21; 348,6; 348,12; 352,24; 352,52; 352,56; 354,34; 355,31; 355,42; 360,23; 360,28; 361,15; 364,17; 370,17; 371,3; 380,4; 399,26; 399,64; 440,26; 444,55; 446,16; 446,54; 465,5; 476,26; 478,31; 480,6; 495,20; 495,25; 509,1
Dikiloppi, Dikilopy → Lappen
Dregovičen 36,16; 36,52
Dregovici, Dregovuici → Dregovičen
Drevljanen 36,14; 36,49; 39,27; 39,67; 40,2; 40,5; 40,18; 40,19; 40,23; 40,36; 40,42; 40,50; 40,58; 41,6; 41,38; 42,19; 42,56; 44,35; 44,74

Drevuliani, Drewlianer, Drewliani → Drevljanen

Ebraei → Juden
Egiptier → Ägypter
Europaeus, -a, -um → europäisch
europäisch 75,26

Finlapen, Finlappen, Finlappiae → ‚Finnlappen'
Finlender → Finnen
Finnen 135,28; 135,66; 248,53; 256,43
‚Finnlappen' 368,15; 376,2; 376,34
Franciscani → Franziskaner
Frantzösisch → französisch
Franziskaner [Pl.] 338,27; 338,62
französisch 482,22

Galli → Gallier [Pl.]
Gallier [Pl.] 32,7
Gauten → Goten
Genuenses, Genueser → Genuese, Genuesen
Genuese, Genuesen 93,25; 93,62; 326,3; 326,8; 326,40
Germani → Deutscher, Deutsche
Goten (vereinzelt eher auf zeitgenössische Bewohner Götalands – Gauten – bezogen) 285,6; 285,39; 362,19; 362,56; 363,2; 363,21; 363,35; 363,40; 369,12; 370,3; 371,10; 371,16
Gotn, Gotthi → Goten
Graeca → Griechin
Graecus, -a, -um → griechisch
Griech → Grieche, Griechen
Grieche, Griechen 32,4; 32,17; 32,42; 43,12; 43,47; 44,3; 44,9; 44,17; 44,45; 44,51; 77,49; 108,25; 109,43; 142,7; 142,15; 142,42; 142,50; 142,54; 143,4; 143,35; 144,18; 144,28; 144,67; 156,35; 280,15; 280,47; 324,8; 326,7; 348,15
Griechin 47,17; 47,32; 47,53; 47,70; 61,31; 61,70
griechisch 25,9; 28,25; 32,1; 35,35; 44,39; 48,17; 48,54; 109,34; 141,30; 141,69; 142,18; 144,7; 144,25; 144,40; 144,55; 144,65; 156,20; 156,29; 156,57; 156,64; 324,43; 392,10; 392,48; 416,13; 416,43
„Grustintzi" 270,29; 270,70; 271,5; 271,10;

271,44; 271,49

Hebraei → Hebräer
Hebräer [Pl.] 32,10
‚Hesperier' 24,15
Hesperii → ‚Hesperier' [Pl.]
Hispani → Spanier
Hispanicus, -a, -um, Hispanisch → spanisch
Hungari, Hunger, Hungern → Ungarn
Hungaricalis, -is, -e, Hungaricus, -a, -um,
    Hungerisch, Hungrisch → ungarisch

Iacobitari → Jakobiten
Ianuensis → Genuese, Genuesen
Israel [‚Volk'] 88,2; 88,36
Isterreicher → Istrier
Istrier [Pl.] 32,29; 32,58
Istrii → Istrier
Itali, Italus → Italiener
Italicus, -a, -um → italienisch
Italiener [Sg. u. Pl.] 180,14; 184,29; 217,33;
    217,67; 274,36; 300,8; 300,43; 324,35;
    444,59; 445,21; 446,17; 446,54; 506,32
italienisch 17,31; 33,19; 34,32; 180,45;
    217,35; 368,20; 427,46; 445,28; 482,21
Iudaei → Juden
Iudaicus, -a, -um → jüdisch
Iuhari, Iuhrici → Ugrier
„Iurgenci" (Bewohner des alten Urgenč nahe
    der gleichnamigen heutigen Stadt in Usb.)
    322,8; 322,41
Iurgenczi → „Iurgenci"

Jacobiter → Jakobiten
Jakobiten 124,31; 124,71
Jaß → ‚Jassen'
‚Jassen' (ins heutige Rumänien gewanderte
    Alanen – lat. Filisteni) 495,19
Jászok → ‚Jassen'
Juchri → Ugrier
Juden 126,4; 126,9; 126,26; 126,28; 126,39;
    126,44; 126,65; 126,68; 127,4; 127,9;
    127,21; 127,41; 127,45; 127,58; 446,17;
    446,54
jüdisch 123,50
Jugritzn → Ugrier
Juhra, Juhrici → Ugrier

Kaieni → „Kayeni"
Kajsak-Tataren 296,27; 296,64; 322,69;
    323,1
Kalmuchi → Kalmücken
Kalmücken 323,7; 323,42
Karantanen 36,5; 36,40
Karner [Pl.] 32,31; 32,61; 32,62; 33,19
Kärntner [Pl.] 32,32; 33,20
„Kayeni" 376,14
Kazań-Tataren 176,19; 283,10; 297,15;
    299,1; 299,10; 299,15; 300,28; 301,8;
    301,22; 302,48; 311,4; 318,16; 318,22;
    318,30; 318,56; 318,65; 319,5; 319,9
Khärner → Kärntner
Khriech, Khriechen → Griechen
Khriechin → Griechin
Komi → Syrjänen
Kosaken 332,25; 332,54; 332,60; 333,33;
    333,71
Kosatzki → Kajsak-Tataren
Krainer [Pl.] 32,32; 33,20
Krim-Tataren 176,23; 289,17
Kriviĉen 36,25; 36,63
Kroaten 32,29; 32,57; 36,3; 36,39; 495,27
Kumanen [siehe auch → Polovcer] 495,17

Langobarden 371,17
Lappen 201,57; 368,16; 370,44; 376,6;
    376,9; 376,39; 378,13; 378,14; 378,26;
    378,50; 378,51; 381,24; 381,60; 382,1;
    382,11
Lappi, Lappn → Lappen
Latein [auf, in] → lateinisch
Latein [siehe auch → lateinisch] 17,36;
    355,43
„Lateiner" [Sg. u. Pl.] 133,5; 241,70;
    252,57; 253,29; 360,28
lateinisch 17,29; 17,31; 18,30; 18,34; 25,8;
    26,35; 26,63; 31,36; 32,18; 32,44; 32,61;
    33,35; 34,42; 37,55; 65,40; 74,67; 75,54;
    76,36; 84,15; 142,10; 142,12; 142,46;
    144,8; 144,19; 144,41; 144,56; 145,1;
    145,15; 145,17; 145,37; 145,58; 223,51;
    236,61; 237,58; 242,48; 243,29; 253,67;
    273,57; 281,54; 321,43; 325,24; 327,46;
    334,40; 337,67; 352,51; 352,55; 353,47;
    353,49; 355,32; 356,50; 360,58; 363,43;

364,40; 368,31; 370,27; 371,35; 371,51;
372,5; 374,20; 374,46; 436,46; 447,47;
450,46; 458,66; 476,58
Lateyn [auff] → lateinisch
Lateyn → Latein
Lateynisch → lateinisch
Lathein [auf] → lateinisch
Latini, Latinus → „Lateiner"
Latinus, -a, -um → lateinisch
Lausitzer [Pl.] 33,3; 33,29
Lechi → Pole, Polen
Leifflender, Leiflender → Livländer
Litauer [Sg. u. Pl.] 36,11; 36,46; 57,15;
57,53; 58,9; 58,14; 58,24; 58,34; 58,42;
58,45; 58,54; 58,56; 58,62; 58,64; 58,67;
58,68; 59,24; 63,12; 63,19; 63,48; 63,57;
65,46; 65,63; 66,16; 66,24; 66,28; 66,33;
66,42; 66,46; 66,52; 66,53; 66,57; 66,62;
67,9; 67,42; 68,8; 68,19; 68,45; 68,48;
68,55; 83,14; 94,5; 99,1; 110,6; 110,52;
162,14; 162,19; 176,17; 176,30; 176,56;
179,18; 190,8; 190,10; 190,39; 190,42;
190,61; 201,17; 201,43; 238,28; 238,60;
239,29; 239,68; 240,53; 249,17; 249,53;
290,20; 307,13; 326,30; 327,21; 327,44;
327,58; 333,12; 333,20; 336,58; 339,8;
339,21; 339,22; 339,42; 348,10; 352,23;
355,30; 374,61; 399,27; 399,64; 409,34;
430,14; 431,21; 431,38; 432,6; 432,10;
432,47; 434,27; 435,1; 435,6; 436,4;
436,36; 436,52; 437,18; 437,20; 437,22;
437,56; 437,63; 446,14; 446,53; 452,7;
456,9; 459,27; 460,14; 461,33; 465,24;
507,9
Litauerin 99,32
litauisch 58,47; 66,6; 66,37; 67,25; 68,10;
239,65; 240,40; 245,66; 282,32; 317,1;
333,11; 333,44; 352,46; 357,53; 364,65;
431,25; 431,31; 432,42; 435,44; 436,37;
436,49; 450,57; 452,38; 459,7; 460,4;
460,22; 463,3; 463,10; 466,41; 503,21;
507,2; 507,22; 507,60
Lithen → Litauer; → Litauer
Lithisch → litauisch
Lithische, Lithn, Lithuani, Lithvuani → Litauer
Lithvuanicus, -a, -um → litauisch
Lithvuanus → Litauer
Litisch → litauisch

Litten → Litauer
Littin → Litauerin
Littisch → litauisch
Littische → Litauer
Livländer [Sg. u. Pl.] 76,18; 176,18; 176,55;
201,20; 201,47; 244,13; 244,40; 248,52;
253,21; 253,60; 255,64; 260,4; 303,49;
365,43; 399,65; 446,15; 446,53; 450,7
livländisch 253,26; 303,16; 365,7
Livonienses, Livuonienses → Livländer
Livuoniensis, -is, -e → livländisch
Longobardi → Langobarden
Loppi → Lappen
„Lucomortzi" 271,52
Lusacii → Lausitzer
Lyten → Litauer
Lythischer → Litauer

Machometisch → muslimisch
Mahometani → Muslim, Muslime
Mahometisch → muslimisch
Mährer 33,4; 33,30; 36,2
mährisch 443,70; 444,25
Mahumetani, Mahumetanus → Muslim,
Muslime
Mansen → Wogulen
Märher → Mährer
Märherisch → mährisch
Mari → Čeremissen
Masovienses, Masovithn → Masowier
Masowier 36,11; 36,46
Moabiteni, Moabitheni → Tatar, Tataren
Moldauer [Pl.] 33,49; 495,31
moldauisch 34,8
Moldaviensis → moldauisch
Moravi, Moravui → Mährer
Mordvinen 221,4; 221,37; 221,40; 222,38;
282,24; 282,64
Mordvua, Mordwa → Mordvinen
Moschus, Mosci → Moskoviter
Moscicus, -a, -um, Moscoviterisch, Moscovithisch, Moscoviticus, -a, -um, Moscovitisch, Moscovittisch, Moscovuiticus, -a, -um, Moscus, -a, -um → moskovitisch
Moscovitae, Moscoviter, Moscovither, Moscovitter, Moscovuitae, Moscowither → Moskoviter
Moscovuitae → Moskoviter
Moscus → Moskoviter

Mösier (Bewohner des antiken Moesia) [Pl.] 33,1; 33,25
Moskoviter [Sg. u. Pl.] 13,33; 20,6; 24,15; 31,20; 58,23; 58,61; 59,18; 59,20; 59,25; 59,39; 59,53; 59,61; 60,7; 60,71; 63,59; 63,74; 64,3; 64,36; 64,67; 65,8; 65,22; 65,44; 65,57; 66,10; 66,23; 66,35; 66,39; 66,44; 66,51; 66,59; 67,4; 67,18; 68,13; 68,20; 68,27; 68,56; 69,4; 69,11; 74,44; 76,30; 77,22; 81,13; 81,15; 81,37; 83,13; 83,29; 83,38; 106,7; 112,64; 113,1; 156,10; 158,35; 158,73; 159,5; 159,26; 159,63; 161,17; 161,42; 162,30; 163,27; 163,63; 179,35; 180,47; 181,8; 181,46; 181,59; 190,7; 190,12; 190,20; 190,25; 190,35; 190,40; 190,48; 190,50; 190,58; 201,54; 202,39; 206,15; 210,19; 219,2; 221,15; 221,29; 221,53; 229,56; 235,15; 237,37; 238,28; 238,60; 239,5; 241,69; 242,22; 242,59; 249,15; 249,50; 252,15; 253,3; 253,41; 254,10; 254,28; 254,33; 254,49; 254,65; 255,27; 255,64; 256,5; 256,17; 256,42; 256,43; 256,55; 259,34; 260,4; 260,38; 270,16; 271,70; 272,41; 273,34; 273,66; 274,47; 275,36; 280,11; 280,43; 281,71; 281,72; 283,40; 283,42; 291,74; 292,2; 292,68; 296,5; 296,7; 296,44; 297,26; 297,27; 297,49; 299,16; 299,27; 299,35; 299,37; 299,59; 302,28; 304,8; 305,16; 307,9; 308,36; 310,70; 311,76; 312,19; 312,72; 316,2; 316,14; 316,16; 316,21; 316,29; 316,41; 316,51; 316,55; 316,56; 316,60; 318,51; 318,64; 320,42; 322,7; 322,41; 328,60; 329,14; 329,16; 329,19; 329,46; 329,50; 329,52; 329,55; 333,4; 333,8; 333,13; 333,15; 333,20; 333,26; 333,30; 333,40; 333,45; 333,46; 333,50; 333,54; 333,66; 335,73; 339,61; 339,64; 343,26; 343,33; 345,29; 345,60; 346,11; 349,2; 351,58; 356,15; 356,19; 361,23; 362,6; 362,29; 365,17; 365,31; 365,51; 365,53; 366,34; 366,52; 366,56; 367,2; 367,22; 367,58; 368,10; 368,19; 369,37; 370,22; 374,32; 374,58; 375,13; 376,7; 376,45; 378,50; 378,55; 382,1; 384,24; 384,30; 384,51; 387,19; 394,13; 394,29; 394,41; 410,40; 432,35; 441,3; 441,35; 441,55; 442,54; 446,14; 446,51; 447,20; 447,53; 450,1; 450,74; 451,28; 452,21; 452,57; 454,36; 459,26; 462,55; 470,43; 474,11; 475,23; 475,27; 476,2; 476,35; 496,8; 496,13; 496,20; 496,41; 497,10; 498,69; 499,1; 499,3; 499,7; 499,35; 504,7; 506,33; 511,38
moskovitisch 13,1; 14,15; 15,33; 20,8; 26,28; 26,67; 31,1; 37,34; 113,6; 153,43; 197,12; 197,15; 197,48; 198,14; 198,20; 198,30; 198,54; 198,59; 198,68; 199,12; 199,13; 199,51; 199,52; 252,15; 274,57; 275,63; 283,4; 297,65; 332,52; 353,49; 364,66; 368,7; 368,32; 385,51; 389,58; 390,57; 442,18; 448,44; 449,2; 449,3; 449,59; 450,36; 452,64; 460,25; 470,30; 470,32; 471,1; 474,23; 474,46; 475,12; 482,2; 482,40; 508,30; 511,69
Muromani → Muromer
Muromer [Pl.] 220,16; 220,54
Muslim, Muslime 120,19; 222,5; 289,19; 321,23; 321,57; 344,7
muslimisch 221,39; 222,41; 281,67; 289,50
Mussulmani → Muslim, Muslime
Mysri, Mysy → Mösier

Nagai → Nogaier
Nahai → Nogaier
Nahaicenses, Nahaisenses → Nogaier
Nenzen → Samojeden
Nogaier [Pl.] 289,17; 319,10; 319,41; 319,42; 329,67; 330,1
Norci, Norici → Noriker
Nordvuegi, Nordweder → Norweger
Noriker [Pl.] 35,31; 35,71
Nortwedisch → norwegisch
Norvegi → Norweger
Norweger [Pl.] 22,24; 248,55; 378,24
norwegisch 385,28
Novgoroder [Pl.] 42,21; 42,58; 60,10; 60,46; 60,64; 63,45; 249,13; 249,27; 249,52; 249,72; 250,29; 250,59; 251,6; 251,17; 251,42; 251,53; 253,25; 259,22; 259,60; 263,55; 265,5

occidentales Gotthi → ‚Westgoten'
ordo Teutonicorum, ordo [Theutonicus] → Deutscher Orden
österreichisch 16,17; 16,32; 22,33; 72,52;

72,61; 496,40
Osterreichisch → österreichisch
‚Ostgoten' (zugleich auf zeitgenössische Bewohner Östergötlands bezogen) 370,4
Ostrogothi → ‚Ostgoten'

Pannonae → ‚Pannonier'
‚Pannonier' [Pl.] 24,15
„Papini" 274,18; 274,55
Parfuesser → Franziskaner
Pečenegen 44,21; 44,55; 284,1; 284,36
Permier → Syrjänen
Persa → Perser
Perser [Sg. u. Pl.] 76,6; 76,27; 323,14
Persier → Perser
Philistenj → ‚Jassen'
Picenigen, Picenigi → Pečenegen
Pieczenigi → Pečenegen
Pitzenigi → Pečenegen
Plescovuienses → Pskover
Pol, Polack → Pole, Polen
Polägkh → Pole, Polen
Pole, Polen 22,18; 31,9; 33,5; 33,33; 36,7; 36,8; 36,9; 36,43; 36,45; 66,7; 74,34; 75,1; 76,55; 83,14; 84,38; 94,11; 95,19; 95,25; 96,23; 98,64; 99,34; 105,45; 159,27; 159,65; 162,49; 190,8; 201,17; 201,44; 255,4; 283,18; 327,25; 327,29; 327,66; 328,55; 346,5; 355,32; 355,43; 356,14; 375,34; 441,24; 467,13; 468,5; 478,25; 478,34; 478,39; 479,19; 479,26; 479,30; 480,2; 480,34; 486,58; 486,62; 489,9; 505,10; 505,20
Poleni → Poljanen
Poleutzani → Poločanen
Poljanen 36,13
poll, Poln → Pole, Polen
polnisch 23,8; 94,45; 105,5; 177,26; 177,62; 283,49; 329,48; 329,51; 339,37; 346,37; 422,59; 444,13; 444,42; 445,39; 467,47; 469,12; 469,18; 477,52; 497,68; 498,38
Polnisch, Polnische → Pole, Polen, → polnisch
Poločanen 36,17; 36,53
Poloni → Pole, Polen
Polonus, -a, -um → polnisch
Polovcer [Pl., siehe auch → Kumanen] 135,27; 135,65; 284,19; 284,25; 284,28; 284,58; 284,65; 284,67; 285,4; 285,6;

285,39
Polovutzi, Polowizi → Polovcer
Polowtzani → Poločanen
Polowtzen, Polowtzi, Polowtzj → Polovcer
Pomerani, Pommern → Pomoranen
Pomoranen 36,12; 36,47
Posavetz → „Posawtzj"
„Posawtzj" (Bewohner der Posavina oder – über die Ebene hinaus – der Save-Gegend insgesamt) 495,26
Praecopenses → Krim-Tataren
Preissen, Preysen → Prußen
Prußen 37,62; 338,6; 338,39; 375,34; 446,15; 446,53
Pruteni → Prußen
Pskover [Pl.] 254,31; 254,35; 255,1

Ratzen, Rätzen → Serben
Reiß → Russe, Russen
Reissen, Reissische, Reissischer → Russe, Russen
Reissisch → russisch
Reussen, Reussn → Russe, Russen
Reyssen → Russe, Russen
Rhutena → Russin
Rhuteni → Russen
Rhutenicus, -a, -um → russisch
Roemisch → römisch
Romani → Römer, → „Römer" (= Bewohner des röm.-dt. Reichs), → „Römer" (im Sinne des Glaubens)
Romanus, -a, -um → römisch
Römer [Pl.] 15,5; 38,36
„Römer" (= Bewohner des röm.-dt. Reichs) [Sg. u. Pl.] 15,1; 97,24; 98,20; 99,29; 100,4; 101,13; 397,29; 397,35; 407,12; 420,9; 420,19; 483,12; 496,5; 497,1
„Römer" (im Sinne des Glaubens) [Sg. u. Pl.] 110,18; 121,36; 129,35; 130,3; 130,33; 130,36; 131,12; 131,18; 131,46; 131,53; 133,39; 436,14
römisch 13,28; 17,19; 17,29; 22,35; 35,16; 35,48; 76,13; 81,16; 81,23; 81,38; 96,7; 96,27; 96,34; 97,63; 98,59; 99,43; 110,16; 110,53; 110,55; 120,10; 121,5; 142,11; 142,13; 142,47; 143,5; 143,30; 143,37; 144,9; 144,19; 144,31; 144,41; 144,56; 145,1; 145,38; 145,41; 145,59; 145,62; 156,20; 156,57; 172,53; 338,31; 338,34;

338,65; 338,68; 348,16; 348,38; 357,12; 357,50; 373,16; 390,60; 406,22; 406,61; 412,34; 436,43; 448,41; 465,59; 475,19; 483,49; 492,16; 492,18; 496,36
Römische, Römisches → „Römer" (im Sinne des Glaubens)
Russe, Russen 26,37; 27,3; 27,21; 27,36; 28,7; 28,32; 31,10; 31,25; 31,35; 31,42; 31,54; 32,18; 32,19; 32,24; 32,38; 32,44; 32,45; 32,51; 33,6; 33,33; 34,57; 35,14; 35,17; 35,54; 35,56; 36,28; 36,66; 37,10; 37,44; 37,54; 37,58; 37,72; 38,2; 38,6; 38,9; 38,14; 38,37; 38,41; 38,43; 38,48; 41,15; 41,51; 41,55; 43,12; 43,15; 43,47; 45,57; 48,45; 49,40; 51,2; 51,9; 51,37; 51,39; 51,45; 55,52; 58,32; 63,31; 74,49; 74,56; 75,8; 75,60; 75,62; 76,47; 77,35; 91,36; 94,26; 96,25; 109,40; 110,22; 110,61; 121,36; 129,35; 129,50; 129,72; 130,3; 130,35; 141,9; 141,29; 141,43; 214,34; 226,23; 226,59; 241,35; 244,9; 244,34; 245,39; 252,18; 253,28; 254,7; 255,3; 256,6; 257,21; 261,30; 264,13; 264,30; 270,38; 271,39; 273,23; 273,25; 273,32; 273,42; 279,7; 280,4; 283,22; 284,20; 284,59; 285,1; 285,6; 285,38; 286,46; 288,22; 288,27; 290,21; 300,9; 305,29; 306,23; 306,33; 306,64; 307,2; 309,30; 310,18; 312,20; 312,55; 313,1; 313,11; 313,39; 313,49; 315,4; 315,18; 315,43; 316,38; 318,25; 324,10; 324,42; 332,26; 332,59; 332,61; 334,50; 338,30; 339,1; 339,36; 364,8; 364,42; 365,25; 366,26; 368,4; 376,13; 388,40; 405,48; 412,41; 436,12; 446,15; 446,52
Russin 96,4
russisch 26,27; 26,35; 26,64; 26,66; 27,12; 27,45; 27,58; 34,34; 34,41; 57,20; 57,60; 63,70; 74,32; 74,39; 76,33; 84,15; 110,17; 110,19; 110,55; 133,5; 133,40; 174,19; 177,25; 247,44; 247,46; 249,36; 252,55; 258,32; 258,65; 264,22; 264,46; 264,64; 266,13; 266,49; 269,2; 273,5; 273,53; 274,19; 275,69; 279,36; 280,35; 281,54; 283,55; 287,48; 300,44; 312,52; 333,70; 338,40; 338,64; 348,14; 348,19; 348,37; 348,42; 348,49; 357,32; 364,41; 423,38; 436,38; 436,56; 460,34; 461,20; 498,16

Russy → Russen
Ruthenicus, -a, -um → russisch

Sabaudiensis → Savoyer
Samoged → Samojeden
Samogithae, Samogiti → Schemaiten
Samojeden 269,11; 269,48
Savoyer [Sg.] 317,33; 317,64
„Sawolhenser" [Pl.] 289,16; 326,19; 326,48
Savuolhenses → „Sawolhenser"
Saxen → Siebenbürger Sachsen
Schemaiten 338,12; 357,23
Schibanski, Schibanskii → Šyban-Tataren
Schlesier [Pl.] 33,3; 33,30
schlesisch 444,40
Schotte 374,22; 374,50
Schweden 22,24; 37,22; 37,62; 176,18; 176,56; 201,20; 201,47; 201,56; 248,54; 256,45; 260,3; 362,8; 368,37; 374,56; 374,58; 375,13
schwedisch 37,59; 361,24; 362,34; 367,43; 369,26; 371,38; 385,27
Schwedn → Schweden
Scotus → Schotte
Serben 33,1; 33,25; 33,26; 33,27; 36,4; 36,39; 495,27; 495,28; 495,35
serbisch 33,54
Serbli, Servii, Servy → Serben
‚Serponovci' 270,30; 270,70; 271,6; 271,11; 271,43; 271,49
Serponovutzi, Serponowtzi → ‚Serponovci'
Severi → Severjanen
Severjanen 36,23; 36,60; 36,61
Sevueri, Sevuerski → Severjanen
Sewerskhy → Severjanen
Siebenbürger Sachsen 495,21
Silesii → Schlesier
Sirven → Serben
Slave, Slaven 28,8; 33,11; 33,15; 33,30; 33,41; 33,45; 75,2; 75,39
Slavi, Slavus → Slave, Slaven
slavisch 26,65; 32,16; 32,25; 32,39; 32,52; 33,14; 33,43; 33,54; 35,27; 35,66; 37,1; 37,35; 74,33; 74,75; 75,26; 82,47; 237,52; 324,9; 324,45; 325,14; 325,47; 325,56; 337,67; 361,9; 361,36; 495,23; 495,29
Slavonicus, -a, -um → slavisch, → slowenisch

Slavonisch, Slavuonicus, -a, -um → slavisch
Slowaken 495,25
slowenisch 15,35; 18,30; 18,32; 26,26; 26,63; 32,39; 32,53
Sophoier → Savoyer
Spanier [Sg. u. Pl.] 184,30; 509,28
spanisch 22,32; 72,12; 72,22; 72,46; 72,61; 394,26; 482,22
Steirer [Pl.] 32,33; 33,21; 496,3
Steyrer → Steirer
Stirii → Steirer
Styrienses → Steirer
Suedi, Suetenses → Schweden
Svuetenses → Schweden
Šyban-Tataren 296,26; 296,63; 322,34; 322,68
Syrjänen 279,32
Syrvisch → serbisch
Szamoyed → Samojeden
Székler [Pl.] 495,22

Tartari Casanenses, Tartari Cazanenses → Kazań-Tataren
Tartari Praecopenses → Krim-Tataren
Tartari → Tatar, Tataren
Tartaricus, -a, -um, Tartarisch, Tartarus, -a, -um → tatarisch
Tartarus → Tatar, Tataren
Tarterisch → tatarisch
Tatar, Tataren 50,26; 50,33; 51,1; 51,6; 51,9; 51,16; 51,21; 51,22; 51,27; 51,34; 51,37; 51,39; 51,46; 51,54; 51,58; 52,5; 52,14; 52,25; 52,49; 52,64; 52,70; 55,41; 61,26; 61,27; 61,33; 61,63; 61,65; 61,72; 62,1; 62,4; 62,9; 62,14; 62,18; 62,38; 62,49; 62,54; 62,57; 63,25; 63,64; 120,56; 130,8; 130,41; 153,11; 153,15; 153,23; 153,24; 153,46; 153,48; 153,50; 153,51; 153,58; 153,60; 160,6; 160,40; 176,56; 176,59; 179,49; 180,29; 180,54; 181,13; 181,51; 184,15; 184,46; 201,23; 201,54; 221,29; 221,66; 221,68; 222,10; 222,49; 224,13; 224,46; 225,6; 225,41; 228,4; 231,18; 231,55; 231,72; 232,1; 232,36; 232,70; 233,11; 233,35; 233,40; 233,50; 233,71; 234,11; 234,14; 236,30; 242,3; 242,38; 260,5; 273,36; 274,8; 277,33; 277,68; 279,26; 281,17; 281,19; 281,55; 281,57; 282,22; 282,61; 283,15; 283,16; 283,26; 283,27; 283,34; 283,46; 283,47; 283,60; 284,35; 285,9; 285,16; 285,41; 285,54; 286,9; 286,13; 286,19; 286,47; 286,48; 286,53; 286,59; 288,17; 288,55; 289,8; 289,25; 289,42; 289,55; 290,54; 292,1; 292,2; 292,37; 295,49; 296,4; 296,6; 296,10; 296,26; 296,40; 296,43; 296,47; 297,1; 297,3; 299,28; 299,33; 299,64; 301,28; 301,31; 301,68; 302,18; 302,25; 302,40; 303,20; 303,36; 304,20; 304,48; 305,19; 305,59; 305,62; 306,10; 306,31; 306,35; 306,62; 307,13; 307,65; 308,14; 308,28; 308,29; 308,38; 309,11; 309,37; 309,48; 309,65; 310,12; 311,27; 312,25; 315,23; 315,26; 315,63; 315,66; 316,1; 316,10; 316,12; 316,17; 316,25; 316,48; 316,50; 316,52; 316,55; 317,10; 317,22; 317,31; 317,52; 317,62; 318,24; 319,7; 319,10; 319,43; 319,47; 319,70; 320,3; 322,15; 322,33; 322,69; 323,5; 323,26; 323,31; 323,42; 323,44; 323,65; 324,5; 324,41; 326,9; 326,11; 326,46; 326,47; 328,2; 328,27; 328,29; 328,61; 328,66; 329,21; 329,25; 329,49; 329,56; 329,58; 329,61; 331,21; 331,24; 331,38; 332,7; 332,12; 332,46; 332,66; 333,1; 333,10; 333,16; 333,44; 333,51; 334,34; 335,8; 335,44; 337,27; 339,26; 339,65; 340,6; 341,39; 342,22; 344,45; 348,8; 348,11; 351,58; 384,25; 384,31; 384,51; 399,65; 422,31; 423,40; 446,15; 446,51; 462,10; 462,44; 465,14; 465,55; 470,56; 504,20
tatarisch 34,40; 50,64; 51,59; 51,71; 52,38; 52,71; 59,8; 59,44; 62,43; 75,44; 153,10; 179,34; 224,54; 231,66; 274,34; 274,46; 274,51; 277,30; 279,61; 285,50; 297,36; 316,4; 316,62; 318,2; 321,16; 321,50; 329,66; 337,62; 411,29; 411,44; 495,18
Tater, Tatern → Tatar, Tataren
Taterisch → tatarisch
Tathern → Tatar, Tataren
Tattarisch, Tatterisch → tatarisch
Tatter, Tatterische, Tattern → Tatar, Tataren
Taurimeni → Tatar, Tataren
Teutsch Orden, Teütsch Orden → Deutscher Orden

Teutsch, Teütsch → deutsch
Teutsch, Teutsche, Teütsche, Teutscher → Deutscher, Deutsche
Thater, Thattern → Tatar, Tataren
Theutonicus ordo → Deutscher Orden
Thurcae, Thurci, Thurcus → Türke, Türken
Thürkisch → türkisch
Tschechen (siehe auch → Böhmen) 36,2; 36,38
Tscherkessen 33,7; 33,34; 324,2; 324,38
Tschuwaschen 296,31; 296,32; 296,68; 296,69
Tumenski, Tumenskii → Tümen-Tataren
Tümen-Tataren 322,34; 322,68; 323,2; 323,40
Turcae, Turci → Türke, Türken
Turcicus, -a, -um → türkisch
Türckh, Türckhen → Türke, Türken
Türckisch → türkisch
Türgg → Türke, Türken
Türggisch → türkisch
Türghk → Türke, Türken
Türke, Türken 15,27; 34,8; 34,15; 34,36; 34,47; 75,20; 75,25; 75,52; 76,16; 77,10; 77,24; 77,32; 96,16; 96,49; 96,51; 96,55; 97,21; 97,57; 105,28; 105,33; 105,37; 105,42; 156,32; 156,69; 181,19; 181,55; 201,23; 203,6; 227,20; 227,54; 240,35; 289,3; 289,6; 289,20; 289,23; 289,36; 289,38; 289,51; 289,53; 295,13; 295,51; 308,9; 308,45; 311,17; 311,55; 324,5; 324,40; 326,4; 326,38; 327,14; 327,48; 327,52; 331,17; 331,20; 331,54; 334,2; 334,37; 334,42; 335,8; 335,45; 384,25; 384,30; 384,51; 446,52; 462,9; 462,44; 483,9; 483,46; 484,28; 484,35; 484,37; 486,61; 487,28; 487,30; 488,32; 489,13; 492,13; 492,22; 492,29; 495,36; 495,41; 496,23; 496,24; 507,14; 507,49
Türkhisch → türkisch
türkisch 18,11; 55,58; 85,32; 104,65; 321,14; 321,47; 326,42; 331,56; 425,12; 425,47; 484,43

Ugrici → Ugrier
Ugrier [Pl.] 262,46; 270,9; 270,48; 280,6; 280,20; 280,30; 280,39; 280,53; 280,66
Ugritzschi → Ugrier

Umbrer [Pl.] 32,7
Umbri → Umbrer
ungarisch 23,2; 75,2; 96,35; 97,64; 98,60; 106,37; 184,42; 198,7; 198,43; 199,1; 199,38; 199,41; 204,28; 281,2; 337,28; 337,64; 422,34; 422,37; 422,73; 422,75; 466,13; 487,24; 495,4; 495,23; 500,51; 503,44
Ungarn 96,38; 101,37; 102,36; 102,50; 103,23; 103,58; 105,27; 105,37; 151,22; 151,60; 184,11; 280,8; 280,31; 280,40; 280,67; 286,22; 422,76; 439,14; 439,27; 440,30; 440,45; 441,23; 446,16; 446,54; 476,25; 476,56; 476,57; 483,31; 484,20; 484,34; 486,57; 486,64; 488,30; 489,7; 489,11; 489,27; 489,30; 489,36; 490,27; 490,56; 493,9; 495,37

Vandalen 33,9; 33,12; 37,26; 38,5; 38,38
Varäger [Pl.] 37,12; 37,15; 37,48; 37,52; 37,62; 38,9; 38,21; 38,55; 45,15; 45,19; 45,54; 45,59; 47,13; 47,47
Varegen, Varegi → Varäger
Venedigisch → venezianisch
Veneti, Venetus → Venezianer
Venezianer [Sg. u. Pl.] 22,36; 32,31
venezianisch 32,62; 321,46
Vestrogothi → ‚Westgoten'
Vlache, Vlachen 33,50; 34,8; 36,6; 36,41; 339,65; 495,29
Vuagrii → Wagrier
Vualachi → Vlache, Vlachen, → Italiener
Vualachus → Vlache, Vlachen
Vuandali → Vandalen
Vuaregi → Varäger
Vuenden → Wenden
Vuinden, Vuindisch → Slave, Slaven, → „Winden"
Vuogolici, Vuogulici → Wogulen

Waagwinden → Slowaken
Waellisch → italienisch
Wagrier [Pl.] 38,9
Walachen → Vlache, Vlachen
Walch, Walhen → Italiener
Wälhisch → italienisch
Wälhischer → Italiener
Wallachen → Vlache, Vlachen

Wandali → Vandalen
Wareger → Varäger
Wenden 33,14; 33,39; 33,44; 37,67; 75,38
Wennden → Wenden
‚Westgoten' (zugleich auf zeitgenössische Bewohner Västergötlands bezogen) 370,5
„Winden" 33,15; 33,45
Windisch → slavisch, → slowenisch

Windische → Slave, Slaven, → „Winden"
Wogolitzi → Wogulen
Wogulen 269,35; 270,8; 270,39
Wogulici → Wogulen

Zäckheln → Székler
Zuwaschi → Tschuwaschen
Zychen 324,2; 324,38

www.ingramcontent.com/pod-product-compliance
Lightning Source LLC
Chambersburg PA
CBHW080529300426
44111CB00017B/2652